PHILIPPE DE GAULLE

DE GAULLE MON PÈRE

*

Entretiens avec
Michel Tauriac

Avant-propos de Michel Tauriac

PLON

ISBN : 2-266-14330-1

2c

Philippe de Gaulle

Né en 1921 à Paris, Philippe de Gaulle est le premier fils du général de Gaulle, qu'il rejoindra à Londres le 19 juin 1940. Entré à l'École Navale reconstituée à Portsmouth, il participe activement à la défense aérienne de ce port en 1940 et aux opérations navales en Manche et en Atlantique de 1941 et 1944, puis à la libération de la France aux fusiliers-marins de la Division Leclerc en 1944 et 1945. Devenu pilote d'aéronautique navale sur porte-avions et aussi d'aviation de patrouille maritime, il assume sept commandements aériens ou maritimes dont l'Escadre de l'Atlantique. Campagnes d'Indochine et d'Algérie. Il termine sa carrière navale à la fin de 1982 comme Amiral Inspecteur Général. Élu Sénateur UMP de Paris de 1986 à 2004, il publie chez Plon deux volumes en 1997 et 2000 de ses *Mémoires accessoires,* pour livrer enfin une bibliographie définitive du général de Gaulle dont il fut le témoin privilégié de la vie publique et privée.

Michel Tauriac

Michel Tauriac est né en 1927. Après avoir combattu en Indochine dans les rangs des troupes françaises jusqu'en 1950, il entame une carrière de journaliste et de producteur à la radio et à la télévision. Il est l'auteur d'une vingtaine de romans et de documents dont plusieurs sont inspirés par son expérience de l'Asie du Sud-Est (*Jade*, Gallimard, 1987 ; *La nuit du Têt*, Plon, 2000 ; *Viêt-Nam, le dossier noir du communisme de 1945 à nos jours*, Plon, 2001). Fasciné par l'épopée gaullienne depuis son adolescence, il a réalisé de multiples reportages sur l'ancien chef de la France Libre dans la presse écrite et audiovisuelle. Il fait la connaissance de l'amiral de Gaulle en 1971 et publie *Les Trente jours qui ont fait de Gaulle* (Éditions Economica, 2001). Il préside aujourd'hui l'association des Écrivains Combattants.

« Quand vous m'aurez connu dans ce livre, priez pour moi. »

Charles de Gaulle
citant saint Augustin,
Lettres, Notes et Carnets, 1969-1970.

AVANT-PROPOS À L'ÉDITION POCKET

« Que voulez-vous que je dise après tout ce qui a déjà été dit ? Plus de deux mille auteurs à travers le monde ont écrit un livre sur mon père. Moi-même, j'en ai publié plusieurs. Que pourrait-on ajouter à toute cette littérature ? »

Voilà ce que répondait l'amiral de Gaulle avec la mimique que montrait habituellement le Général quand l'impatience exerçait son emprise. Ce qu'il me répétait en levant les bras au ciel quand l'idée me reprenait de forcer cette porte apparemment close à jamais. Jusqu'au jour où j'ai entendu le petit déclic annonçant le glissement du pêne dans la gâche, dans la serrure. Un déclic qui avait pour nom : réfutation. Réfutation de toutes les erreurs, falsifications et inventions de la part de ceux qui, depuis novembre 1970, n'en finissent pas de régler leurs comptes avec celui qui n'en finit pas de les déranger.

Car dès l'instant où j'ai fait la connaissance de l'Amiral, il arrivait que sa voix s'enflât à intervalles réguliers pour la même raison en me renvoyant par la pensée aux mémorables exclamations des conférences de presse élyséennes. Pour les mêmes protestations indignées toutes les fois que bourgeonnait sous ses yeux l'une de ces affirmations captieuses que certains historiens aiment se repasser de bouche en bouche comme une bonne bouteille entre amis de connivence.

L'heure avait donc sonné d'en revenir à la vérité. D'arracher un à un les oripeaux dont on affuble parfois l'Histoire gaullienne et le masque hideux qui défigure souvent son héros. De jeter une lumière définitive sur les zones d'ombre que recèlent encore ces années héroïques. Sur tous les petits et grands événements qui continuent de susciter les plus extravagantes interprétations.

Mais il fallait aussi aller plus loin. Réaliser ce que le Général lui-même s'est refusé à entreprendre de son vivant dans ses Mémoires en nous frustrant comme d'un bien précieux : parler de sa personne. Non seulement de l'homme de guerre et de l'homme d'Etat, mais de l'homme tout court. De l'homme que l'on n'imaginait pas doté, comme tous les autres, d'un cœur battant au rythme de nos cœurs. D'un homme avec une famille unie, une femme tendrement aimée, des enfants affectueux et éblouis.

Or, qui pouvait mieux s'acquitter d'une telle tâche que son propre fils ? Que son « cher vieux garçon » qui, depuis l'âge de raison, scrutait ce père si différent du commun des mortels avec le respect et l'admiration de l'amateur éclairé devant un chef-d'œuvre ?

Il fallait décrire Charles de Gaulle comme on

n'y était jamais parvenu. Et à cette fin, pénétrer sous son toit, sur ses pas, dans sa chère demeure de Colombey-les-Deux-Eglises. Le rejoindre à table avec les siens, enregistrer ses mots, ses rires, le suivre dans la bibliothèque au moment où il regarde la télévision tout en étalant ses cartes à jouer sur son tapis vert. Observer « Tante Yvonne » épiant la moindre réaction sur son visage sculptural. Entrer dans son bureau pour l'entendre lire à son fils ou à sa fille une page de ses Mémoires encore brillante de son encre distillée. Marcher dans son ombre lors de ses promenades dans son jardin ou dans la forêt, faire une pose à ses côtés, assis à son exemple contre un tronc d'arbre. Et l'écouter encore.

L'écouter parler de Pétain, de Churchill, de Roosevelt, de Staline, de Leclerc, de Moulin... Parler de la France, de ses regrets, de ses espérances ou tout simplement du beau temps. L'écouter en silence jusqu'à ses silences à travers la voix de celui qui fut le témoin le plus proche de son cœur et de ses lèvres.

Michel TAURIAC

AVANT-PROPOS

Il a des gestes qui ne trompent pas. Par exemple, cette chute des bras pesants d'exaspération devant l'inconséquence. Et ces intonations qui caressent la mémoire comme un air d'autrefois rattrape un souvenir envolé. Pourrait-on le prendre pour un autre ? De toute façon, la taille est là pour imposer la comparaison et les traits taillés dans le même monolithe par un ciseau peu soucieux de séduire. Sans compter ce drôle de caractère... Pas de doute : la copie est certifiée conforme.

Aussi, quand vous lui demandez de parler de son père, ne vous étonnez pas d'entendre son père vous parler. Pendant dix mois, j'ai cru être assis à ses côtés, le magnétophone posé sur son bureau d'acajou, entre son stylo et ses lunettes aux verres épais, face à la haute fenêtre d'où l'on voit la plaine sans fin courir après les vallons boisés. Et j'ai même cru sentir sur ma nuque, venant de la pièce voisine, le toucher d'un regard plein d'attention inquiète, celui d'une épouse un brin possessive.

Mais que de suppliques avant qu'il ne consente à amorcer les préliminaires ! Car si la main s'ouvre sans façon, elle répugne à donner tout ce qu'elle contient. Et il me disait : quels mots ajouter dans ce micro aux myriades de ceux déjà prononcés sur ce personnage hors du commun ? Quelles retouches au portrait mille fois dressé ? Et puis, lassé par trente années de batailles : si vous saviez combien lourde est la succession morale et matérielle d'un père devenu pour les uns héros romantique, pour les autres monstre sacré. Et comme j'étais à cent lieues de penser que tout cela m'entraînerait si loin et si longtemps ! Enfin, dans un soupir : imaginez ma vie, pourchassé par les raconteurs de vie, les admirateurs et les détracteurs.

Il arrive cependant que la colère ne soit pas mauvaise conseillère. C'est elle qui en fin de compte l'a décidé à répondre à ma curiosité. La colère devant tous ces faits et toutes ces paroles inventés ou déformés par l'imagination, la partialité ou la haine. Devant toutes ces fables plus persistantes qu'une odeur de brûlé. Alors, il a conclu : qui peut et doit remettre son histoire en état et redresser la statue sur son socle, tant que Dieu lui prête vie, si ce n'est celui que le destin a placé à sa droite ? Celui qui demeure le témoin le plus proche de son cœur et de ses lèvres. Et cassette après cassette, le magnétophone s'est mis à capter jusqu'aux silences. Et pareil à la légende napoléonienne, le grand mythe gaullien a déroulé sa trame.

Michel Tauriac

1

UN PÈRE INSOLITE

« Ma chère petite femme chérie [...] Je pense beaucoup à toi et à nos enfants. Philippe et Elisabeth devraient bien m'écrire un mot. »

Lettres, Notes et Carnets. 27 mai 1940.

Il est une question que tous ceux qui s'intéressent au général de Gaulle se posent dès l'instant où ils vous aperçoivent : quel père était-il pour vous ? On a dit qu'il semblait agacé par vous de temps en temps, qu'il lui arrivait même de vous considérer avec condescendance, et que de ce fait vous étiez comme écorché vif. Ne l'accusiez-vous pas secrètement de vous étouffer ? En un mot, était-ce si inconfortable d'être le fils d'un tel homme ?

— Je sais que ce sont les interrogations obligatoires et les réflexions des gens qui ne me connaissent pas, mais je vous l'assure, je n'ai jamais eu l'impression que mon père m'étouffait en quoi que ce soit. Certes, un personnage aussi exceptionnel ne pouvait que poser des problèmes à son entourage immédiat, mais j'avais ma propre personnalité, bien indépendante de la sienne, et d'autre part, je bénéficiais de son nom. Alors, que demander de plus ? Il ne m'a fait que du bien et il nous a aimés, ma sœur Elisabeth et moi, comme tous les pères affectueux de la terre aiment leurs enfants. Les lettres qu'il nous a adressées jusqu'à ses derniers jours sont là pour le prouver. Bien sûr, parfois, quand quelqu'un de plus jeune exprimait une opinion par trop péremptoire ou s'avançait un peu imprudemment dans ses propos, il répondait avec une certaine condescendance, et nous n'étions pas à l'abri de cette réaction. Mais il la montrait aussi à beaucoup de personnes et même à ses ministres. Il souhaitait ainsi ramener les choses à leurs justes proportions. Maintenant, ai-je une sensibilité d'écorché vif ? Il est vrai qu'on peut le penser quand on attaque sa mémoire devant moi. Là, je me rebiffe. Quoi de plus naturel ? Non, je ne crois pas avoir souffert un seul jour du personnage historique dont la dimension semblait écraser tous ceux qui l'entouraient. Il était toutefois pesant certains jours de vivre à ses côtés, car sa forte personnalité marquait son entourage de son extraordinaire supériorité. Peut-être crut-il parfois cultiver sciemment cette particularité, mais le plus souvent il ne s'en rendait pas compte tant elle était naturelle, et il s'efforçait alors de l'atténuer par attention pour les siens. Il était même capable d'une très grande courtoisie, jusqu'à la flatterie vis-à-vis de ceux auxquels il voulait du bien ou même qu'il voulait séduire. Cela dit, il faut pouvoir assumer une telle parenté et, je l'avoue, ce n'est pas tous les jours facile. Songez au fils de Churchill qui n'a pas pu accepter cette charge et dont la fin fut tragique. Le destin m'a assigné cette place à côté de lui et j'affirme que je n'ai jamais eu qu'à m'en féliciter. Qui aurait pu se plaindre d'avoir un tel père et de porter un tel patronyme ? Dans l'histoire de France, ce nom est presque au même niveau de notoriété que celui de Louis XIV ou de Napoléon. Quand on va à l'étranger, quand on rencontre les gens de la rue qui ne connaissent rien de la France, ils connaissent au moins un nom : le nôtre. Quel Français ne serait pas heureux de l'avoir eu pour père ?

— N'est-ce pas plus facile aujourd'hui de s'appeler de Gaulle qu'il fut un temps ?

— Pas moins difficile qu'avant, lorsque mon père était encore là. Pourquoi ? Parce que cela complique toujours autant l'existence. Quand j'étais dans la vie militaire ou en opération sur un bateau, dans la Marine nationale, je parvenais parfaitement à m'extraire de ce contexte, mais à partir du moment où j'ai quitté l'uniforme, tout s'est compliqué. Je ne peux pas passer une journée, aujourd'hui encore, sans entendre parler du général de Gaulle. Je ne peux pas lire un journal sans voir surgir son nom, rencontrer des gens sans qu'on me le mentionne et sans qu'on me questionne à son sujet. Sans doute pourra-t-on me traiter d'hypocrite, mais j'aimerais vraiment être moins sollicité par les admirateurs du Général. Ce qui ne m'empêche pas d'être reconnaissant à l'égard de tous ceux qui restent si fidèlement attachés à sa personne malgré les années et l'ingratitude ambiante.

— Et votre air de famille ? Il doit vous être malaisé de passer inaperçu ?

— Il ne faut pas exagérer. Bien sûr que je ne peux pas cacher ma filiation, mais tout de même pas au point qu'on la remarque à chaque fois. Il fut un temps où la ressemblance était plus frappante. Mais les Français ont gardé le souvenir des années, les dernières, où le Général a perdu un peu l'aspect qui le rendait si particulier par sa minceur longiligne. Aujourd'hui, quand j'entre dans un lieu public, les têtes qui se tournent vers moi ne sont pas aussi nombreuses qu'on le croit. Mais si je veux avoir la paix, je dois quand même éviter certains endroits, comme, par exemple, le métro et le cinéma. Les réactions du public se divisent grossièrement en trois groupes : le premier ne sait pas qui je suis, le deuxième se demande s'il n'a pas la berlue et le troisième me reconnaît.

— N'avez-vous jamais été un peu jaloux de cette France et de ces Français qui s'appropriaient votre père ?

— Cette question m'étonne beaucoup. Je n'ai jamais eu ce sentiment et je pense que ni ma mère ni ma sœur ne l'ont eu davantage. J'ai toujours considéré pour ma part que c'était tout à fait normal que la France et les Français s'approprient le général de Gaulle. N'avait-il pas fait tout ce qu'il pouvait pour la patrie ? Il tenait donc sa place dans le cœur des Français (il continue d'ailleurs à la tenir dans le cœur de beaucoup), comme nous avons toujours eu une place privilégiée dans son propre cœur, au sein de notre famille, même s'il ne nous le confirmait pas directement ou trop souvent. S'il m'arrive de le désigner comme « le général de Gaulle » ou plus simplement « le Général », ce n'est pas de ma part comme si je voulais parler d'un étranger. C'est parce que je désire faire la distinction entre lui et le personnage politique ou historique qu'il représentait. Ma mère s'exprimait souvent d'une façon identique, sachant qu'il tenait farouchement à séparer sa vie publique de sa vie privée. A la maison, bien sûr, mes sœurs et moi, nous l'appelions « papa », tandis que ma femme, Henriette, avait convenu avec lui de l'appeler « père ».

— Enfant, aviez-vous conscience que votre père se distinguait des autres ?

— Bien sûr. Dès que j'ai eu l'âge de raison, j'ai perçu qu'il était d'une catégorie supérieure à celle des autres pères, qu'il avait une dimension différente que son nom accusait encore, ce nom si original, si facile à retenir et si évocateur. Certes, quand on est gosse, on trouve toujours que son père est le plus beau et le meilleur, mais je voyais bien que le mien appartenait en plus à une espèce à part. Le regard de mes petits camarades et de leurs parents me le confirmait. Ce n'était évidemment pas à cause de sa taille exceptionnelle, mais de sa personnalité. Je voyais qu'elle avait une envergure qui tranchait sur celle de Monsieur Tout-le-Monde. Au milieu d'un groupe d'hommes, il semblait être toujours celui qui comptait le plus, que l'on remarquait au premier coup d'œil, pas seulement parce qu'il les dépassait d'une tête, mais parce qu'il avait une présence inégalée. Et plus je grandissais, plus cette particularité s'affirmait pour moi jusqu'à devenir insolite. Aussi, lorsque la guerre a éclaté et qu'il a commencé à devenir célèbre, j'ai presque trouvé cela naturel.

— On le disait souvent tendu et irascible avec ses enfants. N'en souffriez-vous pas plus que vous ne voulez peut-être l'avouer ?

— Ce n'est pas exact. Il avait évidemment, comme tout père, des moments d'impatience, mais cela ne durait pas. Il nous lançait, par exemple : « Débarrassez-moi le plancher. Vous êtes dans mes jambes ! J'ai autre chose à faire, allez dans votre chambre ! » Quelquefois aussi, on recevait des baffes et ma mère ajoutait les siennes. Elle avait la main plus lourde que lui. Elle la tenait, pensait-elle, d'une Alsacienne qui, dans sa propre enfance, la rudoyait par principe. Pour nous servir de leçon, elle nous rapportait : « Elle nous apprenait à nous tenir tranquilles. Aussi, quand elle nous mettait dans un fauteuil en nous disant "ne bouge plus !" on n'avait pas intérêt à broncher. » Autrement dit, nous étions dressés dès la petite enfance. Mon père m'avait mis dans une école maternelle privée tenue par les demoiselles Gernez, rue Sylvestre-de-Sacy, près du Champ-de-Mars. Il m'y conduisait tous les matins en me prenant par la main. Quand il partait en manœuvres, une ordonnance le remplaçait. Je ne me souviens pas avoir vu ma mère m'accompagner une seule fois. Plus tard, elle s'occupera davantage de ma sœur Elisabeth. Peut-être a-t-elle gardé cette préférence toute la vie durant. Ses conversations avec moi ont toujours été brèves. Mon père, quant à lui, avait horreur des gens qui se coupent mutuellement la parole. Aussi, nous avions peur de l'interroger mal à propos et de l'interrompre quand il parlait. Nous attendions le bon moment pour ouvrir la bouche. Chacun disait alors ce qu'il avait à dire en quelques mots sans hésiter, et c'était tout. Mais il n'était pas un père sévère. S'il avait des exigences, il pouvait aussi parfois être indulgent jusqu'à rire de quelques écarts, comme celui d'essayer de trouver un mauvais prétexte pour s'esquiver ou échapper à une corvée familiale. Il ironisait, ça l'amusait.

— A quel âge avez-vous reçu sa dernière réprimande ?

— C'était à la fin de la guerre, en 1945. J'avais alors vingt-quatre ans. Je venais de quitter les fusiliers marins et me préparais à rejoindre mon stage d'aéronautique navale aux Etats-Unis. J'avais obtenu trois mois de permission, la première depuis le début de la guerre, et mes camarades de Stanislas m'avaient invité à sortir avec des jeunes filles. J'habitais chez mes parents.

Nous sommes rentrés à une heure du matin. Mon père s'est mis en colère. Il grondait : « Alors, comme ça, tu n'as rien d'autre à faire que de sortir en ville pour mener une vie de bâton de chaise ? » Comme ma mère, il craignait – il me l'avoua plus tard – que je me lie à une jeune fille qui n'aurait pas convenu à leurs propres vœux. Le lendemain, je me suis rendu au ministère de la Marine et j'ai demandé à aller encadrer les recrues à Hourtin, près de Bordeaux, en attendant de partir pour les Etats-Unis. Mon père était assez embarrassé. Il a cherché à savoir : « Tu ne pourrais pas changer ça ? Tu n'as jamais pris de permission depuis cinq ans, c'est dommage. » J'ai répondu : « Trop tard. Je ne peux pas passer pour une girouette. » Il a salué d'un petit sourire cette réponse qui lui ressemblait, malgré sa tristesse inavouée de mon départ prématuré.

— Comment jugiez-vous l'homme qu'il était quand vous étiez enfant ? Gai ? Triste ?

— Il n'était pas drôle tous les jours, mais il avait des moments très agréables où sans rire lui-même aux éclats – je ne l'ai jamais vu en avoir envie – il m'entraînait à le faire. Quand il apercevait un chien, par exemple, il se mettait à parler le patois des « ch'timis ». Il prononçait cette charade que j'ai fini par retenir pour la vie : *« Suppose t'es un quien qui cauffe ès grosses giffes grises au solel ? »* Cela veut dire : « Je suppose que tu es un chien qui chauffe ses grosses bajoues au soleil. » « *Chti marche s'it queue.* – Je te marche sur la queue. » « *Ti m' mords.* – Tu me mords. »

« *Qui que ch'est qu'a raison ?* » Parfois, toujours en patois, il chantait le *P'tit Quin-Quin*. « C'est une chanson triste, le *P'tit Quin-Quin*, m'a-t-il appris. Les troupiers la chantaient pendant la guerre parce qu'ils avaient le mal du pays. » Il l'avait chantée beaucoup, enfant, avec les gosses des cultivateurs et des mineurs du faubourg de Lille, des gens qui ne parlaient souvent que le flamand. Il me faisait rire également quand, avec ma mère, il se moquait d'un noblaillon qui jouait les grands airs à cause de son nom à tiroir. Et, le parodiant, il annonçait avec l'accent d'un huissier à chaîne : « Monsieur Gontran de la Mortadelle ! »

— Qui était le plus tolérant des deux, votre père ou votre mère ?

— C'était lui. Ma mère se montrait souvent impatiente avec moi, comme si elle craignait de me voir contester son rôle. Mon père avait sa force tranquille et il n'avait pas besoin de l'affirmer. Il lui suffisait donc d'envoyer de temps en temps un petit coup de semonce. Ma mère, en revanche, avait davantage besoin de manifester son autorité, d'autant qu'elle sentait qu'en grandissant nous nous éloignions d'elle physiquement et psychologiquement. C'est normal. Elle aurait été choquée du contraire, car selon la mentalité des parents de l'époque, les enfants devaient devenir adultes le plus vite possible.

— Est-ce à dire que vous vous confiiez plus facilement à votre père qu'à votre mère ?

— Je dirais plus à mon père qu'à ma mère à

cause de ces choses implicites qu'un garçon avoue plus volontiers à une personne de son sexe, tant en ce qui concerne ses études que ses rapports avec ses camarades, et plus tard sa vie d'homme marié. Avec mon père, on se comprenait à demi-mot. Cette entente tacite s'installa progressivement entre nous. Des lettres plus explicites sont venues par la suite la compléter. Dans ma jeunesse, je crois cependant qu'il était volontairement plus affectueux avec ma sœur Elisabeth, quelquefois même au détriment de ma mère. Il n'y avait que son rire en cascade qui l'énervait un peu. Mais je ne suis pas sûr qu'il lui ait fait tellement de confidences, car il y avait des choses qu'il trouvait trop dures pour les confier aux femmes, en particulier lorsqu'elles lui étaient proches. Les hommes de sa génération, qui avaient connu l'horreur pendant la guerre de 14, avaient l'habitude de demeurer discrets à l'égard des femmes afin de ne pas les heurter. Je ne prenais pas ombrage de sa préférence marquée pour ma sœur parce que je considérais qu'une fille devait être protégée. C'était ce qu'il m'avait appris. Elisabeth avait aussi, je pense, plus d'affinités avec lui qu'avec notre mère, bien qu'elle fût beaucoup plus proche d'elle que je ne l'étais.

— Vous voulez dire que votre père était plus paternel que votre mère maternelle ?

— Mon père était assurément plus paternel. Ma mère, bien que fondamentalement toute dévouée à ses enfants et constamment soucieuse de leur bien-être, n'était pas vraiment maternelle. Enfants, elle ne nous embrassait guère et ne nous câlinait pas. Certes, mon père se complaisait peu dans la tendresse, mais il nous marquait souvent plus d'attention. Je le répète : son courrier est là, qui nous le démontre. Je me souviens par exemple d'une lettre où il se demande, sur le front en 1940, si l'analyse médicale que je me suis fait faire ne révèle pas un peu d'albumine... Il était relativement plus démonstratif dans son affection. Ma mère était souvent silencieuse ou s'exprimait en peu de mots. Elle nous aimait, bien sûr, mais n'osait pas nous l'avouer. Ce n'était pas dans les habitudes des femmes du Nord et de son milieu. Elle me donnait aussi parfois l'impression qu'elle avait davantage de complicité avec Elisabeth, mais je pensais qu'entre mère et fille, c'était le jeu vis-à-vis des hommes. Cela étant, je n'ai jamais vu mes parents se donner tort l'un à l'autre à propos de leurs enfants. L'un comme l'autre avaient toujours raison contre nous, quoi qu'il arrive. Plaider sa cause auprès de l'un d'eux en particulier était voué à l'échec. Leur solidarité était totale. Et toutes les décisions nous concernant se prenaient à deux. En définitive, malgré quelques tensions, ma sœur et moi, nous ne nous estimions ni brimés ni malheureux.

— Qui des deux a choisi votre prénom ?

— Mon père, en fonction de ses ancêtres. Pour Elisabeth, il a eu également le dernier mot. Il nous a toujours appelés par notre prénom, mais quand nous étions enfants, et même adolescents, il lui arrivait de dire « les Babies » à ma mère pour nous désigner, jamais à nous-mêmes. Ce n'était pas, comme on l'a prétendu, une habitude prise à Londres. Elle datait de bien avant. Dans les familles du Nord et dans notre milieu, on désignait souvent les enfants par des termes affectueux de ce genre.

— Se souciait-il de vos études ?

— Plus des miennes que de celles de ma sœur. Il considérait que les études avaient moins d'importance pour les filles. Naturellement, il fallait qu'Elisabeth apprenne ce qu'elle devait apprendre, mais il était plus indulgent avec elle dans les détails et lui faisait plus volontiers des compliments. Elle n'était pas une mauvaise élève, au contraire. En revanche, il veillait sur mes études comme un berger sur sa bergerie. Toutes mes notes lui passaient sous les yeux. A chaque rentrée scolaire, c'est lui qui allait me présenter au collège et qui rencontrait les professeurs. Ma mère, elle, ne s'en mêlait pas. Toujours le meilleur collège, même s'il était cher, même s'il était le plus incommode et même s'il allait devoir se séparer de nous en nous mettant en internat. Il était entendu avec mes parents que les professeurs et les maîtres avaient toujours raison. Nous savions que se plaindre d'eux aurait été nul et non avenu. Tout petit, je sentais toujours mon père derrière moi, penché sur mes cahiers. Quelquefois, je me le rappelle, il me faisait réciter une fable de La Fontaine ou un poème pendant qu'il se rasait. Souvent, il l'avait appris lui-même par cœur afin de me le faire répéter sans hésitation. Et puis, il s'inquiétait de savoir si les devoirs étaient faits et les leçons apprises.

— Et si ce n'était pas le cas, il sévissait ?

— Il élevait la voix. Cela me suffisait. Il m'avait appris la discipline. Rentrant le soir, il m'interrogeait : « Alors, qu'est-ce que tu as répondu ? Non, ce n'est pas comme ça qu'il faut répondre. Recommence. » Quand un professeur m'enseignait telle matière, il écartait tout ce qui lui paraissait accessoire. Il me faisait savoir par exemple : « Ce qui est important dans ce qu'il vient de dire, c'est cela. Le reste, tu peux l'oublier. » Individualiste, j'avais horreur, comme il l'avait éprouvé lui-même dans sa jeunesse, d'avoir quelqu'un sur le dos. Alors, dès mon arrivée en classe de troisième, il n'a plus insisté. Mais il regardait les notes. Et pour le principe, je devais être dans les dix premiers de la classe qui comptait souvent plus de quarante élèves. Parce que, pour lui, en dessous des dix ou quinze premiers, ce n'était pas la peine de se présenter aux concours ni à l'université. Si j'obtenais ce résultat, il trouvait cela normal et ne m'en parlait pas. Dans le cas contraire, c'était le drame. Il me signifiait que ce n'était pas admissible, que je n'arriverais à rien dans la vie. A dix ans comme à dix-sept, j'avais le droit à la même algarade. Mais il était plus intéressé par le classement que par les notes. Il me répétait : « Il m'est bien égal que tu aies un demi-point si les autres ont zéro. Ce qu'il faut, c'est être avant les autres. »

— Vous ne sortiez jamais avec lui ?

— Si, bien sûr. J'ai vu le premier cirque de ma vie à ses côtés. C'était le Hagenbeck à Trèves. Pour la première fois on présentait des animaux d'une manière massive. Je me souviens des applaudissements de mon père au moment où des ours blancs se sont mis à danser dans une cascade au son d'un orchestre entraînant. « Quel brio ! » me glissa-t-il. Il appréciait aussi les clowns quand ils étaient astucieux, comme les frères Fratellini. On allait les voir au Cirque d'Hiver ou à Médrano, près de la place Pigalle. Un jour, un Fratellini s'est approché de nous, sur le bord de la piste, et a joué pour moi *Le Beau Danube bleu* sur un xylophone. J'étais aux anges. Mon père m'a fait observer : « Tu vois, ces gens méritent qu'on les admire parce que leurs tours compliqués et leur adresse sont le résultat d'un travail patient et constant. Dans la vie, on n'a rien sans rien. » A chaque occasion, il me donnait ainsi une leçon pour la vie. De même que nos promenades étaient toujours éducatives. Quittant ses écritures qui l'obligeaient souvent à travailler la nuit, il m'emmenait aux endroits où l'Histoire s'est déroulée. C'est ainsi que nous avons parcouru ensemble la région autour de Metz où les Français, avec Bazaine, se sont fait écraser, et il m'a raconté la courageuse charge des cuirassiers à Saint-Privat. On allait aussi visiter les champs de bataille de Picardie, de l'Aisne, ou même des Vosges où il n'avait pas lui-même combattu, et il en profitait pour reconstituer sur le terrain la manœuvre des deux camps. Parfois, à Paris, on prenait un train de banlieue et l'on se retrouvait par exemple à Fontainebleau où il m'expliquait comment s'étaient passés les adieux de Napoléon, ou à Saint-Denis pour m'apprendre ce que représentait la monarchie, ou bien à Versailles dans la galerie des Batailles du château, lesquelles étaient l'objet de nombreux commentaires, ou encore sur les lieux des combats des Versaillais et des Communards. Ensemble, on visitait aussi les vieux quartiers de Paris que son père, et surtout son grand-père qui était chartiste, avaient contés dans deux ouvrages. Alors, chaque monument et chaque statue étaient encore pour moi autant de leçons d'histoire de sa part. Bien sûr, nombre de fois, nous sommes allés également ensemble à l'Arc de Triomphe et aux Invalides, comme lui-même s'y rendait, enfant, avec son père. Je me vois encore à huit ans au garde-à-vous près de lui, figé, dans la même position, assistant à la ranimation de la flamme, devant la tombe du Soldat inconnu. Quelle émotion et quelle fierté me saisissaient !

— Comment vous a-t-il inculqué l'amour de la patrie ?

— En plus de ces promenades sur des lieux historiques, par des lectures circonstanciées et des récits où, comme dans ses *Mémoires de guerre*, la France était toujours la madone des contes pour laquelle on devait se sacrifier. Il m'a appris *La Marseillaise* dès l'âge de cinq ans. Intitulé *La France militaire*, un beau livre illustré, peut-être le plus beau de sa bibliothèque, en donnait tous les couplets qu'il connaissait évidemment par cœur et qu'il lui arrivait de fredonner de temps à autre, tout comme ceux du *Chant du départ*, des *Allobroges*, de *La Marche lorraine* qu'il chantait à Saint-Cyr et au 33e régiment d'infanterie. J'avoue que je le trouvais parfois un peu chauvin. Par exemple, vers mes dix ans, il se montrait très irrité d'entendre les Américains prétendre que les frères Wright avaient été les premiers à effectuer un vol mécanique en 1903. J'ai retenu mot à mot ce qu'il rétorquait avec une certaine véhémence : « C'est un mensonge ! C'est Ader qui décolla le premier, en 1897, avec une machine faisant deux fois plus de chevaux et grâce à sa propre propulsion et sur ses roues alors que Orville Wright a décollé six ans après avec un biplan équipé d'un moteur, conçu d'ailleurs par un Français, et lancé sur rail par une catapulte à contrepoids. »

— Vous obligeait-il souvent à lire certains livres ?

— Il ne m'y obligeait jamais. Il m'y incitait. C'était la plupart du temps des livres de légendes plutôt que des histoires merveilleuses pour enfants. Le premier qu'il me conseilla, *Les Quatre Fils Aymon*, racontait les exploits de quatre jeunes Ardennais combattant à cheval. Je me souviens aussi des *Mésaventures de Jean-Paul Chopard*, une histoire assez moraliste qui décrivait tout ce qu'un enfant ne devait pas faire. Ma mère ajoutait bien sûr ses propres orientations. Je lui dois ainsi la lecture de livres sur les animaux illustrés par Benjamin Rabier et les romans de la comtesse de

Ségur et d'autres œuvres de ce genre. Les illustrations de mes livres devaient toujours être de goût. On ne m'aurait jamais mis entre les mains des dessins vulgaires, mal exécutés ou aux coloris criards. Mon père avait un sens artistique très développé. Je conserve par exemple les croquis au crayon qu'il a faits à main levée lorsqu'il était sous-lieutenant à Arras. A l'époque, la photographie n'était pas encore répandue et l'on entraînait les jeunes officiers à dessiner de la façon la plus précise possible la configuration des terrains qui se trouvaient sous leurs yeux. Les paysages qu'il a ainsi réalisés sont de véritables petits tableaux qui mériteraient d'être encadrés. J'avoue n'avoir pas hérité du même talent malgré les encouragements qu'il m'a prodigués pour me pousser à l'imiter. Plus tard, quand les études classiques se seront précisées, il me dirigera vers quelques écrivains notoires dont Chateaubriand et Balzac, et vers des récits de grands navigateurs, notamment ceux de Bougainville dans la collection Payot. Il ne soupçonnait pas que ces hardis capitaines allaient me donner le goût du grand large...

— Dans quel enfant Yvonne retrouvait-elle le mieux son mari ?

— Il est certain que physiquement comme moralement, c'était en moi. Mais elle ne voulait pas l'avouer devant des tiers, devant ma sœur, par exemple. Quand elle le reconnaissait, c'était souvent comme un reproche, parce qu'elle me faisait remarquer un de mes défauts. Elle me lançait, par exemple, à cause de l'exactitude militaire que je tenais déjà à toujours respecter, comme mon père me l'enseignait : « Tu es un peu maniaque. On dirait ton père ! » Mais cela n'avait rien de méchant, c'était seulement une remarque en passant. Elle disait qu'Elisabeth tenait davantage des Vendroux et moi des de Gaulle.

— Est-il vrai qu'il ne souhaitait pas que vous fassiez une carrière militaire ?

— Oui. Il pensait que je n'avais pas le physique de l'emploi. Lui-même avait beaucoup souffert au départ d'être longiligne, notamment à Saint-Cyr où il devait effectuer des marches exténuantes avec un sac dépassant parfois les dix-huit kilos. Et puis, il connaissait tous les aléas de la vie militaire. Il avait vu tant de tués et tant de gens décimés ou ruinés. Et surtout, il pensait que ses frères avaient, dans leur situation matérielle, mieux réussi que lui. Car il a toujours déploré, avant qu'il n'accédât à de hautes fonctions, de ne pas pouvoir faire vivre sa famille aussi confortablement qu'il l'eût désiré. Ses frères, en revanche, ont souvent eu une vie matérielle plus enviable. Alors, il remarquait : « Dans une famille, il ne faut pas trop de militaires. » Il me voyait diplomate. « Tu n'aimerais pas représenter la France dans quelque grande capitale ? "Monsieur l'ambassadeur Philippe de Gaulle !" » Moi, je ne me voyais que dans la marine. Il faut dire que ma vocation maritime me tenait à cœur depuis l'âge de quatre ans, à cause de la mer qui m'avait émerveillé, des bateaux qui m'avaient impressionné dans les livres des bibliothèques familiales ou à Calais, d'abord, puis dans d'autres ports. Il ne connaissait pas très bien la marine. Il lui reprochait de constituer un monde à part qui ne raisonnait pas tout à fait comme l'armée et qui vivait en marge de la nation. Ce qui n'est pas faux.

— Il a dû vous reprocher de ne pas avoir choisi la voie qu'il voulait vous faire prendre...

— Non, jamais. Il n'a même pas réagi – ni ma mère d'ailleurs – lorsque j'ai émis le désir, à la sortie de Navale en Grande-Bretagne, de rejoindre en premier lieu les sous-marins et en second l'aéronavale. Les autorités m'ont alors rétorqué : « Ecoutez, pour les sous-marins, vous êtes trop grand. Il ne faut pas dépasser 1,80 mètre. Quant à l'aéronautique navale, cela signifie dix mois d'entraînement hors des théâtres d'opérations, au Canada ou ailleurs, et vous, Philippe de Gaulle, vous ne pouvez pas vous permettre de vous retrancher de la guerre pendant si longtemps. Alors, il vous reste les forces côtières. » Et puis, à la fin de la guerre, je me suis porté volontaire pour les fusiliers marins. Je m'en réjouissais. Je voulais tellement participer au débarquement en France. Cela devenait pour nous une obsession, la libération de la France. C'était notre raison d'être. Mon père suivait mes pérégrinations de loin, mais n'a jamais voulu se mêler de ma carrière. S'il pouvait en connaître les différentes étapes, c'est parce que je les lui annonçais par lettre ou qu'on l'en informait après coup. Il faut dire que pendant la guerre nos mutations se faisaient sur simple télégramme avalisé administrativement avec retard, de même pour nos promotions que nous apprenions plusieurs mois après. De temps en temps, étonné, il remarquait : « Tiens, tu embarques sur telle unité ? » Ou : « Tiens, tu as changé de grade ? » Toujours après coup.

— Dans la marine, était-ce si mal vu de s'appeler de Gaulle ?

— Pendant la guerre, dans la marine française libre, non, bien sûr. Au contraire. Quoique, sur nos bateaux, on ne s'occupât pas de liens de parenté. Mon père menait son combat et je menais le mien, chacun à notre échelon. La marine m'isolait en me permettant de vivre indépendamment de lui. Mais tout a changé avec la fusion des deux marines, la nôtre et celle de Vichy. Les antagonismes latents se sont réveillés. Il faut savoir que, en 1945, sur trois mille cinq cents officiers de marine, seulement cent avaient adhéré à la France Libre ! Tous les autres avaient juré fidélité au maréchal Pétain. La courtoisie traditionnelle chez les marins évitait les discussions. Mais évidemment, on sentait parfois distance, ironie ou méfiance et aussi rancœur. Si cela ne s'exprimait pas, on le percevait. Même dans le commandement. Mon père savait tout cela mais n'a pas voulu m'en parler afin de ne pas me décourager. Muté au régiment blindé de fusiliers marins (RBFM) de la 2e DB en 1944, en Grande-Bretagne, juste avant le débarquement, je me retrouve dans une unité entièrement constituée de renforts arrivant d'Afrique du Nord, donc d'anciens vichystes. L'accueil est assez glacial. Le blouson britannique dénommé *battle-dress* avec le mot « France » sur l'épaule gauche, que j'ai revêtu pour être en kaki, attire aussitôt des regards critiques. Ma qualité de fils de qui vous savez ne va pas arranger les choses. On me prévient : « Il y a seulement quarante-huit heures que nous avons été avertis de votre arrivée sans qu'on nous ait demandé notre avis. [Ce qui signifiait que l'on aurait pu accepter quelqu'un d'autre qui n'eût pas eu de Gaulle pour père.] A vrai dire, nous n'avons pas besoin de vous. Nous sommes déjà à effectifs complets. » Au carré des officiers, lorsque je fais mon entrée, silence total. Personne ne m'adresse la parole à part une exception. Je sais que deux autres FFL envoyés ici peu de temps auparavant n'ont pas tenu plus de trois jours. Ils ont demandé leur mutation. Mes collègues officiers m'avoueront plus tard avoir craint à tort que ma présence ne nuise à la cohésion de leur unité. Mal vus au début par Leclerc et vice versa, tous se rangeront ensuite derrière lui sans réserve, mais sans renier leur passé. Ils deviendront des partisans du général de Gaulle, se ralliant parmi ses fidèles. Je me suis bien gardé de raconter tous ces petits malheurs à mon père. Il aurait maugréé : « Quand on est soldat, on l'est jusqu'au bout. »

— Ne pouviez-vous pas compter sur les grands chefs qui avaient appartenu à la France Libre ?

— Ils étaient en très petit nombre. Et comme ils voulaient faire un peu oublier l'ascension qu'ils avaient connue par leur propre combat, je ne dirais pas qu'ils nous ont abandonnés, mais ils ne nous ont pas trop appuyés, comme s'ils avaient à se faire pardonner, ce qui était quand même un comble ! Au point que lorsqu'on promulgua une loi pour compter comme doubles les services de guerre à la France Libre alors que les autres étaient « en paix » – ce qui modifiait la liste et l'avancement des officiers –, elle a été appliquée dans les armées de l'air et de terre, mais pas dans la marine. Le commandement refusa que l'on coiffât nos camarades qui étaient restés du côté de Vichy. Mais nos rapports n'étaient pas difficiles. Oh ! évidemment, il m'est arrivé d'essuyer des médisances à cause de mon père. Par exemple, des malveillants ont pu prétendre, surtout à mes tout débuts dans la marine, que je supportais difficilement une mer agitée. Ils ont dû être fort peu nombreux et fort insidieux, car aucun n'est jamais venu me le dire en face. Si cela avait été le cas, je n'aurais pu suivre cette carrière. Comment pouvoir être affecté sur des bateaux qui bougent beaucoup comme une vedette rapide, un chasseur de sous-marin, un escorteur rapide comme le *Picard* à la mer deux cent soixante jours par an, un escorteur d'escadre, et j'en passe, ou supporter de se tenir au bout de la catapulte d'un porte-avions en attendant le départ pendant une heure, sanglé dans un avion qui monte et qui descend de dix mètres au tangage, sans parler des évolutions aériennes dans toutes les positions ? Il est vrai que, quelquefois, l'on n'est pas très à l'aise, mais peut-on avoir le mal de mer pendant quarante-deux ans et demi de carrière maritime et aéronavale ? J'ai connu des camarades qui, pour cette raison, ont dû abandonner le métier. De temps en temps, j'ai dû subir également des vexations. Parfois, j'avais le droit à quelques piques du genre : « Comment vas-tu, fils provisoire ? », cela en raison de la récente création par mon père du gouvernement provisoire de la République en 1944. Cela n'allait pas très loin mais c'était agaçant. Il y en a aussi qui inventaient un surnom quelconque.

— Sosthène, par exemple ? Pourquoi ce surnom ?

— Parce que quand on ne peut rien contre quelqu'un, on utilise l'ironie ou la dérision. D'après ce que j'ai compris, ce sobriquet a été tiré – allez savoir pourquoi ! – de la famille La Rochefoucauld, dont un ancêtre, qui portait ce prénom et le titre de duc, dirigea les Beaux-Arts sous la monarchie de Juillet et se fit brocarder pour avoir, paraît-il, décidé d'allonger les robes des danseuses de l'Opéra... Il laissa certainement le souvenir d'un personnage assez ridicule pour que mes railleurs aient eu l'idée de s'en inspirer. Ils voulaient sans doute par là, aussi, m'assimiler à ceux que l'on appelait dans la marine des fils d'archevêque, c'est-à-dire des gens arrivés grâce à la position de papa. Peut-être les auteurs de ce sobriquet devaient-ils considérer qu'étant le fils du Général, je n'étais pas suffisamment digne ou compétent et que j'avais été nommé à mon grade par piston. Mais il y a chez nous, les marins, quelque chose d'implacable qui classe un homme : la technique du métier. Et je ne crois pas avoir jamais démérité dans ce domaine. Ceux qui m'ont vu à l'œuvre ont pu en témoigner.

— En tant que fils du général de Gaulle, ne vous sentiez-vous pas obligé de faire davantage preuve de courage que les autres pendant la guerre ?

— Quand on est jeune, on est inconscient. Si je devais me retrouver aujourd'hui dans les mêmes situations que sur ma vedette lance-torpilles pendant la guerre, je serais terrorisé. Parfois, on s'approchait si près des côtes de Bretagne de nuit qu'on entendait des soldats allemands parler. Ah ! ce moment d'angoisse avant qu'on ne tire, quand on aborde l'ennemi en silence. Mais quand le feu est déclenché, je dirais qu'on est dédoublé. Mon père a très bien décrit cela quand il montait à l'assaut du pont de Dinant en 1914. Ai-je pensé qu'il me fallait être plus courageux parce que je portais son nom ? Je ne crois pas. Peut-être n'étais-je pas celui qui avait le plus de courage. Mais si je n'en avais pas eu du tout, j'aurais eu un problème, car compte tenu du nom que je portais, la hiérarchie était obligée, bon gré mal gré, de me mettre à des postes valables. Elle ne pouvait ni me planquer, ni me détourner d'une position risquée. De toute façon, je savais que je devais être en première ligne. Cela me paraissait naturel. Et à partir du moment où l'on m'y plaçait, je savais aussi que je devais tenir mon rôle au mieux. Il ne pouvait en aucun cas se situer à l'arrière, à l'abri ou être inintéressant. C'était pour moi à la fois le bénéfice et l'inconvénient du nom.

— Mais certaines fois, n'avez-vous pas un peu forcé votre courage ?

— Cela m'est arrivé, en effet. Les aviateurs le comprendront. Quand on m'a lâché par exemple pour la première fois en avion sans double commande. C'était après la guerre, lors de mon stage d'entraînement aux Etats-Unis en 1945. Ces moments-là se reproduisent ensuite sur tous les monomoteurs que vous n'avez jamais pilotés auparavant. Il y a toujours une première fois sur Hurricane ou Spitfire anglais, sur Hellcat ou TBM américains et sur avions français, et pas toujours une seconde fois pour les plus malchanceux. Et puis, quand il faut vous poser sur le pont d'un porte-avions, quelquefois de nuit. Alors, on se dit : « Dans le fond, la guerre est finie, je pourrais être ailleurs. Qu'est-ce que je fais ici ? » Tous les pilotes sont ainsi. Il faut donc se donner des coups de pied quelque part. Quant à votre parenté, elle n'intervient pas dans l'affaire. C'est le pilote qui, seul à ses commandes, doit poser son avion de jour comme de nuit, qu'il soit ou non le fils du Général, et c'est le commandant qui accoste son bateau ou effectue personnellement toutes les manœuvres difficiles. Et personne d'autre ! Le général de Gaulle n'a rien à voir là-dedans. La conclusion technique est implacable : elle est bonne ou elle est mauvaise. Dans mon métier, si vous n'êtes pas bon, vous êtes écarté qui que vous soyez. Pendant la guerre comme après, j'ai appris très vite à m'extraire de ma peau de « fils de Quelqu'un » et à marcher jusqu'à l'oublier.

— Que pensait votre père des sarcasmes que vous pouviez essuyer à cause de lui ?

— Il me conseillait d'y opposer un silence méprisant, ce qu'il a toujours fait lui-même au cours de sa vie. Il me l'a d'ailleurs signifié un jour par écrit à la suite d'un incident survenu à Rio de Janeiro en 1967. Je commandais alors la première frégate informatisée de la marine, le *Suffren*, dans sa croisière d'endurance. A Rio, on me montra le plus grand journal du soir qui, en énormes caractères, s'exclamait : « Son fils Philippe proclame le général de Gaulle le plus grand homme du monde. » Je n'avais évidemment jamais déclaré une chose pareille lorsque, en escale à Recife, j'avais été accueilli par le maire de la ville. Je m'étais contenté de le remercier pour son accueil. Les journalistes avaient tout simplement mis dans ma bouche les louanges que ce premier magistrat avaient adressées à mon père à cette occasion. J'apprendrai à mon retour en France que des chroniqueurs venimeux s'étaient moqués des propos aussi inconvenants qu'insensés de ce fils naturellement imbécile. Quelques jours plus tard, une lettre de mon père viendra d'elle-même faire litière de ces commentaires malveillants. Il me dira d'abord la bonne impression que lui avaient donnée le *Suffren* et son commandant, ce qui justifiait sa « fierté paternelle », et ajoutera que ces ragots n'avaient aucune espèce d'importance, qu'il n'y avait là « rien que de méprisable et d'inévitable ».

— Et quand votre père est devenu président de la République, avez-vous été davantage victime de ce genre de choses ?

— Non, je ne peux pas dire que j'aie vraiment souffert des réactions du public au temps où mon père était, comme il le disait lui-même, « aux affaires ». Certes, des sympathisants particulièrement tenaces me rendaient la vie plus difficile. Il arrivait que des réflexions hostiles fusent. Une fois, dans un bureau de poste parisien, par exemple, quelqu'un m'a lancé : « Ah ! tiens, c'est le fils du pouvoir personnel. » Mais on ne m'a jamais agressé physiquement, même si un jour des malfrats ont menacé de le faire. Cependant, comme j'avais de quoi répondre, ils n'ont pas insisté. Des lettres de menace ou d'insulte, j'en ai reçu fréquemment, d'autant que mon adresse était facile à trouver. Il suffisait d'écrire à Colombey-les-Deux-Eglises. Elles foisonnaient au moment du Rassemblement du peuple français, où la partie marxiste de l'opposition au général de Gaulle était particulièrement virulente, et à l'époque de l'Algérie et de l'OAS. Mais les lettres amicales les ont toujours dépassées en nombre et de très loin ! Mon père avait évidemment conscience des difficultés auxquelles je me trouvais souvent confronté, comme après Rio, à cause de ma filiation. Un jour, à Colombey, alors que nous venions d'en parler, posant sa large main sur la mienne, il m'a glissé d'une voix où il semblait mettre toute son affection : « Je sais tout, vieux garçon. Ta position n'a jamais été facile. Ce n'est pas rien d'être le fils du général de Gaulle. Mais ton attitude a toujours été celle que j'attendais de toi. » Ces mots ont été pour moi, vous le comprendrez, le meilleur des encouragements.

2

DE JEUNES ANNÉES

« J'entends généralement à 7 heures la messe du vicaire le dimanche, grand-messe à 8 h 30 ; vêpres à 1 h 1/2, salut à 8 heures. »

Lettres, Notes et Carnets. 23 juin 1908.

Quand on voit des photos de votre père en vacances, par exemple, avec ses trois frères et sa sœur, pendant ses jeunes années, il apparaît comme un enfant sage et en même temps heureux et sociable. On distingue aussi curieusement un être assez différent des autres. Etait-ce la réalité ?

— C'était la réalité. Il avait un caractère qui le rendait très différent des autres, et cela posait parfois certains problèmes à ses parents, surtout en vacances, quand ils se retrouvaient nombreux. Des vacances qu'ils passaient à la campagne ou à la mer. La mer, c'était, non loin de la plage de Wimille ou de celle d'Ambleteuse, près de Boulogne-sur-Mer, où ils louaient pour plusieurs mois une grande villa dans laquelle les cousins de son côté se réunissaient, les Maillot, les Corbie, toute une armée qui se succédait de jour en jour ou se retrouvait simultanément. Mon père n'aimait pas cette promiscuité. Tout petit, déjà, il manifestait son désagrément d'être trop entouré. A la tête de cette tribu trônait sa grand-mère maternelle Maillot-Delannoy. Elle régnait sans partage. Pour fuir cette assemblée familiale trop nombreuse à son goût et sous la tutelle un peu trop rigide de cette dame, Henri, mon grand-père paternel, avait acheté la propriété de La Vigerie, en Dordogne. Mon père se rappelait avec un certain plaisir le voyage interminable en deuxième classe qu'il fallait faire jusqu'à Mareuil après changement à Angoulême, puis le périple en voiture à cheval pour atteindre la propriété à travers la campagne verdoyante. Mon grand-père n'avait gardé cette demeure que quelques années parce que son entretien s'était révélé au-delà de ses moyens, et surtout après la guerre de 14, à cause des fermiers installés sur ses terres couvertes de vigne, de blé et riches en truffes, qui, au lieu de lui verser ce qu'ils s'étaient engagés à fournir, ne cessaient de lui réclamer de l'argent. Mon père avait un moins bon souvenir des vacances qu'il passait à cet endroit. D'abord, le confort de la maison était sommaire. Les garçons vivaient dans un dortoir et les filles dans un autre. Tandis que ma grand-mère paternelle logeait dans une chambre à part avec ses filles et que mon grand-père vivait dans une autre avec ses fils. On retrouvait donc la même foule et la même promiscuité que mon père supportait difficilement, d'autant que la grand-mère Maillot-Delannoy ne tardait pas à rappliquer à son tour avec son autorité et sa voix péremptoire. « Mon père et moi détestions ce grouillement, se souvenait-il. Nous voulions que chacun pût avoir son quant-à-soi et sa distance. » Quand il voyait les photos de ses vacances avec tous les frères, les sœurs, les cousins et les grand-mères, il raillait : « Ça ressemble à la famille Fenouillard ! »

— Il n'appréciait aucune photo de son enfance ?

— Il aimait bien celle où sont représentés ses parents, Henri et Jeanne de Gaulle, assez jeunes, sur un fond neutre. Par principe, du reste, il repoussera plus tard la moindre séance de photo en famille. C'est d'ailleurs pour cette raison que sur presque chaque cliché où on le voit à l'âge adulte, il a un air sombre, impatient ou même irrité. Il me disait : « Se faire photographier, c'est une forme d'exhibitionnisme sans intérêt. Car, finalement, à quoi ça sert ? A se montrer aux autres. » Aussi, chez mes grands-parents comme chez nous, à La Boisserie, n'apparaissait aucune photo de famille en dehors de celles que l'on pouvait voir dans la chambre du maître et de la maîtresse de maison ou dans celle des enfants. Et encore n'y avait-il que la photo de la grand-mère disparue ou celle de la première communion du petit dernier, et n'était-elle exposée que pour un temps assez court. Et bien sûr, il n'était pas question d'en montrer à l'extérieur. C'était du domaine privé. Ce qui explique pourquoi on n'a guère vu de portrait de notre famille dans la presse du vivant de mes parents.

— L'entendiez-vous souvent parler de son enfance ?

— Souvent, je ne dirais pas, car dans la famille, ce n'était pas la coutume de ressasser ses souvenirs d'enfance ou de jeunesse. Mais, à l'occasion, il se rappelait, par exemple, les paroles de la vieille complainte du XIIIe siècle que lui chantait sa grand-mère et que j'ai moi-même retenue :

Pauvre Jacques quand j'étais près de toi,
Je ne sentais plus ma misère,
Mais à présent que je suis loin de toi,
Je manque de tout sur la terre.

Il se souvenait aussi d'un des premiers jouets qu'il avait utilisés. C'était une espèce de cheval de carton – on disait un « cheval à jupe » – dans lequel on entrait et on pouvait galoper comme si on était le cavalier. Il devait avoir cinq ans à cette époque, l'âge où le mouvement commence. C'était au temps où l'on cessait d'habiller les garçons avec des robes de filles. Il m'a assuré se souvenir aussi du jour où il a quitté ces vêtements et où il a enfilé son premier pantalon pour avoir enfin « l'air d'un homme ». Je l'ai entendu parler une fois de ce cheval de carton avec ses petits-enfants. Penché sur eux alors qu'ils maniaient une petite voiture, il leur disait : « Moi, j'avais un cheval à jupe et non pas une auto comme vous, aujourd'hui. Ça allait moins vite, mais c'était tout aussi amusant. »

Et il leur a expliqué en quoi consistait cette bizarre monture. Une autre fois, il a évoqué pour eux aussi la belle collection de soldats de plomb ou plutôt d'étain qu'il s'était constituée. Il devait alors avoir sept ou huit ans. J'en ai d'ailleurs hérité. Elle a malheureusement disparu pendant la guerre avec bien d'autres choses. Elle était composée d'au moins mille huit cents figurines accompagnées de bateaux de guerre en plomb. Ses frères et lui-même se livraient bataille en se répartissant ces soldats miniatures. Xavier avait les Autrichiens-Hongrois, son frère Pierre, le plus jeune, les Italiens et aussi... les Zoulous qu'on voyait charger nus au combat. (C'était au moment de la guerre des Boers.) Son frère Jacques, et plus tard Pierre, avaient les Russes, les Anglais, les Turcs et les Egyptiens, et mon père, lui, les Français et les Suisses. Pourquoi les Suisses ? Je ne sais pas. Mais les Français, il les gardait toujours pour lui tout seul. Ils refaisaient les grandes batailles célèbres en les reproduisant à partir des données historiques. Tout y était : le décor, la proportion des effectifs et de l'artillerie. Le champ de bataille était reconstitué avec reliefs et rivières en papier, fortifications en carton, arbres sous forme de brindilles plantées dans de petits socles en terre glaise. Des canons à poire lançaient des petits pois secs et les corps à corps chiffraient les pertes aux dés. Seul celui qui avait eu l'avantage au cours d'un échange pouvait manœuvrer, l'autre étant cloué sur place.

— Et bien sûr, c'était toujours lui qui gagnait ces batailles ?

— Non, ce n'était pas toujours le cas. Parfois, il pouvait gagner Waterloo et perdre Austerlitz. Ça dépendait. Encore qu'il possédât l'intelligence tactique et stratégique dont les autres étaient à peu près dépourvus. Après les combats venaient les traités que signaient les Etats, assortis de réductions d'effectifs, de partages de terres, d'alliances nouvelles. Et là, il était très fort, car il possédait déjà une idée marquée de la politique. Plus tard, il aura ces mots : « Combattre sans servir une politique, cela n'a pas de sens. » C'est pourquoi d'ailleurs, pendant la guerre, il refusait que nous fussions sous uniforme anglais. « Si les Français combattent et s'ils se sacrifient ou gagnent, affirmait-il avec force, cela doit être pour la France et non pas pour le roi d'Anglcterre. » Ces soldats d'étain, il les achetait rue des Saints-Pères dans un magasin appelé « Au plat d'étain », tenu par un certain Lucotte. Il se souvenait même de leur prix : un fantassin pour trois sous tandis que les cavaliers coûtaient cinq sous pièce. « Je n'avais que peu d'argent de poche, se rappelait-il, mais, dès que je pouvais rassembler trois sous, je courais jusqu'à la boutique de M. Lucotte. » Certains biographes l'ont vu jouer avec un bateau à voile sur la pièce d'eau des Tuileries. Je pense qu'il y a eu confusion avec le voilier qu'il m'avait offert. Il était pourvu d'une coque en acajou. Mais il n'est pas exclu qu'il ait pu parfois m'aider à le transporter car il était assez grand et assez lourd. De son enfance, il conservait des livres illustrés presque tous historiques et un certain nombre d'albums sur Jeanne d'Arc, François Ier, Henri IV, Louis XIV,

Napoléon. Il m'en avait fait cadeau. Ils ont malheureusement été volés pendant l'Occupation, à Colombey, avec le reste de la bibliothèque d'enfant et d'adolescent. Je me souviens notamment de celui qui racontait la bataille que Jeanne d'Arc a remportée sur les Anglais à Patay, en 1429, au cours de laquelle quatre mille ennemis furent tués et leur chef, Talbot, fait prisonnier. Mon père en connaissait le déroulement en détail. Curieusement, cette victoire eut lieu un 18 juin...

— Comment s'est passée l'éducation de votre père au milieu de ses frères ?

— A l'époque, les familles étaient nombreuses. L'éthique exigeait que l'on condamnât le désordre. « Parce que, répétait mon père, plus on est de monde, moins on peut laisser agir chacun à sa guise. » Par conséquent, dès le plus jeune âge, il a appris à rester tranquille, à ne pas faire de bruit, à se taire et à ne parler que si on l'interrogeait. Ma sœur et moi avons connu cette discipline. Mes parents non plus ne parlaient pas pendant les repas familiaux, sauf si on leur adressait la parole. Mais quand une grande personne interrogeait un enfant, il ne fallait surtout pas que quelqu'un répondît à sa place comme le font les adultes qui ont peur que leur progéniture soit muette ou qu'elle dise des bêtises. L'une des rares fois où mon père évoqua ses souvenirs, il tint à me tranquilliser ainsi : « Ce n'était quand même pas la Terreur. » Et il précisa : « Mon père et ma mère, et à plus forte raison mes grands-parents, appartenaient à une autre espèce que la nôtre, enfants, et nous savions qu'il fallait respecter cette hiérarchie sans que personne ait à nous le rappeler. » Ayant dû suivre ces mêmes préceptes, je pense que mon père et ses frères n'en ont effectivement pas plus souffert que moi-même. Nous étions, disons, dressés comme cela dès le plus jeune âge.

— Votre père était-il vraiment différent de ses trois frères ?

— Très différent. De toute la famille, il était le plus turbulent et le plus taquin. Il n'était pas indiscipliné, non, il avait seulement l'esprit plus indépendant que celui de ses frères et de sa sœur, l'imagination plus développée et le sens de l'entreprise. Il dominait donc les autres et seule sa grande sœur pouvait lui tenir tête. Il se rappelait : « Bien que fille, Marie-Agnès pouvait prononcer ou se permettre des choses que l'on n'aurait jamais passées aux garçons, et nous protestions – assez silencieusement, il faut le dire ! – à l'injustice. » Mais c'est mon père qui organisait et dirigeait tous les jeux, qu'ils fussent mentaux ou physiques, les batailles de soldats de plomb ou les parties de colin-maillard et de cache-cache. Autant de jeux permis par les parents à condition qu'ils ne fussent pas trop bruyants. De toute façon, mon père avait instinctivement horreur du désordre. S'il prenait des initiatives non conformes à ce qui avait été prévu, c'est parce qu'il voulait quitter les sentiers battus, se délivrer de la routine. Il estimait toujours que les activités n'allaient pas assez vite, qu'elles n'étaient pas assez passionnantes, qu'il fallait modifier leur cours pour les rendre plus dignes d'intérêt. On retrouvera d'ailleurs ce genre de hantise plus tard dans sa vie de chef d'Etat. Il n'était jamais pressé mais toujours impatient. Adolescent, sa volonté de sortir du train-train et d'occuper la moindre minute de son temps était due à sa manière de considérer la jeunesse : un stade provisoire dont il fallait se débarrasser le plus vite possible. Mon grand-père paternel disait des occupations des enfants : « Ils ont des jeux pour se distraire, ou ils se reposent selon leur âge, comme c'est normal, ou ils prennent de l'exercice. Mais fondamentalement, il faut qu'ils soient occupés. Un enfant doit être à l'école ou à l'atelier, ou au champ, mais jamais oisif dans la rue du village ou de la ville. Il lui est interdit de traîner. » Chez mon grand-père, tout le monde était encouragé à se livrer à une activité fertile, ce qui ne déplaisait pas à mon père, toujours prêt à l'action. C'était vrai dans l'appartement, dans la rue ou à l'école.

— On a dit que votre père n'était pas un élève brillant. Son père, professeur, ne s'occupait-il pas de ses études ?

— Si, bien sûr. Mais mon père le jugeait trop classique et trop méthodique et trouvait cela assez pesant. En réalité, étant surdoué, il s'accommodait mal du travail routinier que l'on voulait lui imposer quotidiennement. Alors, il s'en acquittait au plus vite et il n'apprenait que ce qui l'intéressait vraiment. En fait, il n'a pas fondamentalement travaillé ou, mieux, travaillé convenablement jusqu'à l'âge de quatorze ans, moment où il a pris conscience qu'il fallait commencer à préparer son baccalauréat, se rendant compte que sans ce diplôme, il ne pourrait entrer à l'école de Saint-Cyr. Très irrégulier, il lui arrivait d'être premier dans certaines matières telles que le français ou l'histoire, une fois mais pas deux. Je dirais qu'on aurait pu parfois lui décerner un prix d'excellence mais pas de diligence. Les études ne l'intéressaient que moyennement. On peut même affirmer qu'elles l'ennuyaient un peu. Bref, il n'était pas ce que l'on appelle un bon élève, et bien sûr, il mécontentait souvent son père. Et les punitions pouvaient s'ensuivre.

— Quel genre ?

— Privation de sorties, de dessert, de distractions... On reste à la maison, consigné dans sa chambre, plus de séances théâtrales ou de promenades dans les jardins publics, notamment au Luxembourg où il aimait particulièrement suivre la voiture tirée par des chèvres et parfois monter dedans. « Un jour, m'a-t-il raconté, je me suis perdu en suivant cette voiture qui me fascinait. J'étais tout petit. Je devais avoir trois ou quatre ans. Je me suis dit alors que si je continuais à la suivre je reviendrais à mon point de départ. Ce qui s'est produit. » Et puis, il y avait les guignols et les défilés militaires. « Le dimanche, se rappelait-il encore, on voyait passer les gardes républicains qui se rendaient au kiosque à musique avec leurs clairons et leurs tambours, et leur allure et leur uniforme m'impressionnaient. Quand je fus plus grand, je trouvais que ça faisait un peu rengaine, mais les bonnes gens rassemblés là, tout autour, applaudissaient à tout rompre et m'encourageaient à les imiter. » Cependant, de la fenêtre de sa chambre, mon père voyait souvent partir ses frères sans lui vers le Luxembourg ou le théâtre. Puni par exemple pour avoir attrapé une mauvaise note en mathématiques. Cette matière a toujours été celle qui l'intéressait le moins. Elle l'ennuyait profondément. Plus tard, quand il a essayé de m'aider à en faire, très vite, il m'a lancé les livres à la figure et a interrompu l'exercice.

— On a dit aussi que les châtiments corporels n'étaient pas rares chez les de Gaulle...

— Au temps de mon père comme au mien, il n'y en a jamais eu. Il est évident qu'il a certainement reçu quelques paires de gifles. Quel est l'enfant qui n'en a jamais hérité ? Peut-être a-t-il eu droit à un coup de canne au passage. Les hommes en portaient une à l'époque et s'en servaient parfois, par exemple, pour ramener les enfants du bon côté de la rue. Car, se souvenait-il, les enfants ne devaient pas marcher n'importe comment sur le trottoir dans sa génération quand on sortait en famille. Les garçons précédaient tout le monde et, derrière eux, suivaient les filles. Les parents venaient en serre-file. On marchait presque en rang. Peut-être pouvait-on s'attarder à regarder une belle vitrine, mais pas trop longuement. En tout cas, à tout âge, il était proscrit de s'arrêter pour discuter ou parler à quelqu'un dans la rue. On saluait brièvement la personne et l'on passait son chemin. Mon père observait cette conduite à la lettre, marchant fièrement en avant-garde, « comme un véritable petit Parisien ». Car il se considérait comme tel bien qu'il se dît aussi petit Lillois de Paris, étant né à Lille et y ayant vécu les trois premiers mois qui ont suivi sa naissance.

— De ses quatre fils, quel était celui que votre grand-père paternel préférait ?

— On ne peut pas dire qu'il ait eu une préférence pour l'un ou pour l'autre. Je pense que mon père l'inquiétait un peu avec son impatience et la vivacité de son caractère. Il appréciait davantage Xavier, son frère aîné, qui était un élève plus classique et plus ordonné. Il ne faut pas oublier que mon grand-père paternel était à la fois professeur et directeur d'établissement scolaire. Il aimait donc mieux les élèves studieux et plus faciles à manier, et Xavier travaillait fort bien et selon les modes prévus. Jacques était moins brillant mais aussi régulier. Et Pierre lui ressemblait. Mon père tranchait sur les autres par sa personnalité insolite. Mon grand-père se posait des questions à son sujet. Il voyait mal son avenir. J'ai lu un jour quelque part qu'on lui avait prêté des mots plutôt sévères à son propos, lui faisant notamment déclarer qu'il n'avait aucun bon sens. Cette réflexion est peut-être apocryphe, mais elle n'est pas invraisemblable.

— On a raconté que votre père se voyait déjà à la tête d'une armée ou de l'Etat et qu'il avait fait un rêve prémonitoire où il s'imaginait en train de sauver la France.

— Je n'ai jamais entendu parler de ce rêve dans ma famille. Je pense qu'il a été inventé de toutes pièces après coup à partir d'une « Campagne d'Allemagne », texte d'imagination qu'il avait écrit en 1905 – il avait donc quinze ans – alors qu'il était au collège de l'Immaculée-Conception, rue de Vaugirard à Paris. Son texte est publié dans les *Lettres, Notes et Carnets*. Il met en guerre, en 1930, trois armées allemandes contre la France et se voit, ainsi que son collègue le général de Boisdeffre, à la tête d'une armée française de deux cent mille hommes pour sauver Nancy. Après le renfort d'une troisième armée, les Français prennent l'avantage sur les Allemands qui sont obligés de rééditer en quelque sorte la bataille de Reichshoffen à l'inverse. Ce texte, soigneusement recopié, est très méthodique et pas du tout divagant, mais il a sans doute été jugé comme prétentieux et outrecuidant. Il faut savoir quelle était l'ambiance dans laquelle se trouvaient plongés les adolescents de l'époque, élevés dans son milieu. Les malheurs de la France pesaient beaucoup sur cette génération. La manière dont elle s'était militairement effondrée pendant la guerre de 1870, à laquelle mon grand-père paternel avait participé comme capitaine de mobiles au siège de Paris, et la prise de l'Alsace-Lorraine, l'avaient profondément marquée. Alors, elle baignait dans l'idée de la reconquête des provinces perdues et de l'effacement de la honte inadmissible.

— N'a-t-il pas été également perturbé par l'obligation qu'ont eue ses parents de lui faire continuer ses études à l'étranger à cause de la loi sur la séparation de l'Eglise et de l'Etat ?

— Certainement. Comme tous ses camarades, élèves des écoles religieuses, il a ressenti, bien qu'en pays ami, la Belgique, l'amertume de tous les petits exilés. Mon grand-père paternel ne contestait pas cette loi, mais il trouvait qu'elle était mal faite. Il refusait d'admettre, par exemple, la saisie des biens de l'Eglise qui provenaient des dons des fidèles. En attendant, en 1907, il avait donc été obligé d'envoyer mon père faire ses études chez les jésuites belges du collège du Sacré-Cœur d'Anthoing, non loin de la frontière française, les congréganistes ne pouvant plus enseigner dans notre pays. Mon père va retrouver là, entre autres, le père du futur cinéaste Jean-Pierre Melville, l'acteur Pierre Fresnay, âgé à l'époque d'une dizaine d'années, et Joseph Teilhard de Chardin, frère du philosophe. Cette interdiction d'étudier sur son propre sol, et d'être forcé de passer la frontière pour pouvoir le faire librement, indignait forcément mon père. (Près de quarante ans après, il devra de nouveau s'exiler pour retrouver la liberté d'agir à son gré...) Révolté contre l'injustice commise à l'égard des religieux, ses enseignants et directeurs de conscience, on a rapporté qu'on l'entendait lancer à ses camarades : « Et Turenne qui reconquit l'Alsace, et Condé qui vainquit à Rocroi, n'étaient-ils pas eux aussi des congréganistes ? »

— Et puis, il y avait l'affaire Dreyfus. Elle devait également agiter les esprits ?

— Et comment ! Mon grand-père pensait bien que ce malheureux capitaine juif était innocent mais que son sort n'était pas le fond du problème, qu'en réalité toute l'armée française était en cause, sa réputation, son prestige. Tout cela donc, mon père, qui avait quinze ans à l'époque, le vivait chaque jour, entendant ses parents en parler et voyant même parfois sa grand-mère maternelle en souffrir. Il se sentait hanté par une exigence indicible : celle d'aider son pays à s'en sortir. « Au collège, m'a-t-il rapporté à ce sujet, nous n'avions tous qu'une idée en tête : la revanche. Reprendre le dessus sur l'écrasement et l'humiliation, rendre son honneur à la patrie. C'était l'objet de toutes nos conversations, de nos réflexions et de nos rêves. » Ainsi, par exemple, avait-il rédigé une nouvelle où une armée française commandée par lui-même, général en chef, bousculait l'ennemi et gagnait toutes les batailles les unes après les autres. De voir son fils préoccupé de cette façon inquiétait un peu mon grand-père. Il trouvait son ambition exagérée et ne cessait de lui prêcher la modération. En vain. Il poursuivait son rêve. Il m'a signifié plus tard : « On ne devient que ce que l'on a décidé d'être. Si on ne l'a pas décidé, on ne peut pas le devenir. Cela ne veut pas dire que le sort ou vos propres moyens vous mettent toujours dans l'état où vous souhaitez être. Mais en tout cas, si vous n'avez pas souhaité être quelqu'un, vous ne le devenez jamais. » Il était donc logique qu'en 1906 il choisît la carrière des armes.

— C'était une première dans cette famille de gens de robe et d'intellectuels. Comment le professeur Henri de Gaulle a-t-il accepté pareille aspiration de la part de son deuxième fils ?

— Il n'a pas fait d'objection. Il a tout de suite conclu : « C'est une noble décision, je t'approuve. » Tout le monde était d'accord dans la famille avec la voie qu'il avait choisie. Sa sœur, Marie-Agnès, surtout. Les femmes de l'époque et de ce milieu trouvaient honorable entre tous le métier des hommes qui portaient les armes. Quant à ses frères, ils avaient eux aussi une haute idée de la condition militaire. L'aîné, Xavier, qui était entré à l'Ecole des mines de Paris, a été obligé de servir dans l'artillerie pendant sept ans, jusqu'au moment où la guerre de 14-18 a éclaté, ce qui lui a fait porter l'uniforme pendant quatre années de plus, et quand enfin il a pu quitter l'armée, toutes les places étaient prises dans les mines ! Jacques, le troisième garçon, également élève ingénieur des Mines, a connu le même sort : il est entré aussi dans l'artillerie et, après quelques années, a fait la guerre. Démobilisé, il a eu la chance de trouver un poste d'ingénieur aux mines de Saint-Etienne, jusqu'au moment où, malheureusement, il a été frappé de poliomyélite. Né en 1897, Pierre, qui se destinait aux Finances, a été incorporé dans l'artillerie de 75 mm comme sous-lieutenant de réserve en 1915 et jusqu'à la fin de la guerre. Ardent patriote, mon grand-père n'aurait donc jamais voulu s'opposer à un désir si louable de la part de son deuxième fils. D'autant qu'il le savait profondément ancré dans sa volonté et qu'il se désolait lui-même de l'antimilitarisme qui régnait en France à l'époque. L'armée subissait une grande désaffection de la part des jeunes gens. On ne se bousculait plus pour entrer à Saint-Cyr. Il fallait du courage pour décider d'aller ainsi à contre-courant. En 1909, mon père est admis à cette école après avoir été reçu dans un rang assez moyen au concours d'entrée : 119e sur 221.

— N'est-ce pas étonnant de la part d'un jeune homme si motivé ?

— Non, pas étonnant, quand on sait qu'il a été reçu dès la première année de préparation et qu'il n'avait que dix-neuf ans, ce qui n'était évidemment pas la règle générale ! Il devient alors simple deuxième classe après s'être engagé pour quatre ans dans l'armée, comme c'était la loi à l'époque, l'élève officier devant faire un an de service parmi les conscrits bons pour toutes les corvées avant de rejoindre Saint-Cyr. Dire que cette année de service militaire, au bout de laquelle il finira sergent, l'a particulièrement édifié serait exagéré. Mais il ne l'a pas regrettée parce qu'elle a permis au troupier qu'il était provisoirement d'avoir un contact étroit avec les officiers subalternes, les petites gens sous les drapeaux et la population civile de condition modeste. « Plus tard, conviendra-t-il devant moi, les jeunes officiers savaient parfaitement, de cette façon, quelle était la vie des hommes qu'ils devaient commander, quelle que soit leur classe sociale. » Il put aussi se rendre compte que le nom aristocratique qu'il portait, à l'exemple de beaucoup d'officiers, n'était pas, loin s'en fallait, un obstacle dans ses rapports avec autrui. Le voici donc au 33e régiment d'infanterie, l'unité qu'il retrouvera plus tard, au sortir de l'école, en tant que sous-lieutenant, sous le commandement du lieutenant-colonel Pétain. A ce moment-là, ce régiment célèbre (il s'était illustré à Wagram et à Austerlitz) est contraint d'effectuer une mission de police : rétablir l'ordre et faire barrage aux mineurs du Nord en grève. Travail désagréable. Mon père a défilé à Arras et à Lille sous les huées de la foule ameutée par Jaurès et criant, poing levé : « A bas le service ! » « Les malheureux ! s'écriait-il en se rappelant ces scènes. Ils croyaient que les internationales ouvrières arriveraient à s'entendre pour arrêter toute guerre. Pendant ce temps-là, les socialistes allemands votaient massivement des crédits à l'empereur pour renforcer leur armée. Les socialistes français n'ont jamais changé. L'utopie est leur doctrine dominante. » Il se souvenait avec plaisir des officiers qui l'avaient commandé, notamment du colonel Schwartz au képi décoré d'une aigrette blanche, le premier colonel de sa carrière militaire, et des braves types de sa compagnie qui venaient de la mine ou des champs, et de son séjour à Saint-Cyr dont il sortit 13e sur 210. Il se souvenait avec le même plaisir de ses camarades de Saint-Cyr : Alphonse Juin, qui fut le major de sa promotion, Emile Béthouart et Jean de Lattre. Moins heureux était le souvenir qu'il conservait des marches à pied imposées. Elles lui avaient paru écrasantes à cause de sa constitution filiforme. Des étapes longues de trente kilomètres chargé du fardeau de l'infanterie de l'époque pesant, comme maintenant d'ailleurs, au moins dix-huit kilos.

— Il rechignait devant l'éducation physique ?

— Détrompez-vous. Adolescent, il a pratiqué le football et l'escrime. Le football était obligatoire dans les jeux collectifs des garçons depuis le début du XXe siècle. Chez les jésuites, il y a donc joué. Mais pas beaucoup. Par contre, il aimait assez l'escrime, un sport dans lequel dans son jeune temps les Français étaient des maîtres. Au collège Stanislas, il eut comme professeurs des maîtres d'armes et même des champions du monde. Il se souvenait, par exemple, de Kirschauer qui était champion international d'épée. Et grâce à sa taille, mon père avait une forme d'allonge exceptionnelle. C'était un avantage, en particulier dans les coups d'arrêt. Mais il n'a jamais voulu atteindre le niveau de championnat parce que la compétition lui aurait pris trop de temps. Cependant, l'escrime était importante car elle comptait pour trente points au concours d'entrée de Saint-Cyr. Enfin, dans la génération de mon père, on envisageait fort bien d'être un jour contraint de se battre en duel. C'était interdit, mais toujours dans le domaine du possible. On savait par exemple que Clemenceau menaçait de provoquer en duel tout auteur d'un texte qu'il aurait jugé offensant. Toutefois, il suivait les compétitions d'escrime. Il me racontait avec passion que les Français étaient, à cette époque, équivalents ou meilleurs que les Italiens en fleuret, qu'ils étaient les maîtres incontestés de l'épée mais moins bons au sabre que les Hongrois ou les Autrichiens, voire les Allemands. Aussi lui a-t-il fallu apprendre le maniement du sabre tout comme celui de la baïonnette.

— Il choisit donc d'entrer dans l'infanterie à sa sortie de Saint-Cyr. N'est-ce pas surprenant pour un officier qui va bientôt prôner la motorisation de l'armée ?

— Compte tenu de la puissance de feu de l'artillerie et des armes automatiques, il avait compris que le combat à cheval ne serait plus possible en Europe. Déjà en 1870, il s'était avéré très meurtrier et sans résultat décisif. Dès lors le rôle de la cavalerie serait, pensait-il, limité à la découverte et à la reconnaissance de l'ennemi. Mais comme la tendance générale était toujours de mener un combat d'infanterie et d'artillerie en lignes et en fronts continus, il ne voyait pas d'autres moyens de mener la guerre de mouvement pour les contourner par des unités se déplaçant à cheval mais combattant à pied, ou manœuvrées par chemin de fer ou transports motorisés qui commençaient à faire leur apparition dans les armées. En bref, pour lui, l'infanterie était bien la reine des batailles. D'autre part, dans le domaine des contingences personnelles, il trouvait le cheval très encombrant : il fallait régler sa propre existence sur la sienne et beaucoup trop s'en occuper à son gré. « Je suis couche-tard et lève-tard, s'exclamait-il, tu ne me vois pas me lever avec les chevaux ! »

— Il n'aimait pas l'équitation ? Comment montait-il ?

— Il aimait assez monter à cheval et, malgré sa taille, il était un bon cavalier. Monter à cheval était d'ailleurs le moyen courant de se déplacer avant la Seconde Guerre mondiale, sans parler de la guerre de Pologne qu'il a littéralement faite en selle, jour et nuit, de 1919 à 1921. De plus, dans le contexte de l'époque, nombre d'officiers, au moins la moitié, n'abordaient le métier que pour des raisons sociales. Ayant d'autres revenus, ils n'en avaient pas besoin matériellement. Certains même, avant la guerre, négligeaient de toucher leur solde ou ne la touchaient que lorsque le trésorier les en priait. Ce n'était pas le cas de mon père qui n'avait que sa solde pour subsister. C'était une des raisons pour lesquelles il se félicitait d'avoir choisi l'infanterie. Elle était plus dans ses possibilités. Il trouvait que les chevaux entraînaient trop de frais et d'embarras. Je me souviens l'avoir entendu m'expliquer cela en détail : « Le cavalier doit assumer beaucoup de frais. D'abord pour la remonte (le service chargé de fournir de nouvelles montures), ensuite pour entretenir la sellerie. Quand je pense que certains dragons ou cuirassiers allaient même jusqu'à se procurer à grands frais une chevelure de femme pour la crinière noire de leur casque ! » Il se rappelait qu'il fallait encore penser à l'ordonnance chargée du cheval, sans compter le cheval de remplacement, payer l'écurie en cas de déplacement, hors manœuvre réglementaire, et évidemment la nourriture de l'animal. « Bref, un train de maison qui dépassait mes possibilités. Finalement, j'avais bien assez de mon équipement de fantassin. »

— Mais le moteur, il n'y pensait pas ?

— Comme je viens de le dire, il pensait depuis longtemps que le moteur modifierait la guerre. Il n'a pas non plus négligé d'entrevoir à cette époque tout ce que l'aviation naissante pouvait apporter à une armée moderne. A ce sujet, ce n'est pas lui qui, avant de sortir de Saint-Cyr, se serait moqué, comme on s'est plu à le raconter, en regardant évaluer des « motos-ballons » et des aéroplanes en cours de manœuvres, estimant que tous ces aéronefs n'étaient qu'accessoires d'ingénieur dont l'utilité était aléatoire. C'est Joffre venu en inspection qui aurait lancé, assez goguenard : « Tout ça, c'est du sport ! » A moins que ce dernier ait voulu être admiratif ? Quelques années après la guerre, mon père tiendra à effectuer un stage d'observateur aérien. Il eut, se souvint-il un jour devant moi, un certain mal à loger sa « grande carcasse » dans la carlingue du Breguet 19, un biplan monomoteur, mais, me dit-il, « je compris mieux encore, après cette expérience, l'obligation qui était la nôtre de développer au plus vite une aviation de plus en plus moderne et importante ». C'étaient ses premiers vols aériens. Plus tard, on le sait, il fera plusieurs fois le tour de la terre dans les airs, et pendant la guerre de 39-45 dans des conditions plus que risquées.

— Pourquoi est-il resté si peu de souvenirs matériels de sa jeunesse ?

— Pas plus que ma mère, mon père n'aimait amasser des objets. Il existait cependant avant guerre bien des souvenirs datant de son enfance et de sa jeunesse, notamment à Saint-Cyr. Malheureusement, tout ce qui était resté à Colombey a été volé pendant l'Occupation. N'ont été préservées que les archives qui n'étaient pas chez mes parents en 1940, mais chez des tiers ou entreposées dans un garde-meuble ou bien encore recueillies dans quelque bibliothèque. Longtemps, mon père a gardé, visible, sa coiffure de Saint-Cyr, le shako et son casoar, qu'il m'a donné par la suite et qui a malheureusement disparu lui aussi à Colombey où je l'avais placé au-dessus de mon armoire. Il avait conservé précieusement toutes ses tenues de « cyrard ». Elles ont également été dérobées. Son sabre de Saint-Cyr, il l'a porté jusqu'en 1915. C'est avec lui qu'il a chargé, en avant de sa troupe, sur le pont de Dinant en Belgique. Plus tard, il ne l'a ressorti qu'à l'occasion de quelques cérémonies, car il ne faisait plus partie de l'équipement usuel de l'officier. On le lui voit porter fièrement le jour de son mariage. Pendant la guerre, caché dans une malle, il a échappé aux Allemands. Ensuite, il l'a exposé longtemps dans une vitrine de son bureau, à La Boisserie. Au-dessus de sa garde, sur la lame, est inscrit : « Charles de Gaulle, 1912 », date de sa sortie de Saint-Cyr. Il est arrivé à mon père de rester ainsi attaché à de rares souvenirs matériels parce qu'ils constituaient des symboles. C'était le cas, par exemple, de la veste de cuir et du casque sans visière des régiments de chars renforcé d'un bourrelet de cuir sur le front qu'on lui a vu coiffer pendant la bataille de France. Lui qui, plus tard, ne se préoccupait guère de son apparence extérieure, pourvu qu'elle fût correcte, avait plaisir à se rappeler l'une de ses fantaisies de jeunesse : l'uniforme bleu horizon qu'il s'était fait confectionner à La Belle Jardinière, en 1915, et que l'on avait taillé, d'après un croquis de sa main, dans un coupon de tissu qu'il avait fourni. Il avait notamment dessiné les poches et la ceinture qu'il avait copiée selon un modèle anglais. Cet uniforme n'avait peut-être pas une coupe très réglementaire, mais il était adapté à la vie dans les tranchées. A entendre mes grands-parents, il en était assez fier. Sur son col officier brillait, doré, le numéro de son régiment d'infanterie : 33. Les trois galons de capitaine étaient à peine marqués sur les manches et aucun insigne n'apparaissait sur les épaules. Sur sa photo, ainsi paré, mon père a ébloui mes jeunes années.

3

UN SOLDAT EN 14

> « Aujourd'hui j'ai 24 ans, et comme de juste, cet anniversaire est salué par une canonnade épouvantable toute la nuit et tout ce matin. »
>
> *Lettres, Notes et Carnets*. 22 novembre 1914.

Guerre de 14-18, sa première expérience au feu... Comme tout homme de sa génération qui avait connu les tranchées, il devait, je suppose, être hanté par ses souvenirs de guerre. Vous l'avez certainement entendu souvent en parler pendant votre jeunesse. Qu'est-ce qui l'avait le plus marqué ?

— Détrompez-vous. Mon père n'a jamais été de ceux qui racontent leurs campagnes. Dans son milieu, comme dans beaucoup d'autres, les hommes qui revenaient du front gardaient le silence sur les souffrances et les horreurs qu'ils avaient vécues pour ne pas choquer les femmes et les enfants. Ils ne décrivaient pas davantage leur vie menée à la caserne auparavant. Leurs aînés masculins se doutaient bien de ce qui se passait dans les combats, mais évitaient les questions et les commentaires qui n'auraient rien apporté d'utile. S'ils évoquaient leur vie à la guerre, c'était seulement entre eux. Cette réserve de bonne éducation et cette décence contre les vantardises qui ridiculisent – nous devions avoir la même mentalité à la France Libre sans nous apercevoir qu'elle nous nuirait finalement – devaient souvent empêcher le grand public de connaître le véritable Charles de Gaulle. Il n'en voyait que les grandes actions dans les événements à l'échelle nationale et n'en comprenait pas la personnalité profonde. C'est pourquoi, encore aujourd'hui, beaucoup n'imaginent même pas qu'il fut sur le terrain un soldat parmi les meilleurs, tant en 14-18 qu'en 39-40. Certains « bons apôtres » – c'était son expression – vont même jusqu'à interpréter la modération du capitaine de Gaulle sur son propre combat pour la transposer dans le sens du doute, de la minoration et même, rarement à vrai dire, de la diffamation. Car quand on lit ses *Mémoires* et ses écrits, que ce soit sur la Première ou la Seconde Guerre mondiale, on y trouve mention des opérations de guerre dans leurs grandes lignes, pour l'Histoire, mais rien dans le détail de sa propre conduite pourtant d'un grand courage moral ou physique et d'une volonté hors du commun. Il est vrai que personne n'aurait pu aussi excellemment décrire ces combats s'il ne les avait pas lui-même vécus. C'est pourquoi, quelques années seulement après la Grande Guerre, Pétain lui a confié la rédaction du livre *Le Soldat* qu'il projetait de publier sous sa propre signature. Il ne l'aurait certainement pas donnée à quelqu'un qui n'aurait pas été, comme mon père, un combattant signalé. Mais c'est d'une manière impersonnelle et sans jamais y apparaître qu'il a raconté cette guerre.

— C'est dommage pour ceux qui s'intéresseront à lui plus tard !

— Certainement. Toutefois, ses papiers personnels, certificats de blessures, citations ou comptes rendus de ses supérieurs et les siens propres, ses lettres, quelques commentaires entendus de sa bouche parfois au long des années et les conversations qu'il partageait avec ses trois frères revenus, comme lui, du front, ont permis de connaître assez exactement les combats auxquels il a participé. Il faut également tenir compte de ce qu'il a écrit dans *La France et son armée*, l'une de ses plus belles œuvres et pourtant l'une des moins connues. On trouve là une description minutieuse du rôle héroïque de l'infanterie pendant la guerre de 14. Et croyez-moi, c'est du vécu ! Car, ne l'oublions pas, si mon père est devenu plus tard un spécialiste des chars, il s'est d'abord illustré dans cette arme que l'on appelait « la reine des batailles » parce que, à la fin, c'était elle qui occupait le terrain.

— Grâce à ce livre, on peut donc reconstituer sa vie de fantassin en tant que lieutenant au 33e régiment d'infanterie, puis de capitaine dans les tranchées de 1915 ?

— Très exactement. La vie des combattants

qu'il a décrite, de l'officier parmi ses hommes, je le sais, c'est la sienne. On le sent lui-même « le cœur étreint mais résigné », au cours des heures d'attente dans la tranchée, avant l'assaut. On entend avec lui les « plaisanteries forcées de quelques loustics » au milieu du silence des autres. L'anxiété serre la gorge, les traits sont tendus, « sachant, dit-il, que beaucoup ne reviendront pas le soir ». On peut voir alors mon père imiter quelques-uns, écrire aux siens, avec « un pauvre crayon, quelques lignes contraintes », peut-être, pense-t-il, les dernières. L'heure approche, « chacun vérifie ses armes, son fusil souillé, s'assure de ses grenades, arrime son outil, répartit ses vivres ». Comme les autres officiers, mon père répand « quelques encouragements » autour de lui, des sourires empruntés. « La tension nerveuse est au comble. Les montres sortent des poches à chaque instant. » Mon père sent les regards fixés sur lui. Debout ! « Les officiers font un geste. » C'est l'assaut. Après l'attaque, les chefs comptent leurs hommes. J'entends encore mon père évoquer avec mes oncles cette terrible énumération des morts et des vivants. Mais le répit ne dure pas. C'est maintenant la « danse » des canons adverses. Parfois pendant des jours. Et chacun sait ce que cela signifie : l'ennemi se prépare à monter à l'assaut à son tour... Tandis que, autour de lui, racontait-il, « un morne abattement s'empare de tous ceux que la mort n'a pas pris. Les combattants végètent sans sommeil, sans vivres, sans eau, se croyant abandonnés de Dieu et des hommes, ne désirant plus que la fin de l'épreuve, quelle qu'elle puisse être, mais immédiate ».

— Malgré la pudeur et les réticences de votre père et de vos oncles, l'enfant que vous étiez ne parvenait-il pas quand même, en les questionnant, à reconstituer l'expérience personnelle qu'ils avaient éprouvée pendant ces années d'enfer ?

— Dès l'âge de comprendre, comment mes jeunes cousins, mes camarades et moi-même n'aurions-nous pas guetté le moindre propos familial sur ces souffrances endurées pendant la guerre ? Je me souviens que mon grand-père paternel, Henri, mentionna une fois le choc qu'il avait ressenti à l'annonce de la disparition de son fils, Charles, qu'il avait d'abord cru tué à Verdun. Vous imaginez la scène. Ma grand-mère paternelle – j'entends encore sa voix – considérait comme une faveur divine exceptionnelle le retour de la guerre de la totalité de ses quatre fils, en particulier du plus menacé, mon père. Plus de 80 % des officiers tués l'avaient été dans son arme, l'infanterie. Elle pensait, et je partage tout à fait cet avis, que le sort l'avait épargné en le retirant des combats par capture à sa troisième blessure à Verdun, le 2 mars 1916, après la première à Dinant, en Belgique, le 15 août 1914, et la deuxième sur la Somme, le 10 mars 1915. A ce rythme, il n'aurait probablement pas pu survivre jusqu'à la fin du conflit. « Une miséricorde de la Providence », n'osait-elle pas trop dire, et surtout pas devant l'intéressé qui ne s'était pas consolé d'avoir été fait prisonnier. En cela, il devait, vingt-cinq ans plus tard, complètement différer de la masse des anciens prisonniers qui se réunissaient en association au lendemain de la Seconde Guerre mondiale. Il s'est souvent exclamé devant moi : « Etre fait prisonnier, ce n'est pas de chance, c'est comme d'être fait cocu ! De là à en faire des défilés ! » En ce qui concerne les combats, lorsqu'il les évoquait avec ses trois frères, Xavier, Jacques et Pierre, avec son beau-frère Jacques Vendroux ou quelque parent ou ami, ce n'était souvent qu'en passant sur quelque péripétie opérationnelle à laquelle ils avaient incidemment participé, ajoutant parfois : « C'est là que ce pauvre Untel a été tué et moi blessé. » Je tiens à répéter que la discrétion à titre personnel, voire une prudence de bonne éducation contre la vantardise vulgaire et les « m'as-tu-vu », était de règle dans leur milieu. C'est au point que, par exemple, lorsque mon père fut promu lieutenant-colonel et officier de la Légion d'honneur, ni lui ni ma mère n'en firent la moindre mention. C'est en constatant plus tard de nouvelles marques sur son uniforme que je l'apprendrai.

— Vous ne l'avez donc jamais entendu décrire ses blessures ?

— Jamais. Laissez-moi vous raconter cette anecdote. Durant les vacances d'été à la plage de Wissant, près de Calais, j'ai un jour aperçu mon oncle Jacques et mon père court-vêtus pour pêcher la crevette en poussant devant eux un grand filet. Ce fut la seule fois de ma vie où j'ai vu mon père en pull-over et maillot de bain, tenue qu'il évitait d'autant plus qu'il savait nager, raillait-il, « comme un fer à repasser les vingt-cinq mètres obligatoires à Saint-Cyr ». J'ai eu alors le temps d'apercevoir la marque horizontale sous le genou,

« plaie au péroné droit avec paralysie du sciatique par balle », que spécifie le certificat médical, et une autre, verticale, de la longueur d'un doigt, « à la face postérieure de la cuisse gauche, tiers moyen par baïonnette allemande », en plus de la mention « gazé » que précisent d'autres certificats, deux en français et un en allemand. Ma mère à qui j'avais confié mon étonnement devant ces blessures s'est exclamée : « Une sacrée cicatrice avec les marques des sutures ! Ton père a eu de la chance que seul le muscle ait été traversé. Autrement, il serait mort d'hémorragie ou devenu infirme. » Une autre chance a voulu que la sacoche qu'il portait au ceinturon et qui était remplie de cartes d'état-major – elles pesaient parfois jusqu'à deux kilos – ait détourné la lame qui l'a frappé. J'ajoute qu'il avait eu une troisième blessure dûment certifiée « palmo-dorsale à la main gauche ». Cette dernière en était demeurée discrètement déformée. Tout de suite après avoir reçu cette blessure, il avait tenu à rester en ligne, déclarant qu'elle n'était pas assez grave pour l'empêcher de continuer. Mais très rapidement une inflammation s'était propagée qui avait fait gonfler tout son avant-bras. C'est alors qu'il avait consenti à être évacué. Je me souviens qu'il m'a confié que son séjour à l'hôpital avait été doublement et dérisoirement calamiteux : il y avait en plus contracté une scarlatine et on lui avait volé son pistolet. Il ne pourra pas s'en procurer un autre tant la demande en était forte à cause de la multiplication des desservants d'armes. Mais cette carence ne l'affectera pas trop si l'on sait que, depuis l'apparition du fusil Gribeauval sous Louis XV, les officiers d'infanterie marchaient au combat avec un fusil à baïonnette comme les fantassins qu'ils conduisaient.

— A-t-il souffert plus tard de ses différentes cicatrices, notamment de sa main déformée ?

— De sa main, certainement. Mais sa cicatrice à la cuisse était autrement plus importante. A ce propos, un chroniqueur mal informé a cru devoir écrire que, tout de suite après sa première blessure, le 15 août 1914, à Dinant, en Belgique, il aurait volé une bicyclette pour gagner Arras, puis affrété un taxi pour rentrer à Paris ! On voit mal comment il aurait pu en trouver un dans la zone de l'arrière immédiat des armées, à une époque où ils étaient très rares en province et tous réquisitionnés par les états-majors. Quant à utiliser une bicyclette, comment y serait-il parvenu ? Sa blessure par balle lui avait paralysé le genou et il souffrait terriblement. Pendant trois jours, il est demeuré sur un brancard sans recevoir d'autres soins que provisoires. Il est d'abord resté dans un poste de secours installé dans le château de Bouvignes, près de Dinant. Un notaire de Philippeville, qui était le président de la Croix-Rouge locale, l'a ensuite transporté dans sa voiture personnelle à Charleroi avec deux autres blessés. Comme la sœur de mon père habitait cette ville, il a alors demandé qu'on le dépose devant chez elle. C'est ainsi que ma tante l'a retrouvé allongé sur le trottoir devant sa porte. Après, il a voulu être transporté jusqu'à la gare de Charleroi pour être rapatrié en France.

Pendant quatre heures, il a donc attendu un train sur le quai, toujours couché sur son brancard. Quand il est parvenu, au bout de ces trois longs jours, à l'hôpital Saint-Joseph, à Paris, le professeur Michon, grand spécialiste de son temps, qui l'a opéré, lui a appris : « Vous avez eu de la chance de ne pas avoir contracté la gangrène après tant de délais passés sur un brancard et d'être tombé sur moi. Un autre vous aurait peut-être coupé la jambe. » Par la suite, cette blessure se rappelait à lui de temps en temps. Après qu'il eut acquis La Boisserie, à Colombey-les-Deux-Eglises, il m'emmenait faire de longues marches du côté des Dhuits ou de Cirey-sur-Blaise, à la fois par goût de la forêt et pour maintenir la forme physique qu'il estimait essentielle à la préparation de la nouvelle guerre qui commençait à poindre avec l'arrivée de Hitler au pouvoir en Allemagne. Une dizaine de kilomètres un jour, une quinzaine un autre. Plus de vingt parfois. Je remarquai alors que, à la fin, il lui arrivait de boiter un peu. Il ressentait une certaine souffrance, mais bien sûr il n'en disait rien.

— Vous ne l'avez pas questionné à ce sujet ?

— Je m'en serais bien gardé ! Il ne l'aurait pas aimé. A la même époque, m'ayant estimé en âge de commencer à comprendre par moi-même et sans autre explication, il m'emmena voir quelques-uns des rares films de guerre produits en un temps où ni le public ni l'Etat n'encourageaient leur production. Le premier s'appelait *Verdun, vision d'histoire*. Dans une atmosphère de rêves d'outre-tombe et de commentaires d'un pacifisme délirant, on y voyait défiler ensemble des squelettes affublés d'un masque à gaz et coiffés de casques français ou allemands. Mon père était tellement indigné qu'il ne supporta pas de voir ce film signé Lucien Poirier plus de vingt minutes et m'entraîna hors du cinéma à mon grand regret. Il bougonnait : « Scandaleux ! Ces cinéastes n'ont jamais fait la guerre ! » Le deuxième film était *Les Croix de bois*, d'après Dorgelès. Celui-là, il l'accepta jusqu'à la fin avec cependant quelques grognements, mais non sans satisfaction visible. En sortant de la salle, il fit cette réflexion : « Au cinéma, l'amour est plus beau qu'en réalité, et la guerre moins horrible. » Ajoutons qu'il fut le seul de la famille à ne pas être choqué par *Le Feu*, le livre de Henri Barbusse. Il en dit seulement en soupirant : « Quelques propos aussi inutiles que grossiers ! Dommage ! » Le troisième film que nous vîmes ensemble, *My son, my son*, le laissa longtemps sous le charme. C'est l'histoire d'un homme qui, fâché avec son fils dont il a désapprouvé le mariage, apprend incidemment qu'il part pour la guerre. Il court donc à la gare. Trop tard. Le train s'en va... Nous sortîmes du cinéma emplis d'un indicible chagrin.

— Lorsque vous passiez vos vacances en famille dans les Ardennes, ce qui vous arrivait souvent, vous étiez à deux pas des anciens champs de bataille. Etait-ce une occasion pour votre père de vous les faire visiter ?

— Septfontaines, le château de mes grands-parents maternels, près de Charleville-Mézières, où nous avions l'habitude de passer l'été, est en effet à une proximité relative de l'ancien champ de bataille de Verdun. M'aurait-il emmené, plus de dix ans après la guerre, visiter ce lieu s'il avait été situé plus loin ? En tout cas, je me souviens qu'il éprouva un réel intérêt à le revoir et à jouer le guide pour l'enfant que j'étais. Douaumont présentait encore l'aspect d'une aire grisâtre et chaotique d'une terre à ce point brûlée par les explosifs que seules y végétaient quelques touffes d'herbe. Aucun arbre, aucun buisson. Du village de Douaumont, il ne restait que des pierres, des vestiges de tranchées, de barbelés et d'abris. Nombre de projectiles abandonnés rendaient dangereuse toute circulation hors des sentiers battus. Mon père ne put retrouver qu'approximativement la position qu'il avait défendue en avant du village. Je le regardais, imaginant les moments terribles qu'il avait vécus là, et l'émotion qui devait l'étreindre malgré son impassibilité forcée. Non loin, on présentait la « tranchée des baïonnettes » où, comme on le sait, des canons de fusil sortent de terre prolongés pour certains de leur baïonnette. Comme c'est encore le cas aujourd'hui, des guides prétendaient que des soldats français qui attendaient l'assaut y avaient été enterrés debout par l'artillerie adverse. En connaisseur, mon père secouait la tête : « Il est possible que quelques pauvres types y aient été recouverts de terre par le bombardement qu'ils subissaient, mais de là à prétendre qu'ils soient demeurés à la verticale avec leurs armes, c'est un peu fort ! » Douaumont restait sans doute son plus mauvais souvenir. Non seulement les siens et lui-même y avaient été écrasés, mais l'inimaginable s'était produit : tomber, blessé, entre les mains de l'ennemi en un temps où personne n'osait se vanter d'avoir été fait prisonnier, ce coup du sort fût-il survenu à l'issue du combat le plus courageux. Les officiers capturés s'étaient retrouvés, selon le règlement d'alors, « en demi-solde et hors avancement ». Ils semblaient devenus inutiles, même s'ils avaient été victimes de leur devoir. A entendre mon père évoquer cette fatalité d'une voix rauque, j'imaginais facilement l'écœurement profond qu'il avait dû éprouver à ce moment-là.

— Ses rencontres avec ses anciens camarades de combat devaient provoquer des discussions passionnantes. Vous permettait-il parfois de l'y accompagner ?

— Je me rappelle avoir assisté à l'une d'entre elles. C'était avec son ancien commandant de régiment, le général Franz Boud'hors, dans une brasserie du quai Voltaire, La Frégate, au bord de la Seine, si je me souviens bien, où ils s'étaient donné rendez-vous en civil à la demande de son supérieur en retraite. Mon père refusait habituellement de fréquenter brasseries et cafés, et il avait fait une exception pour son ancien compagnon d'armes. Cette rencontre fut pour mon père l'occasion d'évoquer avec une ironie amère le « malheur » – c'était son mot – qui lui était arrivé à

Douaumont. Boud'hors était un brave homme plutôt petit et rond, portant de grandes moustaches. Il avait beaucoup apprécié le capitaine de Gaulle dont il avait fait son officier adjoint, c'est-à-dire « à tout faire », en plus des fonctions de commandement de la 10ᵉ compagnie que mon père assumait déjà. Boud'hors entendait exprimer ses regrets et ses scrupules d'avoir eu à placer le bataillon de mon père en position avancée devant le village de Douaumont, position quelque peu sacrifiée où il devait amortir le premier choc de l'ennemi et laisser les deux autres bataillons plus en arrière, en meilleure situation pour arrêter l'attaque. Mon père, qui avait conservé de l'attachement pour son ancien chef, lui répondit avec une désinvolture qui me parut feinte que tout cela « avait été tout à fait normal » et qu'il n'y avait rien d'autre à faire. Il qualifia même « d'inénarrables » (c'est-à-dire d'impossibles à raconter) et de « pas aussi meurtriers qu'on aurait pu le supposer » (mais tout de même massifs) les bombardements qui les avaient écrasés, lui et ses hommes. Ce qu'ils avaient subi, soulignait-il, ne méritait guère qu'on s'y attardât au regard de l'enjeu et de l'ampleur sans précédent de la bataille... Je prêtai une attention passionnée à tout ce qu'ils racontaient. Je les ai même entendus critiquer la carence totale du haut commandement français au moment où leur régiment était monté en ligne à Verdun.

— Vous voulez parler de Pétain ?

— Il critiquait effectivement Pétain pour son attitude au cours de la période du 26 février au

6 mars dans la zone fortifiée de Verdun. Il soutenait notamment que, nommé au commandement de cette zone, le général de Castelnau avait obtenu du général Joffre que Pétain lui fût adjoint le 25 février. Mais ce dernier était très réticent à l'idée d'assumer cette charge. Castelnau avait donc dû le pousser d'office. Après une première étape à Dugny où il avait signifié son impossibilité d'accomplir sa nouvelle mission faute que son état-major l'eût rallié, Pétain avait reçu de Castelnau l'ordre de gagner son poste sans délai, malgré la neige qui gênait fort la circulation des automobiles. Aussitôt arrivé dans la journée du 26 février, il s'était déclaré alité avec une forte grippe. Son aide de camp, Bernard de Serrigny, témoignera par la suite avoir été obligé de s'organiser sans lui avec les membres de son état-major qui avaient fini par le rejoindre. Cette maladie, diplomatique ou non (certains accuseront Pétain d'avoir cherché à s'engager le plus tard possible pour n'avoir pas à « essuyer les plâtres »), était restée durant cinq à six jours cachée à la plupart... Aussi, remarquait mon père, l'histoire officielle des Armées françaises est demeurée fort discrète sur cette période de neuf jours pendant laquelle s'était trouvé engagé son régiment, le 33e d'infanterie. Je l'entends encore ajouter avec amertume : « Autrement dit, la montée en ligne du 33e, le 28 février, et la destruction d'un de ses bataillons, de celui de ma compagnie, passent quasiment inaperçues pour l'Histoire. » Il déplorait en outre que le public confondît la défense héroïque du village de Douaumont avec le fort du même nom pris sans combat.

— C'est donc en avant de ce village que votre père sera fait prisonnier après avoir été grièvement blessé ?

— Le 2 mars exactement. Le souvenir que gardaient mon père et le général Boud'hors de cette affreuse journée était, vous le pensez bien, demeuré intact. Le moindre détail leur revenait avec une précision saisissante. Je les écoutais, à la fois subjugué par leur courage et horrifié par le calvaire qu'ils avaient connu. Ce récit, mon père le complétera plus tard pour moi. Je me le remémore aujourd'hui comme s'il était en train de me le dicter. Ce matin-là, avant le lever du jour, vers 6 h 30, un bombardement massif s'abat sur la ligne française : une centaine de canons de tous calibres tirent sans interruption pendant plusieurs heures et à cadence rapide sur moins d'un kilomètre de tranchées. Au milieu de cet ouragan, dans la fumée et la poussière aveuglantes, mon père a l'impression d'être le seul survivant. Trente-sept hommes seulement sur plus de cent quatre-vingts de sa compagnie répondent alors à ses appels. Ils tirent aussitôt sur la vague d'Allemands qu'ils voient surgir devant eux à courte distance et qu'ils plaquent au sol. Mais, encerclée et réduite, morceau par morceau, à coups de lance-mines et de grenades, l'unité de mon père, déjà coupée en deux, va être détruite sur sa position en pure perte. Alors, contrairement à l'ordre général de résister sur place, le capitaine de Gaulle (il a été promu à ce grade en février 1915) décide de tenter une percée vers l'unité voisine en empruntant un vieux boyau éboulé qui passe au sud des ruines de l'église. Il s'y faufile le premier, « un fusil à baïonnette à la main », précise-t-il, entraînant derrière lui la dizaine d'hommes qui lui reste. A peine a-t-il sauté dans une sorte d'entonnoir qu'un groupe d'Allemands accroupis de part et d'autre dans un boyau perpendiculaire qu'il n'a pas vu lui tombent dessus. C'est à ce moment-là qu'il reçoit un violent coup de baïonnette dans la cuisse tandis qu'une grenade lancée d'on ne sait où explose dans le tas, et qu'un coup de fusil à bout portant tue le sergent qui le suivait. Il s'évanouit. Lorsqu'il reprend connaissance, on le traîne jusqu'à la position qu'il vient de quitter. Mais elle est désormais occupée par l'ennemi. Baptisée « contre-attaque » par des détracteurs et jugée par eux comme une erreur de la part de mon père, cette tentative de percée désespérée aurait, prétendent-ils, entraîné sa reddition et celle de ses hommes.

— On a raconté qu'il avait été vu en train de lever les bras en l'air...

— Pure calomnie ! Il ne s'est jamais rendu. Quant au reste, ayant perdu connaissance, il ignore ce qui est arrivé aux autres. « Il est possible, rapportait-il, qu'ailleurs quelques isolés aient été obligés de se rendre. » Il apprendra par la suite que le sacrifice du 3e bataillon n'a pas été inutile. En effet, en dépit de quelques progrès du 3 au 5 mars, l'avance des Allemands est stoppée le 6 sans qu'ils aient pu s'emparer du terrain situé au sud du village de Douaumont. Le 5 mars au soir, le 33e régiment d'infanterie est enfin relevé. Les mots de mon père résonnent encore dans mon oreille, martelés et terribles : « En quatre jours, mon régiment a perdu trente-deux officiers et mille quatre cent quarante-deux hommes sur moins de deux mille au total. Ce qui a été complètement ignoré des chroniques officielles ! »

— Pourquoi n'a-t-il pas apprécié la très belle citation à l'ordre de l'Armée qu'il a reçue, signée Philippe Pétain ?

— Elle est en effet très belle. Mais elle déplut à mon père qui n'aimait pas que l'on ramène la guerre à ce qu'il appelait des « images d'Epinal ». Il faut savoir qu'après Verdun il a fait l'objet de deux textes de citation. Le premier projet, envoyé par le colonel Boud'hors, son commandant de régiment, dit : « Le 2 mars 1916, sous un effroyable bombardement, alors que l'ennemi avait passé la ligne et attaqué sa compagnie de toutes parts, a organisé après un corps à corps farouche, où tous se battirent jusqu'à ce que fussent dépensées les munitions, fracassés les fusils et tombés les défenseurs des armes. Bien que grièvement blessé d'un coup de baïonnette, a continué à être l'âme de la défense jusqu'à ce qu'il tombât inanimé sous l'action de gaz. » Il jugea ce texte à peu près conforme à la réalité, sauf qu'il avait été selon lui l'âme de la défense jusqu'au coup de baïonnette et non après puisqu'il s'était évanoui. Malheureusement, comme on le croyait mort, le général Pétain a cru bon de sublimer ce premier texte en en signant un autre de sa main, publié au *Journal officiel* du 7 mai 1916, à savoir : « Le capitaine de Gaulle, commandant de compagnie, réputé pour sa haute valeur intellectuelle et morale, alors que, subissant un effroyable bombardement, son bataillon était décimé et que les Allemands atteignaient sa compagnie de toutes parts, a enlevé ses hommes dans un assaut furieux et un corps à corps farouche, seule solution qu'il jugeait compatible avec son sentiment de l'honneur militaire. Est tombé dans la mêlée. Officier hors de pair à tous égards. » Il jugeait cette citation trop dithyrambique et peu conforme aux réalités des combats. « Rédigée pour l'édification de l'arrière, estimait-il, elle ne correspond pas à ce qui s'est réellement passé, d'où certaines ratiocinations pour me dénigrer longtemps après. » Il en fit même respectueusement la réflexion à Boud'hors, son ancien chef, lorsque celui-ci lui demanda plus tard devant moi pourquoi il trouvait beaucoup trop élogieux les termes par lesquels on avait glorifié sa conduite. Je pense pouvoir le citer mot à mot : « Je ne suis pas Falstaff ou Cyrano de Bergerac qui, "n'écoutant que leur courage, se sont lancés à la tête de leurs troupes, etc.". Il aurait simplement fallu dire quelque chose comme : "Le 2 mars, capitaine d'une compagnie d'infanterie écrasée par l'artillerie et submergée de tous côtés par l'ennemi en défendant le village de Douaumont jusqu'au corps à corps, a été blessé d'un coup de baïonnette." »

— Pourquoi voulait-il préciser par quelle arme il avait été blessé ?

— Quand on sait qu'à peine plus de quatre mille Français dans toute l'armée de la Grande

Guerre ont été tués ou blessés par arme blanche sur un effectif de plus de huit millions quatre cent dix mille mobilisés, on peut mesurer la valeur qu'il attachait au coup de cette lame d'acier qui avait provoqué sa capture ! Après la guerre, le général de Lattre de Tassigny, blessé lui-même d'un coup de lance en août 1914, lui proposa de faire partie d'une association qui regroupait tous les blessés à l'arme blanche de 14-18 ; il déclina l'offre, répondant qu'il n'avait jamais adhéré à une association. Quand il m'en parla, je lui fis remarquer que c'était dommage, qu'il aurait dû accepter pour faire taire les calomniateurs. Il me rétorqua alors : « Cela n'y aurait rien changé car les diffamations ne sont apparues qu'en 1940 du fait des Nazis et de Vichy. »

— Après sa capture, c'est le désespoir, à Lille, chez vos grands-parents : Charles a été porté disparu...

— Mon grand-père ne croit pas devoir garder beaucoup d'illusions sur son sort. Le *Journal officiel* a annoncé la nouvelle. Alors, comment espérer autre chose ? Lorsqu'il revient d'une visite au colonel Boud'hors qui l'avait invité à le rencontrer, il murmure : « Mon fils est mort en faisant son devoir. » Mais en mai 1916 arrivent presque en même temps, *via* la Suisse, une première correspondance de mon père, prisonnier, et ses certificats de blessure, celui établi par les médecins français capturés le même jour qui ont été parmi les premiers à le soigner – le médecin du bataillon

François Lepennetier et le médecin auxiliaire Gaston Detrahem – et celui que les Allemands ont de leur côté consciencieusement rédigé. Vous imaginez le soulagement et la joie de mes grands-parents à la réception de ce courrier... Ces certificats ont été montrés à Paris et à Nanterre, au cours de cinq expositions au moins dans les années 1970-1980, à l'occasion de commémorations décennales du général de Gaulle et de la France Libre. Durant ces présentations au public, j'ai vécu dans la crainte de la disparition de ces précieux documents, ou de leur détérioration. Ce qui est arrivé à certaines pièces telles que la page qui manque désormais au carnet manuscrit de mon père qui raconte son combat à Dinant, le 15 août 1914...

— Un antigaulliste désireux de soustraire à l'Histoire la preuve de l'héroïsme de Charles de Gaulle ?

— Je crois plutôt qu'il s'agit soit d'un amateur de souvenirs, soit, plus probablement, d'un collectionneur.

— Ces documents authentiques auraient dû empêcher les détracteurs d'inventer des histoires ?

— Ces histoires étaient inévitables. Cela a commencé quand la France Libre a tout à coup rendu mon père célèbre. Aussitôt est apparue en France une propagande pour tenter de discréditer cet adversaire, tant des Allemands en zone occupée par eux que de Vichy en zone dite « libre ». Ce dénigrement resurgit ensuite périodiquement mais rarement, il est vrai, contre un personnage devenu trop grand au gré de certains et auquel on ne trouvait guère à opposer que quelques attaques *ad hominem* d'autant plus gratuites qu'il ne s'en préoccupait guère. Plutôt sournoises de son vivant – une réaction de sa part était toujours à craindre –, elles devinrent plus ouvertes après sa mort sous la plume de quelques « plumitifs » (on ne peut pas les qualifier d'historiens) où le défaut critique ne l'emporte pas sur l'imagination. Pensent-ils se rendre intéressants en prétendant avoir découvert sinon la révélation, du moins l'inédit ? Après l'invasion de la France en 1940, se signale ainsi, soudain, un ancien combattant allemand nommé Hartmann – pourquoi pas Fritz ? – qui prétendit avoir capturé un capitaine de grande taille à Verdun, le 6 mars 1916, qui pouvait avoir été le capitaine de Gaulle, lequel lui aurait même rendu son sabre. La date était non seulement erronée puisque mon père était tombé aux mains de l'ennemi depuis quatre jours déjà mais aussi, comme ses camarades fantassins, il s'était dispensé de traîner au front cette arme aussi encombrante qu'inutile en adoptant la nouvelle tenue bleu horizon.

— A partir de quelle date ?

— Dès le début de 1915. J'ajoute que le sabre en question marqué de son nom se trouve actuellement, je le répète, en notre possession. Peu après ce faux témoin, un autre, un certain colonel Perré, prétendit que contrairement à la tradition qui voulait que l'ennemi rendît son arme à un adversaire héroïque fait prisonnier, l'Allemand avait gardé pour lui son fameux sabre, estimant par là qu'il ne méritait pas les honneurs ! Promu général et décoré par Vichy, Perré se croyait obligé, pour se faire valoir auprès de ce nouveau régime, de poursuivre par ses mensonges celui qu'il considérait probablement comme son ancien rival dans les blindés. En 1940, commandant la 2e division cuirassée de réserve constituée avec les chars qui restaient après les combats de Montcornet, Crécy-sur-Serre et la réduction de la poche allemande d'Abbeville où mon père s'était illustré, il n'avait pu que battre en retraite vers le sud en combats d'arrière-garde jusqu'à la zone d'armistice. Après quoi, il fit tout naturellement partie du tribunal militaire de Vichy qui condamna mon père.

— Quand votre père a commencé à être très connu, je suppose que d'autres anciens combattants de 14-18 se sont rappelés à son bon souvenir ?

— Bien sûr. Ils lui ont beaucoup écrit. Parmi leurs lettres, il y a celle d'un dénommé Delpech, agriculteur dans le Sud-Ouest, si je me souviens bien. Il s'adressera à moi à plusieurs reprises après la dernière guerre pour faire référence plutôt amène au 33e d'infanterie à Verdun. Dans le doute, je répondais toujours avec une respectueuse courtoisie à ceux, nombreux, qui se prétendaient anciens combattants sans confirmer ou contredire ce dont je n'avais pas les moyens de vérifier l'exactitude. Mon père, à qui j'avais incidemment mentionné ce correspondant, ne se souvenait plus de lui mais avait répondu comme moi de façon neutre et bienveillante. Or, en avril 1966, dans un journal, *Sud-Ouest Dimanche*, ce même Delpech affirmait entre autres : « A Verdun, sous les ordres du capitaine de Gaulle, nous avons été encerclés et écrasés et nous avons été obligés de nous rendre. » De là à affirmer, en inversant la proposition, que c'était ce dernier qui lui en aurait donné l'ordre ! A la lecture de ce récit fantaisiste, mon père avait haussé les épaules en faisant remarquer qu'au moment où il avait été lui-même blessé et capturé, il n'était certes pas dans la situation de pouvoir donner un tel ordre. A cette occasion, il me fit remarquer qu'il ne fallait pas toujours trop se fier à ce que racontaient parfois de pauvres anciens poilus. En 1959, il me rapporta : « Le 11 novembre dernier, à l'Arc de Triomphe, j'avais fait venir quelques anciens de la Grande Guerre pour les décorer. Entre autres, un de mes anciens chefs que l'on avait un peu oublié. Il est venu appuyé au bras de son fils et attendait, l'air pour le moins absent, assez étranger à ce qui se passait autour de lui. M'ayant tout à coup aperçu alors que je m'approchais de lui avec la Légion d'honneur, une lueur s'alluma dans son regard et il s'exclama : "Tiens ! De Gaulle ! Je vous reconnais. Mais qu'est-ce que vous faites là ?" »

— Et qu'en est-il de celui qui a contesté dans un livre la gravité de sa blessure ?

— Gaston Richebé était un ancien du 33e régiment d'infanterie. Mais lui-même, de son propre aveu, était fort éloigné du lieu de l'action. Il a affirmé dans ses *Souvenirs d'un fantassin* qu'il tenait « de source sûre » (*sic*) – on sait combien on doit se méfier d'une information accompagnée d'une telle affirmation – que le capitaine de Gaulle avait été « blessé d'une écorchure à la fesse » (*sic*). C'est l'habituelle et vieille plaisanterie des troupiers de toutes les guerres ! Sur un ton plus sérieux, on relève après la mort de mon père la critique d'un certain lieutenant Peuchot qui accuse le capitaine de Gaulle, trop sûr de lui, d'avoir été pris par un coup de main des Allemands, ce qui omet le pilonnage et l'attaque en règle qui vont écraser son bataillon, et d'avoir commis l'erreur de faire la relève dont le 33e avait été chargé dans son ensemble et non par compagnie. C'est lui octroyer les prérogatives du commandant du régiment avec la méconnaissance du fait que ces relèves ne pouvaient de toute façon s'effectuer sur le terrain que par compagnie et qu'elles l'ont bien été ainsi. De plus, ce lieutenant s'est attribué, je le cite, « le commandement d'au moins la valeur de trois compagnies de mitrailleuses », ce qui en fait trente-six, soit beaucoup pour un seul homme de ce grade !

— Le Général a-t-il jamais voulu répondre, au moins une fois, autrement que par le mépris à ce genre de détractions ?

— Pas une seule fois. Même lorsqu'elles avaient lieu dans la rue au cours d'une cérémonie officielle. Ce fut le cas à Munich, le 8 septembre 1963, lorsqu'il prononça un discours sur l'Odeon Platz. Un panneau est alors apparu au-dessus des derniers rangs de la foule : « De Gaulle prisonnier 1916 ! » Ses auteurs étaient des opposants à la réconciliation franco-allemande, probablement inspirés par les communistes de l'Allemagne de l'Est et les Soviétiques. Ils espéraient probablement provoquer une réponse de sa part et peut-être même un incident diplomatique. Ils en ont été pour leurs frais. De même les journalistes allemands de quelque *Stern* ou *Spiegel* qui firent apparaître dans leurs colonnes un certain Albrecht, remplaçant le Hartmann de 1940. Il prétendait avoir capturé un grand capitaine qui pourrait avoir été le capitaine de Gaulle, lequel, après qu'un chiffon blanc avait été agité à la sortie d'un abri, lui aurait remis son revolver. Ce pourrait être le 4 ou le 5 mars 1916. Les détails donnés en 1962 sont aussi erronés qu'en 1940. La date également puisqu'il a été fait prisonnier dès le 2 mars. Le décor décrit pourrait avoir été sur le périmètre du fort de Verdun que mon père n'avait jamais approché. Il n'y a eu aucun lance-flammes dans le secteur, contrairement à ce que mentionne ce « témoin ». Quant au nouveau « casque d'assaut » dont il prétend avoir été équipé, il ne devait entrer en service dans les unités spéciales allemandes qu'à la fin de 1916. Enfin, comment le capitaine de Gaulle aurait-il pu remettre à un Allemand un pistolet qu'il n'avait plus, on s'en souvient, depuis qu'il se l'était fait voler à l'hôpital l'année précédente ? Non, il ne s'apercevait même pas de ces bassesses pour lui sans importance. Aurait-on vu le chef de la France Libre et le président de la Ve République raconter ses exploits ?

— Mais pourquoi jamais de démenti de sa part, ni pour cela ni pour d'autres sujets ?

— Il savait que les démentis ne servent jamais à rien. Je ne me fais, pour ma part, aucune illusion à ce sujet. Vous verrez qu'en dépit des témoignages de première main qui sont les nôtres aujourd'hui, des biographes continueront plus tard à reprendre quelques-unes de ces inventions en les faisant passer pour des révélations. Et puis, il estimait qu'il ne fallait pas ennuyer les gens avec ses histoires personnelles et pénibles, qu'il y avait d'autres choses plus importantes à raconter. Je l'ai entendu un jour s'exclamer à ce propos : « Vivre ou survivre : très bien. Mais revivre, c'est superflu. »

4

UN PRISONNIER RÉCALCITRANT

« Ici, du matin au soir, nous n'avons qu'une pensée en tête : vous savez laquelle, et elle est réconfortante. »

Lettres, Notes et Carnets. 30 septembre 1918.

Le 2 mars 1916, le voilà donc prisonnier après une bataille sans nom où il passe pour mort. Comme la plupart des quatre cent mille autres Français déjà capturés par l'envahisseur, n'aurait-il pu estimer sa guerre terminée et s'en contenter plutôt que d'essayer d'échapper à ses geôliers ?

— Finir la guerre à l'abri des coups était effectivement, d'après lui, la mentalité de presque tous les sous-officiers et hommes de troupe que les Allemands avaient mis au travail sur tout leur territoire – certains contre leur gré –, selon les conventions de Genève pour ces catégories de prisonniers. Mais ce n'était pas celle de tous les officiers qui remplissaient quelque soixante-quinze camps d'internement et qui, eux, ne pouvaient pas être forcés à travailler. Et puis, il faut savoir que le capitaine de Gaulle n'est pas un prisonnier ordinaire. Il appartient à cette minorité qui refuse le mauvais sort et estime que la capture n'est qu'un incident momentané et que la guerre n'est pas achevée pour autant. Il entre alors dans une véritable culture de l'évasion et va devenir, selon ses propres termes, un « récidiviste obstiné ».

— L'homme du refus commence sa carrière !

— Il la commence curieusement, car la nécessité le transforme soudain en un tout autre homme. Lui qui détestait les travaux manuels, que je n'ai jamais vu jardiner ni bricoler, lui que j'ai vu un jour se mettre en colère devant une caisse de déménagement qu'il devait ouvrir avec des outils et qu'il a fini par abandonner à d'autres mains, lui qui s'exaspérait de devoir changer un plomb électrique, le voilà qui devient aussi adroit de ses doigts qu'un cambrioleur ! Il se met à fabriquer de fausses clefs, à teindre un uniforme pour en faire un costume civil, à fabriquer des laissez-passer, à desceller une pierre, à scier des barreaux... Les moyens matériels qui lui permettent de mettre en pratique tous ces procédés qu'invente son imagination jamais en repos, il se les procure par les conserves plus ou moins truquées qu'il reçoit par la Croix-Rouge. Car sauf en cas de représailles disciplinaires – et il en subit beaucoup mais surtout à la fin –, les Allemands faisaient consciencieusement parvenir les courriers et les colis que les familles des prisonniers leur envoyaient par la

Suisse, la Hollande ou la Suède. C'était autant qu'ils n'avaient pas à leur fournir pour les nourrir et les habiller, en même temps qu'ils en tiraient avantage en devises par des tarifs postaux élevés et se ménageaient ainsi une certaine bonne réputation internationale. Mais encore faut-il qu'il puisse exprimer à son père ses besoins par lettre malgré la censure. Il le fait grâce à un code de son invention (la première lettre de chaque ligne), code dont il a confié la clef à un officier prisonnier rapatrié en tant que grand mutilé. Comme toutes les boîtes de conserve doivent être ouvertes devant les Allemands, il s'arrange pour subtiliser, dans le local où elles sont entreposées, celles à double fond ou contenant des objets interdits. Des fausses clefs ou diverses ruses du genre bousculade en haut d'un escalier y pourvoient. Voici par exemple le genre de message qu'il envoie à sa mère le 5 août 1917. Les syllabes et les mots en italique correspondent à un code pour l'envoi de vêtements civils : « Nous voilà *encore* dans la pluie, ce qui nous tient enfermés *ensemble*. Je vous écris *après* avoir une heure recousu des *boutons* !... Un *civil* – ou presque –, je le deviendrais sans les nouvelles que vous m'*envoyez* ! Il me faut parfois regarder mes *galons* pour me souvenir que je porte *l'uniforme*. J'ai reçu les *passepoils*. Dans le prochain paquet, *mettez*-moi *des* boutons de toute sorte, et aussi de quoi coudre. Car *enfin*, c'est dans trois mois l'*hiver* ! Pour nous qu'arrivera-t-il *ensuite* ? Simple question de *pardessus*... A ce propos vous pourrez d'*abord* m'*envoyer* un pantalon. Puis en même temps une simple *veste* d'intérieur ou un *gilet* ;

mais que tout cela n'ait rien de *civil* !... Vous savez que, sauf celui d'agir hélas ! je garde *mes* principes *complets*. Pour mes frères, je suis bien content des nouvelles reçues hier *de* leur part. A l'*un et* à l'autre, je vous en prie, envoyez mille pensées pour *moi*. »

— Combien de fois au total a-t-il tenté de faire la belle ?

— Impossible de dénombrer ses tentatives. Seules ses évasions proprement dites ont été dûment enregistrées par les autorités militaires. Il était littéralement « obsédé » par les participations aux évasions. Il y trouvait même sa seule raison d'être captif. Je pense qu'il est nécessaire de résumer au moins les cinq principales évasions qui l'ont conduit loin de son lieu de détention, comme pour ses combats sur le champ de bataille, afin d'éviter au possible toutes les légendes de ceux qui inventent faute d'en connaître et tous les doutes sur leur authenticité que pourrait provoquer leur caractère par trop rocambolesque.

— Il aimait s'en souvenir, les raconter ?

— En privé seulement. Je l'ai souvent entendu les évoquer au temps de ma jeunesse, au cours de conversations avec ses frères et beaux-frères ou avec moi, au coin du feu, dans sa bibliothèque, ou pendant une promenade en forêt. Curieusement, il en parlait plus volontiers que de ses combats. Sans doute voulait-il ainsi compenser le fait de s'être senti honteux d'avoir été « fait aux pattes ». Il en dissertait simplement, sans s'en vanter, mais avec précision, comme on donne un compte rendu après une opération militaire. Seules comptaient à ses yeux les tentatives qui lui avaient permis de sortir de camp et de s'en éloigner. Il omettait de citer les autres et tous les subterfuges grâce auxquels il avait aidé des camarades à prendre le large de leur côté, par exemple, avec toutes ces fausses clefs de son invention dont il se servait et se resservait. Parfois, il ajoutait en deux mots une appréciation, un jugement sur l'action entreprise.

— Quelle est l'évasion qui lui a donné le plus de mal et qu'il a considérée comme la plus périlleuse ?

— Toutes lui ont donné du mal et toutes étaient dangereuses. Certaines lui demandaient plus d'imagination que d'efforts physiques. Mais elles n'étaient pas pour autant dénuées de risque. Celle qu'il entreprit à Ingolstadt, en Bavière, en 1916, fut à son avis « la plus culottée ». Blessé et capturé le 2 mars de cette année-là au village de Douaumont, il est envoyé à l'hôpital de la citadelle de Mayence, puis, de là, au camp d'Osnabrück, en Westphalie, fin mars. Soupçonné de préparer une évasion, il est alors expédié, six mois plus tard, en Lituanie, au camp de représailles de Sczuczyn, pour cinq mois, puis au Fort IX à Ingolstadt, un camp jugé plus sûr, réservé aux officiers qui avaient tenté de s'évader. Mais à peine arrivé à cet endroit, il n'a qu'une idée : en sortir. Pour ce faire, il absorbe une forte dose d'acide picrique, habituellement utilisé en faible quantité pour la fabrication de la citronnade.

Il présente alors rapidement les symptômes inquiétants d'un ictère sérieux (teint brouillé, yeux jaunes, urine foncée, etc.).

— A-t-il eu peur de s'être empoisonné ?

— Il a été en effet horrifié de se voir dans la glace. « Je craignais, se rappelait-il, d'avoir dépassé la dose ! » Cependant, ce qu'il espérait arrive : il est aussitôt transféré à l'annexe pour les prisonniers de l'hôpital militaire de la garnison. L'endroit est entouré d'une haute palissade, de barbelés et de sentinelles, mais l'hôpital militaire contigu n'est occupé que par des blessés allemands que de nombreux civils viennent visiter. Mon père sait aussi que des prisonniers français y sont périodiquement conduits isolément pour y subir des traitement spéciaux. C'est par là qu'il décide donc, avec le capitaine Dupret qui termine un traitement dans cette annexe de l'hôpital, de s'enfuir en passant par l'hôpital allemand. Après s'être procuré illicitement ou par transformation et même par teinture des vêtements militaires allemands et civils, Dupret sort déguisé en infirmier allemand tenant par le bras ce grand capitaine français malade qui traîne ses affaires dans un sac. Une fois entrés dans l'hôpital militaire normal, ils se changent tous deux en civils dans un petit réduit ouvert avec un passe fabriqué et sortent, à la nuit tombante, mêlés à la foule des visiteurs allemands et à leurs blessés nombreux en ce dimanche 29 octobre. Ils se dirigent à pied vers l'enclave suisse de Schaffhouse, à trois cents kilomètres de là. Mais ils sont repris près d'Ulm au bout de cinq jours, après avoir parcouru les deux tiers de leur trajet avec la faim, le froid et la pluie. Leur mauvaise mine les a malheureusement fait repérer. « Avec nos dégaines et nos barbes de cinq jours, se souvenait-il, nous ressemblions à des clochards. » Cependant, il en faut davantage à des gens de la trempe de mon père pour se décourager. Renvoyé au centre disciplinaire qu'était le Fort IX, il est transféré, après huit mois de « sagesse », près de Kronach, en Franconie, au camp de Rosenberg, un vieux château fort à double enceinte perché au sommet d'un piton très escarpé. Devant cette forteresse s'étendent un large fossé, puis un rempart intérieur de six mètres, un deuxième fossé où est installé un tennis sommaire et qui communique avec le premier par un passage voûté fermé, et enfin un deuxième rempart extérieur surplombant une paroi rocheuse de quarante mètres d'à-pic en moyenne.

— A-t-il pensé alors que, cette fois, il n'y avait plus rien à faire ?

— Vous le savez, ce n'était pas le genre de chose que mon père se disait dans les circonstances désespérées. Il observe que le rempart intérieur est gardé par une sentinelle sous guérite tous les trente mètres et éclairé la nuit, et que le rempart extérieur est parcouru par des patrouilles à intervalles. Les prisonniers sont refoulés pour la nuit au premier étage du fort. Un groupe d'évasion est alors formé, outre mon père, du capitaine de Montéty et des lieutenants Tristani, Prévot et Angot. Crochetant une porte qui les amène au rez-de-chaussée, ils réussissent après de nombreuses nuits de travail à desceller une pierre masquée par des broussailles à la base d'une tour. Vers 22 heures, le 15 octobre 1917, par une pluie d'orage diluvienne qui pousse les sentinelles à se réfugier dans leurs guérites, crée des angles morts dans leurs surveillances et étouffe les bruits par le dégorgement bruyant des gouttières sur le sol, les cinq hommes basculent la pierre et vont se planquer sous la voûte du passage souterrain à la première enceinte après avoir crocheté la grille d'entrée. Là, ils montent une échelle à l'aide des vis de presse-raquettes de tennis et de planches prises à leurs armoires et sortent une corde tressée de lanières d'étoffes et de draps d'une longueur de trente mètres. Aucune patrouille ne se signalant sur le rempart extérieur, ils déboulent du souterrain dans le dos des guérites, appliquent leur échelle rapidement et sans bruit sur cette deuxième enceinte. De là, ils jettent la corde qui s'avère trop courte d'une dizaine de mètres pour atteindre le bas de l'à-pic mais seulement une corniche naturelle intermédiaire d'où ils devront utiliser la même corde une deuxième fois à condition que l'un d'entre eux se dévoue pour la renvoyer. C'est le capitaine Georges de Montéty, le plus ancien et le dernier arrivé, qui décide de se sacrifier. En se souvenant de ces moments-là, mon père m'a dit combien lui coûtèrent ces exploits sportifs. Il ne les réussit, m'assura-t-il, que parce qu'il était jeune et au mieux de sa forme. Une fois arrivés au sol, nos quatre fugitifs prennent la direction de Schaffhouse et marchent pendant dix longs jours. Mais hélas, écrasés de fatigue et de froid, ils ont la mauvaise idée de se réfugier dans un pigeonnier en plein champ. Dénoncés par des prisonniers russes travaillant dans une ferme avoisinante, ils sont capturés.

— Et renvoyés illico au camp de représailles d'Ingolstadt, avec soixante jours de cellule à la clef ?

— C'est ce que mon père et son camarade, le lieutenant Tristani, redoutaient. Aussi décident-ils, dès leur retour à Rosenberg, de ne pas attendre un jour de plus. N'ayant pas le temps de préparer une autre escalade, ils ne peuvent qu'essayer de sortir... par la porte. Une aile du château où habitent quelques ménages civils employés de l'armée allemande est perpendiculaire à l'aile habitée par les prisonniers, formant une cour intérieure dans l'angle. Un passage voûté gardé à l'extérieur permet d'y accéder. Une sentinelle fait les cent pas dans la cour, entre l'aile des prisonniers et le passage voûté. Là, elle échange souvent quelques mots avec son collègue de l'extérieur qui ne ferme la grille qu'à la nuit, après le départ de tous les civils. Aussitôt, les deux hommes scient le barreau d'une petite fenêtre au deuxième étage de leur bâtiment. Et le 30 octobre, vers 17 heures, en moins d'une minute, pendant que la sentinelle de la cour leur tourne le dos, ils se laissent rapidement glisser le long d'une corde que des camarades remontent instantanément avant de remettre le barreau à sa place. Déguisés en civils (uniformes teints, cols retournés, chapeaux, moustaches postiches), ils sortent devant les deux factionnaires auxquels ils disent bonsoir et qui les laissent passer. Mon père se rappelait quelle satisfaction jubilatoire ils avaient ressentie en franchissant aussi aisément cette porte. J'entends encore sa réflexion : « Non seulement nous étions libres, mais nous avions berné l'adversaire. » Mais la poisse les poursuit. Ils ignorent qu'un civil a vu leur descente depuis la fenêtre d'angle et que la police a été mise en alerte. Comptant prendre le train à la gare de Lichtenfels pour tenter, cette fois, de gagner la Hollande, ils y parviennent après vingt-cinq kilomètres de marche vers minuit. Cachés dans un bois voisin, ils y attendent l'heure du premier train du matin. Un billet dans la poche pour Francfort et Aix-la-Chapelle, ils y montent séparément, mêlés aux autres voyageurs. Mais avant le départ, à 5 heures du matin, les portes du wagon sont bloquées par la gendarmerie. Ils sont aussitôt arrêtés, ramenés à Rosenberg, puis renvoyés à Ingolstadt. Mon père y encourt d'abord cent vingt jours de cellule pour ses deux dernières évasions (aucune communication, pas de livre ni de quoi écrire, pas de lumière ni de chauffage, et régime alimentaire de survivance). Mais les Allemands ne se contentent pas de ces représailles...

— Deux mois isolé dans le noir et le froid ! Que faisait-il pour tenir le coup ?

— Il s'exerçait à se remémorer des vers et à en réciter les mots et les lettres en sens inverse. C'est d'ailleurs ce qu'il faisait habituellement dans l'intervalle de ses évasions, à la fois pour ne pas perdre son temps dans une inactivité forcée et perfectionner sa culture et sa mémoire. D'autre part, pour maintenir son moral ou celui de ses compagnons et se donner la fausse apparence d'un captif absorbé par ses études et non par des projets d'évasion, il donnait des conférences sur des sujets historiques, sur la conduite de la guerre en général, ou même sur la culture allemande. Pas toujours aussi paisible conférencier que cela, car à Ingolstadt il tenait une véritable « école d'évasion ». C'est ce qu'ont raconté ses compagnons de captivité dont j'ai pu rencontrer certains après la guerre, notamment le capitaine de Goys de Mezeyrac, as de l'aviation, l'abbé Michel, curé d'une paroisse parisienne, le fils de Brillat-Savarin, arbitre du goût, le colonel Tardieu, le commandant et futur général Georges Catroux, Rémy Roure, écrivain et journaliste, Roederer, directeur des usines de Saint-Chamond, Etienne Répessé, qui sera son éditeur chez Berger-Levrault. Il garda très longtemps des contacts avec chacun d'entre eux. Sans parler du lieutenant Toukhatchevski, descendant de haute noblesse ayant appartenu à la garde rapprochée de Nicolas II, futur chef d'état-major de l'armée soviétique et créateur de l'Armée rouge, souvent côtoyé dans la cour mais logé dans une chambrée de Russes, lesquels étaient nombreux en captivité. Celui-là, il le revit en 1936 à Paris, au sein d'une délégation soviétique envoyée par Staline, avec pour mission de proposer une alliance à la France. Il laissa subodorer à mon père le caractère sournois de cette proposition en même temps que ses craintes quant à son propre avenir. Peu de temps après, Staline s'alliait avec l'Allemagne et liquidait physiquement tous les membres de son état-major, dont ce pauvre ancien camarade de captivité.

— Après deux mois de cellule, donc, le capitaine de Gaulle n'a pas encore fini de payer ses deux dernières évasions...

— Il doit en effet comparaître ensuite devant le conseil de guerre d'Ingolstadt qui le condamnera à trois semaines de prison pour « outrages à gendarmes ». Ils l'avaient bousculé en l'arrêtant dans le train et il leur avait déclaré un peu rudement ce qu'il pensait de ce manque de respect à l'égard d'un officier français. On l'envoya purger cette peine à la prison militaire de Passau, pêle-mêle avec les droits-communs allemands : assassins, déserteurs, voleurs, etc. C'est là que se déroule un incident comique. Alors qu'un *feldgrau* est en train de lui mettre la « boule à zéro » à grands coups de tondeuse, avant qu'on le jette en cellule, il l'entend soudain lui souffler à l'oreille dans un parfait français mais avec un accent à couper au couteau : « Mon capitaine, les Boches sont foutus. » Il s'agissait d'un « disciplinaire » alsacien. Après trois jours de grève de la faim, mon père est conduit à la prison d'officiers français de Magdebourg où il retrouve quelques camarades. En mai 1918, le camp du Fort IX est dissous et les officiers qui y sont incarcérés sont envoyés dans un autre ancien château fort, sur un piton rocheux, à Wülzburg, près de Weissenburg, en Bavière. Il se résout alors à renouveler, en l'adaptant aux circonstances, le procédé de sortie du faux malade accompagné d'un pseudo-militaire allemand, procédé qu'il a déjà utilisé, on s'en souvient, deux ans auparavant.

— Une chance que son dossier ne l'ait pas suivi jusqu'à ce camp !

— En effet. Ses antécédents étaient heureusement ignorés. D'ailleurs, il le savait. Le tailleur de la compagnie de *landsturm* (troupiers « territoriaux » âgés de plus de quarante-neuf ans) qui gardent les Français est installé au rez-de-chaussée du bâtiment où mon père est enfermé pour la nuit. Ce local est fermé à clef le soir et gardé en permanence par une sentinelle. Son attention va être soudain détournée par un incident et une bagarre provoquée entre camarades complaisants. Alors, aussitôt cambriolé, l'atelier fournit en quelques secondes un complet de sous-officier allemand. Le lendemain matin, 10 juin 1918, dès le réveil, le lieutenant Meyer, revêtu de cet uniforme et portant lunettes et fausses moustaches, gagne la cour, puis la première grille en conduisant le capitaine de Gaulle en tenue habituelle d'officier prisonnier et portant sa valise contenant des effets civils pour deux. L'aumônier français du camp, l'abbé Michel, bien connu des *landsturm*, les accompagne jusqu'à cette grille comme s'il faisait ses adieux au départ d'un prisonnier pour un autre camp. Une première sentinelle leur ouvre la grille. Ils s'enfuient sous la voûte jusqu'à la porte de sortie qu'un planton s'empresse d'ouvrir grande. Ils dépassent le pont-levis où la sentinelle salue le pseudo-sous-officier allemand. Meyer, qui parlait couramment allemand, échange même avec elle quelques politesses et vœux de bonne journée. Ce nouveau défi à l'ennemi, se rappelait mon père, les combla plus encore de joie que le premier. Les voilà maintenant dans la campagne où, dans le premier taillis rencontré, les deux compères revêtent les habits civils contenus dans la valise. Non sans ressentir quand même un petit frisson rétrospectif à la pensée qu'ils auraient pu être « collés au mur » s'ils avaient été pris avec un uniforme allemand. Voulant atteindre encore une fois la Hollande *via* Francfort et Aix-la-Chapelle, ils se dirigent à pied jusqu'à la gare de Nuremberg, moins surveillée, supposent-ils, que les petites gares. Car ils craignaient les trains, toujours très contrôlés et bourrés de monde, à la merci du premier civil intrigué par leur mauvais accent ou leur « sale gueule ». Pas de chance. Après soixante-dix kilomètres de marche durant un jour et une nuit, mon père et son ami sont arrêtés par un barrage de gendarmerie devant Nuremberg et renvoyés au camp de Wülzburg.

— Et de nouveau au « trou » pendant soixante jours ?

— Pas tout de suite. Seulement après sa cinquième et dernière tentative d'évasion. Elle a lieu encore une fois depuis Wülzburg. Comme presque tous les matins, un grand panier contenant du linge sale est déposé par une corvée de prisonniers au rez-de-chaussée chez le sous-officier allemand chargé de la cantine. Celui-ci en vérifie le contenu et le ferme lui-même par une corde. Il est ensuite chargé par une corvée de *landsturm* sur une voiture à cheval qui le convoie en ville. Mon père a remarqué que le sous-officier s'éloigne parfois pour vérifier et hâter l'attelage de la voiture. Ce qu'il met à profit le 17 juillet 1918 avec l'aide de complices. En un instant le panier est rouvert, une partie du linge sale enlevée, mon père blotti à sa place et le panier aussitôt refermé. Dès son panier abandonné par la corvée des *landsturm* dans un couloir de la blanchisserie, il n'a plus qu'à en sortir en civil comme un client paisible. Vite, il va se cacher dans un bois voisin jusqu'à la nuit et marche trois nuits de suite pour gagner Nuremberg où il arrive transi de froid et grelottant de fièvre le matin du quatrième. Se sentant incapable d'attendre le train de nuit de Francfort, puis d'y passer la journée et de reprendre un autre train de nuit pour Aix-la-Chapelle, il se risque, avant que ses forces ne le trahissent, à prendre le premier express pour Francfort, sachant que les trains de jour sont plus surveillés. Dans le train bondé de voyageurs, pour camoufler son air souffrant et patibulaire, et pour éviter les interpellations des voisins, il se met un bandeau sur la bouche comme s'il souffrait d'une fluxion.

— Il ne parlait pas encore suffisamment bien l'allemand ?

— Si, mais son accent était déficient. De toute façon, la chance n'est décidément pas avec lui. Un peu avant l'arrivée à Aschaffenburg, deux policiers entrés chacun par un bout du wagon demandent les laissez-passer. Arrêté, mon père est renvoyé à Wülzburg, fort malade. Il passera quinze jours à l'infirmerie. Au début de novembre 1918, un conseil de guerre le condamne de nouveau à cent vingt jours de cellule pour ses deux dernières tentatives d'évasion. Il ne les fait pas car l'armistice est intervenu entre-temps. La guerre est finie. Cela n'empêche pas le même indomptable Charles de Gaulle de continuer à tenir tête aux Allemands. Le 28 novembre, à Romanshorn, il refuse de monter dans le train qui doit le rapatrier en France parce qu'on l'a placé en quatrième classe et non en deuxième comme prescrit pour les officiers par la convention de Genève. Présent afin de faciliter le passage de la frontière, le lieutenant suisse René Digier lui achète sur ses deniers un billet de deuxième classe, qu'il a d'ailleurs conservé dans ses affaires et dont j'ai hérité. Mon père le lui remboursera, avec ses remerciements, dès son retour en France.

— Il est étonnant et regrettable à la fois que le Général n'ait pas pris soin de publier le récit de toutes ces évasions spectaculaires. N'y a-t-il jamais pensé ?

— Les procès-verbaux de l'armée contresignés par tous ses camarades de captivité pour l'attribution de sa médaille des évadés décernée en octobre 1927 décrivent très précisément celles qui ont été officiellement retenues. D'autre part, des revues militaires, historiques et philosophiques tant françaises qu'allemandes en ont produit ou commenté certaines, tout comme les *Lettres, Notes et Carnets* publiés chez Plon par mes soins. Que pouvait-il désirer de plus ? Et puis, je vous le répète, il ne voulait pas se vanter de ses exploits. S'évader, c'est le premier devoir de l'officier qui se retrouve malheureusement capturé. Et il n'avait donc fait là que son devoir. Il détestait d'ailleurs entendre un ancien combattant raconter ce genre d'aventure avant même qu'on lui ait demandé de le faire. Chacun sait, par exemple, que c'était l'habitude du général Giraud. Déjeunant avec lui à Anfa, au Maroc, en janvier 1943, il le devance ainsi, ironique : « Alors, si vous me racontiez votre extraordinaire évasion ? » Puis, ensuite, sur le même ton, il lui demande de lui expliquer la façon dont il a été fait prisonnier. L'évasion de Giraud depuis la forteresse de Königstein, en Allemagne, le 17 avril 1942, le laissait en effet sceptique. Il considérait Giraud comme un honnête homme et un brave soldat mais s'étonnait de sa fuite acrobatique le long d'une falaise de quarante mètres et de l'odyssée qui avait suivi pour un homme de son âge, et même avec l'aide d'une équipe solide, alors que, il s'en était rendu compte lui-même, cette expérience demandait beaucoup d'audace et de jeunesse. La preuve, le commandant Catroux, doyen de son camp au Fort IX durant la guerre précédente, avait dû renoncer à toute tentative, comme tous les officiers les plus anciens. Ce qui l'étonnait encore, c'est que, après s'être échappé d'Allemagne, le voilà en train de déjeuner tranquillement à Vichy avec le maréchal Pétain, auquel il renouvelle sa fidélité. Or, la Gestapo qui avait son siège dans un hôtel, derrière l'hôtel du Parc, de l'autre côté d'une petite rue, suivait le Maréchal pas à pas dans tous ses déplacements et résidences. Faut-il en outre rappeler que, après le débarquement allié en Afrique du Nord et l'invasion de la zone dite libre par les Allemands, Pétain était encore plus surveillé ? De là à soupçonner que ces derniers étaient plus ou moins complices pour ne pas avoir plus redoutable que Giraud en Afrique du Nord et que, de leur côté, Britanniques et Américains étaient du même avis, pour des raisons différentes, afin de se débarrasser de de Gaulle... Non, vous dis-je, la captivité, mon père estimait qu'il n'y avait pas lieu de s'en vanter. Alors, pourquoi en faire un texte quelconque à l'usage du public ?

— Mais les évasions, c'est autre chose. N'est-ce pas au contraire héroïque ?

— S'évader, cela veut signifier qu'on a été pris, non ? Il fallait donc le taire. Je vous le rappelle : il considérait la captivité comme un honteux malheur, même après un glorieux combat dont un soldat n'avait certes pas lieu de se targuer. On juge de sa réserve, après la Libération, à l'égard des prisonniers qui, faute d'avoir pu se battre pour la plupart, avaient constitué une véritable culture de leur captivité et dont certains osaient même parader en public à leur retour en France. C'est pour cette raison qu'en septembre 1944, quand il doit nommer ses ministres en tant que chef du gouvernement provisoire, il choisit Henri Frenay, ancien chef du réseau Combat, dont il connaît le caractère ferme, pour s'occuper des prisonniers. Il voulait lutter contre la démagogie que s'apprêtaient à développer les politiciens vis-à-vis du million et demi de ces malheureux rapatriés, très vulnérables à l'issue de l'épreuve qu'ils avaient subie durant quatre ans. Plus tard, le secrétaire général de Frenay, François Mitterrand, qui essaiera d'en tirer parti, sera rapidement rappelé à l'ordre.

— La Grande Guerre à peine finie, voilà maintenant le capitaine de Gaulle guerroyant en Pologne contre l'armée soviétique. N'est-il pas temps pour lui de profiter enfin de la paix comme tout le monde ? N'a-t-il pas l'âge de se marier, de construire un foyer ?

— N'oubliez pas qu'il est officier de carrière, et, fin novembre 1918, rentré de captivité, il constate que les deux ans et huit mois qu'il a passés en Allemagne « hors service » l'ont rétrogradé loin dans la liste des officiers d'active, d'autant que personne, même ramassé blessé sur le champ de bataille, n'aurait alors songé à avancer comme référence d'avoir été fait prisonnier. En septembre 1918, il écrivait à sa mère qu'il ne se faisait aucune illusion sur son avenir, qu'il ne serait, à son retour en France, qu'un « revenant » parmi les autres. Ses craintes se confirment : le 5 janvier 1919, bien qu'ayant été capitaine au feu à la tête de sa compagnie du 10 février 1915 au 2 mars 1916, il est envoyé d'office à un « cours de commandement de compagnie » à Saint-Maixent ! Vous imaginez son humeur. Son moral est au plus bas. Il pense même un moment quitter une carrière qu'il juge irrémédiablement compromise.

— Pour se lancer dans quelle autre ?

— Simple réaction épidermique sans lendemain. La preuve en est qu'il n'a jamais évoqué quelque projet devant ses parents. Et puis, il lui était impossible de s'imaginer autrement qu'en uniforme. Je l'ai entendu railler un jour à ce sujet : « Civil, j'aurais pu être, par exemple, directeur d'une fabrique de boutons. Alors, toute ma vie, j'aurais dû discuter avec mes collaborateurs du nombre de boutons à mettre sur les cartons et de trous à faire dans les boutons. Non, vraiment je ne m'imagine pas dans cet état ! » Bref, déposer son sac, ses supérieurs l'en dissuadent bien vite et ils accèdent volontiers à sa demande de faire campagne dans les Balkans ou en Pologne afin de compenser la perte en service qu'il a subie. Au tout début d'avril 1919, toujours capitaine à titre définitif, il est promu chef de bataillon par intérim et détaché auprès de l'armée polonaise, dans le corps d'armée du général Haller dont le chef d'état-major est le général français Massenet. Il se sent aussitôt revivre. Il le confie à son père : son enthousiasme est remonté au plus haut. Proportionnellement à ses autres récits occasionnels, il a plus commenté sa guerre en Pologne que celle en France.

— Pour quelle raison ? Trouvait-il cette guerre plus intéressante que l'autre ?

— Non. Il n'y avait pas de comparaison dans son esprit. Mais il voulait sans doute contrebalancer l'ignorance et le désintérêt de l'opinion de son pays en général, non pas pour le sort de la Pologne qui n'a jamais été indifférent à nos compatriotes depuis que le roi de France Henri III en avait été le roi auparavant, sans oublier Stanislas Leszczynski, beau-père de Louis XV, mais parce que les difficultés à se refaire après les gigantesques combats sur le front français les préoccupaient davantage que ce qui pouvait se passer si loin de chez eux. Il faut dire, remarquait-il aussi, qu'à peine quelques dizaines d'officiers et quelques centaines de soldats français avaient été envoyés en Pologne alors que huit millions quatre cent dix mille d'entre eux avaient été mobilisés contre l'Allemagne. Mon père se réjouit de la mission qui lui est proposée. Elle est exaltante. Recréée par le traité de Versailles de 1919, la nation polonaise est à rebâtir de toutes pièces, à commencer par son armée repartie de rien et où l'encadrement français doit assurer les états-majors opérationnels, l'instruction et la cohésion du haut en bas. C'est surtout le soutien moral d'une grande armée prestigieuse et victorieuse que les Français vont apporter avec quelques dizaines de chars, quelques batteries d'artillerie et quelques centaines d'instructeurs ou conseillers. Mon père va d'abord commencer à travailler en France, dans une école de formation d'officiers polonais située à Lorrez-le-Bocage, près de Montereau. Au bout du compte, il verra défiler quelque deux cents de ces officiers disparates venus de France, d'Allemagne, d'Autriche et même de Russie. Durant les vingt-deux mois qu'il passera avec eux, il s'efforcera, d'une part, de leur donner en même temps qu'une instruction technique une indispensable formation morale et patriotique, et d'autre part, leur fournira, au combat, sur le terrain, un état-major efficace, espèce qui leur était jusque-là pratiquement inconnue et qu'il assumera souvent à lui tout seul.

— La petite histoire veut absolument qu'il ait mené joyeuse vie en Pologne malgré la guerre...

— Parlons-en ! Il n'avait guère le temps de se consacrer à autre chose qu'aux combats. Compte tenu de la nature de cette guerre de mouvement sur de grands espaces avec de faibles effectifs – une division ne fait pas plus de quatre mille hommes – il passera beaucoup de temps à cheval de jour et de nuit, et sera écrasé de travail dans les intervalles des combats. De 1919 à 1921, il ne va effectivement pas chômer : offensive contre Boudienny avec quatre divisions polonaises, défense de Varsovie, qui résiste, forte de la présence des Français à ses côtés, contre-offensive vers le sud, en direction de Brody, pour dégager Lvov, puis prise de Hrubieszaw sur le Bug avec la 3e division polonaise, prise de Perespa, près de Zamosc. Mon père est horrifié de découvrir là deux femmes soldats, parmi les morts russes laissés sur le terrain. Je n'ai pas oublié son commentaire : « C'est une lâcheté de la part des hommes d'envoyer des femmes en première ligne. Malheureusement il faut bien qu'elles participent à la guerre, mais elles ne sont pas faites pour les fonctions combattantes. » Le 7 août 1920, le corps d'armée polonais commandé par le chef de l'Etat en personne, le maréchal Pilsudski, avance rapidement vers le nord et met les Russes en déroute. Ils abandonnent définitivement la partie. Quand on sait que dans l'intervalle de ces opérations mon père est retourné en France, en permission ou en mission, de la fin septembre à la mi-octobre 1919 et de la fin avril au début de juin 1920, dans des conditions telles que tout déplacement de Paris à Varsovie représentait en soi une véritable campagne, on voit mal comment il aurait pu mener joyeuse vie dans ce malheureux pays. Ses adjoints et interprètes polonais, les lieutenants de Medwecki et Ignace Wieniewski, rapporteront plus tard que leur patron a été en tout point remarquable mais qu'il avait été d'autant moins un joyeux compagnon qu'il n'avait jamais eu le loisir de le devenir.

— On a pourtant écrit et réécrit qu'il ne s'est pas ennuyé à Varsovie, notamment avec les dames de la haute noblesse polonaise. N'y a-t-il pas là quand même un brin de vérité ?

— Vous voulez évidemment parler de cette fameuse comtesse qui amuse les biographes de volume en volume et de je ne sais quelle princesse pour les beaux yeux de qui il se serait battu en duel. Ne leur en déplaise, je puis leur certifier que mon père trouvait ces histoires aussi fausses que ridicules. J'ai été pareillement surpris du « témoignage » du général Daniel Zdrojewski que j'ai rencontré à Paris, où il résidait encore en 1974, qui prétendait qu'on aurait vu le commandant de Gaulle en compagnie de cette dame à la terrasse d'un grand café de Varsovie. (On a raconté aussi qu'il logeait au Bristol, le plus grand hôtel de la capitale, alors qu'en réalité il habitait en banlieue éloignée, dans le vétuste et rudimentaire camp militaire de Rambertow.) D'abord, se produire ainsi était contraire aux instructions formelles reçues par les officiers français détachés à l'étranger : éviter ce comportement de très mauvais effet sur les populations locales en proie à la pénurie. Encore une fois, mon père n'a jamais eu de relations avec cette inconnue ni avec une autre. En revanche, il nous a raconté avoir été invité au mariage d'un de ses élèves aristocrate terrien. La cérémonie à l'église avait été suivie d'une grande réception où les invités, dont plusieurs officiers français, étaient nombreux malgré la ruine des mariés dont les terres ravagées se trouvaient en zone occupée par les Soviétiques. Il nous a décrit l'atmosphère emphatique, théâtrale et chaleureuse de cette hospitalité dans la pénurie que chacun s'était efforcé de pallier en apportant discrètement quelque chose ou en se cotisant à l'insu des hôtes pour payer secrètement quelques-unes des dettes contractées pour les recevoir.

— Cette histoire de comtesse est-elle née à cette occasion ?

— C'est très possible. Elle recoupe parfaitement l'attitude de certains Polonais que j'ai rencontrés en Grande-Bretagne, pendant la guerre, anciens de l'armée Sikorski et Anders avec les Britanniques ou de l'armée polonaise du « Comité de libération » constitué en Pologne par les Soviétiques, ou encore ayant servi dans l'armée française, qui semblaient croire nous faire plaisir en exaltant les succès, selon eux, des Français auprès des belles dames de Varsovie. Dans les années récentes, l'un d'entre eux, illustre, que j'étais allé saluer à l'Hôtel de Ville de Paris, a même déclaré devant moi en jubilant, après le champagne : « Walewska ! Poniatowska ! vous les Français, vous venez en Pologne pour prendre nos femmes et après vous rentrez chez vous ! » Et puis, il y a aussi le roman de Chauvineau, ce général de Vichy, qui, très antigaulliste, prétendait connaître mon père, et soutenait qu'il lui avait avoué avoir mené en Pologne « une vie de boyard ». J'entends encore mon père parler de lui : « Un pauvre type. Il n'a rien fait en 40. Un rat d'état-major qui affirmait que les Allemands n'étaient pas capables de franchir les Ardennes avec des chars. » Bien sûr, il ne connaissait pas mon père et n'avait jamais mis les pieds en Pologne. Mais vous savez ce qui se passe avec les canards : vous leur coupez les ailes et d'autres arrivent aussitôt que l'on baptise révélations !

— On a dit que votre père se reconnaissait volontiers dans certains grands hommes de la guerre de 14-18. Selon lui, vers lequel penchait-il le plus ?

— Georges Clemenceau. Il était pour mon père un personnage hors du commun, et par conséquent, qui appartenait à l'histoire de France. C'était, remarquait-il, le Communard qui avait fait tirer sur les manifestants pour rétablir l'ordre comme ministre de l'Intérieur entre 1906 et 1909, après s'être séparé de la Commune de Paris à cause de son anarchie et de ses excès. Son caractère était indomptable. Il me fit, un jour, une véritable leçon sur lui et particulièrement sur son action pendant la Grande Guerre. En 1917, me conta-t-il, le moral des Français était bas bien que cette année ait été de beaucoup la moins meurtrière de 1914 à 1918. Nous avions des mutineries. La Russie s'effondrait. Eh bien ! Clemenceau a fait taire les politiques qui, au Parlement, commençaient à parler de paix. J'ai retenu cette phrase : « Il a donné la dictature aux généraux qui ont ainsi pu surmonter la vachardise et la lâcheté des civils et des militaires de l'arrière du front. » Mais mon père regrettait qu'il ait malheureusement manqué la paix en acceptant l'armistice demandé par les Allemands en 1918 et ensuite le traité de Versailles, ce qui, déplorait-il, a provoqué contre des garanties illusoires la dissolution de l'Autriche-Hongrie, contrepoids à l'Allemagne utile en Europe centrale. A ce sujet, il s'insurgeait contre le reproche que l'on faisait aux Français et à Clemenceau d'avoir, prétendait-on, détruit l'Autriche-Hongrie pour la punir et d'avoir laissé son dernier empereur, Charles Ier, mourir en exil dans le dénuement, à Madère, en mars 1922. Mais il rétorquait que ce dernier, sur la foi de renseignements erronés, avait malencontreusement tenté de revenir restaurer la monarchie. Rejeté une deuxième fois, l'Empire austro-hongrois a fini en déclin, une conclusion commencée en réalité après la mort de Charles Quint. La Première Guerre mondiale, par laquelle le vieux François-Joseph avait cru ressouder les Autrichiens, les Hongrois et tous les Slaves qui composaient son empire, n'a fait, au contraire, qu'accélérer un processus ancien. « Ce n'est tout de même pas la faute de Clemenceau, protestait mon père, s'il n'a pas cru pouvoir s'y opposer. » Non, le « Tigre » n'avait pas voulu la destruction de l'Autriche-Hongrie. Mais il avait eu tort, selon lui, de mettre fin à la guerre sous prétexte que l'Allemagne voulait la paix.

— Quatre ans de guerre, des millions de morts... Vous voulez dire que votre père regrettait que la guerre n'ait pas duré assez longtemps ?

— Il disait que, le 11 novembre 1918, on aurait dû provisoirement faire disparaître dans un sous-sol les parlementaires allemands qui s'étaient présentés à nous jusqu'à la prochaine offensive générale de nos troupes qu'ils voulaient à tout prix éviter, au lieu de leur permettre d'arriver dans nos lignes, tous phares allumés, pour exploiter les faiblesses de notre « démocrassouille ». « Lorsque l'on apprend que des pourparlers d'armistice vont avoir lieu, remarquait-il encore, plus personne ne veut risquer de se faire tuer. Dans une position inverse, les Allemands ont d'ailleurs utilisé le même procédé en juin 1940, grâce à Pétain, pour ramasser sans combat près de deux millions de prisonniers. » Il faisait valoir qu'en novembre 1918, renforcés par huit cent mille Américains sans compter les Brésiliens, les Mexicains, les Chinois, les Japonais, etc., les Français et leurs alliés britanniques disposaient de deux fois plus de divisions, de trois fois plus d'artillerie, de quatre fois plus d'avions, de chars, de camions et de ressources que les Allemands dont les approvisionnements étaient tombés au-dessous du niveau nécessaire et dont les bataillons commençaient à se rendre collectivement en attendant que toute leur armée s'effondre à la première grande offensive. Selon lui, rien donc ne pressait. Mais ce reproche n'a jamais entamé l'admiration qu'il avait pour Georges Clemenceau.

— Une admiration qui se manifestait de quelle façon ?

— Pendant la Seconde Guerre mondiale, il ne cessait de prendre sa ténacité en exemple. Sur les antennes des radios de Londres, de Brazzaville, de Beyrouth et d'Alger, il le citait souvent pour l'opposer à Pétain. Et, croyez-moi, cette évocation faisait mouche sur les deux générations contemporaines des deux conflits mondiaux à la fois. Et puis, on s'en souvient, le 12 mai 1946, lors du premier anniversaire de la victoire de 1945, avant même son discours de Bayeux, un mois plus tard, il s'est rendu sur la tombe du « Tigre » en Vendée et, dans son allocution, il lui a rendu hommage en exaltant le chef de gouvernement inébranlable et exemplaire de la Première Guerre mondiale. Cette même année, je vois encore son fils, le député Michel Clemenceau (il avait une étonnante ressemblance avec son père), venir de son propre chef à La Boisserie pour tenter de persuader le Général de se présenter tout de même à l'élection présidentielle. Il ne l'avait pas reçu. Il ne consentait à voir que ceux à qui il avait donné rendez-vous. Mais il l'avait invité par mes soins à rédiger son point de vue sur la table de la salle à manger. Comme chef de gouvernement ou président de la

République, on s'en souvient aussi, il n'a jamais manqué, tous les ans, le 11 novembre, de déposer une gerbe à la statue du « Père la Victoire » aux Champs-Elysées.

— Pour les Français, le « Père la Victoire » de la Seconde Guerre mondiale est un peu le général de Gaulle. Aurait-il apprécié cette comparaison ?

— Je dirais qu'il avait beaucoup plus de mérite que Clemenceau. Ce dernier était à la tête d'une des plus grandes puissances du monde qui alignait quatre cents divisions et a fourni des quantités considérables d'armements à tous ses alliés, russes, roumains, italiens, belges, portugais, même aux Anglais pour l'artillerie lourde et en totalité aux Américains. Alors que mon père a dû repartir de presque rien avec une France éclatée et complètement envahie, sans territoire, sans finances et même avec l'antagonisme de ses propres compatriotes qui croyaient les Allemands victorieux. Et malgré cela, il a fini par restaurer la patrie et la placer au rang des vainqueurs. J'attends donc que les Français, par leurs plus hauts représentants, n'oublient pas tous les ans de déposer une gerbe au pied de sa statue, sur les Champs-Elysées, située très symboliquement face à celle du « Tigre » dont il a noté, en le saluant au passage, le 26 août 1944, que sur son piédestal, il avait « l'air de s'élancer pour venir à nos côtés ». Ou alors ils tomberaient au niveau des peuples qui, disait mon père, « n'ayant pas de mémoire, n'ont pas d'avenir ».

5

LUI ET LES SIENS

> « Il m'est doux aussi de vérifier qu'il y eut chez tous – morts et vivants – des trésors de courage, de valeur et de fidélité à la religion et à la Patrie. »
>
> *Lettres, Notes et Carnets*. 9 novembre 1970.

Les de Gaulle descendent d'une très vieille lignée. Rares les Français qui peuvent s'enorgueillir d'en avoir une pareille. Arrivait-il parfois à votre père de parler de ses ancêtres dont certains ont occupé une place éminente dans l'histoire de France ? Etait-il intéressé par la généalogie ?

— Dire que son ascendance lui était indifférente ne serait pas exact, mais il ne se penchait pas pour autant sur son arbre généalogique comme on le fait avec passion dans certaines grandes familles. Son grand-père, Julien Philippe, historien de Paris et chartiste spécialiste des écritures du Moyen Age, et son père Henri, l'érudit, avaient d'ailleurs reconstitué la lignée dont ils étaient issus depuis le XIIIe siècle, aidés une ou deux fois par un correspondant bénévole désireux d'apporter sa pierre. Mon père aurait donc pu consulter toutes les archives possibles (du moins en ligne continue à partir du XVIe siècle, car auparavant, il n'est question que de tradition orale) s'il l'avait vraiment voulu. Certes, il s'en était acquitté il y a bien longtemps, et je suis sûr que personne n'aurait pu le prendre en défaut s'il avait fallu qu'il fît état de ses ascendances, mais il ne le faisait jamais. On a beaucoup tartiné sur l'histoire de nos ancêtres et je ne vais pas en rajouter. Je voudrais seulement apporter quelques précisions et surtout rectifier les erreurs ou dénoncer les mensonges que l'on a pu colporter à ce sujet de livre en livre. Car pour diminuer la mémoire de mon père, certains se sont donné du mal jusqu'à raconter l'histoire à leur façon. On a prétendu, par exemple, que le chevalier Jehan de Gaulle, au temps de Jeanne d'Arc, avait livré la ville de Vire aux Anglais, deux ans après la bataille d'Azincourt. Les faits sont tout autres. Le 9 septembre 1417, le roi d'Angleterre, Henri V, qui a débarqué à Touques avec vingt mille hommes, s'empare de Caen, entre dans le bocage et prend Falaise. Alors, le sire de Gaulle, qui est partisan des Armagnacs et gouverneur de Vire pour le roi de France, marche sur Saint-Lô et repousse les Anglais jusqu'à Carentan. Mais bientôt, il est pris à partie par tout le gros de l'armée ennemie commandée par les ducs de Gloucester et de Clarence et le comte de Salisbury, et il est rejeté dans Vire avec une faible garnison et obligé de capituler le 21 février 1418, à bout de ressources, après un siège de plusieurs mois et les assauts correspondants. Le texte de la capitulation est le suivant : « Assure à Jehan de Gaulle la faveur du roi d'Angleterre s'il accepte de le servir », et celui-ci choisit de rester fidèle au roi de France. Il est exilé, ses biens du pays confisqués. Jehan de Gaulle quitte alors la Normandie et se rend en Bourgogne. A cette époque, la même aristocratie occupait les deux côtés de la Manche, mais Jehan de Gaulle a toujours voulu rester fidèle au roi de France contre le roi d'Angleterre. Voilà la vérité. On s'en rend compte : les détracteurs de mon père ont pris la peine de remonter très loin !

— Et qu'en est-il du vol de manuscrit qu'aurait commis le grand-père du Général ?

— Allons ! Vous n'allez quand même pas reparler de ce « chroniqueur » qui a prétendu, après la guerre (parce que tout cela, je le répète, a été inventé par la propagande de Vichy, voire par celle des Allemands, et repris ensuite par des plaisantins), que mon arrière-grand-père, le chartiste Julien Philippe de Gaulle, aurait commis l'indélicatesse de vendre à son profit des lettres de Jeanne d'Arc. C'est complètement ridicule. Nous n'avons jamais entendu parler d'une telle affaire dans la famille où, je n'ai pas besoin de le souligner, l'honneur a toujours compté plus que tout. Comment mon arrière-grand-père aurait-il pu être l'auteur d'une pareille malhonnêteté quand on se rappelle que, si Jeanne d'Arc savait lire et écrire, elle n'a laissé derrière elle que les minutes de son procès qui n'ont pas été écrites de sa main, quoiqu'elle ait pu peut-être les signer. Hormis cela, personne n'a donc jamais retrouvé un seul mot de sa plume.

— Il arrivait souvent à Charles de Gaulle de revendiquer son appartenance à l'aristocratie, cette classe qui détenait autrefois le pouvoir. C'est du moins ce que l'on a dit, mais est-ce vrai ?

— Il jugeait inutile de la proclamer. Il est vrai que mon père respectait les ducs et les nobles authentiques, mais il n'y attachait pas grande importance dans la mesure où l'aristocratie avait perdu son rôle gouvernemental en France. Ce qu'il a toujours revendiqué en réalité, ce sont ses origines de hobereaux, de gens de petite noblesse. Les premiers étaient d'épée mais les suivants sont devenus des nobles de robe. La liste des procureurs du roi au Parlement de Paris avant la Révolution, dans l'almanach de 1777 dont je possède un exemplaire, cite Jean-Baptiste Philippe de Gaulle dont il faut noter l'orthographe du nom, et pas une autre, telle qu'elle existe toujours aujourd'hui. Cela pour couper court à de vaines exégèses à ce sujet sur le thème : « Le général de Gaulle était-il noble ou ne l'était-il pas ? » Exégèses auxquelles, à vrai dire, mon père était complètement indifférent. Quand la Révolution a éclaté, malgré leur nom (qui d'ailleurs n'a pas changé car, à la tête du Comité de salut public, Robespierre a décrété que la particule devait être intégrée au nom sans plus indiquer de titre ni d'ordre alphabétique), ils se sont adaptés au nouveau régime. Ils estimaient notamment que l'« abolition des trois ordres » était bien dans les idées du temps.

— Auquel de ses aïeux le Général pensait-il ressembler le plus ?

— Il trouvait qu'il tenait beaucoup de celui qui avait été procureur du roi et qui est mort en 1797. Jean-Baptiste Philippe de Gaulle, c'était lui, avait son franc-parler et beaucoup de courage. Par exemple, il s'exprimait très librement, debout sur une chaise, dans les jardins du Luxembourg. On ne lui a pas cherché noise, sans doute parce qu'il était âgé, mais c'était vraiment un homme de caractère. Son fils, Julien Philippe, était la copie conforme de son père. Je me rappelle que mon propre père me raconta son histoire en détail lorsque, à l'école, j'étudiais la Révolution française, preuve de son attachement pour ce personnage chez qui il se retrouvait aussi. Il avait été arrêté en 1794 par des sectionnaires un peu avinés et conduit au collège des Ecossais sous prétexte qu'il était « ci-devant ». Il ne perdra jamais son calme au cours des jours dramatiques qu'il allait connaître. Comparaissant à la Conciergerie devant Fouquier-Tinville, celui-ci, subitement traversé par une lueur de conscience, a demandé (j'entends mon père, la voix qu'il prit pour imiter celle de l'accusateur public) : « De quoi accuse-t-on ce citoyen ? » Et la réponse des sectionnaires : « C'est un ci-devant. » Et Fouquier-Tinville : « Ce n'est pas un chef d'accusation. Trouvez-en un autre. Affaire reportée. » Toujours impassible, mon arrière-arrière-grand-père a donc été reconduit aux « Ecossais ». Dans les mois qui ont suivi, Robespierre a été liquidé et Fouquier-Tinville a subi le même sort. Conclusion de mon père : « C'est ainsi que ton arrière-arrière-grand-père a eu la vie sauve. Il est resté de glace jusqu'au moment de sa libération. C'était un sacré bonhomme ! »

— Quand on lit les lettres de votre père aux membres de sa famille, on est frappé par l'affection et la solidarité qu'il manifeste à chacun alors qu'il semble par ailleurs si distant. Comment expliquer ce contraste ?

— Il avait en effet, comme ses parents et grands-parents, un grand sens de la famille. Il répétait souvent l'un des Dix Commandements : « Tes père et mère honoreras afin de vivre longuement. » Et il ajoutait : « C'est dire que si tu sors de la famille et du clan, tu disparais. Elle est donc ton instrument de conservation. » Et encore : « Tu as tout intérêt à rester dans ta famille. C'est un élément solide. Il ne faut jamais t'en séparer et elle doit rester cohérente. » Contrairement à mes collègues de gauche, notamment au Sénat, il ne croyait pas que l'homme était né bon. « L'homme est né mauvais, énonçait-il, et c'est l'éducation qui le rend plus ou moins bon. Si l'on n'ajoute pas à l'acquis dont il n'est pas responsable, c'est-à-dire à l'atavisme, l'éducation qu'il convient, il reste mauvais et c'est tout. Il devient alors un personnage néfaste. » Il est vrai que ses lettres aux siens démontraient à quel point il pouvait être extrêmement affectueux. Cela contredit évidemment son indifférence aux autres, sa froideur comme l'ont même prétendu certains. L'explication est simple : chez nous, il ne convenait pas de manifester trop d'affection à quelqu'un devant des tiers. On attendait pour cela de se retrouver seul avec lui. Quelles que fussent les circonstances, il était de bon ton et de bonne éducation de veiller toujours à conserver une certaine impassibilité que l'on baptisait discrétion, réserve.

— Mais quelle chaleur, au contraire, comme vous le dites, dans certaines de ses lettres qui ont été publiées ! Alors ?

— Quand on écrivait, en revanche, il était permis de manifester ses sentiments à quelqu'un de cher. Et, c'est vrai, mon père s'en privait moins encore que les autres. Mes grands-parents avaient eu le même comportement, et ma sœur et moi nous les avons aussi imités. Bien sûr, nous nous exprimions l'un et l'autre différemment, car le langage des femmes n'est pas le même. Lui se laissait aller avec nous en des termes d'une très grande tendresse. Plusieurs de ses lettres à moi-même se terminent par : « Mon cher enfant que j'aime de tout mon cœur. » Avec ses frères, sa sœur et sa belle-sœur, son affection avait pareille intensité. A l'un de ses frères, par exemple, il conclut sa lettre par « ton frère qui t'aime ». Ce qui, dans son langage, signifiait : « Je te suis attaché, même si nous nous disputons, si nous ne sommes pas d'accord, nous sommes profondément solidaires, nous nous entraidons. » A sa sœur, Marie-Agnès : « Ma bien chère, bien chère sœur » ou « Ton frère aimant ». A Cada, le surnom de Marie, la femme de Jacques

Vendroux, son beau-frère qu'il appelait « mon frère » : « Je vous embrasse du plus profond de mon cœur. » Bien sûr, cette affection n'était pas qu'épistolaire. Il nous démontrait sa réalité, certes avec plus de sobriété, quand nous nous retrouvions séparément près de lui.

— Sa sœur Marie-Agnès, qui était son aînée d'un an, passait pour sa confidente. Est-il vrai qu'il la préférait à ses trois frères ?

— Elle affirmait en effet qu'elle était sa confidente, mais je pense que ce n'était pas tout à fait la réalité. Certes, elle avait un caractère proche de celui de mon père. Grande, de bel aspect (bien que, jeune fille, elle s'inquiétât parfois d'avoir hérité du nez trop fort des Maillot), elle était très décidée et passait pour commander son ménage. Tout le monde marchait sous son autorité. Elle tenait beaucoup à se manifester à mon père, à lui parler et à lui montrer son affection. Au début, en tant qu'aînée, elle avait un désir de protection. Plus tard, l'admiration prima. Mais mon père était plus réservé vis-à-vis d'elle. J'ose même penser qu'elle l'importunait parfois un peu. Le monde des femmes, c'était pour lui un autre monde. Il aimait bien sa sœur mais peut-être l'aurait-il voulue moins démonstrative et entreprenante. Intelligente et énergique, elle avait beaucoup de points communs avec lui tout en affirmant son caractère propre. Leur affection réciproque les conduira à la fois à se soutenir et à s'opposer. Ainsi, lorsqu'elle souhaita accoler son nom de jeune fille à celui de femme mariée, ce que ses frères en général et mon père en particulier refusaient formellement parce qu'à leurs yeux seul le sort décidait de la transmission ou de la disparition d'un patronyme. En outre, au risque de l'agacer, elle prétendra parfois le conseiller. J'ai cru percevoir que de ses quatre fils, c'était aussi vers mon père que le cœur de Jeanne, ma grand-mère paternelle, penchait le plus. Il lui était d'ailleurs le plus attaché. Mais elle n'osait pas l'avouer afin de ne pas faire de peine aux autres.

— Tout le monde connaît la photo représentant les quatre frères en uniforme, l'un à côté de l'autre, après la guerre de 14. Comment le Général s'entendait-il avec ses trois frères ?

— Les quatre frères vivaient chacun de leur côté, très indépendants les uns des autres, mais en bonne harmonie. Dans leur enfance, ils étaient compagnons de jeu, mais chacun avait son coin, ses lectures, comme je l'ai déjà raconté, son caractère bien à part. Celui de mon père étant le plus affirmé et le moins commode, il a pris tout de suite de l'ascendant sur les autres, même s'il ne s'en rendait pas compte. Tous les quatre, on s'en souvient, avaient été blessés une ou plusieurs fois pendant la guerre de 14. C'était un miracle qu'ils en fussent revenus vivants et un fait remarquable en France, quand on sait, par exemple, que les quatre fils du président Paul Doumer avaient été tués. En 1927, laissant à Trèves ma mère qui attend Anne, mon père accompagne ma grand-mère à Lourdes en compagnie de ses frères et sœur pour remercier la Vierge de les avoir fait survivre au grand carnage.

De tous ses frères, il considérait Pierre comme le plus proche. Ils avaient l'un et l'autre une personnalité assez similaire. D'abord, il était le dernier. Mon père était son aîné de six ans. Il l'a donc protégé au début. Et puis, il se reconnaissait un peu en lui. Pierre avait les mêmes traits physiques malgré une constitution moins robuste. Tout en finesse et en courtoisie, il évoluait avec aisance dans la société et notamment dans le monde de la finance puisqu'il a été l'un des directeurs de la Banque de l'Union Parisienne, la grande banque d'affaires d'avant guerre. Il détiendra donc la plus belle situation de toute la famille. Toujours d'une sobre élégance, son seul luxe était le tennis dont il était passionné sans avoir les qualités physiques d'un bon joueur. Je me souviens de l'avoir accompagné, enfant, à Roland-Garros pour y voir jouer les champions de l'époque tels que Cochet, Borotra et Lacoste. Mon père nous laissa partir sans regret, car il trouvait les compétitions sportives trop longues à son goût. La brillante situation de Pierre lui a d'ailleurs permis d'aider financièrement mon père dans certaines circonstances difficiles. Enfin, ils avaient tous deux le même point de vue sur les affaires internationales, sur l'économie ou le patriotisme. C'est mon père qui a inspiré sa carrière politique. On sait qu'il présidera le conseil municipal de Paris pendant plusieurs années à l'époque où la capitale n'avait pas encore de maire.

— Est-il exact que, pendant l'Occupation, Pierre a failli servir d'intermédiaire entre votre père et Pétain ?

— Avant d'être arrêté par la Gestapo et déporté en 1943, il sera en effet approché par une éminence grise du régime vichyssois, nommée du Moulin de Labarthète, qu'il avait connu comme inspecteur des finances. Celui-ci lui laissa entendre que Pétain pourrait avoir à lui demander de transmettre un message à son frère, le « général félon », à Londres, à moins qu'il ne fût lui-même désireux d'en transmettre un au Maréchal. Mon oncle accueillit avec froideur et scepticisme cette tentative qu'il prit pour de la provocation ou de l'intoxication. Aucun message ne sera jamais échangé entre les deux hommes, sinon de la part de Pétain vers mon père, une condamnation à mort assortie d'une radiation de la nationalité française. Avec son frère aîné Xavier, les rapports étaient plus distants. La force de caractère que mon père manifestait dès l'enfance lui portait ombrage. Plus carré de corps et de visage que ses frères, presque aussi grand qu'eux, assez myope, il était indépendant de tempérament. Ses résultats scolaires brillaient particulièrement. (Il sortit dans les premiers de l'Ecole des mines de Paris.) Il a toujours eu un peu l'impression que, bien qu'il fût l'aîné, Charles le supplantait. Troisième des enfants de Gaulle, Jacques a eu le moins de chance de tous. Devenu ingénieur des Mines, lui aussi, cet homme amène, bien bâti et plutôt grand, fut victime d'une épidémie d'encéphalite léthargique qui frappa une trentaine de milliers de personnes en Europe, tuant les uns, laissant les autres paralysés à vie. En 1929, son état empira au point de l'empêcher d'exercer son métier jusqu'à sa mort en 1945. Mon père lui était assez proche. Ils se sont retrouvés très souvent ensemble au collège, en particulier lorsqu'ils durent aller continuer leurs études chez les jésuites, en Belgique, au moment de la séparation de l'Eglise et de l'Etat. Mais, encore une fois, c'est avec Pierre qu'il eut plus tard le plus d'affinités.

— En visite pour la première fois à La Boisserie, son beau-frère, Jacques Vendroux, a avoué que lui-même et sa femme se sentaient gênés, ce jour-là, comme la famille de Napoléon. Quelle était la nature des rapports de votre père avec sa belle-famille ?

— Mon père était un personnage impressionnant. Sa présence physique, sinon morale, le plaçait toujours au centre. Probablement en avait-il conscience assez souvent et se rendait-il compte qu'il gênait ses interlocuteurs. Il essayait alors de mettre son monde à l'aise sans pour autant y parvenir. Ses efforts dans ce sens étaient louables. Je l'ai souvent constaté. Mais sa personnalité dominait tellement celle des autres que rien n'aurait pu empêcher l'embarras de les paralyser. Ce fut le cas avec les Vendroux, et particulièrement avec son beau-frère et sa belle-sœur, Jacques et Cada (Marie). Il faut dire qu'ils arrivaient chez des gens qu'ils savaient par définition ne pas être des rigolos ! Les Vendroux étaient des provinciaux astucieux et fins appartenant à la bourgeoisie active de Calais et non des rentiers repliés sur eux-mêmes (Jacques Vendroux était maire de cette ville), mais la dimension de mon père les a au début intimidés un peu bien qu'à l'époque sa notoriété ne dépassât pas le cercle restreint des états-majors. Cela ne les a pas empêchés de s'entendre immédiatement avec lui et de devenir, de toute la famille, les plus fréquents visiteurs de La Boisserie. Jacques, quant à lui, fut très vite le plus proche et l'un des interlocuteurs les plus appréciés de mon père. Pendant la « traversée du désert » et pendant des périodes un peu difficiles, il organisait des excursions, de petits voyages pour distraire mes parents et les éloigner de leurs soucis. En plus, il y avait entre ma mère et ce frère qui était son aîné une affinité supérieure à celle qu'elle pouvait avoir avec son autre frère et sa sœur, et qui allait même jusqu'à la complicité. Les Vendroux possédaient à huit kilomètres de Charleville-Mézières, dans les Ardennes, le beau château de Septfontaines, et mes parents s'y rendaient fréquemment avec moi. Ma mère surtout.

— Quels souvenirs avez-vous de ces vacances ?

— Je m'en souviens avec joie. Je me vois en costume marin dans cette ancienne abbaye des Prémontrés. Mon père me trouvait très élégant dans cette tenue ! Je revois nos promenades en famille à travers prairies et forêts des Ardennes françaises et belges, la file de nos voitures le long de la Meuse, les pique-niques sur les bords de la Semois, mon père assis sur un pliant, toujours un peu absorbé dans ses pensées, un dossier sur les genoux. Car il n'aimait pas trop que ça « grouille » autour de lui – c'était son expression

–, préférant les tête-à-tête, à l'écart, avec son beau-frère pendant que ma mère devisait en tricotant, bien sûr, avec sa belle-sœur Cada. Les deux hommes avaient les mêmes conceptions de la société et des usages, doublées d'une considération réciproque. Je me souviens aussi de nos randonnées à bord de la belle B 14 Citroën noire, mon père au volant, mon oncle Jacques à ses côtés. Que j'étais fier de ces escapades « entre hommes » ! Mon père conduisait avec élégance et prudence, et peut-être un peu trop lentement pour mon goût. Cela ne l'empêcha pas d'avoir un accident, un jour de 1927, en Allemagne, alors que nous habitions Trèves où il commandait le 19e bataillon de chasseurs. Dans un village, en reculant, il ne put éviter un fossé. Le maire dut venir le tirer de là avec son cheval. Mon père était furieux. Lui, le promoteur de la motorisation ! En plus, comme la loi allemande l'exigeait, il fut obligé de payer une amende à la commune...

— On a souvent dit qu'il avait une préférence pour son gendre Alain de Boissieu, qu'il l'écoutait plus volontiers que vous-même et que vous en souffriez...

— Etant plus tolérant à l'égard de ma sœur en vertu du principe bien ancré chez lui selon lequel les femmes et les filles doivent être protégées, son gendre bénéficiait donc de quelques avantages de sa part. C'est logique. Un jour, alors que je ne demandais rien, il m'a fait cette réflexion : « Il y a un proverbe serbe qui dit : "Le cheval du gendre est toujours plus beau que celui du fils." »

Cela étant, je ne suis jamais entré en concurrence avec mon beau-frère. Une fois, pourtant, je lui en ai voulu. On m'avait rapporté qu'il s'était associé, peut-être à tort, je n'en sais rien, à des propos peu amènes prononcés contre moi. Au demeurant, nous sommes dans la même tribu, dirait mon père. J'ai rencontré Alain de Boissieu pour la première fois au cours d'un passage extrêmement bref à Londres, alors qu'il venait de s'évader d'URSS où il avait été incarcéré après avoir réussi à s'échapper d'un camp de prisonniers en Allemagne. Pendant une courte période, mon père l'a sollicité comme aide de camp. Puis, je ne l'ai plus revu jusqu'au milieu de la campagne de France, en Alsace, où en tant que capitaine, il était devenu le chef de l'escadron de protection du général Leclerc. A la fin de la guerre, une lettre de ma mère m'a informé qu'il avait demandé à épouser ma sœur Elisabeth. Et elle voulait connaître mon opinion sur lui. Je lui ai répondu que je ne pouvais que me féliciter de cette union. Des biographes ont affirmé que nous sommes assez opposés de caractère. Nous avons en effet un caractère différent, mais cela ne signifie pas que nous ne puissions pas nous entendre ou que nous soyons en opposition. J'ai d'ailleurs toujours pensé que les gens comme nous s'entendent mieux que ceux qui ont un caractère identique. N'oublions pas non plus que le général de Boissieu, qui est mon aîné, est entré dans l'armée avant moi. La hiérarchie, l'âge et l'expérience nous distinguent donc. Comment pourrais-je trouver cela anormal ?

— Beaucoup de Français ont été émus par le récit de Geneviève de Gaulle qui avait été déportée à Ravensbrück. Etait-elle très proche de votre père ?

— C'était sa nièce. Elle était la fille de son frère Xavier. Elle n'a jamais été très proche de mon père bien qu'elle ait été sa filleule. Nous sommes allés la rencontrer une fois, juste avant la guerre, chez ses parents, en Allemagne. Ingénieur de fond, mon oncle Xavier était alors à la direction des mines de la Sarre. Et puis, on le sait, elle a été arrêtée pendant l'Occupation, non à cause de sa parenté mais parce qu'elle faisait partie du réseau de résistance du musée de l'Homme, un des premiers réseaux qui s'est spontanément formé dès le début. A Londres, mon père n'a appris sa déportation que six ou douze mois après. Tout à fait à la fin de la guerre, Himmler lui a fait parvenir un message à son sujet. Il lui signalait qu'elle était son otage et lui faisait comprendre à demi-mot qu'elle pourrait éventuellement servir de monnaie d'échange dans le cas où il y aurait des choses à régler entre eux. Mon père a seulement répondu que les Allemands en général et les Nazis en particulier seraient personnellement tenus pour comptables de tout ce qui pourrait arriver aux Français. Dès le début de la France Libre, il eut le même langage avec les Nazis, faisant savoir directement à Himmler que si les Français Libres étaient traités en francs-tireurs ou maltraités d'aucune façon, les Allemands tombant entre nos mains en subiraient les conséquences. En 1945, lorsque Geneviève rentra de Ravensbrück, en très mauvais état comme on le sait, mes parents qui avaient une immense pitié pour ses épreuves la reçurent plusieurs mois chez eux pour l'entourer de leur affection. De l'entendre conter les détails de sa détention dans l'horrible camp de la mort plongeait chaque fois mon père dans une tristesse dont, me confia ma mère après coup, il avait bien du mal à émerger.

6

LA BATAILLE DE 40

« Au spectacle de ce peuple éperdu [...] je me sens secoué d'une fureur sans borne. »

Mémoires de guerre.

Commencée à la mi-mai 1940, la bataille de France allait permettre au Général de mettre en pratique ses théories sur l'emploi de l'arme blindée. Considérée comme une victoire, la première contre-attaque française de Montcornet menée par lui le 17 mai 1940 a été l'objet de controverses. Certains historiens ont contesté sa réussite. Que disait-il de ces critiques ?

— Il s'en moquait. Ce qui comptait pour lui, c'est ce qui est resté dans l'Histoire. « A Montcornet, faisait-il remarquer, les Allemands ont reculé, et cette première contre-attaque a prouvé que mes théories sur les chars n'étaient pas aussi fumeuses que ce que prétendaient Philippe Pétain, Maxime Weygand et leurs amis. A condition d'être en nombre, suffisamment bien utilisés et commandés, nos chars n'avaient rien à envier aux panzers. » Il faut bien se souvenir qu'à cette date, les armées françaises sont dans une situation très difficile. Elles ont d'abord été refoulées depuis la Belgique et voilà que les panzers ont percé notre front dans les Ardennes, que Pétain considérait comme infranchissable par des blindés ! Trois jours avant, mon père, qui n'est encore que colonel – notons-le –, a pris le commandement de la 4e division cuirassée (DCR), la toute dernière unité qu'on est en train de former à la hâte d'éléments récupérés de partout. C'est avec cette division faite de bric et de broc au fur et à mesure de leur arrivée sur le champ de bataille qu'il est jeté sur Laon où il n'existe qu'un rideau de troupes au milieu d'un flot de fuyards civils et militaires. Et voilà que, poussant les uns et houspillant les autres, lui-même avec sa Renault noire Vivastella remontant les colonnes de tête ou dans un char, il parvient à progresser d'une vingtaine de kilomètres dans la journée, cela malgré les piqués des Stuka et les réactions très agressives des panzers. Ainsi la 4e DCR a-t-elle réussi à s'emparer de l'important nœud de communications de Montcornet, forçant le général Heinz Guderian à déménager son PC en catastrophe et faisant cent trente prisonniers.

— On a également contesté l'utilité de cette contre-attaque...

— Elle aurait pu être magistralement démontrée si mon père avait réussi à entraîner derrière lui les forces qui étaient en train de s'installer à l'arrière. Mais il savait combien, hélas, ce n'était pas dans les conceptions des armées françaises ! Mon malheureux père était tout seul, soutenu par personne, quinze kilomètres devant tout le monde, ce qui a permis de mettre douze divisions françaises en ligne derrière lui, qui ne l'ont pas soutenu. « Ah ! s'exclamait-il, si on avait alors déclenché à ce moment-là une offensive vraiment organisée. Si on s'était engouffré dans la brèche comme le faisaient les Allemands équipés de radio, sans être obligé de dérouler des téléphones ou même d'utiliser le réseau téléphonique civil pour se coordonner avec les postes de commandement situés dans des châteaux loin derrière, et avec une artillerie lourde encore plus éloignée ! Si on avait engouffré derrière moi tous les éléments d'infanterie et les automitrailleuses que l'on avait alignés, on aurait peut-être fait la jonction avec les unités qui étaient à trente kilomètres de là et qui se sont retrouvées dans la poche de Dunkerque. Mais le ressort était cassé. Avait-il même existé un jour ? » Alors, on a aussi prétendu que cette opération de Montcornet avait été très coûteuse en hommes et en matériel. Je connais la chanson : Pétain, lui, savait ménager les hommes... Les chiffres avancés – on est allé jusqu'à dénombrer sept cents hommes tués, blessés, prisonniers et cent blindés perdus – sont faux. Quand mon père affirme dans ses *Mémoires de guerre* qu'il n'a pas perdu deux cents hommes, il n'a pas écrit cela à la légère. Chaque détail de ses *Mémoires* a été précisément vérifié par ses soins. Le général Touchon, commandant de la VIe armée, et son supérieur hiérarchique ont décompté vingt-trois blindés perdus sur les quatre-vingt-dix engagés.

— Même controverse pour la poche d'Abbeville, le 28 mai : cette opération n'aurait pas été le « grand succès » dont a parlé le Général...

— Qui a encore dit cela ? « Des gens que l'on va retrouver, par la suite, dans une station thermale, les bras croisés, en attendant que la guerre se termine », raillait mon père quand il parlait de ses détracteurs. Que se passe-t-il à cet endroit ? La 4e DCR a pour mission de rejeter l'ennemi au-delà de la Somme, au sud d'Abbeville. Malgré ce que l'on a pu ratiociner ensuite, et bien que les Allemands aient minimisé leurs pertes pour ne pas contrarier leurs communiqués triomphants au Führer, tout un bataillon ennemi a été encerclé et décimé. (C'est ce régiment que Hitler fera défiler à Paris le 14 juin.) Le commandement allemand doit même enrayer deux paniques caractérisées et arrêter des unités qui avaient commencé à repasser la Somme vers Abbeville. Mais à la nuit tombée, l'essence va manquer. Alors, il faut attendre les camions-citernes... « Car, se rappelait mon père avec amertume, nous n'avions pas de jerricanes. Les Allemands en possédaient, pas nous. Et ils disposaient de véhicules tout-terrain qui pouvaient rejoindre leurs chars, lesquels n'étaient pas obligés comme les nôtres de faire demi-tour pour se ravitailler à la citerne. Quant aux munitions, nos hommes devaient souvent transporter les bandes de cartouches dans des seaux réquisitionnés chez des fermiers ! Il fallait voir comment nous faisions la guerre. Il y avait des unités, tel le régiment de dragons, par exemple, qui est passé du cheval aux chars équipés d'un canon de 47 mm, dont les conducteurs avaient quatre heures de conduite ! » C'est avec cela que le colonel de Gaulle a réduit presque entièrement la poche d'Abbeville. Malheureusement, l'ennemi a procédé à une relève complète de ses effectifs et de son matériel pendant la nuit qui a suivi. Et le lendemain matin, nos chars ne sont pas parvenus à prendre d'assaut la dernière position sur la ligne de crête du mont Caubert. Les photos prises par les Allemands montreront certains de nos blindés détruits au moment où ils allaient aborder les pièces ennemies, comme autrefois les cuirassiers devant les carrés qu'ils chargeaient.

— Pensait-il qu'on aurait pu quand même gagner la bataille de France ?

— A Abbeville, oui. Il estimait encore qu'on aurait pu la remporter si, comme il le soulignait de nouveau, le commandement avait engouffré dans la brèche qu'il avait amorcée tout ce qu'on s'efforçait, au contraire, de mettre en ligne. Certes, la supériorité matérielle des Allemands était évidente, mais il avait démontré qu'avec de l'initiative et de la volonté on pouvait avancer. Même les avions Stuka et leur hurlement d'enfer n'arrêtaient pas des hommes bien dirigés. « Quand les premiers Stuka sont apparus à Montcornet, racontait-il, dix jours après, ma troupe s'y était habituée. Dans la poche d'Abbeville, j'ai même vu certains de mes hommes casser la croûte en les regardant bombarder à cent mètres d'eux. Ce qui n'était malheureusement pas l'attitude dans d'autres unités où la panique avait tendance à dominer. » Jusqu'à la Somme, c'est-à-dire jusqu'au 30 mai, il avait donc encore espoir d'éviter la défaite. Mais quand il a vu que l'on ne suivait pas, que l'on s'obstinait à vouloir constituer une ligne de défense continue comme en 14, que la poche de Dunkerque était en train d'embarquer, il s'est dit : « Nous avons perdu la bataille en Métropole. Il faut maintenant mener des combats retardateurs pour essayer de continuer la guerre ailleurs. » Le colonel Viard, de son état-major, m'a raconté après la guerre qu'il lui avait demandé une fois de le suivre dans le parc du château de Huppy où il s'était installé avec ses officiers. « Après quelques pas, m'a-t-il raconté, de Gaulle m'interroge : "Que pensez-vous de la situation ?" Un peu interloqué, je réponds : "Elle me semble très compromise et tout dépend, me semble-t-il, des réserves stratégiques dont dispose le commandement." Il me rétorque : "Il n'y a plus rien. Et que pensez-vous qu'il va arriver maintenant ?" Je me suis tu car je savais que la réponse était pour lui. Il a enchaîné : "Eh bien ! je vais vous le dire : les Allemands vont liquider la poche de Dunkerque, puis ils vont nous offrir l'armistice." Alors, à ce moment-là, j'ai eu un haut-le-corps parce que, à mon échelon, on croyait encore au miracle. Il a ajouté : "Oui, ils vont nous offrir l'armistice qui sera accepté par le gouvernement. Ils vont encercler l'armée française et foncer sur l'Angleterre." » Le colonel Viard a conclu : « Voilà les paroles d'un visionnaire. »

— Certains l'ont accusé de défaitisme pour avoir prononcé de telles paroles à ce moment-là. D'après eux, nous avions encore les moyens de repousser l'ennemi...

— Les moyens, bien sûr – il nous reste mille deux cents chars modernes –, mais où est la volonté ? Dans la division de mon père, seuls une trentaine de chars sont encore valides. Et où sont les renforts ? Qu'aurait-il pu faire avec une pauvre division improvisée au dernier moment comme la sienne, au milieu d'une armée aux effectifs nombreux, mais mollement entraînés, avec un commandement peu dynamique et frappé d'inhibition, dans une guerre qui n'est pas conduite par un Etat, qui par démagogie n'en est plus vraiment un ? Le corps de manœuvre cuirassé qu'il avait préconisé dès 1933, sans réclamer plus de moyens au total, mais une tout autre conception, nous aurait sans doute permis de gagner cette bataille. Maintenant, jamais les Alliés pris dans la nasse de Dunkerque, dont, en réalité, ils ont fait peu d'efforts pour sortir, ne pourront être dégagés. Après les Belges qui ont mis bas les armes, les Britanniques commencent à rembarquer. « J'étais atterré, m'a rapporté mon père en 1965, alors que l'on venait d'annoncer la mort du général Weygand. L'armée, ma chère armée baissait les bras ou fuyait sans combattre après une défense héroïque qui, il faut quand même s'en souvenir, nous a coûté quelque cent seize mille tués en six semaines. Je voyais des réservistes lâcher pied en criant qu'ils étaient attaqués par des blindés là où il n'y en avait pas, de vieux généraux fatigués, aux abois, dont on aurait dû limoger les deux tiers dès avant la guerre pour les remplacer par d'autres plus jeunes, plus dynamiques, avec des idées neuves, comme on l'avait fait de Pétain en 1914. Quand je suis allé voir Weygand [le généralissime] à Montry, le 2 juin, avant même qu'il n'eût ouvert la bouche, je savais ce qu'il allait m'annoncer. La capitulation était dans ses yeux plissés. »

— Quel jugement portait-il sur lui et sur son commandement ?

— Il le jugeait d'une intelligence pointue, mais inapte au commandement. Dans l'annuaire de Saint-Cyr de mon père d'avant 1914, on peut voir qu'il s'appelait Maxime de Nimal et qu'il a pris le nom de ses parents adoptifs, Weygand, quelques années avant la guerre, étant, paraît-il, le fils naturel de l'empereur Maximilien du Mexique et d'une Indienne. Il faisait remarquer que n'ayant pas une goutte de sang français dans les veines, il avait dû servir à titre étranger jusqu'à ce qu'il fût devenu à la fois français et général en 1916. « Pour cette raison, expliquait-il, il n'a pu avoir l'expérience du commandement sur le terrain. Il n'a jamais été que second ou adjoint avant d'atteindre malheureusement le poste suprême. » C'est pourtant lui que l'on ira chercher le 19 mai pour remplacer le général Maurice Gamelin. Il est donc rappelé au service après cinq ans de retraite au Liban. Mon père se souvenait de son mouvement de révolte quand il apprit sa nomination. Il a explosé : « On met un vieux jockey garé des voitures sur un pur-sang et on lui demande de gagner le Grand Prix ! »

Que pouvait faire cet homme de soixante-treize ans qui avait perdu le contact avec les réalités militaires métropolitaines ? Le temps de se mettre au courant de la situation et le projet de contre-offensive générale était déjà caduc. Mon père se récriait encore : « Tous ces vieux généraux avaient beau être de brillants agrégés, ils n'arrivaient pas à comprendre que le moteur introduisait la révolution dans les combats. Un cavalier comme Weygand ou comme Eugène Bridoux, qui est devenu chef d'état-major de Vichy, n'aurait jamais pu admettre de délaisser les quatre cent mille chevaux de l'armée, ce soutien à l'agriculture, au profit de la motorisation générale. » Devenu sous-secrétaire d'Etat à la Guerre, mon père suggéra de faire remplacer Weygand à la tête des armées par le général Charles Huntziger. En vain. Deux mois plus tard, le 2 août exactement, Weygand signera à Clermont-Ferrand la condamnation à mort par contumace du « colonel d'infanterie en retraite Charles de Gaulle ». Pour toute réplique, m'a raconté ma mère après coup, à Londres, il n'a eu droit de la part de mon père qu'à un haussement d'épaules à peine perceptible.

— Pourquoi s'est-il opposé à ce que les obsèques de Weygand en 1965 aient lieu aux Invalides ?

— Parce qu'il n'était pas un général vainqueur. Alors, on lui a fait remarquer qu'il avait été ministre de la Guerre. Mon père a rétorqué : « De quelle guerre ? Une guerre qui s'est faite uniquement contre les Alliés et les Français Libres. » Il était persuadé que s'il était tombé entre ses mains, il l'aurait certainement fait fusiller. D'ailleurs, les Allemands l'auraient exigé. Le régime de Vichy en a fusillé bien d'autres, à Dakar notamment. Il ne faut pas l'oublier. A ce moment-là, la vie d'un homme ne valait pas très cher, et en tout cas pas celle du général de Gaulle. Non, mon père a été extrêmement courtois avec Weygand. A la Libération, par exemple, comme ancien commandant en chef, il lui a laissé sa solde et tous les privilèges et avantages matériels dus à son rang. Mais quand d'anciens vichystes ont lancé une campagne de presse pour qu'il ait droit à des obsèques nationales aux Invalides, il s'est écrié : « Alors ça, non. Il ne faut quand même pas exagérer ! »

— Que répondait le Général quand on l'accusait d'avoir voulu défendre Paris sans souci de sa destruction ?

— S'il s'est effectivement opposé à ce que la capitale fût déclarée ville ouverte, c'est parce qu'il était convaincu que cette décision allait déclencher une débâcle immédiate. Et qu'est-ce qui est arrivé ? Il considérait qu'il fallait défendre Paris comme cela avait été le cas en 1870. Les dégâts matériels d'une telle opération auraient été essentiellement périphériques à la capitale. Il m'a expliqué à ce propos : « Quand tout s'en va, c'est comme un château de cartes qui s'écroule. Tout part en petits morceaux. C'est ce que les gens de 14-18 ont beaucoup craint quand ils ont fait évacuer Paris à un moment donné par le gouvernement, encore qu'ils eussent laissé une moitié du gouvernement à Paris avec de quoi tenir le siège sous le commandement du général Gallieni. » Pour défendre la capitale en juin 1940, Paul Reynaud avait d'abord pensé au général Hering, qui était gouverneur de Paris. Mon père a objecté : « Ce n'est pas l'homme qu'il faut. Il est trop âgé. Il en est encore en 14. Il faut nommer Jean de Lattre de Tassigny. Il est plus jeune. Lui, au moins, s'est bien défendu dans les Ardennes. Il se battra. » Qui peut affirmer aujourd'hui qu'une défense de la capitale aurait été inutile ?

— Mais était-elle vraiment défendable ?

— C'est la question que j'ai posée à mon père. Il m'a répondu : « On pouvait quand même beaucoup retarder les Allemands sur la Seine si toutefois l'on avait coupé les ponts, et dans les faubourgs. Cela s'est déjà produit dans de nombreuses guerres en France, depuis la nuit des temps. Il y avait encore aux environs de Paris quelques moyens qui se rassemblaient avec des chars et des avions. De quoi retarder sérieusement l'ennemi. Mais il était évident que si l'on abandonnait Paris sans se battre, on ne se battrait plus nulle part. Ce serait le sauve-qui-peut. C'est ce qui s'est produit. Quand Paris a été déclaré ville ouverte, notre défense générale s'est aussitôt défaite comme un vieux tricot. » Quant à dire qu'il voulait faire de Paris le tombeau de l'armée allemande à l'exemple de Stalingrad, c'est ridicule. Mon père envisageait une bataille extra-muros.

— On a dit qu'il s'est bien gardé dans ses *Mémoires* de s'étendre sur le « réduit breton » parce que c'était une idée chimérique et qu'il l'avait préconisée. Que pensait-il de cette autre accusation ?

— D'abord, il n'était pas l'inventeur de ce plan dit « du réduit breton ». Ensuite, ce terme est inexact. Il s'agissait d'un plan de défense élaboré depuis la guerre de 1870, car il était entendu qu'en cas d'invasion du territoire, on devrait s'accrocher, en arrière du champ de bataille, à tous les môles de résistance possibles. Ce titre de « réduit breton » est donc faussement employé, la Bretagne n'étant citée que parmi bien d'autres positions de résistance où auraient pu se regrouper les forces, les reliefs comme le Massif central, les Alpes, le Jura, la Montagne Noire ou les Pyrénées, ou des obstacles naturels comme la Loire ou le Rhône. Il est normal que le gouvernement décide de remettre ce plan sur la table au moment où l'ennemi est déjà sur la Somme. Nommé le 5 juin sous-secrétaire d'Etat à la Défense et à la Guerre, mon père n'a fait que le reprendre à son compte. « Lorsque Paul Reynaud m'en parla pour la première fois, se rappelait-il, je ne me faisais guère d'illusions sur la possibilité de le mettre en œuvre étant donné la déliquescence de nos états-majors, mais je pensais que toutes les solutions appelant à la résistance ne pouvaient qu'être bonnes. Celle-ci aurait peut-être eu le mérite de redonner du courage à ceux qui s'apprêtaient déjà à lever les bras. » Après le 30 mai, mon père juge la situation intenable. Son discours est alors le suivant : « Nous allons certainement être obligés de poursuivre la lutte outre-mer, en Afrique du Nord. Il nous faut donc retarder l'ennemi par tous les moyens afin de nous permettre de gagner du temps. Tous les réduits sont utilisables pendant que dans les intervalles les divisions cuirassées font des raids, ou mènent des combats. L'infanterie, la défense du territoire tiennent les réduits et la guérilla harcèle l'ennemi partout ailleurs. »

— Début juin, ne préconise-t-il pas pourtant un retrait vers la Bretagne ?

— Absolument. Voyant la situation se dégrader à grande vitesse et irrésistiblement, il essaie de convaincre le gouvernement, qui se voit obligé de quitter Paris, de s'installer à Quimper plutôt qu'à Bordeaux. Vainement. C'est alors seulement que l'on peut parler du réduit breton. Il expliquait : « En conseillant au gouvernement de se replier en Bretagne plutôt que dans le Sud-Ouest, je pensais que c'était le meilleur moyen de l'obliger à s'embarquer vers l'outre-mer *via* la Grande-Bretagne après une bataille de nos forces en retraite par échelons. Acculé dans une presqu'île, il n'aurait plus eu d'autre issue que de prendre le large pour aller continuer la guerre ailleurs. Mais ce n'était évidemment pas les idées des gens qui poussaient à la capitulation. Ils ont préféré détaler vers Bordeaux ! »

— Pourquoi, d'après lui, lui a-t-on fait un procès par la suite à propos de cette solution bretonne ?

— Relisez ses *Mémoires de guerre*. Vous verrez qu'il s'en moque. Que lui reproche-t-on ?

D'avoir préconisé cette solution plutôt que celle d'une évacuation de nos forces vers l'Afrique du Nord, solution à laquelle il se serait rallié trop tard ? Voilà bien un faux procès ! Dès le tout début de juin, il précise : « La bataille de la Métropole est virtuellement perdue. Il faut donc évacuer le maximum de nos forces outre-mer, en particulier en Afrique du Nord, et d'abord procéder à tout ce qui peut se faire au plus court en se servant de tous les ports de la côte vers la Grande-Bretagne. » Le 9 juin, il est à Londres pour étudier avec les Anglais comment on pourrait procéder à cette évacuation massive. Ce n'était pas rien d'évacuer une partie de l'armée française ! Et pour cela, on ne pouvait faire sans les Anglais. D'abord, parce que l'on n'avait pas les moyens suffisants en bateaux. Ensuite, parce que, d'après les accords entre nos deux pays, les *shipping* britannique et français avaient été mis à l'intérieur d'un *pool* commun dirigé par les Anglais. C'était donc à eux de régler tout cela. (Au point qu'en 1945, mon père a eu beaucoup de mal à retirer du *pool*, je dirais presque de force, des bateaux pour les envoyer en Indochine ou pour rapatrier des gens en Afrique du Nord.) D'autre part, comme il l'indique dans ses *Mémoires de guerre*, il donnera l'ordre d'évacuer en Afrique du Nord l'équivalent de deux classes de recrues qui se repliaient dans l'Ouest et dans le Midi, en tout cent mille hommes (et non cinq mille, comme l'écrit un historien qui a coutume de se tromper dans les chiffres pour dénigrer mon père). Malheureusement, ce n'était pas non plus la conception de Weygand et des tenants de l'armistice. Quant à toutes les autres troupes qui ont pu être effectivement évacuées, on sait qu'elles ont été « neutralisées » – selon l'expression du Général – par la suite, jusqu'en 1943, à commencer par les cent dix mille hommes évacués à Dunkerque, quand elles n'ont pas été carrément renvoyées en France !

— Après l'armistice ?

— Après l'armistice ! C'est le cas des cent mille jeunes gens mobilisés avec la classe 1940 (1er semestre) que mon père avait envoyés en Afrique du Nord. Vichy les a fait aussitôt rapatrier. Ce qui d'ailleurs n'a jamais été dit. Au total, on aurait pu et dû évacuer outre-mer au moins un demi-million d'hommes, ce qui aurait affaibli d'autant les Germano-Italiens. Quant à ceux qui seraient restés en arrière, ils n'auraient pas modifié l'effectif des deux millions et demi de prisonniers de guerre, déportés et requis du travail obligatoire (STO) par les Allemands.

— Plusieurs témoins contestent qu'il ait préconisé si tôt ce repli vers l'Afrique du Nord...

— Quels témoins ? Weygand lors de son procès en 1948 devant la Haute Cour de justice et les gens qui étaient autour de lui et que l'on retrouvera à Vichy, comme le général Huntziger qui deviendra le ministre de la Guerre (de quelle guerre, mon Dieu ?) du maréchal Pétain. Ce sont ces gens-là dont se servent abondamment depuis la fin de la guerre tous ceux qui veulent discréditer l'action du Général. Ces gens-là qui après avoir échappé ou non aux tribunaux à la Libération ont passé le reste de leur vie à essayer par tous les moyens de justifier leur esprit de capitulation pendant les mois terribles de 1940, puis leur attentisme coupable, voire leur complicité avec l'ennemi pendant quatre longues années. Ces gens-là que vont déterrer certains chroniqueurs pour donner à leurs écrits, soixante ans après, l'apparence de révélations. Ah ! quel bonheur de découvrir dans les factums des adversaires et dans les archives laissées par des contempteurs étrangers tout ce qui pourrait ébrécher la statue du Commandeur et faire les couvertures des hebdomadaires ! Car son histoire est trop belle, sa gloire trop éblouissante. « Envieux de leur prochain, disait encore le général de Gaulle, les Français n'aiment pas les gens qui ont toujours raison. Alors, certains dépensent toute leur énergie à tenter de leur démontrer qu'ils ont tort. »

— A-t-il cru un moment que le projet britannique de fusion de la Grande-Bretagne et de la France en une seule nation pourrait sauver la situation ?

— Pas un instant. Il faut voir comme il traite avec ironie ce projet mûri, écrit-il dans ses *Mémoires*, dans « l'esprit fertile » de celui qu'il appelle l'« Inspirateur » : Jean Monnet, qui préside à Londres la commission franco-britannique d'achat de matériels de guerre. C'est l'homme des Anglais avant de devenir celui des Américains. Il a suggéré l'idée de ce projet à Churchill qui l'a faite sienne après lui avoir demandé de préparer le texte en collaboration avec des hommes de confiance tels que Sir Robert Vansittart. Les Français et les Anglais deviennent les citoyens d'une même nation. Les deux pays mettent toutes leurs forces en commun pour continuer la guerre. Au souvenir de ce projet, mon père me confia, un soir, dans les années 1950, que lorsque Churchill le lui avait sorti de son sac, il avait cru qu'il plaisantait. Il faut dire que le whisky aidant, cela lui arrivait souvent, même dans des moments dramatiques. Mais il parlait sérieusement. « Pour lui, se souvenait-il, c'était un moyen de provoquer un sursaut du gouvernement de Bordeaux. Et il me demanda ce que j'en pensais. Je lui ai répondu qu'au point où nous en étions il fallait, en effet, tenter le coup, que de toute façon nous n'avions plus rien à perdre. Alors, sur le ton de la provocation, il me lança : "Bravo, de Gaulle, vous serez le général en chef de l'armée franco-britannique !" » J'avais toujours pensé que cette réflexion rapportée, paraît-il, par je ne sais plus quel Anglais était apocryphe, mais elle était donc bien réelle. « Rares les moments, se rappelait mon père, où Churchill a perdu son sens de l'humour. » Et il ajoutait, pince-sans-rire : « Je ne m'en suis pas toujours félicité. »

— Et que devient votre famille pendant ces heures tragiques ? Comment votre père s'en occupait-il ?

— Il n'a jamais cessé de se soucier de nous. D'abord, le 14 mai 1940, alors que je suis au collège Stanislas, il me demande d'aller le voir d'urgence au château de Montry, près de Meaux, où siège le Grand Quartier général, pour me donner des consignes devant la dégradation rapide de la situation militaire. Il m'envoie donc une voiture conduite par un civil qui fait le taxi. Avant qu'on me laisse pénétrer dans la salle où il se trouve, on prend le soin de retourner les cartes de positions amies et ennemies épinglées sur les murs. Mauvais signe, me dis-je. Si elles nous étaient favorables, peu importerait que j'en aperçoive sinon le détail, du moins le tracé général. Je dévisage mon père : sa sérénité en même temps que sa gravité et sa solennité sont les indices d'un homme qui n'est pas certain de revoir son fils de sitôt. Il m'informe : « Ta mère ne doit pas rester à Colombey avec Anne. Elle risque de se retrouver dans la zone arrière des armées, ce qui lui rendrait l'existence difficile. Au besoin, va la chercher de façon qu'elle rejoigne ta tante Suzanne Vendroux à la Martillière, près d'Orléans. Les deux sœurs pourront s'entraider. Ensuite, toi-même et ta sœur Elisabeth, rejoignez votre mère chez votre tante. » Mais faut-il quitter Paris avant de savoir où Elisabeth devra passer la première partie de son baccalauréat et moi le concours de Navale ? Il hoche la tête, et à voix basse : « Très confidentiellement, sache que la situation est très sérieuse. Il faut vous préparer à quitter Paris sans attendre le dernier moment, quand ce ne serait que pour aller vous occuper d'Anne et de votre mère. » Et il me remet, je crois, deux mille francs – une somme pour moi considérable – car il n'est pas sûr que les délégations de soldes parviennent encore à leurs destinataires.

— Votre mère était sans nouvelles ? Elle n'avait pas le téléphone ?

— Mon père lui a écrit pour qu'elle quitte Colombey sans tarder, mais il craint que la lettre ne l'atteigne pas. Il n'y avait pas encore de téléphone à La Boisserie. Il fallait se rendre au bureau de poste, à un kilomètre de là. La dernière lettre qui parvient à ma mère est datée du 27 mai. Il lui annonce sa promotion au grade de général. J'ignore à quelle date exacte elle a pris sur elle de quitter La Boisserie dans la B 16 du père Gadot, le garagiste de Colombey, pour rejoindre sa sœur comme mon père le souhaitait. Nous sommes donc toujours dans la région parisienne, ma sœur Elisabeth et moi, quand, le 8 juin, je suis convié à dîner à l'hôtel Lutétia à Paris où mon père, sous-secrétaire d'Etat à la Défense, a élu domicile depuis le 6 juin. Il m'enjoint alors de rejoindre ma mère dans le Loiret sans tarder avec ma sœur. Le lendemain de bonne heure j'essaie donc de prendre les billets de train à la gare d'Orsay. En vain. Pas même question d'approcher de la gare. La foule est massée tout autour à cause de la mobilisation et de l'évacuation des réfugiés. La gendarmerie interdit toute entrée. Gare d'Austerlitz, même situation. Je réussis à en informer mon père tard dans la soirée. Il m'expédie donc un autre taxi pour m'envoyer chercher ma sœur Elisabeth à Bondoufle, aux environs de Paris, où elle est interne à Notre-Dame-de-Sion. De là, nous partons donc pour Rebréchien, dans le Loiret, chez ma tante Suzanne où nous retrouvons ma mère avec Anne, notre petite sœur infirme, et sa gouvernante,

Marguerite Potel. Tout de suite après, notre tante étant au volant (elle ne conduit pas très bien et n'a pas de permis !), nous nous mettons en route tous ensemble vers la Bretagne dans la Mathis noire de son mari mobilisé. Malgré des bagages réduits au strict minimum, il n'y a guère de place pour cinq adultes, une fille infirme et deux enfants en bas âge, ceux de Suzanne, dans cette petite conduite intérieure de quatre cylindres. Je dois donc m'asseoir par terre, recroquevillé aux pieds des trois femmes. Aussi, passant devant la gare d'Orléans, je me résous à continuer seul le trajet par le train. Long et lent voyage de près de trente-six heures par Le Mans, où je manque d'être bloqué, Laval, Rennes, Saint-Brieuc, Morlaix et enfin Carantec par autocar. Je retrouve là les miens dans la soirée du 13 à la villa Arvor dont les deux étages ont été loués pour eux, tandis que le propriétaire et sa femme se réservent le rez-de-chaussée et le petit jardin. Le 14 juin, les Allemands entrent dans Paris.

— C'est également le 14 que le Général rencontre Pétain à Bordeaux pour la dernière fois. Quel souvenir en gardait-il ?

— Souvenir émouvant et pénible sans doute : la vision d'une gloire révolue et d'un monde périmé. Il faut lire ses *Mémoires* à ce sujet. Ce jour-là, il déjeune à la hâte à l'hôtel Splendid avec Geoffroy Chodron de Courcel avant de partir avec lui pour Rennes. C'est alors qu'il aperçoit le Maréchal à la table voisine en compagnie de deux autres personnes. Il se lève donc pour le saluer. Il écrira ces simples mots dans ses *Mémoires* : « Il me serra la main, sans un mot. Je ne devais plus le revoir, jamais. » Comme on le sait, nous retrouvons mon père dans l'après-midi du lendemain, 15 juin, à Carantec. Il y passe en coup de vent. Je crois me souvenir qu'il n'est resté avec nous que moins d'une demi-heure. Venant de rencontrer le général Robert Altmeyer à Rennes, il s'embarquera à Brest pour un aller et retour en Grande-Bretagne. Quand il surgit soudain devant nous, l'inquiétude nous étreint mais nous gardons malgré tout notre calme. Peut-être aborde-t-il la situation avec ma mère et lui donne-t-il quelques consignes ? Mais, comme d'habitude, tout se passe discrètement entre eux et nous ne saurons rien. Après nous avoir rapidement embrassés, nous le voyons remonter en voiture. Je me souviens être demeuré devant la porte un instant en regardant la Renault noire s'éloigner dans un petit nuage de poussière. Quand le reverrons-nous ? Dans trois jours, il va entrer dans l'Histoire. Mais comment pouvions-nous l'imaginer ?

7

L'ENVOL POUR LONDRES

« Je m'apparaissais à moi-même, seul et démuni de tout, comme un homme au bord d'un océan qu'il prétendait franchir à la nage. »

Mémoires de guerre.

A Bordeaux, le 16 juin 1940, le Général est un homme seul. Il n'a autour de lui que des hommes épuisés, sans courage, qui veulent traiter avec l'ennemi ou s'abandonner au désespoir. A quel moment exactement a mûri en lui la décision de partir en Angleterre pour y continuer la lutte ?

— Il m'a affirmé que c'était dans la nuit de ce même jour. Quand il a vu qu'il ne réussirait jamais à persuader Paul Reynaud, le président du Conseil, replié dans cette ville avec le gouvernement, de quitter la France, que tout était donc définitivement joué. Il revenait d'un voyage éclair à Londres. Il se souvenait : « A l'aéroport de Mérignac où nous avons atterri à 21 h 15, les chefs militaires de mon cabinet m'attendaient, la mine défaite. Je n'ai pas eu besoin d'attendre qu'ils ouvrent la bouche. J'avais compris que les dés étaient jetés. Il ne me restait plus qu'à essayer de pousser Reynaud à choisir la solution qui était en train de mûrir en moi : celle d'aller continuer le combat ailleurs. » Jusqu'à la fin de ce catastrophique mois de mai, après la victoire incomplète d'Abbeville, la capitulation de l'armée belge et le rembarquement des Britanniques qui commençait à Dunkerque, il entendait encore « garder l'espérance ». Sinon aurait-il accepté quelques jours plus tard de devenir sous-secrétaire d'Etat à la Guerre ? Mais au cours de cette nuit – et non avant, comme certains l'ont prétendu –, il comprend que l'unique issue est de partir seul pour l'Angleterre. Les capitulards ont gagné la partie. Le gouvernement vient de rejeter la proposition d'union des deux pays, la France et la Grande-Bretagne, dans une sorte de fédération sous la direction d'un gouvernement unique que Monnet a mise au point, et la question va être posée à l'Allemagne de savoir dans quelles conditions elle consentirait à un armistice. Apprenant à sa descente d'avion que Paul Reynaud a démissionné et que Pétain a pris sa place et nommé le général Weygand à la Défense, mon père n'est pas étonné. Il avait déjà imaginé le scénario. Il l'avait si bien prévu que c'était ce qu'il avait décrit à Churchill dans les détails à Londres avant que ne se joignent à eux, le matin même, au Carlton Club, pour déjeuner, Charles Corbin, notre ambassadeur, et une autre personne dont il avait oublié le nom. « Churchill, se rappelait-il, a secoué la tête, puis m'a répondu : "Gardons cela pour nous." » Sa réunion de cabinet devait avoir lieu peu après. L'acceptation par son Conseil de ce projet d'union ne changea pas les vues pessimistes de mon père. Il savait que la majorité des ministres français allaient baisser les bras. « Churchill ne se faisait pas plus d'illusions que moi. » C'est alors qu'il lui a prêté un avion pour regagner Bordeaux avec la possibilité de le garder jusqu'au lendemain à midi, de façon à pouvoir l'utiliser en cas de besoin. « Quand il m'a revu à Londres le lendemain après-midi, 17 juin, il m'a dit : "J'étais sûr de vous revoir ici." Je lui ai répondu : "Moi aussi." »

— Paul Baudouin, sous-secrétaire d'Etat à la présidence du Conseil, que l'on retrouvera à Vichy, écrira plus tard que c'est en apprenant que son nom ne figurait pas sur la liste des ministres de Pétain, le 17 juin, que le Général a choisi de partir pour Londres...

— Ridicule ! Il ne se voyait pas ministre d'un gouvernement de capitulards. Et de toute façon, le Maréchal ne l'aurait jamais ajouté à la liste de ses ministres. Pour avoir lui-même confirmation d'une nouvelle qui l'indignait, il s'est aussitôt rendu à l'hôtel du gouvernement militaire. A l'entresol était installé Weygand, toujours généralissime, qui avait fermé sa porte à tout le monde et à de Gaulle en particulier. Au premier se trouvait encore Paul Reynaud, président du Conseil démissionnaire. Il n'avait jamais cessé d'être digne et maître de lui, mais c'était un homme usé et épuisé.

« J'espérais encore m'être trompé au sujet de sa volonté de faire face. Je me souviens m'être dit avant de franchir sa porte : "Pourvu qu'il ait quand même tenu le coup !" » Quand il le retrouve dans la nuit et qu'il lui confirme sa démission tout en refusant de partir avec lui, il lui annonce aussitôt : « Dans ces conditions, vous me permettrez de courir ma chance tout seul. Je ne vais pas rester là à attendre l'arrivée de l'ennemi. Je ne souhaite pas demeurer à Bordeaux avec Pétain et Weygand, dont je sais trop ce qu'ils vont faire. » Paul Reynaud l'en approuve vivement. C'était pour mon père un très mauvais souvenir. « Nous nous serrâmes la main. Sa main était moite et molle. Il était à bout de forces. » Ensuite, mon père va rencontrer le général Edward Spears et l'ambassadeur de Grande-Bretagne, Ronald Campbell, à leur hôtel, Le Montré, place des Grands-Hommes. Envoyé personnel de Churchill auprès des Français, Spears est un homme affable qui essaie de rendre service à tout le monde. On verra par la suite que mon père finira par s'en méfier. « Trop poli pour être honnête, dira-t-il de lui, toujours au téléphone avec Londres pour rapporter la moindre parole. » Il le prévient de son intention de rejoindre Londres le lendemain matin avec l'avion que Churchill a mis à sa disposition. « Dans ce cas-là, propose Spears, je pars avec vous. » Je précise bien : Spears s'impose comme compagnon de voyage. Il n'a que cela à faire : marquer cet ancien sous-secrétaire d'Etat à la culotte, car, on le saura plus tard, il a cherché de plus grandes pointures telles que Georges Mandel, par exemple, et ne les a pas trouvées. Il a donc pensé : « En voilà un qui décide de partir de lui-même. Ce n'est malheureusement qu'un sous-secrétaire d'Etat, mais accompagnons-le, on verra bien. »

— Ce n'est donc pas Spears qui a emmené votre père à Londres ?

— Mais non ! Il faut mettre fin à une légende qui a été écrite par Spears lui-même, de sa propre main, dans les *Mémoires* de Churchill. Il est monté dans l'avion qui était aux ordres de de Gaulle et non aux siens. Il est monté dans la voiture de de Gaulle, une Peugeot 402 de l'armée, et non dans la sienne. (Mon père proposa à son chauffeur militaire, Marcel Hutin, avec lequel j'ai correspondu après la guerre, de l'emmener en Grande-Bretagne, mais il se récusa pour raison de famille.) Il n'était pas prévu que Spears fût du voyage. Il devait retourner normalement à Londres avec l'ambassadeur Campbell. Il laissera d'ailleurs ses bagages derrière lui à l'hôtel.

— Spears raconte aussi qu'il a proposé à Paul Reynaud de partir pour Londres avec lui. En compagnie du Général ?

— Invention. S'il avait fait une telle proposition, Paul Reynaud en aurait averti mon père. De toute façon, il n'aurait pas eu à prendre le petit avion de son sous-secrétaire d'Etat. Il aurait disposé de son avion personnel avec son escorte aérienne. Mais revenons au 16 au soir. Mon père a déconseillé au commandant Chomel, son ancien chef d'état-major à Montcornet et à Abbeville, de l'accompagner à cause de ses charges de famille. On sait qu'il en fit par contre l'offre au lieutenant Geoffroy de Courcel et que ce jeune diplomate attaché à son cabinet, qui voulait partir pour le Liban, l'accepta sans l'ombre d'une hésitation. Mon père lui a alors appris : « Vous êtes le seul à avoir dit oui. » Je n'ai jamais su quels autres refus il avait essuyés. A 23 heures, quand il rejoint son hôtel, le Majestic, la brasserie est fermée, le cuisinier parti avec les clefs des armoires frigorifiques. Il n'est pas content et le dit. Alerté, le directeur lui trouve tout de même un sandwich. Son dernier repas en France !

— Alors, le départ à Mérignac ? Le Général n'en dit presque rien dans ses *Mémoires* tandis que Spears en fait tout un roman. Pourquoi ce laconisme ?

— Un roman rocambolesque ! Alors que les choses se sont passées très simplement. Lorsque mon père a bien voulu revenir là-dessus pour moi, lors de la « traversée du désert », je crois que cela n'a pas dû durer plus de cinq minutes. C'est pour dire à quel point il considérait ces circonstances comme un non-événement. A 7 h 30, Spears et Geoffroy de Courcel l'attendent comme convenu dans le hall du Majestic. Est là aussi Jean Laurent, son ancien chef de cabinet, qui lui remet cent mille francs (à cent soixante-seize francs la livre à l'époque, au cours officiel) de la part de Paul Reynaud et les clefs de son petit appartement de Londres. Mon père emporte les deux cantines qui le suivent partout. L'une contient ses dossiers, l'autre tous ses vêtements dont le casque et la veste de cuir des chars. Courcel a une grosse valise et Spears seulement un petit sac de voyage. Tous ces bagages sont mis dans une seconde voiture. Et en route pour l'aéroport de Mérignac !

— Spears affirme que le Général s'est arrêté en cours de route et a même fait un tour dans Bordeaux pour brouiller les pistes. Craignait-il d'être arrêté ?

— Pourquoi, mon Dieu ? Qui savait qu'il quittait définitivement la France ? Et qui surtout se souciait de ce simple sous-secrétaire d'Etat ? Il faut savoir quelle pagaille régnait à Bordeaux à ce moment-là. Chacun avait bien assez à faire avec sa propre personne. N'oubliez pas non plus que les Allemands n'étaient plus très loin. Si les deux voitures ont été arrêtées plusieurs fois à la sortie de la ville, ce n'était pas par la police ni la sécurité militaire, mais par les encombrements, malgré la hardiesse du conducteur qui jusqu'au bout dut se battre avec la circulation sur cette route du cap Ferret. Ce départ, fort simple, mon père l'a décrit lui-même en novembre 1948 dans une lettre à Churchill qui lui avait demandé des précisions à ce sujet en vue de la rédaction de ses Mémoires. (Ce qui d'ailleurs ne l'empêcha pas d'adopter le roman-feuilleton de son ami Spears qui lui parut sans doute plus original.) Pour couper court à tous les « récits romanesques » – c'est son expression –, il a tenu à préciser dans cette lettre que l'on peut trouver dans *Lettres, Notes et Carnets* que, Reynaud n'ayant transféré ses pouvoirs au maréchal Pétain que ce matin-là, il restait jusqu'à cette formalité membre du gouvernement et ne courait donc guère de risques. De son côté, Geoffroy de Courcel a donné maintes fois après la guerre un témoignage identique. Il était dans la voiture et avait de bons yeux et de bonnes oreilles. Tout cela aurait dû normalement décourager les insinuations mensongères. Mais soixante ans après, on préfère encore – c'est plus croustillant ! – se référer à la fable d'un détracteur puisque mon père, écrit-on, « visiblement ne tient guère à évoquer avec trop de précisions les circonstances de son départ » ! Les deux voitures arrivent donc vers 8 h 30 à la base militaire 106 de Mérignac.

— Nous voici à l'instant du départ pour Londres. Là aussi la version du général Spears, reprise par Churchill dans ses *Mémoires*, diverge complètement de celle de Geoffroy de Courcel. Qu'en disait votre père ?

— Il se moquait de tout ce que l'on pouvait bien inventer sur ce qu'il avait fait ou dit là ou ailleurs. S'il a écrit à Churchill en novembre 1948, c'est parce que ce dernier lui demandait de lui rafraîchir la mémoire.

— Mais pourquoi n'a-t-il pas protesté auprès de lui quand il a vu que ce qu'il avait écrit ne correspondait en rien au témoignage qu'il lui avait donné ?

— Il fallait connaître mon père. Encore une fois, s'il lui arrivait d'éprouver du mépris, c'était bien pour toutes les inventions et les « récits romanesques » qui couraient sur son compte. Je vous le répète : quand il a souhaité revenir là-dessus avec moi, très vite, il a conclu, un peu agacé : « Bon, Courcel a fait à ce propos le témoignage qu'il convenait de faire. » Il n'a consenti à me donner que quelques petits détails qui pour lui n'avaient guère d'intérêt, mais qui aujourd'hui ont une certaine valeur. Il m'a d'abord expliqué qu'ils avaient eu un peu de mal à trouver l'avion anglais avec lequel il était arrivé de Londres la veille à cause de la grande confusion qui régnait sur cette base aérienne encombrée d'avions, de véhicules et de gens de toutes sortes, civils ou militaires. Avant de monter dans l'appareil, plusieurs officiers que connaissait mon père l'ont salué. « Ils étaient sans bagage et semblaient être en délégation. Nous avons pensé qu'ils avaient dû accompagner un supérieur en partance. » C'est dire à quel point il craignait d'être reconnu ! Au sujet de ses propres bagages, il a remarqué que lorsque le conducteur de sa voiture a déchargé ses deux cantines près de l'avion, et non pas ses deux valises, comme l'a rapporté Courcel, le pilote a eu un mouvement de surprise. « On s'est demandé alors, se souvenait-il, s'il n'allait pas refuser de les prendre. Il ne redoutait pas leur poids mais le danger qu'elles auraient pu représenter en bougeant pendant le vol. Et puis, finalement, il s'est arrangé avec Courcel qui est allé se procurer je ne sais où, assez loin, de quoi les arrimer avec les autres bagages au fond de l'avion. Nous avons dû attendre son retour pendant un quart d'heure. » C'est dire encore la peur panique d'un homme aux abois, d'après Spears, qui n'aurait pu attendre une minute de plus avant de prendre la fuite ! Il a cru comprendre également que le pilote avait eu du mal à trouver de l'essence. « Ensuite, a-t-il ajouté, nous avons décollé sans problème. » Il ne pouvait se rappeler à quelle heure précise.

— Selon Spears, encore, le Général, qui voulait toujours dissimuler son départ, saute dans l'avion le dernier alors qu'il roulait déjà sur la piste. Il ne doit d'avoir réussi à monter à bord qu'à Spears qui lui a tendu la main... Comment a-t-il pu inventer de pareilles choses ?

— On l'apprendra après la guerre, il en voulait au général de Gaulle qui avait refusé dès les premiers temps d'être son homme lige. Il faut dire qu'il s'était lourdement trompé sur sa personne. « Il m'a pris pour un autre, estimait mon père. Il a manqué de psychologie. C'est dommage. Il m'a été très utile à Londres, au début. Il a eu tort de vouloir déborder de son rôle. » Par la suite, il démasqua une à une ses intrigues et ses manigances hypocrites, jusqu'au moment où, lassé lui-même des problèmes qu'il lui causait, Churchill s'en est débarrassé. Sa femme, la romancière américaine Mary Borden, avait eu au début de la sympathie pour le Général, mais ensuite, il lui est arrivé d'adopter l'animosité de son mari. L'invraisemblable récit bordelais de Spears montre bien à quel point il s'est mépris sur le caractère de l'auteur de mes jours. Quand on sait qu'il a même prétendu que le Général avait pensé aller passer sa dernière nuit en France à bord d'un bateau de guerre britannique amarré dans le port de Bordeaux, cela encore pour échapper aux sbires de Weygand !

— Bref, l'avion s'envole et prend la direction de la Grande-Bretagne. Vous a-t-il avoué les pensées qui le poursuivaient à ce moment-là ?

— Il note dans les *Mémoires de guerre* qu'il survole La Rochelle et Rochefort, puis le village de Paimpont où se trouve ma grand-mère malade. Ce qui peut faire supposer qu'il est tourmenté à l'idée qu'elle va mourir sans qu'il soit à ses côtés. Or, il m'a avoué : « J'avais d'autres pensées en tête. Une obsession m'assaillait : qui allais-je retrouver en Angleterre ? Car je ne pouvais imaginer que je me retrouverais seul. Cela m'aurait paru incroyable. » Tous ceux qui ont écrit en l'imaginant ou qui lui ont fait confesser, comme Malraux, qu'il avait traversé, dans ces circonstances, un drame de conscience épouvantable en se voyant devenir un rebelle, un dissident, se sont trompés : « Je me savais dans le bon droit, m'a-t-il confié. L'honneur et l'intérêt de la patrie étant devant moi, la honte de la capitulation et de la lâcheté sur mes talons. » Son drame de conscience, il l'avait eu la nuit d'avant, après avoir annoncé à Paul Reynaud – cet homme, écrira-t-il, « arrivé à la limite de l'espérance » – sa décision de franchir le Rubicon. « Rentrant à l'hôtel, je me suis dit alors : "Je fais une folie. Je me jette à l'eau sans savoir où est la rive." Et je m'en suis remis à Dieu. »

— Est-il vrai que son avion a failli se faire descendre par la chasse allemande ?

— Il s'en est peut-être fallu de peu. Tout ce que l'on peut savoir à ce sujet nous a été relaté par Jack H. Herbert qui était directeur adjoint de l'aérodrome de l'île de Jersey en juin 1940. Etant donné la charge transportée, ce petit bimoteur de quatre places n'était pas assuré de pouvoir rejoindre la Grande-Bretagne sans compléter ses pleins. Voilà pourquoi il a dû se poser à Jersey avant de traverser la Manche. Seul de service ce jour-là, M. Herbert était informé de cette arrivée. Ce qui prouve une fois de plus que mon père n'a pas joué les Sioux pour prendre le cap de l'exil. Il se rappelait parfaitement la haute silhouette de mon père et l'autre officier français (Courcel) presque aussi grand que lui, mais avait perdu tout souvenir du général Spears. Il se rappelait tout aussi nettement l'heure à laquelle l'avion s'était posé : 12 h 30. Le départ de Bordeaux n'avait donc pas eu lieu avant 9 heures. Le mess de l'aérodrome étant fermé, ce charmant vieil Anglais, qui parlait notre langue avec un accent savoureux, a invité les trois voyageurs à déjeuner à l'hôtel Saint-Pierre pendant que l'on procédait au plein. Le Général lui a alors indiqué qu'il devait s'attendre à l'arrivée d'autres avions venant de Bordeaux.

— Avec quels passagers ? Des membres du gouvernement ?

— Peut-être pensait-il que Georges Mandel ou Edouard Herriot allaient le suivre à Londres. A moins qu'il ne se fût agi plutôt dans son esprit de Roland de Margerie, le chef de cabinet de Reynaud, et de Jean Laurent, le sien, qui lui avaient laissé entendre qu'ils pourraient l'imiter. Pour la petite histoire, M. Herbert se souvenait que mon père avait acheté une caisse de whisky avant de remonter dans l'avion. Erreur flagrante ! Il n'aimait pas cette boisson, et je suppose qu'il devait avoir, à ce moment-là, d'autres préoccupations que de pourvoir à ses prochaines libations ! L'acheteur devait être Spears et le destinataire, son ami Winston ! L'avion a décollé vers 15 heures pour l'Angleterre. « Alors, nous a encore relaté M. Herbert, j'ai eu très peur parce que, peu après le départ, j'ai vu un chasseur allemand raser l'île avec l'intention de les suivre. [Les Allemands occupaient la Normandie.] Je me suis dit avec effroi : "Mon Dieu, ils vont se faire descendre !" Je n'ai jamais su sur le moment si l'avion du général de Gaulle était bien arrivé à destination. »

— Le Général a-t-il su que son pilote avait été celui du roi d'Angleterre avant d'être versé dans la RAF et était devenu après la guerre l'aide de camp de la reine Elizabeth ?

— Je suppose. Mort en 1976, Edward Fielden était un héros. Il s'est posé plusieurs fois clandestinement en France occupée avec ce même biplan à deux moteurs De Havilland Rapid Dragon (HD 89) immatriculé G.ADDD. Il appartenait au 24e Squadron de la RAF basé à Heston dans le Middlesex, banlieue nord-ouest de Londres. C'est là que mon père a débarqué le 17 juin et non pas à Croydon comme cela a souvent été écrit. C'est aujourd'hui le siège du musée de la RAF. Une partie de la cabine de ce bimoteur y est exposée. Fielden avait été au service de George VI avant de rejoindre la RAF au moment de la guerre. Churchill ne pouvait pas prêter au général de Gaulle un pilote plus valeureux. Il est crédité de beaucoup de missions secrètes à son compte pendant la guerre. Il a fini sa carrière comme air vice-marshal et aide de camp de la reine Elizabeth. Le 6 avril 1957, il a été élevé au grade de commandeur de la Légion d'honneur, promotion difficile à atteindre pour un Français et qui est rare pour un étranger, fût-il combattant allié.

8

L'APPEL

> « La première chose à faire est de hisser les couleurs. La radio s'offrait pour cela. »
>
> *Mémoires de guerre.*

Plusieurs mystères planent encore sur les appels du Général au micro de la BBC en juin 1940. Est-il vrai, d'abord, que le premier, celui du 18 juin, a failli ne pas être diffusé faute de l'autorisation du cabinet britannique ?

— Jamais mon père n'a pensé que le texte qu'il avait rédigé ce jour-là ne pourrait pas être diffusé. Quand il s'est mis à le composer, le matin du 18, à Seymour Place, dans l'appartement donnant sur Hyde Park dont Jean Laurent lui avait confié les clefs, il avait son rendez-vous bien assuré à la BBC à 18 heures. C'est Churchill qui l'avait invité la veille à parler à la radio. Mon père se souvenait qu'il lui avait déclaré, le 17, après l'annonce de la demande d'armistice par Pétain qui l'avait mis en colère : « Je vais vous donner quelques minutes demain soir dans le programme de la BBC. Demain matin, après la réunion de cabinet, je vous préciserai l'heure à laquelle vous pourrez le faire. » Sans attendre, de retour à son hôtel, en ce soir du 17, mon père commence donc à griffonner une première ébauche de son appel sur une vingtaine de lignes. Mais il n'est pas satisfait. Il est certain que son esprit était bien trop occupé par ailleurs. Le lendemain, tard dans la matinée, il se remet donc au travail dans son bureau, 8, Seymour Place. Il rédige plusieurs brouillons tout en réglant d'autres affaires avant d'aller déjeuner avec Geoffroy de Courcel chez Duff Cooper, ministre de l'Information, qui les a invités. Vous imaginez facilement la somme de problèmes qui se posaient à lui ce jour-là. Très importante sans doute, cette rédaction n'était donc qu'un travail parmi d'autres. Vers 15 heures, Elisabeth de Miribel, sa secrétaire bénévole, tape la dernière version, de deux doigts, sur sa machine portative personnelle qu'elle a apportée à la demande de Geoffroy de Courcel, son ami d'enfance et le voisin de sa maison de campagne en Sologne, qui l'a débauchée de la mission française de Londres dirigée par l'écrivain Paul Morand où elle était employée comme documentaliste. Installée sur une petite table dans l'entrée de ce minuscule appartement, elle ouvre en même temps la porte aux toutes premières personnes qui avaient rendez-vous avec le Général, dont Hettier de Boislambert. Car, se rappelle-t-elle, il n'y avait ni femme de chambre ni huissier. Elle est aidée dans son travail par Courcel, ce manuscrit étant difficilement déchiffrable à cause des ratures. Il est aujourd'hui en ma possession. Il m'a été remis par ma mère en 1978 quand elle a quitté définitivement Colombey pour entrer dans une maison de retraite. Il couvre quatre feuillets. A part un court passage de cinq lignes dans le deuxième feuillet et un mot retranché dans le troisième – ces modifications ne changeant en rien le sens profond du message –, ce texte est celui que l'on connaît. De sa main, le Général a ajouté et signé la mention suivante en marge du quatrième feuillet : « Manuscrit authentique de mon appel du 18 juin 1940. » Ma mère, qui le conservait précieusement depuis Londres dans son coffre, y avait joint sa carte de visite personnelle sur laquelle elle avait tracé ces mots dont il faut respecter la ponctuation : « Manuscrit de l'appel '18 juin (qui est à la B. de F. à Chaumont) Ce manuscrit m'a été remis par le Général, à Londres, le 19 juin 1940 – Il m'a dit conservez précieusement ces manuscrits – si je réussis, ils feront partie du patrimoine de nos enfants. Le Général écrivait alors avec un porte-plume – mais par la suite, à ma demande, il a authentifié le manuscrit en écrivant avec son porte-plume réservoir. »

— Votre mère parle de plusieurs manuscrits. Y avait-il un autre exemplaire de cet appel dans son coffre ?

— Non. Par l'emploi du pluriel, elle voulait simplement signifier que mon père lui avait

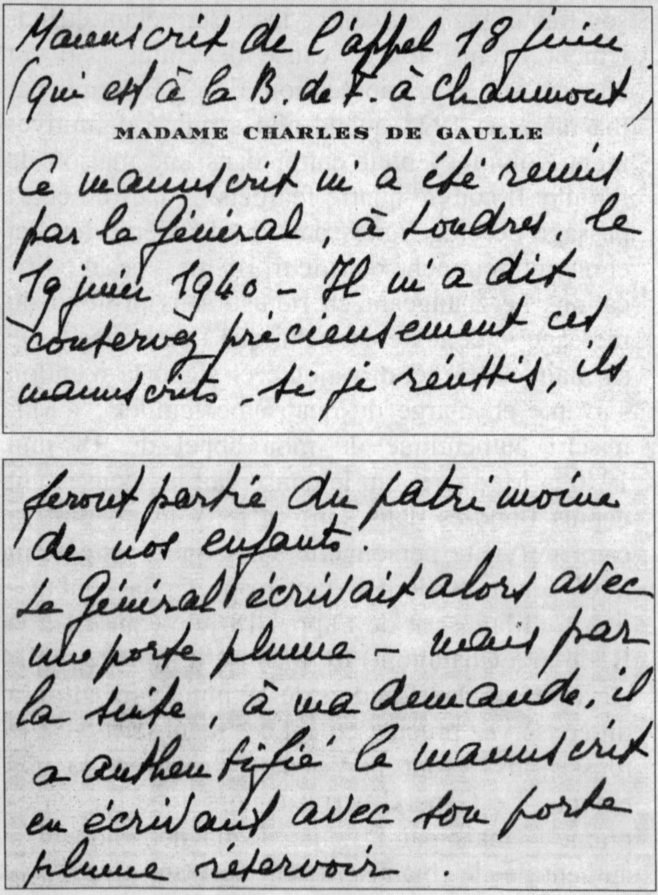

Manuscrit de l'appel 18 juin
(qui est à la B. de F. à Chaumont)

MADAME CHARLES DE GAULLE

Ce manuscrit m'a été remis
par le Général, à Londres, le
19 juin 1940 – Il m'a dit
conservez précieusement ces
manuscrits – si je réussis, ils

feront partie du patrimoine
de nos enfants.
Le Général écrivait alors avec
une porte plume – mais par
la suite, à ma demande, il
a authentifié le manuscrit
en écrivant avec son porte
plume réservoir.

Cette carte de visite d'Yvonne de Gaulle accompagnait le manuscrit original de l'appel qu'elle conservait précieusement à la succursale de la Banque de France de Chaumont (Haute-Marne) et qu'elle remit à son fils au moment de son départ définitif de Colombey-les-Deux-Eglises en septembre 1978.

Manuscrit original de l'appel du 18 juin

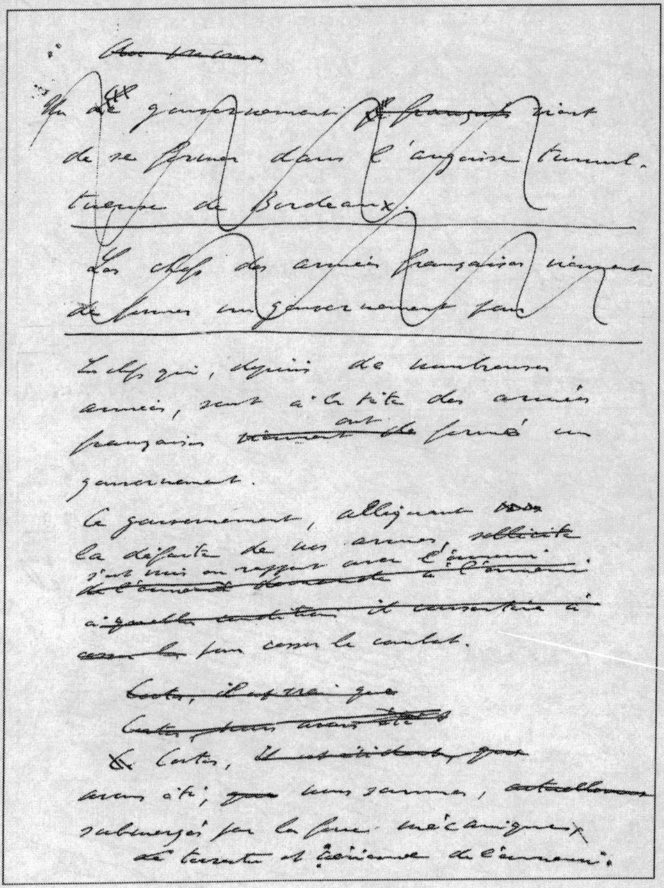
Les chefs qui, depuis de nombreuses années, sont à la tête des armées françaises ont formé un gouvernement.

Ce gouvernement, alléguant la défaite de nos armées, pour cesser le combat.

Certes, nous avons été, nous sommes, submergés par la force mécanique, terrestre et aérienne de l'ennemi.

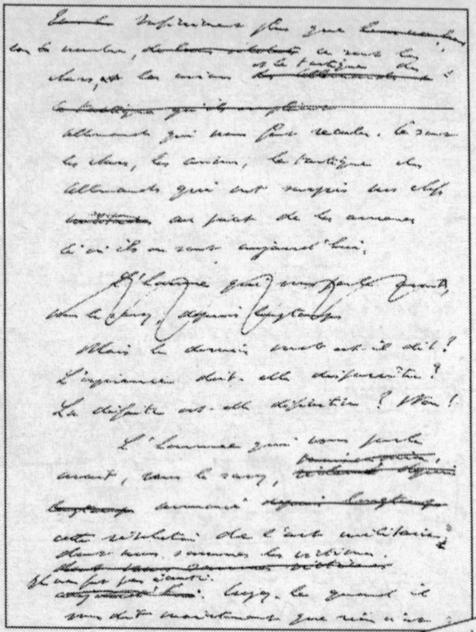
allemands qui nous font reculer. Ce sont les chars, les avions, la tactique des Allemands qui ont surpris nos chefs au point de les amener là où ils en sont aujourd'hui.

Mais le dernier mot est-il dit ? L'espérance doit-elle disparaître ? La défaite est-elle définitive ? Non !

L'homme qui vous parle

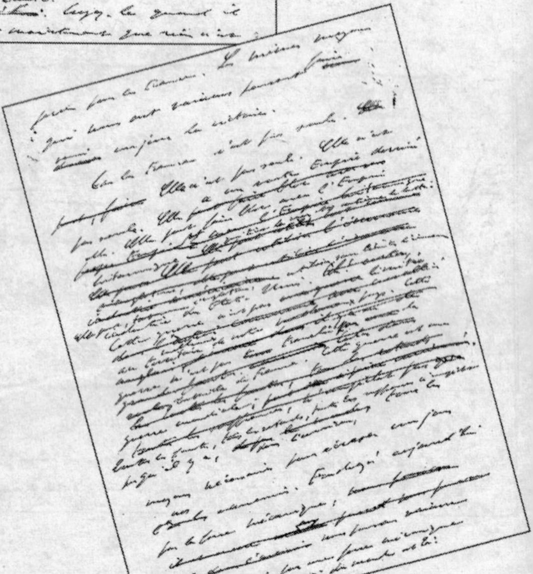
Car la France n'est pas seule. Elle n'est pas seule.

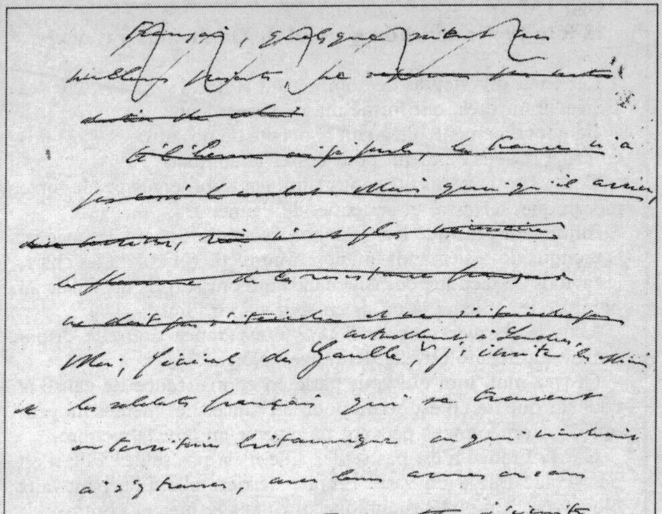

~~Français, [illegible]~~ ~~[illegible]~~

~~Si l'heure [illegible], la France n'a pas [illegible]. Mais quoi qu'il arrive, [illegible], la flamme de la résistance française ne doit pas s'éteindre et ne s'éteindra pas.~~

Moi, Général de Gaulle, actuellement à Londres, j'invite les officiers et les soldats français qui se trouvent en territoire britannique ou qui viendraient à s'y trouver, avec leurs armes ou sans ~~leurs armes~~ leurs armes, j'invite les ingénieurs et les ouvriers spécialistes des industries d'armement qui se trouvent en territoire britannique ou qui ~~[illegible]~~ viendraient à s'y trouver, à se mettre en rapport avec moi.

~~[illegible]~~ Quoi qu'il arrive, la flamme de la résistance française ne doit pas s'éteindre et ne s'éteindra pas.

Demain, comme aujourd'hui, je parlerai à la radio de Londres.

Lu [illegible] 18 juin 1940 [illegible] C. de Gaulle

18 juin 1940 : appel du général de Gaulle aux Français

Les chefs qui, depuis de nombreuses années, sont à la tête des armées françaises, ont formé un gouvernement.

Ce gouvernement, alléguant la défaite de nos armées, s'est mis en rapport avec l'ennemi pour cesser le combat.

Certes, nous avons été, nous sommes, submergés par la force mécanique, terrestre et aérienne, de l'ennemi.

Infiniment plus que leur nombre, ce sont les chars, les avions, la tactique des Allemands qui nous font reculer. Ce sont les chars, les avions, la tactique des Allemands qui ont surpris nos chefs au point de les amener là où ils en sont aujourd'hui.

Mais le dernier mot est-il dit ? L'espérance doit-elle disparaître ? La défaite est-elle définitive ? Non !

Croyez-moi, moi qui vous parle en connaissance de cause et vous dis que rien n'est perdu pour la France. Les mêmes moyens qui nous ont vaincus peuvent faire venir un jour la victoire.

Car la France n'est pas seule ! Elle n'est pas seule ! Elle n'est pas seule ! Elle a un vaste Empire derrière elle. Elle peut faire bloc avec l'Empire britannique qui tient la mer et continue la lutte. Elle peut, comme l'Angleterre, utiliser sans limites l'immense industrie des Etats-Unis.

Cette guerre n'est pas limitée au territoire malheureux de notre pays. Cette guerre n'est pas tranchée par la bataille de France. Cette guerre est une guerre mondiale. Toutes les fautes, tous les retards, toutes les souffrances, n'empêchent pas qu'il y a, dans l'univers, tous les moyens nécessaires pour écraser un jour nos ennemis. Foudroyés aujourd'hui par la force mécanique, nous pourrons vaincre dans l'avenir par une force mécanique supérieure. Le destin du monde est là.

Moi, général de Gaulle, actuellement à Londres, j'invite les officiers et les soldats français qui se trouvent en territoire britannique ou qui viendraient à s'y trouver, avec leurs armes ou sans leurs armes, j'invite les ingénieurs et les ouvriers spécialistes des industries d'armement qui se trouvent en territoire britannique ou qui viendraient à s'y trouver, à se mettre en rapport avec moi.

Quoi qu'il arrive, la flamme de la résistance française ne doit pas s'éteindre et ne s'éteindra pas.

Demain, comme aujourd'hui, je parlerai à la Radio de Londres.

Général de Gaulle

L'affichette

A TOUS LES FRANÇAIS

La France a perdu une bataille!
Mais la France n'a pas perdu la guerre!

Des gouvernants de rencontre ont pu capituler, cédant à la panique, oubliant l'honneur, livrant le pays à la servitude. Cependant, rien n'est perdu!

Rien n'est perdu, parce que cette guerre est une guerre mondiale. Dans l'univers libre, des forces immenses n'ont pas encore donné. Un jour, ces forces écraseront l'ennemi. Il faut que la France, ce jour-là, soit présente à la victoire. Alors, elle retrouvera sa liberté et sa grandeur. Tel est mon but, mon seul but!

Voila pourquoi je convie tous les Français, où qu'ils se trouvent, à s'unir à moi dans l'action, dans le sacrifice et dans l'espérance.

Notre patrie est en peril de mort.
Luttons tous pour la sauver!

VIVE LA FRANCE !

C. de Gaulle

GÉNÉRAL DE GAULLE

QUARTIER-GÉNÉRAL,
4, CARLTON GARDENS,
LONDON, S.W.1.

TO ALL FRENCHMEN

LONG LIVE FRANCE!

La voici telle qu'elle a été placardée dans les rues de Londres dès juillet 1940 avec, en bas, à gauche, sa traduction en anglais.

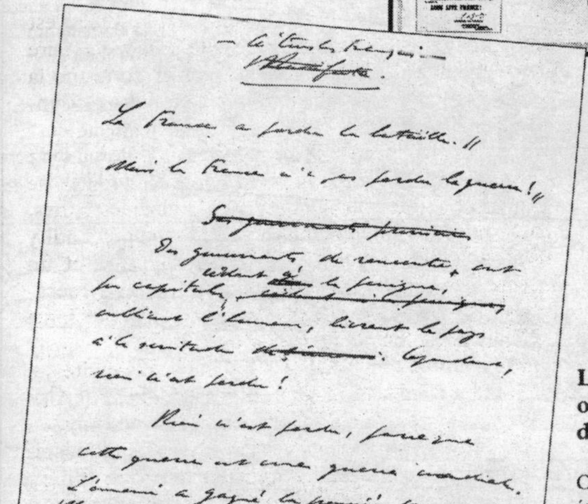
— A tous les Français ! —

La France a perdu la bataille !

Mais la France n'a pas perdu la guerre !

Des gouvernants de rencontre, ont pu capituler, cédant à la panique, oubliant l'honneur, livrant le pays à la servitude. Cependant, rien n'est perdu !

Rien n'est perdu, parce que cette guerre est une guerre mondiale.

pas encore donné. Un jour, ces forces l'écraseront.

Il faut que la France, ce jour-là, soit présente à la victoire. Alors, elle

Le manuscrit original de l'affichette

Ce texte a toujours été confondu avec celui de l'appel du 18 juin et le Général s'en irritait. Il a été également diffusé sous la forme d'un tract.

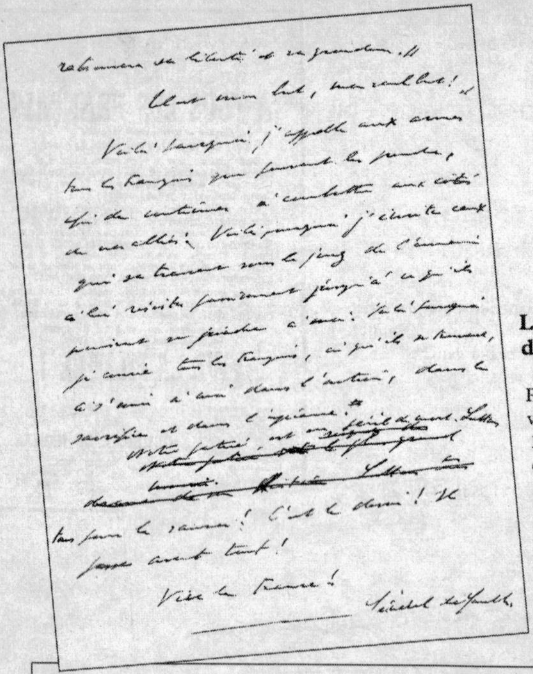

retrouvera sa liberté et sa grandeur. »

Notre seul but, notre seul but ! et

Voilà pourquoi j'appelle aux armes tous les Français qui gardent les armes, de continuer à combattre aux côtés de nos alliés. Voilà pourquoi j'invite ceux qui se trouvent sous le joug de l'ennemi à lui résister jusqu'à ce qu'ils puissent se joindre à nous. Voilà pourquoi je convie tous les Français, où qu'ils se trouvent, à s'unir à nous dans l'action, dans le sacrifice et dans l'espérance.

Notre patrie est en péril de mort. Luttons tous pour la sauver ! C'est le devoir ! Il passe avant tout !

Vive la France !

Général de Gaulle.

La lettre d'un père

Philippe de Gaulle va passer Noël 1940 à bord du *Courbet* ancré à Portsmouth où il est élève de l'Ecole navale française libre. Même loin de lui, son père ne l'oublie pas.

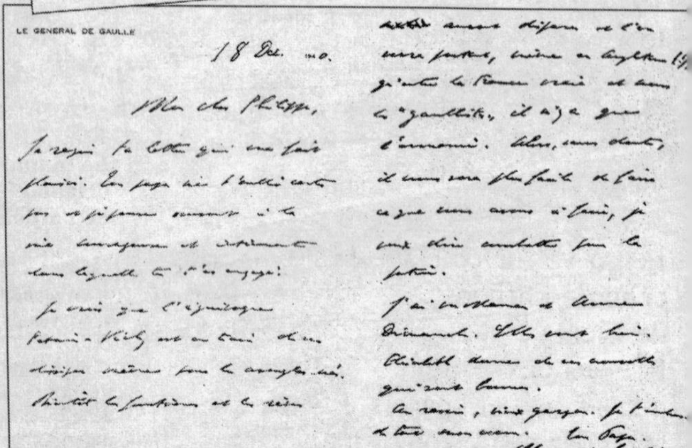

LE GENERAL DE GAULLE

18 Déc. 40.

Mon cher Philippe,

J'ai reçu ta lettre qui me fait plaisir. Ton papa ne t'oublie certes pas et je pense souvent à ta vie courageuse et intéressante dans laquelle tu t'es engagé.

Je crois que l'équipe Pétain-Vichy est en train de se dissiper ... Bientôt les fonctions et les ... aucune différence et l'on verra partout, même en Angleterre (!), qu'entre la France vraie et nous les « gaullistes », il n'y a que l'ennemi. Alors, sans doute, il nous sera plus facile de faire ce que nous avons à faire, je veux dire combattre pour la patrie.

J'ai de bonnes nouvelles de Maman dimanche. Elles vont bien. Élisabeth donne de ses nouvelles qui sont bonnes.

Au revoir, mon vieux garçon. Je t'embrasse de tout mon cœur. Ton Papa.

Charles de Gaulle.

recommandé de veiller à garder tous ses manuscrits pour le cas où, la chance aidant, ils auraient pu un jour devenir historiques. Ma mère ne conservait que cette pièce-là. Si le Général la lui a remise, c'est parce qu'il la considérait comme le document fondateur de la France Libre. C'était donc celui auquel il tenait le plus.

— Et qu'en est-il des autres manuscrits de l'appel dont on a dit qu'ils s'étaient retrouvés dans les mains de collectionneurs bien après la guerre ?

— Il arrivait souvent à mon père de faire brouillon sur brouillon quand il devait rédiger un texte important et il ne se souciait pas de les détruire après coup. D'où parfois l'apparition de l'un d'eux trouvé au fond d'une corbeille à papiers. Deux manuscrits passant pour un brouillon de l'appel ont circulé ainsi dans les années 1970. L'un, intitulé de sa propre main « Manifeste », a été acquis auprès d'André Bernheim, directeur du théâtre de la Madeleine, par l'acteur Alain Delon qui l'a ensuite généreusement offert à l'ordre de la Libération. Bernheim l'avait acheté à un inconnu. Couvrant seulement deux feuillets, et d'une écriture également très raturée, ce texte n'a rien à voir avec celui de l'appel. Il s'apparente à celui de l'affichette de 0,80 m sur 0,56 m, bordée de tricolore et surmontée de deux petits drapeaux français croisés, qui a été conçue peu après l'appel, en juillet, par la France Libre. Reproduite après la guerre, on peut la voir parfois apposée dans les rues de certaines villes, notamment à Paris. Un autre manuscrit a échoué, en février

1973, entre les mains d'un richissime promoteur immobilier belge de Bruxelles et admirateur du Général, Charlie de Pauw, qui l'avait acheté très cher à Drouot. Il s'agit d'un court texte d'un feuillet et demi recto verso très biffé qui semble être, celui-là, une version très différente de l'appel. Il se termine par cette phrase : « Nous espérons qu'un jour une force mécanique, aérienne et terrestre supérieure nous rendra la victoire et nous permettra de délivrer la patrie. » Mort depuis quelques années, ce Bruxellois l'avait offert très officiellement à l'ordre de la Libération, sachant la tristesse que nous avions éprouvée en apprenant qu'il avait été vendu à l'étranger.

— Revenons au 18 juin. Si le Général n'a donné son dernier brouillon à taper à Elisabeth de Miribel qu'en revenant de déjeuner, n'est-ce pas parce qu'il a dû modifier son texte à la demande du cabinet britannique, par la bouche de Duff Cooper ?

— Non. Lorsque longtemps après, cette polémique étant apparue, je lui ai demandé s'il avait dû retoucher son message, il m'a répondu très catégoriquement : « Le 17, j'ai exposé *grosso modo* à Churchill ce que j'avais l'intention de dire, puis après, nous avons parlé d'autres choses. Ce qui lui importait seulement, c'était de ne pas contrarier Pétain avant de savoir ce qu'il déciderait de faire après avoir demandé l'armistice. » (Il l'a demandé, on le sait, dans la nuit du 16 au 17 juin.) Quant à Duff Cooper, Geoffroy de Courcel a également été très catégorique dans le récit qu'il a fait de cette journée après la Libération. Il m'a dit ce qu'il a répété à bien d'autres : « Il n'a pas plus été question de l'appel pendant ce déjeuner que de la réunion de cabinet à laquelle le Britannique venait de participer. » S'il y avait eu, comme on le prétend, une discussion difficile avec Churchill, mon père lui en aurait donc parlé, Geoffroy de Courcel étant à l'époque son interlocuteur privilégié. Elisabeth de Miribel a raconté plus tard que le temps pressait. L'appel ne comportait que quatre feuillets de sa large écriture, remplis de biffures. Cela suppose donc que mon père n'a pas dû passer l'après-midi à rédiger ce texte qu'il avait commencé le matin même. Elisabeth se rappelait avoir été déposée devant chez elle en taxi par le Général et Courcel sur le chemin de la BBC où l'émission devait avoir lieu, je le répète, à 18 heures.

— A 18 heures ou à 22 heures ?

— A 18 heures pour être diffusée à cette heure précise. Mon père m'a indiqué que le rendez-vous primitivement prévu à 17 heures avait été retardé d'une heure pour une raison qui lui est restée inconnue. Il faut savoir qu'à l'époque, le grand journal radiophonique du soir avait lieu à Londres à 20 heures. Après, les séquences horaires d'information étaient plus courtes. Pourquoi a-t-on voulu absolument que l'appel ait été diffusé à 22 heures ? Parce qu'il aurait été retardé par la censure ? Ridicule. Il a bien été diffusé à l'heure prévue pour la bonne raison qu'il n'a pas été enregistré. Mon père a été très contrarié à ce sujet et a demandé des explications le lendemain, après son second appel. Je ne me souviens plus avec précision de la réponse de la BBC. Il me semble que la personne chargée de l'enregistrement dans son studio avait été occupée par une grande émission. Etait-ce par l'allocution que devait faire Churchill ce soir-là, entre 21 et 22 heures, à la suite de son intervention aux Communes de l'après-midi, ou par une émission spéciale sur l'agriculture comme il l'a également supposé ? Après sa prestation, mon père est allé dîner avec Geoffroy de Courcel au Langham Hotel, face à la radio. Et croyez-moi, je vous en parle en connaissance de cause, après 20 heures, il était difficile de trouver un restaurant qui vous accepte à sa table. A cette heure-là, les rues de Londres étaient désertes et les Anglais chez eux. Alors, raconter que mon père a dû porter son texte, le soir, à Churchill et qu'il a attendu qu'il soit corrigé par les ministres avant de se rendre à la radio est une pure affabulation. Maintenant, il se peut que le principe même de l'appel ait posé problème et qu'une discussion ait eu lieu à ce sujet entre Churchill et certains membres de son cabinet qui se faisaient encore des illusions sur les propositions d'armistice de Pétain.

— Cette discussion aurait été vive puisque l'on a dit que votre père aurait frisé le veto...

— Soyons sérieux. Mon père n'était pas tombé de la dernière pluie. Il avait quand même un peu de jugeote. Pensez-vous qu'il se serait engagé à ne parler qu'après le feu vert d'un gouvernement étranger ? Pensez-vous que Churchill aurait exigé de revoir le texte rédigé par un secrétaire d'Etat, fût-il démissionnaire, puis de le corriger avant de le lui rendre ? Qu'est-ce que c'est que ce procédé ? Aurait-il été capable d'une pareille mesquinerie ? On peut seulement supposer – je le répète – que le cabinet britannique a discuté pour savoir s'il ne fallait pas attendre un jour ou deux pour adresser ce message aux Français plutôt que de le faire tout de suite. Cela a été, à mon avis, le seul objet de la discussion que Churchill a dû trancher de la manière que l'on sait. Il n'avait pas peur des mots, Churchill. Souvenez-vous de la déclaration que mon père a faite le 4 juillet suivant sur Mers el-Kébir. Elle était extrêmement dure pour les Anglais : « C'est une mauvaise action, etc. » Par courtoisie, il est allé voir Churchill et lui a dit : « Puisque vous me laissez parler à la BBC, cette fois voilà ce que je vais dire sur ce que vous avez fait à Mers el-Kébir. Pour moi, c'est un coup de hache. » Churchill a répondu : « Bon, allez-y. » Et mon père est allé à la BBC.

— Mais comment expliquer que les deux premières phrases de l'appel que nous connaissons ne soient pas celles qu'il a prononcées à la radio ? N'y a-t-il pas eu quand même pression du gouvernement anglais ?

— Pourquoi voulez-vous que ces deux phrases aient été modifiées ? Par quelle pression du gouvernement anglais ? A partir du moment où les Anglais ont été assurés que le gouvernement de Bordeaux demandait l'armistice – ce qui a été le cas dès le 17 juin – le gouvernement britannique avait moins besoin de le ménager. D'autre part, mon père s'est bien gardé d'attaquer la personne de Pétain et son entourage. Non pas pour faire plaisir aux Anglais, mais parce qu'il y avait des gens très respectueux du Maréchal comme le général Charles Noguès qui était résident général au Maroc, le gouverneur Pierre Boisson à ce moment-là à Brazzaville, et le général Edmond Husson au Gabon. Tous ces gens étaient dans l'expectative et il ne voulait pas les heurter. Il espérait les voir se décider à continuer le combat. J'insiste : mon père n'a soumis son texte à personne avant de se rendre à la BBC et Churchill en connaissait la teneur depuis la veille. Il paraît donc curieux qu'il n'en ait informé son cabinet, comme le rapporte le général Spears dans ses Mémoires, que le lendemain à midi. Le même Spears prétend qu'un débat s'en serait suivi au cours duquel il aurait été discuté de savoir s'il était opportun ou non que le Général s'adressât aux Français. Ce débat se serait poursuivi jusqu'à la fin de l'après-midi et il aurait dû se terminer par un veto... si Spears n'avait pas réussi à retourner la situation en faveur du général de Gaulle. Encore une fois, ce personnage intrigant se donne le beau rôle. C'est lui, vous le savez, qui d'après ses Mémoires écrits après la guerre aurait mis de force mon père dans un avion pour l'emmener à Londres le 17 juin. C'est lui qui lui aurait permis d'annoncer aux Français qu'il existait. Sans lui, la France n'aurait pas eu d'homme providentiel !

— Je reviens sur ces deux premières phrases de l'appel du 18 juin. Elles ne figuraient pas sur les reprises que certains journaux français comme *Le Petit Provençal* ou *Le Progrès* ont faites de cet appel. Comment votre père expliquait-il cette « censure » ?

— Mon père, je répète ce qu'il m'a dit, a exposé *grosso modo* à Churchill, la veille, ce qu'il avait l'intention d'écrire et de prononcer le lendemain. Il a assuré, bien après la guerre, à Henri Amouroux, je crois, qu'il ne lui était jamais arrivé dans sa vie de soumettre un texte de sa plume à qui que ce soit. Cette réponse ne suffit-elle pas ? Alors, on parle de ces deux journaux français et d'une radio helvétique qui auraient reproduit l'appel avec une modification des quatre premières lignes : « Les chefs qui, depuis de nombreuses années, sont à la tête des armées françaises ont formé un gouvernement. Ce gouvernement, alléguant la défaite de nos armées, s'est mis en rapport avec l'ennemi pour cesser le combat. » On prétend que mon père aurait été forcé, au dernier moment, d'atténuer ce passage pour faire plaisir au cabinet britannique. Imagine-t-on le général de Gaulle accepter d'être censuré ? S'il y a eu variantes, ce sont celles qu'il avait d'abord rédigées au départ de son message et qu'il a ensuite biffées. La première disait : « Un gouvernement vient de se former dans l'angoisse tumultueuse de Bordeaux. » La seconde, non terminée : « Les chefs des armées françaises viennent de former un gouvernement pour ». Jamais au cours de la guerre, encore une fois, mon père ne s'est privé de dire ce qu'il avait à dire à la BBC, même lorsqu'il était sévère à l'égard des Anglais. Et croyez-moi, je le répète, sa déclaration sur Mers el-Kébir, pour ne citer que celle-là, n'était pas tendre à leur égard. Maintenant, si modification il y a eu, il se peut très bien – et je pense que c'est la meilleure explication – qu'elle ait été le fait, après sa diffusion à 18 heures, du journaliste qui, dans le bulletin de 22 heures, en a repris un extrait redit de sa propre voix. Je dis bien de sa propre voix puisque ce message n'a pas été enregistré. D'où également la fable de la diffusion à 22 heures.

— Modifié sur ordre ?

— Sur ordre ou à l'initiative du journaliste lui-même. Tout est possible. Le service des « Nouvelles en français », qui diffusait, chaque jour, son bulletin à cette heure-là, n'était pas desservi par des Français favorables à mon père, et par conséquent, l'hypothèse n'est pas invraisemblable. Il se peut aussi que le texte transmis par la BBC à l'agence française Havas ait été cette version modifiée puisqu'il n'y avait pas d'archives enregistrées. J'y crois d'autant plus que, captées par le gouvernement de Bordeaux, les émissions en anglais de la BBC qui ont suivi les « Nouvelles en français » de 22 heures ont donné un compte rendu très fantaisiste de l'appel, disant notamment que la France avait demandé l'armistice « dans la dignité et dans l'indépendance » ! Relisez la version donnée par *Le Petit Provençal*. Vous verrez aussi des mots ajoutés ou retranchés, des corps de phrases modifiés. Manifestement, ce texte a été « caviardé » par le journaliste d'agence. En tout cas, le lendemain, 19 juin, certains journaux londoniens, du moins ceux que nous avons pu lire dans l'après-midi à Londres où nous venions d'arriver – et Dieu sait quelle attention était la nôtre ce jour-là en famille ! –, reproduisaient intégralement le texte de l'appel que nous connaissons tous, à commencer par le *Times* – qui, comme chacun sait, est le journal de référence pour les Anglais – sous le titre : « La France n'est pas perdue ! » On voit mal comment la presse britannique aurait pu négliger la modification supposée de ces deux premières phrases prétendument imposée par le gouvernement anglais si elle avait vraiment existé. D'autant que mon père ne disposait d'aucun moyen de diffusion propre. Son texte original avait donc été repris tel quel par les services télégraphiques des agences de presse britanniques.

— Pourquoi un texte différent fut-il placardé après coup sur les murs de la capitale britannique ?

— Il s'agit du texte de l'affichette bordée de tricolore dont nous avons déjà parlé. Mon père l'a composé un peu plus tard. Sachant que son message radiophonique avait été très peu entendu, il voulait le faire reprendre sous cette forme pour être placardé dans tous les endroits où se trouvaient des Français en Grande-Bretagne et également pour être lancé par avion sous forme d'un tract au-dessus de la France occupée. On lui fit valoir alors qu'un texte plus court conviendrait mieux. D'où cette affichette qui reprend en raccourci la teneur de l'appel et qui est marquée « 18 juin ». Mon père en avait un exemplaire dans son bureau, à Colombey. Il est aujourd'hui à l'ordre de la Libération. J'en ai également remis un autre que je tenais du capitaine de vaisseau Charrier, mon ancien commandant du vieux cuirassé *Courbet* à Portsmouth en septembre 1940, qui me l'avait donné avant sa mort. Il y a eu souvent confusion entre cette version courte et l'appel lui-même. « Mais pourquoi donc ? protestait mon père. Ne voit-on pas que ces deux textes ont eu des utilisations différentes ? » On a prétendu, à propos de ce texte plus court, que la phrase célèbre qui y figure : « La France a perdu une bataille mais n'a pas perdu la guerre » n'a pas eu mon père pour auteur mais Duff Cooper, le ministre anglais de l'Information. Je vois mal le Général faire sienne la citation historique d'un autre. On nous dit que cette phrase a été prononcée le 28 mai à la BBC. Je voudrais bien que l'on me fasse écouter l'enregistrement ! Combien de fois ai-je entendu mon père à Londres déclarer à l'un ou à l'autre avec des variantes : « Ecoutez, nous avons perdu la bataille de France, mais tout n'est pas liquidé et c'est la raison même de mon action. »

— Le Général pensait-il que son appel avait été très écouté ou pas ?

— Il pensait qu'il avait été écouté par des spécialistes, mais pas par l'ensemble des Français. D'ailleurs, son message ne s'adressait pas à tout le monde. Mon père voulait toucher avant tout les Français renseignés, les autorités et les militaires, tous ceux qui pouvaient avoir des antennes. Il se doutait bien qu'il ne serait pas capté par la population française autrement que d'une manière accidentelle. Qui pouvait être branché sur la BBC en 1940 ? Ma propre famille qui n'était pourtant pas en arrière des faits ne cherchait jamais à écouter ce poste. Cela dit, des extraits de l'appel dans la voix du speaker ou des condensés ont été diffusés à certaines heures, plusieurs jours du reste, sur certaines fréquences. Ce qui explique que le curé de la localité où était ma grand-mère maternelle en Bretagne a entendu dans le « midi-une heure » que mon père était à Londres et qu'il lançait le ralliement. Ce qui explique aussi que des gens aient pu apprendre en différents jours et à différentes heures la nouvelle de sa présence à Londres et de sa volonté de continuer la lutte.

— A la fin de son appel du 18 juin, le Général – on le sait – a déclaré : « Demain, comme aujourd'hui, je parlerai à la radio de Londres. » Or le lendemain, l'appel du 19 juin pourtant rédigé n'aurait pas été diffusé. Comment l'expliquer ?

— Allons donc ! Ce message a bien été diffusé. Je suis formel. Mademoiselle de Miribel l'a confirmé. Après l'avoir dactylographié, elle l'a entendu le lendemain à la radio. Ce fait est d'ailleurs rapporté dans son livre, *La Mémoire des silences*, paru en 1987. Pourquoi voulez-vous qu'on ait interdit le micro de la BBC à mon père ? En comptant son appel du 18 juin, il sera invité à prendre la parole à la BBC à dix-huit reprises – au cours des mois de juin, juillet et août 1940. Ce message du 19 juin figure du reste en bonne place dans le recueil de *Discours et Messages* dont il a veillé lui-même en avril 1970 à la publication en relisant tous les textes sans omettre une ligne. Il fallait voir avec quel soin il a accompli ce genre de travail. Jamais il n'aurait osé publier un discours ou une allocution à la radio qui n'aurait pas eu son utilisation. Je me souviens très bien de sa fureur quand il est rentré assez tardivement ce soir-là après l'émission. Il avait appris à la BBC que son appel de la veille n'avait pas été enregistré et soupçonnait quelque manque d'intérêt de la part des Anglais. Aussi avait-il veillé à l'enregistrement de celui qu'il venait de prononcer. Il en avait contre les proconsuls français en Afrique du Nord qui « se tortillaient sans savoir de quel côté pencher » et surtout contre le gouvernement de Bordeaux qui allait, disait-il, certainement « capituler sans condition de la manière la plus lâche » devant les exigences allemandes et italiennes. (Les conditions d'armistice ne sont pas encore connues à ce moment-là.) Sa fureur redouble le lendemain à la lecture de la presse anglaise. Rien n'a été retenu de sa prestation de la veille alors qu'il s'attendait à la même « couverture » que celle qu'avait eue l'appel du 18.

— N'est-ce pas justement parce que ce deuxième appel n'a pas été diffusé ?

— Comment alors l'aurait-on entendu en Afrique du Nord – mon père en a été informé d'une façon catégorique – en dépit de la censure établie par le général Noguès qui en a interdit la publication comme de celui du 18 ? Noguès qui, écrit mon père dans ses *Mémoires de guerre*, a repris dans une déclaration télégraphiée le 25 juin à Bordeaux une expression « dont je m'étais moi-même servi à la radio six jours auparavant » (c'est-à-dire le 19) en évoquant « la panique de Bordeaux ». Car ce message était destiné en priorité aux généraux d'Algérie et du Maroc. « A l'heure qu'il est, avait-il déclaré, je parle avant tout pour l'Afrique du Nord française, pour l'Afrique du Nord intacte... De l'Afrique de Clauzel, de Bugeaud, de Lyautey, de Noguès, tout ce qui a de l'honneur a le strict devoir de refuser les conditions de l'ennemi. »

— Et qu'en est-il du texte qu'un chercheur aurait retrouvé dans les archives anglaises et que votre père aurait projeté de prononcer le 19 à la place de celui qu'il a publié dans les *Discours et Messages* ?

— Comment peut-on imaginer pareille substitution de sa part ! Ce texte est apocryphe. Pour deux raisons. D'abord parce que l'on fait dire au Général : « On se bat toujours dans la Métropole, sur terre, sur mer et dans les airs »... et « aussi longtemps que le gouvernement combattra, soit dans la Métropole, soit dans l'Empire, le devoir national consiste à se battre avec lui ». Alors que, comme on le sait, depuis le 17 au matin, ce gouvernement a demandé par la voix de Pétain que l'on cesse le combat, ce qui a été effectif dans le courant de la journée. L'armée française a mis fin à tout combat organisé sans attendre la signature de la convention d'armistice, le 22 juin. Le Général le savait bien, lui qui faisait déjà appel dès le 18 aux combattants hors de France, cette guerre n'étant pas « limitée au territoire malheureux de notre pays ». Par ailleurs, le texte qu'on lui attribue faussement le 19 lui fait dire : « Vive la France libre dans l'honneur et l'indépendance. » Bien qu'inscrite dans son esprit comme un qualificatif contre la servitude, cette appellation n'a pas été utilisée par mon père avant la soirée du 22 juin, jour même de la conclusion de l'armistice de Pétain avec l'Allemagne dans le wagon de Rethondes. Le lendemain 23 juin, l'opinion des Anglais est définitivement fixée sur Vichy : ils reconnaissent la constitution du Comité national français. Ce n'est que le 7 août 1940 que la France Libre, appellation de ce Comité, fera l'objet d'un accord avec les Britanniques régissant les rapports entre les deux autorités.

— Les 20 et 21 juin, le Général se serait vu refuser l'antenne de la BBC par le cabinet de guerre britannique sur les conseils de Jean Monnet. Vous démentez ?

— Bien sûr. On pourra m'opposer toutes les arguties possibles, je ne serai jamais convaincu, d'autant plus que pour prétendre une telle chose, on s'appuie surtout, encore une fois, sur les *Mémoires* du général Spears qui sont sujets à caution comme on l'a démontré à maintes reprises. Moi, je reste sur ce que j'ai entendu de la bouche même de mon père le soir du 22 juin où je l'ai accompagné à la BBC pour son troisième appel. Je marchais dans la rue avec lui et Geoffroy de Courcel, tous deux sanglés dans leur uniforme. A un moment, il a eu ces mots : « Je les ai laissés mijoter dans leur jus pendant deux jours, ça suffit. » Il voulait parler de tous les Noguès, Darlan et Mittelhauser qu'il avait essayé de décider par son appel du 19 et qui continuaient à tergiverser. S'il avait été interdit d'antenne pendant ces deux jours, il se serait certainement exprimé autrement et il l'aurait rapporté dans ses *Mémoires de guerre*. Je pense aussi que je l'aurais su ce jour-là.

— Ne vous a-t-il rien dit d'autre à ce sujet ? Quelle était son attitude en ce soir du 22 juin ?

— Aussi impavide que d'habitude. Je vous le répète : pendant le trajet à pied jusqu'à la radio, il a vitupéré un peu les généraux d'Afrique du Nord qui ne se décidaient pas. Il espérait toujours que Noguès, au moins lui, n'était pas resté insensible à son appel. Nous avions rendez-vous vers 17 h 45. La BBC était un bâtiment un peu isolé, en forme de tour, si je me souviens bien, entouré de barbelés et de sacs de sable. Quand nous sommes montés au premier étage où se trouvait le studio, nous avons aperçu des meurtrières et un fusil mitrailleur pointé sur un palier d'escalier. Ce qui nous a étonnés car on voyait peu d'uniformes dans la rue. Londres semblait vivre encore loin du drame que nous connaissions en France. On nous a fait entrer dans un bureau pendant qu'on dirigeait mon père vers le studio voisin où n'étaient admis que l'intéressé et les techniciens. On a aperçu immédiatement après une lumière intense :

celle de l'éclair de magnésium qui permit de prendre cette photo où l'on voit mon père au micro de la BBC. Le seul cliché existant de ce genre pendant la guerre. Un moment plus tard, nous l'entendions parfaitement parler. Je ne l'avais jamais entendu auparavant à la radio. Le 18 au soir, on le sait, nous ignorions qu'il était à Londres. L'émotion m'étreignait. J'ai trouvé sa voix plus grave et plus énergique que d'habitude, avec des inflexions que je ne lui connaissais pas. Jamais il n'en changera. Le texte que je lui avais vu mettre dans sa poche avant de partir était manuscrit. Je suppose donc que c'est celui-là qu'il a lu au micro. Si vous me demandez encore une fois s'il avait montré son manuscrit à Spears ou à Churchill, je vous répondrai de nouveau : non. Ni Churchill ni aucun autre Britannique n'a corrigé un appel ou un discours du général de Gaulle pendant la guerre. Cela aurait été impossible. Croyez-moi, jamais personne ne s'est risqué à le faire. Peut-être ne comprendra-t-on pas l'obstination que je déploie pour me battre sur des détails que l'on jugera sans doute sans importance. Mais il faut savoir à quel point était grand chez mon père le souci de la vérité historique. Alors, sur qui d'autre pourrait-il compter à présent pour accomplir ce travail salutaire de rectification, ce que de son vivant il n'a jamais tenu à faire ?

— Quelle a été la réaction de votre père quand il a vu que si peu de notables français répondaient à son appel ?

— Il n'imaginait pas qu'il se retrouverait tout

seul à Londres. Il ne l'imaginait pas. Ma mère et moi, nous l'avons entendu lancer plusieurs fois en soupirant, alors qu'on lui annonçait une nouvelle défection : « Alors, lui aussi ? Lui aussi ? » Il n'imaginait pas que l'effondrement et la lâcheté seraient tels chez l'élite. C'était la fuite des rats au moment du naufrage. Jean Monnet est à Londres, il ne reste pas. Henri de Kérillis est à Londres, il ne reste pas. André Maurois part aux Etats-Unis. Paul Morand rentre en France. Charles Corbin, l'ambassadeur de France, en fait autant. De même René Mayer qui n'a rien de plus pressé que de plier bagage. Seul Pierre Cot reste. Mais il a une trop mauvaise réputation en France et mon père n'en veut pas. « Je suis désolé, lui dit-il, mais je ne peux pas vous garder. » On lui attribuait, en tant que ministre de l'Air du Front populaire, des responsabilités dans les insuffisances de sorties d'avions et de leur fabrication. Chez les militaires, même désertion. L'amiral Jean Odend'hal qui commande quelque vingt mille marins et les bateaux français réfugiés dans les ports anglais quitte la Grande-Bretagne. Condisciple de mon père à Saint-Cyr, le général Emile Béthouart, qui est à la tête du corps expéditionnaire rapatrié de Norvège avec les quatre mille hommes de la brigade légère de montagne composée de légionnaires et de chasseurs, préfère lui aussi la retraite.

— Sur les cinquante mille hommes présents en Angleterre, combien restent avec votre père ?

— Dans les premiers jours, mille deux cents

dont deux cents sur les deux mille blessés hospitalisés à White City. « Il faut que les Français n'oublient pas ces chiffres, insistait mon père. Il faut qu'ils s'en souviennent pour les jours où la tempête menacera de se lever à nouveau. » Quand on lui a appris que la totalité de la population mâle de l'île de Sein entre quinze et soixante ans s'était ralliée, il a fait cette réflexion accompagnée d'un rire de dérision : « Ils sont combien ? Deux cent cinquante-cinq ? Au point où nous en sommes, c'est le quart de la France Libre ! » Il regrettait beaucoup Béthouart qui a hésité un moment avant de le quitter et qui a fini par lui dire : « Je crois que tu te trompes. Les Allemands ont définitivement gagné. Ils vont être en Grande-Bretagne dans les prochaines semaines. Il faut admettre qu'on a perdu. Donc moi je rentre avec mes hommes. » Tous ces gens embarquaient sur des bateaux français qui les débarquaient en Afrique du Nord. De là, la plupart rentraient en France. C'était l'été. On était en vacances ! En juillet, un de ces navires, le *Meknès*, a été torpillé par un sous-marin allemand qui croyait avoir affaire à une force anglaise. Les survivants sont revenus en Grande-Bretagne, mais ils n'y sont pas restés ! Quant au général Lafont, attaché militaire à l'ambassade de France, lui aussi pressé de faire sa valise, il aura l'impudence de raconter après la guerre que mon père avait obtempéré, le 19 juin, à l'ordre du gouvernement de Bordeaux de quitter la Grande-Bretagne, et qu'il lui avait retenu sa place sur un bateau en partance pour Casablanca !

— Un biographe a soutenu qu'il avait semblé effectivement se soumettre à ces ordres...

— Ce biographe s'est trop servi des archives de Vichy et des témoignages des antigaullistes français et étrangers tels que le général Spears et Alexander Cadogan pour être crédible. Jamais mon père n'a pensé un seul instant obéir aux injonctions des tenants de la capitulation. S'il a envoyé un message à Weygand et à Noguès, à ce moment-là, c'est pour les inciter à continuer le combat et les assurer, s'ils le faisaient, qu'il se mettrait à leur disposition. La nuance est énorme. Faut-il répéter qu'il se serait rallié au maréchal Pétain s'il avait décidé de partir en Afrique du Nord en 1940, car après, le Maréchal s'est discrédité de plus en plus à partir de Montoire ?

— Pourquoi les Anglais s'opposaient-ils au ralliement au général de Gaulle des militaires français présents en Grande-Bretagne ? Par souci de ne pas déplaire au gouvernement de Bordeaux ?

— Il faut savoir comment les Français étaient considérés à Londres en juin 1940. J'y étais et, croyez-moi, j'ai souffert comme mon père du mépris que l'on manifestait pour nos soldats. « Ces troupes de vaincus qui ne peuvent, répétaient les officiers anglais, que nous poser des problèmes dont on n'a que faire au moment où l'on a besoin d'ordre et de discipline pour se préparer à résister à une invasion. » Cette obstruction britannique a beaucoup gêné mon père. Car, devant la débandade des élites françaises, il avait décidé de prendre son bâton de pèlerin. Un matin, il nous a annoncé : « Je vais à Trentham Park pour essayer d'en rallier quelques-uns. » C'était l'endroit où se trouvaient parqués par les Anglais les hommes de Béthouart. Et il en a rallié une partie. Là, il a voulu haranguer les troupes françaises avant de se rendre à Harrow Park, à Aintree et à Haydock pour la même raison. Mais un amiral anglais a refusé qu'il accède à ces camps. Il n'a pu y rencontrer que les états-majors. Partout les Anglais notifiaient à ces troupes : « Si vous rejoignez ce général en rupture de ban, vous serez considérés en France ou en Afrique du Nord comme des déserteurs. » Ce qui ne les empêchait pas d'engager dans leurs propres forces tous les personnels qu'ils jugeaient les plus valables, à commencer par les pilotes. Ainsi retrouvera-t-on dans la RAF nombre de Français tels que Michel Fourquet, par exemple. Chaque fois que mon père rentrait après une journée de prospection, il nous annonçait qu'il avait réussi à rallier tant d'hommes ou telle personne et il ajoutait une phrase du genre : « Allons ! Tout n'est pas perdu. » Mais je voyais sur le visage de ma mère que ses mots devaient être différents quand ils se retrouvaient entre eux, une fois leur porte refermée.

— Dans quel état moral était votre père au lendemain de son appel du 18 juin, devant ce grand vide des volontaires ?

— Il y a eu quelques moments de découragement, mais qui ne duraient pas longtemps. Je pouvais m'en rendre compte quand il rentrait le soir à l'hôtel Rubens où nous habitions dans les premiers jours ou, à partir de juillet, dans la petite villa de Pettswood, dans la grande banlieue sud-est de Londres, près d'Orpington. Ma mère a trouvé facilement à louer ce modeste meublé auprès d'un représentant en papier peint pour un prix assez bas : environ soixante-dix livres mensuelles payées d'avance avec préavis d'un mois en cas de congé. Le poste de radio faisait partie de la location ! Ce meublé comporte cinq pièces. Je couche pour ma part sur un divan dans la salle de séjour, au rez-de-chaussée. Le quartier était calme hormis les aboiements des batteries aériennes voisines qui faisaient parfois trembler les vitres... Certes, mon père donnait l'apparence de quelqu'un d'imperméable à toute atteinte, mais quand nous habitions à l'hôtel, il avait des moments de silence qui ne trompaient pas durant le dîner avec ma mère, ma sœur Elisabeth et moi. Il rentrait vers 19 h 30 ou 20 heures, tenant à la main droite son képi à sommet rouge et à large rangée de feuilles de chêne de général de brigade, et à la main gauche des gants de peau blancs. Il était revêtu de son dolman kaki sans aucun insigne que les deux étoiles de manches et, seulement au début, les trois barrettes de décorations, de sa culotte de cheval gris clair et de ses jambières en cuir verni brun. Une tenue d'autant plus insolite pour les Anglais qu'il fumait dans la rue, ce qu'ils ne faisaient eux-mêmes qu'en privé. A 20 heures, la BBC donnait les nouvelles. Alors, automatiquement, tous les gens présents dans la salle à manger faisaient silence et se levaient enfin pour écouter le bulletin qui se terminait vers 20 h 30 par le *God Save the King*. Nous nous levions avec les autres, bien sûr.

— Quel regard jetaient-ils sur ces clients insolites ?

— Discret comme peut l'être un Anglais bien élevé, chacun faisait comme s'il ne remarquait pas ce grand Français en uniforme – nous étions les seuls étrangers de l'hôtel – et ce garçon qui lui ressemblait tellement. Ma mère dînait souvent dans sa chambre avec ma sœur Elisabeth à cause d'Anne qui, autrement, aurait dérangé les convives. La clientèle était bourgeoise, nobiliaire, genre généraux en retraite ou petits hobereaux. Tout le monde restait sur son quant-à-soi, sauf pour se saluer brièvement par un petit sourire au moment de s'asseoir. Aussi pouvions-nous converser à mi-voix, à l'exemple de nos voisins, sans être jamais dérangés. C'est alors que je pouvais constater l'état moral de mon père. Après son premier appel, d'humeur morose, il desserrait à peine les dents et se mettait à fumer dès la dernière bouchée en tirant nerveusement sur sa cigarette. Mais dès le 23 ou 24 juin, il commença à parler de l'avenir avec plus d'espoir. Une fois, il m'a glissé, extrêmement calme : « Peut-être disparaîtrons-nous, mais je ne crois pas. On va voir. » Une autre fois, plus sûr de lui et dominateur : « Les Français ont fait les cloches, mais ils étaient pratiquement seuls en avant-garde. Je ne parle pas des Polonais qui n'ont pas existé. Les Allemands ont des limites. Ils ne savent pas ce qui les attend. On va gagner. Peut-être pas tout de suite, mais on va gagner. Maintenant, si on y passe, on aura fait ce qu'on aura pu. On ne pourra rien se reprocher. »

— Quel était le comportement de votre mère dans ces moments difficiles ? Elle l'encourageait ?

— Certainement, mais jamais devant nous. Tout avait lieu entre eux. Autrement, elle faisait comme si rien de ce qui se passait n'était inattendu. Un jour, je l'ai entendue répondre à quelqu'un : « Il arrive ce que Dieu veut. De toute façon, je suis solidaire de mon mari. » Il ne fallait pas l'entraîner sur ce terrain. Elle se contentait de ce genre de réponse. Mon père était finalement plus loquace. A l'hôtel, pendant le dîner, j'aimais ces brefs moments d'intimité avec lui. J'aurais voulu qu'ils eussent lieu plus souvent, mais rares étaient les soirs où il n'avait pas un dîner avec quelque personnalité. J'avais dix-huit ans et je voulais aller me battre. Un soir il m'a dit : « Ne t'en fais pas. De toute façon, ton tour viendra. Ce n'est pas fini, parce que la guerre va durer plusieurs années. » Je lui ai demandé : « Vous croyez que les Allemands vont débarquer ? » Il m'a répondu : « Les Allemands peuvent venir ici, mais je pense qu'ils seront rejetés à l'eau parce qu'ils n'ont pas de quoi amener des éléments assez importants du premier échelon et qu'il ne faut pas sous-estimer la détermination du peuple britannique malgré son flegme apparent. Compte tenu des rayons d'action, il faudrait aux Allemands plus de chasseurs qu'ils n'en ont pour acquérir la supériorité aérienne. Quant aux moyens de transport maritimes, ils disposent à peine de quoi débarquer trois divisions d'une première vague. La seconde devrait attendre le retour des mêmes bâtiments ! Et puis, nos alliés ont quand même quelques moyens. » Il avait fait ce qu'il appelait son calcul opérationnel. En retournant l'affaire dans tous les cas de figure, il était convaincu que les Allemands ne pouvaient pas envahir la Grande-Bretagne et qu'ils n'étaient pas capables non plus de s'implanter en Afrique du Nord car tous les Français s'y seraient alors retournés contre eux, y compris notre flotte. A noter que beaucoup plus tard, ils réussiront tout de même à prendre pied en Libye italienne. Ils le devront à Vichy qui les laissera passer. « Ne t'inquiète pas, vieux garçon, me lança-t-il le 22 juin, au retour de la BBC. Nous allons nous en sortir. » Je vis que, marchant à côté de nous, Geoffroy de Courcel eut un regard vers le ciel encore clair comme pour lui demander d'entendre ces paroles d'espoir.

— Que pensait-il de ces hommes qui n'ont pas voulu le suivre ? Il leur en voulait beaucoup ?

— On ne peut pas dire qu'il leur en voulait, parce qu'il estimait qu'ils avaient été frappés d'un grand malheur et qu'historiquement ils ne le méritaient pas. Historiquement. Mais il est évident qu'il avait bien mesuré leur extrême médiocrité dont l'effondrement était la conséquence. Une médiocrité qui était allée en s'accroissant, expliquait-il, depuis l'affaire de Fachoda en 1899. Je l'entends encore à mi-voix, quelques mois plus tard au cours d'un de nos premiers dîners à l'hôtel Connaught, entre deux tables occupées par de vieilles *misses*, le cou orné d'un ruban de velours : « La Première Guerre mondiale, nous l'avons gagnée par miracle et avec beaucoup de sang. La

Deuxième, il n'y a pas eu de miracle. Nous nous sommes bien battus, mais pas tous et pas longtemps. Nous n'avons pas été commandés. C'est la conséquence d'une République en déliquescence. Quand l'Etat ne tient pas debout, le peuple vacille et s'éparpille. » Arrivé au dessert, repoussant une gelée de couleur violette qui ne lui disait rien, il revint sur nos compatriotes : « Ils ont en fait ce qu'ils méritent, en particulier les élites qu'ils ont choisies mauvaises. Parce que quand les élites sont mauvaises, c'est qu'on les a choisies mauvaises. On a l'armée que l'on mérite, on a les élus que l'on mérite et on a le gouvernement que l'on mérite. Si on est minable, on a un gouvernement minable, une armée minable et des élites minables. » Dans son emportement, il avait élevé un peu la voix et les vieilles dames nous jetaient des regards étonnés.

— De quelle façon les Anglais considéraient-ils l'attitude négative de nos élites politiques ?

— Ils étaient tout aussi effarés par leur désertion. Comment ! Aucun d'entre eux ne voulait poursuivre la lutte ? C'est pour cette raison que mon père a tenu d'emblée à se présenter comme un chef politique. S'il n'avait pas été sous-secrétaire d'Etat à la Guerre, s'il n'avait pas été connu de Churchill et du gouvernement britannique, il n'aurait rien été. Il n'aurait pas pu leur déclarer, arrivé à Londres : « Je marche avec vous. » Certes, Churchill aurait préféré avoir affaire à un homme plus important que lui, comme Georges Mandel par exemple, mais faute de grives... Alors, le seul politique, c'était lui. Il s'est refusé à passer pour le commandant d'une légion française en Grande-Bretagne, comme c'était le cas pour les Polonais, par exemple. « Si je n'avais été que cela, expliqua-t-il plus tard, j'aurais été le supplétif des Britanniques. » Il s'est donc présenté dès le départ comme le représentant politique de la France. C'est toujours ce qu'il faisait ressortir. On ne l'a jamais souligné, mais c'est un atout constant qu'il a utilisé. Il disait : « Pour les Allemands et pour les Anglais, le peuple français est incontournable. Moi, j'en suis le témoin. Vous aurez toujours affaire à lui. Vaincu ou vainqueur, ce peuple est incontournable. Vous ne pourrez jamais le compter pour rien. » Il voulait faire comprendre qu'il dirigeait la guerre pour les Français, que la France était en guerre. Il se voulait chef politique et en même temps chef militaire. Ce qui contrariait les Anglais. Plutôt que ces forces autonomes commandées par lui, ils auraient préféré avoir un contingent de plus pour se battre à leurs côtés en Afrique, comme des mercenaires. Mon père répétera : « Les Anglais qui sont morts en libérant la France, ont donné leur vie pour la Grande-Bretagne et le roi. Les Américains qui sont morts en libérant la France, sont morts pour les Etats-Unis d'Amérique et pour personne d'autre. De même que tous les Français qui sont morts sur un champ de bataille, y compris pour l'Indépendance des Etats-Unis d'Amérique, sont morts pour la France et le roi qui la personnifiait. » Je me souviens du petit opuscule que l'armée américaine distribuait à ses troupes après la Libération pour essayer de leur faire comprendre qui étaient ces Français si étranges et pourquoi l'Amérique s'était engagée dans la guerre en Europe. Ce texte ne contredit en rien mon père. Bien au contraire. Ecoutez : « Pas plus en 1917 qu'en 1944, nous ne sommes venus en Europe pour sauver les Français. Nous ne sommes pas venus en Europe pour faire plaisir à qui que ce soit. Nous sommes venus parce que nous, les Américains, nous étions menacés par une puissance hostile, agressive et très dangereuse. Si la France est tombée en juin 1940, nous n'avons pas débarqué avant juin 1944. Nous n'envisagions même pas de courir "sauver les Français". Mais il y a eu Pearl Harbor et la déclaration de guerre de l'Allemagne contre l'Amérique [1]... »

— Comment est né cet emblème de la croix de Lorraine ?

— Très vite, la question s'est posée de devoir imprimer notre marque sur les quelques aéronefs que nous possédions, et surtout sur les bateaux marchands et de guerre que nous avions pu récupérer. Les Anglais nous demandaient : « Quels sont ceux qui sont avec nous et ceux qui ne le sont pas ? Il faut pouvoir les différencier, car le bleu-blanc-rouge est aussi utilisé par Vichy. » Le capitaine de vaisseau Thierry d'Argenlieu a alors suggéré à mon père : « Vous avez commandé un régiment à Metz dont l'insigne était la croix de Lorraine. Pourquoi ne pas prendre cet insigne ?

1. Cet opuscule a été traduit et réédité en 2003 par les éditions du Cherche-Midi.

D'autant plus que la Libération de la France a déjà été placée sous ce signe au temps de Jeanne d'Arc. » Alors mon père a acquiescé. Là-dessus, l'amiral Emile Muselier a donné les ordres pour que la croix de Lorraine soit ajoutée au pavillon de beaupré ou à la vergue de combat des navires et sur le fuselage des avions. Il a prétendu après coup qu'il l'avait inventée, mais ce n'est pas lui qui en a eu l'idée. Je vous étonnerai peut-être en vous révélant que le premier insigne de la France Libre était une étoile de mer. Elisabeth de Miribel qui, vous vous en souvenez, était la secrétaire bénévole du Général au cours de ses premiers jours londoniens, avait été chargée de faire fabriquer un tampon de caoutchouc pour marquer ses premières lettres de son sceau. Elle n'avait rien trouvé de mieux que cette figurine. Mais revenons à Muselier. Il a été le grand désespoir du Général. Mon père a tout essayé pour faire de lui un élément capital. « Hélas ! déplorait-il, il n'avait pas la souche d'un Catroux ou d'un Pleven. » Il n'avait pas très bonne réputation dans la marine d'avant guerre. Mon père le savait, mais rétorquait : « Il est le seul amiral [sur les soixante, rappelons-le, que l'on comptait en 1940] à vouloir me rejoindre. Puis-je le rejeter ? » Très vite, Muselier s'est heurté à mon père. Il travaillait – et cela en sous-main – pour les Britanniques qui, plus tard, on le sait, ont essayé d'évincer le général de Gaulle à son profit. Beaucoup d'autres Français de Londres en faisaient autant. Le Général ne ralliait pas la totalité de ses compatriotes. On peut même affirmer que les hommes les plus influents s'opposaient à lui.

— Mais n'avait-il pas des moyens de communication importants ?

— C'est ce que l'on croit lorsqu'on n'a pas vécu à Londres à cette époque et que l'on ne se souvient que de ses messages sur la BBC. En réalité, les quelques médias francophones existant en Grande-Bretagne le boudaient ou s'opposaient à lui. André Labarthe, fondateur du journal *La France Libre*, avec Raymond Aron, et Pierre Comert, directeur du journal *France*, n'étaient pas pour mon père à des degrés divers et notoires parce qu'ils l'accusaient d'être de l'Action française ou même d'être de tendance fasciste. Ces deux journaux étaient financés par les Anglais. Je ne suis même pas sûr qu'ils aient reproduit l'appel du 18 juin ! Quant à la radio de Londres, il ne faut pas imaginer que mon père pouvait en disposer à son aise. Les nouvelles en français étaient produites par des gens qui n'étaient pas spécialement gaullistes. Il n'avait droit qu'à quelques minutes, aidé par le fidèle Maurice Schumann, son porte-parole, dans le programme « Les Français parlent aux Français ». « Ah ! non, s'exclama-t-il un jour, en se rappelant cette époque, longtemps après, il n'y avait pas que du beau monde à Londres en ce temps-là. » C'est pour dire à quel point il se sentait seul. On ne le répétera jamais assez. Seul contre tous.

— Est-il vrai qu'il était agacé quand, après la guerre, on lui parlait du 18 juin ?

— C'est vrai. Je vais vous en donner la raison. Longtemps après, à l'occasion d'un de ces anniversaires, alors qu'il avait finalement refusé de se rendre en pèlerinage au mont Valérien comme cela était devenu une tradition après la Libération, il m'a fait cette réflexion : « Trop de Français s'imaginent aujourd'hui qu'il a suffi que je parle le 18 juin 1940 à la radio anglaise pour que la France soit présente à la victoire de 1945. (Et il a fait le geste de tourner un bouton entre le pouce et l'index.) L'ennemi et ses séides m'ont surnommé "le général Micro". Mais qui sait les dizaines de milliers de kilomètres que j'ai dû parcourir de jour ou de nuit au-dessus de territoires souvent occupés par l'ennemi pour rallier les Français les uns après les autres ? Et qui saura jamais tous les combats que nous avons âprement menés avec un petit nombre de volontaires ? Le 18 juin, c'est le jour où tout a commencé, mais il y a eu bien d'autres jours avant que tout finisse. Cet anniversaire ne doit pas faire oublier cette évidence. » A ces mots, j'ai vu son poing se serrer avec une irritation contenue.

9

UN SUPPOSÉ VISIONNAIRE

> « C'est par l'instinct que l'homme perçoit la réalité des conditions qui l'entourent et qu'il éprouve l'impulsion correspondante. »
>
> *Le Fil de l'épée.*

Un penseur stratégique qui agissait après intuition, a-t-on dit. Un visionnaire de génie qui se fiait à son instinct. Comment prenait-il ses décisions ? On a l'impression qu'il les prenait souvent à chaud, éclairé par une inspiration soudaine.

— C'était peut-être l'impression que l'on pouvait avoir, mais elle était fausse. Le jugement de mon père était d'abord fondé sur une longue réflexion. C'est le système bergsonien : avant toute chose, l'analyse, la raison. Il réfléchissait très longtemps et répertoriait ses arguments sur une feuille volante. Quand il s'est rendu en Grande-Bretagne, le 17 juin 1940, pour continuer la lutte, par exemple, il ne faut pas croire qu'il a agi sur un coup de tête. Comme je l'ai déjà dit, il m'a expliqué, un soir, à Londres, à cette époque, s'être d'abord livré à un double calcul opérationnel qui lui a démontré que les Allemands n'étaient pas capables d'envahir l'Angleterre parce qu'ils n'avaient pas les moyens de transport maritimes nécessaires pour débarquer assez de troupes dans la première vague, et parce qu'ils n'avaient pas un nombre d'avions suffisant pour gagner la bataille aérienne, malgré leur grande supériorité sur les Anglais. Il leur aurait fallu le double des chasseurs qu'ils possédaient. Evoquant de nouveau avec moi cette période, en 1970, il m'a conseillé de lire à ce sujet la correspondance de l'écrivain allemand Ernst Jünger qui était officier d'état-major à Paris au moment où les Allemands y sont entrés en 1940. « A ce moment-là, m'a-t-il fait remarquer, il prend la plume comme s'il ne pensait pas que cette occupation pourrait durer, comme si elle était provisoire. Lui aussi avait procédé aux mêmes déductions que les miennes. » C'est donc le stratège qui a calculé sur son papier, biffé, corrigé... Il m'a dit aussi en 1945 avoir fait le même raisonnement concernant les Allemands et l'Afrique du Nord en 1940. Peuvent-ils y débarquer ? Et il a conclu pareillement qu'ils n'en étaient pas capables à moins de livrer une guerre comparable à celle du Rif au Maroc, en 1925, cette guerre durant laquelle les Français ont dû utiliser, pour conquérir un massif montagneux de cent soixante kilomètres de long sur quatre-vingts de large, quelque soixante divisions et des centaines de batteries d'artillerie, de chars et d'avions. Autant de forces que les Allemands n'auraient pu mobiliser face aux Français, à leurs deux cent mille hommes et à leur flotte qui, à ce moment-là, ne serait pas restée neutre, sans compter l'aide que les Anglais n'auraient pas manqué de leur apporter. Finalement, on le sait, les Allemands n'ont pu débarquer en Afrique du Nord qu'en 1942, grâce à la complicité de Vichy, en passant par ses eaux territoriales, par la Corse et la Tunisie. C'est toujours après avoir effectué ces calculs et pensé à toutes les éventualités que mon père se décidait à entreprendre une action. Une fois que son jugement était bien établi, il se tenait ferme sur sa position. A moins que vous ne lui démontriez le contraire. Exemple, également, ses discussions dont j'ai été le témoin avec Leclerc à propos de l'Indochine, en 1946, quand ce dernier voulait le voir se présenter comme président de la IVe République, et au bout desquelles j'ai entendu mon père s'écrier : « Démontrez-moi que j'ai tort. Si vous ne pouvez me le démontrer, c'est que j'ai raison. »

— Mais quand il a crié : « Vive le Québec libre ! », n'a-t-il pas agi quand même sur un coup de tête ?

— Non. Cette déclaration était préméditée. Il cherchait depuis longtemps ce qu'il pourrait faire pour les Québécois. Depuis de nombreuses années. Abordant ce sujet, je l'ai entendu plusieurs fois se poser cette question : « Comment pourrais-je être utile aux Québécois ? Matériellement, je ne peux pas grand-chose. C'est donc moralement que je peux les conforter, mais de quelle manière ? » Il a répondu par cette profession de foi qui a semblé être, c'est vrai, une réaction à chaud, mais qui ne l'était pas. Souvent, à Colombey, avant les décisions qu'il devait prendre, avant les instructions qu'il avait à donner au gouvernement, avant de prononcer une allocution, on le voyait ainsi penser longuement et couvrir ses feuilles de notes et de notes. A ce moment-là, tout lui devenait étranger. Rien n'aurait pu le faire sortir de ses pensées. Cela pouvait le prendre n'importe où. Lors de sa visite officielle en URSS, par exemple, où je l'avais accompagné, alors que nous assistions à un opéra au Bolchoï, je l'ai vu soudain quitter la scène des yeux, fixer un point au-dessus et par moments remuer la tête. Il était en train de préparer sa rencontre avec Leonid Brejnev et se remémorer le discours qu'il allait faire le lendemain. L'idée qu'il agissait sur une impulsion quand il s'engageait dans une décision était donc contraire à sa nature. Mais, bien sûr, à cette longue macération intellectuelle s'ajoutait le génie qui, lui, pouvait intervenir à tout moment, même au dernier. Quand la conclusion était faite, il ne revenait pas en arrière.

— En êtes-vous sûr ? Il ne lui est jamais arrivé de changer d'avis ?

— Rarement. Par exemple, à propos de l'Algérie, il pensait qu'il était trop tard pour que ce pays s'intègre à la France, qu'il aurait fallu le faire avant la guerre ou, à la rigueur, tout de suite après. A cette époque, il n'était plus au pouvoir. Mais quand il est allé en Algérie, à peine nommé au gouvernement en juin 1958, il s'est rendu compte de ce qui se manifestait de façon extraordinaire en direction de la France. « Alors, à ce moment-là, m'a-t-il confié, je me suis dit : pourquoi ne pas essayer de miser sur la victoire militaire contre le FLN, sur la promotion à la citoyenneté entière de tous, sur le plan de Constantine, etc. ? Mais au bout de dix-huit mois, malgré les rapports trop favorables ou faussement favorables du commandement sur place, je me suis aperçu qu'on ne parviendrait plus à faire basculer les Arabes de notre côté. Je suis donc revenu à mon idée première, que j'avais d'ailleurs mûrie dès avant guerre en réfléchissant à toutes les options possibles et en cherchant toujours la solution la plus proche de la France. » De la même façon, au moment de l'affaire du putsch des généraux à Alger, après avoir semblé tenir compte, dans un premier temps, des objections que formulaient Geoffroy de Courcel et Bernard Tricot, ses précieux collaborateurs, qui lui conseillaient de ne pas avoir recours à l'article 16, c'est-à-dire d'accroître les pouvoirs de l'Etat, il a décidé du contraire. Comme on le voit, si on arrivait à lui démontrer qu'il avait tort, il était capable de changer son fusil d'épaule, « les choses étant ce qu'elles sont ». Mais encore fallait-il argumenter sérieusement.

— Et son côté visionnaire ?

— C'est de la poésie, une légende. Il n'a jamais été visionnaire. Qu'il ait cherché à discerner l'avenir, c'est sûr, mais il n'était pas un voyant extralucide. Il prévoyait ce qui pouvait se passer compte tenu des données qu'il avait rassemblées et dont la conclusion logique découlait de ses hypothèses.

S'il lui arrivait de parler de ses « antennes » pour signifier qu'il avait pressenti quelque événement, il ne faut pas imaginer qu'elles captaient tout comme par l'opération du Saint-Esprit. Encore une fois, ses prédictions étaient le résultat d'une longue et patiente analyse. Dans une de ses lettres écrites en 1925, il prophétise l'invasion de l'Autriche par l'Allemagne. En 1935, il écrit à sa mère : « Nous allons rapidement à la guerre. » L'avait-il lu dans les cartes ? Non. C'était le produit de ses réflexions. Dès juin 1940, il sait déjà que l'URSS sera contrainte de se retourner contre l'Allemagne. « Ils n'étaient certainement pas nombreux, ceux qui affirmaient cela à ce moment-là, m'a-t-il dit plus tard, parce qu'ils n'étaient pas nombreux, ceux qui réfléchissaient vraiment. » Un an après, le 7 décembre 1941, alors qu'il apprend par la radio que les Japonais viennent d'attaquer Pearl Harbor, il déclare à Passy, l'agent secret, qu'il a invité à passer la soirée avec lui dans son cottage de Berkhamsted : « L'Allemagne a perdu définitivement la guerre. La France sera présente à la victoire. » Fait-il donc tourner les tables ? On pourrait rallonger la liste. En 1967, en Pologne, il annonce à la foule enthousiaste, devant les dignitaires contenant leur colère : « Les obstacles, vous les surmonterez sans aucun doute un jour... Vous avez tous compris ce que je veux dire ! » Silence en France contrastant avec les critiques à propos du « Québec libre ». A son retour, il nous lance en retenant son rire : « Evidemment, on va voir, là encore, ma boule de cristal ! » Deux ans plus tard, soit dix ans avant la chute du mur de Berlin, il prédit l'éclatement du camp soviétique. « La Russie absorbera le communisme comme le buvard l'encre. » La même année, il pronostique sous les sarcasmes des milieux politiques français des divergences entre l'URSS et la Chine rouge. A-t-il des visions, un flair exceptionnel ? « J'ai simplement étudié la partie qui se jouait sur l'échiquier, m'a-t-il expliqué pour me servir de leçon, et en bon stratège, poussé les pions avant que les joueurs ne le fassent eux-mêmes et en ne me trompant pas de case. La capacité de discernement est une des premières qualités du chef. L'instinct la complète. »

— N'admettait-il jamais avoir fait des erreurs dans sa vie ?

— Il estimait que la plus grande erreur que quelqu'un puisse commettre est de penser que ses vis-à-vis lui sont identiques, car il avait constaté que chaque fois qu'il s'était trompé, c'est parce qu'il avait cru que ses amis ou ses adversaires raisonnaient ou réagissaient comme lui. Il avouait qu'il s'était d'abord illusionné sur les Français, au moment de la Libération, en les surestimant. Je le comprends d'autant mieux que lorsque nous avons débarqué en France après des années à l'étranger et que nous avons été confrontés avec les Français de la rue, nous sommes tombés de haut. Nous nous disions : « S'ils en sont encore là, cela valait-il la peine de se battre pour eux ? » Mon père n'avait pas bien mesuré leur enracinement dans la routine, dans leurs habitudes politiques et sociales de l'avant-guerre, jusqu'à voter pour le retour des politiciens qui avaient une responsabilité directe dans la défaite. Il a été très étonné de constater qu'ils s'étaient réveillés au lendemain de la guerre avec les mêmes partis, les mêmes références politiques et sociales qu'en 1936, comme si rien ne s'était passé pendant quatre ans, comme s'ils avaient été absents de cet énorme conflit mondial. « Comme si, remarquait-il avec tristesse, ils avaient subi la guerre sans s'être rendu compte de l'énorme bouleversement au cours duquel, en quatre ans, l'avion qui avait une hélice en bois et qui était partiellement entoilé était devenu un multimoteur entièrement métallique avec un rayon d'action intercontinental. En quatre ans ! C'est-à-dire que l'on avait fait plus de progrès qu'en cinquante ans d'aviation. » S'il est retourné dans son village en 1946, c'est donc parce qu'il a mesuré à quelle distance il se trouvait, lui tout seul, de ces Français-là, si décevants. Par la suite il a admis s'être trompé en pensant, après son départ, que la IVe République ne pourrait pas survivre parce qu'elle n'avait pas les moyens de fonctionner. Il n'avait pas imaginé que, grâce au plan Marshall dont il s'est d'ailleurs réjoui pour notre économie, cette République moribonde bénéficierait, d'après ses propres mots, d'une « transfusion de sang qui l'a un peu prolongée ». Mais il prévoyait qu'elle était de toute façon condamnée. En revanche, il a été très surpris, comme on le sait, par les événements de mai 68 qu'il n'avait pas vu venir. Et il ne se le pardonnait pas. Il confessait : « J'ai failli. J'ai failli parce que le propre de quelqu'un qui gouverne, c'est de prévoir. Et là, je n'ai rien vu, je n'ai rien prévu. Certes, je n'ai pas été le seul dans ce cas. A commencer par les premiers agitateurs révolutionnaires, les communistes qui étaient très contrariés de la situation. Mais ce n'est pas une excuse. »

— Et sur les hommes ? Ne s'est-il jamais reproché d'avoir eu sur certains un jugement injuste ?

— Il a avoué s'être parfois trompé sur le compte de certains, et on ne s'est pas privé de le faire remarquer. Généralement, il est de bon ton de répandre le bruit que l'entourage d'un grand homme n'est pas à sa hauteur parce qu'il ne sait pas distinguer les bons des mauvais parmi ceux qui se présentent à lui. Je ne vous parlerai pas de ses ministres. Il était peu loquace en famille à leur sujet. Ce dont je me souviens, en revanche, c'est qu'il avait été très déçu par ceux à qui il avait eu affaire tout de suite après la guerre. Il aurait souhaité que la République française se reconstituât à partir des résistants. Malheureusement, ceux-là ont été peu nombreux et très compartimentés entre eux, et par conséquent incapables d'unifier leur action. Il me revient ce que j'ai entendu, jeune homme, sur nos chefs d'avant guerre dont il pensait qu'ils n'étaient pas des stratèges, ni des commandants en chef. Du général Weygand, par exemple, il émettait cet avis : « Il n'a pas pu commander une seule unité de sa vie du fait qu'il a été admis à Saint-Cyr à titre étranger. Il est catastrophique de l'avoir nommé commandant en chef. Il n'est pas apte à commander une armée et surtout dans ces circonstances tragiques. » Il n'avait pas non plus une bonne opinion de Gamelin. Il avait pourtant été le chef d'état-major de Joffre. « C'est un chef d'état-major, notait-il, ce n'est pas un commandant en chef. Il a une grande intelligence, quoique scolaire, mais ce n'est pas parce que l'on est le premier de la classe que l'on est forcément un grand stratège. Le stratège se doit d'être brillant quand il le faut, c'est-à-dire se détacher des autres par son génie, et Gamelin n'avait pas de génie. Weygand encore moins. »

— Et que pensait-il des chefs militaires qu'il avait lui-même choisis ?

— Il avait remarqué de Lattre avant guerre alors que ce dernier était le chef d'état-major de l'armée d'Alsace et par conséquent son supérieur. Il l'avait donc déjà un peu jaugé. Pendant la guerre, il a compté sur lui plus que sur d'autres. Il aimait assez son caractère. Il pensait qu'il avait une certaine envergure et que le côté « *imperator* romain » de son commandement était très utile au moment où il fallait reconstituer une armée après son effondrement et faire l'amalgame en écrasant les différences. Il ne considérait pas qu'il était un grand stratège. « Mais sous mon propre commandement, avait-il besoin de l'être ? Il lui suffisait de suivre la conduite de la guerre que je menais. » Parce que l'on a oublié que même en Italie, c'était mon père qui conduisait la guerre, comme cela avait été le cas à Bir Hakeim et dans tous les endroits où les Français ont été engagés par la suite. En Italie, il s'est déplacé plusieurs fois, souvent à trois semaines d'intervalle, pour signifier à

Juin, son ancien camarade de promotion à Saint-Cyr : « Tu n'es pas dans le secteur qui te convient. Je vais sommer les Américains de te changer de coin. » Ou bien : « Tu n'iras pas plus loin, et de toute façon, tu ne dépasseras pas l'Arno. Je ne veux pas que les Français dépassent ce fleuve, car il leur faudra quitter l'Italie pour débarquer en Provence. » Il avait la meilleure opinion de son ancien compagnon de Saint-Cyr. « C'est un chef d'état-major très consciencieux et un bon général, remarquait-il, et je suis heureux de l'avoir tiré d'embarras. » On sait que Juin avait malheureusement résisté au débarquement allié en Afrique du Nord en 1943 et qu'il avait même été capturé pendant vingt-quatre heures par les résistants à Alger, quelques jours auparavant. Mon père avait, bien sûr, on le sait, un penchant pour Leclerc. Il était l'un de ses plus fidèles compagnons. Il se félicitait d'avoir misé sur lui alors qu'il n'était que capitaine. Sa carrière le réjouissait. Il l'estimait bon tacticien et pensait qu'il pourrait être un jour stratège. Mais le serait-il devenu ? C'est la question qu'il se posait à son sujet. Il ne faut pas oublier que le patron de la 2e DB est mort à quarante-cinq ans.

— Quelle opinion avait-il des généraux étrangers ?

— Sans prétendre être exhaustif, il a eu, par exemple, un jugement positif sur le général George Marshall. « Cet homme est un stratège », disait-il de lui. Cela ne pouvait être de sa part un meilleur compliment. Il pensait que le général

Harold Alexander, qui commandait en Italie, avait lui aussi des qualités de stratège. Par contre, il considérait que le général américain Mark Clark, qui commandait les troupes alliées en Italie, était à la limite de ce que devait être un tacticien. Quant à Eisenhower, il a senti tout de suite en le voyant qu'il avait devant lui un très grand avenir. En 1941, quand l'Amérique est entrée en guerre, il n'était que lieutenant-colonel dans une armée qui comptait cent trente-six mille hommes au total. Il ne semblait pas voué à une carrière extraordinaire. « Mais très vite, se souvenait mon père, j'ai vu en lui un homme sortant du lot. Sa qualité première, c'était son sens de l'organisation plutôt que son génie stratégique. C'est ce qui a fait de lui un grand chef militaire. » En 1947, alors qu'il était devenu commandant en chef de l'OTAN, mon père le prend un jour à part et l'avertit : « Si j'étais vous, je me préparerais à assumer une plus grande tâche que celle qui est aujourd'hui la vôtre. » Et il lui prédit qu'il sera un jour président des Etats-Unis. Il le deviendra cinq ans plus tard. Ike aimait se souvenir de cette prévision extraordinaire. Mon père riait : « Il me prend pour un prophète ! » Cela n'était pourtant pas non plus de la prescience mais la conclusion de ses réflexions et une grande connaissance de l'homme. Pour terminer, je crois que le Général pensait de lui-même qu'il n'était pas le plus intelligent mais qu'il possédait une volonté, un sérieux et une capacité d'analyse supérieurs à tous les hommes beaucoup plus intelligents qui l'entouraient ou qui s'opposaient à lui. Je l'entends encore observer : « Il y a des gens intelligents, même trop intelligents, qui n'ont pas toutes les lumières, loin de là. Je dirais même avec Talleyrand qu'ils sont tellement intelligents qu'ils ne sont pas faits pour conduire des affaires car ils s'accordent mal au désordre des événements. »

10

LES ANGLAIS SONT LES ANGLAIS

« Bien que parmi les Anglais responsables l'art dramatique eût ses degrés, chacun d'eux jouait son rôle en artiste de classe. »

Mémoires de guerre.

Parmi les Français présents en Grande-Bretagne pendant la guerre, comme parmi les Anglais eux-mêmes, on a souvent assuré que le Général était anglophobe quand il a rejoint Londres et que cela aurait été la cause de la plupart de ses querelles avec Churchill. Ce dernier aurait partagé cet avis. Qu'en pensait votre père ?

— Il faut faire attention au français de Churchill, car il employait souvent des termes approximatifs. Pour lui, anglophobe, cela voulait peut-être signifier qu'il s'opposait aux Britanniques et non qu'il fût viscéralement contre la Grande-Bretagne. On ne voit pas pourquoi le général de Gaulle aurait décidé d'aller à Londres pour être anglophobe. Cela n'a pas de sens. Je pense que c'est une mauvaise interprétation, volontaire ou involontaire. Je n'ai jamais ressenti chez lui et dans ma famille, que ce soit dans mon enfance, en Grande-Bretagne ou après la guerre, quelque animosité foncière contre les Britanniques. Quand mon père était agacé par eux, il lançait seulement avec philosophie : « Les Anglais sont les Anglais ! » Ce qui voulait signifier qu'il fallait les prendre comme ils étaient.

— On a pourtant soutenu que son anglophobie était de famille. Votre grand-père ne parlait-il pas toujours de Fachoda ?

— Du roman. Mon grand-père paternel n'était pas plus anglophobe que mon père. Il savait que les Anglais n'étaient pas des Français, c'est tout. Que l'on ne remonte pas encore à Fachoda ! Mon grand-père avait même une grande admiration pour la Grande-Bretagne. Je me souviens, par exemple, qu'il se rappelait avec plaisir la venue de la reine Victoria de son propre chef à Paris en 1865. Il me racontait entre autres que pour lui faire honneur, Napoléon III avait fait mettre sur le casoar des saint-cyriens le plumet rouge et blanc qui étaient ses couleurs et que l'on avait baptisé une avenue à son nom. Si mon grand-père en voulait en revanche beaucoup aux Anglais d'avoir laissé la France face aux Prussiens en 1870, il levait son chapeau devant leur participation à la guerre de 14-18. Mon père plus encore. « J'ai vu, se souvenait-il, des troupes plus disciplinées que celles des Français, bien équipées et toujours en ordre. Il n'y avait pas de mutinerie chez eux alors qu'il y en a eu chez les Français qui défendaient leur propre terre. » Et puis il avait été très impressionné par la manière de commander de Lord Kitchener. Après la Libération, il m'a dit souvent des Anglais : « A leur place, j'aurais été comme eux. » Ce que Churchill reprochait aux Français, c'était de ne pas être comme les Anglais. C'est pourquoi il lançait en riant à mon père : « Vous, général de Gaulle, vous êtes *unfrench* (non français). » Ce qui voulait dire qu'il était comme lui, qu'il raisonnait et se comportait comme un véritable Anglais.

— Le Général prenait-il cela pour un compliment ?

— C'était en effet pour lui un grand compliment. Il disait aussi à propos de Churchill : « Il avait beaucoup d'imagination et cherchait toujours l'insolite. C'est pour cela qu'il m'a trouvé. Inversement, si le général de Gaulle n'avait pas trouvé Churchill, eh bien ! le général de Gaulle n'aurait pas existé et les choses se seraient terminées là pour la France. » Il pensait que Churchill l'avait distingué dès la bataille de France quand il était à la tête de la 4e division cuirassée, puis quand il a été relevé par le général anglais Fortune, dont la division a volé par la suite en éclats. A ce moment-là, les officiers de liaison britanniques ont apprécié les qualités de combattant de mon père.

— Quelle impression les Anglais produisaient-ils sur lui quand il est arrivé le 17 juin ?

— Au tout début, il a été surpris, et il faut le dire, un peu scandalisé de voir le peu de cas qu'ils semblaient faire de la guerre. Certes, la BBC était entourée de barbelés et des sacs de sable en garnissaient les fenêtres. Comme je l'ai déjà rapporté, le 22 juin, quand nous avons monté ensemble l'escalier jusqu'au studio où il allait délivrer un message, nous avons été étonnés d'apercevoir, sur le premier palier, un soldat avec un fusil mitrailleur derrière une meurtrière. Sinon, je le répète aussi, Londres paraissait vivre comme en temps de paix. On y rencontrait très peu d'uniformes. Mon père grognait : « Savent-ils au moins ce qui vient de se passer de l'autre côté de la Manche ? » Je le sentais en vouloir à l'ensemble des Britanniques. Mais il s'efforçait de n'en rien montrer. D'autant plus qu'un certain nombre d'entre eux faisaient preuve de solidarité à l'égard des Français Libres. Je me souviens par exemple de l'émotion et de la reconnaissance qu'il éprouva le jour où il vit des veuves déposer leurs bijoux à Carlton Gardens, où se trouvait son siège, pour soutenir les Français Libres qu'on savait démunis. Perdant son impassibilité habituelle, il n'a cessé de nous en parler le soir même. Mais cela ne l'empêchait pas d'avoir des paroles assez dures pour l'indifférence visible accusée par le flegme bien connu des citoyens de Sa Majesté à l'égard de l'invasion de la France et de la souffrance de la population française. On l'entendait maugréer : « Cette sacrée Manche sera toujours aussi large ! »

— Il a quand même fait part à plusieurs reprises de son admiration pour leur courage. N'est-ce pas contradictoire ?

— Il a été effectivement très admiratif de leur

patriotisme et de leur discipline exemplaires, mais seulement à partir du moment où ils ont vraiment décidé d'entrer dans la guerre. Quand les premiers bombardements sur Londres ont commencé. Dès cet instant, plus rien ne comptait, et tout le monde, dans toutes les catégories sociales, avait mis un terme à toute espèce de concurrence. Devant cette édifiante détermination, mon père constatait alors, admiratif : « Ce qui est remarquable chez eux, c'est qu'ils ne disent pas comme nous : "Nous nous défendons." Ils disent : "Si nous avons affaire à des adversaires de ce genre, il n'y a rien à tirer d'eux, et par conséquent, il faut les combattre jusqu'à leur destruction. Nous allons leur casser la figure." » Je peux certifier à quel point il n'avait que louanges pour l'attitude du peuple anglais, des politiques et du Parlement aussitôt qu'ils ont pris conscience qu'il y allait de la survie de leur pays. Il observait à ce propos : « On avait l'impression que chacun se comportait comme si le salut de l'Empire britannique dépendait de sa propre conduite. » Et aussi : « C'est toujours une erreur primitive de se figurer qu'on vient à bout des peuples civilisés par la terreur, c'est toujours le contraire qui se produit. Ils deviennent encore plus déterminés. » Ma mère, qui approchait davantage la population, était également émerveillée par leur civisme. Elle nous rappelait longtemps après, par exemple, qu'il n'y a jamais eu de marché noir en Grande-Bretagne pendant toute la guerre et que la mobilisation exceptionnelle avait concerné jusqu'à la quasi-totalité des femmes. « Je n'ai jamais vu, ajoutait-elle, un peuple si solidaire devant les dangers et la pénurie. Tous les voisins que nous avons connus autour de nous, à Londres ou en province, avaient cette mentalité. »

— Quels reproches votre père faisait-il spécialement à la Grande-Bretagne ?

— Il regrettait son « engagement mou », c'étaient ses mots, au début de la guerre. Il expliquait que d'après les accords passés entre Paris et Londres, les Britanniques auraient dû envoyer en France soixante divisions au bout de six mois. Or, lorsque nous avons été attaqués, nous étions loin du compte. « Avec ces soixante divisions, estimait-il, on s'en serait tiré. Mais on ne les avait pas. On en avait dix et demie ! » Après la guerre, je l'ai entendu une fois s'indigner : « Quand on pense que les Anglais n'ont commencé leur conscription, avant juin 1940, qu'en ne l'appliquant qu'aux hommes de 18 à 28 ans et aux célibataires seulement ! C'est dire à quel point ils ont mobilisé peu de monde. Par contre, en juillet, au moment où ils étaient menacés d'un débarquement allemand, ils ont envoyé toute une division blindée en Egypte pour renforcer la défense du canal de Suez ! » Sa voix s'éleva d'une façon étonnante pour répéter : « Toute une division blindée ! » Quant à l'aviation, il n'y avait jamais eu, d'après lui, plus de quatre-vingts ou quatre-vingt-dix chasseurs britanniques sur notre territoire pendant toute la bataille de France. « Et plus les choses devenaient tragiques, moins les Anglais voulaient en engager. » Il se rappelait avec amertume l'une de ses missions à Londres, en tant que secrétaire d'Etat à la Guerre, au cours de laquelle il leur avait demandé sans succès plus de concours. Il était catégorique : « L'Angleterre a été en grande partie responsable de notre débâcle, car elle nous a laissés seuls en première ligne. » Au bout d'un moment, il n'a pas mâché ses mots avec quelques-uns. Il leur a déclaré à peu près ceci : « Vous êtes toujours en train de vous plaindre de nous. Vous oubliez que vous nous avez abandonnés. » Ce à quoi les Anglais ont rétorqué : « Vous avez abandonné vous-mêmes les Tchécoslovaques et les Polonais à leur sort. » Ce qui était tout aussi vrai. Mais l'objection de mon père était qu'on ne pouvait pas attendre de résistance sérieuse des Tchécoslovaques et des Polonais, étant donné qu'ils n'en avaient pas les moyens, tandis que les Anglais pouvaient compter sur cette résistance de la part des Français.

— Que pensait-il de l'attitude de la Couronne britannique et des Anglais en général vis-à-vis de lui et de la France Libre ?

— Beaucoup de bien en ce qui concernait le roi et la reine. Il était constamment en train de les couvrir d'éloges. La Couronne britannique, et en particulier la reine Elizabeth, a toujours soutenu le général de Gaulle et les Français Libres, et il lui en était très reconnaissant. Il avait le même sentiment pour l'aristocratie, dont Churchill. Elle parlait français et était imprégnée de notre culture. Il avait aussi constaté la sympathie un peu condescendante du peuple à son égard. Mais la pitié transpirait parfois, et cela, mon père le supportait mal. « Ces pauvres Français, geignait-il en se mettant à la place de l'Anglais moyen, on ne peut pas leur être hostile étant donné ce qu'ils viennent de subir. » Cependant, l'amitié dominait et mon père en était très touché. Lorsqu'on le rencontrait en uniforme – il allait souvent à son bureau à pied – des gens changeaient parfois de trottoir pour venir lui manifester leur bienveillance et leurs encouragements. Et lors du premier 14 Juillet célébré à Londres, des dizaines de milliers de Britanniques ont attendu une heure pour voir quelques centaines de Français défiler et pour les saluer. Mon père s'en souvenait avec émotion. Mais il y avait aussi ceux qui nous détestaient : c'est-à-dire les petits bourgeois et les gens de la City, de l'industrie et du commerce. Ceux qui avaient toujours eu les Français dans les jambes au cours de l'Histoire. Ceux-là se répandaient en propos hostiles à l'égard des Français, des propos que j'ai entendus une fois moi-même dans un train, de la part de voyageurs en chapeau melon, en allant rejoindre le *Courbet* à Portsmouth : qu'ils n'avaient que ce qu'ils méritaient, qu'ils étaient toujours source d'ennuis pour la Grande-Bretagne, que l'on ferait mieux de les renvoyer chez eux plutôt que de s'en charger. Mais mon père ne s'est jamais heurté lui-même à ce genre d'agression verbale.

— Parlait-il anglais au moment où il est arrivé à Londres ?

— Très mal. Il faut se rappeler que c'est l'allemand qu'il a été obligé d'apprendre pour pouvoir se présenter à Saint-Cyr. Il est d'ailleurs allé en

Allemagne, vous le savez, pour s'y perfectionner. L'anglais était une deuxième langue qu'il n'a abordée qu'à l'Ecole de guerre. Il était très capable de lire un journal anglais, et même beaucoup plus que cela, puisqu'il a lu l'ouvrage sur les blindés de Liddell Hart. Mais il ne pouvait aborder Shakespeare. Mon grand-père paternel le lisait dans le texte et le traduisait en le prononçant en français, ce qui était d'un effet curieux. Dès son arrivée en Grande-Bretagne, mon père a fait un effort pour articuler quelques phrases en anglais, mais son accent était détestable. Churchill riait beaucoup de son anglais et mon père en faisait autant de son français. En général, quand ils se rencontraient, Churchill prononçait les premières phrases dans un français un peu bancal et mon père lui répondait dans un anglais aussi peu orthodoxe. Chacun terminait ensuite dans sa langue maternelle traduite par des interprètes dont ils se méfiaient autant l'un que l'autre. Ma mère, au contraire, s'exprimait assez bien en anglais, mais avec la timidité de son accent français. Il faut dire qu'elle avait déjà fait de longs séjours en Grande-Bretagne. A sept ou huit ans, elle a été mise en pension dans le Kent, où s'étaient repliées les Dames du Sacré-Cœur de Calais après la séparation de l'Eglise et de l'Etat. Et vous vous souvenez qu'elle est retournée outre-Manche avec ses frères et sa sœur en octobre 1914, lorsque Calais a été évacué d'office de toute la population inutile à sa défense.

— Votre père n'a-t-il jamais essayé de perfectionner son anglais au cours de son séjour ?

— Dans les premiers temps, il faisait venir un professeur d'anglais à l'hôtel Connaught où il résidait. Il voulait apprendre certaines expressions courantes et mieux comprendre l'anglais un peu élaboré. Il souhaitait aussi attraper l'accent, mais en cela, il n'a pas réussi. Il s'est finalement toujours exprimé dans sa langue. Parfois, avec une personnalité, il prononçait quelques phrases en anglais au début de la conversation, pour lui faire plaisir, puis reprenait vite son français. De toute façon, il avait surtout affaire à des Britanniques de haut rang qui parlaient très bien notre langue. Par exemple, Anthony Eden, le plus favorable aux Français, Harold MacMillan, très amical pour eux, et Duff Cooper qui s'exprimait comme un Français. Ce dernier a été le premier ambassadeur britannique à Paris dès la Libération. Tous ces gens-là se sont efforcés de faire tampon entre Downing Street et le général de Gaulle. Mon père remarquait : « Ils ont beaucoup corrigé les outrances de Churchill contre moi et la France Libre auprès du Parlement britannique. » Il leur en était très reconnaissant. Il disait aussi à la fin de la guerre : « Je ne saluerai jamais assez l'objectivité des journalistes britanniques qui m'ont souvent soutenu contre Churchill et le Foreign Office. » Il était d'ailleurs étonné de la grande liberté de la presse qui a régné en Grande-Bretagne pendant tout le conflit. Je l'entends encore à Colombey, quand il abordait cette question avec un invité : « Les opinions étaient libres. S'il y avait censure, c'était uniquement sur les opérations militaires. Mais au Parlement et dans l'opinion, tout le monde pouvait se déclarer pour ou contre la guerre et Churchill a été souvent critiqué. » Une partie de la presse lui a même reproché de jouer sous la table des cartes « alternatives » contre de Gaulle.

— Que pensait justement votre père de ce double jeu ? Il l'a découvert très vite ?

— Il n'ignorait pas, bien sûr, qu'une partie du Foreign Office travaillait contre lui en essayant de provoquer sa marginalisation par tous les moyens, à commencer par les premiers d'entre eux, le ministre Lord Halifax et le secrétaire permanent Sir Alexander Cadogan, qui se révéla le plus virulent de tous. Ces diplomates avaient gardé quelques amis parmi leurs anciens collègues parisiens, lesquels se retrouvaient alors autour de Pétain. Et tout ce petit monde conservait des contacts. Contrairement à ce que l'on a pu écrire, mon père n'était pas dupe. Car il était renseigné non seulement par son propre service secret, mais aussi, ce qui n'a jamais été révélé et qu'il m'a confié, par une personne proche du Foreign Office et favorable à notre cause. Aussi connut-il dès les premiers temps les manigances de tous ceux qui, dans ce ministère, gardaient des espoirs du côté de Vichy et « fricotaient », selon son expression, avec le général Lelong, le chef de la mission militaire vichyssoise qui demeura à Londres jusqu'en mars 1941. Alors qu'il se trouvait en Afrique équatoriale après l'affaire de Dakar, il fut mis au courant de la mission d'un certain Louis Rougier, arrivé de Vichy pour négocier avec les Britanniques, de la part du maréchal Pétain, de prétendus protocoles politiques secrets. Et cela avant même que Churchill ne l'en informât lui-même officiellement.

— En fait, pour le court-circuiter ?

— C'est ce que l'on aurait pu supposer et ce qui a été souvent avancé par les historiens qui se sont penchés sur les rapports entre Londres et Vichy. Ils se sont dit : le Général se trouve loin de la Grande-Bretagne et Londres en profite pour étudier une solution de rechange avec Vichy. Dans ce cas, ils ont eu tort. Mon père était très catégorique à ce sujet : « Quand j'ai appris l'arrivée à Londres du professeur Rougier, je n'ai pas cru à quelque trahison de la part des Britanniques. Un mois auparavant ils m'avaient reconnu comme chef de la France Libre et du Conseil de l'Empire. Mais il fallait voir l'état d'esprit d'une certaine faune française de Londres qui ne nous a jamais épargnés pour imaginer je ne sais quelles manœuvres politiciennes du style des IIIe et IVe Républiques. » En réalité, il s'agissait pour l'envoyé spécial de Pétain (qui d'ailleurs n'avait pu venir qu'avec la permission de Berlin) d'obtenir des Anglais qu'ils n'empêchent plus la navigation vers l'Afrique des bâtiments marchands de Vichy après les affaires de Mers el-Kébir et de Dakar. Car, depuis ces événements, la Royal Navy avait établi un blocus, et le ravitaillement avec les colonies était interrompu ainsi que les importations vers la Métropole. Il était dans l'intérêt des Allemands que Vichy pût reprendre ce trafic car ils prélevaient ce qui leur plaisait sur les cargaisons.

— Il n'empêche que Rougier a rencontré Churchill. Le Général ne s'en est-il pas inquiété ?

— Et alors ? C'était au lendemain de la poignée de main de Pétain avec Hitler à Montoire. Cela ne pouvait tomber plus mal ! Quand Churchill vit entrer Rougier dans son bureau, accompagné du fameux Cadogan, il n'a pu se retenir. Il l'a copieusement engueulé. Mon père se rappelait le récit que Churchill lui en avait fait, plus tard, dans le français pittoresque qui lui était habituel : « Je ne crois pas avoir jamais autant ri avec lui de toute la guerre. » Qu'a-t-il résulté de cette rencontre ? Un protocole non signé par Churchill – un détail que ce dernier a souligné à mon père – aux termes duquel la Grande-Bretagne s'engageait à assouplir le blocus maritime. A la suite de quoi, un système de certificats de navigabilité entre Berlin et Londres *via* le Portugal sera établi pour laisser circuler les bâtiments vichyssois entre l'Afrique du Nord et l'Afrique occidentale, ou même plus loin. Vichy s'engageait de son côté à ne pas transporter de troupes ni de matériaux stratégiques pour l'Axe et à ne pas livrer de bases aux Allemands et aux Italiens. Churchill jura à mon père que jamais son nom n'avait été prononcé au cours de cet entretien.

— Mais Churchill a ajouté que Weygand pouvait compter sur son appui et sur celui des Etats-Unis s'il consentait à faire entrer l'empire colonial en guerre contre l'Allemagne. D'autre part, il a accepté que le Général cesse de mettre en cause la personnalité de Pétain à la radio. N'est-ce pas vrai ?

— Que pouvait faire Churchill de plus que d'essayer d'entraîner les Français d'Afrique du Nord à rompre leur neutralité ? N'était-ce pas le vœu de mon père ? Quant à lui interdire de parler de Pétain à la radio de Londres, c'était peut-être le souhait du Foreign Office qui voulait faire la part du feu, mais cela n'a jamais eu lieu. Il n'y a qu'à lire les *Discours et Messages* et les pièces annexes des *Mémoires de guerre* pour constater qu'il n'a jamais épargné Pétain. Souvenez-vous, par exemple, de ce qu'il lui a lancé dans une de ses émissions : « On n'a pas besoin de vous, Monsieur le Maréchal, pour faire ce que vous faites. Si c'est pour être occupé, partagé et soumis, on n'a pas besoin du vainqueur de Verdun. » Comment aurait-il pu le ménager ? Surtout après Montoire ! Il n'empêche que, rapportée tant et plus par la presse, la démarche de Rougier n'a pu qu'affaiblir la position de mon père. D'autant plus que la propagande de Vichy essayait tout pour faire croire à son élimination. Il n'en ignorait rien, pestant contre les « grenouillages » en tous genres qu'il retrouva après son retour d'Afrique et contre les manœuvres des Français antigaullistes de Londres qui tentaient de plus belle d'entraver par tous les moyens l'afflux des volontaires. C'était le cas d'un certain général Odic qu'un biographe métamorphose en confident de mon père alors qu'il ne l'a jamais rencontré de sa vie, et lui fait dire que la France Libre est un bluff qui a réussi... Arrivant de France *via* les Etats-Unis par un circuit tout à fait douteux, Odic encourageait les gens de la mission militaire de Vichy à haranguer nos volontaires dans les camps afin de les démobiliser. Il allait jusqu'à les menacer en leur déclarant : « C'est votre devoir de rentrer. Si vous restez ici avec de Gaulle, vous n'aurez plus de pension. Votre avancement sera coupé. On supprimera vos délégations de solde et vos familles seront sujettes à des représailles. » Mon père était outré. Je l'entends encore le jour où il nous apprend cela alors que vient de finir mon stage d'entraînement d'infanterie au camp de Camberley près d'Aldershot : « Quelle ignominie, quelle bassesse ! » Il avait appris que Mme Cabanier, l'épouse de l'amiral qui, à ce moment-là, était lieutenant de vaisseau et commandait un sous-marin rallié à la France Libre, s'étant vu couper sa délégation de solde au Maroc où elle résidait, n'avait plus de ressources. Comment aider ces familles ? Il demanda aussitôt qu'on recherchât une solution qui ne pouvait être que discrète, locale et ponctuelle.

— Le Général a-t-il jamais pensé que Vichy pourrait décider de faire entrer l'empire colonial dans la guerre ?

— Il a tout fait lui-même dès le début pour qu'il en fût ainsi. On ne compte pas les messages et les lettres qu'il a pu adresser à des proches de Pétain pour essayer de déclencher un sursaut à Vichy. Il est allé, on le sait, jusqu'à proposer au général Maxime Weygand – qui le haïssait – de se mettre sous son autorité s'il décidait de continuer le combat !

— Il se serait vraiment effacé à son profit ? On a vu ce qui s'est passé ensuite avec Giraud...

— Tous ceux qui approchaient mon père à ce moment-là auraient pu vous assurer qu'il était sincère. Jusqu'au débarquement allié en Afrique du Nord de novembre 1942, il envisageait de se subordonner, sauf à Laval qui prônait la collaboration avec l'ennemi, à Darlan qui a été la proposer à Hitler à Berchtesgaden et au général Fernand Dentz qui nous avait combattus au Liban. Rappelons qu'en décembre 1942, de sa propre initiative, il a proposé à Giraud de le rencontrer « en territoire français ». Je lui ai demandé après guerre s'il avait vraiment été prêt à s'effacer devant quelqu'un d'autre. Il m'a répondu : « J'étais prêt à passer le flambeau à Weygand s'il l'avait voulu. » Comme je paraissais étonné, il a répété : « Oui, à Weygand ou à une autre personnalité. Hélas ! il n'y avait à Vichy que des personnages falots ou très compromis. »

— Que serait-il devenu lui-même si Weygand avait accepté ?

— A cette même question, il m'a répondu : « Je serais devenu commandant d'armée ou de corps d'armée. » Mais ses dernières illusions sur Vichy s'évanouirent quand il vit Darlan s'apprêter à prendre la barre. Je me souviens qu'il s'est ouvert à nous à ce propos en Grande-Bretagne alors qu'il était venu nous rejoindre le jour même de son anniversaire, le 22 novembre 1940, à Gadlas, notre cottage d'Ellesmere, très loin de Londres, entre Liverpool et Chester, et que j'étais en permission. Lui qui généralement évitait de nous faire partager ses soucis m'a confié que si certains hommes autour de Pétain donnaient l'impression d'être tourmentés, il ne les voyait pas franchir le Rubicon. « Quant à Churchill, a-t-il remarqué, il peut toujours envoyer tous les démarcheurs qu'il veut à Pétain [quelques semaines plus tard, dépêché par lui à Vichy, le ministre canadien Pierre Dupuy en revint bredouille], et imaginer toutes les solutions de rechange possibles avec son ami Roosevelt, Darlan est le maître et préférera toujours l'Allemagne à l'Angleterre. » Pour mes dix-neuf ans à Portsmouth où j'étais élève de l'Ecole navale sur le *Courbet*, m'ayant vu frissonner dans ma mince vareuse sans caban lors de mon séjour à Ellesmere, il m'a fait envoyer une canadienne fourrée pour mes quarts de veille et a ajouté à ses vœux en me reparlant des hommes de Vichy : « Je serais surpris qu'ils adoptent une attitude vraiment nationale et rentrent dans la guerre. »

— D'après les archives anglaises, excédé par de Gaulle, Churchill se demande en septembre 1940 s'il ne pourrait pas l'envoyer en exil combattre les Italiens. Jusqu'à quel point votre père a-t-il pensé qu'il plaisantait ?

— Plus tard, il dira aussi qu'il voulait l'envoyer dans l'île de Man ou l'enfermer dans la Tour de Londres ! Il s'agissait bien sûr de boutades. Comme mon père, Churchill en raffolait, mais contrairement aux siennes, elles pouvaient être cruelles et parfois être destinées à ses propres compatriotes. Maintenant, qu'il ait été souvent excédé par l'attitude intransigeante du Général et qu'il ait souhaité plusieurs fois se débarrasser de lui politiquement, rien n'est plus vrai. Mais mon père n'était pas, loin s'en faut, le dernier à l'apprendre. Je le répète : il était plus renseigné que ne l'ont imaginé beaucoup d'observateurs. Malgré la discrétion dont pouvait s'entourer Downing Street, il arrivait, m'assura-t-il, à savoir bien des choses avant même qu'elles n'eussent transpiré dans la presse. Peut-être peut-on encore mieux le comprendre quand on sait qu'on le voyait souvent à Londres avec nombre de politiques anglais de tous bords. D'autre part, il était convaincu que s'il avait été tout seul face à Churchill, ce dernier ne lui aurait jamais témoigné autant d'hostilité par moments, au point de vouloir l'éliminer. Car, m'a-t-il confié : « Toutes nos brouilles s'effaçaient ou presque lorsque nous nous rencontrions. Quelquefois, c'était assez long. Le temps d'un cigare. Quelquefois celui d'une Player's. » On sait qu'il reprochait beaucoup à Churchill son inféodation à Roosevelt. Il remarquait à ce propos, comme pour lui pardonner : « Il doit payer tribut à Roosevelt pour avoir sauvé la Grande-Bretagne. Il ne peut donc rien lui refuser. Il est moins indépendant à son égard que moi-même qui n'ai rien à leur égard. » Un jour, devant moi, il a pris l'accent bancroche de Churchill pour faire dire au président américain : « Puisque c'est vous, Winston, qui êtes l'inventeur de ce personnage pas commode, eh bien ! débrouillez-vous pour le mettre en coulisses. »

— Toujours d'après les archives anglaises, le ralliement du général Catroux était le résultat d'une manœuvre anglaise. Littéralement acheté par Churchill, il devait remplacer le Général. Votre père croyait-il à cette histoire ?

— C'est une histoire à dormir debout. Gouverneur de l'Indochine, Catroux a été limogé par Vichy et remplacé par l'amiral Decoux parce qu'il était considéré comme favorable au général de Gaulle. Il l'a d'ailleurs rallié un peu plus tard et – là, c'est la réalité – les Anglais ont pourvu à son transport vers la Grande-Bretagne. Comme il passait par l'Afrique du Sud, mon père a pensé un moment qu'il pourrait lui demander d'essayer d'obtenir le ralliement de Djibouti et de Madagascar, mais il en a abandonné l'idée parce qu'il était seul et sans moyens. Le Général n'a pas cru un seul instant qu'il se rallierait à lui sur ordre des Anglais pour ensuite le pousser dehors. Il a toujours eu une grande confiance en lui et sa joie n'était pas feinte le jour où il apprit qu'il se joignait à la France Libre. Il est vrai, en revanche, qu'Edward Spears, le factotum de Churchill, a vu en Catroux une solution de rechange en pensant qu'il serait un interlocuteur peut-être plus arrangeant. Mais très vite, Catroux lui a fait comprendre qu'il n'en était pas question tout en en informant bien sûr mon père qui était déjà au courant de cette manigance depuis longtemps.

— A-t-il réellement cru un jour qu'on parviendrait à l'éliminer ?

— Tout pouvait se produire. Il a considéré la

chose comme possible jusqu'au débarquement allié en Afrique du Nord, mais de moins en moins probable au fur et à mesure de l'accroissement de l'influence de la France Libre par ses troupes volontaires et par la Résistance en France. Avec l'affaire du Liban en juillet 1941, il venait de démontrer de la meilleure façon combien il était capable de résister à l'hégémonie des Britanniques au moment même où leurs forces reculaient sur tous les fronts, en Grèce et en Egypte. Je veux parler du Levant et plus spécialement de la Syrie et du Liban où les Anglais, après la victoire remportée contre l'armée vichyste par eux-mêmes et les Français Libres, ont cherché à remplacer l'autorité de la France par la leur. « Tout faible et fragile que je pouvais apparaître, m'a assuré mon père en évoquant à ce propos son bras de fer victorieux avec Churchill, j'ai marqué ce jour-là un point capital : il savait qu'il n'aurait jamais d'autre interlocuteur que moi jusqu'à la victoire. » Et puis, remarquait-il aussi, le Premier Ministre britannique n'ignorait pas que sa faiblesse était toute relative. Le ralliement de l'Afrique équatoriale et d'autres territoires, et l'accroissement permanent de la résistance en France occupée lui donnaient un poids non négligeable. Si bien qu'à la fin de l'été 1941, il a commencé à se convaincre qu'en dépit de la volonté de Churchill ou de Roosevelt, il serait difficile de l'évincer de la tête de la France Combattante. Un an après, il était certain que personne n'y parviendrait.

— Même Pétain s'il avait décidé de partir pour l'Afrique du Nord ?

— « Même Pétain, m'a-t-il répondu, et même Darlan. Celui-là, d'ailleurs, s'il n'avait pas été exécuté, serait de toute façon passé en Haute Cour. » Bien après la guerre, Churchill lui a avoué que chaque fois qu'ils s'affrontaient sévèrement au cours d'une crise, il le retrouvait plus grand qu'avant, plus représentatif et donc plus incontournable. C'en était « *discouraging* » (démoralisant), a reconnu Churchill avec un énorme rire.

— Que pensait-il du rôle du général Edward Spears que Churchill avait mis à ses côtés ?

— Edward Spears était pour Churchill, je l'ai dit, un ami proche et un agent de renseignement. Voilà ce que mon père pensait de lui. Aussi s'en méfiait-il. Il l'a rencontré pour la première fois en 1940, quand Churchill l'a désigné comme son représentant personnel auprès du gouvernement français. Il parlait notre langue. C'était un avantage. Et il connaissait le maréchal Pétain pour avoir été officier de liaison britannique auprès de son état-major en 1917. Ce qui n'était évidemment pas pour plaire à mon père. D'autant qu'il apprit à Bordeaux avec quelle complaisance il racontait les confidences peu amènes que lui faisait le Maréchal sur son compte. « Autant de gentillesses que l'on retrouvera dans son bouquin », grinçait-il en pensant au livre que Spears a publié en 1961 et qui est rempli de fausses informations, la plupart fort désagréables pour lui. Mon père le considérait comme un homme intrigant, astucieux, manœuvrier, toujours prêt à circonvenir et à vous embobiner, ajoutant : « Il portait l'uniforme de général, mais il n'avait pas plus ce grade que moi une mitre d'évêque. » Il racontait encore : « La première fois que je l'ai vu, on aurait dit un chien en quête d'une piste. Churchill lui avait demandé de le renseigner sur les militaires et les civils français. Lorsqu'il m'a vu à Bordeaux, il s'est dit : "Oh ! là, qu'est-ce qu'il va faire, celui-là ?" et il ne m'a plus lâché. Abandonnant ses propres bagages à l'ambassade de Grande-Bretagne, il a sauté dans l'avion que les Anglais avaient mis à ma disposition. En tout cas, il était tout dévoué à Churchill qu'il a toujours cherché à couvrir comme on le retrouve dans tout ce qu'il a écrit, y compris pour les volumineux *Mémoires* de son patron. »

— Au début, pourtant, il était plutôt bienveillant à son égard ?

— Il l'a effectivement jugé comme tel dans les premiers temps. Par exemple, il a voulu l'aider à s'installer à Londres en lui trouvant un logement ou un quartier général. Sans doute voulait-il aussi le surveiller. Il l'a même invité à Noël 1940 dans sa famille, sachant que ma mère se trouvait trop loin de Londres pour qu'il pût la rejoindre. Mais leurs rapports se gâtèrent très vite. Mon père expliquait qu'il suffisait de lire ce qu'il avait osé écrire, après la guerre, sur lui et sa description des événements vécus à ses côtés pour comprendre jusqu'où pouvait aller sa perfidie. Il cessa d'être dans ses jambes – c'était son expression – à partir de 1941, au moment de l'affaire de la Syrie et du Liban. A ce sujet, mon père estimait assez cocasse de voir cet homme qui avait, comme on le sait, suggéré son élimination au profit de Catroux en pensant qu'il serait plus accommodant, se retrouver plus tard en Syrie face à ce même personnage, aussi inflexible que le chef de la France Libre auquel il s'était rallié. C'est donc à cette époque qu'outrepassant les instructions qu'il avait reçues et se prenant pour le grand manitou du Proche-Orient, il fut mis au rancart sans façon. Ce qui faisait dire parfois à mon père en ricanant : « Ses gesticulations et ses intrigues ont fini par lasser Churchill. Il faut seulement regretter qu'il les ait supportées si longtemps. »

— En définitive, quel portrait votre père faisait-il de Churchill ?

— D'abord, celui d'un francophile. Il aimait sincèrement la France. Mon père en était persuadé. Il affirmait : « Aucun autre dirigeant britannique n'aurait pu avoir son courage, en mai 40, en essayant d'aider les Français, souvent contre eux-mêmes, pour empêcher qu'ils s'effondrent. Je n'oublierai jamais qu'il est allé jusqu'à vouloir la fusion de nos deux pays devant la ruine et la servitude qui guettaient le nôtre. » D'autant, observait-il également, qu'il avait dû lutter contre son propre Parlement pour obtenir avec une courte majorité la continuation de la guerre. Contrairement à ce que l'on a toujours pensé, mon père ne lui faisait aucun reproche. Il m'a expliqué à Londres à ce sujet : « Churchill défend les intérêts britanniques et moi, ceux des Français. Chacun fait son devoir du mieux qu'il peut. Je n'ai pas à lui en vouloir même si ce qu'il fait me contrarie. »

— Il l'a qualifié dans ses *Mémoires* d'« exceptionnel artiste ». Qu'a-t-il voulu dire par là ?

— Dans la bouche de mon père, cela signifiait qu'il avait su jouer d'une manière exceptionnelle la pièce que le destin lui avait demandé de jouer. Il expliquait : « Quand un empereur romain, qui avait été grand, disparaissait, on s'exclamait : "Quel artiste !" Ce que Néron aurait bien voulu qu'on dise de lui, mais pour d'autres raisons. Je crois que l'on peut s'exclamer autant en pensant à Churchill. C'était un grand tragédien. » Il saluait notamment sa façon de s'adresser à la Chambre des communes ou bien aux Français par les ondes en les touchant au cœur par des mots simples (et même parfois risibles à cause de son français approximatif), loin du langage académique des orateurs-nés.

— Votre père ne se considérait-il pas lui-même aussi comme un artiste ?

— C'est certain. Il affirmait : « J'ai toujours joué la pièce que j'étais en charge de jouer dans la vie. » Et à propos de Churchill : « J'ai tout de suite compris, après l'avoir rencontré pour la première fois, que je ne pourrais jouer qu'avec lui, et je pense qu'il a senti la même chose. »

— Pourquoi pensait-il que Churchill avait deviné qu'il se différenciait de la plupart des Français qu'il avait rencontrés ?

— Parce que, expliquait-il, « au contraire des Français qui lui serinaient sans cesse : “Mettez-vous à notre place”, je lui ai dit ce que les Anglais rétorquaient eux-mêmes aux Français : “Vous êtes à votre place et nous sommes à la nôtre.” Alors, il n’y a pas de comparaison possible. Et cela a beaucoup plu à Churchill ». Et puis, pensait mon père, il avait décelé sous son uniforme de général de brigade à titre temporaire la stature de l’homme d’Etat qu’il allait devenir. Ce qui fait que par certains côtés, Churchill se retrouvait un peu en lui. D’autant plus que, comme lui-même, il était un chef militaire, car, je le répète, le général de Gaulle a toujours conduit les opérations essentielles des Français Libres. Il conduisait la guerre comme Churchill la conduisait. Cependant, malgré ces points communs, c’étaient des personnages très différents. Et mon père s’en félicitait. « Nous eussions été semblables que je n’aurais pu le supporter », reconnaissait-il.

— Il leur arrivait de rire ensemble ?

— Souvent. Il existait une certaine complicité entre eux. Surtout quand ils abordaient des questions historiques. Il arrivait à Churchill par exemple de plaisanter à propos de la République ou de la monarchie française. Il connaissait un grand nombre d’histoires de la Cour. Madame de Maintenon, Colbert, Henri IV, Catherine de Médicis et Napoléon, bien sûr, étaient des personnages qui revenaient parfois dans sa bouche. Mon père avait également une grande connaissance de l’histoire de l’Angleterre. Si bien que leurs joutes n'étaient pas rares. Et pour détendre l'atmosphère, ils s'envoyaient des vannes. Churchill lui lançait par exemple : « Nous qui avons brûlé Jeanne d'Arc... » Et mon père lui parlait de « la belle délivrance d'Orléans par la bergère de Domrémy ». Et puis, Churchill aimait la bonne chère. Il était très au courant de la cuisine française, il connaissait nos vins et ne se trompait jamais sur leur choix. C'était encore autant d'apartés avec mon père quand ils se retrouvaient parfois, en week-end, aux Chequers, la propriété du Premier Ministre. Plus tard, se souvenant en famille de ces moments, il a eu ces mots avec un petit sourire très éloquent : « Avec lui, je n'ai jamais trouvé le temps long. »

— Et que disait-il de leurs accrochages ?

— Ces heurts n'avaient lieu que pour des raisons d'Etat. Il assurait que l'on avait souvent exagéré le côté personnel de leurs querelles par recherche du pittoresque. Cela les arrangeait l'un et l'autre, expliquait-il. Churchill parce qu'il devait montrer à Roosevelt qu'il savait lui tenir la dragée haute, et lui parce qu'il lui fallait clamer bien haut aux Français de tous bords, aux Français Libres comme à ceux de Vichy et de la Résistance, qu'il n'était pas inféodé aux Anglais. (Il donnera plus tard la même explication quand il évoquera ses rapports tumultueux avec Roosevelt.) Alors, ils laissaient proliférer dans la presse tout ce qu'elle pouvait récolter en grossissant le moindre incident. Remarquons en passant qu'aucune des scènes de querelle avec Churchill que l'on a décrites à plaisir, à droite et à gauche, n'apparaît dans les *Mémoires de guerre* de mon père. Sa plume a été assez modérée dans son jugement sur lui. S'il considère qu'il a été par certains jours de tempête son adversaire, il se souvient aussi qu'ils naviguaient tous les deux « côte à côte en se guidant d'après les mêmes étoiles ». On devra ne pas oublier non plus que chez Churchill, un peu trop d'alcool pouvait être parfois responsable de ses emportements.

— Votre père s'en plaignait beaucoup ?

— La seule chose que je lui ai entendu dire à ce propos, c'est qu'à 17 heures Churchill avait bu énormément de whisky et que cela ne facilitait pas toujours les rapports. C'était bien connu. Son propre entourage en souffrait. Il y avait toujours une bouteille qui le suivait.

— Le Général ne trinquait jamais avec lui ?

— Je l'ai dit : il n'aimait pas le whisky. S'il lui arrivait d'en boire certaines fois, c'était pour accompagner quelqu'un. Encore en laissait-il la plus grande partie dans son verre. Je l'ai vu souvent tremper juste ses lèvres. Je ne pense pas qu'il agissait différemment avec Churchill. Mon père trouvait très curieux ses côtés fantaisistes. « De temps en temps, racontait-il, il faisait un caprice, ce qui faisait dire derrière lui dans son propre entourage qu'il se conduisait par moments comme un grand enfant. Il avait des réactions assez inattendues et lançait des plaisanteries qui n'étaient pas toujours du meilleur goût. » Il aimait d'autant plus choquer que son interlocuteur était réservé. A mon père qui s'étonnait de cette attitude si éloignée des parfaits gentlemen et qui sursautait parfois intérieurement en l'entendant, car, on le sait, son impassibilité ne le quittait guère, il expliquait en riant que c'était un peu son sang normand qui revenait. D'ailleurs physiquement, il ne faisait pas très saxon. « C'est vous qui avez l'air le plus britannique », fit-il remarquer une fois à mon père qui acquiesça.

— On a fait déclarer un jour au Général : « Churchill m'a favorisé d'autant qu'il ne croyait pas en moi. » Pensez-vous vraiment que ces paroles sont de lui ?

— Sûrement pas. Churchill a cru en de Gaulle jusqu'à la fin et réciproquement, d'où leur grande irritation commune quand ils ne s'entendaient pas. Mon père me l'a répété assez souvent : il avait très bien vu qu'il n'y avait que Churchill dans le concert des nations à côté de la France, comme Churchill avait très bien compris qu'il n'aurait pas d'autre allié plus solide que de Gaulle. Il y avait entre eux, quelles que fussent leurs querelles – réelles ou supposées –, une admiration évidente. Et Churchill aurait été déçu, pensait mon père, s'il ne lui avait pas tenu tête aussi souvent. D'autre part, contrairement à tout ce que l'on a pu raconter, ils n'ont jamais rien dit l'un sur l'autre d'offensant. J'ai lu sous la plume de Jean-Raymond Tournoux que mon père l'aurait traité de brigand et de canaille, le 11 novembre 1944, en voyant les Parisiens l'applaudir à l'Etoile où il venait de ranimer la Flamme à ses côtés. Peut-on imaginer le général de Gaulle se pencher vers son voisin pour lui souffler dans l'oreille une chose pareille contre son illustre visiteur ? Je puis assurer qu'en famille je n'ai jamais entendu, pendant la guerre ou après, mon père dénigrer Churchill. J'ai pourtant vécu en Grande-Bretagne des moments où il avait toutes les raisons de lui en vouloir. Bien plus tard, quand il se souvenait de lui à Colombey, il ne cessait de lui adresser des compliments. Il le considérait comme le grand vainqueur de la Seconde Guerre mondiale.

— On a dit que sa femme, Clementine, essayait d'arranger les choses entre eux. Etait-ce exact ?

— Mon père gardait effectivement un excellent souvenir d'elle. Il estimait qu'elle avait eu sur Churchill une influence qui l'avait aidé, car elle était très gaulliste. Parfois, témoin de discussions pas toujours très aimables entre son mari et lui, elle se permettait même d'intervenir pour calmer le jeu. Elle comprenait mieux le français que Churchill et ne se priva pas, un soir, de faire remarquer au Général qu'il avait peut-être été un peu trop dur dans son jugement. Le lendemain, Clementine recevait de sa part, aux Chequers, un magnifique bouquet de roses rouges. Quand mon père s'est retiré des affaires, après le référendum perdu, elle a écrit à ma mère pour lui signifier qu'elle regrettait pour la France que le général de Gaulle soit parti. Ma mère a alors eu ces mots : « C'était une femme d'intelligence et de cœur. Elle faisait face à tout. »

11

UNE FAMILLE EN EXIL

> « J'ai en outre loué [...] une maison de campagne où je passe les week-ends auprès de ma femme et de notre fille Anne. »
>
> *Mémoires de guerre.*

En juin 40, vous êtes en Bretagne, à Carantec, avec votre mère et vos deux sœurs, et vous ignorez où se trouve votre père. Vous a-t-il jamais mis au courant de ses intentions ? Et d'abord, pour quelle raison êtes-vous dans cette région ?

— Nous y avions échoué par hasard. Parce que des membres de la famille de mon oncle Jacques Vendroux avaient décidé de quitter Calais dès le début de la guerre, considérant que le Pas-de-Calais était trop proche de la frontière, et instruits de leur expérience de la Première Guerre mondiale où ils avaient dû fuir cette ville pour échapper aux bombardements et à l'invasion. Ils nous avaient annoncé dès la déclaration de guerre : « Nous allons passer des vacances à Carantec en Bretagne. » C'est là qu'ils auraient continué à séjourner si la guerre avait duré. Alors, nous avons résolu de nous retrouver tous à cet endroit. D'abord, ma mère et Anne, et ma tante Suzanne, sa sœur, depuis la région d'Orléans, puis Elisabeth et moi depuis Paris. Nous logions dans des maisons de location, au petit bonheur la chance. Une partie de la famille Vendroux dans une villa et les de Gaulle au premier étage d'une autre. C'est ainsi, comme je l'ai déjà raconté, que l'on a vu mon père passer en coup de vent le 15 juin. Ce jour-là, il devait embarquer sur le contre-torpilleur *Milan*, à Brest, pour se rendre rapidement en Grande-Bretagne, en tant que sous-secrétaire d'Etat à la Guerre, afin de traiter en urgence différentes affaires avec le gouvernement anglais. Il ne nous a rien fait savoir de sa mission ni bien sûr de ses intentions ultérieures. Il s'est contenté de nous rappeler son conseil de toujours : « Quoi qu'il arrive, ne vous laissez pas dépasser par l'invasion. » Et il a ajouté avant de repartir : « On se défend en Bretagne et ailleurs. La situation est instable. Alors, évitez à tout prix de vous trouver dans une zone de combat. Déplacez-vous à temps si vous voyez que les Allemands approchent. » Ma mère lui rappela alors que dans la pagaille administrative, elle n'avait toujours pas reçu le « passeport diplomatique » qui devait être remis à toute famille de ministre ou de secrétaire d'Etat pour lui « faciliter la libre circulation et lui prêter assistance ». Ce laissez-passer pour elle et ses enfants avait déjà failli lui faire défaut lors du voyage du Loiret à

Carantec au cours duquel la gendarmerie bloquait souvent les carrefours. Mon père téléphona donc depuis Brest, où il s'apprêtait à embarquer, à Roland de Margerie qui était chargé de ce genre de papier au cabinet de Paul Reynaud, et le passeport parvint à ma mère au début de la matinée du lundi 17 juin. Il était temps.

— Quand votre père est arrivé le 17 juin au soir à Londres pour s'y fixer définitivement, vous ne le saviez pas ?

— Nous savions seulement qu'il faisait le va-et-vient entre la Grande-Bretagne et Bordeaux ou un autre endroit où nous supposions que le gouvernement français avait été évacué. Nous ignorions donc tout de son sort. Nous avons demandé à ma tante Suzanne de nous permettre d'effectuer un aller et retour dans la journée à Brest dans sa voiture afin de nous renseigner et de demander à notre tante Richard, sœur de ma grand-mère maternelle et veuve d'un officier de marine, qui habite dans cette ville, de nous fournir un secours financier. Le 17 au matin, nous montons donc, ma mère et moi, dans la petite Mathis de Suzanne Vendroux, toujours aussi peu sûre d'elle au volant, et nous arrivons à Brest pour apprendre que les Allemands seraient déjà à Rennes et peut-être même à Nantes. La situation est dramatique, l'atmosphère lourde. Dans cette ville qui semble malgré tout si loin de la guerre (rues et rades vides, où est donc la flotte ?), notre tante Richard passe à sa banque et prélève pour nous sur ses réserves cinq mille francs et cent livres sterling, de quoi nous permettre d'aller jusqu'à Bordeaux, Marseille ou même Casablanca ou Alger si nous y sommes obligés. Alors, ma mère s'interroge devant moi : « Où pouvons-nous aller ? Comment allons-nous faire avec une enfant infirme qui ne marche pas cent mètres, qui est insupportable dans un véhicule ou un train et qui gêne tout le monde ? » Nous en discutons, puis après réflexion, elle ajoute : « Le plus simple, puisqu'il y a des malles qui font le va-et-vient entre Brest et Portsmouth, c'est encore de prendre le bateau pour la Grande-Bretagne, comme je l'ai fait, enfant, avec ma sœur et mes trois frères en 14. Une fois là-bas, on verra. On aura toujours la possibilité de rejoindre votre père ailleurs. » C'était évidemment plus sûr et plus commode que d'emprunter des trains aléatoires pour aller on ne sait où, dans un pays bouleversé par la guerre, bombardé et envahi par l'ennemi. D'autre part, comme nous savions que mon père allait de temps en temps à Londres, elle a pensé qu'avec un peu de chance nous pourrions peut-être le retrouver.

— Car, de son côté, votre père ignorait lui aussi ce que vous étiez devenus ?

— Mon père savait que nous étions à Carantec, mais ne savait pas si nous y étions restés ou si nous avions fui, comme il nous l'avait conseillé. Chaque fois que me revient le souvenir de ces multiples péripéties, je revois ma pauvre mère dans cette ambiance de panique avec ses trois enfants sur le dos, dont une infirme, et dans l'ignorance du sort de son mari. Quel cran et quel calme à côté de tous ces gens s'inquiétant à droite et à gauche sans savoir que faire ! A Brest, nous nous rendons aussitôt au consulat de Grande-Bretagne que nous trouvons fermé. On nous apprend que le personnel est déjà avcc ses bagages sur le quai d'embarquement. Sans visa d'entrée, comment passer de l'autre côté de la Manche ? Un fonctionnaire resté en arrière-garde nous propose : « Nous allons prendre un bateau au port de commerce. Si vous voulez, vous arriverez peut-être à l'attraper. C'est la meilleure solution. » Il nous faut donc retourner à Carantec pour y chercher mes deux sœurs. Nous y arrivons en fin de journée après un trajet difficile à contresens de colonnes britanniques ou françaises fuyant l'avance des Allemands. Inquiète à l'idée d'abandonner à nouveau ses enfants pour refaire le chemin inverse, ma tante Suzanne rechigne à se remettre en route vers Brest. Elle finit par y consentir le lendemain 18 juin, après le déjeuner. Nous nous entassons alors encore une fois dans la petite voiture, à la limite du possible, à six, la conductrice, ma mère, mes deux sœurs, la gouvernante et moi toujours recroquevillé à l'arrière aux pieds des passagères. Nous allons mettre près de quatre heures pour parcourir les quelque soixante-dix kilomètres. La Mathis avance parfois en première ou en seconde, suspension à bout de force et toute fumante de son radiateur, entre une colonne de camions transportant des soldats britanniques et une autre chargée de Canadiens manifestant leur joie de rentrer en Grande-Bretagne, et jetant des cigarettes aux réfugiés massés le long des routes. La guerre est finie pour eux, croient-ils. Pauvres garçons ! A Brest, le spectacle est désolant. Le port de guerre paraît vide à l'exception de deux groupes de navires vétustes. Les rues sont mornes et presque désertes. Un transport s'éloigne lentement du quai. Nous l'avons raté. C'est un bateau polonais. On nous apprendra plus tard qu'il a été torpillé... Un deuxième bateau ressemblant à une malle Calais-Douvres s'y trouve encore. Nous n'en distinguons ni le nom ni la nationalité. Les rares hommes d'équipage que nous apercevons parlent flamand. Sont-ils belges ou hollandais ? Il s'agit sûrement d'un de ces bateaux-ferries qui desservent la Grande-Bretagne à partir de la Belgique ou de la Hollande. Il est en train d'embarquer l'arrière-garde britannique qui nous a précédés. Deux planches servant de passerelle mènent à son bord. Deux gardes mobiles censés surveiller le quai sont en faction à leur pied. « Vous voulez monter ? nous demandent-ils, eh bien ! montez. Personne ne vous en empêche. » Nous gravissons péniblement l'une des planches avec ma sœur Anne qu'il faut traîner, des civils et des militaires français débandés en font autant sans que personne les arrête.

— On ne vous demande rien, ni papier, ni billet, ni passeport ?

— Rien. Ni visa, ni titre de transport. L'équipage laisse faire, presque indifférent. Avant d'embarquer à son tour, ma mère a averti ma tante Suzanne : « On monte sur cette planche, on s'en va. » Ma tante a répondu : « Mais, voyons, vous ne pouvez pas partir comme ça, avec seulement ce que vous avez sur le dos ! Vous n'avez qu'un peu d'argent, rien d'autre. Vous ne savez même pas où vous allez, vous n'allez nulle part. Restez donc ! » Mais ma mère ne veut pas reculer. Elle a eu, il y a un instant, un moment d'hésitation assez pénible. Elle s'est demandé si elle avait bien réfléchi, si elle ne se trompait pas. Peut-on partir ainsi sans bagage et pour l'inconnu avec trois enfants ? Qui lui assure que mon père est en Angleterre ? Elle vient d'entendre maintenant que le gouvernement n'est peut-être plus à Bordeaux, mais en Algérie ou au Maroc. « Tant pis, répète-t-elle, à Dieu vat ! Nous partons. » Tante Suzanne continue à essayer de la convaincre du contraire. Je soutiens ma mère, malgré les apostrophes de ma tante qui me crie : « Mais tu n'es qu'un enfant ! » Je suis d'une classe mobilisable, le 1er juillet suivant, et je n'ai pas l'intention de me laisser capturer par les Allemands. Je suis partagé entre le sentiment de ne pas abandonner ma mère et mes deux sœurs dont l'une est infirme, et la crainte de devoir partir sans elles si elles s'avisaient de rester. Non, c'est décidé, ma mère gravit la planche. Nous avons laissé ma tante sur le quai. Nous la voyons remonter dans sa Mathis sans tarder de peur d'être bloquée sur le chemin du retour vers Carantec où l'attendent de jeunes enfants. Nos adieux ont été poignants. Nous comprenons bien ses raisons. Nous, notre choix est fait. Nous quittons notre pays et notre famille sans savoir pour combien de temps. Nous abandonnons tout derrière nous. Nous n'avons que les vêtements que nous portons et quelques médicaments de secours pour Anne. Je tâte mes poches. J'ai sur moi – ils ne me quittent jamais – mes attestations de préparation militaire, le double de mes diplômes et quelques autres papiers essentiels. Ma mère serre dans son sac à main quelques bijoux de famille. Elle n'a pas voulu qu'ils restent derrière elle à Carantec, sachant qu'une villa vide attire souvent les pillards. A bord du bateau, nous devons nous caser à cinq dans une cabine de seconde classe munie de deux couchettes superposées. Tête-bêche, ma mère et ma sœur Elisabeth en occupent une, Anne et la gouvernante l'autre. Moi, je m'assois sur un petit rebord, dans le renfoncement du hublot. Je regarde ma mère : pour la deuxième fois de sa vie, elle doit quitter sa patrie devant l'envahisseur.

— Inquiète du sort de son mari, inquiète pour ses enfants et sa famille, elle n'a jamais eu un tel fardeau à supporter. Quel souvenir gardez-vous d'elle encore au cours de ces moments difficiles ?

— Celui d'une femme courageuse et stoïque. Le loup de Vigny. Il fallait la voir faire face. Elle avait toute l'admiration du jeune homme de dix-huit ans que j'étais. J'ai toujours conservé en mémoire le visage qu'elle offrait alors : déterminé et impassible. Mon père aurait été très fier d'elle. Elle nous a quand même conseillé, mais d'une voix très posée, quand le bateau a appareillé en isolé, sans escorte : « Mes enfants, faites votre prière parce que nous ne savons pas si cette nuit le bateau ne va pas être torpillé. » Au bout d'un moment, je la laisse dans la cabine avec mes sœurs pour monter sur le pont. Des soldats britanniques installent des fusils mitrailleurs en batterie contre d'éventuels avions, tandis que les derniers motocyclistes arrivés, couverts de poussière, jettent leurs engins à l'eau avant de gravir la planche. Quelques pièces d'artillerie et des camions prennent le même chemin. Puis on retire les frêles passerelles et le bateau part à la nuit tombante. C'est un port désert que nous quittons. Seules les trépidations des machines troublent le silence. Les Britanniques, qui manifestaient bruyamment tout à l'heure leur satisfaction d'en avoir terminé, semblent maintenant étreints, comme nous, par l'émotion et la tristesse. Des fumées s'élèvent sur la côte qui s'esquive peu à peu. Je peux encore distinguer l'ancienne et belle Ecole navale évacuée la veille. Elle me fait l'effet d'une nécropole des temps révolus. La France chavire. Nous la voyons s'effacer à l'horizon comme un navire qui s'enfonce lentement dans les flots. Nous sommes le 18 juin au soir...

— Personne à bord du bateau n'entend l'appel du Général sur la BBC ou ne vous en parle ?

— Personne. Je pense justement à mon père. Où est-il ? Que fait-il ? Je le revois à Carantec, trois jours auparavant, j'entends sa voix. Nous avons bien écouté ses conseils, mais le suppose-t-il ? Et parviendrons-nous à le retrouver ? Peut-être est-il déjà loin d'ici, en Algérie, au Maroc ? J'ai passé la nuit assis contre mon hublot, et tout à coup, le plein soleil m'a réveillé. Je regarde dehors : un hydravion lourd anglais nous survole dans le ciel bleu. Nous sommes à Falmouth, à l'extrémité ouest de la Cornouailles. Des exclamations saluent notre accostage. A la coupée, les Français sont contrôlés les uns après les autres car ils commencent à devenir suspects pour les Anglais. Nous passons parmi les derniers. On nous fait savoir fermement : « Bon, débarquez et faites comme vous voulez, mais naturellement vous n'avez pas de raison de rester en Angleterre. » Alors, nous prenons à pied l'avenue droit devant nous et nous nous arrêtons au premier petit hôtel-pension de famille que nous trouvons, le Landsdown Hotel. Il n'y a là que des gens âgés. Voyant que Anne n'est pas dans un état normal et que notre aspect est peu engageant (nos vêtements sont fripés et nous n'avons pas de bagages), on nous fait payer d'avance et l'on nous avertit : « Voilà, c'est pour quarante-huit heures. De toute façon, vous ne pouvez pas rester ici. On vous prend pour que vous ne soyez pas dans la rue avec cette jeune fille infirme. » Ma mère s'interroge à nouveau devant moi : « Qu'allons-nous faire à présent ? Prendre un bateau pour Marseille ou pour l'Afrique du Nord ? » Personne autour de nous n'est au courant de la situation en France. Je sors alors de l'hôtel pour essayer d'avoir quelques nouvelles, et, dans ce but, achète dans un kiosque le premier journal qui me tombe sous la main, le *Daily Mirror*. C'est dans ce journal que je découvre, en quatrième ou cinquième page, près d'une bande dessinée racontant l'histoire d'une héroïne appelée Jane, le petit entrefilet qui m'apprend qu'un « certain général de Gaulle » est à

Londres, d'où il a lancé, hier soir, un appel pour inviter les Français présents en Grande-Bretagne à le rejoindre. Je me précipite aussitôt au commissariat de police le plus proche et explique notre situation dans un anglais approximatif, très scolaire. Comme mon mauvais accent m'empêche d'être compris, je recommence mon explication par écrit sur un bout de papier. Je dis que je suis le fils de ce général et je demande comment le rejoindre. On accueille mes déclarations avec flegme et scepticisme, comme si j'étais un peu original. Je lis dans les yeux des policiers : « Qu'est-ce que nous raconte donc ce jeune mangeur de grenouilles ? »

— Mais votre nom, sur vos papiers, correspondait pourtant bien à celui qu'ils voyaient dans le journal ?

— Peut-être, mais vous savez, pour les Anglais, cette similitude de nom ne suffisait pas. Peut-être pouvaient-ils imaginer que ce nom inconnu pour eux courait les rues en France. Et puis, cette information concernant ce général était-elle exacte ? A la fin, on décide de prendre consciencieusement note de l'adresse où nous nous trouvons. « Nous allons nous renseigner », me font-ils comprendre. Quand je retrouve ma mère et ma sœur, elles retiennent difficilement leur émotion. Le Ciel nous a protégés. S'il veut bien faire encore un petit effort, nous allons bientôt nous réunir à nouveau. Le sourire est revenu sur nos visages fatigués. Dans la soirée, juste avant le dîner, un des policiers vient nous confirmer : « Oui, en effet, le journal a dit vrai : il y a un général de Gaulle à Londres. Il vous attend. » Et il nous indique que nous pourrons prendre le train le lendemain matin et que nous serons accueillis à la gare Victoria. Je me souviens encore de notre joie contenue à ces mots et lorsque le train nous a emportés le 20 juin au matin dans un nuage de fumée. A notre arrivée à Londres, le messager que le Foreign Office nous a envoyé n'a pas de mal à nous repérer dans la foule anglaisc avec notre allure qui n'est pas celle de tout le monde et nos vêtements dans lesquels nous avons passé deux nuits de suite. C'est un secrétaire d'Anthony Eden ou de MacMillan. Il s'adresse à nous en français. Il porte un chapeau melon, un veston croisé, et il a un gardénia blanchâtre à la boutonnière pour nous faciliter le repérage. Son accueil est presque officiel. Il nous fait monter dans une voiture – un taxi, je crois – avant d'en prendre lui-même une autre. Il nous donne l'adresse de mon père : Rubens Hotel, Buckingham Road, près du palais royal.

— Il a été souvent raconté que votre père avait appris à Londres par René Pleven que vous aviez accosté en Angleterre. Il était donc au courant de votre arrivée depuis la veille ?

— Comment Pleven aurait-il pu le savoir ? Personne ne connaissait notre présence en Grande-Bretagne avant que les policiers de Falmouth ne fassent leur enquête. La preuve en est que, soucieux de l'inquiétude que devait sûrement ressentir mon père, Churchill a envoyé un avion amphibie en Bretagne, le 18 juin, pour essayer de savoir ce que nous étions devenus. Je précise que mon père m'a affirmé qu'il n'avait rien demandé à Churchill, qu'il s'agissait donc d'une initiative privée de sa part. Je tiens d'autant plus à le préciser que certains détracteurs ont poussé la petitesse jusqu'à écrire à ce propos que de Gaulle avait pensé au sort des siens avant celui de son pays. L'un d'eux a même mis cette réflexion dans la bouche du Premier Ministre britannique. Ce dernier aurait déclaré bien après – ou peut-être lui a-t-on fait déclarer – que l'hydravion avait pour mission de nous évacuer. Une légende a même prétendu que c'était un des trois grands hydravions Sunderland à la disposition du Premier Ministre britannique. Un tel aéronef n'aurait pu amerrir qu'en rade de Brest. En réalité, l'appareil envoyé par Churchill était trop petit pour nous transporter. Ce Walrus n'avait qu'une mission d'intelligence, c'est-à-dire de renseignement. Mais, on le sait, l'affaire a mal tourné. Prisonnier de la brume, il a percuté le décor à l'aube du 19 juin près de Plouguerneau, dans une région où nous n'étions pas allés. L'équipage était composé de quatre hommes dont un Australien et un Sud-Africain. Par la suite, dans le doute de leur mission exacte, mon père a adressé ses condoléances aux familles de gens qui étaient de toute façon morts en France dans un combat commun.

— Alors, votre arrivée à l'hôtel Rubens, vos retrouvailles ?

— Cet hôtel n'avait rien de luxueux, mais il était confortable et de bonne catégorie pour une clientèle appréciant la tranquillité. Avec ma sœur infirme et notre allure peu élégante, on nous a fait vite quitter le hall d'entrée pour nous expédier dans une suite du premier étage. Peu de temps après est apparu mon père. Je vais sûrement vous étonner en vous racontant cette scène, mais c'est bien celle que j'ai vécue. Il est arrivé dans la tenue qu'on lui connaît sur les photos de l'époque : uniforme kaki, ceinturon et leggings en cuir. Il nous a regardés avec affection et il nous a dit bonjour comme si nous l'avions quitté la veille. Notre présence lui semblait tout à fait naturelle. Puis, il nous a embrassés et a ajouté : « Je suis bien content de vous voir parce que je me demandais ce qui avait bien pu se passer. » De son côté, ma mère a eu ces mots : « Nous aussi, on est content de vous revoir. Nous ignorions ce que vous étiez devenu et ce que nous allions devenir nous-mêmes. » Et puis, ils ont parlé d'autre chose. On a raconté qu'ils s'étaient jetés dans les bras l'un de l'autre. Quelle invention ! Ce jour-là, malgré tout, c'est une des rares fois où j'ai vu mon père embrasser ma mère devant des tiers. Je n'ai pas besoin de raconter combien nous étions heureux de le revoir et combien il était lui-même soulagé de nous retrouver. Sans nouvelles de nous, il n'avait pas cessé de se poser cette question : nous étions-nous engagés dans la direction de Bordeaux ou, restant sur place, avions-nous été surpris par l'avancée allemande ? La plus heureuse était encore ma mère. Elle n'avait jamais été démonstrative mais elle ne pouvait cacher sa joie. Je sentais également qu'à ce bonheur s'ajoutait le fait d'avoir choisi la bonne solution à Brest, car si nous avions décidé de partir vers Nantes ou dans une autre direction, Dieu sait comment tout cela aurait tourné. Quelques-uns ont osé écrire par la suite : « Oh ! mais ça a été très facile. Ils n'ont eu qu'à prendre le bateau qui était tout près et à embarquer pour l'Angleterre. » On a même raconté que mon père nous avait envoyé les billets pour la traversée ! Si dans ses *Mémoires de guerre*, il s'est abstenu d'évoquer toutes ces tribulations, c'est parce qu'il n'a jamais tenu à raconter les histoires de sa famille. (A ce sujet, je lui ai fait remarquer, un jour, qu'il n'avait même pas signalé que son propre fils avait participé, lui aussi, à la libération de la France en se battant dans les rangs de la marine FFL, puis de la 2e DB. « Ah ! oui, a-t-il répondu, c'est vrai, je ne l'ai noté que brièvement. » Pour se contenter d'ajouter sur une ligne : « Mon fils continue à se battre avec la 2e DB. ») Bref, nous avions fini par nous retrouver. Nous nous demandions maintenant quelle destinée nous était promise.

— Comment votre père décide-t-il d'organiser votre vie d'exilés ?

— Il ne fallait pas beaucoup compter sur lui pour s'occuper de ces « contingences » (son mot habituel) étant donné tous les problèmes qu'il devait surmonter. La France Libre n'en était qu'à ses premiers jours et ils s'amoncelaient. C'est donc ma mère qui a pris les choses en main. Nous avons séjourné une huitaine de jours à l'hôtel dans l'ignorance complète de notre avenir car mon père était resté discret à ce sujet. Allions-nous demeurer en Angleterre ou partir pour l'Afrique du Nord, par exemple ? Ma sœur Anne vivait évidemment confinée dans sa chambre. Ma mère et Elisabeth ne sortaient guère non plus. Mais nous avons dû faire quelques emplettes, car tout ce que nous portions était fort défraîchi. Nous ne disposions que de l'argent emporté de Brest. En tant que chef de la France Libre, mon père disposait d'une allocation qui lui permettait de couvrir ses frais personnels. Mais comme je l'ai déjà expliqué, dans les premiers temps, le budget de la France Libre était fort modeste. Il était constitué des cent mille francs alloués sur les fonds secrets à Bordeaux. Nous marchions à l'économie. Très rapidement, il fallut chercher un gîte moins dispendieux que cet hôtel londonien pourtant sans luxe – il n'y descendait bien souvent que des retraités habitant la province –, d'autant plus que nous ignorions si nous ne serions pas obligés d'assumer les frais d'un nouveau transport maritime quelconque. Mais le sort en étant jeté, l'Angleterre devenant notre terre d'exil, mes parents vont devoir se mettre en quête d'un autre logement. Il était relativement facile de trouver des locations, car la guerre avait vidé nombre de maisons de leurs occupants et on les louait pour pas cher. Surtout quand elles étaient situées dans des zones dangereuses, susceptibles d'être bombardées. Ma mère devra changer de résidence à plusieurs reprises jusqu'en 1943, date à laquelle elle ira habiter Alger. Elle emménagera d'abord, en juillet 1940, comme on le sait, à Petts-wood, au sud-est de Londres, dans un cottage qu'elle abandonnera à cause des bombardements pour se retrouver en novembre aux confins du pays de Galles, à Ellesmere, à six cent quatre-vingts kilomètres au nord-ouest de la capitale. A la fin du « blitz », en octobre 1941, elle se rapprochera de Londres. Elle n'en sera plus éloignée que de quarante-cinq kilomètres, à Berkhamsted, au nord-ouest, dans le Hertfordshire. Enfin, en septembre 1942, elle s'installera à Hampstead, un district résidentiel du nord-ouest de Londres, à près de sept kilomètres de Hyde Park, jusqu'au jour où elle quittera la Grande-Bretagne. Quand mon père le pouvait, il passait la voir en coup de vent, quel que fût l'endroit où elle se trouvait avec Anne.

— De quelle manière arrivait-il à concilier sa vie de famille avec ses activités politiques et ses voyages ?

— Difficilement. Tant que ma mère et mes sœurs habitaient dans la périphérie londonienne, il faisait le va-et-vient en empruntant la Bentley qu'un Français, Alfred Etienne Bellenger, directeur de la maison Cartier de Londres, avait courtoisement mise à sa disposition avec son chauffeur. C'était toujours au dernier moment qu'il pouvait abandonner son bureau de Saint Stephen's House à Victoria Embankment, bureau qu'il laissera, le 24 juillet 1940, aux marins et aux aviateurs de la France Libre pour s'établir définitivement au 4, Carlton Gardens, près de Trafalgar

Square. De toute la guerre, je ne pénétrerai qu'une seule fois, pour un petit quart d'heure, dans son bureau, au deuxième étage. Je me souviens d'une grande fenêtre à sa gauche derrière son fauteuil et d'une cheminée imposante avec un petit bronze équestre du maréchal Foch à sa droite, devant un grand panneau recouvert d'une carte de France. Sur un autre mur, figure une projection géographique du monde. En face de lui, trois classiques fauteuils de cuir marron pour les visiteurs. L'immeuble a l'apparence du siège social de quelque compagnie d'assurances. Au début, à Pettswood, ses visites en famille sont souvent perturbées par le blitz. Lorsque, en août, les attaques aériennes se sont développées contre tous les sites stratégiques de la Grande-Bretagne, nous devions nous réfugier à l'endroit que nous imaginions le plus protégé de notre cottage : sous l'escalier, faute de cave... Je vois encore mon père rejoindre calmement notre abri illusoire comme s'il avait tout son temps. Chaque explosion secoue la maison mais nos nerfs tiennent bon. Une bombe soufflera une villa au bout de Birchwood Road, notre rue. Durant ses quelques heures avec nous, mon père n'avait guère le temps de commenter l'actualité. A Londres, pendant le blitz, en dépit du danger, il restera des nuits dans son bureau, pressé par le temps, car il était en train de monter la France Libre. Quand il vient nous voir, c'est toujours tard le soir pour repartir tôt le matin. Dès 1941, installé à l'hôtel Connaught, ma mère s'étant très éloignée de la capitale, comme je l'ai dit, il devra se résigner à ne la rejoindre que rarement, quand sa tâche à la tête de la France Libre le permettra, et à l'occasion de quelque fête familiale. Son arrivée ne provoque ni manifestation ni effusion. Chaque fois, c'est pour ma mère une joie qu'elle ne commente évidemment jamais, mais qu'elle a du mal à dissimuler. D'autant qu'elle se retrouve bien seule avec Anne. Elle est toutefois aidée par Marguerite Potel et par la cuisinière, Augustine Bastide, une Française de Londres originaire de Provence et cordon bleu, recueillie par mes parents après le départ de ses patrons du fait de la guerre. Ma sœur Elisabeth est pensionnaire d'un couvent lointain et moi, élève de l'Ecole navale française libre sur le *Courbet* à Portsmouth.

— Comment votre mère parait-elle aux besoins matériels de la famille ?

— Il lui faut faire preuve de beaucoup d'imagination car on manque de tout en Grande-Bretagne. On rencontre des difficultés notamment pour se vêtir et s'alimenter. Il faut savoir, par exemple, qu'à partir de 1941 les adultes n'ont guère la possibilité d'acheter des vêtements neufs. Seuls les enfants ont droit à des bons de vêtements et de chaussures. Les hommes peuvent aussi parfois trouver des chemises. Sinon, on s'habille avec ce que l'on a déjà ou avec ce que l'on peut confectionner soi-même. Alors, ma mère, qui a toujours été très habile de ses mains, s'est mise à la machine à coudre. Pareilles difficultés pour la nourriture. Afin d'améliorer l'ordinaire, elle a monté un poulailler pourvu d'une demi-douzaine de poules rousses, des Orpington – j'ai retenu ce nom qu'elle citait souvent –, et d'un magnifique coq pour encourager leur production. Ainsi ma sœur Anne peut avoir des œufs et non la poudre d'œuf qu'on obtient en rations. A l'occasion, on peut aussi trouver des lapins, car les citoyens de Sa Très Gracieuse Majesté les boudent tout autant que les escargots, les bigorneaux et bien sûr les grenouilles.

— Vous souvenez-vous des apparitions en coup de vent de votre père ?

— Oh ! oui. Je me rappelle notamment le jour où, en permission, je le revois pour la première fois, le 22 novembre 1940, date de son anniversaire, à la résidence familiale de Gadlas, à Ellesmere. Il ne vient là qu'une fois par mois en raison de l'éloignement de Londres qui nécessite un trajet en train de près de huit heures. Le logis ne paie pas de mine. On imaginerait facilement qu'il ait pu être construit par un petit fonctionnaire londonien retraité recherchant le grand air et la solitude. Il est composé de trois modestes pavillons accolés en briques d'un seul étage, agrémenté d'un jardin et d'une pièce d'eau assez exiguë mais qui inquiète ma mère parce qu'elle craint que ma sœur infirme y tombe, bien qu'on la surveille sans cesse. Le confort est rudimentaire. On s'éclaire à la lampe à pétrole et on se chauffe au bois. L'hiver y est particulièrement pénible. Certains matins, la glace recouvre la pièce d'eau et obstrue le vase de fleurs que l'on a oublié de vider, et une épaisse brume givrée emmitoufle le cottage avec obstination. Pas de voisin à moins de cinq cents mètres.

Elisabeth a pu quitter son couvent d'Acton Burnell. Mon père est arrivé de la capitale presque en même temps que moi. Il repartira de même trois jours après. Le repas de guerre est un peu plus copieux que d'habitude. Ma mère et Augustine ont tenu à fêter dignement mais discrètement – car on ne souhaite pas les anniversaires dans la famille – les cinquante ans de mon père. Grâce au petit Kodak sommaire que je mets entre les mains de ma mère, le général et le matelot que je suis pourront figurer en ce jour sur le même cliché. C'était bien la première fois que je lui voyais toucher à un appareil photographique !

— Rares sont les photos de votre famille en exil. Pourquoi ?

— Mon père pensait qu'il n'était pas convenable de faire parler de sa famille, surtout au moment où tant de Français étaient séparés de la leur. C'était le domaine secret qui ne regardait pas autrui, et en plus il était indécent de se produire. « Seuls les combattants ont le droit que l'on parle d'eux », disait-il fréquemment. Il n'était donc pas question de poser pour les photographes. Aussi n'a-t-il pas aimé du tout la séance de photographies à laquelle il a dû se prêter avec ma mère à Berkhamsted, leur troisième lieu de résidence en exil, et cela au début de 1942. Voulu par Churchill, ce reportage était destiné à « lancer » le général de Gaulle, c'est-à-dire à le faire connaître *urbi et orbi*, « de façon scientifique, naturelle et discrète », comme on l'a curieusement recommandé en haut lieu. Car dès ce moment-là, il était devenu, pour Londres, un personnage incontournable. Rodinghead, sa résidence à cet endroit, le démontrait bien. Un vieux lord de retour des Indes aurait pu l'avoir habitée. Cossue, elle avait une allure de manoir seigneurial. Un local garni de fusils de chasse donnait sur le vestibule d'entrée. Rien à voir avec Pettswood et Ellesmere, au temps où le gouvernement de Sa Majesté ne croyait guère en ce général de brigade à titre provisoire. Les Anglais ouvrirent alors un crédit – n'excédant pas mille livres, a-t-on dit – pour financer cette campagne de promotion qui fut confiée à un homme de l'art, l'agent de publicité Richard Temple. Tout le monde connaît donc aujourd'hui ces photos où l'on découvre mes parents dans l'intimité de leur demeure, assis l'un à côté de l'autre au bord du bassin aux poissons rouges ou en train de prendre le thé, ou encore ma mère faisant la cuisine ou installée devant le piano, ce qu'elle a particulièrement détesté. Ils ont d'abord refusé cette présentation artificielle de leur couple considérée par mon père comme du « cinéma ». Mais on lui a fait savoir de la part de Churchill : « Pour votre standing en Angleterre et pour votre image dans le monde, il est important que vous soyez photographiés comme l'est la société britannique et comme on le fait des lords ou de la famille royale. » Alors, il a fini par répondre : « Bon, nous consentons puisque c'est la part du feu. Mais après, qu'on nous laisse tranquilles. » Plus tard, s'il y avait une chose qu'il ne voulait pas revoir de sa vie en exil, c'était bien ce reportage au cours duquel il avait dû se plier aux volontés du photographe, lequel est allé jusqu'à lui demander de faire semblant de respirer une fleur que ma mère venait de cueillir... Il n'y aura d'ailleurs plus jamais de photo prise en famille pendant la guerre. Il apprécia davantage, on s'en doute, la brochure qui fut publiée à la même époque et dans le même but, intitulée *La France de de Gaulle* et rédigée par le journaliste britannique James Marlow et Georges Boris, ancien collaborateur de Léon Blum, rallié à la France Libre dès les premiers jours. C'est dans ce texte diffusé en Grande-Bretagne, aux Etats-Unis et dans l'Empire français que mon père proclame : « Je suis un Français Libre. Je crois en Dieu et en l'avenir de ma patrie. Je ne suis l'homme de personne. J'ai une mission et je n'en ai qu'une seule : celle de poursuivre la lutte pour la libération de mon pays. Je déclare solennellement que je ne suis attaché à aucun parti politique, ni lié à aucun homme politique, quel qu'il soit, ni de la droite, ni du centre, ni de la gauche. Je n'ai qu'un seul but : délivrer la France. »

— Tenait-il parfois sa famille au courant de ses activités au sein de la France Libre et de ses démêlés avec Vichy et avec les Alliés ?

— Rarement. Vous le savez, il a toujours refusé de mêler sa vie publique à sa vie privée. Quand il voulait bien nous révéler quelques détails, c'était toujours *a posteriori*. Car, bien sûr, la discrétion était pendant la guerre la première des nécessités. Un beau jour, à Pettswood, nous l'avons vu arriver à la fin d'août 1940 avec des cantines, une moustiquaire, une tente, un casque colonial et des vêtements en toile. Il nous a laissé entendre qu'il allait partir outre-mer. Mais où ? L'interroger ne servait à rien. Alors, on en a été réduits à supputer entre nous. L'Afrique du Nord ? Ce n'était sûrement pas cela puisqu'elle était verrouillée par Vichy. Pour la même raison, on doutait que ce pourrait être Dakar. Peut-être alors l'Indochine puisqu'il a des vêtements coloniaux ? Oui, mais c'est quand même très loin. Pour ma part, j'ai émis cette idée : « Ce doit être l'Afrique équatoriale. » Mais c'était d'abord Dakar. Les lettres qu'il nous adressait ne disaient jamais où il se trouvait. Elles nous donnaient quelques nouvelles, certes, mais seulement d'ordre personnel. Alors, ma mère lisait le journal – elle comprenait heureusement fort bien l'anglais – et, bien sûr, elle écoutait la BBC. La radio de la France Libre n'a commencé qu'à la fin de 1940, après l'expédition de Dakar et de l'Afrique équatoriale. Sinon, elle vivait intensément les faits et gestes de mon père autant qu'elle pouvait en avoir connaissance, mais dans la plus grande discrétion, sans en parler à qui que ce fût, même à ses enfants. Elle réagissait quelquefois avec agacement, mais seulement pour des questions de détail. Par exemple, parce que la maison n'était pas dans l'ordre qu'elle avait souhaité ou qu'un importun arrivait à l'improviste. Elle manifestait alors sa contrariété, parfois même en présence des intrus. Mais ces réactions épidermiques, elle ne les avait pas quand les choses étaient fondamentales et tragiques.

— Comment se montrait-elle alors ? Toujours impassible ?

— Je ne vous étonnerai sûrement pas en vous répondant : parfaitement impassible. Comme mon père. L'un et l'autre avaient toujours l'air de considérer que tout ce qui se passait était naturel. C'était naturel de se retrouver en exil en Grande-Bretagne, naturel que de se battre pour libérer la France, naturel que d'être devenu le chef du gouvernement provisoire de la République, naturel, pour ma mère, d'être obligée de se débrouiller seule. C'était le destin. On remplissait le rôle que le sort vous attribuait. Ce n'était pas la peine de s'exciter, de pleurer, de protester ou de gesticuler. C'était comme ça. Que ce soit à Londres dans les pires moments ou, plus tard, en mai 68, ou pendant les attentats de l'OAS, elle est restée, comme lui, de marbre. Par conséquent, elle l'a beaucoup aidé moralement, parce que malgré ses petits mouvements d'impatience, elle était d'une stabilité émotionnelle parfaite. Jamais il n'avait de sujet d'inquiétude vis-à-vis d'elle. Il était tranquille de ce côté-là. Il n'aurait pu supporter d'avoir épousé une personne remuante qui se serait agitée dans la société britannique ou française, qui aurait glissé des petites phrases aux journalistes, qui lui aurait compliqué la vie. Il savait que la maison était bien gardée, que la mère de famille était à sa place et tenait solidement le foyer en s'occupant de son enfant infirme, et que rien n'était fait chez lui pour décourager la fille obligée d'être séparée d'elle à cause de ses études et le fils qui voulait aller rejoindre ceux qui se battaient. En un mot, il pouvait compter sur elle. Le 13 mars 1941, de Londres, avant de partir pour l'Afrique, il termine ainsi la lettre qu'il lui adresse à Gadlas, la maison traversée de courants d'air, sans électricité ni tout-à-l'égout, dans son coin perdu d'Ellesmere où elle se sent si isolée : « Je t'embrasse de tout mon cœur... ma chère petite femme chérie, et aussi mon amie, ma compagne si brave et bonne, à travers une vie qui est une tourmente. »

— Qu'a-t-elle dit lorsqu'elle vous a vu rejoindre la marine ?

— Je me souviens très bien de la scène. J'avais mon vieux costume bleu marine et, à la main, une valise en carton. Je m'apprêtais à partir. Alors, sur le seuil, elle m'a remis une montre automatique en acier que j'ai conservée et elle m'a dit : « Tiens, prends cette bonne montre. J'espère que tu dureras plus longtemps qu'elle. » Voilà, en guise d'adieu, les termes qu'elle a adressés à son fils qui partait pour la guerre. Il allait accomplir comme les autres son devoir de patriote, et alors ? Elle savait très bien que les hommes couraient des risques. Etant donné ce qui était en train de se passer, elle aurait trouvé tout à fait anormal qu'on ne se batte pas. Quant à mon père, il ne m'a pas plus prodigué de conseils, si ce n'est celui que j'ai dû suivre toute la vie depuis mon enfance : « Fais ce que tu dois et advienne que pourra. » A ce propos, j'ai été très étonné quand il a écrit à ma mère au moment où j'effectuais ma préparation militaire et où les Allemands approchaient de Paris : « Dis à Philippe de ne pas faire le malin. » Il me voyait déjà en train de faire le coup de feu au coin de la rue. Sinon, à aucun moment il ne m'a montré son inquiétude – qui était pourtant fort grande, je le sais – quand par exemple il apprit mon embarquement sur une vedette lance-torpilles qui manqua une fois de sombrer au cours d'unc attaque de nuit tout près des côtes de la France occupée.

— Comment vos parents ont-ils pu avoir des nouvelles des membres de leur famille restés en France ?

— Il n'y avait aucune communication possible avec notre famille en France. Nous ne savions que plusieurs mois plus tard ce qui avait bien pu leur arriver et cela grâce à de tierces personnes, des agents de la Résistance qui faisaient la navette entre la France occupée et Londres. C'est ainsi que mon père a appris la mort de ma grand-mère Jeanne avec trois mois de retard. L'avance allemande l'avait surprise le 17 juin 1940 à Paimpont où elle était hébergée avec sa belle-fille et des petits-enfants dans un appartement de fortune loué au premier étage d'un café. Nous saurons par la suite que le 18, avant la nuit, l'abbé Thouail, curé du bourg, qui l'assistait, lui a soufflé : « Il ne faut pas être trop triste car il vient de se passer une chose formidable : un général français a parlé à la radio de Londres, affirmant que l'espérance ne doit pas disparaître, que la défaite n'est pas définitive. Il s'appelle le général de Gaulle. » Ma grand-mère ne peut alors s'empêcher de prendre le bras du prêtre et de s'écrier : « Mais c'est mon fils ! » Elle aura encore la joie d'entendre mon père à plusieurs reprises à la radio avant de s'éteindre le 16 juillet entourée de Geneviève de Gaulle, qui était arrivée de Rennes où elle était étudiante, et de l'épouse de mon oncle Xavier. Les Allemands ont exigé que la tombe fût anonyme afin de taire le nom du général de Gaulle. Alors, datée au 20 juillet 1940, elle a été simplement numérotée. Mais la municipalité l'entretiendra pendant toute la guerre, et des inconnus la fleuriront presque en permanence. Mon père en fut informé à plusieurs reprises par des Bretons qui lui faisaient parvenir des messages.

— Quel était à l'égard de vos parents le comportement des Français de Londres dont beaucoup n'étaient pas gaullistes et celui de la population anglaise qui vous entourait ?

— Mon père était très repérable. Il circulait le plus souvent à pied pour se rendre à son bureau, comme certains ministres britanniques, et il était vêtu de son uniforme de général. On ne l'a jamais vu en civil pendant tout son séjour en Grande-Bretagne. Quelquefois on croisait des Français qui étaient contre la France Libre, mais ils ne le montraient pas. Il ne lui est jamais arrivé d'être l'objet d'agressivité de leur part même si certains regards n'étaient pas toujours aimables. Il faut savoir que la représentation officielle de Vichy est restée à Londres jusqu'en mars 1941. Ses membres, je le répète, faisaient le tour des endroits fréquentés par nos compatriotes pour les inciter à rentrer en France, à soutenir le maréchal Pétain et à empêcher les volontaires de nous rejoindre. Les Anglais les laissaient libres d'agir. C'est ainsi que des dizaines de milliers de Français ont été rapatriés.

Il y avait aussi toute une faune de Français qui se disaient politiques ou journalistes et dont le métier était de tout critiquer. Ils affectaient beaucoup d'être très indépendants, voire hostiles, mais en réalité ils avaient surtout très peur de se retrouver en uniforme. Aussi se gardaient-ils d'approcher de Gaulle. Et puis, il y avait heureusement les fidèles, les solidaires, les patriotes, comme Alfred Etienne Bellenger. Lui et son épouse recevaient souvent ma mère dans leur villa, au début de son séjour à Londres, l'aidaient à découvrir une ville qu'elle ne connaissait pas et lui présentaient des membres de la gentry. Les Anglais étaient, comme je l'ai déjà signalé, généralement bienveillants et courtois. Ils ne savaient pas qui était mon père, mais certains avaient quand même entendu dire que ce général français était resté leur allié en dépit de l'armistice signé par Vichy. Pour la grande masse, nous étions des inconnus. Seuls ceux qui nous entouraient, leurs voisins et leurs amis manifestaient vraiment cet esprit social dont sont dotés les Britanniques plus que nous. Parfois, ils nous offraient leur amitié, même s'ils n'omettaient jamais de garder leurs distances. C'est ce que connaissait ma mère, isolée dans ses différentes résidences provinciales. Elle n'avait que peu de contacts avec ses proches voisins.

— Elle a dû ressentir une certaine émotion le jour où elle a appris que son mari était condamné à mort par Vichy ?

— Quelle émotion voulez-vous qu'elle ait eue ? Elle n'en a même pas parlé. Elle savait très bien que, considéré comme un déserteur par des Français obéissant aux ordres des Allemands et continuant la lutte contre ces mêmes Allemands, mon père serait menacé d'être fusillé. C'était quasi évident pour nous. Mais cela nous laissait froids. A ce sujet, je me rappelle avoir reçu, moi qui n'avais jamais été mobilisé puisque ma classe n'avait pas encore été appelée en juin 1940, un papier signé de Weygand et distribué par la mission militaire française à Londres, me sommant de réintégrer le territoire français sous peine d'être condamné à mort après saisie de mes biens et perte de ma nationalité. A sa réception, mes camarades et moi avons éclaté de rire et en même temps de colère. Nous avons déchiré ce papier sur-le-champ. A tort. Nous aurions dû le faire encadrer. Il serait aujourd'hui exposé au musée de la Libération. Lorsque j'ai rapporté cela à mon père, il a grommelé en haussant ses larges épaules : « Voilà encore une chose dont les Français devront se souvenir quand ils seront libérés. »

12

L'ÉCHEC DE DAKAR

> « J'éprouvais les impressions d'un homme [...] qui reçoit sur la tête la pluie des tuiles tombant du toit. »
>
> *Mémoires de guerre.*

Que n'a-t-on pas écrit sur cette désastreuse expédition franco-britannique qui devait ouvrir en septembre 1940 la porte de l'Afrique occidentale à la France Libre ! Comment le Général a-t-il pu se lancer dans une bataille perdue d'avance ? Mais d'abord, qui a eu l'idée d'attaquer Dakar ? Lui ou Churchill ?

— Churchill. Dès le 1er juillet 1940, soit deux jours avant Mers el-Kébir, il en avait parlé à mon père. Ce dernier avait trouvé l'idée « aventureuse ». C'est le terme qu'il a employé également en répondant à Alain Peyrefitte dans son excellent *C'était de Gaulle*. Certes, la prise de la capitale de l'Afrique Occidentale Française lui semblait obligatoire pour pouvoir ensuite rallier toute l'Afrique française. Il avait de plus en arrière-pensée d'y établir le siège de la France Libre, réduisant ainsi sa dépendance à l'égard de la Grande-Bretagne. Il caressait cette intention secrète, me confia-t-il plus tard, depuis les premiers mois de sa présence à Londres. Cependant, les vues de Churchill sur ce projet d'opération lui déplaisaient. L'Anglais voulait en faire sa propre affaire en la menant comme il l'entendait. Mon père ne fut pas étonné quand il la vit se terminer en fiasco.

— Un fiasco que certains lui attribuèrent. N'est-il pas l'initiateur de l'attaque par mer qui s'est révélée une erreur ?

— Leur mauvaise foi est évidente. Dès l'instant où Churchill a fait sienne cette idée, mon père n'était plus maître de la situation. Il devait se conformer à la stratégie envisagée par les Britanniques : l'attaque frontale avec leur flotte. Au contraire du Général, qui était un terrestre et avait suggéré d'agir par voie de terre en débarquant à Conakry, à Rufisque ou à Saint-Louis, à l'exemple de la progression victorieuse que les Français Libres avaient déjà effectuée en Afrique équatoriale, et de remonter ensuite vers Dakar avec des forces grossies petit à petit par contagion. Il pensait que les unités de l'armée de terre de Vichy offriraient certainement moins de résistance que les marins basés à Dakar après la malheureuse affaire de Mers el-Kébir. « Mais, m'a-t-il expliqué, il ne faut pas oublier que Churchill est l'homme des Dardanelles (Lord de l'Amirauté en

1916, il commandait une expédition franco-britannique qui perdit un tiers de sa flotte en tentant d'ouvrir le détroit défendu par des batteries côtières). Lui voyait donc le règlement de la situation à partir d'un nombre considérable de gros bâtiments de la flotte écrasant la côte, le débarquement n'étant plus alors qu'une simple formalité avec quelques nettoyages sporadiques ou partiels. » Par conséquent, il y eut antagonisme dès le départ. Dans ses *Mémoires*, Churchill raconte que le 13 août, au cours d'une réunion au PC de Menace – c'était le nom de l'opération – au siège de l'Amirauté britannique, mon père s'opposa vivement à toute action armée qui risquerait de faire couler du sang français. Présent, le général Smith-Hall, chef d'état-major du major général Irwin, rapporte que mon père alors se leva, serra la main de ses interlocuteurs en silence et regagna son hôtel. Il n'avait donc plus rien à dire. Se rangeant sous les ordres de l'amiral Cunningham, comme le major général Irwin, il partira vers Dakar le 31 août 1940 avec deux mille quatre cents Français Libres sur trois bâtiments étrangers.

— Pourtant, un biographe cite un texte qui semble compromettre le Général...

— De quoi se sont servis les détracteurs, dont celui auquel vous faites allusion, pour essayer de démontrer qu'il était responsable de cette attaque manquée par la mer ? Des *Mémoires* de Spears. Comme chacun sait, ce général était un ami de Churchill et ne pouvait que le décharger de toute faute ou maladresse. Une autre manœuvre consiste à essayer de faire passer pour le plan de bataille de Dakar un document signé du Général et retrouvé dans les archives du même Spears, comme si l'Amirauté britannique avait été sous ses ordres ! En réalité, mon père énonçait là, datées du 19 août, c'est-à-dire deux jours après la décision de Churchill, une dizaine de suggestions susceptibles de mener à bien une opération que l'on avait projeté d'entreprendre d'une manière contraire à celle qu'il souhaitait. La désobligeance vient s'ajouter à la démonstration quand le même biographe insinue que l'on aurait tronqué des passages de ce document, lequel est reproduit dans les *Notes, Lettres et Carnets*, pour, sans doute, atténuer la responsabilité de son auteur. C'est ni plus ni moins m'accuser d'avoir censuré les écrits laissés par mon père puisque je les ai réunis moi-même dans cette collection de treize volumes après les avoir rangés par ordre chronologique. J'ai remis tous ces textes aux Archives nationales où il est possible de les consulter.

— Pourquoi Churchill a-t-il voulu absolument attaquer Dakar par mer alors que l'on ne connaissait pas réellement l'état d'esprit de ses défenseurs ?

— Mon père m'a donné cette explication : « Il n'imaginait pas que les Français de Vichy pourraient réagir de cette façon après avoir été assommés à Mers el-Kébir. Il pensait qu'ils céderaient en voyant arriver son armada, laquelle finalement fut malheureusement réduite à quelques dizaines de bâtiments qu'une brume épaisse dissimula à la côte. Ce qui évidemment enlevait toute efficacité à l'opération. D'autre part, il n'a pas voulu m'entendre quand je lui expliquais que Vichy, poussé, sinon sommé, par les Allemands, tenait absolument à éteindre l'incendie que nous étions en train d'allumer en Afrique équatoriale, c'est-à-dire empêcher le ralliement de territoires français d'outre-mer en commençant par la périphérie, par le Tchad, le Congo et l'Oubangui. » Aussi Vichy avait-il déjà expédié des bâtiments de guerre et marchands à partir de Casablanca vers le Gabon qui menaçait de passer à la dissidence. D'après les renseignements que nous avons obtenus vers le 25 juin, nous pouvions nous attendre à trouver à Dakar 20 % de partisans, 30 % d'opposants et 50 % d'indécis. « Les Allemands, a ajouté mon père, ont permis à Pétain de débloquer sa flotte coincée à Toulon parce que sans elle, Vichy aurait perdu tout moyen d'action dans les colonies et n'aurait plus rien été. Sans le renfort de ces croiseurs, Boisson [gouverneur général de Dakar] n'aurait pu nous empêcher de prendre Dakar et toute l'Afrique française. »

— Même après Mers el-Kébir, en dépit de la rancœur suscitée contre les Anglais par cette attaque des bateaux de Vichy et la mort de mille deux cents marins français ?

— Même après Mers el-Kébir. Parce que mon père était persuadé que l'animosité antianglaise était circonscrite à la marine vichyste. L'armée de terre, elle, était prête à se rallier à lui. Après

Dakar, on a d'ailleurs assisté très vite au ralliement de l'Afrique équatoriale. Mon père était très atteint par l'affaire de Mers el-Kébir. Quand il l'évoquait, il parlait de « ce coup de hache qui a fait couler le sang français ». Ce drame n'a pas facilité, on s'en doute, le ralliement à nous des dizaines de milliers de Français en uniforme qui se trouvaient à l'époque en Grande-Bretagne, dont ceux qui revenaient de l'expédition de Norvège. On a fait dire à mon père qu'il ne reprochait pas cette attaque aux Anglais. Il a déclaré exactement le contraire à la radio de Londres, le 8 juillet, en la qualifiant d'« odieuse tragédie ». En revanche, il est vrai qu'il a ajouté que cet acte inadmissible était compréhensible de la part des Britanniques. Parce que, m'a-t-il expliqué, ils avaient peur d'être complètement balayés de la Méditerranée. « Les Italiens, donc les Allemands, dominaient la Méditerranée à ce moment-là du fait du retrait des Français. Aussi voyaient-ils déjà l'Egypte, le Liban, Malte, le canal de Suez, tomber dans les mains de l'Axe, et la route des Indes ouverte à sa flotte et à ses sous-marins. »

— Pétain a affirmé que le Général était le principal instigateur de Mers el-Kébir...

— Propagande. Mon père – cela a été prouvé sans discussion – n'avait pas été mis au courant de l'initiative anglaise. Il affirmait : « Mers el-Kébir est le résultat d'un affolement du gouvernement britannique à l'échelon le plus élevé. Plus tard, Churchill était bien d'accord sur ces termes. »

— Est-il vrai qu'après l'affaire de Dakar votre père envisageait de se retirer au Canada ?

— Plusieurs fois, je l'ai entendu dire : « Je ne suis pas sûr de pouvoir continuer en Grande-Bretagne. Si les choses tournent vraiment mal avec les Anglais, s'ils continuent à ne pas vouloir admettre la France Libre, dans ce cas-là, je me retirerai en Afrique équatoriale ou provisoirement au Canada qui a une politique assez indépendante à l'égard des Anglais. » Mais personne – je dis bien personne – ne l'a entendu prononcer ce genre de commentaire après Dakar. Ce qui n'a pas empêché un biographe d'affirmer, pour accroître l'état déplorable dans lequel d'après lui se trouvait mon père, qu'il avait évoqué la possibilité de partir pour l'Egypte afin d'y combattre les Italiens ! Cette « information inédite » n'est en fait que l'interprétation abusive d'un document adressé par mon père au vice-amiral Muselier après l'affaire de Dakar. Détaillant un certain nombre de décisions dont l'extension des ralliements de l'AEF et l'installation à Douala et à Brazzaville d'un organisme central de direction de la France Libre, il envisage notamment de « constituer en Egypte un véritable corps expéditionnaire destiné à combattre les Italiens ». De là à le voir casqué et botté à la tête de ses troupes !

— Dans ses *Mémoires*, Churchill a accusé les Français Libres d'avoir, par leurs indiscrétions, prévenu Vichy de l'opération de Dakar et donc d'être responsables de l'intervention de la flotte de Toulon...

— Mon père excluait cette possibilité même s'il a toujours pensé que l'on parlait trop, là ou ailleurs. Rejeter la responsabilité de l'échec de Dakar sur des bavardages lui paraissait scandaleux. Encore fallait-il d'ailleurs prouver qu'ils avaient eu lieu. D'autre part, il observait : « Qui a écrit les *Mémoires* de Churchill ? Toute une équipe. Et je suis sûr que pour Dakar, Spears y a été de sa plume. » On sait que Londres avait été prévenu du déblocage de la flotte de Toulon par les Allemands et de son départ vers Gibraltar grâce à un homme secrètement rallié à la France Libre, le capitaine Charles Luizet, attaché militaire de France à Tanger. Selon l'historien anglais Arthur Mader, le message parvenu à Londres à 0 h 30 le 11 juillet, soit huit heures avant le franchissement du détroit par l'escadre française, n'a été remis au Premier Lord de l'Amirauté qu'au moment de son breakfast... On aurait voulu respecter son sommeil ! La version officielle explique ce contretemps par le fait que le décryptage du message codé n'avait pu être effectué à temps à cause d'un bombardement sur la capitale. C'est l'explication que l'on a donnée plus tard à mon père. Il a bien voulu l'admettre, mais pourquoi, se demandait-il, l'amiral Dudley North, commandant la base de Gibraltar, était-il resté inerte ? D'autant qu'une autre source l'avait indirectement prévenu : celle de l'attaché naval de Vichy en Espagne. Les Anglais ont-ils voulu éviter de s'affronter aux redoutables croiseurs qui faisaient route vers eux ? Ou pensaient-ils pouvoir s'arranger plus tard avec Vichy et ne voulaient-ils pas provoquer un nouveau Mers el-Kébir ? C'étaient des questions que l'on pouvait légitimement se poser. Il ne faut pas oublier que le double jeu des Anglais a été presque permanent pendant toute la guerre. Rappelons que Vichy a conservé un représentant à Londres jusqu'en mars 1941 et que ses contacts avec la Grande-Bretagne se sont poursuivis jusque-là par l'intermédiaire de son ambassadeur à Madrid. Mon père étudiera évidemment toutes ces suppositions sans s'en ouvrir à Churchill. Il attendit juillet 1942 pour lui faire admettre que l'échec de Dakar était dû au fait que les Anglais avaient laissé passer les croiseurs de Toulon à Gibraltar. Toujours est-il que toutes les données ont changé à partir du moment où cette flotte a franchi le détroit.

— Pourquoi alors le Général a-t-il refusé à Churchill de rebrousser chemin devant Dakar comme il le lui proposait ?

— Parce que le véritable objectif, c'était d'abord de compléter et consolider le ralliement de l'Afrique équatoriale. Il voulait que l'on barre la route de la flotte de Vichy dont la mission n'était pas, à l'origine, d'assurer la défense de Dakar, qu'elle considérait comme une simple escale, mais d'empêcher que la croix de Lorraine ne flottât sur Douala, Libreville, Brazzaville... C'est pour cette raison que les Allemands avaient permis qu'elle appareillât à Toulon en dépit des accords d'armistice qui l'y avaient immobilisée. Partis de Casablanca, deux bateaux faisaient déjà route vers l'Afrique Equatoriale Française quand ils ont été contraints par les Anglais de virer de bord. Et mon père, lui, le général exilé, avait bien l'intention d'installer un poste de commandement en AEF.

— Alors qu'en est-il de son découragement qui, selon certains, l'aurait fait penser au suicide ? Avez-vous un jour abordé la question avec lui ?

— Comment aurais-je pu faire une chose pareille ? Il aurait considéré ma question comme une véritable injure. L'idée du suicide était contraire à l'éducation catholique qu'il avait reçue. Il stipulait : « Il n'est pas question de se suicider pour un chrétien, excepté dans deux cas : soit pour éviter des tortures, soit parce qu'on est arrivé à la limite de la résistance aux souffrances. Un blessé qui est en train de souffrir atrocement peut finalement se donner la mort, sachant qu'il va mourir de toute façon. »

— On a pourtant parlé de dépression nerveuse et même de désespoir...

— Tout cela est unanimement contredit par les témoins. Je rappelle qu'au lendemain même de cet échec, mon père a passé en revue tous les Français rangés sur le pont de leurs bateaux. A tous, il a clairement déclaré que chacun pouvait renoncer à continuer avec lui et qu'il lui garantissait le rapatriement. Aucun des deux mille quatre cents Français ne l'a abandonné et leurs bataillons ont terminé la journée par une prise d'armes exemplaire au son des marches solennelles de la musique de la Légion. L'amiral Cunningham, commandant l'escadre britannique, le général Irwin, commandant la brigade de débarquement des deux bataillons de marines anglais, les commandants des trois transports étrangers, des quatre cargos français et des quatre bâtiments français d'escorte, ainsi que tous les officiers français et les aumôniers catholiques, dont le Père Lacoin, ont assuré en leur temps et de leur côté combien ils avaient été impressionnés par son impavidité et sa détermination. Quant au général Spears qu'on ne peut guère accuser de complaisance à son égard – on verra un peu plus tard jusqu'à quel point –, impressionné, lui aussi, c'est son terme, il a déclaré : « Selon moi, de Gaulle sort de tout cela plus grand que jamais. Il faut le dire à tout le monde. » Il fallait le voir, le 8 octobre, soit quatorze jours après l'échec de Dakar, débarquant pour la première fois depuis le 18 juin sur une terre où flottait le pavillon tricolore : Douala, au Cameroun. Et vivant le premier bain de foule de sa vie, saluant pour la première fois devant une foule en délire. Quelques jours plus tard, il écrira à ma mère : « Celui qui saura vouloir le plus fermement l'emportera en définitive, non seulement en fait mais encore dans l'esprit des foules moutonnières. » Où était le suicidaire ?

— Comment est donc née cette rumeur ?

— Comme toujours, lorsqu'il y a dénigrement ou tentative de diminuer le personnage, on s'aperçoit qu'il faut remonter à Vichy. Dans un ouvrage paru en 1949, le journaliste Maurice Martin du Gard, parent de l'auteur des *Thibault* et intime à

Dakar du gouverneur Pierre Boisson, a rapporté qu'envahi d'une « détresse si insoutenable » après l'échec, de Gaulle pensa se jeter à la mer et qu'« un colonel indigné d'avoir été conduit dans une telle aventure » aurait voulu le précipiter par-dessus le bastingage à moins qu'il n'ait eu l'intention de le retenir dans ses bras... Dans un ouvrage publié un an après la mort de mon père et bourré de fausses confidences qui ne risquaient plus d'être contredites par lui, Jean-Raymond Tournoux reprit ce bruit, allant jusqu'à prétendre qu'il serait venu de René Pleven qui avait revu le Général à Libreville où il avait été envoyé directement sans passer auparavant par Dakar. Mais Pleven a démenti vivement ces supputations : « Je n'ai pas pensé un instant que le Général ait réellement eu cette intention... Il a simplement voulu me faire sentir l'horreur de l'épreuve qu'il venait d'affronter. C'est un contresens que d'interpréter autrement mes propos. » Personnellement, je pense que l'on a pu se rapporter à cette boutade attristée que je lui ai entendu proférer à deux reprises, l'une justement à propos de Dakar, en 1940, et l'autre à propos de la campagne fratricide du Levant, un an plus tard : « Voir des Français qui refusent de faire la guerre pour leur pays se mettre à tirer sur des Français qui veulent continuer à se battre pour lui, franchement, il y aurait de quoi se flanquer une balle dans la tête ! »

— D'après lui, qu'est-ce qu'une victoire à Dakar aurait changé ?

— Beaucoup de choses. Toute la façade atlantique française de l'Afrique aurait été rapidement ralliée. C'était sa conviction. Il pensait que l'Afrique du Nord en aurait subi le contrecoup. S'il savait l'Algérie et la Tunisie très verrouillées par Vichy, il espérait que le Maroc et la Mauritanie tomberaient assez vite de son côté. « Noguès [gouverneur du Maroc] m'avait déjà dit oui par un télégramme dès le 25 juin, pour se rétracter par la suite, m'a-t-il confié un jour. J'étais à peu près convaincu qu'il se serait laissé faire. » Quand il repensait à Dakar, son irritation contre Pétain et Darlan redoublait : « Ils misaient sur la victoire de l'Allemagne. Ils en étaient persuadés. Ils étaient passés à l'ennemi avec armes et bagages. » J'ai vu, alors, l'un de ses poings se serrer. Le refus de Pierre Boisson, le gouverneur de Dakar resté fidèle à Pétain, a privé la France de recouvrer une place importante parmi les Alliés. Et l'or de la Banque de France entreposé à Bamako qui aurait pu servir à gager la part d'achats que la Grande-Bretagne devait effectuer aux Etats-Unis pour le compte de la France Libre ? « Il a fait perdre beaucoup de temps à notre combat et donc à la France », s'indignait-il. Il ne faut pas oublier que jusqu'à la fin de 1941 où les Allemands avançaient partout jusqu'à la Volga, le Caucase, les Balkans, la Grèce, la Syrie, la Libye, la plupart des gens en France qui subissaient leur propagande les croyaient définitivement vainqueurs. A la veille de Mers el-Kébir, juste avant que les Anglais ne saisissent les bateaux de Vichy ancrés dans leurs ports, lesquels nous sont revenus, j'ai rencontré dans la rue, avec mes camarades, jeunes volontaires de la France Libre comme moi, un capitaine de frégate vichyssois qui commandait un contre-torpilleur à Portsmouth. Comme nous lui avions expliqué que nous étions engagés chez de Gaulle pour embarquer sur des bâtiments français afin de continuer le combat, il nous a répondu avec un air de commisération : « Mes pauvres petits amis, vous n'y êtes pas du tout ! Nos bateaux ! Dites-vous bien que c'est fini, la guerre ! Les Allemands vont être ici dans trois semaines et nos bateaux vont nous servir à rentrer chez nous comme des autobus. »

— Dakar a été considéré comme un désastre pour le Général. Il le reconnaissait ?

— C'était pour lui un échec évident. Il le reconnaissait. Mais non un désastre, comme l'ont répété si souvent des historiens en le mettant sur son dos. Ils n'ont pas dû consulter la presse anglaise de l'époque qui accusait Churchill de l'avoir laissé carrément tomber. Je me souviens que dans je ne sais plus quel journal célèbre de Londres, une caricature montrait Churchill fuyant sur un destrier au galop, tandis que derrière lui, lui tournant le dos, le général de Gaulle brandissait un sabre. Ceux qui ont soutenu la thèse du désastre ont oublié l'objectif final que mon père s'était fixé. Il m'a expliqué lui-même : « "Capelée" dans Dakar une bonne fois pour toutes – il m'avait emprunté ce terme de marine pour signifier "bouclée" –, la marine de Darlan ne pourra plus aller contrer le ralliement à la France Libre de l'Afrique équatoriale. C'était, pour nous, un résultat capital. » Aussi, après la bataille perdue, la flotte gaulliste pourra s'élancer vers le Gabon. A la fin de la guerre, j'ai eu comme chef de division un capitaine de frégate qui m'a glissé sur un ton persifleur : « J'ai fait partie des gens qui voulaient reprendre l'Afrique équatoriale aux gaullistes. » Je me suis alors permis de remarquer : « Quel dommage que vous n'ayez pas été de notre côté, vous seriez maintenant amiral. » J'ai raconté également cette anecdote à mon père. Il a ironisé : « Quel dommage en effet ! » Quand il repensait à cette époque, on sentait qu'il éprouvait de la gratitude pour les Africains. Combien de fois l'ai-je entendu parler de son arrivée triomphale à Douala ! Ceux qui savaient cela comprenaient mieux l'attachement qu'il montra pour l'Afrique et ses habitants tout au long de sa vie.

13

LA MAGIE DE L'AFRIQUE

« J'ai voulu remplacer l'ancien Empire par l'association amicale et pratique des peuples qui en dépendaient. »

Mémoires d'espoir.

Qu'était l'Afrique noire pour le Général ? On a souvent dit qu'entre lui et elle, il y avait comme de la magie et qu'une sorte d'affection mystérieuse dominait dans ses rapports avec ses habitants. Comment considérait-il les Africains ?

— Je lui ai souvent entendu dire que les Africains étaient des sentimentaux qui ne possédaient pas notre logique romaine, ni la culture, qu'ils n'avaient, hélas, pas eu le temps d'acquérir la nôtre, encore que nous ayons beaucoup de défauts. Ils étaient donc pour lui des hommes qui devaient être aidés, pas seulement matériellement, mais moralement et psychologiquement, cela afin de leur permettre de rentrer dans la rigueur voulue par un Etat organisé et démocratique. « Nous avons été comme eux, me fit-il remarquer un jour alors que nous venions de voir à la télévision un reportage sur la guerre du Biafra. Regarde les Gaulois. C'était toujours la passion qui les poussait à la détestation ou à la dilection du voisin, à côté de l'impavidité romaine, de sa cruauté dans l'impavidité et dans la justice. La loi, c'est la loi, et l'Africain ne comprend pas cela. » En 1940, quand il a débarqué à Douala, c'étaient ses premiers pas sur le continent. Et tout de suite, il a été à la fois frappé et subjugué par le caractère sentimental de l'accueil des Africains. « En m'accueillant, ils retrouvaient la France et en même temps me donnaient l'impression de retrouver leur propre frère. » Il a été impressionné par leur côté subjectif. Il s'est aperçu que pour certains, la ruse était une convention admise et le mensonge, ou, pour être plus juste, une présentation personnelle de la vérité, une règle tout aussi respectable. « Les Européens mentent ou ils ne mentent pas. Les Africains, on ne sait jamais tout à fait ce qu'il faut en prendre ou en laisser. » Ce qu'il a également ressenti, c'est le réflexe de confiance des Africains à son égard. Il savait qu'ils se disaient : « C'est quelqu'un qui est au-dessus des petits Blancs avec leur mesquinerie et parfois leur dédain devant notre côté fruste. » Il n'oubliait pas non plus qu'ils avaient été les premiers à se rallier à lui en 1940 alors qu'il était seul et démuni.

— N'avait-il pas un peu de compassion devant leur misère ?

— Compassion, oui. Désir de partager leurs épreuves de peuples déshérités et de les aider à s'en sortir. Et surtout pas commisération, sentiment qui est parfois accompagné de mépris. Il m'a avoué : « C'est le chrétien qui réagit en moi devant le dénuement de ces populations aux pieds nus. » Mais, attention, pas le chrétien qui se contente d'apitoiement verbal. Un chrétien d'action éprouvant sans cesse le besoin de tendre la main, d'épauler, d'encourager, de donner. Je me suis toujours demandé si ce n'était pas lui qui avait inventé le mot « développement ». Il me semble en tout cas qu'il n'a jamais été utilisé avant qu'il ne le prononce lui-même dès 1940 à Brazzaville où il parle de ce qui a été fait pour le développement des ressources et des grandes communications africaines et ce qui doit l'être, et à plusieurs reprises jusqu'à la célèbre conférence du 30 janvier 1944 dans cette ville où il a déclaré notamment : « En Afrique française, comme dans les autres territoires où des hommes vivent sous notre drapeau, il n'y aura aucun progrès qui soit un progrès si les hommes ni leur terre natale n'en profitaient pas moralement et matériellement, s'ils ne pouvaient s'élever peu à peu jusqu'au niveau où ils seront capables de participer chez eux à la gestion de leurs propres affaires. C'est le devoir de la France de faire ce développement même et le progrès de leurs populations... » A ce propos, j'ai encore dans l'oreille son dialogue avec ma mère, lors d'une de mes permissions en septembre 1953, à Colombey, se rappelant le long séjour africain qu'ils venaient d'effectuer. Ma mère si impressionnée par la misère africaine qu'elle avait approchée de près, notamment à Bamako et à Cotonou, et déplorant que nous puissions vivre dans la prospérité sans nous soucier du sort de millions d'individus livrés à l'indigence sur ce continent. Mon père fit alors cette réflexion : « La réponse à cette injustice – car pour ces populations, il n'y a pas d'autre sentiment –, c'est la guerre au sous-développement. Devant le niveau de vie qui est le nôtre, la grande prospérité d'une partie du monde, peut-on se résigner à ne pas manger à sa faim, à ne pas être soigné quand on est malade, à être privé d'un confort, même rudimentaire, et à demeurer dans les ténèbres de l'ignorance ? Au fur et à mesure que l'on s'affranchit, on a besoin de l'aide des autres. Il n'y a rien de plus naturel. » Je l'entendrai plusieurs fois énoncer ce postulat.

— On l'a souvent accusé d'être trop généreux à l'égard de ceux que la presse satirique appelait les « rois nègres ». S'en faisait-il lui-même parfois le reproche ?

— Cette critique l'irritait profondément. Autant que celle qui prétendait qu'il faisait la pluie et le beau temps dans les Etats africains, provoquant coups d'Etat et coups tordus par « barbouzes » de Jacques Foccart interposées. Pour mon père, un sou était un sou. La politique du panier percé était étrangère à sa culture et à celle de notre famille. Il m'est arrivé d'être présent à l'Elysée dans son bureau, un jour où justement il demandait des explications à Foccart sur les frais de séjour de je ne sais quel président africain en visite officielle en France dont *Le Canard enchaîné* ou une autre gazette avait fait un écho perfide. Et croyez-moi, les questions étaient incisives. Peu après, j'apprenais que la décision avait été prise de réquisitionner le château de Champs-sur-Marne pour toutes les visites de chefs d'Etat étrangers, quelle que fût leur nationalité, lieu d'accueil plus économique que Rambouillet ou l'hôtel Crillon, et malgré tout fort confortable... Je sais, d'autre part, qu'il avait demandé à Foccart – qui n'avait qu'à traverser la rue de l'Elysée contiguë au palais pour arriver jusqu'à lui – d'être en mesure de lui fournir, chaque fois qu'il le sollicitait, un état résumé de l'aide financière apportée aux différents Etats africains, cela sans doute en partie à cause des incessantes piques et insinuations de l'opposition et d'une certaine presse, d'aucuns allant jusqu'à accuser de Gaulle d'acheter le bon vouloir de ces chefs d'Etat à coups de francs CFA et d'honneurs. Il veillait de la même façon à ce que les subsides de la France ne se transforment pas, comme il le disait sarcastiquement à Foccart, « en Mercedes pour Monsieur et en robe de Dior pour Madame ». Quant aux agissements astucieux prêtés à Jacques Foccart et à ses « barbouzes », il m'a glissé un jour, en octobre 1965, au moment de l'affaire de l'enlèvement à Paris de l'opposant du régime marocain, Mehdi Ben Barka : « Ce pauvre Foccart ! Voilà qu'on lui met maintenant cette affaire de truands et de services secrets marocains sur le dos. Cela pour m'atteindre par ricochet, bien sûr. Que n'a-t-il pas fait en mon nom ? Heureusement qu'il est le premier à en rire ! »

— Jacques Foccart. Voilà un personnage très controversé. Homme officiel et chargé de l'Afrique par le Général, on lui a attribué un rôle occulte auprès de lui. N'était-ce pas le cas ?

— Interrogez tous ceux qui, encore aujourd'hui, peuvent vous parler de lui pour avoir travaillé à ses côtés ou avoir été l'un de ses proches comme Alain Plantey, qui fut son adjoint au secrétariat général pour la Communauté et les Affaires africaines et malgaches, Jean Foyer et Raymond Triboulet, ministres successifs de la Coopération. Tous vous assureront qu'il n'était pas le « père Joseph » qu'on se plaisait à décrire à longueur de colonnes en lui attribuant toutes les basses œuvres possibles, et qu'il était au contraire un homme très respectueux de la légalité. Entièrement dévoué à mon père – il se serait fait tuer pour lui –, au sein du Rassemblement du Peuple Français (RPF), il a constitué autour de lui des équipes de protection, ce qui lui a donné cette réputation sulfureuse. Quand, à partir de 1958, mon père l'a chargé de s'occuper de l'Afrique et de Madagascar, il savait qu'il ne le trahirait pas en essayant, par exemple, d'être un personnage politique autonome qui se serait servi de l'Afrique et des Etats africains à des fins personnelles. Il s'est dit : « Foccart, voilà un homme sûr. Il n'a pas la prétention d'être ministre. Il ne veut pas être député. Il ne cherche pas à être une personnalité. En dépit de son allure de négociant paisible, il a une énergie sans borne. J'ai confiance en lui. Il sera mon lien constant et d'une disponibilité permanente avec les Africains, parce qu'ils ont beaucoup de problèmes, ils sont nombreux et il faut s'en occuper. » Au départ, Foccart n'avait pas d'attirance particulière pour l'Afrique et n'en avait aucune connaissance bien que sa vie passée en Guadeloupe lui donnât un peu plus d'aptitude que d'autres pour « commercer » avec les gens de couleur. « Alors, m'a rapporté mon père, il a été pris au jeu du jour au lendemain, dès qu'il a rencontré ses premiers Africains. C'est un esprit subtil et toujours en alerte, Foccart. Il est sensible, il a le sens de l'amitié et de la fidélité en amitié. Les Africains l'ont bien compris, car il leur a toujours été fidèle et réciproquement. » Je le revois encore aux obsèques de Félix Houphouët-Boigny, à Yamoussoukro en février 1994, où je l'avais accompagné. Il était depuis longtemps retiré des affaires. Mais quelle amitié autour de lui de la part de tous ces Africains qu'il connaissait ! Et quel respect de leur part pour cet homme qui les avait si bien servis dans l'ombre de mon père !

— N'était-il pas quand même une sorte d'éminence grise auprès du Général ?

— Certainement. Cette position lui a valu de se voir attribuer un rôle qui n'était pas le sien et les attaques de la presse à ragots. Autant de choses qu'il ne détestait pas et dont il s'amusait même. Mon père lui a souvent conseillé d'attaquer en justice, et il a intenté d'innombrables procès qu'il a tous gagnés. Mais il est vrai qu'en dehors des affaires africaines, il lui est arrivé de participer à la défense rapprochée de mon père, à certains moments dangereux, au temps de la guerre d'Algérie, par exemple, mais pas seulement, comme mon beau-frère et moi-même, du reste. Nous l'avons parfois accompagné en voiture avec un revolver dans la poche. Mais Foccart n'appartenait pas à son cercle intime comme on a fréquemment voulu le faire croire. Je l'ai peut-être vu seulement deux fois à Colombey, et s'il rencontrait souvent le Général à l'Elysée, ce n'était pas tous les soirs. Il ne s'est pas non plus occupé de ses affaires privées et pas davantage des miennes. Ces informations fantaisistes y compris bien des propos étonnants attribués au Général ont paru dans la série d'entretiens qu'il a confiés à un journaliste et dont seul le premier volume a été publié de son vivant. Dans ses écrits posthumes, je ne reconnais pas Foccart et je pense qu'il ne se serait pas reconnu lui-même s'il avait été assez lucide pour pouvoir les lire, car il était très diminué quand je l'ai rencontré pour la dernière fois avant sa mort en 1997. D'une nature discrète par excellence et d'une très grande clairvoyance, il a été l'un des hommes les plus précieux qu'ait connus mon père. Sa loyale amitié lui a valu de se voir confier un département auquel il attachait une importance majeure.

— On sait que le Général ne passait guère de semaine sans recevoir un ou plusieurs chefs d'Etat africains. Comment expliquer cette attention permanente ?

— D'abord, ces chefs d'Etat avaient besoin de parler avec lui de leur Etat, de leur administration et de leurs problèmes de voisinage. Autrement, à qui auraient-ils pu parler ? Ils avaient confiance en lui plus qu'en personne d'autre au monde. De la part de mon père, c'était donc parfois moins de l'intérêt politique que de la sollicitude. Une sollicitude presque paternelle. Son attachement à ces hommes n'était pas artificiel. On pouvait parler de véritables liens personnels. Je peux en porter témoignage. Je me souviens, par exemple, en quels termes il se souciait du sort des chefs d'Etat africains, s'inquiétant du moindre détail de leur séjour en France, demandant à ceux qui avaient la charge de les recevoir de veiller à ce qu'ils ne souffrent pas trop du froid quand ils venaient à Paris en hiver. Car il gardait lui-même le souvenir d'avoir subi difficilement ce changement de température lorsqu'il lui arrivait de faire la navette, pendant la guerre, entre l'Afrique équatoriale et la Grande-Bretagne. Une attention affectueuse que les Africains lui rendaient bien. Il suffit de voir l'affliction dans laquelle ils étaient plongés lorsque mon père est mort, leur arrivée tous ensemble à Colombey pour aller se recueillir sur sa tombe. Avec Jacques Foccart, nous accompagnerons ainsi au cimetière les présidents du Niger, de Côte-d'Ivoire, du Dahomey, de Haute-Volta, du Togo, de Mauritanie, du Tchad, de Madagascar et de Centrafrique. Ce dernier, le général Bokassa, exhale des sanglots si bruyants et clame son désespoir au point que son homologue du Dahomey, Maga, et le chef de l'Etat ivoirien, Houphouët-Boigny, lui ordonnent de se taire. Plusieurs pays sont représentés par des ministres : c'est le cas du Congo, du Mali et du Gabon dont le président

Omar Bongo a dû, le matin même, subir une intervention chirurgicale. Seul, le président Senghor a présenté ses excuses par lettre à ma mère : il a voulu respecter à la lettre les volontés du Général qui souhaitait des obsèques familiales. Mais nous savons aussi que c'est le sentiment d'une certaine supériorité vis-à-vis des autres pays d'Afrique noire, beaucoup moins anciens dans la francophonie, qui a détourné le président sénégalais de se mêler à la délégation.

— Quel était le chef d'Etat africain qu'il préférait à tous ? Félix Houphouët-Boigny ?

— Sans contestation. Il n'en avait pas fait pour rien un ministre d'Etat de la République en 1958 quand il est revenu au pouvoir. Aucun autre homme d'outre-mer n'a eu jusqu'à présent pareil honneur. Il disait du célèbre Ivoirien : « Il a une grande culture et il est, et de loin, le plus astucieux et le plus intelligent. Je sais que je peux toujours compter sur lui. » Mais c'était sa sagesse et son bon sens qu'il admirait surtout. Des qualités qu'il aurait bien voulu retrouver chez les autres. Il a bien aimé le Sénégalais Léopold Sedar Senghor, encore qu'il était un peu agacé par toutes ses histoires de « négritude » dont il ne cessait de se gargariser avec son ami Aimé Césaire de la Martinique. Il trouvait son côté bohème très périmé. Et puis, il lui reprochait d'aggraver sa rivalité avec Houphouët-Boigny, l'un et l'autre se disputant la tête des pays africains francophones. Il avait aussi une tendresse particulière pour le Gabonais Léon M'ba. Je me souviens qu'en septembre 1966, à son retour de Phnom Penh, après son fameux discours, mon père m'a annoncé, affligé : « Nous allons perdre Léon M'ba. Il est très malade. » Quelques mois plus tard, Foccart lui a rapporté qu'il n'avait plus longtemps à vivre et qu'il aurait aimé le voir. Il avait été transporté en France. Mon père s'est alors précipité à son chevet toutes affaires cessantes. Quand il est revenu de l'hôpital Claude-Bernard, il semblait profondément attristé. Mais il arrivait aussi que certains Africains l'impatientent, comme on peut l'être en famille, à cause de leur désir trop fréquent de vouloir être reçus à l'Elysée, car rares étaient les semaines où il ne rencontrait pas l'un ou l'autre grâce à la diligence de Foccart. L'Afrique était vraiment le domaine réservé du Général. Il y en a même un qui s'est rendu un jour à Colombey : le Nigérien Hamani Diori. Il n'a pas été reçu à La Boisserie. Il n'avait d'ailleurs pas demandé d'audience. Mais mon père m'a immédiatement détaché auprès de lui. Après avoir rencontré le maire du village, Diori m'a remis un message pour le Général. Puis, sachant que mon père y assistait à la messe, bien que musulman, il est allé à l'église où j'ai dû l'accompagner et où le curé l'a reçu. Comme il se rendait à Contrexéville pour prendre les eaux, mon père m'a demandé d'aller le saluer pendant sa cure. C'est dire la prévenance qu'il manifestait pour ses amis noirs.

— Et que pensait-il réellement de l'extravagant Jean Bedel Bokassa qui va finir par se faire couronner empereur ?

— Certes, il l'agaçait, mais il l'aimait bien quand même car il était touchant dans ses sentiments à l'égard de la France. Ancien tirailleur de l'armée française, ayant combattu à nos côtés, il était devenu capitaine et, on le sait, il s'était emparé du pouvoir à la suite de quelques coups d'Etat. Il a toujours manifesté à l'égard du Général une grande admiration et même une piété filiale qui lui vaudra un jour d'être rabroué pour l'avoir appelé « mon père » (et non « papa » comme l'ont prétendu certains journalistes). « Ne m'appelez pas ainsi, lui objecta-t-il. Je ne suis pas votre père. Vous ne me devez rien. Vous êtes chef d'Etat. » Quand, de colonel, il s'est autoproclamé général avant de laisser entendre que, à l'instar d'un chef d'Etat voisin, il pourrait se désigner lui-même maréchal, mon père a fermement découragé ces vanités : « Pourquoi voulez-vous vous proclamer maréchal ? Je ne suis moi-même que général de brigade et cela suffit bien ainsi. » Bokassa avait un jour écrit pour se faire attribuer un grand quadrimoteur « afin de pouvoir faire le tour de Centrafrique ». Un seul terrain d'aviation, celui de Bangui, où faisaient déjà escale les appareils des lignes régulières, disposait de pistes assez grandes. Mon père inscrivit en marge de sa demande : « Pour aller d'où à où ? Il ferait mieux de demander un hélicoptère ! » En 1978, de passage à Paris quelques mois après son sacre, au risque de choquer le protocole, Bokassa tient à me placer en face de lui à l'occasion d'un déjeuner officiel après lequel il me remettra solennellement la grand-croix du Mérite centrafricain. Visiblement ému en me donnant l'accolade, il m'appelle « mon frère ». Il me remet ensuite une deuxième grand-croix pour ma mère, bien qu'elle se refuse absolument à porter une seule décoration. Plus tard me parviendra un chèque de trente mille francs pour la Fondation Anne-de-Gaulle, que ma mère finira par accepter non sans hésitation.

— Que vous inspire cette réflexion que le Général aurait faite à Foccart : « Cette race ne pourra jamais former une grande nation » ?

— Quand Jacques Foccart a décidé d'enregistrer ses souvenirs sur de nombreuses cassettes au cours des années, il m'a fait part de son inquiétude de ne pas se retrouver dans le désordre de ses commentaires passés. Beaucoup se sont révélés exacts, mais d'autres erronés ou non vérifiés. Connaissant l'opinion de mon père sur ce continent, j'ai l'intime conviction que la réflexion à laquelle vous faites allusion n'exprime pas ses sentiments. Quand il nous parlait de l'Afrique, il observait : « Elle a beaucoup de chemin à faire, car je crains qu'elle soit plongée dans une guerre civile permanente qui durera peut-être plus d'un siècle. » C'était sa hantise. « Tous les pays africains vont se battre entre eux, répétait-il, car les frontières sont complètement arbitraires. Le colonisateur les a figées, mais une fois qu'il a disparu, les réalités ethniques reprennent le dessus. » La situation de la Côte-d'Ivoire est un exemple flagrant. Pauvres Ivoiriens, combien ils doivent regretter Houphouët ! Il faut le répéter, mon père savait toute la difficulté pour des esprits africains de s'adapter à une logique administrative que les Français ont reçue de l'Empire romain près de vingt siècles auparavant et qui a été sauvegardée au prix de multiples guerres civiles et grâce à la ténacité de la monarchie. Mon père voulait que, grâce à notre aide, ces nouveaux pays prennent progressivement la totale responsabilité d'eux-mêmes et nous déchargent d'autant, ce qui ne l'a pas empêché de leur affecter 1 à 6 % de nos ressources budgétaires, soit plus qu'aucun autre pays développé dans le monde.

— Comment lui est venue l'idée de la décolonisation de l'Afrique noire ?

— Tant que la guerre durait, le Général était très sensible au maintien de l'intégralité de l'Empire. On sait comment il dut défendre nos couleurs sur les terres où elles flottaient, notamment à Madagascar, à Saint-Pierre-et-Miquelon et aux Antilles contre certaines velléités hégémoniques des Anglais et des Américains. Mais dès 1941, il pensait sérieusement qu'il fallait aller vers l'émancipation d'autant plus que, opposé à la France Libre et à son chef, Roosevelt trouvait dans le système colonial un autre motif d'hostilité. Mon père dira lors de sa première visite à Washington en juillet 1944 que dans chaque territoire où flotte le drapeau français, les intérêts de chacun pourront se faire entendre grâce à un système fédéral dans lequel la Métropole ne sera qu'une partie. Le Général craignait d'être pris de vitesse par ceux qui, en Afrique, commençaient à vouloir se libérer de notre administration. On ne répétera jamais assez combien il a dû se battre pour imposer la décolonisation. Il s'en ouvre à moi dans les premiers jours de septembre 1958, alors qu'il attend de recevoir Konrad Adenauer à La Boisserie. Il vient de rentrer de son périple de neuf jours en Afrique noire. Il a étalé sur la table de la salle à manger une carte détaillée du continent pour me montrer les différentes escales où il s'est arrêté. Puis il m'annonce : « A la fin du mois, la Communauté franco-africaine va naître. » Et après un soupir d'une longueur assez étonnante, il reprend : « Que de chemin parcouru pour en arriver là, depuis la conférence de Brazzaville [30 janvier 1944] ! Personne ne voulait faire évoluer nos institutions coloniales. Il fallait les voir à Brazza s'arcbouter dessus, tous ces gouverneurs des colonies et ces gouverneurs généraux ! Comme si le monde n'avait pas changé depuis le premier coup de canon de 1940. Comme s'il n'incombait pas maintenant à chaque nation de prendre en main la responsabilité de sa destinée en réglant ses propres affaires. Mais pendant mes douze années d'absence, quel gouvernement socialiste si à cheval sur les droits de l'homme et l'émancipation des peuples a pu seulement prendre en considération cette grande ambition de la France ? Il a fallu que cet "aristo" que je suis revienne au pouvoir pour faire accepter par tous que le temps des colonies était révolu. »

— Malheureusement, cinq ans après, en 1963, si tous les Etats francophones ont accédé sans heurt à l'indépendance, à l'exception de la Guinée, la Communauté se disloque. Comment a-t-il pris cet échec ?

— Mal. Il faut dire que depuis janvier 1960, déjà, il sentait l'édifice se fissurer. Je me souviens de son amertume quand je le retrouve à cette époque à Brignoles, dans l'hôtellerie provençale de La Celle où il est venu se reposer avec ma mère pendant une semaine. Il m'en parle après avoir évoqué en quelques phrases notre histoire maritime. (Nous sommes à proximité de la rade de Toulon et de ses bâtiments de guerre.) Il déplore alors l'esprit exagérément revendicatif de ces jeunes Etats « enivrés par les fumées de l'indépendance » et ne donne pas longue vie à cette Communauté à laquelle il a consacré tant d'énergie. La Coopération, autre mot inventé par lui, viendra remplacer plus tard la défunte Communauté. Mais les rapports personnels avec les chefs d'Etat et de gouvernement africains ne changèrent pas pour autant. Peut-être même deviendront-ils, avec certains, encore plus étroits. Un jour, ma mère demanda à Jacques Foccart devant moi d'où venait que mon père, si impassible de nature, s'entendît si bien avec les Africains dont on connaît le caractère expansif. Foccart répondit : « La magie, madame. La magie africaine. »

14

DES SENTIMENTS COMPLEXES

> « A se tenir en dehors des autres, le chef se prive de ce que l'abandon, la familiarité, l'amitié même ont de douceur. »
>
> *Le Fil de l'épée.*

« Il ne tolère que les exécutants... Tout cela le conduit à choisir n'importe qui à faire n'importe quoi. » Voilà ce que disait Jacques Soustelle du Général alors qu'il avait rompu avec lui, en oubliant tous les grands noms, civils ou militaires, dont la gloire est issue de la sienne. Quelle méthode employait-il pour juger les hommes ?

— Il avait assez rapidement ses têtes. S'il flairait que l'on n'était pas sur ses longueurs d'onde, il n'insistait pas. Il changeait d'homme. Je dirais aussi que le délit de sale gueule lui était complètement étranger. Il restait imperméable aux caractéristiques physiques. Il se moquait par exemple d'entendre une femme de son entourage s'exclamer devant la laideur de tel ou tel de ses semblables. En revanche lui importaient davantage la tenue et l'attitude des premiers contacts. Il acceptait tout de suite celui qui, sans être d'accord avec lui, montrait de la bonne volonté et cherchait la vérité. Il aimait les gens de conviction même s'ils étaient opposés à ses idées et il ne fondait son jugement sur aucun critère de race ou de religion. On pouvait l'informer qu'Untel était noir, jaune, athée, juif ou franc-maçon, cela lui était totalement indifférent. En revanche, il pouvait avoir un *a priori* favorable quand le nouveau venu appartenait à une collectivité ou à une nation qui avait compté des combattants valeureux. Pour cette raison, il avait un respect presque automatique pour les Allemands et de la sympathie pour les Turcs et les Marocains. Il disait d'eux : « Ce sont des gens qui savent se battre. Ils méritent notre considération. » Car il avait le sentiment extrêmement profond des sacrifices du soldat au combat. A l'inverse, il méprisait d'office ceux qui refusaient le combat, qui se défilaient devant l'effort ou l'ennemi. On a prétendu qu'il avait le jugement tranchant et définitif. Ce n'est pas exact. Je l'ai souvent entendu revenir sur l'opinion qu'il se faisait de quelqu'un. Il a par exemple changé d'avis sur Alphonse Juin, son camarade de Saint-Cyr qui, on le sait, étant parti à Vichy, s'est retrouvé complètement opposé à lui pendant des années, et sur Emile Béthouart qu'il aimait bien et qui, on s'en souvient aussi, l'a laissé tomber en Grande-Bretagne. Après coup, il pensait : « Ces hommes-là ont des qualités. Ils ont été confrontés à une situation qui les a dépassés. » Par conséquent, il a éprouvé de l'indulgence, à la fin de la guerre, pour certains de ceux qui pouvaient avoir été l'objet de sa détestation au temps de Vichy et qu'il considérait comme des victimes de ce mauvais système.

— Il passait pour ne pas avoir d'amis. En a-t-il eu quand même ?

— Si l'on a dit qu'il n'en avait pas – combien de fois l'ai-je vu écrit ! – personne n'en a. En fait, il était comme tout le monde. Il fréquentait certaines personnes plus que d'autres, mais il eût été difficile de savoir celles qu'il considérait comme ses amis ou comme de simples relations. Il n'a pas eu beaucoup d'amis, du moins en apparence, d'après ce que j'ai pu en voir à mon jeune âge, en tout cas pas avant la trentaine, si ce n'est peut-être quelques-uns rencontrés à Saint-Cyr ou au combat tels que le capitaine Gustave Ditte, son témoin à son mariage, originaire de la région de Calais et ami de la famille de ma mère, et Lucien Nachin. Fils de gendarme, ancien enfant de troupe et Calaisien lui aussi, ce dernier avait fini sa carrière militaire comme lieutenant-colonel après avoir été blessé et fait prisonnier pendant la guerre en 1915. Il devint plus tard son éditeur chez Berger-Levrault. Mon père avait beaucoup d'estime pour lui car, affirmait-il, il était arrivé « au plus haut à la force de ses seuls poignets ». Ils se sont beaucoup écrit, mais malheureusement peu de leurs lettres nous sont restées. Il faut citer aussi le lieutenant-colonel Emile Mayer, ancien polytechnicien et ami de Foch, qui fut un théoricien très écouté par mon père bien que ne préconisant pas les mêmes conceptions stratégiques. Après l'affaire Dreyfus, il s'était convaincu de ne pas avoir grand avenir dans l'armée. A vrai dire, son caractère trop indépendant s'était mal adapté aux routines du service. Il tenait un salon littéraire, historique et philosophique. Il était assez critique envers Joffre et Pétain qui avaient son âge et qu'il avait bien connus. Il avait d'eux cette opinion tranchée : « La victoire les a rendus fous. »

— Avez-vous accompagné votre père à ces séances ?

— Plusieurs fois, et j'étais très fier de pouvoir aborder ce cénacle si bien fréquenté. Mayer habitait rue du Ranelagh. On y rencontrait, à l'époque, les éditorialistes parisiens de *L'Echo de Paris* et de *L'Œuvre*, des écrivains militaires et des philosophes tels que Bergson. Mon père écoutait les conseils que Mayer lui donnait pour écrire et sur un certain nombre d'autres sujets. Il conversait également à bâtons rompus avec l'un ou l'autre. Je ne l'avais jamais vu aussi disert. Dans son milieu militaire il était généralement plus réservé. Jamais une femme n'entrait dans ce salon. Même Mme Mayer s'en abstenait. Mon père avait beaucoup d'affection pour Mayer. Il lui a donné à lire tous ses livres avant de les publier. C'est dire la confiance qu'il lui témoignait. Un seul a laissé cet ami sceptique : *Vers l'armée de métier*. Pour s'excuser, il lui a expliqué : « Je n'ai pas eu le temps vraiment de vous comprendre. » Car il n'arrivait pas à admettre que la stratégie était modifiée par le moteur, les gaz de combat, les armes spéciales et l'aviation. Mon père a également témoigné beaucoup d'amitié au docteur André Lichtwitz qui, après l'avoir rencontré chez Paul Reynaud, l'avait rallié à Londres en 1942. Le Général en a fait tout de suite son médecin personnel. D'autant que pendant la guerre, il fallait se méfier des avis d'un médecin étranger. « Quelquefois, remarquait-il, ils peuvent vouloir que vous ne soyez pas trop d'attaque ou par trop vite hors de combat. » Il avait des soupçons à ce sujet inspirés de quelques cas historiques et politiques mais en France seulement, car lorsqu'il a été hospitalisé à Londres pour crise grave de paludisme, les médecins anglais l'ont parfaitement soigné. Les locaux ont aussi apporté leur concours loyal à Lichtwitz lorsque mon père a été traité à Alger une deuxième fois pour paludisme. Il est probable que ce médecin a été le seul homme à qui il n'a jamais rien caché. Car il avait des secrets qu'il n'avouait à personne. Même pas à ma mère.

— On lui a souvent reproché sa férocité. A tort ?

— Il est vrai qu'il pouvait être féroce. Quand les choses n'allaient pas comme il voulait ou parce qu'il attendait peut-être trop de son interlocuteur. Alors, il avait une réaction épidermique du genre : « Ce type-là, il pousserait une porte quand il s'agit de la tirer ! » Quelquefois des mots moins aimables encore fusaient à son sujet. Mais je récuse toutes les invectives outrageantes et les grossièretés que certains chroniqueurs lui ont prêtées en voulant faire croire qu'ils savaient tout de lui. S'il prononçait parfois des expressions à l'emporte-pièce assez surprenantes et s'il aimait cultiver l'ironie, il n'était jamais blessant. Par exemple, il n'a jamais traité quelqu'un de fripouille devant nous, à plus forte raison en société, et les expressions qu'on lui a prêtées telles que « Alors, Massu, toujours aussi c... ? » ou « Juin est un fils de gendarme, il manque de culture » ne sont que des inventions méprisantes. Il avait trop de respect de la personne humaine pour se livrer à ce genre de railleries calomnieuses. Il m'a fait remarquer un jour à ce sujet, non sans un petit sourire : « J'ai remarqué que ceux qui m'accusent généralement de ne pas être assez charitable manquent toujours de charité à mon propos. »

— Il lui arrivait d'être provocateur. Admettait-il ce terme ?

— Il l'acceptait volontiers. Je dirais que la provocation était son côté déplaisant. Il démontait vos arguments en vous prenant à contre-pied pour vous déstabiliser, et lorsqu'il y avait réussi, il ne cachait pas son plaisir. A d'autres moments, il vous imposait sa volonté avec une brutalité étonnante. C'est ce qui est arrivé à Leclerc, par exemple. Débarquant en Grande-Bretagne après avoir été blessé et s'être enfui par l'Espagne et le Portugal, il se présente à lui dans ces termes : « Mon général, l'Angleterre va être envahie. Je viens pour la défendre à vos côtés. » Mon père l'écoute, puis lui répond : « Non. Avec le *curriculum vitae* que je vous connais, vous n'avez rien à faire ici. Vous partez pour Libreville. » Leclerc ne voulait pas, mais il a dû s'embarquer tout de suite pour l'Afrique équatoriale. Et une fois arrivé là-bas, il a reçu cette note comminatoire : « Qu'est-ce que vous attendez ? Allez au Fezzan ! Je vous ai donné des instructions pour que vous y fassiez un raid et vous attendez quoi ? » Je me souviens aussi de l'algarade qu'il a réservée après la libération de Toulouse à Serge Asher, dit « colonel Ravanel », dont la forme d'autorité était plutôt « milicienne ». Après lui avoir fait ranger ses bataillons pour les passer en revue, ce jeune chef de maquis FTP (Francs-Tireurs et Partisans, un mouvement d'obédience communiste) âgé de vingt-cinq ans lui reprocha de ne pas avoir dit un seul mot aimable à ses hommes qui s'étaient bien battus. A son retour à Paris mon père nous rapporta qu'il lui avait rétorqué : « Je suis venu faire honneur aux armées de la République en vous passant en revue et non pas pour tenir des propos démagogiques de cantine. »

— Pompidou disait du Général qu'il ne savait pas pardonner. N'avait-il pas raison ?

— Il n'oubliait jamais, mais il savait pardonner. Dans le cas contraire, comment aurait-il fait après la Libération ? A ce genre de critique, il répondait : « Au lendemain de la guerre, il n'y avait pas de personnage plus insulté que moi en France. Toute la presse, toute la bourgeoisie, toute l'aristocratie et, il faut le dire, une grande partie du peuple, sinon la quasi-totalité, m'envoyaient aux gémonies. Alors, où aurais-je trouvé un seul préfet, un seul ministre si je n'avais pas su pardonner ? Et par la suite, comment aurais-je pu faire un rassemblement sans pardonner ? » Je me souviens qu'un jour ma mère, qui venait de lui reprocher sa rigueur à l'égard d'un de ses aides de camp qu'elle aimait bien (était-ce Gaston de Bonneval ou Jean d'Escrienne ?), se mit à invoquer malicieusement la charité chrétienne. Alors, sans tenir compte de sa boutade, il partit sur la question du pardon en citant le cas de Weygand qui avait passé, notait-il, son temps à l'insulter, à le menacer de douze balles dans la peau, à le poursuivre de sa haine jusqu'à le radier du registre de délégation de solde. Il s'exclama pour finir : « Et voilà qu'il revient en France et que l'on a pitié de lui, et qu'il retrouve une maison militaire, c'est-à-dire un chauffeur, une voiture, un appartement de fonction, un aide de camp, un traitement qui est bien plus important que le mien puisque j'ai quitté le gouvernement provisoire de la République avec rien. Alors, qui a été le plus indulgent des deux ? » Mais il y a un moment – je l'ai déjà dit — où quand même mon père n'a pu oublier. Quand on a voulu offrir à Weygand des obsèques nationales aux Invalides. Alors là, il a lâché : « Non. On ne va pas, avec la garde républicaine, rendre les honneurs au général des vaincus qui s'en est toujours vanté. Nous aurions l'air de quoi ? » Weygand n'a donc eu droit qu'à son église paroissiale, Saint-Philippe-du-Roule, même pas à la chapelle de l'Ecole militaire, où le général Jacques Massu a eu son enterrement, comme nombre d'anciens compagnons de la Libération. Mais, n'oublions pas que mon père a gracié plusieurs membres de l'OAS qui voulaient sa peau et qui ne l'auraient certainement pas épargné s'il était tombé entre leurs mains. Il a pardonné à beaucoup d'entre eux, d'autant qu'il remarquait : « Leurs motifs n'étaient pas tous bas, même si ce qu'ils ont fait l'a été. »

— Il acceptait d'entendre dire qu'il se servait de la peur pour rassembler les Français ?

— Il ne s'est pas servi de la peur mais la peur l'a servi. Je vais vous l'expliquer. Tout de suite après la guerre, il avait pour obsession de vouloir obtenir des Français qu'ils consentent à s'adapter au temps et à se rassembler. Mais reprenant leurs vieilles querelles, ils ne cessaient de le désespérer. On l'entendait se demander : « Comment vont-ils se réformer ? Ils sont tous assis sur leurs avantages acquis en regardant l'assiette du voisin. Comment peuvent-ils faire face aux difficultés et aux menaces internes et externes suspendues sur leur avenir ? Ils passent leur temps à se chamailler et à vouloir répartir les richesses, c'est-à-dire piquer dans la poche des autres. » Un autre jour, en 1946, un peu après avoir quitté le gouvernement, je l'entends ronchonner : « Avec les Français, si vous ne leur faites pas comprendre qu'il y a parfois lieu de s'inquiéter sérieusement, eh bien ! il n'y a rien à en tirer. » Il avait l'air las et assez découragé. Peu après, il a repris : « C'est malheureusement le cas d'un peuple qui a perdu ses ambitions. Parce que jusqu'à la Révolution et l'Empire, la France avait des ambitions. On n'avait peur de rien, on voulait exporter nos idées et on y est magnifiquement parvenu. On a même réussi à propager le système métrique jusqu'en Russie. Il n'y a que les Anglais qui l'ont refusé. » Alors, chaque fois qu'il en a eu la possibilité, il a fait prendre conscience à nos concitoyens des graves dangers auxquels ils étaient exposés. C'est comme cela que l'on a prétendu qu'il s'était servi de la peur pour gouverner.

— Il a quand même appris à s'en servir dans l'armée...

— C'est vrai. Il a suivi, par exemple, les enseignements du colonel Ardant du Picq qui, à l'époque où il était lui-même à l'Ecole de guerre, considérait la peur comme le ressort de toute organisation et de toute action militaire. Qu'il ait étudié ce genre de préceptes en tant qu'officier ne fait donc aucun doute. Mais comment oser affirmer qu'il a provoqué artificiellement l'inquiétude des Français pour mieux leur imposer son pouvoir ? Ses mots sont la meilleure réplique. Ils me reviennent d'un jour de promenade en forêt, après son départ définitif des « affaires » : « J'ai actionné la corne de brume à chaque fois que les récifs approchaient. La première fois, c'était aux oreilles de Léon Blum en 1937. La seconde, c'était à la radio de Londres. Après la Libération, toutes les fois où menaçait la banqueroute ou la guerre civile. Est-ce moi qui ai provoqué l'anarchie et la chienlit pour ficher la trouille à tout le monde ? » Et il a conclu dans un ricanement après avoir donné quelques coups de pied dans un caillou qui traînait : « En fait, je n'ai toujours fait que troubler la tranquillité des Français. »

— Que disait-il du mensonge ? Vous ne l'avez jamais surpris en train de mentir ?

— Jamais. Il était assez direct. C'est une des raisons pour lesquelles il n'était pas toujours apprécié. Mais il lui arrivait de mentir par omission. Il expliquait : « Il y a des moments où il faut savoir se taire, où il faut éviter de dire à quelqu'un ce qu'il ne peut entendre. » Parfois, à une de mes interrogations ou à celle de quelqu'un d'autre en famille, ne voulant pas y répondre, il tranchait par ces mots : « Cette question n'est pas d'actualité. » Mais il ne niait jamais ce qui devait absolument être dit. S'il voulait prendre des gants avec un interlocuteur, il essayait de lui faire découvrir la vérité en l'orientant ou en le provoquant. Comme il n'aimait pas nourrir d'illusions, il se refusait à en semer autour de lui. Il n'avait d'illusions ni sur la nature humaine ni sur lui-même. C'est ce qui l'a fait paraître souvent cynique ou ingrat vis-à-vis de ses collaborateurs et même de ses proches. D'autant qu'il revêtait sa véritable nature d'une couche épaisse de pudeur qui aurait pu passer pour de la dissimulation. « Tout homme a une armure, me déclara-t-il un jour, mais la plupart ne savent pas la porter. » Pas plus que je ne l'ai vu autrement qu'en complet trois pièces ou en uniforme dès qu'il sortait de sa chambre, je ne l'ai vu sans cette armure. Peut-être n'a-t-il fait qu'une exception : lors de la disparition du sous-marin *Minerve*, le 27 janvier 1968. Les commentaires qu'il m'a faits à ce sujet témoignaient d'une grande émotion et contredisent l'indifférence que lui ont faussement prêtée quelques journalistes. Rappelons qu'après avoir assisté à la messe des morts sur la place d'armes de Toulon et rencontré les sous-mariniers et leurs familles, il a tenu à effectuer une sortie en mer pour plonger à bord du sous-marin *Eurydice* du même type que le bateau perdu. Une autre fois, il a fait aussi cette réflexion : « Chacun doit jouer son rôle dans la pièce, chacun à sa place et à sa manière là où il se trouve, avec ses facultés, ses connaissances, sa force, sa faiblesse, son travail. Il ne s'agit pas de se sauver en coulisse. Il faut affronter le public jusqu'au bout. Même s'il vous est hostile. » Et il m'a répété ce qu'il disait souvent : « Moi, je joue la tragédie. »

— Des témoins l'ont vu pleurer à plusieurs reprises, parfois « éclater en sanglots », ont-ils affirmé. Vous-même, jamais ?

— Ceux qui l'ont vu pleurer et qui plus est éclater en sanglots et sortir son mouchoir, comme on l'a décrit, par exemple, devant Mme Leclerc après la mort de son mari ou à l'arrivée d'un train de rapatriés de Ravensbrück, avaient sans doute oublié leurs lunettes. J'ai vu mon père éprouver les plus profondes tristesses, croyez-moi, et jamais je ne l'ai surpris en train de pleurer. S'il l'a fait un jour, c'est en dehors de la présence d'un tiers. Peut-être a-t-on pu apercevoir parfois que ses yeux brillaient plus qu'ils n'auraient dû, mais c'est tout. N'en concluons cependant pas pour autant encore qu'il manquait de sensibilité. Il en avait souvent plus que ceux qui lui reprochaient de ne pas en avoir. Ceux qui lui ont donné un cœur sec étaient d'ailleurs les mêmes qui le voyaient répandre des flots de larmes sans avoir peur de se contredire. Il disait d'eux : « Ils ne recherchent que le détail croustillant qui fait pleurer Margot. » Combien de fois a-t-il secouru quelqu'un de la famille, même très éloigné, sans en avoir été sollicité ? Combien de fois lui est-il arrivé, à la lecture de quelque correspondance ou à l'audition de quelque explication, d'envoyer un chèque à un inconnu pour l'aider dans une mauvaise passe, au risque, sans doute, de se faire escroquer ? Souvent, ma mère observait : « Mais enfin, Charles, ne pourriez-vous pas vous assurer de la sincérité de cette personne avant de lui adresser de l'argent ? » Il la rabrouait gentiment en lui répondant qu'il avait bien le droit de faire une bonne action de temps en temps, « même par naïveté ».

— Parce que votre mère n'en faisait jamais ?

— Si, bien sûr. Par exemple, une fois, je l'ai vue se rendre à Colombey chez une vieille postière auxiliaire jamais titularisée et dont la retraite était misérable. Mais ces beaux gestes, elle les faisait toujours avec timidité et un peu en cachette pour ne pas risquer de froisser les gens. Les associations et les religieuses hospitalières recevaient sa visite avec beaucoup de discrétion, car elle détestait la charité ostentatoire. Je me souviens qu'elle m'a demandé un jour de l'accompagner au Quartier latin où elle devait rendre visite à une petite institution tenue par des bonnes sœurs. C'était en 1950. J'ai compris un peu plus tard la raison de cette invite. Il s'agissait d'un foyer pour enfants sourds-muets âgés de quatre ou cinq ans. Quand nous sommes arrivés, une des religieuses s'est mise au piano et a commencé à en jouer. Le spectacle était poignant. D'un seul coup, tous les gamins se sont agrippés au piano et ont appliqué leur oreille sur la caisse pour essayer d'entendre quelque chose. En vain. Alors, l'un après l'autre, ils se sont relevés, dépités, tristes. Ma mère était émue au possible. Oh ! elle gardait tout pour elle, mais son silence était éloquent. Elle s'attendait à cette scène. Voilà pourquoi elle n'avait pas voulu être seule.

— Est-il arrivé à votre père de faire des visites privées dans quelque collectivité hospitalière ?

— Jamais. A moins qu'il y eût des blessés de guerre. Il préférait plutôt rencontrer un malade en particulier pour lui apporter le réconfort. C'est ce qu'il faisait parfois avec son voisin direct, à Colombey, le père Consigny, un cultivateur qui avait été blessé à la guerre de 14. Il avait reçu une balle dans l'épaule et avait un bras pratiquement mort, ce qui évidemment le gênait beaucoup pour manier la fourche. Il entassait son fumier près de notre grille d'entrée. Ma mère protestait : « Mais enfin, Charles, ne pouvez-vous pas lui demander de cesser de nous empester ? » Mais mon père refusait de contrarier son vieux voisin. Il voyait d'année en année la sclérose gagner ce malheureux (il a fini par mourir d'une embolie) et il en était attristé. Quand il revenait de le visiter, on l'entendait soupirer : « Ce pauvre Consigny a encore baissé. » L'un de ses fils voudra se joindre aux jeunes gens du village qui porteront mon père au cimetière. Le facteur aussi était un mutilé de la Grande Guerre. Un gantelet de cuir enveloppait sa main gauche. Quand il croisait mon père sur son chemin, il descendait de son vélo et ils discutaient ensemble de la forêt. Braconnier à ses heures, il la connaissait mieux que quiconque. Mon père le plaignait beaucoup : « Quand je pense, déplorait-il, qu'il doit faire trente kilomètres par jour à bicyclette par tous les temps ! » Lorsqu'il apprenait qu'un vieil habitant de Colombey malade était sur sa fin ou presque, il allait chez lui alors qu'il ne le connaissait pas ou peu. Il ne se rendait jamais chez personne autrement.

— Il donnait pourtant plutôt l'impression de considérer les petites gens avec hauteur...

— Il avait au contraire un grand sens de la misère populaire. Il l'avait connue dans le Nord pendant son enfance, où, comme chrétien, on lui demandait d'y prêter attention, et plus tard, comme simple soldat, où il avait approché le monde de la mine dont je rappelle que son beau-frère et deux de ses frères étaient ingénieurs. Il se souvenait qu'à l'époque, la plupart des manœuvres étaient payés à la journée, et qu'en cas de maladie de l'homme, c'était le dénuement pour toute la famille. Plus tard encore, comme officier subalterne, il a vu la pauvreté de très près en côtoyant les gens de la tranchée. « C'est dans la boue, assurait-il, que l'on mesure mieux le sens de l'abnégation et du courage des hommes attachés à la glèbe. » Je me souviens de sa réflexion, un jour où, adolescent, il m'avait emmené au musée de l'Armée aux Invalides et que nous nous étions arrêtés devant un grand tableau qui représentait une des batailles de l'Empire. Je pensais qu'il allait me tenir des considérations tactiques sur l'artillerie ou sur la cavalerie. Pas du tout. Il a murmuré comme seulement pour lui-même : « Voilà tous ces pauvres types qui sont en rang, tous ces malheureux qui vont se confronter en bataille et dans quelques minutes beaucoup seront par terre, hachés par l'artillerie, tués, estropiés, piétinés par les chevaux. » Et se tournant vers moi : « Imagine-toi le pauvre fantassin russe serré contre son voisin, avec son fusil à un coup et sa baïonnette, qui voit arriver sur lui une charge de six mille cavaliers français. » Il se retrouvait à Douaumont à pied ou en Pologne, à cheval, contre les Russes. Toute sa vie, les misères de la guerre l'ont hanté.

— Devant la mort des autres, son extrême sensibilité n'étonnait-elle pas sa propre famille ?

— Parfois, oui. Je me souviens, par exemple, du jour où, alors qu'il commandait un bataillon de chasseurs en Rhénanie, nous l'avons vu arriver à la maison avec un brassard noir au bras gauche. Personne n'était mort dans la famille. Frappée, ma mère regardait sa manche comme si elle y avait vu un accroc. Il nous a alors expliqué qu'il avait décidé de porter le deuil d'un de ses jeunes troupiers qui venait de mourir d'une congestion pulmonaire parce que c'était un enfant trouvé et que personne d'autre n'aurait pu accomplir ce geste à sa place. Nous verrons ce brassard pendant près de six mois. De même le verrons-nous après la mort d'un gendarme qui fut tué accidentellement alors qu'il était de garde à La Boisserie. Il marqua de la même façon, pendant six mois, la mort de ses frères Xavier et Pierre. On vit aussi sa manche garnie de ce signe de deuil pendant un mois après la disparition tragique des sous-mariniers du *Minerve*. Je me souviens encore de son attitude au moment du décès de son propre père survenu peu après son retour du Liban en mai 1932. Je n'avais jamais entendu parler de la mort ainsi. Je sentais qu'il souhaitait m'apprendre à la connaître afin de moins m'en effrayer. Il est allé à plusieurs reprises à son chevet à Sainte-Adresse et quand il en est revenu, la dernière fois, il a tenu à me donner cette explication : « Ton grand-père est mort. Il s'est éteint comme une lampe. La vie finit ainsi. » Et puis, plus tard : « Avant de nous quitter, il avait presque un sourire en nous murmurant : "Ce n'est pas grand-chose pour un chrétien de mourir. C'est une chose normale. Ce n'est pas triste." » Et il a encore ajouté : « Il a dit qu'il sentait le froid qui lui montait par les pieds. » Il a été également très atteint par la mort de son frère Jacques qui était devenu paralysé au lendemain de la guerre de 14-18. Je l'avais souvent entendu évoquer son sort injuste. « Quand je pense, déplorait-il, qu'il avait quatre fils, qu'il commençait son métier, qu'il était grand et fort et qu'il était le mieux bâti des quatre ! » C'est au retour de mon stage de pilotage aux Etats-Unis qu'il m'annonça que mon oncle Jacques était en train de mourir et que je devais aller le voir. Lui était bloqué chez lui par je ne sais quelle obligation. Il s'efforçait toujours d'être là au moment du décès d'un proche, et cette absence lui pesait comme s'il avait mal agi. Ce jour-là, je me suis rendu compte qu'il pouvait être la proie du remords. J'ai également saisi à quel point sa sensibilité était grande à l'égard des veuves.

— Des veuves seulement ou des femmes en général ?

— De la femme et en particulier de la veuve. Il m'exposa à ce sujet : « L'homme a un accomplissement qui est presque matériel ou idéologique. C'est l'aventurier de la vie et le fabricant d'un monde. Il passe et s'en va. Alors, reste la femme, la veuve, avec tout sur les épaules, les chagrins, les charges, les enfants, la succession. C'est elle la continuité de l'humanité dont elle a la charge par nature, c'est elle qui en est la sensibilité la plus profonde. » S'il était sensible à la douleur d'autrui, c'était surtout celle de la femme qui l'émouvait. Ainsi ne pouvait-il pas supporter d'en voir souffrir ou manquer de la sécurité ou de la protection à laquelle sa nature lui donnait, estimait-il, un « droit intangible ». Une anecdote est, à ce propos, très significative. La scène se passe en Allemagne, à Munich où Adenauer l'a invité. Sur la place noire de monde qui attend son discours, deux femmes sont poussées par la foule contre la vitrine d'une boutique qui se brise et elles sont projetées à l'intérieur. Alors, mon père se penche vers l'interprète et l'avertit : « Deux femmes, là-bas, viennent d'être blessées. Une glace s'est effondrée sur elles. Il faut leur porter secours. » Ces femmes n'avaient heureusement été que légèrement blessées. Ayant appris que mon père s'était inquiété d'elles, elles lui ont apporté un petit bouquet de fleurs, le lendemain, alors qu'il allait quitter la ville. L'attention qu'il portait tout particulièrement aux femmes fragilisées en surprenait plus d'un. Je me souviens notamment de sa délicatesse pour ma propre femme lorsqu'elle attendait notre premier fils. Se souciant toujours de son état et de son confort. « Ce fauteuil vous convient-il ? Dans celui-là, ne seriez-vous pas plus à l'aise ? » Ou après le dîner, à ma mère qui bavardait avec elle : « Yvonne, il se fait tard, peut-être qu'Henriette est fatiguée et désire rejoindre sa chambre. » Ou bien encore, s'inquiétant de la présence du chien-loup qui risquait de la faire tomber en gambadant. Jamais je n'ai vu pareille attitude chez d'autres hommes. Jugeant avec le recul, Henriette m'a fait remarquer une fois : « Bien que généreuse, ta mère n'avait pas avec moi les mêmes prévenances. »

— Est-il vrai qu'il aimait les animaux à un point tel qu'il se refusait à retrouver les volailles de La Boisserie dans son assiette ?

— Absolument. Quand on en servait à table, il s'inquiétait de savoir si elle n'était pas l'une de celles qu'il voyait dans le poulailler lors de ses promenades. Alors ma mère l'assurait aussitôt du contraire. Mais, comme chacun sait, une poule vit un certain temps, et quand elle ne pond plus, on la mange ; il arrivait donc de temps en temps qu'elle finisse dans la casserole de La Boisserie. Soupçonneux, il questionnait encore : « Vous êtes bien sûre que ce n'est pas une des poules que j'ai vues hier ? » Imperturbable, ma mère répondait : « Non,

non. Je l'ai achetée à Paris en venant (ou bien à Chaumont). » Et Honorine avait des consignes. Pas un mot sur l'origine des poulets, des lapins ou de la viande de mouton qu'elle cuisinait. De même qu'à l'époque où il allait à la chasse, il ne gardait jamais son gibier pour lui. Il aimait bien en manger, mais à condition de ne pas l'avoir tué lui-même ou de ne pas l'avoir vu tuer par quelqu'un à côté de lui. Il n'aimait pas plus être convié à admirer, à la fin d'une chasse quelconque, le tableau des animaux morts, étalés sur le sol devant les tireurs satisfaits. Il détestait ce genre de scène. Jamais il n'aurait permis que l'on chasse les oiseaux à La Boisserie, encore qu'il lui soit arrivé de tirer sur des corbeaux pour les éloigner des pruniers ou du grand cerisier qui, devant la fenêtre de la bibliothèque, donnait de si beaux fruits en saison. Mais il avait peur que ces coups de fusil en appellent d'autres et que des plombs n'atteignent ma sœur Anne qui vaguait n'importe où, dans le jardin, l'été venu. Je me souviens qu'il m'a confié au cours de mon enfance, qu'enfant lui-même, il a regretté d'avoir tué un petit oiseau pendant des vacances à La Ligerie, la modeste propriété de son père en Dordogne : « Il était perché sur une branche, m'a-t-il raconté, je l'ai visé avec une carabine à air comprimé et, à ma grande surprise, il est tombé. J'en étais désolé. » Nous avons toujours eu des bêtes à La Boisserie, soit un chat, soit un chien, soit les deux à la fois. Nos chiens, des corgis pour la plupart, s'appelaient Rase-mottes ou Hélice, selon la fantaisie du moment, et les chats, Gris-Gris ou Poussy. Mon père avait de la considération pour eux. Il veillait à ce qu'ils eussent toujours à boire et à manger. Parfois, il s'inquiétait : « Mais où est donc son panier ? Ah ! il est derrière le fourneau. » Ou bien : « Yvonne, ce chien a faim. Qu'attend-on pour remplir sa gamelle ? » Nous avons même eu le rejeton d'un des chiens-loups de Hitler qu'un ancien de la 2e DB nous avait rapporté de Berchtesgaden. Un jour, j'entendis mon père morigéner le commandant de Bonneval qui, essayant de dresser cette bête particulièrement rétive, lui avait donné devant lui un coup pas bien méchant sur le train arrière. « Cessez donc de martyriser ce chien ! » lui intima-t-il sur un ton exagérément bourru. Nous avons eu aussi en pension un poney qui s'appelait Poly et un cheval du nom de Léopard. Il se méfiait beaucoup du poney à cause des enfants parce que tout en ayant l'air pacifiques, observait-il, ces animaux mordent, et sévèrement. Une fois, Poly se mit à hennir d'un air si désespéré qu'il s'en soucia. Quittant son travail, il alla le voir. Ma mère le retrouva à l'écurie. Il essayait de calmer Poly en lui caressant l'échine. Cela dura un bon moment. Un agneau offert par je ne sais quel visiteur étranger est également resté avec nous pendant deux ans pour la grande joie de nos progénitures.

— Comment pouvait-il souffrir la présence de toutes ces bêtes, lui qui aimait tellement la tranquillité et le silence ?

— Il était content de voir tous ces compagnons à quatre pattes, mais il ne fallait pas qu'ils l'encombrent. Il considérait leur environnement comme plaisant à condition que chacun demeurât sur son propre territoire. La place d'une poule n'était donc pas dans la maison et celle du chien pas sur un fauteuil, mais sur le tapis. Toute bête était également interdite dans la salle à manger où l'on était évidemment tenu de ne rien lui donner si elle avait réussi à s'y introduire. « Chacun à sa place, énonçait-il, car chacun joue un rôle différent. » Quand un chien aboyait – ce qui l'aurait fait immédiatement expulser de la maison – il statuait : « Il a joué son rôle de chien. » Il lui permettait de dormir à ses pieds dans le salon, mais jamais sur ses genoux. Et la porte de son bureau était irrémédiablement fermée à tout animal, même le plus silencieux. Mon père préférait les chiens qui sont plus dévoués et ma mère les chats « malgré leur égoïsme foncier », admettait-elle. Je me souviens notamment de son attachement pour Poussy, un chartreux, celui dont Malraux a dit pour plaisanter qu'il était certainement gaulliste. Et comme mon père, elle estimait qu'il leur était interdit de dépasser leurs frontières. Un soir, Poussy est entré dans ma chambre et s'est installé sur mon couvre-pied. Passant par là, elle a vu l'objet du délit. Elle a chassé le chat et s'est exclamée : « Pas d'animaux sur ton lit. Une femme encore, et à la rigueur ! » C'est une des rares fois où je l'ai entendue prononcer quelque chose d'équivoque.

15

LE BRAS DE FER AVEC CHURCHILL

« Sans lui ma tentative eût été vaine. »

Mémoires de guerre.

L'affaire Muselier qui éclate le 1er janvier 1941 est le premier différend grave entre le Général et Churchill. Il y en aura d'autres. Mais celui-là leur a fait friser le divorce. On redoute même pendant un moment l'effacement complet du chef de la France Libre. Quelle explication lui donnait-il avec le recul ?

— Quand la nouvelle de l'arrestation par les Anglais du vice-amiral Emile Muselier, commandant les Forces navales françaises libres, nous parvient en rade de Portsmouth où j'ai commencé ma formation d'officier de marine, promotion 1940, à bord du bâtiment-école *Président Tissier* et des goélettes *Etoile* et *Belle Poule*, nous sommes stupéfaits. Nous comprenons alors pourquoi cet amiral, qui nous paraît si sympathique avec sa faconde et sa gentillesse, n'est pas venu passer Noël avec nous, préférant se faire remplacer par son chef d'état-major, le capitaine de vaisseau Moullec qui nous a d'ailleurs quittés précipitamment en pleine fête. Comment le SI/M16 (contre-espionnage militaire britannique) a-t-il pu accuser Muselier d'avoir fourni à Vichy des renseignements sur les préparatifs de l'expédition de Dakar et projeté de négocier avec Darlan la rétrocession de notre *Surcouf*, le plus grand sous-marin du monde ? Il est vrai que si ce marin est compétent, la réputation qu'il a laissée derrière lui est contestée. Son arrivée à Londres, à la fin de juin 1940, est loin d'avoir enthousiasmé mon père. Il m'avait confié à l'époque : « Ai-je le choix ? Tout le monde se défile. Je ne vais pas faire la fine bouche. » On sait combien il défendit aussitôt l'honneur du vice-amiral, jusqu'à menacer de rompre tout lien entre la France Libre et la Grande-Bretagne s'il n'était pas immédiatement libéré. Ce qui fut fait avec les excuses des Britanniques après avoir reconnu leur erreur.

— On a pourtant dit qu'il l'avait défendu avec mollesse et même qu'il n'était pas fâché de le voir en prison...

— On a eu tort. Muselier avait ses défauts mais il avait bien mené son affaire. Si l'on devra émettre beaucoup de réserves sur sa propension à constituer une coterie à Londres plutôt qu'à inspecter ses forces et à prendre la mer, grâce à son action dans l'immédiat les Forces navales françaises libres commençaient à constituer un ensemble cohérent et efficace. Pourquoi le Général aurait-il voulu se priver du seul amiral qui l'avait rallié parmi la soixantaine que comptait la marine française ? J'attendrai octobre 1941 pour avoir, de la part de mon père, une brève explication sur cette affaire qui vient de se terminer. Notre cours fini, les nouveaux promus de l'Ecole navale que nous sommes sont alors convoqués à Londres par le vice-amiral Muselier qui tient à nous voir chacun brièvement. Mais curieusement, je suis le seul à être omis dans les présentations. Je pense alors que, le hasard m'ayant placé en dernier, il n'a pas eu le temps de me recevoir. Le même soir, je m'en ouvre à mon père à l'hôtel Connaught où je logerai moi-même pour la nuit. Il hoche la tête : « Ton amiral cherche à me nuire par tous les moyens. Dernièrement, je l'ai invité à faire partie du Comité national français de libération et du haut comité militaire, et il a refusé. » Je saurai bien plus tard qu'il s'était procuré mes trois ou quatre plus mauvais travaux afin de pouvoir s'en servir en cas de besoin... En vain, car je sortirai finalement dans le premier tiers. C'est le lendemain seulement que mon père en fera des commentaires. J'ai rejoint mes parents à la villa Rodinghead, à Berkhamsted, au nord-ouest de la capitale, où ils viennent d'emménager au début d'octobre 1941. Le lieu est agréable. Il est connu pour son parc d'Ashridge et le château que Robert, frère de Guillaume le Conquérant, y a fait construire. Ainsi se sont-ils rapprochés à la fois de la capitale et d'Acton Burnell où Elisabeth a fait sa rentrée chez les Dames de Sion. Je n'avais pas revu ma sœur depuis l'automne 1940. Nous marchons, mon père et moi, dans ce beau parc légèrement vallonné, planté de chênes clairsemés et couvert de fougères qui entoure cette gentilhommière de trois étages de style tudorien. Revenant brièvement sur le cas Muselier, il me révèle : « Après maintes supputations, j'ai maintenant la conviction que Vichy ou bien encore nos services ne sont pour rien dans le montage de cette mauvaise histoire. Elle est le fait des Britanniques qui veulent nous coller sur le dos l'entière responsabilité du fiasco de Dakar [septembre 1940]. Churchill le nie mais je ne le crois pas. » Et après un silence lourd de pensées : « En tout cas, tout cela n'arrange pas mes rapports avec Churchill et avec ton amiral. » Je n'en saurai pas davantage ce jour-là. J'ai compris qu'il ne tenait pas à charger devant moi mon supérieur direct.

— Deux mois après, c'est le divorce d'avec Muselier et une nouvelle crise avec Churchill. Le Général ne la considérait-il pas comme la plus grave qui l'ait opposé au Premier Ministre britannique ?

— Difficile à dire. Celle qui allait les mettre de nouveau aux prises à cause de la Syrie et du Liban, et celle qu'il devra également affronter plus tard en Algérie à cause de Darlan et de Giraud ont aussi revêtu un caractère d'extrême gravité. Mais les conséquences de l'affaire Muselier ont certainement plus atteint mon père dans la mesure où l'avenir même de la France Libre et de son combat était en jeu. « C'était un conflit entre nous, c'est-à-dire entre Français devant des étrangers, sur le sol étranger, et cela m'a fait très mal », m'a-t-il avoué plus tard. Que s'est-il passé ? Tourmenté par son goût de l'intrigue, Muselier ne s'est pas consolé de n'avoir pas été le fondateur des Forces françaises libres et d'avoir été précédé par un général de Gaulle sensiblement plus jeune que lui. Autour de lui, tourne une faune antigaulliste de Français de Londres, parmi lesquels quelques intellectuels de gauche dont, encore une fois, André Labarthe, qui sévit souvent à la BBC et passe pour être un agent des Soviétiques. Ces gens abhorrent les militaires en général et le chef de la France Libre en particulier. « Ils m'accusent d'autant plus de fascisme, fait savoir mon père, qu'ils craignent d'avoir à revêtir l'uniforme pour se battre. » Moullec, dont les opinions communistes sont également connues, mène la danse, et les membres du Foreign Office hostiles au chef de la France Libre se délectent du spectacle, à commencer par Sir Alexander Cadogan, secrétaire permanent de cette institution, qui glose en coulisse, entre autres amabilités, que « de Gaulle est comme un ananas : gros corps et petit sommet piquant ». Il manifestera jusqu'à la fin de la guerre un antigaullisme qui confinera parfois à la haine.

— D'où lui vient cette hostilité ?

— De ses amitiés avec les anciens membres du Quai d'Orsay devenus vichystes, et surtout d'une antipathie personnelle. Le 23 septembre, Muselier reçoit une lettre comminatoire du Général qui caractérise assez bien l'affaire pour que je la cite en partie : « Je vous ai demandé de faire partie du Comité [français de libération] avec la direction de la marine militaire et de la marine marchande. J'ai proposé à M. Labarthe d'y entrer avec l'action politique et l'information... Vous êtes alors venu me trouver avec M. Labarthe pour me dicter vos conditions. Comme je les ai refusées, vous m'avez tous deux déclaré que je n'ai pas à compter sur votre concours. Cela était votre droit. Mais vous êtes sorti de votre droit et de votre devoir quand vous m'avez notifié votre décision de vous séparer de la France Libre et d'en séparer la marine [...]. Tenant compte de vos services passés [...] j'attendrai votre réponse jusqu'à demain 24 septembre à 16 heures. Passé ce délai [...] je prendrai les mesures nécessaires pour vous mettre hors d'état de nuire. » Muselier se soumet. Mon père croit qu'il en a terminé. Quand je le revois à Londres, lors de ma dernière permission avant mon stage à l'école de canons de la Royal Navy, après avoir passé Noël 1941 avec mes deux sœurs à Berkhamsted, il m'avoue sa satisfaction : « J'ai envoyé Muselier loin d'ici, à Saint-Pierre-et-Miquelon, afin d'obtenir le ralliement de la population en dépit de l'opposition de Roosevelt et de Churchill. Enfin il ira en mer ! Ça va l'oxygéner un peu. J'espère seulement qu'il n'en profitera pas pour grenouiller avec Ottawa. » Hélas ! l'« oxygénation » n'a pas réussi. « A cause des Anglais. »

— Des Anglais ?

— A cause des Anglais. Mon père en est

convaincu. Churchill veut mettre Muselier à sa place. Il le sent plus malléable, plus commode à influencer. « Certaines fois, disait-il de Churchill, il aurait préféré avoir affaire au diable plutôt qu'à moi. » Après son retour de Saint-Pierre-et-Miquelon en février 1942, Muselier claque la porte du Comité et en appelle à ses amis anglais du Foreign Office et de l'Amirauté pour « débarquer » de Gaulle. Anthony Eden, secrétaire d'Etat du Foreign Office, vient alors demander officiellement au Général, de la part de Churchill et du gouvernement britannique, de rappeler l'amiral à la tête des Forces navales françaises libres. C'en est trop pour mon père. « Quand j'ai vu entrer Eden avec le patron de l'Amirauté, se souvenait-il, j'ai dû retenir ma colère. J'avais beaucoup d'estime pour lui et ne voulais pas rompre. Ce qui me blessait par-dessus tout, c'est qu'un Français ait osé demander l'intervention des Anglais pour régler ses comptes avec moi. » Pis, se croyant le seul maître de la marine française libre, Muselier envoie des messages dans tous les ports pour commander aux équipages de mettre « sac à terre » par solidarité à son égard. En fin de stage et pour des raisons médicales graves, je me retrouve moi-même au même moment dans l'obligation de débarquer de la corvette *Roselys* au grand embarras de mon commandant, le capitaine de corvette Bergeret, qui craint que ce débarquement ne m'implique dans l'affaire Muselier dont j'ignore tout. Cette mutinerie sera du reste éphémère et ne touchera guère de monde. Mais quelques jours auparavant, mon père a remis à trois de ses collaborateurs, André Diethelm, René Pleven et François Coulet, un acte solennel leur notifiant que si d'aventure le général de Gaulle quittait la tête de la France Libre, la France devrait comprendre que « c'est parce que mon devoir m'interdit d'aller plus loin. Elle choisira sa route en conséquence. Les hommes passent. La France continue ».

— Aurait-il été jusqu'à abandonner sa charge ?

— Je le pense sincèrement. En attendant, fidèle à sa tactique habituelle, il laisse ses adversaires dans l'incertitude. Le 18 mars 1942, ma mère le voit arriver à Berkhamsted. A son grand étonnement, car il n'était pas prévu qu'il viendrait la rejoindre en milieu de semaine. Elle se souvenait : « Avant même qu'il ne consente à desserrer les dents, j'ai tout de suite compris que la situation était sérieuse. Il donnait l'impression d'un homme arrivé à la croisée des chemins, en attente, mais déterminé. Il m'a dit laconiquement : "Bientôt, nous serons en Afrique." » Cette menace s'adressait à Churchill lui-même. Cela voulait signifier : « Vous avez misé dès le départ sur le général de Gaulle dont vous avez reconnu l'énergie, le patriotisme et la valeur de combattant. Mais aujourd'hui, l'envergure politique croissante qu'il est en train d'acquérir commence à vous gêner. Vous cherchez donc en sous-main d'autres solutions, éventuellement plus commodes. Un homme dont le rôle se cantonnerait à n'être que le commandant d'un contingent français à vos côtés. Vous êtes donc en train de rompre le contrat qui nous lie. »

Il me confirmera : « Churchill ne se l'est pas fait dire deux fois. Il a tout de suite vu qu'il y perdrait au change. » Le 23 mars, le gouvernement britannique fait savoir qu'il renonce à soutenir Muselier. Le lendemain, de retour à Londres, mon père salue au micro de la BBC les raids victorieux de Leclerc au Fezzan et au Tchad. Le jour même, Muselier quitte définitivement les Forces navales françaises libres en refusant le poste d'inspecteur général qu'on lui offre pour lui conserver un statut de haut niveau. En 1943, on le retrouvera aux côtés du général Giraud en Algérie, où il fera poursuivre et arrêter les marins qui veulent rejoindre nos forces. Après la Libération, il adhérera au parti communiste et publiera un livre dans lequel il déversera sa haine contre de Gaulle. « Dommage, m'avouera mon père après la guerre. C'était un genre de Cyrano. J'aurais bien voulu l'aimer. » Encore une fois, le navire de Gaulle-Churchill a pris de la gîte mais n'a pas coulé.

— L'affaire de la Syrie et du Liban en 1941 n'allait donc pas non plus se passer toute seule entre le Général et Churchill. Mais d'abord, votre père n'a-t-il pas exagéré la menace allemande au Levant pour inciter les Anglais à intervenir avec lui dans cette région ?

— Ce sont les nostalgiques du vichysme qui ont défendu cette thèse après la guerre. Mon père tenait ces propos à leur sujet : « Ils ont tout intérêt à essayer de faire accroire que les Français Libres sont intervenus en Syrie dans le seul but d'en découdre avec l'armée de [du général vichyssois]

Dentz. » L'Histoire est également là pour répondre. Au début de 1941, les Allemands réduisent la Yougoslavie tandis que les Anglais (qui ont encore des forces en Somalie, en Erythrée et en Ethiopie dont ils viennent de chasser les Italiens) ont dû rembarquer en Grèce et en Crète et refluent sans cesse devant l'Afrikakorps en Libye. Pas question donc pour eux d'ouvrir un autre front d'opérations. « Ils préfèrent tout d'abord ménager Dentz avec lequel ils entretiennent des relations neutralistes, se souvenait mon père, au contraire du général Catroux qui, mandaté par moi, n'a jamais pu obtenir de lui la moindre réponse. » Bien qu'il n'ait aucune illusion sur le Liban de Vichy et ne se gêne pas pour le dire à Churchill, il n'y a aucun litige avec lui à ce stade. Mais voilà que la signature de l'accord Darlan-Hitler, les 11 et 12 mai 1941, laisse les mains libres aux Allemands en Syrie. L'arrivée de mille cinq cents de leurs agents dans ce pays et en Irak, où ils fomentent un coup d'Etat, est aussitôt signalée par les services secrets. « Dès lors, analysait-il encore, avant même qu'on puisse prévoir l'invasion hitlérienne de l'URSS un mois après, invasion qui ira jusqu'au Caucase, l'équilibre précaire du Moyen-Orient se trouve gravement menacé. Les Britanniques sont contraints de lever cette hypothèque que le Levant de Vichy constitue dans le dos de leur front du canal de Suez et qui risque même de déstabiliser la Turquie. » Profitant d'une accalmie en Egypte, ils décident alors de régler son affaire à Dentz. Ce qui faisait conclure mon père ainsi : « Je ne peux alors évidemment pas les laisser faire seuls, faute de perdre le mandat de la France sur les Etats du Levant, nos droits internationaux sur le tiers du pétrole irakien et surtout de créer un précédent grave pour l'ensemble des territoires sous notre responsabilité en fournissant le premier brin pour dévider toute la trame de la souveraineté française dans le monde. » J'ajoute que c'est grâce aux services secrets de la France Libre que les Anglais apprendront – ce qui n'a jamais été révélé dans toute son ampleur – l'importance de l'engagement de Vichy à l'égard de l'Allemagne au Levant.

— Engagement démenti par Vichy et minimisé après coup par les historiens...

— Personne ne peut décemment démentir aujourd'hui que Darlan, qui revient – répétons-le – de rencontrer Hitler à Berchtesgaden, accorde aux Allemands le passage par la Tunisie et la Syrie et fait livraison aux Irakiens, sur les stocks de Vichy et dans le dos des Alliés, d'une grande quantité d'armements, de munitions et de carburant qui arrivent dans cinquante-six camions et nombre de wagons. D'autre part, l'aviation allemande est autorisée par le même amiral félon à atterrir à Rayak et à Alep en Syrie, à Bizerte et à Dakar. Devant ces informations (qu'il vient de transmettre au War Office, à Londres), mon père obtient alors de faire la reconquête des Etats du Levant aux côtés des Anglais. Ces derniers l'acceptant d'autant mieux qu'ils ne peuvent dégarnir trop d'effectifs d'Egypte, qui seraient très insuffisants sans les Français Libres malgré leur déplaisir de risquer ainsi de mettre en cause la prédominance anglaise au Moyen-Orient. Le 7 juin 1941, venant de Palestine et de Transjordanie, les forces britanniques par la côte et les forces françaises libres par l'intérieur, précédées du drapeau blanc, pénètrent au Liban et en Syrie. Le 21, les Français Libres entrent à Damas les premiers – « et non les Anglais, comme on s'obstine à le prétendre », tenait à préciser le Général – et le 7 juillet à Beyrouth. Mon père est partagé entre la joie et la colère : les combats fratricides entre Français ont fait près de six cents tués et blessés parmi les gaullistes et un millier chez les vichystes. Mis dans l'impossibilité de rallier les Français Libres, vingt-cinq mille hommes de Dentz, officiers en tête, ont préféré quitter le Levant pour l'Afrique du Nord où ils pourront continuer à assister, l'arme au pied, au déroulement de la guerre contre l'Allemagne après s'être battus contre d'autres Français. Sur le quai, un détachement anglais avec musique leur rend les honneurs aux accents de *La Marseillaise* ! Ecœurés, les Français Libres présents ne peuvent que tourner ostensiblement le dos. Quand je revois mon père, un mois plus tard, en octobre, dans le parc d'Ashridge qui embaume la fougère, il est encore tout retourné par cette véritable guerre civile. « Pense, me révèle-t-il entre autres avec irritation, en regardant sans la voir ma sœur Anne qui se promène sous les chênes au bras de Marguerite Potel, que Dentz a fait venir des renforts aériens par les bases allemandes de Grèce et des troupes de l'armée de Vichy en France par des bâtiments de guerre. Et tout ce monde s'est battu pour le roi de Prusse ! »

— Les archives anglaises affirment que Churchill n'avait pas pour dessein d'exclure les Français du Levant. Pourquoi le Général pensait-il le contraire ?

— On ne va pas réécrire l'Histoire. A partir du moment où les Français Libres ont remis les pieds en Syrie et au Liban, les Anglais n'ont cessé de les contrer en excitant les populations locales contre eux. Indéniablement, ils veulent prendre notre place dans ces territoires sous mandat français. Ils plantent leur drapeau partout et il faut même, à plusieurs reprises, les menacer localement de la force des armes pour les empêcher de piétiner notre souveraineté. J'ai demandé à mon père s'il aurait donné l'ordre d'ouvrir le feu. Il m'a répondu : « Que ferais-tu si un homme armé t'empêchait d'entrer chez toi ? » Les frictions de Catroux avec le général Spears, qui les suit, lui et mon père, partout, « comme un teckel une chienne », raillait-il, et avec Oliver Lyttelton, le représentant permanent de Churchill au Proche-Orient, seraient trop longues à décrire ici. Et puis survient l'affaire de Madagascar. Les Anglais y débarquent le 5 mai 1942 à Diégo-Suarez sans en avertir de Gaulle et prétendent interdire l'accès de l'île à la France Libre qui devra attendre six mois, après de multiples coups d'estoc avec Washington et Londres, avant de pouvoir y remplacer l'administration de Vichy. Le 27 mai, mon père stigmatise dans une conférence de presse l'accord que les Américains viennent de signer avec l'amiral Robert, haut-commissaire de Vichy à la Martinique, ou plutôt, rectifiera-t-il, avec « M. Laval, c'est-à-dire, en dernier ressort, M. Hitler ». Partout donc il est obligé de guerroyer pour contrer les projets hégémoniques des Anglo-Saxons dans nos colonies. Survient également son interview au *Chicago Daily News* dans laquelle il accuse l'Angleterre de double jeu avec Vichy. Il faut naturellement faire la part des amplifications de la presse américaine, mais Churchill est fou de rage.

— C'est alors qu'intervient un « miracle » : la victoire de Bir Hakeim. Pourquoi ce mot de « miracle » employé par le Général ? Cette victoire avait-elle une portée autre que militaire ?

— En marquant la renaissance de nos armes, elle donnait soudain à la France Libre, qui en avait bien besoin, un poids énorme face aux Alliés et particulièrement aux Anglais. « C'est comme si, expliquait mon père, nous avions crié dans les oreilles de Churchill qui avait une si fâcheuse tendance à ne pas vouloir nous entendre : "Maintenant, nous venons de vous le démontrer, vous ne pouvez plus vous passer de nous !" » Ce coup d'éclat est exceptionnel. Rappelons-le pour les jeunes Français qui l'ignorent. Du 27 mai au 11 juin 1942, les cinq mille cinq cents Français Libres de Kœnig (quarante-deux ans à l'époque !) vont tenir héroïquement tête dans le désert de Cyrénaïque à l'Afrikakorps de Rommel et aux Italiens qui les encerclent avec des forces évaluées à trente mille hommes. Leur résistance couvre la VIIIe armée britannique menacée d'encerclement par l'avance foudroyante des panzers en lui permettant de se rétablir alors qu'elle battait en retraite. Pour les Anglais, c'est inespéré.

— Pour Churchill spécialement quand on sait qu'il était sur le point d'être mis en minorité aux Communes à cause des multiples revers subis par ses forces. Bir Hakeim l'a sauvé. C'est notamment l'opinion de Pierre Messmer qui a participé à la bataille. Pourquoi le Général ne l'a-t-il pas écrit dans ses *Mémoires de guerre* ?

— Churchill risquait en effet d'être censuré pour la manière dont il conduisait la guerre. Il faut se rappeler que tout semblait réussir à l'ennemi à cette époque. Pendant qu'au Proche-Orient, Rommel amorçait une série de victoires, en URSS, les panzers avaient atteint le Caucase. Sur mer, les sous-marins allemands décimaient les convois alliés jusqu'à étrangler la Grande-Bretagne (près d'un million de tonnes coulées en un an), tandis qu'en Asie, Singapour était pris par les Japonais et que les Américains engagés dans le Pacifique étaient submergés par eux. Les Anglais étaient, a écrit mon père, « sous l'empire d'une soudaine lassitude morale ». Bir Hakeim a d'un seul coup arrêté la marée et l'a renversée. A partir de cette bataille gagnée, la chance a miraculeusement changé de camp. Le Général n'a cru à aucun moment que Churchill allait être renversé. Tout ce qu'il risquait, c'était d'être contraint de changer de politique. Bir Hakeim l'a confirmé dans son rôle et, par la suite, quand la guerre était finie depuis longtemps, il l'a dit à mon père. Pourquoi cette question n'est-elle pas abordée dans les *Mémoires de guerre* ? Tout simplement parce que ces *Mémoires* relatent l'histoire des Français en guerre et qu'il les a écrits en considérant le point de vue français. Jamais il n'a voulu se mêler, là ou ailleurs, de la politique intérieure des Alliés. Les péripéties des Anglais entre eux n'étaient pas son affaire. Il n'avait pas à les commenter.

— Il fait quand même état de l'enthousiasme subit des Anglais petits et grands à l'égard de la France Combattante...

— Quel enthousiasme en effet a saisi le camp des Alliés à l'annonce de ce succès après tant de revers ! On avait oublié depuis si longtemps que les Français savaient se battre ! Dans notre base de vedettes rapides de Warsash, à l'embouchure de Southampton, c'est la joie à la lecture de la presse anglaise qui encense nos combattants. « L'un des plus splendides exploits de la guerre », titre le *Daily Herald*. Le Parlement britannique rend hommage, debout, fait exceptionnel, aux hommes de Kœnig. Dans la rue, nous relevons la tête. Les passants nous saluent avec chaleur. Ils nous ont retrouvés, nous assurent-ils. Je pensais à mon père, loin de moi : quel réconfort soudain pour cet homme sur qui reposait le destin de notre patrie ! Après la guerre, on saura par le correspondant de guerre allemand Lutz Koch, qui a couvert la bataille avec l'Afrikakorps et qui a ensuite été reçu par Hitler, que ce dernier a déclaré : « Après nous, les Français sont les meilleurs soldats du monde. » Mon père était du même avis. « Les soldats allemands méritent la victoire. Ils sont d'une efficacité remarquable. Juste derrière eux, les Français ont de l'allant et du panache quand ils sont bien commandés. Ils ont aussi les meilleurs artilleurs. » Il avait beaucoup d'estime pour l'armée britannique qui était à son avis toujours d'une grande ténacité et d'une grande discipline. Il la considérait comme moins bonne en offensive qu'en défensive où elle excellait. Les Américains étaient pour lui d'un grand courage individuel mais d'une moins bonne efficacité parce que comptant trop sur leur supériorité matérielle.

— Comment votre père a-t-il vécu ces moments-là ?

— De tous ses souvenirs de Londres, celui-là fait partie des plus exaltants. Il me le décrira plus tard en présence de ma mère qui, elle aussi, a traversé ces événements avec émotion. Pendant la bataille, le salut des défenseurs le hantait. « De télégramme en télégramme, je voyais chaque jour et chaque nuit de résistance défiler avec anxiété. Je me disais : “Ils ne vont pas se rendre, de cela je suis sûr, mais ils vont tous y passer !” Moi qui manquais tellement de bons soldats ! Avec qui allions-nous pouvoir continuer la lutte ? » A Berkhamsted, ma mère s'inquiète pour sa santé. Elle sait qu'il a des accès de fièvre inexplicables et craint qu'il refuse tout soin. (Une crise de paludisme aiguë finira par se déclarer.) Le 10 juin, rongé d'angoisse, il intervient auprès de Churchill : quand décidera-t-on, lui demande-t-il, de permettre aux hommes de son « très cher, précieux et glorieux compagnon » Pierre Kœnig de tenter une sortie ? C'est le cas le lendemain. « Nous ne vivons plus. Tout au long des heures, nous ignorons si la garnison a pu s'échapper ou a été exterminée. En fin d'après-midi, l'heureuse nouvelle arrive. » Sur cinq mille cinq cents hommes, Kœnig a réussi à ramener dans les lignes amies quatre mille six cents valides et blessés après quatorze jours de combat. Si peu habitué aux effusions, mon père se laisse pour une fois aller, m'a confié un témoin, jusqu'à serrer avec une insistance inusitée la main de l'officier qui vient de lui apporter ce message. Seul maintenant dans son bureau de Carlton Gardens, il remercie le Ciel. « Le soir même, racontera-t-il, nous sommes allés avec quelques amis chanter le *Magnificat* dans une petite chapelle voisine. » En rentrant à l'hôtel, se souvenait Maurice Schumann, il chantonnait l'un des dix versets de cc cantique d'allégresse. « Oh ! cœur battant d'émotion, sanglots d'orgueil, larmes de joie », s'écriera-t-il dans ses *Mémoires de guerre*.

— Bir Hakeim aurait dû normalement arranger ses relations avec Churchill. Or, au contraire, la crise s'aggrave entre eux. Au point que de Gaulle menace de quitter Londres pour s'installer à Moscou ou en Afrique. Est-il vraiment sérieux ?

— Je crois l'avoir déjà dit : il n'était pas dans ses intentions d'aller se jeter dans les bras des Soviétiques, mais il aima répandre le bruit qu'il y pensait. Alors que la bataille de Bir Hakeim est en cours, il reçoit l'ambassadeur russe à Londres, Alexandre Bogomolov, et lui fait part de cette éventualité. Dans le même temps, il envoie à cinq de ses chefs de guerre, dont Leclerc et Catroux, un télégramme qu'il veut pathétique : « S'il s'avère que les Anglo-Saxons ont pour projet de porter atteinte à notre souveraineté dans nos territoires d'outre-mer, nous couperons toutes relations avec eux et nous nous installerons sur l'une de nos terres libérées. » Brazzaville aurait pu être son nouveau port d'attache. Ma mère était prévenue. Il lui avait annoncé encore une fois : « Nous pouvons quitter la Grande-Bretagne d'un moment à l'autre. » Plus tard, il m'expliquera, moqueur : « Tous ces canards avaient pour but d'aller cancaner sous les fenêtres de Churchill. » Le 14 juillet, la foule londonienne a applaudi avec une ferveur particulière ces Français Libres qui viennent de leur montrer que les héros peuvent être aussi de leur côté. Mais cet enthousiasme s'arrête au ras de la porte de Downing Street. Le 29 juillet, de nouveau face à Churchill, mon père met les points sur les *i*. Averti de la présence à Londres du général Eisenhower, de son adjoint Mark Clark et du général Marshall, chef d'état-major des armées américaines – qu'il vient de rencontrer et qui se sont trouvés fort gênés devant lui –, il a subodoré que les Américains et les Anglais projetaient une opération conjointe en Afrique du Nord et que la France Libre en serait exclue, cela sur ordre de Roosevelt. Encore une fois, donc, Churchill choisissait « le grand large » au détriment des vainqueurs de Bir Hakeim. Voilà de quoi envenimer l'animosité paternelle. Je ne saurai rien de cet entretien. Ma mère non plus. Mais il a dû être assez dramatique au vu de l'état de tension qu'elle décela chez lui à son retour en famille. Il sera dit peu après que Churchill l'a interdit d'antenne à la BBC et lui a enlevé toute possibilité de quitter l'Angleterre, mesure qui demeurera effective jusqu'au 5 août. Le lendemain, mon père adresse cette lettre manuscrite à René Pleven, son adjoint et secrétaire général en quelque sorte : « S'il m'arrivait de disparaître, je demande aux membres du Comité national et aux membres du Conseil de défense de l'Empire de désigner par élection un président du Comité national français. » Ce texte est précédé de la mention suivante : « A n'ouvrir qu'en cas d'accident survenu à moi-même. » Cette enveloppe a été trouvée fermée dans les papiers de René Pleven après sa mort, le 13 janvier 1993. Elle a été ouverte le 13 septembre à la suite de mon accord.

— Craignait-il vraiment qu'on puisse attenter à sa vie ?

— Il n'a jamais écarté la possibilité de disparaître physiquement ou politiquement. Il est évident que sa disparition aurait arrangé tout le monde à Londres comme à Washington. Surtout à Washington où Roosevelt pensait déjà pouvoir le remplacer à Alger par n'importe quel hiérarque de Vichy disponible sur place.

— Avait-on pris des mesures pour sa sécurité à Londres et à Hampstead ?

— A part l'aide de camp et le chauffeur militaire (seuls visibles), peut-être y avait-il également des agents du BCRA. Comme je l'ai déjà fait remarquer, dans son esprit, il n'excluait jamais aucune éventualité. Mais revenons à Churchill. En permission pendant quelques jours dans le courant de septembre, je ne pourrai pas revoir mon père. Il est parti en voyage au Proche-Orient et en Afrique après la levée de l'embargo de Churchill. Je n'apprendrai que trois mois après les nouveaux démêlés qu'il a eus avec lui à son retour à Londres. En même temps que s'est accentuée l'ingérence britannique au Levant, l'affaire de Madagascar a rebondi. Rompant leurs négociations avec les vichystes, les Anglais se sont emparés de Tananarive, la capitale, et entendent assurer seuls l'administration de cette grande île française. Mon père sort de ses gonds. Le 30 septembre, accompagné de René Pleven, il se rend au 10, Downing Street, bien décidé à demander encore et encore des explications au Premier Ministre britannique. On connaît la scène homérique qui aura lieu entre les deux hommes, au cours de laquelle mon père rétorque à un Churchill en furie qui lui a lancé qu'il n'était pas la France : « Pourquoi discutez-vous de ces questions avec moi si je ne suis pas la France ? » Un tête-à-tête qui, racontera-t-on après coup – du côté britannique, seulement, il faut le souligner –, se serait bien terminé puisque l'on aurait retrouvé les deux hommes, une heure plus tard, assis côte à côte et fumant un cigare.

— Pourquoi « du côté britannique seulement » ? Votre père gardait-il un autre souvenir de ce moment-là ?

— Tout ce que je puis vous répondre à ce sujet, c'est que cette conclusion est plutôt étonnante car ce cigare n'était certainement pas le calumet de la paix. Les deux hommes en étaient même arrivés à deux doigts de la rupture. On sait que le lendemain, mon père proposa sa démission au Comité national si sa présence à sa tête était jugée comme nuisible à la cause. Ce qui évidemment fut repoussé unanimement. Retrouvant en permission mes parents à Noël entourés des volontaires françaises qui les ont invités à dîner avec moi dans leur casernement non loin de Park Lane, je suis frappé par l'air soucieux de mon père. Ma mère, que j'interroge, reste coite. Ce qui ne m'inquiète pas outre mesure puisqu'elle a la discrétion pour habitude. Il est vrai aussi que l'atmosphère est guindée et un peu triste, et qu'il se sent peut-être embarrassé au milieu de tant de filles en uniforme. En le voyant répondre par des sourires contraints aux paroles aimables et timides de ces demoiselles, j'étais loin d'imaginer tous les problèmes qu'il traversait. Je n'eus droit qu'à ces paroles sibyllines de ma mère glissées entre deux gorgées du vin tout juste acceptable que les pauvres volontaires avaient pu trouver dans un Londres en guerre, et à un petit sourire en coin : « Il a encore quelques problèmes avec le Premier Ministre de Sa Gracieuse Majesté. »

16

LA HARGNE DE ROOSEVELT

« Sous les manières courtoises du patricien, c'est sans bienveillance que Roosevelt considérait ma personne. »

Mémoires de guerre.

S'il est un fait historique que les Français méconnaissent dans les détails, c'est le combat incessant que le Général a dû mener tout au long de la guerre contre ceux qui auraient dû au contraire ne jamais cesser de l'aider. Comment expliquait-il les raisons de l'hostilité que les Américains lui ont manifestée jusqu'à la Libération, et plus spécialement le comportement agressif de Roosevelt à son égard ?

— Ce sujet l'intéressait particulièrement. Je l'ai souvent entendu en parler après la guerre. Il l'a d'ailleurs abordé avec un historien américain qui était venu le voir pendant la « traversée du désert ». Après leur rencontre, il a émis cette réflexion : « Ce qu'il m'a dit correspondait exactement à mon analyse, au point que j'ai eu l'impression qu'il lisait dans mes pensées. » D'après lui, le malentendu partait de la constatation fort simpliste que Roosevelt et les Américains formulaient en juin 1940 : effondrée, la France a fini de compter sur l'échiquier. Elle n'existe plus. S'ajoutaient à cela le reproche et le mépris. Ils nous en voulaient d'avoir capitulé aussi vite et considéraient que cet esprit d'abandon était indigne d'une grande nation. Alors, s'interrogeaient-ils d'un air moqueur, que venait donc faire tout à coup ce général à titre provisoire qui affirmait qu'il n'avait perdu qu'une bataille et non la guerre, et qui avait, en plus, la prétention de vouloir parler d'égal à égal avec la puissante Amérique au nom d'une France rayée de la carte ? Risible était cet original en uniforme qui voulait se battre contre des moulins à vent. « Dans nos premiers rapports avec eux, leur opinion sur nous transpirait, se rappelait mon père. Vaincue, réduite, soumise, la France n'avait plus son mot à dire dans le concert des nations. Et la moindre de nos paroles était considérée comme incongrue. Nous n'avions plus que le droit au silence. Celui de la mort. » Pour lui, l'hostilité que la France Libre a ressentie de la part des Américains, dans les premiers temps de son existence, n'avait pas d'autre origine que cet état d'esprit bien ancré non seulement chez Roosevelt et le State Department, mais chez chaque citoyen des Etats-Unis.

— Et que disait-il de l'opposition systématique de Roosevelt à sa personne ?

— Il pensait qu'elle avait été très exagérée par les médias de l'époque et les historiens qui les ont suivis. « Les journalistes aiment voir les gens aller sur le pré. » Il affirmait, par exemple, que les piques que l'on a mises dans la bouche de Roosevelt contre lui n'étaient souvent que des inventions. Il précisait : « Fondamentalement, il n'y avait pas entre nous d'antagonisme de personnes. Si son humour s'est un peu exercé vis-à-vis de moi par moments, c'était un exutoire, non de l'antagonisme. Il y avait simplement différence de nature entre deux puissances et deux mentalités. » Mon père n'avait pas mis longtemps à décrypter la psychologie de Roosevelt. Le personnage le fascinait et il pensait en avoir bien fait le tour ou, en tout cas, mieux que Roosevelt de lui-même. « Je ne me suis jamais offusqué qu'il ne vît l'heure qu'à sa pendule. Comment aurais-je pu lui reprocher de travailler pour les intérêts des Etats-Unis ? Que faisais-je moi-même pour la France ? Je pense qu'il était foncièrement assez indifférent à la survie de notre patrie. Que lui importait donc qu'elle se débattît pour rester la tête hors de l'eau ? Il la voyait déjà au fond, sans vie. » Mon père estimait aussi que la culture américaine, et donc celle de Roosevelt et de ses collaborateurs, était extrêmement brève en ce qui concernait la France, mais aussi l'Europe. « Ils sont sous l'influence de la culture anglo-saxonne britannique bien que les Anglais aient été leurs adversaires à l'origine au temps de leur guerre d'Indépendance. Et par conséquent, la façon dont les Américains nous considèrent sera toujours à travers le prisme britannique. Par exemple, lorsqu'ils voient Waterloo, c'est du point de vue de Wellington, pas de celui de Napoléon. Cette attitude à notre égard ne changera jamais en dépit des rapports que nous avons eus avec eux depuis La Fayette et de leur participation à la Grande Guerre. »

— Quel souvenir gardait-il des Américains pendant la Première Guerre mondiale ?

— Il estimait qu'ils s'étaient bien battus. Il m'en parlait quand nous allions nous promener en forêt à Colombey et qu'il me montrait les traces laissées par les tranchées qu'ils avaient creusées alors qu'ils étaient à l'instruction. La Haute-Marne était l'un des départements où les nôtres leur enseignaient la guerre des tranchées. « Car lorsqu'ils ont débarqué en 1917, relatait-il, il a fallu tout leur apprendre. Ils n'avaient que leur tente et leur fusil et nous avons dû leur fournir leur artillerie, leurs blindés et leurs avions. » Mon père se souvenait qu'ils avaient pour souci d'être complètement indépendants et surtout de ne pas être instruits par les Anglais. Ils n'ont voulu d'eux que leur casque plat parce que leur uniforme était kaki alors que le nôtre était bleu horizon comme nos tenues. Il m'expliquait que lorsque les hasards du champ de bataille amenaient un bataillon américain à se trouver mélangé au feu avec une unité anglaise, Pershing, le commandant de leur corps expéditionnaire, le faisait immédiatement se séparer d'elle en lui ordonnant de rejoindre séance tenante le secteur français. Ce rappel du passé, il m'a avoué s'en être souvent servi dans ses dialogues avec les politiques et les généraux américains pendant la Seconde Guerre mondiale afin de leur faire comprendre la légitimité de notre désir d'indépendance et leur obligation de nous aider matériellement. Bien sûr, il regrettait leur entrée si tardive dans la bataille, en 1917, mais certainement avec moins d'acuité que le fait de ne s'être décidés, pendant la Seconde Guerre mondiale, qu'après avoir été attaqués par les Japonais à Pearl Harbor en décembre 1941 et juste avant que les Allemands ne leur déclarent la guerre deux jours plus tard.

— Lui arrivait-il de le leur reprocher ouvertement ?

— Je l'ai entendu plusieurs fois rappeler à des interlocuteurs l'engagement qu'avait tout d'abord pris Roosevelt devant son opinion publique au moment de Munich et même jusqu'en 1940 de ne pas entraîner les Etats-Unis dans un conflit où, avait-il déclaré, ils n'avaient rien à faire. Et il leur rappelait aussi les appels à l'aide de Paul Reynaud pendant la bataille de France que Roosevelt avait feint de ne pas entendre. Cela pour démontrer que la France devait d'abord compter sur elle-même. Il ajoutait : « A ce moment-là, les Américains ne se rendaient pas compte qu'ils pourraient être un jour menacés. Ils n'imaginaient pas que l'on pût oser les attaquer. Ils ont des réactions souvent logiques, mais ils sont avant tout sentimentaux et généreux, donc impulsifs. » Cependant, il était convaincu, bien avant l'agression japonaise contre leur flotte, qu'ils abandonneraient la neutralité « sans attendre, comme Staline, remarquait-il, de savoir quel camp allait gagner, sans calcul de ce genre, mais avec tout l'orgueil américain face à ce qu'ils estimaient une atteinte à la morale ». Il considérait qu'ils avaient eu le mérite d'entrer en guerre alors qu'à l'époque ils ne possédaient rien sur le plan militaire et que le sort du monde n'en était pas réglé pour autant. Pour mon père, le mérite personnel de Roosevelt était d'avoir fait amende honorable bien avant de savoir que les Japonais allaient frapper fort, et commencé à préparer l'opinion américaine en conséquence. Il remarquait : « Un autre n'aurait peut-être pas fait preuve d'autant de clairvoyance. »

— Mais comment le Général voyait-il les Etats-Unis en 1940 ? N'en avait-il pas une connaissance assez sommaire ?

— Il avait assez bien jugé l'état d'esprit des Américains mais il connaissait mal leur manière d'être et de s'exprimer. D'ailleurs, tous les Européens en étaient là aussi. On l'a vu quand leurs soldats ont débarqué en Grande-Bretagne. Mon père s'amusait de voir la surprise des Anglais devant la découverte de ces gens si différents d'eux, avec leur langage particulier et leur philosophie. Rares étaient les Français qui avaient traversé l'Atlantique avant la guerre de 1940, et ceux qui l'avaient fait s'étaient, pour la plupart, implantés aux Etats-Unis. Mon père n'avait effectué le voyage qu'avec Chateaubriand, ses Natchez et ses Abencérages. Mais il s'était beaucoup intéressé à l'histoire américaine depuis ses débuts. Ainsi n'aurait-on rien pu lui apprendre sur la conquête d'une grande partie des Etats-Unis actuels par les Français, des Grands Lacs au golfe du Mississippi, ni sur la participation de La Fayette et de Rochambeau à la guerre d'Indépendance. Je garde, par exemple, le souvenir du récit qu'il m'a fait de la bataille de Yorktown, en 1781, où l'armée anglaise du général Cornwallis dut capituler devant le rôle capital de l'artillerie lourde débarquée par les Français, sans oublier les dix-sept régiments que ces derniers mirent en ligne durant quatre ans et demi. L'un des ancêtres de notre famille, Jean-Baptiste de Gaulle, mort sans descendance, a combattu aux côtés de l'amiral de Grasse au cours de cette guerre qui a permis à l'Amérique de se libérer de la domination anglaise. Le Général connaissait également fort bien toutes les péripéties de la guerre de Sécession de 1861 à 1865. Il avait remarqué que malgré la puissance de feu de l'époque, la manière dont les troupes américaines évoluaient et faisaient campagne s'apparentait beaucoup aux mouvements de Napoléon. Il pensait que Nordistes comme Sudistes s'inspiraient des campagnes de l'Empereur. Il se sentait par sentiment plutôt du côté des Sudistes parce qu'il aimait les gens qui se battaient bien, et qu'il considérait qu'ils se battaient mieux que les autres. Washington, Franklin, Davis, Lincoln, mais aussi Lee, Jackson, Grant, McClellan, Meade, Sherman et Sheridan sont des noms que j'ai souvent entendus dans sa bouche pendant mon enfance.

— Alors, la grande question : était-il antiaméricain, comme on l'a si souvent dit ?

— Mon père n'était pas plus américanophobe que Roosevelt n'était à son point de vue francophobe. Il n'était pas plus antiaméricain qu'antianglais et qu'anti-ceci ou anti-cela. Bien sûr, il n'était pas pour les Allemands qui nous avaient envahis car leur occupation était pour lui un crime contre l'esprit, un délit majeur. Il aurait encore admis qu'ils soient vainqueurs. Mais qu'ils nous occupent et qu'ils prétendent nous imposer leur loi, ça, il ne pouvait pas le supporter. Mais pourquoi a-t-on voulu qu'il soit antiaméricain ? Il disait souvent : « Est-ce ne pas aimer les Américains que de considérer qu'ils n'ont pas à décider pour la France ? Est-ce les détester que de dire que ce qu'ils décident sans nous n'est pas toujours bon pour la France ? » Il avait même de la sympathie pour ce grand peuple de pionniers et une admiration certaine pour leur esprit d'invention. On peut cependant s'interroger sur lc silence qu'il opposait à tous ceux qui, pendant la guerre, l'accusaient de témoigner de l'hostilité aux Américains. Il expliquait que s'il ne s'était jamais formalisé de ce sentiment qu'on lui prêtait, c'était parce que, en réalité, cette réputation, je l'ai déjà dit, lui était bénéfique. Elle le servait en ce sens qu'elle démontrait combien il n'était pas plus inféodé aux Etats-Unis qu'il ne l'était à la Grande-Bretagne. Car la propagande de Vichy et celle des Allemands s'évertuaient à seriner qu'il était leur marionnette. Et tous les Français ne fermaient pas leurs oreilles à leurs bobards quand on sait, par exemple, que quelques semaines avant la libération de Paris – ce qui l'avait particulièrement révolté – des malheureux s'engageaient encore sous l'uniforme allemand alors que la cause était perdue, mais ils l'ignoraient. A l'inverse, mon père pensait que son antiaméricanisme supposé aidait tout autant Roosevelt. « Il montrait ainsi à son peuple qu'il se moquait des polémiques de ces vaincus qui ne méritaient pas que l'on s'occupât d'eux malgré leurs appels à l'aide. Il jouait donc l'irritation à l'égard de de Gaulle et de la France sachant que l'Américain qui est jeune et dynamique, qui n'est pas embarrassé de références anciennes, qui n'a pas derrière lui une longue histoire, qui ignore tout de l'Europe, même de la Grande-Bretagne, a un instinct de puissance. Il n'est intéressé que par l'Amérique et son propre destin. » Et c'est là, observait encore mon père, où les Français qui s'étaient réfugiés aux Etats-Unis pendant la guerre étaient coupables.

— Pour quelle raison fondamentale ?

— Parce que, pensait-il, non seulement ils n'ont pas renseigné les Américains mal informés, mais encore ils ont flatté leurs erreurs au lieu de les éclairer et ils les ont excités contre nous. Refusant d'aller au casse-pipe pour arracher leur pays à la servitude, ils ont dénigré l'homme qui voulait les y pousser en faisant croire aux Américains qu'il ne représentait que lui-même et qu'il cherchait à les entraîner dans une aventure sans issue. « Ce sont eux, affirmait mon père, qui ont mis dans la tête de Roosevelt et de son entourage que j'étais un provocateur et un dictateur en herbe. Ils ont fait perdre un temps précieux à la France et même aux Etats-Unis. »

— Quel était, parmi les Français des Etats-Unis, celui qu'il considérait comme son ennemi numéro un ?

— Sans conteste, Alexis Saint-Léger Léger, dit Saint-John Perse. En 1940, éminence grise au propre et au figuré des Affaires étrangères dont il était le secrétaire général depuis sept ans, il s'était vu éliminé par Paul Reynaud un peu après l'avènement de ce dernier à la tête du gouvernement. En dépit de ce que l'on a pu prétendre assez souvent, mon père situait l'origine de la haine que ce diplomate nourrissait contre lui à ce limogeage auquel il n'était lui-même pour rien, contrairement à ce que croyait l'intéressé. Car Léger haïssait autant tous ceux qui avaient fait partie du gouvernement de Reynaud, y compris Pétain. Mon père le rendait en grande partie responsable avec l'avocat René de Chambrun, gendre de Laval, reçu également très souvent à la Maison Blanche, de l'opinion détestable que Roosevelt se faisait de lui. Il savait aussi qu'il avait espéré se voir confier par Roosevelt et Churchill un rôle politique dans le cas où de Gaulle aurait été éliminé de la tête de la France Libre et qu'il avait été l'inspirateur du projet avorté d'administration militaire de la France par les Américains à la Libération. En 1960, quand il apprit qu'il allait recevoir le prix Nobel de littérature pour son œuvre poétique, il était assez irrité que certains journaux aient cru bon d'ajouter à cette occasion qu'il s'était attaché pendant son exil aux Etats-Unis à servir la cause de la Résistance française à l'étranger (ce que les dictionnaires Robert ont retenu !). L'année même de sa disparition, en 1970, mon père nous a dit : « Jusqu'à la fin de la guerre, il s'est efforcé de m'avilir en me faisant passer pour un adepte du totalitarisme et un suppôt du communisme, et en caricaturant notre combat. Au total, il a nui à la France. Il aurait dû se contenter de poursuivre son œuvre littéraire. »

— Et que pensait-il d'André Maurois et des autres écrivains qui s'étaient également exilés aux Etats-Unis ?

— Pour lui, ceux-là étaient de parfaits attentistes qui n'avaient qu'un objectif : se mettre à l'abri le plus loin possible de la France. Londres étant trop proche, ils se sont retrouvés aux Etats-Unis avec Jules Romains, Henri de Kérillis, ancien patron de *L'Echo de Paris,* et André Géraud, dit Pertinax, éditorialiste notoire. Mon père ne considérait pas ces gens-là comme des adversaires (Jules Romains eut même quelques mots aimables à son égard), mais comme des hommes sans conviction très affirmée. « Dommage, soupirait-il. Leur talent aurait pu servir à la France. Il ne leur a servi qu'à se remplir les poches. » Il aimait beaucoup le mot de Churchill quand il avait vu Maurois, le plus anglophile des Français, quitter Londres pour les Etats-Unis : « Nous le prenions pour un ami, ce n'était qu'un client. » Quant à Paul Morand, Elisabeth de Miribel (la secrétaire bénévole du Général qui a dactylographié l'appel du 18 juin) nous a rapporté : « Rapatrié de Londres en France où il intégrera ensuite le cabinet de Laval, il n'a pas osé avouer à mes parents, à Paris, qu'à sa différence, j'étais restée avec de Gaulle. Mentant, il leur a raconté que j'étais entrée comme dame de compagnie chez Lady Eden, l'épouse du ministre de la Guerre de Churchill ! » A ces écrivains, il convient d'ajouter l'auteur de pièces de théâtre à succès Henry Bernstein, fort connu aux Etats-Unis. Mais lui écrivit contre Pétain une série d'articles dans le *New York Times* qui firent sensation. La journaliste Geneviève Tabouis, proche du Front populaire, prit une attitude favorable à mon père. A l'inverse, plus tard, l'aviateur et écrivain célèbre Saint-Exupéry fit, on le sait, une propagande constante pour Vichy et mon père regretta beaucoup qu'« un tel talent se fît l'avocat d'un tel régime de démissionnaires ». Le 14 novembre 1943, il écrivait à son ami, le docteur Henri Comte, ces mots ambigus : « Aussi génial que soit le général de Gaulle, (et je crois assez en son génie politique), il faudra bien un jour qu'il use des passions qu'il aura soulevées. Il faudra bien qu'il pétrisse quelque chose. [...] Que pétrira-t-il ? » Son engagement dans l'aviation de combat à partir de 1942 le racheta aux yeux du Général bien qu'il craignît beaucoup de le voir piloter de nouveau à son âge. Il fut d'ailleurs irrité de constater que l'on avait profité de sa visite officielle aux Etats-Unis et au Canada, pendant la première quinzaine de juillet 1944, pour le laisser intégrer une escadrille à son insu. On sait qu'il disparut en mer, au large d'Agay, le 31 juillet

1944, à bord de son bimoteur Lightning. Mon père rendit hommage dans ses *Mémoires* à son « sacrifice délibéré ».

— Et Jean Monnet ? Le considérait-il comme un adversaire ?

— A aucun moment. Il est vrai, pourtant, qu'on le lui a beaucoup opposé. Il avait quitté Londres dès juin 40 parce qu'il ne croyait pas à un gouvernement français en exil sous protection de la Grande-Bretagne. Il est vrai aussi qu'il était avant tout l'homme des Américains. Vers la fin, mon père le considérait comme un véritable agent des Etats-Unis, rétribué par eux à la commande. Il accomplissait le travail demandé avec conscience et talent mais ne montait jamais le défendre au créneau. Il en laissait toujours le soin à d'autres. Il a agi de la même façon sur tous les dossiers qui lui ont été confiés pendant la guerre. Mon père remarquait également à son sujet : « Il était un peu plus apatride que d'autres et donc plus capable de s'adapter à de grands dossiers internationaux. Il n'avait aucune des qualités voulues pour mener une politique étrangère et encore moins une politique tout court. » Il pensait que loin d'être devenu un conseiller écouté à la Maison Blanche, Roosevelt l'utilisait en lui confiant de temps en temps l'étude de projets dont il s'acquittait toujours le mieux possible, car c'était un excellent technicien. Il doutait donc qu'il ait joué un rôle actif auprès de lui, expliquant : « Il lui a toujours manqué le moteur de toute action : la passion. »

— Roosevelt lui a quand même confié en 1943 une mission de conciliation entre de Gaulle et Giraud...

— Lorsque, après la mort de Darlan, le général Giraud s'est retrouvé seul à Alger pour le compte des Alliés, ou plus précisément des Américains, en face des proconsuls vichystes, Roosevelt lui a effectivement envoyé Jean Monnet. Il lui a demandé de se renseigner sur Giraud afin de savoir ce qu'il pourrait faire de lui et ensuite pour le guider dans le sens du State Department. La position du Comité national de la France Combattante fermement soutenu par la France Libre et le Comité national de la Résistance, exprimée depuis la France occupée notamment par Jean Moulin, demeurant immuable quant à la direction de la politique française, Jean Monnet se laissa tout d'abord aller à écrire une note à Harry Hopkins, conseiller du président américain, dénonçant « la tendance fascisante, donc indésirable », de de Gaulle. Mais la fermeté et l'habileté de mon père face aux illusions et aux maladresses de Giraud convainquirent bientôt Jean Monnet de passer petit à petit de son côté. C'est dire qu'il n'a jamais vraiment embrayé du côté de Giraud, ni par la suite du côté d'aucun autre. « Monnet n'a jamais été un ambitieux, disait-il encore de lui. Il n'a jamais essayé d'être élu en quoi que ce soit, de concourir à un poste parlementaire ou ministériel. En réalité, il ne croyait plus à la France telle quelle. Il pensait qu'elle serait fondue dans une espèce d'ensemble international sous l'égide des Etats-Unis. Comme pour le projet du condominium franco-britannique rédigé pour Churchill et mort-né en juin 40 dont il fut l'un des inspirateurs, il a toujours été l'homme de l'intégration. »

— Quelle était véritablement l'opinion du Général sur Roosevelt ?

— Il avait une grande admiration pour son intelligence et son énergie. Je me souviens qu'il s'exclama un jour où il abordait son cas pendant la guerre : « Je lui tire mon chapeau, car je ne me vois pas moi-même mener une carrière politique en étant paralysé des deux jambes dans un pays où la forme physique compte énormément. Il faut avoir une force personnelle incoercible. » Mais il regrettait sa vue très limitée sur l'Europe. « Il était imbu des Etats-Unis – je n'ai pas dit de l'Amérique, car il avait un certain mépris pour les Canadiens, en particulier pour les Canadiens français et pour les Latins du Sud –, ce qui le rendait fermé à un certain nombre de nuances et d'habiletés qui lui auraient peut-être économisé un peu de temps et de peine. » Ne pas être capable de considérer les choses autrement que d'un point de vue purement américain était le principal défaut qu'il voyait en lui, ajoutant que les Anglais ne l'avaient pas. Et il citait l'exemple de l'ambassadeur en Grande-Bretagne en 1940, Joseph Patrick Kennedy, le père de John Fitzgerald, le président. Mon père se souvenait bien de lui. Il était isolationniste. Il l'avait entendu déclarer publiquement : « Les Allemands vont gagner. » Les Anglais l'ont très mal pris et ils ont demandé son rappel en octobre 1940. Finalement, le grand tort de Roosevelt, pour mon père, était de s'être laissé aveugler par la haine. Non par celle qu'il aurait éprouvée pour lui, mais par celle que manifestaient les Français exilés auxquels il prêtait l'oreille. « Ils lui ont fait croire jusqu'au bout que de Gaulle était un "Napoléon au petit pied", un despote qui allait imposer un régime dictatorial à la France libérée et entraîner une guerre civile de type espagnol dont auraient bénéficié les communistes et Moscou. » A ce propos, il disait des Anglais : « A la différence des Américains, même lorsqu'ils n'étaient pas pour nous, qu'ils s'opposaient vigoureusement à nous, ils essayaient de nous comprendre. »

— Que pensait-il de l'attitude de Roosevelt à l'égard de Pétain et de la lettre amicale qu'il lui a adressée en octobre 1942 pour lui expliquer la raison du débarquement en Afrique du Nord ? Votre père croyait-il que Roosevelt imaginait que le Maréchal allait finir par gagner Alger ?

— Il n'a eu connaissance de cette lettre qu'après la guerre. Il ne s'en doutait pas. Il m'a fait ce commentaire : « Roosevelt a essayé toutes les ficelles pour encourager Pétain à ne pas tout lâcher aux Allemands, à "collaborer" le moins possible. Il s'est dit : "Ça ne me coûte rien. Je vais lui envoyer une lettre. Ça peut lui faire du bien. On va voir." » Mais il ne supposait pas Roosevelt en train de s'imaginer le Maréchal autre part qu'à Vichy sous la bonne garde des Allemands. Ce qu'il n'a pas apprécié du tout de la part du président américain, c'est son erreur – commise aussi par Staline – d'envoyer un ambassadeur à Vichy, c'est-à-dire de reconnaître en fait la défaite de la

France et son effacement. « Chez les Américains, c'était surtout leur sens de la générosité qui les poussait, estimait mon père. Comment aider ce pauvre pays coupé en deux et ce vieillard qui lui avait fait don de sa personne ? Les Russes n'avaient, eux, qu'un but : le renseignement. » On sait que l'amiral William Leahy, l'envoyé spécial de Roosevelt, a décroché très vite en avril 1942 quand il a compris que l'affaire était finie, c'est-à-dire avant le débarquement allié en Afrique du Nord. Sinon, il aurait été fait prisonnier par les Allemands. Le Russe avait filé quelque temps auparavant.

— Alors, sa première visite à Roosevelt à la Maison Blanche en juillet 1944 ? Il a dit qu'il en était rentré satisfait. Mais n'était-ce pas une satisfaction de façade ?

— Il était vraiment satisfait. Penser qu'il se fût laissé séduire par les sourires trompeurs de Roosevelt comme on l'a si souvent écrit est encore une fois bien mal le connaître. Mon père était tout sauf un naïf. Il savait parfaitement distinguer le vrai du faux sous le vernis des politesses d'usage. Quand il disait de quelqu'un « Son bonjour n'est pas vrai », il se trompait rarement. Et il n'a pas dit cela de Roosevelt. Pourtant, après Anfa (au Maroc, en janvier 1943) où il n'avait pu le rencontrer qu'entouré de gardes du corps armés jusqu'aux dents (de peur probablement d'être assassiné par quelque spadassin gaulliste !), il avait toutes les raisons d'imaginer un autre accueil. Je ne l'ai pas entendu commenter les raisons politiques pour lesquelles il était tout sourires quand il est rentré de cette visite à Washington. Si ce n'est qu'il m'a rapporté que la réception que lui avait réservée Roosevelt avait valu « toutes les reconnaissances d'un gouvernement provisoire en mal de représentation internationale ». Si ce n'est aussi le plaisir qu'il avait éprouvé de retrouver un Roosevelt « plus charmant encore et empressé à plaire, cela malgré tous nos différends et tous les Français qui, dans son ombre, s'employaient à les aggraver et n'ont jamais eu que moi comme adversaire pendant toute la guerre ». Dans les récits que je lui ai entendu faire de ce voyage ressortait surtout la profonde émotion que lui avait causée la vue de ce grand pays et de ses habitants. Car, ne l'oublions pas, c'étaient ses premiers pas au Nouveau Monde. « Pendant mon long voyage, se souvenait-il (il durait à l'époque quelque trente heures), je ne me suis pas lassé d'imaginer l'instant de cette découverte. »

— Qu'est-ce qui l'a frappé particulièrement en dehors de ses rencontres politiques ?

— D'abord, le modernisme et la prospérité d'un pays qui avait échappé aux rigueurs de la guerre et aux ruines telles qu'il les avait vues à Londres et en France après le débarquement. Ensuite, la grande simplicité des plus grands. « J'ai mesuré alors à quel point les mentalités étaient différentes. Je ne savais pas l'Atlantique aussi large. » Il faut se mettre à sa place. A cette époque, en Europe, le protocole exigeait des manières strictes et empesées. Chacun restait à sa place, surtout quand celle-ci était éminente. Et voilà qu'à peine reçu à la Maison Blanche, son hôte lui offrait sa photo dédicacée « comme une vedette de music-hall et comme si j'en faisais collection ». Premier étonnement avec les mains amicales qu'on lui tendait à toute occasion et les manières des uns et des autres que l'on aurait jugées cavalières au Foreign Office ou au Quai d'Orsay. Une anecdote l'a particulièrement frappé. Elle nous a fait rire en famille. La veille de son arrivée à Washington, l'homme qui devait le recevoir à la Maison Blanche s'était laissé prendre en photo dans sa baignoire. Je l'entends encore nous raconter : « Un photographe est entré dans sa salle de bains au moment où il était dans l'eau et il lui a lancé : "Pourquoi pas. Allez-y !" Et la presse a reproduit son œuvre. » Et d'ajouter : « Vous me voyez permettre une chose pareille ? » Mais sa plus grande surprise, ce fut évidemment l'extraordinaire accueil que lui avait préparé dans sa ville le maire de New York, Fiorello La Guardia. Il ne s'attendait pas à pareille fête lorsqu'il avait souhaité que sa visite à Roosevelt fût complétée par un saut à New York. « C'est là, nous assura-t-il, que j'ai vraiment mesuré l'amitié que nous portait ce grand peuple en dépit de tout ce qu'on avait pu lui seriner contre nous. »

— Des témoins ont rapporté qu'on ne l'avait jamais vu aussi heureux que pendant ce voyage américain. En convenait-il lui-même ?

— Ceux qui ont pensé cela ont oublié le grand

bonheur qu'il a ressenti un mois presque jour pour jour auparavant, le 14 juin, en foulant le sable de Courseulles. Ses premiers pas sur le sol de la patrie en voie d'être libérée. Mais il est un fait que ce voyage aux Etats-Unis et les escales qu'il effectua dans la foulée à Montréal et à Ottawa faisaient partie de ses meilleurs souvenirs. Non pas tant, bien sûr, à cause de la chaleur de l'accueil des foules, encore que ce fût la preuve que l'opinion publique, elle, le considérait, pensait-il, « comme la France en personne », mais parce qu'il en était revenu politiquement conforté. Le 13 juillet, à Alger, à peine descendu d'avion, il apprend que Washington admettait que le Comité français de la libération nationale qu'il présidait était qualifié pour « assurer l'administration de la France ». Roosevelt ne reconnaissait toujours pas le Gouvernement provisoire de la République française, mais c'était tout comme. Quel succès ! Une fois, se rappelant ce retour à Alger et la lecture de ce communiqué arrivé des Etats-Unis, il eut ces mots : « L'air respirait ce jour-là comme un doux parfum de revanche. » En 1941, ne l'oublions pas, on faisait déclarer à Roosevelt qu'il prenait le chef de la France Libre pour – c'étaient ses mots – un dingue, un gangster et un dangereux fasciste.

— Depuis quand le Général était-il au courant du projet de Roosevelt : l'occupation militaire anglo-américaine du territoire français après la Libération et l'élimination de de Gaulle, nommé gouverneur de Madagascar ?

— Il en a été informé dès le début. Car si des

Français exilés aux Etats-Unis inspiraient Roosevelt et le State Department contre sa personne, d'autres comme John Dewey ou Fiorello La Guardia étaient pour lui dans les milieux politiques républicains et démocrates. En outre – ce qui n'a jamais été révélé –, au même titre qu'il était renseigné à Londres en haut lieu, mon père avait ses antennes parmi les plus importantes instances militaires américaines qui, elles, lui étaient favorables et se refusaient à cautionner un tel projet. Et l'on sait que certains membres du Foreign Office avaient, en ce qui concerne cette affaire, la même disposition d'esprit. Aussi avait-il obtenu des informations très précises. Quant à l'intention prêtée à Roosevelt de l'envoyer à Madagascar, il prenait cela pour une boutade. Elle voulait simplement signifier : « Je l'écarterai afin d'en finir avec les ennuis qu'il nous cause à tout moment. » Selon lui, Roosevelt est demeuré persuadé jusqu'en 1944 que les Alliés allaient débarquer dans un pays ravagé, complètement désorganisé, où la Résistance ou soi-disant telle aurait assassiné tous les préfets, où des Comités de salut public composés de communistes se seraient emparés des mairies (comme ils ont d'ailleurs commencé à le faire dans certains coins à la Libération), où une pagaille épouvantable aurait abouti à la guerre civile et à l'avènement du « grand soir ». En conséquence, il pensait qu'il fallait faire ce qu'on fait habituellement en pays occupé : prendre en main l'administration avec sa propre armée afin d'empêcher tout désordre dans les zones arrière des armées alliées en marche vers l'Allemagne.

C'était donc, on se le rappelle, le projet AMGOT (Allied Military Government of Occupied Territories), lequel incluait évidemment l'éviction automatique du Général et la dissolution du gouvernement provisoire qu'il présidait. Quand mon père évoquait ce plan insensé, sa voix devenait mordante. J'ai retenu cette réflexion : « Les historiens qui se pencheront sur cette période ne percevront peut-être pas à quel point la Maison Blanche et ses conseillers avaient une méconnaissance totale du général de Gaulle, de la France et de ses réactions séculaires. »

— Et aussi de la Résistance ?

— Oui, de la Résistance, bien qu'elle ait été beaucoup exaltée par tactique par le Général en voulant intentionnellement ignorer la faiblesse de son implantation matérielle et de son action militaire. Les intentions erratiques de Roosevelt ne l'avaient pas surpris. Il pensait, comme on le sait, qu'elles étaient la conséquence des sentiments qu'il éprouvait pour les Français depuis 1940. « Roosevelt estimait le peuple français en dessous de ce qu'il était vraiment et était logique avec lui-même. Il le jugeait incapable de remonter à la surface du gouffre au fond duquel il était tombé et de reprendre son rôle international. » Mais comment pouvait-il en être autrement, observait mon père, quand il avait derrière lui de pareils conseillers ? Et il citait parmi eux le célèbre amiral William Leahy, son ancien représentant personnel auprès de Pétain à Vichy. « Quelle opinion pouvait avoir de la France réelle un homme qui l'avait vue pendant seize mois de la fenêtre de l'hôtel du Parc ? » Il aiguisait aussi son ironie sur Robert Murphy, un autre conseiller présidentiel très écouté, qui avait été chargé d'affaires à Vichy en 1940 et s'était lié d'amitié avec Weygand, ce qui a notamment permis à ce dernier de passer quelque peu pour quelqu'un qui résistait à l'Allemagne et de prétendre pour ce faire avoir renforcé les troupes françaises en Afrique du Nord. En réalité, les seuls renforts qu'il eût jamais fait transporter furent les troupes françaises repliées de Syrie et du Liban après leur combat contre les Britanniques et les Français Libres. « Cela, notait mon père, a permis à Vichy d'accroître d'autant l'antagonisme aux Alliés en Afrique du Nord. » Un jour, parlant de l'AMGOT pendant la « traversée du désert » et évoquant tour à tour l'administration militaire des Alliés, le détachement d'une partie du nord de la France ainsi que l'Alsace et la Lorraine au bénéfice d'un Etat appelé Wallonie et le remplacement du franc par une monnaie d'occupation, nous l'entendîmes murmurer en hochant la tête : « Combien de Français sauront jamais ce à quoi leur pays a échappé au moment du débarquement ? Combien sauront jamais qu'ils ont failli subir une deuxième occupation avant d'en subir peut-être une troisième : celle des marxistes ? » Il secouait si nerveusement son stylo que le capuchon s'en détacha et alla rouler sous le bureau. Ce qui se passait souvent quand il était indigné ou irrité.

— Se sentait-il assez fort pour s'imposer aux trois grands à la fois à Yalta en février 1945 ?

— Bien sûr qu'il se sentait assez fort. N'avait-il pas déjà été confronté tout seul à Staline en novembre et décembre 1944 ? Ne lui avait-il pas refusé de reconnaître le comité polonais prosoviétique dit de Lublin (prémices du gouvernement procommuniste que les Soviétiques installèrent à Varsovie) qu'il voulait lui faire avaliser en échange de la signature d'un pacte ? Et pourtant, qui était de Gaulle à ce moment-là ? Un homme seul qui n'avait à peu près pas de forces à part celles présentes en Afrique équatoriale, au Liban et au Levant, qui alignaient tout au plus une demi-douzaine de divisions, et la Résistance en France occupée. On ne dira jamais combien Staline se montra étonné devant le culot – il faut bien oser ce mot – de mon père. Son attitude intransigeante à l'égard de Roosevelt depuis le début de l'entrée en guerre des Etats-Unis l'avait également bluffé. Au point qu'il crut saisir dans ses yeux « un brin d'admiration » lorsqu'il aborda le sujet avec lui. Quant à Yalta, aussi paradoxal que cela puisse paraître, il pensait que son absence dans cette conférence qui devait décider de l'avenir du monde occidental était due moins au dictateur soviétique qu'à Churchill et à Roosevelt. D'ailleurs, après coup, Molotov le conforta dans cette idée. « Staline se méfiait, pensait mon père. Il se demandait : "Les Français, que représentent-ils vraiment ? Et le Parti communiste français ? Et la Résistance en France ? La Grande-Bretagne n'est pas en Europe. Elle n'y est que provisoirement avec des troupes qu'elle retirera. Les Etats-Unis ne sont pas en Europe non plus, sauf avec des troupes qui n'y seront pas éternellement. Seuls les Français sont en Europe. Qu'est-ce que je vais donc faire en Europe si je me les mets à dos ?" » Ce raisonnement prêté à Staline ne pouvait que faire regretter à mon père de n'avoir pas eu la possibilité de l'affronter à nouveau en Crimée.

— Mais qu'est-ce que sa présence aurait changé à Yalta ? La France n'avait-elle pas obtenu, même absente, tout ce qu'elle désirait ?

— Sûrement pas. Certes, elle s'est vu attribuer une zone d'occupation en Allemagne et un siège au Conseil de sécurité de l'ONU. Mon père saluera ces résultats dans ses *Mémoires de guerre*. Mais il était loin d'être satisfait pour autant. Il était même très amer. Car on avait laissé Staline agrandir considérablement sa zone d'influence vers l'ouest et il se reprochait d'avoir été obligé de laisser lui-même, par son absence, l'Amérique et la Russie décider du sort de la vieille Europe. Yalta était donc resté pour lui comme un échec personnel. Il en parlait assez souvent à Colombey avec ses compagnons de l'époque. Il disait : « Si j'avais pu aller à Yalta, j'aurais épontillé – encore un terme de marine qu'il m'avait emprunté – Roosevelt, en tout cas Churchill, pour ne pas laisser tout aux Russes. Finalement Churchill s'est retrouvé seul. Il n'a pu résister à Staline comme il l'aurait souhaité. Quand je pense qu'il avait eu l'idée d'abandonner le débarquement en France au profit d'une attaque générale des forces alliées vers l'Europe centrale, par l'Italie et la Yougoslavie, pour éviter justement l'invasion soviétique ou, au moins, l'endiguer au maximum ! » Il plaignait beaucoup Churchill dans cette affaire. « Il était au bout du rouleau. Les Anglais l'ont débarqué avant que Yalta ne soit terminé. Il était politiquement mort. Mais il était le seul allié objectif de la France, car Roosevelt faisait preuve d'une bienveillante et molle utopie à l'égard de Staline. » Malheureusement, remarquait mon père, littéralement tétanisé par la ruine de la Grande-Bretagne à la fin de la guerre, il était prêt à tout concéder aux Américains en échange d'une aide colossale. « Ma présence aurait dû lui rappeler que la Grande-Bretagne et la France se trouvent l'une comme l'autre en Europe occidentale. »

— Certains historiens ont pourtant remarqué que la France ne s'en était pas si mal tirée...

— Ils ont eu tort. D'après mon père, Yalta a été « la négation de la France en tant que puissance ». Ces historiens ont souvent présenté comme une victoire le fait que Yalta nous ait concédé une zone d'occupation en Allemagne. Mais il ne faut pas oublier que cela était déjà acquis avant la conférence puisque sur l'ordre du général de Gaulle nos forces avaient poussé leur conquête le plus profondément possible au-delà du Rhin de façon, justement, à avoir une monnaie d'échange au moment du règlement. Peu de Français savent aujourd'hui peut-être que nous sommes allés jusqu'à Berchtesgaden, le nid d'aigle de Hitler au Tyrol, à l'insu des Américains, et jusqu'à Francfort-sur-le-Main. Qui sait aussi que nous étions déjà en train de descendre sur Milan et Turin après avoir conquis Tende, La Brigue et le pays d'Aoste ? Roosevelt était furieux, lui qui avait prévu le découpage et l'administration de la France. Mon père disait : « Roosevelt agite la Bible et il se figure que Staline fait de même. Staline n'agite pas la Bible. Staline ne peut avoir de bons sentiments. Il prend ce qui lui plaît quand il le peut. » Yalta, pour mon père, c'était aussi la soviétisation de la Pologne, « ce lâche abandon, protestait-il, cette mise au bûcher » d'un pays qui était particulièrement cher à son cœur. On se souvient qu'il avait combattu au sein de l'armée polonaise, en Pologne même, contre les Soviétiques en 1919. Il ne se consolait pas de ne rien avoir pu faire pour arracher cet allié traditionnel de la France à la « barbarie communiste ».

— On a beaucoup reproché au Général d'avoir refusé de rencontrer Roosevelt à Alger lors de son retour de Yalta. Qu'a-t-il pensé de cette réaction ?

— Il en a été choqué. Comment pouvait-il imaginer que la classe politique française le désapprouverait d'avoir répondu non à Roosevelt alors que ce dernier lui avait barré la porte de Yalta ? Je me souviens de son emportement quand il évoquait cela. Au début de février 1962, à La Boisserie, alors que ma mère et moi lui racontons la croisière inaugurale sur le *France* à laquelle nous avons participé, voilà que la radio se met à diffuser une rétrospective de Yalta et que son refus opposé à Roosevelt est commenté à son désavantage. L'irritation le prend. « Faudra-t-il toujours qu'ils donnent raison à l'étranger contre la

France ? » Il en avait contre ces notables qui s'en remettent immanquablement aux autres pour régler leur existence. « D'abord aux Allemands pour pouvoir mener leur petite vie tranquille en attendant la Libération, puis aux Anglais et aux Américains pour reprendre avec eux leurs affaires fructueuses. » N'oublions pas que Roosevelt avait repoussé l'invitation qu'il lui avait adressée de se rendre à Paris en novembre 1944. Et voilà maintenant qu'il voulait le convoquer à Alger, en territoire juridiquement français, à la suite d'ailleurs de quelques chefs d'Etat du Moyen-Orient ! C'était quand même un peu fort de café. Certains ont objecté alors que Roosevelt était infirme et malade, qu'il allait mourir deux mois plus tard. Mais lui aurait-il coûté davantage de se rendre à Paris ? « De toute façon, remarquait mon père, qu'aurais-je pu faire à Alger ? Avaliser ce qui avait été fait sans moi à Yalta ? » Il était en fait convié à venir signer le procès-verbal. La réaction négative de l'opinion française à son égard le heurta au point que, longtemps après, le seul fait d'entendre parler de cette conférence internationale lui faisait changer de visage. J'ai remarqué que cela arrivait parfois sous la pression de certains événements. Quant à Roosevelt, il m'a confié en soupirant après la parution de ses *Mémoires de guerre* : « Il est en tête de la liste de ceux que j'aurais aimé voir enfin comprendre, s'il avait pu me lire, l'homme que j'étais vraiment. »

17

LES « EXPÉDIENTS PROVISOIRES »

« Aussi n'admettons-nous pas que quiconque vienne diviser l'effort de guerre de la patrie par aucune de ces entreprises dites parallèles. »

Mémoires de guerre.

A la fin de 1943, les événements vont se précipiter pour le Général. Il va voir les Américains débarquer en Afrique du Nord, puis essayer de l'évincer en lui opposant successivement, d'après les mots de Roosevelt, des « expédients provisoires » : l'amiral Darlan, puis le général Giraud. Autant de difficultés auxquelles il va devoir faire face. Mais d'abord, on l'a dit surpris par le débarquement du 8 novembre 1942. L'était-il à ce point ?

— Il se doutait depuis mai qu'il aurait lieu. L'information avait transpiré chez quelques dignitaires du Foreign Office qui, tout en ne s'ouvrant pas directement à mon père, ne lui avaient pas caché que cette nouvelle phase de la guerre était dans le domaine du possible. Ils lui avaient également laissé entendre que l'initiative ne serait pas britannique. Aussi cherche-t-il aussitôt à se renseigner auprès des chefs militaires d'outre-Atlantique. Il en a l'occasion en juillet quand il participe à Londres avec des stratèges américains, dont le général Marshall, et des officiers généraux britanniques à ce fameux colloque ouvert ce mois-là, où est évoquée la possibilité d'un second front en Europe de l'Ouest, opération réclamée tant et plus par les Soviétiques qui ont besoin d'être soulagés. On se souvient qu'aux Américains qui préconisent un débarquement au nord-ouest de la France, les Britanniques opposent une vaste offensive dans le Sud vers l'Italie et les Balkans, secteur où les Allemands sont moins forts. Au départ, mon père aurait plutôt poussé les Américains à débarquer directement en France. Son argument était le suivant : accaparés par la Russie, les Allemands n'ont dans notre pays que quatre-vingts avions de chasse et de loin le plus bas effectif de troupes de toute la guerre. C'est le moment d'en profiter. Et en même temps, ils sont en train de démolir tout le réseau de résistance. A ce train-là, nos hommes de l'ombre ne tiendront pas plus d'un an. Finalement, les Américains se rangeront aux raisons des Anglais qui ne les trouvaient pas encore assez expérimentés pour mener de grandes opérations militaires et, au vu de la constitution très rapide de leur armée, mon père n'a pas insisté. L'attaque se fera donc au sud. Dès juillet 1942, les indiscrétions des dizaines d'agents américains qui tâtent le terrain en Algérie et au Maroc finiront par le convaincre que le débarquement allié dans cette région est pour bientôt.

— Pourquoi, d'après lui, les Alliés ont-ils voulu le lui cacher jusqu'au bout ?

— On sait qu'il a demandé des explications, le matin même de cette opération, à Churchill et que son ton a été vif. Ce qu'on ne sait pas, c'est que le Premier Ministre britannique a tenu à rendre Roosevelt responsable de cette mesquinerie – Roosevelt qui s'opposait à ce que les Français Libres participent à cette action –, et qu'il a eu aussi ces mots vexants, lesquels n'ont pas contribué à apaiser l'irritation paternelle : « Nous savions par expérience que si nous avions prévenu les Français, le secret aurait été immédiatement éventé. Nous risquions alors d'être accueillis à coups de canon comme à Dakar et en Syrie. » La réponse du Général a été fulgurante. Il lui a signifié que leurs petites cachotteries n'empêcheraient pas les Alliés de tomber sur le même comité d'accueil, car peut-être l'ignorait-il, mais Vichy avait placé là, en quasi-totalité, les troupes rapatriées de Syrie afin de renforcer l'esprit de fidélité au Maréchal, de neutralité à l'égard des Allemands et d'hostilité à l'égard des gaullistes et des Anglo-Saxons. Il leur précisa : « Ils disposent au total de deux cent mille hommes qui ne vous aiment pas. » On sait que la résistance durera trois jours et fera deux mille cinq cents victimes et des milliers de blessés parmi les Français et les Américains, les Anglais ne fournissant qu'un appui aérien. A ce propos, mon père avait une fureur rentrée contre le général Noguès, résident général au Maroc. « C'est lui qui a donné l'ordre de la riposte, accusait-il. Sans lui, ce débarquement eût été ce qu'imaginaient les Américains : une promenade militaire. Il a opté pour la neutralité de l'Empire en 1940, il a institué au Maroc une véritable dictature policière jetant nos gens en prison, les faisant torturer. Il a manqué toutes les occasions d'entrer dans l'Histoire avec honneur. » Cet épisode sera plus tard à l'origine de son algarade avec Edouard Herriot. On se souvient qu'en 1946, s'étant opposé à l'Assemblée à la régularisation des décorations attribuées par Vichy à ses combattants de Dakar, du Gabon, de Syrie, de Madagascar et d'Afrique du Nord, l'ancien maire de Lyon avait voulu donner une leçon au président du Conseil qu'était alors mon père et que ce dernier l'avait « mouché ». Le Général disait aussi : « Au rappel de son nom, c'est toute la IVe République qui défile devant moi avec ses grenouilleurs, ses capitulards et ses résistants de la dernière heure. » Et il revoyait Herriot en 1944 acceptant de participer à des négociations avec Otto Abetz, ambassadeur du Reich à Paris, et Pierre Laval, alors que Leclerc était en train de foncer droit sur Notre-Dame avec sa division blindée.

— Le 5 novembre 1942, Darlan a brouillé les cartes. Il a quitté Vichy et a débarqué à Alger sans crier gare. Quelle explication le Général donnait-il à cette arrivée inattendue ?

— Il n'a pas cru un instant celle qu'a donnée

Darlan qui prétendait être parti précipitamment, à la grande surprise du Maréchal, parce qu'il avait appris que son fils venait d'être frappé par la poliomyélite. Il met aussitôt les services secrets de la France Libre à ses trousses. « J'apprends alors, se souvenait-il, qu'à peine débarqué à Alger avec sa femme, c'est tout juste s'il passe une demi-heure à l'hôpital, au chevet de son fils soi-disant en danger de mort. Nos agents le voient ensuite grenouiller à droite, à gauche, en Algérie, en Tunisie, au Maroc. » En réalité, pensait le Général, subodorant un débarquement allié en Afrique de l'Ouest et prêt à renier son serment de fidélité à Pétain et à changer de camp, l'amiral félon tient à se retrouver sur place afin de tirer parti au mieux de cet éventuel renversement de situation. « Il n'avait qu'un but : succéder coûte que coûte au Maréchal en le trahissant si besoin. » Le capitaine de vaisseau Hourcade, qui avait été le chef d'état-major de Darlan et sera blessé au moment de l'attentat contre lui, m'a révélé plus tard que son patron s'attendait plutôt à un débarquement sur la côte ouest de l'Afrique, sans doute à Dakar, alors qu'il a eu lieu, on le sait, entre Alger et Agadir.

— Darlan est donc assassiné à Alger, le 24 décembre 1942, par Fernand Bonnier de la Chapelle. Depuis lors, des historiens ne cessent de laisser accroire d'une façon plus ou moins allusive que le Général n'était pas étranger à cet assassinat politique. Certains vont même jusqu'à affirmer qu'il l'aurait ordonné. Il ne l'a jamais démenti lui-même. Alors ?

— Vous savez, il n'avait pas l'habitude de se répéter. Quand, à Londres, il a appris la nouvelle de cet attentat, il a avoué ce qu'il en pensait à ceux qui l'entouraient. Cela figure dans ses *Mémoires de guerre* : « Nul particulier n'a le droit de tuer hors du champ de bataille. » Pour lui, le sort de Darlan relevait de la justice et « non d'un groupe ou d'un individu ». On sait que pendant la guerre il a reçu à Londres quantité d'offres de gens des réseaux de résistance qui voulaient exécuter Pétain et qu'il s'y est toujours opposé. « C'était pourtant facile, m'a-t-il expliqué. Il était assez mal gardé. Il y avait de nos partisans à Vichy même. Ils auraient pu s'en charger en dépit de sa sécurité organisée par les Allemands dans ses déplacements. Car les occupants craignaient ce type d'attentat. » Et mon père a toujours formellement interdit qu'on tire sur lui, comme sur Weygand ou un autre du même genre. « Ils passeront en jugement, répétait-il. La Haute Cour est faite pour cela, quand ce ne serait que pour condamner Vichy. » Je me souviens également de sa réaction à propos d'un colonel de gendarmerie qui, un peu avant la Libération, avait dû prêter un contingent de ses hommes aux Allemands en renfort contre les résistants. Fait prisonnier par ces derniers, on voulait l'abattre. Mon père a fait savoir alors au réseau de résistance qu'il fallait qu'il passe en jugement. Mais il a quand même été tué. Alors, il a exprimé publiquement sa colère en soulignant que ce n'étaient pas des procédés, que ce colonel aurait dû être jugé équitablement et non exécuté sommairement. J'ai lu assez récemment sous la plume d'un biographe que mon père aurait écrit « sans ambages dans un de ses messages » : « Darlan est un traître qui doit être liquidé. » Et ce biographe en question renvoie au deuxième tome des *Mémoires de guerre*, page 437. Inutile de chercher cette référence. Elle n'existe pas. Outre que ce n'est pas le style de mon père de s'exprimer ainsi, il n'a jamais écrit quoi que ce soit de ce genre dans un document quelconque.

— Depuis la guerre, on a soutenu entre autres, pour lui imputer cet assassinat, qu'il en avait été informé avant tout le monde alors qu'il se trouvait, à cette époque, loin d'Alger, en Grande-Bretagne. Il ne devait pas ignorer cet argument...

— Quand on lui rapportait un on-dit, il avait l'habitude de grogner en citant Agatha Christie et en haussant les épaules : « Il n'y a que deux sortes de personnes qui se moquent absolument du qu'en-dira-t-on : les vagabonds et les grands seigneurs. » Remarquons en passant qu'il n'a jamais pris la peine de répliquer aux réfutations de ceux qui s'opposaient à telle ou telle de ses affirmations ou aux fausses intentions, décisions ou déclarations qu'on lui prêtait. Sur la foi, dit-on, d'un officier britannique (qui n'accompagnait pourtant pas de Gaulle), un auteur se demande en effet de quelle manière il pouvait être au courant de la mort de Darlan le soir même de l'attentat, le 24 décembre, alors qu'il se trouvait en Ecosse et que seule Radio Alger, soutient-on, avait annoncé la nouvelle. Et d'ajouter que pour répondre à cette question, le bureau de la France Libre interrogé à Londres aurait répondu que le Général avait entendu cette station pendant un trajet en train grâce à une radio portative... Comment aurait-elle pu fonctionner dans ce moyen de transport quand on se rappelle, en plus, que les appareils à transistors n'étaient pas encore en usage à l'époque ? C'est du roman de gare ! Le lendemain, 25 décembre au matin, mon père revient du port écossais de Greenock où il a passé en revue notre flottille de corvettes. Le 18 janvier suivant, nous pensons qu'il va nous éclairer sur cette affaire. Il s'est rendu dans le port de Weymouth pour inspecter la flottille de vedettes lance-torpilles à laquelle j'appartiens et qui fait des raids nocturnes sur les côtes françaises occupées. La photo qui est prise de lui en ce jour deviendra célèbre. On l'y voit à la passerelle d'un des bateaux en combinaison imperméable, celle de mon camarade Talarmin, seul de sa taille, une paire de jumelles à la main. Mais nous ayant fait ensuite rassembler sur le quai, après la sortie en mer, pour nous adresser quelques mots d'encouragements et de confiance, il ne mentionne qu'en passant la disparition de Darlan comme si elle n'était qu'une péripétie de cette guerre. Elle n'a d'ailleurs, on le saura, décanté qu'en partie la situation en Afrique du Nord.

— Avez-vous eu l'occasion d'aborder la question davantage, seul à seul avec lui ?

— J'espérais qu'il allait le faire un peu plus tard au cours de l'entretien particulier que j'eus avec lui durant quelques minutes dans un petit bureau de l'hôtel local. Mais il se contentera de me donner des nouvelles de ma mère et de mes sœurs et m'interrogera très brièvement sur ma santé et mes activités. C'est seulement par la suite que je pourrai en savoir quelques bribes grâce au colonel Pierre Billotte, son chef d'état-major, et aux capitaines Léo Teyssot et Charles Roux, ses aides de camp. Ils témoigneront de sa totale stupéfaction, à sa descente du train, lorsqu'ils lui apprirent la nouvelle de la mort imprévue de l'amiral, nouvelle qu'ils avaient entendue à la BBC. Bien après la guerre, il me confiera quand même : « Je savais à l'avance que cette idée d'"expédient provisoire" – selon les termes mêmes des Alliés, ses auteurs – ferait long feu, mais j'étais loin d'imaginer que son temps serait abrégé de cette façon. A moi et à la France Combattante, Darlan aurait été plus utile vivant dans son rôle de repoussoir que mort, jusqu'à ce que nous dussions le faire passer en Haute Cour, comme c'était inévitable. En tout cas, je peux dire que, contrairement aux calomnies, ce n'est pas moi qui l'ai fait assassiner, car je n'ai jamais donné ce genre d'ordre à qui que ce soit durant toute la guerre. Et d'ailleurs, s'il y avait eu le moindre indice contre moi, je te prie de croire que le prétendu tribunal d'Alger, avant mon arrivée, ne se serait pas autant dépêché de liquider le procès de ce pauvre Fernand Bonnier de la Chapelle en quelques heures de nuit. On aurait au contraire bien pris le temps de l'exploiter dans tous les sens contre ma personne. »

— On ne peut pas dire malgré tout que cette exécution ne l'arrangeait pas... N'en convenait-il pas lui-même ?

— Disons qu'elle ne le chagrinait pas, quoiqu'il eût voulu, je le répète, le voir traîné en justice. La réflexion qu'il me fit à Londres prouve que ce souhait dominait tout autre sentiment. Cette disparition l'aurait certainement arrangé au début, dès l'instant où il avait vu Darlan quitter Vichy pour Alger peu de temps avant le débarquement américain et où, cinq jours après cet événement, il avait été nommé haut-commissaire pour l'Afrique du Nord par les Alliés. Mon père se souvenait alors de la colère qui fut la sienne : « J'en voulais aussi à Churchill de s'être mis à la remorque de Roosevelt dans cette affaire nauséabonde et je lui ai dit son fait. Je devais être très irrité car, en partant, je me rappelle m'être reproché auprès de Mme Churchill d'avoir contrarié l'harmonie de son déjeuner. » Mais finalement, au point où en était arrivé Darlan, il n'était plus l'obstacle numéro un pour la France Libre. Ses volte-face avaient eu vite raison de sa crédibilité. Passant en quelques jours de sa soumission aux Allemands – jusqu'à aller offrir ses services à Hitler en 1941 en se rendant chez lui, à Berchtesgaden – à son allégeance à Roosevelt – jusqu'à lui proposer de gouverner la France dès sa libération, à la tête de ses généraux et de son administration –, il avait perdu la considération de tout le monde, y compris celle de ses mentors d'outre-Atlantique. Il faut savoir qu'au moment du débarquement en Afrique du Nord, il est encore inféodé aux Allemands puisqu'il est prêt à faire appel à leur aviation pour riposter à l'invasion.

— Cela a été démenti par la suite...

— Peut-être, mais mon père en a été informé d'une façon très précise. Il l'a d'ailleurs fait savoir aux Américains. Ils n'en ont tenu aucun compte puisqu'ils ont fait ensuite appel à lui ! Cela ne les empêchait pas en privé de le traiter de tous les noms d'oiseau. C'est un homme fini, pensa alors mon père à la fin de novembre. Il m'a expliqué après la guerre : « Le sabordage de la flotte de Toulon [le 26 novembre 1942] lui enlevait toute possibilité de continuer à peser sur les événements. Privé de son trésor de guerre, il n'était plus rien aux yeux des Américains et des Anglais. Son titre de haut-commissaire que lui avait accordé Roosevelt n'était que fétu de paille. Il en aurait été autrement s'il avait réussi à faire venir la flotte à Alger avant l'invasion de la zone dite libre. » Plusieurs proches de Darlan ont confirmé que dès le début de décembre, il avait perdu tout espoir de rétablir la situation en sa faveur. « Assassiné ou pas, il était de toute façon mort politiquement », a encore certifié mon père. Ceux qui continuent, soixante ans après, d'insinuer que le Général n'avait pas les mains blanches dans cette affaire feraient bien de prendre tous ces éléments en considération plutôt que de donner la parole à des Fabre-Luce et autres vichystes que la haine antigaulliste étouffait.

— On imagine la douleur du Général lorsqu'il a appris le sabordage de la flotte de Toulon. Comment a-t-il réellement réagi ?

— J'étais loin de lui à ce moment-là, engagé

dans les premières opérations de ma flottille pour la sécurité des îles Britanniques. Tout ce que je puis rapporter, c'est ce dont se souvenait ma mère quand elle l'a revu au moment de Noël, dans leur logis d'Hampstead. Sans s'étendre, car elle ne faisait jamais de phrases, elle m'a raconté qu'un mois après il semblait encore atterré « comme si l'un de ses proches s'était suicidé ». Il répétait : « Quelle fin honteuse, quel scandale, quelle pitié ! » Plus tard, il a été encore plus consterné quand il a appris que, contrairement aux premières informations reçues, aucune résistance sérieuse n'avait fait face à l'irruption des Allemands à Toulon. Contrairement aussi à la déclaration que nous avions entendue de sa propre bouche le 27 novembre à la radio de Londres où il disait avoir entendu résonner « le canon de Toulon, l'éclatement des explosions, les coups de fusil désespérés, l'ultime résistance ». A la cathédrale catholique de Portsmouth où les Forces navales françaises libres organisent un service funèbre après le sabordage et où nous nous rendons assez massivement d'un peu partout du sud de l'Angleterre, nous ne savons pas encore que les morts de cette tragédie que nous supposions nombreux n'ont été en réalité que trois : les servants d'un seul canon. En se rappelant ces jours noirs, des années après, mon père assurait que cette flotte aurait pu changer les données de la guerre. « Quel atout nous avons perdu ! Avec elle, l'Afrique entière nous aurait instantanément ralliés en 1940. Plus tard l'Afrikakorps n'aurait pu débarquer sur le sol africain, puis s'installer en Tunisie. Enfin, nous aurions pesé d'un autre poids dès le débarquement allié en 1942 et à plus forte raison le jour de la victoire de 1945. » Son indignation était déjà à son comble le 11 novembre 1942 lorsque les Allemands ont envahi la zone libre sans qu'aucun coup de feu soit tiré par l'armée d'armistice forte de près de cent mille hommes. Quand ils ont fait main basse en moins de quarante-huit heures sur trois cent quatre-vingts avions de guerre et une quantité considérable d'armes et de munitions, tout cela sans aucune réaction de Vichy. Je l'entends encore rappeler cette ignominie d'une gouaille vengeresse : « Le vainqueur de Verdun a capitulé en rase campagne. Un 11 novembre ! »

— Revenons à Darlan. Quelle explication donnait-il à cet assassinat ?

— D'abord, cessons d'y voir la main des services secrets de la France Libre que le Général n'aurait pas pu ou voulu contrôler. Philippe Ragueneau, qui a été mêlé de près à cet attentat et en a été un témoin de premier ordre que l'on omet d'interroger quand on revient sur le sujet, fait le commentaire que mon père aurait fait lui-même : « Si de Gaulle avait voulu éliminer Darlan, il lui suffisait de demander au colonel Passy de s'en charger avec les hommes du BCRA qui étaient nombreux en Algérie. La voiture de l'amiral aurait eu un accident et personne ne se serait posé de questions. » Mon père ne savait de cette affaire que ce qui a résulté de l'enquête des services et des témoignages de Ragueneau et des deux autres jeunes instigateurs de l'attentat, le quatrième, Fernand Bonnier de la Chapelle, ayant été, comme on le sait, l'exécuteur et n'ayant pu s'exprimer avant d'être précipitamment passé par les armes. Tous âgés d'une vingtaine d'années, ces fervents gaullistes n'avaient aucune attache avec Londres, m'a confirmé mon père. En stage d'entraînement de commando dans une ferme, au cap Matifou, près d'Alger, ils ne peuvent supporter de voir Roosevelt faire appel, avec la complicité passive de Churchill, à l'amiral Darlan pour supplanter de Gaulle. Le destin de la France entre les mains d'un traître ! C'en est trop pour ces patriotes. Remettons-nous encore à cette époque. Les esprits sont exaltés. Celui des jeunes encore plus. J'en étais un. Nous voulions en découdre, participer coûte que coûte au combat pour la libération de notre patrie. Ces quatre volontaires décident donc d'éliminer l'« expédient provisoire » comme Roosevelt l'a lui-même qualifié. Lequel va s'en charger ? Ils tirent à la courte paille avec des tiges arrachées à une gerbe. Le brin le plus court désigne Bonnier de la Chapelle, le fils âgé de vingt ans d'un journaliste employé dans un quotidien algérois. Il se fait aussitôt prêter un revolver de 7,65 mm par un ami qui est, lui, partisan du comte de Paris, lequel est également présent à Alger. Muni d'un plan du palais d'Eté par ce complice, il s'introduit facilement auprès de Darlan et l'abat de deux coups de feu. Arrêté le soir, il est fusillé tôt le lendemain matin après un simulacre de procès. L'histoire est aussi simple que cela. Elle est fort connue. Mais elle méritait d'être résumée ainsi car c'est elle que mon père retiendra malgré toutes les versions que l'on inventera par la suite. Il ne croyait pas davantage au complot monarchiste et notamment aux incitations au meurtre du comte de Paris.

— Et les trente-huit mille dollars que les quatre comploteurs auraient reçus de la France Libre à Londres ? Bonnier de la Chapelle aurait été trouvé porteur de deux mille dollars au moment de son arrestation...

— Ces quatre jeunes n'avaient que leurs convictions et leur courage. Et ils étaient fauchés comme tous les gens de leur âge. Et pourquoi une somme pareille ? Imagine-t-on la France Libre assez riche pour arroser de cette façon ses agents ? Et pourquoi des dollars alors que toute transaction de la France Libre se faisait en francs ou en livres sterling ? Les prétendues révélations du colonel Paillole – trente ans après l'événement, s'il vous plaît ! – sur la découverte de cette somme de deux mille dollars dans la poche de Bonnier de la Chapelle en « paiement de son crime » donc, sont outrageantes pour la mémoire de ce jeune patriote. Mon père ne s'entendait guère avec ce colonel pro-Weygand, puis pro-Giraud. Il n'est pas étonnant qu'il ait tenu avec obstination à le « mouiller » en inventant un détail de ce genre. De toute façon, on pourra toujours affabuler, cet attentat n'a eu pour initiateur qu'un groupe indépendant, donc sans aucune liaison avec de Gaulle et avec ses agents du BCRA en Afrique du Nord. Je le répète : mon père n'avait rien à voir dans cette affaire et n'en avait pas été avisé auparavant.

— Il vous l'a dit ?

— Il m'a dit ce qu'il répondait chaque fois qu'on lui proposait d'éliminer tel ou tel traître : « Tout meurtre politique est odieux. » On pourra ergoter longtemps encore en alléguant, par exemple, qu'il aurait pu s'étendre davantage sur cet assassinat, notamment dans ses *Mémoires*, on ne voit pas ce qu'il aurait pu ajouter en dehors de ce que je viens d'exposer.

— Si le Général était étranger à cet attentat, pourquoi alors a-t-il élevé son organisateur spontané, Philippe Ragueneau, au rang de compagnon de la Libération ?

— Philippe Ragueneau a été nommé compagnon de la Libération pour la très belle guerre qu'il a faite dans la Résistance intérieure, dans les commandos en Tunisie, dans les rangs de la 1re division française libre, et le 6 juin 1944, parmi les commandos parachutés en Bretagne dans le maquis de Saint-Marcel, puis dans la « poche » de Saint-Nazaire. C'est le guerrier courageux que l'on a ainsi récompensé et non l'ami de l'exécuteur de l'« expédient provisoire ». Mon père a regretté que le procès qui a condamné le jeune homme à mort se fût déroulé de cette manière expéditive et à huis clos. Il a trouvé pour le moins curieux que le général Giraud et le juge, le général Bergeret, un antigaulliste de la pure espèce, aient voulu ainsi étouffer des révélations éventuelles. Pour le protéger, lui, de Gaulle ? Ils avaient tout intérêt, au contraire, à ce qu'au tribunal, le jeune condamné crie sa foi en lui et en la France

Combattante. Alors, Giraud coupable ? Mon père l'en croyait aussi incapable que le comte de Paris. Cependant, il pensa après coup que l'on avait abandonné un peu vite l'hypothèse de sa responsabilité. Car à qui ce crime avait-il servi ? N'était-ce pas à celui qui avait remplacé Darlan dès le lendemain de sa mort ? Et qui avait voulu ce procès expéditif ? Il estimait que si Giraud lui-même n'avait rien à se reprocher – ce dont encore une fois il était convaincu –, on pouvait par contre soupçonner son entourage. Il était composé d'hommes sulfureux du genre de Jacques Lemaigre-Dubreuil, comploteur-né, ancien cagoulard et grand ami de l'Américain Robert Murphy, et de son adjoint Jean Rigault, tout aussi capable d'intrigues et de projets séditieux. Alors, pourquoi pas d'un assassinat ? Ce mystère, à vrai dire, était étranger à mon père. Il n'encombra guère son esprit si j'en juge par le peu de place qu'il prit dans ses conversations et dans ses écrits. En revanche, il tint à s'occuper de la mémoire de Fernand Bonnier de la Chapelle. Il demanda que l'on donnât satisfaction à son père qui souhaitait sa réhabilitation. Ce qui fut fait quelques années plus tard par le gouvernement de la IVe République. Autrement dit, le jugement hâtif du conseil de guerre d'Alger est devenu nul et non avenu. Bonnier de la Chapelle a été en outre cité à titre posthume comme ayant cherché à servir la patrie.

— Comment, d'après votre père, le président américain en est-il arrivé à la solution Giraud ?

— Il faut d'abord rappeler que les Américains

ont conservé une représentation à Vichy jusqu'en avril 1942 en la personne de William Leahy, secondé par Matthews Freeman. Ce vieil amiral avait l'esprit fixé sur une France arriérée, étriquée et capitularde. Il ne jurait que par Pétain et Weygand, et ne vouait que mépris au général de Gaulle. Ami intime de Roosevelt, il deviendra, dès son retour aux Etats-Unis, rappelons-le, son conseiller personnel très écouté jusqu'en 1944. A-t-il rencontré le général Giraud à Vichy après l'évasion de celui-ci d'Allemagne ? Mon père n'en était pas certain. Mais cela ne l'empêchait pas de soupçonner Leahy d'être pour quelque chose dans l'idée de faire appel à Giraud dès l'instant où le général Weygand, sur lequel il misait beaucoup pour devenir proconsul en Afrique du Nord, se trouva évincé à Vichy par le Maréchal au profit du proallemand Darlan. Mon père pensait également que c'était probablement grâce à cet amiral américain que Pétain avait permis à Giraud de se rendre à Vichy malgré la présence de Laval et de Darlan qui menacèrent de le livrer à ses anciens geôliers. Quand il évoquait cette époque, c'était encore avec beaucoup d'amertume à l'égard des Américains. « Il faut espérer, me confia-t-il un jour, que les historiens n'oublieront pas l'attitude qui a été celle de nos libérateurs de 1944 pendant l'occupation de notre pays. Jusqu'au moment de leur entrée en guerre contre le Japon, ils ont continué à aller et venir en France comme si rien ne s'était passé et en se gardant bien de prendre contact avec les Français qui continuaient la lutte. » Il en avait aussi contre un autre ami de

Roosevelt : William Bullitt, son ambassadeur en France, lequel demeurera à Paris malgré l'entrée des Allemands.

— Il en partira très vite...

— Il y restera quand même un mois, ce qui lui permettra de dresser un tableau détestable de la France à Washington, celui d'un pays qui a vendu son âme à l'occupant et a perdu définitivement toute chance de redevenir une grande puissance. Au début, Bullitt avait également misé sur Weygand. Il en est de même d'un troisième Américain : Robert Murphy, « un adversaire implacable qui jurera notre perte jusqu'à la victoire ». Passant, lui aussi, pour un grand connaisseur de la France (il avait séjourné quelque temps à l'ambassade américaine à Paris), il est à l'époque consul des Etats-Unis à Alger. Tout ce petit monde cherche un remplaçant à Weygand pour contrer le général de Gaulle. « Churchill a son pion sur l'échiquier, expliquait mon père, Roosevelt veut le sien. » En ignorant superbement la lettre que Giraud a adressée à Pétain où il lui déclare : « Je vous donne ma parole d'officier que je ne ferai rien qui puisse gêner en quoi que ce soit vos rapports avec le gouvernement allemand ou entraver l'œuvre que vous avez chargé l'amiral Darlan et le président Laval d'accomplir sous votre autorité. » Mais Giraud devra attendre l'élimination physique de Darlan, le 24 décembre, pour que les Américains le nomment à sa place haut-commissaire pour l'Afrique du Nord.

— On a beaucoup ratiociné, selon l'expression de votre père, sur sa première entrevue avec Giraud, le 22 janvier 1943, au Maroc, à Anfa, où devait se tenir la conférence du même nom. Comment s'est réellement passée cette rencontre ? Est-il vrai d'abord que Giraud l'appelait Gaulle ?

— Non, ça c'est une légende. Il appelait de Gaulle comme tout le monde et – je puis le confirmer – de même à Metz en 1938, quand il était gouverneur de la ville et que le colonel de Gaulle était à la tête du 507e régiment de chars de combat. Je me souviens très bien de l'avoir entendu l'appeler avec toute la correction voulue, le 14 juillet de cette année-là, après le défilé à Chambières, au nord de Metz. Je revois alors le général Giraud assis dans la tribune à côté de sa femme qui faillit recevoir sur la tête le petit bouquet de fleurs qu'un dirigeable passant à basse altitude avait laissé tomber en guise de coup d'envoi. Quand mon père débarque à Fedala, puis à Casablanca, en ce jour de 1943 où il a enfin accepté sous la pression de Churchill et de Roosevelt de rencontrer le général Giraud, il est stupéfait : il ne voit que des Américains. C'est un Américain, le général Wilbur qu'il avait connu autrefois à l'Ecole supérieure de guerre, qui l'accueille et c'est dans sa voiture, dont les vitres arrière ont été maculées de boue afin qu'on n'aperçoive pas de passager, qu'il prend place pour se rendre à Anfa où l'attend Giraud. Et ce sont des Américains qui encerclent la villa où doit avoir lieu la rencontre. Il prend alors un coup de sang. Il demande à Giraud : « Ne sommes-nous pas en terre de souveraineté française ? Alors, que l'on remplace ces militaires étrangers par des soldats français. » Et il menace de reprendre le chemin de l'aérodrome s'il n'obtient pas satisfaction.

— Il l'aurait fait ?

— Il en a été à deux doigts. Au cours du déjeuner qui suit, Giraud joue de sa supériorité hiérarchique et se prend très au sérieux. C'est alors qu'assez ironique mon père lui fait raconter son évasion de Königstein, à laquelle l'Américain Robert Murphy prétendait ne pas être étranger. Il sait qu'il tire vanité de ce récit et il en profite. Au début, mon père était assez admiratif de cette évasion. Il l'a d'ailleurs écrit dans ses *Mémoires*. Mais après leur publication, il a reçu des renseignements qui l'ont fait douter de la vigilance des Allemands. Quand Giraud a fini son récit, il lui propose : « Maintenant, mon général, racontez-moi comment vous avez été fait prisonnier. » Et là, c'était franchement féroce parce qu'il n'avait plus lieu de se vanter. Giraud commandait alors la IXe armée qui était en train de partir plus ou moins en déroute. Sa capture s'est faite sans gloire et, il faut dire, à cause d'une certaine imprévoyance, dans le château où il avait installé son poste de commandement et dont seulement une petite unité du génie assurait la couverture. « Il n'a pas très bien réalisé dans quelles conditions il se trouvait, commentait mon père. Ignorant la guerre de mouvement, sans doute se croyait-il en 1918 à vingt-cinq kilomètres derrière les lignes. » Bref, on ne peut pas en conclure que leurs premiers rapports aient commencé sous les meilleurs auspices !

Dans l'après-midi, son entrevue avec un Churchill décidé à le faire remplacer par Giraud n'allait pas non plus, on le sait, être des plus cordiales. S'en souvenant après la guerre, alors qu'il venait d'accueillir son vieil adversaire britannique et néanmoins ami à Paris, il m'a avoué : « J'ai bien cru que nos relations allaient se terminer dans cette villa transformée en forteresse et d'où l'on voyait la mer briller. Est-ce cette vue maritime ? J'ai failli me lever, le laisser là avec son cigare et partir pour Brazzaville. »

— C'est ensuite cette fameuse photo où l'on voit votre père et Giraud se serrer la main, debout, devant Churchill et Roosevelt assis. Quel souvenir en gardait le Général ?

— Il en avait horreur. C'est peut-être la photo de la guerre qu'il détestait le plus avec celles que l'on avait prises de lui avec ma mère dans le cottage de Berkhamsted sur l'insistance de Churchill. Il ne voulait même pas la regarder. Je l'ai remarqué un jour, à Colombey, alors qu'il était tombé dessus en feuilletant un album que l'on venait de lui envoyer. Il s'en voulait beaucoup d'avoir accepté de se prêter à Anfa à ce qu'il appelait une « mise en scène de la Metro Goldwyn Mayer » à laquelle avait été invitée une meute de photographes et de reporters d'agence américains et anglais. Mais aurait-il pu la refuser ? Il s'y sentait obligé. La conférence avec le général Giraud s'était soldée par un échec et il pensait qu'il ne fallait pas donner aux Français d'Afrique du Nord et surtout à ceux qui se battaient dans nos rangs et dans la Résistance l'image de la division. Il s'expliquait ainsi : « C'est la zizanie qui a été la cause de notre défaite, et je dirais la cause de toutes les défaites de notre Histoire, et cette nouvelle zizanie, les Français qui combattaient pour la libération de la France dans le pays ou outre-mer n'auraient pas compris ce qui serait apparu à leurs yeux comme une question de rivalité personnelle. Alors, vas-y pour une poignée de main ! » Et il a ajouté, une fois où il parlait de la Résistance et de Jean Moulin, dont il apprendra d'ailleurs l'arrestation et la mort après la conférence d'Anfa : « Cette comédie a eu un impact certain aux Etats-Unis et un peu moins en Grande-Bretagne. Mais les Français Libres ne s'y sont pas trompés, ni la Résistance française qui à ce moment-là envoyait des communiqués furieux en jurant qu'ils ne reconnaissaient que le général de Gaulle comme chef du Comité français de la libération nationale. Tandis que, *via* les services britanniques de transmission, Jean Moulin faisait bombarder Churchill et Roosevelt de télégrammes vengeurs qui affirmaient la même chose. »

— Et que penser de ce qu'il a répondu à Roosevelt qui lui demandait de serrer la main de Giraud devant les photographes : « *I shall do that for you* » ?

— Simple courtoisie. Il se voyait mal en train de refuser au président des Etats-Unis de faire ce geste qui, de tout façon, ne l'engageait en rien. Mais je le répète : c'est en pensant à l'opinion des Français et à celle de tous ceux qui approuvaient le combat de la France Combattante qu'il a accepté de se livrer à cette « comédie ».

— Au moment de cette conférence d'Anfa, le Général, « enfermé dans cette enceinte », écrit-il, charge un de ses fidèles, Claude Hettier de Boislambert, de déjouer la surveillance des sentinelles américaines pour aller porter une lettre en secret à un homme de confiance en garnison à Dakar. On a appelé cette missive le « testament d'Anfa ». Que faut-il comprendre ?

— Testament est un grand mot. Il s'agit d'une simple lettre dans laquelle mon père, qui se savait menacé, résume son opinion sur la « combinaison Giraud » et sur les négociations en cours qui ont lieu « non point dignement et librement, mais sous le contrôle des Anglo-Saxons, dans l'ambiance qu'ils ont créée ici pour la circonstance et qui n'est qu'une mise en scène ». Ignorant comment les choses vont tourner et craignant qu'une rupture n'entraîne l'impossibilité pour la France Libre de continuer son action, il veut en informer la France et son Empire. Il demande donc à son correspondant, le commandant Loys Tochon, qui a été son élève à Saint-Cyr, de faire état de ce texte « si les choses se gâtaient tout à fait ». Cet officier le gardera en souvenir.

— Le 30 mai 1943, le Général débarque pour la première fois à Alger. Giraud l'attend à l'aéroport. Il a donc été investi haut-commissaire pour l'Afrique du Nord par les Américains en remplacement de Darlan. Comment votre père se rappelait-il cette seconde rencontre avec lui ?

— Il a d'abord trouvé que ce général à cinq étoiles était resté très archaïque. Quand il débarque à Boufarik, un aérodrome choisi par le général Giraud en raison de son éloignement d'Alger et de sa foule, il a l'impression de se retrouver en 1938. Des gardes mobiles en bottes présentent les armes, sabre au clair, et le peloton d'honneur est en capote et bandes molletières (les Français Libres portaient la tenue de combat). Son arrivée est la plus discrète possible. Elle a été tenue secrète, mais sur la route d'Alger, tout au long du chemin, des gens criaient « Vive de Gaulle ! ». Giraud faisait plutôt grise mine, se souvenait mon père. Au palais d'Eté où doit avoir lieu le déjeuner, c'est l'état de siège. Des tirailleurs investissent les lieux. Des blindés sont postés dans la cour. Mon père apprend qu'en raison de sa présence tous les corps de troupes et la gendarmerie ont été consignés dans les casernes. Débarquant dans ce milieu hostile, accompagné seulement d'une demi-douzaine de personnes non armées dont Gaston Palewski et Pierre Billotte, il a éprouvé, m'a-t-il avoué, quelque inquiétude. « J'aurais très bien pu être enlevé ou assassiné pendant la nuit qui a suivi, villa des Glycines. Mais sur le moment, je n'ai pas pensé à cela. Il me fallait plonger dans le chaudron sans attendre. Et puis, il y avait aussi des gaullistes à Alger. Certains, parmi nos agents, nous avaient prévenus d'un attentat possible. » Autour de lui, on craignait beaucoup pour sa sécurité.

— Qui aurait pu vouloir le tuer ?

— On lui a fait savoir qu'il lui fallait se méfier de tout le monde, « même des Alliés ». La ville était bourrée de gens armés et de tout acabit. La villa des Glycines qu'on lui attribue comme résidence est une maison sans attrait dans la petite banlieue d'Alger. Elle n'est gardée que par les « giraudistes » jusqu'à ce que le général de Larminat y fasse parvenir dans la soirée, et pratiquement par infiltration dans Alger, une dizaine de spahis de la division française libre pourtant cantonnée loin de là. Quant au grand déjeuner au palais d'Eté (une trentaine de personnes), il ne débute pas trop mal, bien que la présence à table du général Georges, ami de Weygand et capitulard comme lui, et de Jean Monnet, « l'homme des Américains » qui, comme on le sait, a faussé compagnie au Général en juin 40 pour se réfugier à Washington, ne soit pas là pour égayer l'atmosphère. Il se rappelait : « J'ai eu quelques mots avec eux qui leur ont indiqué d'emblée ce que je pensais de leur attitude en 1940, et d'un commun accord nous en sommes restés là jusqu'à la fin du repas. » Dans l'après-midi, quand il va déposer une croix de Lorraine au monument aux morts, place de la Poste, une foule de plusieurs milliers de personnes l'acclame. Remontant dans sa voiture après la cérémonie, il lance alors en l'air près de Giraud contrarié par cet immense enthousiasme : « Tiens ! Je croyais qu'il n'y avait pas de gaullistes en Algérie. » Le lendemain, il rompt le contact et claque la porte en pleine conversation avec Giraud qui refusait de se séparer de son entourage vichyssois dont Marcel Peyrouton, ancien ministre de l'Intérieur de

Pétain et nommé gouverneur général de l'Algérie sur les instances des Américains. Encore une fois, mon père ne se sent pas en sûreté. « J'ai passé une mauvaise nuit », m'avouera-t-il à Colombey en 1947 alors que mon beau-frère et moi-même réfléchissions aux moyens que nous pourrions mettre en œuvre pour assurer sa sécurité contre une éventuelle agression communiste. « Je m'attendais à un coup de main de quelques excités. » En juin, il a gagné la partie. Il s'est imposé malgré quelques manœuvres de dernière heure de la part de Giraud et des Américains. A lui la direction politique de la France Combattante, à Giraud le commandement militaire. En décembre 1943, de Gaulle a les deux rôles.

— On a accusé le Général après coup de s'être mal conduit à l'égard du général Giraud. Roosevelt s'en est même inquiété. Ne se l'est-il pas un peu reproché ?

— Reproché, pourquoi, mon Dieu ? Roosevelt avait appris au début de septembre 1944 que le général Giraud avait été blessé à la joue par un coup de feu dans le jardin de sa villa d'Alger où il s'était retiré. L'une de ses sentinelles lui avait tiré dessus pendant la nuit en le prenant pour un intrus alors qu'il se promenait dans son jardin. Mon père n'était plus en Algérie depuis le début de juin 1944, mais ma mère et mes sœurs y étaient encore. Peut-être Roosevelt a-t-il alors cru un instant, comme d'autres, à un attentat perpétré par un émule du jeune gaulliste Bonnier de la Chapelle ? Toujours est-il que le Général reçoit, à Paris, une lettre du président américain qui s'inquiète de celui sur lequel il a tant misé et qui l'a tant déçu. Il lui répond alors le 13 septembre pour lui assurer que la blessure de son protégé n'est pas grave et qu'il doit d'ailleurs se rendre prochainement en France. Giraud est, à cette époque, complètement éliminé. Retiré sous sa tente, il a refusé le poste d'inspecteur général des armées françaises que le Général a voulu lui attribuer en avril 1944, puis la grande chancellerie de la Légion d'honneur. « Je suis persuadé, m'a confié mon père, qu'il avait écrit à Roosevelt pour se plaindre de moi. » Et d'ajouter en riant : « Sans doute a-t-il imaginé que, comme autrefois, la Maison Blanche pouvait faire n'importe quoi dans les affaires françaises ! » Giraud a prétendu par la suite avoir été privé de tous les privilèges auxquels a droit un ancien commandant en chef des armées. Mon père haussait les épaules devant pareil grief. Comme à Weygand, il lui avait conservé son cabinet et sa maison militaire. Mais il est évident qu'il ne pouvait bénéficier des moyens de commandement du poste qu'il avait refusé d'accepter. Mon père expliquait ainsi son refus : « Il s'est rendu compte qu'il était non seulement dévalué mais encore professionnellement dépassé, que la guerre qui se faisait n'était plus la sienne et que les généraux du style de Leclerc ou de de Lattre se seraient ri de lui. Cela n'enlevait rien à ses qualités qui étaient celles d'un grand soldat et d'un homme courageux et audacieux. On l'a vu lors de la bataille de Tunisie, après le débarquement en Afrique du Nord et, ensuite, en Corse, où il a fait preuve de beaucoup d'esprit de décision. Alors, pour finir, il a préféré se retirer sous ses oliviers. » Quand il est mort, le ministre de la Défense de l'époque, Paul Ramadier, s'est permis d'envoyer un télégramme comminatoire à mon père, à Colombey, ainsi libellé : « Ai l'honneur vous prier vouloir bien assister aux obsèques nationales général armée Henri Giraud qui auront lieu jeudi 17 mars 1949 à 10 h 30 église Saint-Louis des Invalides de Paris – stop – signé Ramadier – fin. » Bien sûr, mon père n'a pas bougé de La Boisserie. C'est le même Ramadier qui, en tant que président du Conseil, l'avait interdit d'antenne, deux ans auparavant, sous prétexte qu'il était devenu, à la tête du RPF, un homme dangereux pour la République, un « général factieux », disaient les communistes...

— Que faisait votre mère au moment de ses démêlés avec Darlan, Giraud et les Alliés en Algérie ? Pourquoi était-elle restée à Londres ?

— Mon père n'a pas désiré qu'elle vienne le rejoindre immédiatement à Alger avec mes deux sœurs, avant que la situation à cet endroit ne s'éclaircisse et ne s'assainisse. Le 13 juin, il lui écrivait : « Il faut avoir le cœur bien accroché et la France devant les yeux pour ne pas tout envoyer promener. » Comme je l'ai raconté, sa sécurité était précaire et s'il acceptait volontiers de risquer sa vie, il se serait beaucoup reproché d'obliger sa famille à vivre dans l'appréhension constante. Mais d'un autre côté, il aurait souhaité en terminer définitivement avec l'exil des de Gaulle en Grande-Bretagne. Ses rapports avec Churchill

1907 Exilé dès 17 ans

Ci-dessus, en 1907, à cause de la loi sur la séparation de l'Église et de l'État, Charles de Gaulle est forcé de poursuivre ses études en Belgique. Ici, chez ses parents à Paris, dans le VIIe arrondissement.

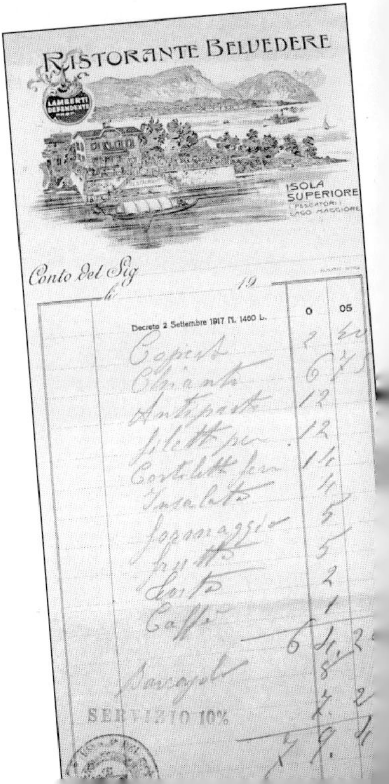

1921 L'un des seuls souvenirs

Le 7 avril 1921, il épouse Yvonne Vendroux, en l'église Notre-Dame de Calais. De leur voyage de noces en Italie, la jeune mariée ne conservera en souvenir que cette note de restaurant.

1915

À gauche, capitaine au 33e d'infanterie sur l'Aisne, en 1915, dans l'uniforme qu'il s'est fait tailler. La même année, il est blessé d'un éclat à l'oreille droite et d'une balle à la main gauche.
Ci-dessus, blessé plus grièvement en août 1916, il est porté disparu et fait prisonnier par les Allemands.

1932
La lettre de Pétain

Ci-contre, après la publication du *Fil de l'épée* en 1932, une polémique a éclaté avec le maréchal Pétain, qui veut obtenir qu'il change les termes de sa dédicace imprimée en ouverture de cet ouvrage.

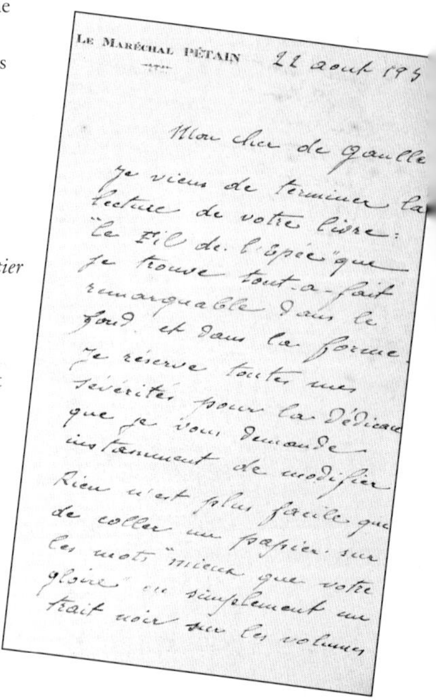

Le Maréchal Pétain — 22 aout 193

Mon cher de Gaulle

Je viens de terminer la lecture de votre livre : "Le Fil de l'Épée" que je trouve tout-à-fait remarquable dans le fond et dans la forme. Je réserve toutes mes sévérités pour la dédicace que je vous demande instamment de modifier. Rien n'est plus facile que de coller un papier sur les mots "mieux que votre gloire" ou simplement un trait noir sur les volumes

1935

Ci-dessous, son livre *Vers l'armée de métier* publié en allemand en 1935. Rejetées par les états-majors français, ses conceptions modernes concernant l'arme blindée étaient particulièrement appréciées par nos adversaires.

1932
La pauvre enfant

Ci-contre, Anne à quatre ans. Ici, sur les genoux de son père, au bois de Boulogne, avec sa sœur Élisabeth, huit ans, et Marguerite Vendroux, belle-mère du Général.

Ci-dessus, Anne à quinze ans, en Algérie où ses parents se sont installés en 1943 après avoir quitté la Grande-Bretagne. Son jeu favori : un collier de grosses perles.

Ci-contre, à six ans en compagnie de sa sœur Élisabeth, de son frère Philippe et d'un cousin, Jean, fils de Jacques de Gaulle.

1942

Cette mise en scène l'irritait

Ci-contre, en 1942, dans le jardin du cottage de Berkhamsted, il se soumet avec Yvonne, non sans réticence, à un reportage photographique voulu par Churchill pour le faire connaître. Il refusait de revoir ces photos.

À droite, cette autre vue du couple montre la simplicité de ce cottage situé à quarante-cinq kilomètres au nord-ouest de Londres. Leurs deux précédentes résidences en Grande-Bretagne étaient encore plus modestes.

1940
Yvonne photographe

En 1940, dans le jardin de la villa d'Ellesmere, aux confins du pays de Galles *(page précédente, en bas)*, Yvonne immortalise son mari et son fils alors jeune matelot, élève de l'Ecole navale française libre, avec un petit appareil Kodak *(ci-contre)*.

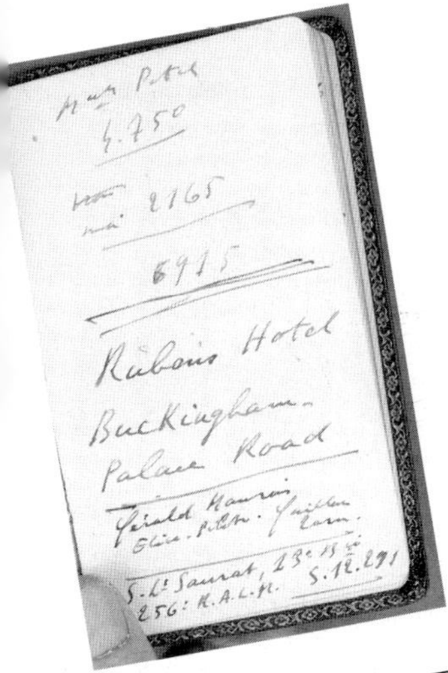

Ci-contre, sur la première page du carnet de notes du Général en juin 1940, le nom de son hôtel et les numéros de téléphone de sa chambre et de celle de la gouvernante d'Anne, Mlle Potel.

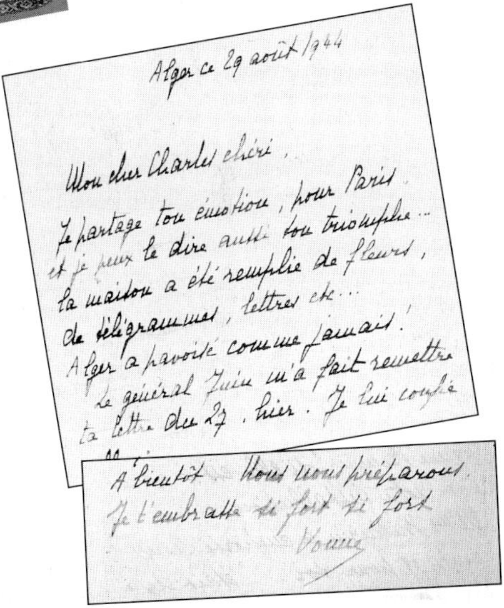

Alger ce 29 août 1944

Mon cher Charles chéri,

Je partage ton émotion, pour Paris.
et je peux le dire aussi ton triomphe...
la maison a été remplie de fleurs,
de télégrammes, lettres etc...
Alger a pavoisé comme jamais !
Le général Juin m'a fait remettre
ta lettre du 27. hier. Je lui confie

A bientôt. Nous nous préparons.
Je t'embrasse si fort si fort
Yvonne

1944
Le triomphe

Ci-contre, Yvonne, qui est demeurée à Alger avec ses deux filles, a vécu la libération de Paris par la radio. Elle a tenu à exprimer par écrit à son mari l'émotion qu'elle a ressentie.

1945

Philippe de Gaulle et sa sœur Élisabeth en 1945, à Neuilly, où leur père, chef du gouvernement provisoire, a élu domicile.

1946

Père d'un jour

Le 20 janvier 1946, il a démissionné de la présidence du Conseil. « L'on ne peut être à la fois l'homme des grandes tempêtes et des basses combinaisons », écrit-il à son fils. Dans un an, il va fonder le RPF. *Ci-contre,* le 28 octobre de la même année, au mariage de Jean de Gaulle, fils de son défunt frère Jacques, avec à son bras Mme André Choyer, mère de la mariée, à La Membrolle-sur-Choisille (Indre-et-Loire).

1956
En famille

Ci-dessus, en 1956, en visite chez des parents et amis dans le Pas-de-Calais. *De gauche à droite,* Philippe, son épouse Henriette et leur deuxième fils Yves. Yvonne tient un bouquet de fleurs.

Grand-père envers et contre tout

Ci-contre, en 1954, avec Yvonne promenant Jean, le troisième fils de Philippe de Gaulle.

Ci-dessous, devant lui, heureux spectateur, Anne, sa petite-fille, seule enfant d'Élisabeth (cousant à sa droite) ;
à gauche, Alain de Boissieu, aux côtés de Cada Vendroux sa belle-sœur.

Sauf mention spéciale, les documents appartiennent à l'auteur.

étaient devenus exécrables à cause de ce qui s'était passé au Levant et en Afrique du Nord, et il ne voulait plus lui être redevable de quoi que ce fût. Vous savez qu'il nous avait dit en 1940, à Londres, plein d'amertume : « Nous sommes devenus des exilés. Aussitôt que nous le pourrons, nous irons vivre dans la première terre française libérée. » La place de ma mère était donc en Algérie. Le 24 juillet 1943, c'est chose faite. Accompagnée de ma sœur Anne ainsi que de la gouvernante, elle a quitté Hampstead pour Alger. Elles sont parties à la fin du jour dans un Lancaster quadrimoteur fort inconfortable pour une enfant infirme. Il vole à moyenne altitude parce que Anne n'aurait pu supporter le port du masque à oxygène, et il est sans escorte. Quand mon père se rendait de Londres en Algérie ou ailleurs, son avion n'était pas non plus escorté afin de ne pas attirer davantage l'attention des chasseurs allemands qui surgissaient à l'improviste. Aucun chasseur n'avait d'ailleurs assez de rayon d'action pour les accompagner. Le Lancaster des trois femmes a donc longé de nuit les côtes françaises et l'Espagne pour se poser à Gibraltar au petit matin, trajet non sans risque si l'on se souvient que, peu auparavant, l'avion du célèbre acteur Leslie Howard a été abattu par les chasseurs allemands au-dessus du golfe de Gascogne. Reparties du « Rocher » l'après-midi, elles sont arrivées dans la soirée à Alger où elles ont retrouvé mon père, villa des Oliviers, dans le faubourg résidentiel d'El-Biar, maison que je ne verrai jamais pour ma part, sauf de l'extérieur plusieurs années après. Cette habitation, à trois étages, de style mauresque modernisé, est située à quelque trois kilomètres de la ville, au milieu d'un parc sommaire. Ma mère n'en est pas enchantée mais s'estime privilégiée d'avoir pu y rejoindre son mari.

— Vous ne parlez pas de votre sœur Elisabeth...

— Elle est restée au collège de Margaret Hall à Oxford où elle terminera sa licence « Master of art » (c'est-à-dire de lettres), qu'elle passera sans problème, comme elle l'a fait auparavant du baccalauréat français première partie avec dispense d'âge. Elle rejoindra donc Alger plus tard et travaillera à l'état-major, villa des Glycines. Le nombre de jeunes filles ou jeunes femmes parlant couramment un anglais de bon niveau est assez restreint en Afrique du Nord et celles-ci doivent remplacer des hommes ainsi rendus disponibles pour les unités de combat. J'aurai l'occasion de revoir Elisabeth une seule fois en Grande-Bretagne avant son départ pour l'Algérie en allant passer une journée, en mai 1943, dans son université. Ces demoiselles, dotées d'une « tutrice » chargée de les guider, circulent à bicyclette avec des petits chapeaux carrés et des surplis sans manche qui flottent au vent, dans le décor verdoyant et hors du temps d'une petite ville traditionnelle d'Angleterre. Ce qui ne veut pas dire que la guerre leur soit étrangère. Leurs pères, frères, cousins ou condisciples masculins ont fortement contribué à la mobilisation et donc aux pertes. Ainsi les étudiants d'Oxford fournissent-ils des contingents massifs à la Royal Air Force, entre autres. La nuit, quand il y a une alerte aérienne, ma sœur et ses compagnes mettent leur casque, montent sur le toit faire le guet aux incendies ou rejoignent les postes de secours pour aider la population. Elles sont souvent volontaires aux collectes de sang pour les transfusions après lesquelles elles ne bénéficient d'aucun autre supplément alimentaire qu'une capsule de poudre ferrugineuse vitaminée. A Alger, ma mère voit arriver ma sœur avec plaisir, car les journées sont longues. Mon père est souvent absent d'Algérie, et quand il y est présent, il rentre toujours à des heures indues.

— Quel souvenir votre mère gardait-elle de leur séjour algérien ?

— A l'entendre, la vie n'avait rien de rose. La maison était inconfortable et l'on manquait de tout. Il faut savoir qu'à l'époque l'Afrique du Nord était exsangue. Coupé de la Métropole, le pays végétait dans la pénurie la plus totale. Ma mère se souvenait : « On mangeait dans des assiettes en terre d'argile fabriquées localement et l'on buvait dans des verres qui étaient des bouteilles sciées. Pour se procurer une ampoule électrique, c'était la croix et la bannière. Et il fallait faire attention car les gens les volaient. On barbotait même les serrures de portes. Tous les jours, on devait se battre en permanence pour des choses aussi rudimentaires. » Se nourrir était également compliqué. Par exemple, Anne ne mangeait que des bouillies – elle n'avait que des dents de lait en très mauvais état – et ma mère devait faire des prouesses pour trouver du lait en poudre. Elle avait apporté dans quelques malles des draps, des couvertures et des vêtements, car mon père n'avait avec lui que le minimum pour être correct. « Tu le connais, du moment qu'il a deux uniformes et quelques chemises, cela lui suffit ! »

— Ils n'avaient jamais rien possédé en Grande-Bretagne, jamais rien acheté pour leur confort ?

— Qu'est-ce que vous vouliez qu'ils achètent ? Ils y ont campé pendant trois ans. Et puis, mon père, je l'ai déjà dit, ne s'est jamais attaché aux choses matérielles. Toute sa jeunesse, il a sauté de garnison en garnison, et en juin 1940, vous le savez, il est arrivé à Londres avec quelques bagages sommaires. Quant à nous, souvenez-vous, nous n'avions que les vêtements que nous portions. En Angleterre, le mobilier n'était pas à eux. Ils ne possédaient que le linge de maison et la vaisselle. Ma mère les a laissés derrière elle. Mais à Alger, c'est surtout la solitude qui lui pesait. Peu de personnes étaient de notre côté, à ce moment-là, et ses relations étaient rares. Et tout à ses affaires, mon père n'avait guère le temps de s'occuper de sa famille. Parfois, en voyage, il lui adressait un mot affectueux, et parfois lui demandait un petit service. Par exemple, quand il a débarqué en Normandie, en juin 1944, manquant de chemises, il l'a priée, dans une lettre portée par le général Juin, de lui en faire parvenir quelques-unes. Car ma mère a vécu de loin le débarquement et la libération de Paris. « Nous suivions tout cela à la radio, m'a-t-elle fait savoir. Je n'étais pas tous les jours très tranquille, surtout quand j'ai su que vous étiez tous les deux à Paris alors que les combats n'étaient pas terminés. » Elle n'a rien voulu m'avouer d'autre. J'ai déjà souligné que c'était sa nature : pas d'étalage d'état d'âme. Elle est rentrée en France avec mes deux sœurs fin septembre 1944 dans un avion bourré de gens que l'on rapatriait d'Algérie, un Lancaster militaire qui a transporté le Général à Moscou et que le hasard a voulu que je pilote un jour, quinze ans après. L'exil de ma famille se terminait enfin. Dès son arrivée à Paris, mon père a tenu à ce qu'elle fasse l'emplette d'une robe décente. Elle y a consenti. Cependant elle a voulu garder son vieux manteau de Londres. Il était un peu usé mais il lui rappelait tellement de souvenirs !

18

LES HOMMES DE L'OMBRE

« Sur le sol douloureux de la France naissait une moisson bien préparée. »

Mémoires de guerre.

Certains membres de la Résistance ont souvent reproché au Général de ne donner aux hommes de l'ombre – au moins à leurs débuts – qu'un rôle mineur par rapport à l'action des combattants de la France Libre. C'est aussi ce qu'ont estimé des critiques après la parution des *Mémoires de guerre*. En convenait-il lui-même ?

— Il faut dire qu'il a été déçu par le manque de réponse des élites après le 18 juin. Certes, il ne s'attendait pas à une réaction rapide du peuple français car il considérait que dans sa grande majorité, il avait été assommé par la défaite. Mais il s'attendait quand même à la naissance d'un sursaut, même minime. Or, il n'a pas eu lieu après son appel. Je garde à ce sujet le souvenir d'une conversation qu'il a eue devant moi avec Geoffroy de Courcel, son aide de camp, à Londres, au cours d'un dîner à l'hôtel Connaught, au retour d'une de ses émissions à la BBC. Un peu désabusé, il lui a tenu ce langage : « Je pense que la guerre sera longue, encore plus longue que la précédente et que les Français mettront très longtemps à réaliser ce qui leur est arrivé. La plupart des élites sont résignées à la victoire allemande. Elles estiment que toute résistance est inutile. Elles se réfugient donc dans l'attentisme ou le machiavélisme. » Geoffroy de Courcel lui a alors demandé quand il croyait que les Français allaient se réveiller. Il a répondu : « Pas avant un an et demi ou deux ans. » Il ne se trompait guère. Jusqu'à la fin de 1942 les résistants ne couraient pas les rues, comme l'affirmait l'un des premiers d'entre eux, Edmond Michelet, quand il se rappelait l'époque qui suivit l'appel du 18 juin : « Parmi ceux qui criaient leur refus en France occupée, il n'y avait pas d'embouteillage au portillon. Nous étions des fous magnifiques. » Mon père me précisa en 1945 : « C'est seulement à partir du moment où la zone dite libre a été envahie que l'on commença à me parler de l'existence d'une "certaine résistance". Les illusions que les Français se faisaient sur Pétain et sur l'idée que la victoire allemande allait être inévitable commençaient alors à tomber comme les barrières qui délimitaient, fictivement, les deux zones. Ils ont vu qu'ils n'avaient plus rien à espérer de l'échappatoire que Pétain leur proposait, que le bouclier de Vichy n'était en réalité qu'un paravent de papier qui cachait leur mise en coupe réglée. L'invasion allemande de la Russie [22 juin 1941] va, en plus, obliger les communistes français à rejoindre le combat salutaire. Ceux-là auront donc attendu de devoir se porter au secours de Staline pour se résoudre à se battre pour leur patrie. » Devant cette constatation, son amertume était profonde. Un jour de 1969, alors qu'il me parlait de quelques documents que je devrais porter plus tard aux Archives nationales, il me montra une pièce qu'il conservait depuis la Libération : la copie de la lettre, signée Tréand (Catelas et Ginollin), que le bureau politique du PC avait adressée le 25 juin 1940 à la Kommandantur allemande de Paris pour lui demander l'autorisation de faire reparaître le journal *L'Humanité* au nom du pacte germano-soviétique. « A toi de choisir les mots qui conviennent, me proposa-t-il, ce papier à la main : aveuglement, turpitude, infamie, trahison ? »

— Quels étaient, d'après le Général, les effectifs exacts de la Résistance ?

— Quand, après la guerre, il a eu besoin de ces informations pour ses Mémoires, on lui a indiqué que quarante mille personnes composaient, à l'intérieur et hors des réseaux enregistrés, la Résistance française au début de 1943. Un an plus tard, cent mille tenaient des maquis. Ce chiffre doublera au moment de la bataille de France. Mon père avait beaucoup de mal à se faire une idée exacte du nombre des vrais « fous magnifiques », et cela pendant toute la durée du conflit car, bien sûr, il eût été dangereux de se livrer à un recensement quelconque. D'autre part, m'avoua-t-il, la France

Libre avait intérêt, à ce moment-là, à exalter l'action de la Résistance pour renforcer sa propre influence politique vis-à-vis des Alliés qui avaient au contraire des raisons inverses de la minimiser pour ne pas trop s'encombrer des Français. Chaque ancien chef de réseau fit de même par la suite, surtout les communistes avec leurs prétendus « soixante-quinze mille fusillés ». Et c'est avec difficulté qu'il put obtenir pour ses Mémoires des chiffres qu'il estima suffisamment fiables. Mais quand il les citait, il faisait en même temps la part des choses. Il savait que trois cent mille personnes avaient résisté sans avoir porté les armes. Elles se contentaient, à un moment ou à un autre, d'aider directement ou indirectement les résistants en les cachant ou en faisant semblant de ne pas les voir, comme certains gardiens de la paix qui ouvraient les valises et les refermaient sans vouloir remarquer l'arme qui y était dissimulée. Mais s'ils ne prenaient pas une part directe au combat, ces gens-là risquaient quand même la prison, la déportation, voire éventuellement la mort. Voilà donc, pour mon père, la réalité de l'engagement des Français en Métropole sur trente-neuf millions d'habitants. « C'est bien peu ! » constatait-il tristement.

— Des historiens ont contesté l'importance qu'il donne à la Résistance dans les *Mémoires de guerre*. D'après eux, elle a été nettement moindre. N'a-t-il pas voulu un peu trop dorer la légende ?

— Je viens de dire combien il lui a été malaisé d'obtenir des renseignements valables. Etait-il vraiment sûr de ces chiffres ? Le connaissant, je pense que dans le cas inverse, il ne les aurait pas cités. Cependant, il s'est peut-être laissé abuser par des gens qui voulaient se faire valoir. Alors, on a objecté par exemple que contrairement à ce qu'il a écrit dans ses *Mémoires*, il n'y aurait pas eu six cents morts allemands dans les Glières en mars 1944, mais un nombre infime, et qu'en été 1944, huit divisions allemandes n'auraient pas été retenues par les résistants. Mais si, elles ont été retenues ! Elles n'étaient d'ailleurs pas huit mais douze en comptant celles qui ont été paralysées ailleurs comme en Bretagne ou dans le Centre. Eisenhower a été le premier à s'en féliciter dans ses Mémoires en précisant que ces divisions avaient été carrément « bloquées ». Les Allemands eux-mêmes l'ont avoué après coup alors qu'ils le cachaient sur le moment. Quand Hitler demandait pourquoi telle division ne remontait pas vers la Normandie ou ne se rabattait pas sur le débarquement de Provence, les commandants allemands étaient bien obligés de répondre qu'elle était arrêtée dans la vallée du Rhône. Quant au plateau des Glières, plusieurs centaines d'Allemands y ont bien été tués. Je ne puis assurer que c'est le jour où ils sont montés à l'assaut du Vercors et du mont Mouchet, mais pendant tous les mois où l'on s'est battu dans la vallée du Rhône, dans le Jura et dans le Vercors, surtout qu'on ne faisait pas de quartier de part et d'autre. Mon père a même tenu à enquêter sur place. Il s'est rendu dans les Glières une première fois en 1948, soit huit ans avant la parution de ses *Mémoires de guerre*. Il est allé en 1950, à Cerdon, dans l'Ain, inaugurer le monument dédié à la Résistance du pont de l'Enfer. J'étais à ses côtés. Il a rencontré des témoins de première main. Un second voyage dans les Glières en 1950 m'a permis de confirmer à mon père les renseignements qu'il avait reçus. Entre soixante mille et quatre-vingt mille hommes ont bien manqué pendant quelque temps à Rommel en Normandie à cause de l'action retardatrice des maquisards rhodaniens.

— Et à combien estimait-il le nombre de Français qui avaient collaboré avec les Allemands ?

— Au moment du débarquement allié de juin 1944, il évaluait à peu près au nombre de trente mille les collaborateurs patentés, qu'ils aient été soit des auxiliaires de la Gestapo ou de l'Abwehr (contre-espionnage allemand), soit des auxiliaires économiques des Allemands pour récupérer les matières premières ou tout matériel nécessaire à leur armée, ou encore qu'ils aient fait partie des malheureux qui s'engageaient sous l'uniforme allemand dans la LVF (Légion des Volontaires Français contre le bolchevisme) ou dans la Milice, laquelle comptait aussi un certain nombre de malfrats sortis des prisons et de crève-la-faim qui ne cherchaient que la soupe. Quelle tristesse a frappé mon père en 1945 – je tiens à le redire – quand il a appris que presque un mois après le débarquement allié, alors que les Allemands commençaient à être enfoncés en Normandie, de jeunes Français s'engageaient encore contre les Soviétiques, prêts à se sacrifier sous l'uniforme vert-de-gris ! Sa tristesse était grande également de savoir que plus de la moitié des hommes qui avaient fui le STO (Service du Travail Obligatoire) et avaient pris le maquis ne visaient qu'à échapper aux Allemands. (Cinq cent mille allèrent travailler volontairement dans les usines allemandes.) Ils fuyaient l'Allemagne bombardée et envahie, mais n'ont pas pour autant consenti à rejoindre la Résistance et souvent s'y sont refusés formellement. « Ils sont partis dans des bois et ont vécu sur le pays, au besoin en y commettant des exactions », stigmatisait mon père avec un ricanement amer. Il y avait un autre chiffre qu'il gardait en mémoire et qu'il citait assez souvent, celui-là, avec fierté et en même temps avec une certaine mélancolie douloureuse. C'était celui de cinquante-huit mille huit cent soixante-treize. Le nombre exact des Français Libres en uniforme. Plus d'un sur sept avait été tué.

— En 1941, il n'avait encore aucune autorité sur la Résistance intérieure. Voilà ce qu'affirmaient certains chefs de réseaux. L'admettait-il ?

— Il faut savoir que les tout premiers réseaux qui se sont constitués l'ont été immédiatement après son message du 18 juin. C'étaient des gens qui, après avoir rejoint tout de suite le Général à Londres, sont repartis dès décembre 1940 en France occupée sur des bateaux de pêche. Par la suite, même s'il n'a pas eu d'emprise matérielle sur tous, il leur avait quand même donné l'inspiration morale sinon hiérarchique. Souvenez-vous de ce qu'il répétait : « Je suis le premier résistant de France. » C'était lui l'incitateur, l'exhortateur, le stimulateur, lui finalement le créateur de toute la Résistance. Et s'il est vrai que matériellement et humainement beaucoup de réseaux se sont constitués spontanément, tous ont essayé aussitôt de se raccrocher à lui, excepté ceux que les agents de l'Intelligence Service ont attirés chez eux. Certes, il admettait que son autorité était limitée. D'autant plus que les moyens l'étaient également. Pour accéder à la France, de quoi disposait-on ? Des parachutages, des bateaux et des sous-marins. Autant de choses que fournissaient les Anglais quand ils le voulaient bien. Et nous étions limités en armes. Quant aux radios, les Français n'en étaient pas munis en 1940. Elles étaient conçues et fabriquées spécialement par les Anglo-Saxons. Il fallait encore de l'argent pour que les membres des réseaux puissent bénéficier de couvertures d'activités sans lesquelles ils n'auraient pu subsister. Il fallait financer l'impression des tracts et des journaux clandestins, louer des appartements, voire même voyager. Or, quand mon père est arrivé à Londres en 1940 avec les cent mille francs que Paul Reynaud lui avait remis à Bordeaux comme viatique et qu'il a voulu les changer pour avoir des livres sterling, à cent soixante-seize francs la livre au cours officiel, les banques britanniques ont fait la moue. Elles ont daubé : « Qu'est-ce que vous voulez qu'on fasse de vos francs ? Ils n'ont plus cours chez nous. » Mon père leur a répondu : « Prenez-les, ça vous servira plus tard. Vous verrez. » Il avait raison. Ainsi, les Anglais, comme nous, ne manquaient pas de billets de banque français pour envoyer des agents en France occupée.

— Mais cette somme a dû être très vite épuisée. De quelles ressources financières la France Libre a-t-elle pu disposer par la suite ?

— Au début, elle n'a vécu que sur cette obole providentielle mais limitée de Paul Reynaud et en se restreignant beaucoup. Ce qui explique, par exemple, que les premiers engagés volontaires dans nos rangs ne touchaient pas de solde. « Ils n'en avaient que plus de mérite », estimait mon père. Par la suite, un accord financier a été conclu entre la France Libre et la Grande-Bretagne sous la forme d'un emprunt que le Général s'engageait à rembourser à la fin de la guerre. Ce qui a été fait. Pour en revenir à la Résistance, c'est donc petit à petit et péniblement que, faute de moyens suffisants, de Gaulle a réussi à concentrer et rassembler tout le monde, à les « engerber » comme disent les gens de l'armée de terre. Mais moralement et historiquement, qui était le chef de la Résistance si ce n'était lui ? Je me souviens qu'il conservait sur un de ses carnets, comme une relique, ces mots écrits, mentionnait-il, « en 1941 et années suivantes sur les portes des cellules de Fresnes » : « Si nos poings sont liés, nos cœurs vont à de Gaulle. Lui seul est invaincu, lui seul est resté grand. » Bien sûr, ils seront nombreux à prétendre après la guerre qu'ils n'ont pas attendu l'appel du 18 juin pour résister à l'occupant. Le député communiste Charles Tillon, en particulier, qui oublie, pour s'attribuer le brevet de résistant avant l'heure, les consignes de Moscou aux partis communistes des pays occupés après la signature du pacte germano-soviétique...

— On a également prétendu que c'est seulement à partir de 1942 que le Général a pris véritablement conscience du rôle de la Résistance...

— Quelle erreur ! Il faut lire à ce propos ce qu'a écrit l'ethnologue Jacques Soustelle dans son ouvrage *De Londres à Alger*. Ralliant de Gaulle en septembre 1940, il est étonné du tableau que dresse ce dernier devant lui de la situation en France occupée et de l'action des précurseurs. Dès la fin de juin 1940, le 2e Bureau – qui deviendra le BCRA (Bureau Central de Renseignement et d'Action) – est créé sous la direction de l'héroïque commandant Dewavrin, dit Passy, à Saint Stephen's House, et moins d'un mois après, il est opérationnel. Des hommes comme Passy et Rémy sont envoyés en France et commencent à y opérer. Ils veulent profiter de ce que les Allemands n'ont pas encore pris le contrôle de nos côtes d'où plusieurs centaines de bateaux de pêche français ont pu rallier la Grande-Bretagne. Ainsi Jacques Mansion, l'aspirant de marine Hubert Moreau, le capitaine Transeat, débarqués respectivement à Bénodet, au Guilvinec et à Crozon, ne seront-ils jamais capturés parmi les vingt-neuf premiers agents envoyés en six mois. Moins heureux sera le lieutenant de vaisseau Honoré d'Estienne d'Orves, d'une élévation morale si exceptionnelle qu'elle confine à une quasi-sainteté, qui sera arrêté à la suite d'une trahison en décembre 1940, puis fusillé au mont Valérien avec d'autres membres de son équipe le 29 août 1941. D'où l'irresponsabilité des auteurs de ce film que nous avons vu, un soir, sur TF1, qui campaient Rémy à Londres en train d'apprendre au général de Gaulle l'existence de la Résistance et l'exhortant à s'en occuper ! Mon père m'a signifié en 1947, au moment où les communistes se faisaient menaçants : « Sans le général de Gaulle à la tête de la Résistance dès les premiers jours, la coordonnant et l'unifiant, il est probable que la France aurait subi le sort de l'Europe soviétisée. » C'était aussi l'opinion d'Edmond Michelet.

— Ne pas tuer ouvertement d'Allemands, ne pas se rassembler en groupes importants pour entreprendre des actions directes contre eux. Ces consignes du Général à la Résistance ont été mal comprises. Les communistes y ont vu un acte de défiance à leur encontre. Comment votre père les jugeait-il ?

— C'est en octobre 1941 qu'il fait cette recommandation au micro de la BBC. La veille, quarante-sept otages ont été fusillés à Châteaubriant, près de Nantes, et cinquante autres à Souges, près de Bordeaux. Je me souviens de sa tristesse quand je le retrouve à Berkhamsted où mes parents ont emménagé dès le début du mois. Je le vois encore enfermé dans son silence. Il vient de prononcer son message à la radio appelant les Français à observer, le 31 octobre, un « garde-à-vous » de cinq minutes contre les exécutions en question. Il lâchera seulement : « Si l'on continue comme ça, ils finiront par les tuer tous. » Deux ans après la guerre, il s'est expliqué davantage : « Ce dont j'ai informé les réseaux est ceci : "Puisqu'il y a des Allemands en France, il est tout à fait normal qu'il y en ait qui soient tués. Ils n'avaient qu'à rester chez eux. Mais je vous prescris de ne faire aucune attaque, ni individuelle, ni collective. Si vous arrivez à en faire sans qu'on puisse attribuer votre action à la Résistance, c'est votre responsabilité personnelle. Mais vous ne devez pas le faire au nom de la Résistance et sans ordre formel." » Il a répété cette consigne à la veille du débarquement du 6 juin 1944 : « La Résistance doit durer et les opérations seront longues. En aucun cas, vous ne devez agir avant l'ordre formel de vos chefs qualifiés en coordination avec des opérations militaires. » Par conséquent, il a toujours condamné l'insurrection spontanée ou prétendument spontanée. « En réalité, m'expliqua-t-il un jour à Colombey en 1964 alors que l'on venait d'annoncer à la radio la mort de Maurice Thorez, elle était très souvent suscitée par les communistes qui voulaient gagner de vitesse une organisation orchestrée de la Résistance. Dans l'optique marxiste, provoquer des martyrs est une stratégie bien connue. On l'a vu en particulier dans les Balkans. Des organisations communistes ont laissé sous leurs yeux torturer, fusiller des villageois par des occupants, sans intervenir et en se disant : "De cette façon, l'horreur rejaillira sur l'ennemi et nous y gagnerons." »

— Croyait-il vraiment que c'était ce que les communistes essayaient de faire en France ?

— Il était dans ses arrière-pensées de barrer la route à un pouvoir communiste qui aurait pu naître grâce au prestige du « parti des fusillés », tel que le « parti de l'étranger » s'est autoproclamé à la suite de quelques assassinats spectaculaires qui causèrent plusieurs fois le massacre d'otages par les Allemands en France occupée. Cependant, il ne croyait guère à la possibilité pour les communistes d'organiser une insurrection de type révolutionnaire au moment de la Libération. « Ils étaient moins implantés qu'ils ne le prétendaient, sauf dans le Sud-Ouest. Et de toute façon, nous avions, à l'époque, assez d'hommes en uniforme pour leur faire entendre raison. »

— Que pensait-il des accusations de Henri Frenay selon lesquelles Jean Moulin était un agent du communisme international ?

— Il m'a fait cette réponse au moment où ces accusations ont été lancées : « Quand on est un agent communiste, on ne prend pas comme secrétaire Daniel Cordier, qui venait de l'Action française, ou Francis-Louis Closon qui était catholique et tout à fait d'un autre milieu. Ça n'a pas de sens. » En fait, Henri Frenay, qui était de droite et issu de l'armée, n'admettait pas que l'on pût intégrer les partis politiques dans la Résistance et surtout pas le parti communiste. Jean Moulin, ancien préfet de gauche, soutenait la thèse du Général : mieux valait avoir les communistes dedans que dehors. On pouvait ainsi les contrôler. « Dans le cas contraire, expliquait mon père, on risquait d'assister à un morcellement dangereux de la Résistance avec occupation de zones par les communistes au moment de la Libération, comme cela s'est passé en Europe centrale. » Et selon lui,

Moulin était le meilleur homme pour réussir cette unification nécessaire. C'est pourquoi il l'a nommé à la tête du Comité National de la Résistance (CNR), le général Charlcs Delestraint prenant en main l'Armée secrète en vue de la grande bataille finale. De Frenay, il m'a dit : « J'avais beaucoup d'estime pour lui. C'était un homme courageux et efficace, mais il avait un défaut : il contestait toute autorité. Quand il est venu me voir à Londres par deux fois sur mon invitation, il m'a tenu ces propos, très sûr de lui : "Mon réseau est le plus puissant de tous", ce qui était vrai, et "le mieux constitué de tous", ce qui était également vrai. Il faut ajouter qu'il avait obtenu au départ des subsides des Américains par la Suisse, et ce financement indépendant de la France Libre renforçait son désir d'autonomie. Alors, il a fallu le persuader que nous devions rassembler tout le monde y compris les communistes, même s'ils étaient minoritaires, contrairement à ce qu'ils essayaient de faire croire. » Une fois faite cette mise au point, Frenay a suivi fidèlement la ligne imposée par le Général. Il est faux d'affirmer qu'il a continué ensuite à dénier son pouvoir. Si cela avait été le cas, il ne l'aurait pas nommé, dès 1943, à Alger, ministre de son gouvernement, celui chargé des déportés et prisonniers. Cependant, il avait beaucoup plus d'admiration pour Jean Moulin. Il lui reconnaissait la clairvoyance, le courage, la pondération, l'autorité et la solidité physique et morale. Il l'a exprimé dans une lettre à sa sœur, Laure, en 1947 où il lui assure qu'il avait une « confiance entière » en lui et où il fustige « les contorsions calomnieuses de ceux qui, aujourd'hui, voudraient exploiter à leur profit de partisans ou d'arrivistes, contre nos compagnons et moi-même, la pure gloire de Jean Moulin ».

— Je suppose que, nommé à Londres, Moulin devait agir discrètement. Comment se sont passées ses rencontres avec le Général quand il est venu le voir par deux fois ?

— Il faut savoir que pendant la guerre, en Grande-Bretagne, tout non-Anglais était immédiatement repéré. Mais mon père se méfiait moins des agents allemands que de l'Intelligence Service et des Français eux-mêmes qui n'étaient pas toujours favorables à notre cause. Et il se méfiait beaucoup des bavards. Aussi, quand Moulin ou tout autre agent du BCRA venait de France pour le rencontrer, il s'arrangeait pour que leurs déplacements à Londres se fassent dans le plus grand secret. Moulin, par exemple, n'allait et ne venait que la nuit. On ne peut pas l'imaginer en train de se montrer dans la rue ou dans un restaurant londonien. J'ai pu m'en rendre compte moi-même le 31 décembre 1941 au soir, à la veille de rejoindre un cours de « canon » à Portsmouth, un mois avant un stage sur la corvette *Roselys* en Ecosse. Mon père m'invite à dîner de bonne heure dans son appartement du 8, Seymour Place. Il est situé dans un petit immeuble discret où ne descendent que des gens importants qui ne veulent pas se montrer dans un hôtel. C'est là, souvenez-vous, qu'il a rédigé son appel, le 18 juin 1940. Sur commande téléphonique, on peut s'y faire servir un repas sommaire. Un peu en avance sur l'heure du rendez-vous, alors qu'il fait nuit, je bute dans l'entrée sur un inconnu qui sort de chez lui. Je m'en excuse. Il me fixe quelques secondes d'un regard très vif, esquisse un sourire, répond par un petit salut de la tête et passe sans prononcer un mot. Mon père, qui vient de le raccompagner, me lance aussitôt la porte refermée sur nous : « Naturellement, tu n'as vu personne d'autre que moi, et pas un mot à quiconque de mon visiteur. » Je me le tiendrai pour dit.

— Il ne vous a pas avoué l'identité de ce mystérieux personnage ?

— Si, mais beaucoup plus tard. Il s'agissait bien sûr de Jean Moulin. Il n'avait pas voulu le recevoir dans son quartier général de Carlton ou à l'hôtel Connaught. Il devait être parachuté en France la nuit suivante. La même discrétion préside à son second séjour à Londres en février 1943. Ainsi, c'est dans la demeure de mes parents, 65 Frognal, à Hampstead, ce cottage de trois étages aux murs blancs et au toit d'ardoise encadré de deux hautes cheminées, que le Général va lui remettre la croix de la Libération dans la plus stricte intimité. Je suis à ce moment-là en mer sur la vedette n° 96 qui rôde le long des côtes de Bretagne. Je ne risque donc pas d'apparaître. Quant à ma mère et à Mlle Potel, la gouvernante, elles se sont réfugiées au deuxième étage de cette gentilhommière de style Tudor qu'un vaste jardin entoure, avec ma sœur Anne et Fluffy (Peluche), le chien de ma sœur Elisabeth, laquelle réside à l'université d'Oxford où elle prépare une licence. N'est présent avec Moulin qu'un membre du BCRA qui lui sert de chauffeur. La petite cérémonie dont mon père a rapporté dans ses *Mémoires* « qu'aucune autre ne fut, jamais, plus émouvante » a lieu dans le salon, près du piano dont ma mère ne jouait jamais, même pour meubler sa solitude. Moulin sera décoré devant la cheminée au manteau orné de feuilles d'acanthe qui, l'hiver, avait beaucoup de mal, avec son petit radiateur à gaz, à chauffer la pièce éclairée de hautes fenêtres. Il est arrivé de nuit et sortira comme il est entré, tout aussi subrepticement, par la petite grille en fer forgé qui troue le mur d'enceinte en brique doublé d'une haie de troènes.

— Le 28 juin 1943, votre père apprend de la bouche de Passy, à Alger, l'arrestation et la mort de Jean Moulin au cours d'une opération de la Gestapo. Il a toujours été réservé sur les causes de cette arrestation « pour le moins étrange », soulignera-t-il dans ses *Mémoires*. Que voulait-il dire par là ?

— Vous pensez que cette question me brûlait les lèvres. Chaque fois que je revoyais en mémoire Jean Moulin dans l'entrée de l'appartement londonien, je ne faisais qu'y songer. L'occasion m'est donnée de l'interroger à ce sujet un après-midi de décembre 1947 à l'hôtel La Pérouse, alors qu'il vient juste de recevoir le général Pierre Guillain de Bénouville. Après m'avoir spécifié qu'il a toujours considéré ce dernier comme un personnage courageux et un résistant authentique – il l'a nommé compagnon de la Libération –, et m'avoir cependant fait remarquer qu'il lui a souvent reproché d'être parfois un peu léger et trop compliqué, il répond à ma question sur l'arrestation de Moulin : « Le sujet est trop tragique pour que je me livre à des conclusions imprudentes. Les arrestations de nos résistants par les Allemands ont souvent été le résultat, non pas d'une cause déterminante, mais d'une addition d'indices de détail accumulés par l'ennemi. De plus personne ne peut affirmer ce qu'il aurait fait une fois tombé dans les griffes des tortionnaires. » C'est tout ce qu'il consentira à m'exposer sur l'arrestation de Moulin chez le docteur Dugoujon à Caluire.

— Et sur Hardy ?

— Pas un mot sur René Hardy, cet ingénieur chargé de la résistance dans la SNCF qui, comme on le sait, avait été déjà arrêté, puis relâché par la Gestapo, et sera accusé d'avoir sciemment amené les Allemands jusque chez le médecin. A Colombey, toutefois, au cours d'une autre conversation sur la Résistance, il voudra bien ajouter : « Après la Libération, deux procès successifs, où je n'avais pas à intervenir, ont acquitté Hardy au bénéfice du doute de cette accusation de trahison. » Et au bout d'un moment de réflexion, il a poursuivi : « Il est quand même curieux que la Gestapo ne soit pas parvenue à connaître la véritable identité de Jean Moulin avant une dizaine de jours de tortures dont il a fini par mourir. » J'ai encore mieux saisi sa réserve lorsque nous avons pu avoir plus tard connaissance de textes extraits de volumineux rapports de Kaltenbrunner, chef du SIPO de la Gestapo. Le détail le plus extraordinaire de ce document reste sans doute qu'il présente Jean Moulin comme ayant échappé à l'opération de Caluire. Il est vrai que Klaus Barbie, chargé de la Gestapo à Lyon et en concurrence avec l'Abwehr, a déclaré après coup que Jean Moulin y avait bien été arrêté. Mon père observa encore sur cette affaire : « Lorsque l'on connaît la mauvaise foi des Nazis en ce qui concerne leurs opérations et leur obsession de toujours se faire valoir auprès de leurs chefs, au besoin en dissimulant les pertes et les erreurs, on ne peut jamais démêler le vrai du faux. Il faut savoir que Hitler en arrivera, avant la chute de Berlin, à manœuvrer sur la carte des divisions dont ses généraux n'osaient plus lui indiquer la destruction. »

— Que pensait-il de Rémy avec qui il a fini par se brouiller ?

— « Un glorieux résistant », jugeait-il. Il regretta, d'ailleurs, à la Libération, que l'on ne parlât pas suffisamment de lui. « Peut-être, supposait-il amèrement, parce qu'il n'a pas été assassiné comme d'autres. » Il éprouvait le même regret à l'égard du compagnon de la Libération Pierre Brossolette, adjoint du colonel Passy au BCRA, qui, arrêté par les Allemands en mars 1944, se défenestrera du haut d'un immeuble de l'avenue Foch occupé par la Gestapo et mourra sans avoir parlé. Gilbert Renault, dit Rémy, a constitué, rappelons-le, un réseau très efficace qui remontait jusqu'à Vichy où il avait des accointances et où certains personnages lui ont rendu des services. C'est ce qui explique qu'au moment du RPF, pour rassembler le plus de voix possible, y compris celles des gens qui avaient adhéré au pétainisme – et il y en a eu beaucoup en France, sinon la quasi-totalité, il faut s'en souvenir –, mon père a fait de nouveau appel à lui en 1946. On peut situer le début de leurs frictions l'année d'après, en novembre 1947. Revenu brièvement de Toulon pour les obsèques du général Leclerc avec des anciens de la 2e DB, j'aperçois le manuscrit du livre que l'ancien agent secret vient d'écrire, *De Gaulle, cet inconnu*, et qu'il a adressé à La Boisserie. Mon père voit mon regard et fait la moue : « Dans l'ensemble, ce n'est pas mal, mais il a une interprétation erronée qui me déplaît foncièrement et que je lui ai demandé de corriger. » Il semble assez contrarié. J'apprendrai plus tard, ce qui fera ensuite couler beaucoup d'encre, que Rémy lui faisait faussement déclarer que la France avait eu deux cordes à son arc pendant la guerre, celle de de Gaulle et celle de Pétain. En avril 1950, revenant en permission à Colombey, de la presqu'île de Crozon où je suis le second de l'escadrille de l'Ecole navale, je retrouve un père soucieux et parfois maugréant. J'en comprends la raison après la lecture de l'hebdomadaire *Carrefour* que me montre ma mère. Il y a ce fameux article dans lequel Rémy compare de Gaulle à une épée et Pétain à un bouclier, tous deux ayant selon lui participé à leur manière à la libération de la France. Cette théorie ayant fait scandale, il dut quitter le conseil national du RPF.

— Ce qui consommera leur brouille...

— En tout cas, malgré son irritation, mon père tint à lui écrire qu'il lui conservait estime, amitié et affection. « Ça, c'est inaltérable. Il n'y a pas de question », ajouta-t-il. Ces sentiments étaient bien réels. Il suffisait de l'entendre parler de Rémy quand il expliquait aux visiteurs de La Boisserie qu'il emmenait faire un tour de jardin ce que signifiait la statue de pierre qu'il lui avait offerte et qui trône sur la pelouse au milieu du bois. Elle représente des mains jointes levées vers le ciel et veut honorer la Résistance. Je me souviens d'avoir eu l'occasion de l'entendre à nouveau parler de Rémy et de l'affaire qui les opposait, en avril 1951, après avoir appris par la radio l'affaiblissement de la santé du prisonnier de l'île d'Yeu qui devait mourir trois mois plus tard. C'est le jour où, nommé à Port-Lyautey, au Maroc, je laisse Henriette et le petit Charles à Colombey en attendant ma nouvelle installation outre-mer. A cette occasion, ma mère m'a lancé, mi-sérieuse, mi-railleuse : « Au moins, vous serez mieux au Maroc qu'ici où nous sommes menacés d'une autre invasion, celle des Soviets. » Puis avec son petit rire moqueur : « Dans ce cas, rassure-toi, nous ne bougerons pas d'ici. Nous préférerons disparaître dans les combats plutôt que de jouer les Pétain à Vichy ! » Tout de suite après, mon père a enchaîné sur le « bouclier » de Rémy. Il s'enflamme : « Comment prétendre que Vichy a sauvegardé la France de l'asservissement par la capitulation ? Si les Allemands ont bien voulu s'arrêter dans la Loire, c'est parce que cela les arrangeait. Leur ruse suprême a été la constitution du gouvernement de Vichy et de la zone libre qui leur permettait de bloquer tout de suite ce que nous aurions pu évacuer de forces outre-mer, d'y stériliser sur place les quelque cent mille hommes de l'"armée d'armistice" et notre flotte au grand complet, et enfin de neutraliser tous nos moyens militaires en Afrique et ailleurs. De plus, près de deux millions de jeunes Français restaient leurs prisonniers tandis qu'ils démontaient nos usines, du moins celles qui ne travaillaient pas pour eux, pillaient toutes nos ressources jusqu'à la ruine. Et tout cela avec la bénédiction du maréchal Pétain dont la gloire passée servait de couverture. Beau bouclier que celui qui cache l'opprobre ! » Il ajouta cette maxime de Tite-Live : « La servitude coûte plus cher que la guerre. » Il n'en conservait pas moins une certaine tendresse pour le grand résistant qu'avait été Rémy. J'en veux pour preuve l'anecdote que ma mère m'a racontée à Noël 1969. Quelques jours auparavant, à Colombey, au cours d'un déjeuner avec son éditeur, Marcel Jullian, elle avait entendu mon père se souvenir d'une histoire qui l'avait beaucoup émue elle-même pendant la guerre. Débarquant de la France occupée, Rémy était arrivé chez le Général à Carlton Gardens avec une azalée couleur corail dans les bras, pour ma mère. Il l'avait achetée chez le grand fleuriste Lachaume, rue Royale à Paris, où il s'était rendu spécialement. Le risque chevaleresque d'un homme recherché par l'ennemi. Lors d'un autre voyage, il avait rapporté, pour ma mère encore, un flacon d'eau de Cologne également acheté dans la capitale.

— Vous connaissez l'objection des partisans de Vichy : sans Pétain il y aurait eu un gauleiter qui aurait transformé la France en un camp de concentration. Que rétorquait votre père ?

— Que cela n'aurait rien changé car Abetz et la Gestapo, l'Abwehr et les commandants de l'armée allemande étaient là, arrêtant les juifs avec la complicité des lois et de la police de Vichy, déportant des centaines de milliers d'autres Français et poussant ce qui restait d'hommes valides dans les mines et les usines d'outre-Rhin. De même que les missions industrielles allemandes sévissaient partout, chez Renault, dans les usines chimiques, dans les mines de charbon, dans chacune de nos entreprises afin de mettre tous nos biens en coupe réglée. Si les Allemands ont pu résister si longtemps aux Alliés, c'est parce qu'ils se servaient de l'Europe et en particulier de la France avec ses ressources et sa main-d'œuvre. Quant à la thèse de Weygand pendant le procès Pétain en 1945 selon laquelle sans Vichy l'Afrique entière serait tombée entre les mains des Allemands, elle faisait bondir mon père. A ce sujet, je garde également le souvenir de ses propos en novembre 1964 alors que je rentre de l'état-major interarmées de la rue Saint-Dominique que je vais d'ailleurs quitter pour revenir à l'Aéronautique navale. On vient de déposer les cendres de Jean Moulin au Panthéon et il semble bouleversé. Après avoir rempli nos tasses de café, il se met à aborder de nouveau l'affaire Hardy qui intéresse d'ailleurs beaucoup ma mère. Elle a délaissé son travail de broderie pour mieux suivre notre conversation. Et de fil en aiguille, il revient à Rémy qu'il n'a plus revu, nous apprend-il, et à son « bouclier ». Alors, il lance : « On nous a dit aussi que Vichy a sauvé l'Afrique du Nord de l'invasion allemande. Sauvé pour quoi faire, d'abord ? Pour attendre la fin de la guerre, l'arme au râtelier, et choisir ensuite le camp vainqueur ? Non, faute de moyens de transport, le Reich n'aurait pu transporter suffisamment de forces en Afrique à cause de la flotte française et des escadres britanniques. De plus, Franco lui aurait interdit le passage. » Il s'est levé avec une souplesse étonnante comme il le faisait quand il devait recevoir un visiteur. Il va secouer le feu qui se meurt, puis retrouvant son fauteuil s'écrie : « Ah ! si Vichy n'avait pas existé, la puissance que la France aurait représentée avec tous ses enfants et ses armes réunis de l'autre côté de la Méditerranée. Il n'y aurait plus eu pour les Français qu'un seul combat et pour le monde qu'un seul peuple solidaire jusqu'à la victoire ! » Et d'ajouter plus bas, avec tristesse : « Mais il n'y a eu que l'héroïsme de pauvres garçons comme les soldats de Bir Hakeim ou Jean Moulin et ses compagnons pour consoler la France. » A ce moment-là, j'ai cru voir, à la lumière du feu qui venait de reprendre, les yeux de ma mère briller avec la même intensité que les siens.

19

UN MARI PARTICULIER

« Le temps, bien court, que ne me prend pas l'exercice de mes fonctions, je le passe avec ma femme en toute intimité. »

Mémoires d'espoir.

Le couple que formaient vos parents était examiné avec curiosité. Mais la discrétion était telle que les inventions ont souvent tenu lieu de réalité. D'abord, quand votre père a-t-il rencontré sa future femme pour la première fois ? Bien des variantes ont été avancées. Quelle est la vérité ?

— Il est en Pologne où il fait la guerre contre l'armée soviétique de Boudienny lorsque, au début d'octobre 1920, on le renvoie en France avec un train de liaison et de courrier. C'est pendant ce passage qui a duré une quinzaine de jours ou trois semaines qu'il rencontre ma mère, au Salon d'automne, à Paris, et non au cours d'un championnat d'escrime comme on l'a raconté. Mais auparavant, une amie de la famille originaire du Pas-de-Calais, Mme Danquin-Ferrand, a organisé une rencontre apparemment fortuite à l'occasion d'une réception chez elle, et cela évidemment sur l'instigation de ma grand-mère paternelle qui ne pensait qu'à trouver âme sœur à son fils. A l'époque, dans ce milieu, le mariage est d'abord de convention avant d'être du cœur. Le coup de foudre ne doit pas de prime abord exister. Il faut mettre toutes les chances de son côté et donc ne rien confier au hasard. Et je dois dire que, chez les Vendroux, la famille de ma mère, on n'est pas très enthousiaste à l'idée d'un mariage avec un officier, fût-il commandant (à titre provisoire pour le temps de sa campagne en Pologne). « C'était, pour mes parents, se rappelait ma mère, la perspective d'une existence nomade, de ressources modestes et d'une vie matérielle médiocre. »

— Mais votre nom n'était-il pas un argument assez convaincant ? Et du côté des de Gaulle, n'a-t-on pas tiqué sur le manque de particule ?

— Peut-être cet aspect des choses a-t-il joué chez les Vendroux puisqu'ils ont accepté l'idée d'une rencontre. Du côté des de Gaulle, ce problème du nom n'est pas intervenu. Par ses suggestions précédentes, ma grand-mère a assez prouvé qu'elle ne s'arrêtait guère à cette sorte de contingence. Et puis, Yvonne Vendroux appartenait quand même à une famille qui, contrairement à celle de mon père, avait pignon sur rue. C'étaient des gens assez connus dans le Nord-Pas-de-Calais dont la parenté avait fourni neuf maires successifs de Calais depuis son ancêtre maternel Leveux en 1703. Mon futur grand-père maternel était entre autres armateur, industriel, président de la Chambre de commerce et consul de plusieurs pays maritimes importants.

— Quelle impression votre mère a-t-elle eue en voyant cet officier pour la première fois ?

— Le fait marquant qu'elle en conservait, c'était de découvrir tout à coup devant elle un homme aussi grand et mince. Elle lui arrivait à l'épaule. Et en ce temps-là, les hommes étaient plutôt petits et ramassés. En plus, portant l'uniforme, c'était un personnage insolite pour une famille qui n'avait pas l'habitude de fréquenter des militaires. Leur première entrevue dans le salon des Danquin est fugitive. D'autant plus que les Vendroux ont tout fait pour ne pas influencer le choix de leur fille. Ma mère ne soupçonne donc pas la préméditation. Mon père sans doute pas davantage. « Alors, m'a raconté mon oncle Jacques Vendroux, au moment de se séparer, Mme Danquin fait cette habile proposition : "Si nous nous retrouvions au Grand Palais, jeudi prochain, pour visiter le Salon d'automne ? Nous pourrions voir enfin ce fameux Van Dongen dont on nous parle tant, et ensuite prendre le thé. On y tient un buffet." » Les expositions de l'époque n'avaient pas le caractère populaire qu'elles revêtent aujourd'hui. Ne s'y rencontraient qu'une catégorie de gens cultivés et des artistes. Ma mère est accompagnée de ses parents, de son frère et d'un ami de la famille. Elle ne sortait jamais sans être escortée. Si elle avait une course à faire en ville, une femme de chambre la suivait pas à pas. Par contre, mon père arrive seul au Grand Palais. La visite commence. « Alors, raconte encore mon oncle, les deux jeunes gens ont plusieurs fois l'occasion de s'attarder sans témoin devant une toile. Il faut dire que le groupe que nous formons se garde bien de les attendre... » C'est après qu'intervient l'incident qui a été si commenté par les chroniqueurs.

— L'histoire de la tasse de thé renversée sur la robe d'Yvonne ?

— Cette histoire, en effet. Je conviens qu'il est des légendes autrement plus importantes à démentir. Mais pourquoi la petite histoire ne devrait-elle pas être aussi vraie que la grande ? Dans le salon de thé du Grand Palais, au cours du goûter qui a suivi la visite, mon père aurait laissé échapper une petite cuillère. En la rattrapant, quelques gouttes de thé auraient atteint le manteau de ma mère. Cette dernière, à qui j'ai relaté cette péripétie à propos d'un article qui circulait après la mort de mon père, a haussé les épaules en grommelant : « C'est une plaisanterie facile. C'est la scène classique de toutes les pièces de théâtre modernes. Les futurs excessivement godiches à leur première rencontre autour d'une tasse de thé ! » C'est tout. L'affaire a été ensuite démesurément grossie par des membres de la famille qui voulaient se rendre intéressants. Quelques jours après, mon père fait parvenir à Yvonne Vendroux et à son frère Jacques une invitation pour le bal annuel de Saint-Cyr donné un dimanche à Versailles au célèbre hôtel des Réservoirs. Perplexité des Vendroux. Que faut-il répondre ? Yvonne est-elle à ce point intéressée par ce jeune homme en uniforme ? Mon oncle Jacques est alors chargé par sa mère de sonder l'état d'esprit de sa sœur. La réponse est nette et orgueilleuse : « C'est à lui de se manifester, pas à moi. » Elle considère qu'il ne suffit pas d'inviter quelqu'un à un bal pour se prononcer. De son côté, mon père a fait son choix « sans hésitation ni murmure », raillera-t-on plus tard dans la famille en paraphrasant le règlement militaire.

— Alors, la grande question que l'on se posera après coup (avec anxiété !) dans les deux familles : au bal, ont-ils dansé ou non ?

— Sans doute un peu. Ma mère ne dansait pas mal. (Par la suite, l'occasion lui manquera souvent de le montrer.) Lui, par contre, n'aimait pas beaucoup cela. Dansèrent-ils un ou deux fox-trot ou une valse ? Ils ne s'en souvenaient pas, sauf que l'on jouait *Tea for two* de Charly Küntz et que ma mère portait une robe bleu clair tirant sur le mauve. Probablement ont-ils passé plus de temps à converser. Mon oncle, qui servait de chaperon à sa sœur, s'est rappelé qu'il a été question une fois d'alpinisme, un sport que les Vendroux affectionnaient, et des Legrand, des amis qui s'étaient révélés communs aux deux familles. « Comme le monde est petit ! » s'exclama-t-on alors. Jacques offrit des orangeades tandis que mon père commanda trois flûtes de champagne. A 11 heures du soir – les bals ne se terminaient pas plus tard à l'époque – chacun rentra à Paris de son côté par le train de banlieue.

— Cette soirée a dû rester gravée dans la mémoire de vos parents. Leur arrivait-il de l'évoquer ?

— Jamais. Ils n'étaient pas du genre à ressasser leurs vieux souvenirs, surtout lorsqu'ils touchaient à leur intimité. Ou c'était de leur part un simple mot ou une boutade. On ne devait pas entrer dans leur domaine réservé. Leur vie de couple n'intéressait pas les enfants, ou alors, ils en parlaient par raccroc quand quelqu'un d'autre l'évoquait et qu'ils voulaient rectifier une date, un détail. Toujours est-il que, pendant le trajet de retour en train, mon oncle comprend que ma mère est séduite. Elle, si peu expansive, lui lance même à un moment : « Je ne me suis pas du tout ennuyée. » Quelques jours plus tard, elle ouvre son cœur à ses parents par cette déclaration devenue historique dans nos deux familles (et plus tard dans quelques chroniques !) : « Ce sera lui ou personne ! » Ensuite, les choses vont se précipiter car le commandant de Gaulle doit repartir bientôt pour la Pologne toujours en guerre. Alors, il y a des invitations réciproques, 47, boulevard Victor, près de la porte de Versailles à Paris, où les Vendroux, qui habitent Septfontaines, à sept kilomètres de Charleville-Mézières, dans les Ardennes, ont un pied-à-terre suffisant de manière à ne pas aller à l'hôtel chaque fois qu'ils séjournent dans la capitale, et chez mes grands-parents paternels, 3, place du Président-Mithouard, en face de l'église Saint-François-Xavier.

— Etait-ce la première fois qu'Yvonne Vendroux rencontrait quelqu'un qui aurait pu devenir son mari ?

— Je pense que oui. Son frère Jacques a raconté qu'il l'a accompagnée plusieurs fois, missionné par leurs parents, dans des bals et des surprises-parties, où elle était invitée à Calais. Elle a donc dû entr'apercevoir là quelques jeunes gens, mais son attention n'a jamais été attirée comme elle l'a été plus tard à Paris par mon père. « Avec ses cavaliers, se souvenait mon oncle, elle était souvent réservée et un peu lointaine. Elle n'était aimable et gaie qu'avec ceux qu'elle trouvait intelligents et bien élevés. » Elle s'est rendu compte assez vite que mon père était hors du commun. Je sais que lui-même a dû marquer, au début, de l'indifférence, ou même de la distance, parce qu'ils ne fréquentaient pas habituellement les mêmes gens. Jusqu'au moment où la séduction a fait son œuvre...

— Pourquoi les fiançailles ont-elles eu lieu un 11 novembre ? C'est votre père qui a voulu cette date symbolique ?

— Ce sont les parents de la jeune fille qui doivent toujours, on le sait, annoncer les fiançailles et le mariage. Les intéressés sont promis l'un à l'autre. Ils peuvent naturellement se dédire. Pourquoi le 11 novembre ? Parce que mon père est encore en France ce jour-là, et que tout de suite après, il doit repartir vers l'Est. Le 11 novembre 1920 est une date assez caractéristique. C'est le deuxième anniversaire de la fin de la Première Guerre mondiale. C'est la fête de notre victoire, plus encore que la commémoration des morts de la guerre qui s'établira ensuite au fur et à mesure des années. Et surtout, mon père doit le lendemain reprendre le train pour la Pologne. On imagine l'inquiétude de ma mère. Les contingents français restent encore à rapatrier de Pologne et le commandant de Gaulle n'en reviendra pas avant deux mois. Il est effectivement de retour le 1er février 1921.

— Pour quelle raison n'a-t-il pas attendu la fin de sa mission en Pologne pour se marier ?

— Sans doute les familles Vendroux et de Gaulle ont-elles accepté les fiançailles en novembre 1920 parce qu'elles ont estimé les risques de la guerre comme pratiquement disparus. Il s'est probablement ajouté l'attachement qui s'était accru entre les deux intéressés pour qu'ils n'aient pas voulu différer plus longtemps leurs fiançailles. Quand Charles de Gaulle revient de Pologne, portant ses décorations françaises et polonaises, il perd son grade « par intérim » de commandant de l'armée polonaise pour reprendre ses galons de capitaine dans l'armée française, ce qu'il n'a jamais cessé d'être administrativement. Et il obtient ce qu'il espérait : sa nomination de professeur d'histoire à l'école de Saint-Cyr. Un poste qui va lui permettre de demeurer à Paris avec sa future femme et de se préparer aux épreuves d'admission à l'Ecole de guerre. Mais pour l'instant, il n'a rien de plus pressé que de rejoindre sa fiancée à Calais. Et comme la tradition l'exige, il ne résidera pas sous son toit, rue de la Victoire, mais devra descendre à l'hôtel avec son frère Pierre qui sera son garçon d'honneur. Leur mariage civil aura lieu le 6 avril 1921 et la cérémonie religieuse le lendemain, à l'église Notre-Dame. Mais, pour ce faire, mon père a dû se procurer une exemption de proclamation des bans. En ce temps-là, on ne peut se marier civilement, et à plus forte raison religieusement, que si les bans sont affichés trois mois avant à la mairie et à l'église. Ces délais ont été réduits à deux, puis à un mois depuis. Or, à cause de son absence de France, mon père n'a pu fournir ses papiers à temps. De plus, en tant qu'officier d'active, il lui faut obtenir des autorités militaires l'autorisation de se marier en justifiant que sa future femme apporte en dot ce qu'il faut pour son « entretien bourgeois » pendant au moins un an. On ne plaisantait pas avec le règlement. Ce qui fait, par exemple, que Pétain n'a pu pendant longtemps convoler en justes noces, parce qu'il était, selon les termes de l'époque, en « concubinage notoire ». Mon père ne reçoit donc son autorisation et son exemption pour la durée des bans qu'au dernier moment. Le 6 avril, enfin, tout est prêt.

— Laquelle des deux familles a voulu un grand mariage ?

— Ils se conformaient à l'obligation religieuse et sociale du mariage, surtout pour la jeune fille : un témoignage solennel proportionnel à leur milieu. En tout cas, ma mère et mon père auraient préféré une cérémonie plus simple. Ils ont d'ailleurs toujours réprouvé ces charges mondaines tout au long de leur vie. Le maire de Calais se croit évidemment obligé de faire un discours interminable. Mes parents sont agacés. Mes tantes et mes oncles m'ont raconté : « Ils trouvaient que c'était très long, on voyait qu'ils auraient voulu en finir. » Et puis, il y a toute cette foule qui les presse, la curiosité des gens à la sortie de l'église, des braves femmes qui clament avec l'accent du pays, celui du Courguen, un village de pêcheurs proche de Calais (et ma mère l'a entendu en passant) : « C'est la fille à Vendroux qu'elle se marie ! » Mais c'est quand même une belle cérémonie. « Une messe à trois chevaux, comme on disait chez les Dominicains », se rappelait mon oncle Jacques qui a tenu à régler lui-même le programme musical : une aria de Bach, des chœurs et, hélas ! parce que c'était un poncif, la marche nuptiale de Mendelssohn-Bartholdy. Mais le pauvre oncle a été contraint de laisser l'organiste ajouter sa composition personnelle, et ce morceau de bravoure fait grincer les dents de tout le monde, principalement celles de mon père. L'église est pleine et la mariée ravissante. « Robe de satin blanc à traîne et voile en dentelles de Calais couronné de fleurs d'oranger », se souvenait ma grand-mère paternelle, très fière de son fils dont la redingote bleu horizon affine encore la silhouette. Le beau brillant de plusieurs carats qui scintille au doigt de sa belle-fille est aussi l'objet de son orgueil.

— On n'a jamais vu la photo traditionnelle des mariés entourés de toute leur famille sur le parvis de l'église. N'y en a-t-il pas eu ?

— Mes parents trouvaient ce genre de photo caricatural. Et d'après ce que nous avons appris, quand ils doivent se prêter à la tradition, ils le font sans plaisir. Et puis, les préparatifs du photographe n'en finissent pas, et mon père s'énerve. Quand toute cette représentation va-t-elle donc se terminer ? Je n'ai jamais retrouvé cette photo de groupe parmi toutes celles que j'ai rassemblées après leur mort. Ma mère n'avait gardé de leur mariage qu'un cliché où on les voit tous les deux. Ce qui est, à mon avis, caractéristique de l'agacement qu'elle en éprouvait. Après la pose devant le porche de Notre-Dame, on se rend à pied chez le traiteur. Repas de noce « à plusieurs services », comme le veut l'époque. On a retrouvé le menu dans les papiers de ma mère : saumon de la Loire, tournedos Renaissance, baron d'agneau, poularde à la Néva... et quatre sortes de vins. A 4 heures de l'après-midi, on est encore à table et l'impatience de mon père est à son paroxysme quand il voit le maire se lever et prendre un papier dans sa poche... Les mariés ouvriront le bal qui s'ensuivra par « un semblant de valse », précisera mon oncle toujours observateur, en ajoutant : « Je ne crois pas que la vie me réserve une autre occasion de voir danser mon beau-frère. » Tout de suite après, ils s'esquivent pour aller prendre le train à la gare maritime, *la Flèche bleue*, qui arrive d'Angleterre et aboutit en Italie. La légende veut qu'ils se soient arrêtés à Paris et qu'ils aient passé leur nuit de noces à l'hôtel Lutétia qui venait d'être inauguré. En fait, ils ont couché dans le train et se sont retrouvés en Italie après vingt longues heures de voyage !

— Voyage de noces en Italie, au lac Majeur. Pas un mot là-dessus de leur part, pas une photo ?

— Si, quelques mots au moins, grâce à une trouvaille de ma part. En classant des papiers, je suis tombé un jour sur une note en lires d'un restaurant situé au bord du lac Majeur. Je l'ai alors montrée à ma mère en espérant ainsi lui délier la langue. Elle a laissé échapper : « Oui, nous avons fait notre voyage de noces sur les grands lacs italiens. C'était magnifique. » Sans ce vieux papier retrouvé, ils ne nous auraient jamais parlé de ce voyage. Le fait qu'elle ait tenu à conserver cette petite facture alors qu'elle n'aimait pas les reliques m'a particulièrement ému. J'ai voulu en savoir davantage. Bien après, elle m'a concédé quelques bribes : « Nous avons poussé un peu jusqu'à Venise mais sans y résider, parce que Venise, c'était odieux à l'époque, après la guerre, à cause de la foule. Le lac Majeur, c'était mieux. » J'ai risqué : « Et quel souvenir en avez-vous gardé ? » Elle a encore bien voulu avouer : « Une fois, nous avons été très inquiets parce que, partis en barque sur le lac, nous avons été pris dans une petite tempête. Nous regardions le bord, il était très loin et nous nous posions des questions. Le batelier plus encore. Finalement, à force de rames, nous avons pu rentrer au port. » Ils connaîtront malheureusement bien d'autres tempêtes plus terribles dans leur vie !

— On suppose qu'Yvonne a eu quelques difficultés pour s'adapter au rythme et à la façon de vivre imposés par son mari. Elle n'a pas renâclé ?

— Bien sûr. Il lui arrivait souvent de se rebiffer contre la « locomotive » – c'était son mot – que représentait ce mari si différent des autres. Mais beaucoup plus tard. Dès les premiers jours du couple, entièrement acquise à mon père, elle s'adapte avec une grande souplesse à ses habitudes. Son frère Jacques, qui continue à les suivre des yeux, se rappelait encore : « Elle a une admiration sans borne pour son mari. Elle nous avoue qu'elle le considère comme un homme exceptionnel. C'est vrai qu'il tranche sur les autres officiers qui les entourent. Elle qui paraissait un tantinet personnelle range désormais sa propre individualité à l'arrière-plan. » Ils habitent un modeste appartement au 99 du boulevard de Grenelle. Mon père travaille tard le soir et le métro aérien les dérange. Les passagers plongent le regard à l'intérieur du salon et lui adressent un petit salut quand ils l'aperçoivent penché sous sa lampe de bureau. Ma mère fait l'impossible pour lui faciliter l'existence. « Ce n'est pas commode, rapporte mon oncle. Il est toujours sur la brèche et son temps est programmé comme un indicateur de chemin de fer. Rien de ce qui est matériel ne doit lui faire obstacle. A elle de se débrouiller ! » Dans ce milieu-là, c'était la coutume. Beaucoup d'officiers ironisaient en parlant de leur épouse : « Ma maison civile. » Sous-entendu : « C'est elle qui s'occupe de tout, moi je n'ai rien à faire d'autre que mon service. » Par la suite, au fil des années, ma mère a fini par protester. Alors, quelquefois, elle l'accroche un peu, de la manière dont toutes les femmes se rebellent quand on les contrarie. C'est sans méchanceté, mais elle ne se laisse pas faire.

— Lui arrivait-il d'être agressif avec elle ?

— Non. Il veut seulement que les choses marchent et, comme je l'ai dit, qu'il n'ait à s'occuper de rien à la maison. Par conséquent, il n'est pas toujours commode. Il est même pesant. Il fait des réflexions du genre : « Mais comment ! Est-ce à moi de m'occuper de ça ? » Par exemple, ma mère le prie de donner congé à une personne de service et il exècre d'avoir à le faire. Il se plaint : « Ma femme est toujours en train de changer de personnel. » Ce qui est faux. Ce qu'il aurait voulu, c'est qu'il y ait une personne de service une bonne fois pour toutes et qu'on n'en entendît plus jamais parler, comme de ses propres vêtements et de ses propres chaussures. Mais cela n'allait jamais jusqu'à la dispute. Un mot plus haut que l'autre, c'était tout. Ma mère prétendait qu'il tenait ce caractère difficile de ma grand-mère paternelle. Il est vrai que mon grand-père paternel avait plus de sérénité que n'en avait mon père. Son épouse, Jeanne Maillot, était une femme plutôt petite et vive, plus inquiète, plus sensible et moins conciliante. Ma mère jugeait autrement le caractère de ses trois beaux-frères. « Entre eux et Charles, estimait-elle avec son rire discret, c'est le jour et la nuit. A côté de lui, ils n'ont pas de caractère du tout ! » Quant à sa belle-sœur, Marie-Agnès – qui se plaignait d'avoir le nez un peu trop fort des Maillot, ses grands-parents, ce qui l'amusait –, elle la trouvait d'une nature plus accommodante que son mari. Mais elle lui reprochait de faire preuve par moments d'une énergie excessive qui la conduisait à s'opposer à son frère. Le vrai dynamique dans la famille, c'était donc mon père. Un animal de combat toujours prêt à foncer, qui voulait que ses projets aboutissent après y avoir mûrement réfléchi. Dans ce cas-là, il ne fallait surtout pas se mettre en travers.

— Et leurs moments de tendresse ? En connaissaient-ils tout de même ?

— Bien sûr, il avait aussi beaucoup d'attentions pour ma mère et l'on pouvait souvent y percevoir de la tendresse. Toutefois, la discrétion s'imposait dans leurs rapports. Jamais rien de vraiment intime n'était visible. Même quand la porte était ouverte, nous ne rentrions pas dans leur chambre. Un jour, j'ai reçu une baffe parce que j'avais appelé mon père par son prénom. Je devais avoir quatre ans. Mais je me suis toujours demandé si ce n'était pas non plus parce que j'avais interféré dans sa rencontre avec ma mère en me collant à elle, et qu'il ne voulait pas que les enfants s'interposent dans le couple. « Non, les enfants, nous lançait-il, on s'occupera de vous tout à l'heure. Allez jouer ! » Je peux témoigner que je n'ai jamais vu mon père étreindre ma mère. Quand il la retrouvait le soir, il l'embrassait sur le front ou sur la joue, ou parfois sur les deux joues. Pour nous, leur intimité s'arrêtait là. Leur vie de couple était réservée. Nous n'avions pas à nous en mêler. Ils ne nous en parlaient jamais. Mais nous sentions qu'ils s'aimaient beaucoup. Est-ce à dire que l'amour était important pour mon père ? Sur son carnet personnel, à vingt-six ans, prisonnier en Allemagne, il note : « L'amour est au fond plus amer que doux, n'en faisons pour rien au monde l'objet principal de nos préoccupations, seulement un assaisonnement de la vie. » Mais c'était la réflexion d'un prisonnier !

— Aucun diminutif, aucun petit nom ?

— Ma mère l'appelait Charles et lui toujours Yvonne. Jamais aucun surnom ni autre appellation affectueuse. Si le tutoiement se produisait, c'était toujours de lui à elle et jamais l'inverse. Le « tu » était vraiment le seul signe d'intimité percevable. Parfois, il lui parlait à la troisième personne. Je l'entendais, par exemple, faire cette réflexion : « Ah, elle paraît fatiguée ! » Ou : « Est-ce qu'elle ne trouve pas qu'elle pourrait se couvrir plus chaudement aujourd'hui ? » Quand il employait cette façon de s'exprimer, c'était ou une marque d'attention particulière ou de la taquinerie : « La voilà encore à son tricot ! Quand donc le finira-t-elle ? » Elle-même s'adressait toujours directement à son mari. Elle n'utilisait la troisième personne que pour le mentionner à des tiers. « Le Général veut ceci ou cela, etc. » Souvent, elle parlait en son nom pour prescrire je ne sais quoi alors qu'il n'était même pas au courant. J'ai souvent lu que mon père ou ma mère s'adressaient à eux-mêmes ou à des tiers en disant « cher ami » ou « chère amie ». Sous la plume de Foccart, par exemple, on lit : « Le Général m'a dit : "Mais, cher ami..." » C'est de l'invention. Mon père ne s'exprimait jamais ainsi, même avec des collaborateurs aussi proches que celui-là. Il ne se manifestait de cette manière que dans la correspondance, parce que les lettres survenaient généralement après une séparation. Et puis, peut-être se rendait-il compte qu'il n'était pas toujours un personnage avenant et agréable, et voulait-il faire comprendre dans certains cas que, au fond, il éprouvait une affection profonde. Il faisait cela pour nous aussi. Comme je vous l'ai déjà rapporté, il écrivait : « Ma chère petite fille... », quand il s'agissait d'Elisabeth. Ou à moi : « Mon cher vieux garçon... » Encore avait-il une propension à être plus tendre avec ma sœur. Il lui est arrivé également d'appeler ma mère « ta maman » quand il nous parlait d'elle dans ses lettres.

— Etiez-vous parfois témoin des petits cadeaux qu'ils se faisaient de temps en temps ?

— Contrairement à ce que l'on pense généralement, mon père était généreux avec ma mère, mais l'un comme l'autre évitaient de faire état des cadeaux qu'ils pouvaient s'offrir. Dans les dernières années, il arrivait parfois avec un bouquet de fleurs et un flacon de parfum ou un sac à main. Evidemment, il n'en avait pas fait lui-même l'emplette. Il avait envoyé son aide de camp chez Guerlain ou chez Hermès. Ou bien, il m'écrivait : « Achète quelque chose pour la fête de ta mère. » Mais ces présents ne déclenchaient pas chez elle des cris d'admiration comme dans certaines familles. Tout se passait avec retenue. Quant aux bijoux, elle n'était pas femme à courir après. Je ne lui ai jamais vu d'autre bague que celle de ses fiançailles. Parfois, dans une réception, elle portait une broche ornée d'une aigue-marine ou d'une topaze – ma sœur pourrait être plus précise –, et une autre en or sertie de quelques brillants. Parfois, exceptionnellement, elle se parait d'une petite rivière de diamants qui datait de son mariage. Elle l'avait emportée avec elle en Grande-Bretagne, car elle ne se séparait jamais de ses bijoux. Elle ne l'a portée que lors de certaines grandes cérémonies, à Versailles, par exemple, ou au palais de Buckingham. Les cadeaux que lui offrait mon père pouvaient survenir n'importe quand, et jamais le jour de son anniversaire. Dans ma famille, vous le savez, on ne fêtait jamais ce jour, à plus forte raison si c'était pour quelqu'un d'âgé. Encore que mon père trouvât ridicules les femmes qui ne voulaient pas qu'on sache leur âge. Il m'est arrivé plusieurs fois de le voir consulter le Bottin mondain et le refermer avec rage après avoir essayé de savoir, chez une personne connue, faute de date de naissance, s'il s'agissait du grand-père, du père ou du fils. Avec colère, il grognait : « Je ne sais pas pourquoi j'ai ce bouquin-là chez moi puisqu'il ne fournit pas les renseignements que l'on cherche ! » Leurs sorties étaient rares. Mon père n'aimait pas dîner en ville ou recevoir. Ma mère n'en avait pas plus le goût que lui, mais l'un et l'autre se pliaient aux usages.

— Jamais d'échappée d'amoureux lorsqu'ils étaient jeunes, vers un restaurant, un cinéma, un cabaret ?

— Ma mère se souvenait être allée une seule fois dans une boîte de nuit avec lui, peu après leur mariage. C'était à Pigalle. Et ils avaient décidé de ne jamais plus recommencer l'expérience, car ils s'étaient vraiment ennuyés. Au début, ils ont trouvé quelques attractions assez drôles ou insolites, mais mon père a vite ronchonné en voyant la suite : une dame qui essayait de faire un numéro de jongleur et un chansonnier dont les bons mots tombaient à plat. L'ambiance était plutôt morose. Après coup, ils n'ont pas rejoint les gens qui dansaient sur la piste. Ma mère se souvenait : « On voyait des jeunes couples tristes et des personnes d'un certain âge ou d'un âge certain qui s'efforçaient de se distraire d'un air sinistre avec sur la tête des chapeaux en papier. On s'est demandé ce que l'on était venu faire là et on est partis dès le premier tango. » Je ne crois pas qu'ils soient jamais sortis une autre fois en amoureux de toute leur vie. Jeune mariée, ma mère regrettait peut-être un peu de ne pouvoir aller danser de temps en temps. Cela l'aurait « décrampie », selon le terme des gens du Nord qu'elle utilisait par moments pour s'amuser. Quand, après être restée assise un bon moment, elle se levait de son fauteuil, elle lançait sur un ton badin : « Bon ! je vais me décrampir un peu. »

— S'intéressait-il à ses toilettes ? Lui demandait-elle parfois ce qu'il en pensait ?

— Cela arrivait. Par exemple, on l'entendait lui dire à l'Elysée en parlant d'une robe du soir, au moment de partir pour une réception : « Celle-là vous va mieux que celle de l'autre jour. » Ou bien lui glisser, à Metz, pendant la fête annuelle du gouverneur militaire, en 1937, dans son palais féodal : « Yvonne, vous êtes particulièrement à votre avantage, ce soir. » On surprenait aussi de temps en temps quelques mots comme : « Cette coiffure vous sied moins bien que... Non, il faudrait que vous l'arrangiez comme ça. » Ou encore : « La broche est un peu trop basse. » Alors, en jetant rapidement dans la glace un œil sur elle-même, elle répondait : « Oui, en effet, vous avez raison. » Je me souviens aussi que juste avant guerre, il regrettait qu'elle ne fît pas assez attention à ses chapeaux car il trouvait qu'elle les portait bien. Elle n'aimait pas s'en coiffer. Si on la voyait avec, c'est parce qu'elle considérait que c'était l'étiquette, que l'habillement convenable l'exigeait. « Quand une femme est en cheveux, assurait-elle, c'est qu'elle est chez elle dans l'intimité. » Elle s'habillait toujours très simplement. Je pense que mon père n'eût pas apprécié qu'il en fût autrement. A l'époque de l'Elysée, elle aurait pu se faire prêter des toilettes par un grand couturier, comme Jacques Heim, par exemple. Elle l'appréciait beaucoup, et c'est une coutume ordinaire dont nombre de femmes en vue savent profiter. Mais comme mon père, elle n'aurait jamais accepté pareil arrangement. D'autant plus, encore une fois, qu'elle recherchait la discrétion.

— On la voit rarement sourire sur les photos. Le Général ne lui reprochait pas de temps à autre d'être un peu trop sévère ?

— Non. Il l'aimait comme elle était, comme elle avait toujours été. Elle n'a jamais été une femme gaie. Même dans les moments les plus éloignés des soucis, quand la famille est réunie, où petits et grands sont autour d'elle et manifestent la joie d'être ensemble, son bonheur a du mal à transparaître. Sa façon de se vêtir – toujours de couleurs grises ou sombres – ne peut évidemment pas la rendre éclatante, d'autant que, comme le faisait remarquer Henriette, elle se farde à peine et qu'elle n'utilise pour ses ongles que du vernis incolore. A sa demande, pour les obsèques de mon père à Colombey, ma femme a dû remplacer son rouge à ongles par ce vernis : « Plus discret et plus seyant avec des vêtements de deuil », lui a-t-elle fait observer.

— On a souvent dit que, pour Yvonne, ses enfants passaient après son mari. Epouse avant d'être mère ?

— Ma mère, je l'ai déjà souligné, a été dès le début subjuguée par son mari. Il comptait donc énormément pour elle, je dirais même par-dessus tout, et plus encore quand il a vieilli et qu'il est devenu plus fragile. Mais tout en n'étant pas très maternelle, elle aurait considéré comme un véritable drame le fait de ne pas avoir d'enfants. Cependant, son affection pour nous ne se manifestait pas comme chez la plupart des mères. Au cours de notre enfance, quand quelquefois mon père était brusque avec nous et parfois injuste, qu'il nous faisait un reproche que nous ne méritions pas, jamais elle ne prenait notre parti contre lui. Pour elle, il avait toujours raison. Certes, elle veillait à ce que nous ayons toujours ce qu'il fallait et même au-delà. Elle était très attentionnée, mais on aurait dit qu'elle éprouvait une espèce de pudeur à notre égard. Elle nous embrassait rarement : quand on la retrouvait, pour notre fête et le 31 décembre en nous souhaitant une bonne année. Ce n'est que lorsqu'elle s'est retrouvée seule, dans les dernières années de sa vie, et que nous venions la voir, qu'elle s'est montrée plus affectueuse.

— Que disait-elle des satires qui couraient sur son compte et sur celui de leur couple ?

— Je ne l'ai jamais vue s'en formaliser. Sans doute, certaines lui déplaisaient-elles foncièrement, mais elle n'en faisait pas un drame. Elle disait que c'était inévitable. Une fois, elle a eu cette réaction : « Du moment qu'on me critique, autant que ce soit de cette manière plutôt qu'en me faisant passer pour une cocotte ou une panthère. Au moins, je ne dessers pas mon mari ! » Qu'on la prît pour une bigote ne lui importait pas. Elle savait qu'elle était loin d'en être une et cela lui suffisait. Elle-même connaissait des femmes à la dévotion étroite et était la première à en plaisanter. De même riait-elle avec mon père d'une personne trop prude alors qu'on la brocardait souvent pour la même raison. Mon père n'aimait évidemment pas la voir ridiculisée par quelque pamphlet ou caricature, et de peur qu'elle en souffrît lui cachait parfois le journal ou la revue qui osait s'en prendre à elle. Car tout comme elle veillait sur lui, il s'inquiétait de son sort. Il faut voir le nombre de fois où, dans ses lettres, pendant la guerre, alors que c'était lui qui était le plus en danger, il s'alarmait à son sujet. Et je suis sûr que les traits moqueurs par trop accentués contre « Tante Yvonne » – une appellation affectueuse qui venait de Geneviève Anthonioz, sa nièce – lui faisaient de la peine malgré l'indifférence qu'il tenait à afficher.

— A Colombey, elle s'efforçait de le protéger contre les visites intempestives. Il ne s'en plaignait jamais ?

— Jamais. Il en était complice. D'abord pendant la « traversée du désert ». J'ai lu sous la plume de quelques familiers ou politiques que pendant cette période, le Général s'inquiétait de ne plus voir personne et se creusait la tête pour attirer des gens à Colombey. C'est une plaisanterie. En réalité, le défilé aurait été permanent si on ne l'avait pas empêché. Tout le monde voulait lui donner son avis. On affluait à l'hôtel La Pérouse lorsqu'il descendait à Paris et rue de Solferino où il avait un bureau. On venait l'adjurer de se relancer à la conquête du pouvoir et le supplier, comme l'a fait le général Leclerc, de se présenter aux présidentielles en pleine IVe République ! A La Boisserie, il était plus difficile de l'approcher. Car ma mère veillait autant que faire se peut à décourager les visiteurs inopportuns. Je sais qu'elle s'est fait mal voir de certains pour cette raison. Elle a procédé de la même façon à l'Elysée. Personne n'entrait dans les appartements privés sans son autorisation. Quant aux membres de notre famille, il leur fallait respecter la règle. Par exemple, en avril 1964, quand mon père a été opéré de la prostate à l'hôpital Cochin – où elle n'a pas voulu coucher dans une chambre voisine, contrairement à certaines légendes –, elle leur a formellement interdit d'aller le visiter. En avril 1969, lorsqu'il a quitté le pouvoir, elle a monté la même garde pour lui assurer la plus grande tranquillité afin de lui permettre d'achever la rédaction de ses *Mémoires d'espoir*. Le ban des fidèles et l'arrière-ban de sa parenté voulaient rappliquer, et si on les avait laissés faire, c'eût été le défilé quotidien.

— Mais dans cette garde qu'elle montait à sa porte, n'y avait-il pas un peu de jalousie ?

— Je ne pense pas qu'elle ait été jalouse. Mais qui sait ? Un jour, je l'ai entendue répondre en ricanant, alors qu'en l'absence de mon père on parlait en famille des femmes présentes dans son entourage à l'Elysée : « Oh ! vous savez, il n'a pas beaucoup le temps de s'en occuper. » Une autre fois sa belle-sœur lui a lancé : « Et Charles, il n'a pas eu quelques dames ici ou là ? » Ma mère a haussé les épaules et lui a répondu : « Ça ne l'intéresse pas. Il n'a jamais eu une minute à lui. » Je conserve à ce propos le souvenir des réflexions que mon père lança, un soir, en riant, après le dîner avec un couple d'amis proches : « Louis XIV, Napoléon ! Leurs maîtresses, ils n'ont jamais pu vraiment leur consacrer de temps. C'était toujours entre deux étages, en passant. Ils étaient constamment à la course. Franchement, les femmes exigent beaucoup des hommes qu'elles réussissent à capturer. Il faut leur faire la cour, il faut les vêtir, les parer, il faut être à leur disposition matin et soir. Alors, Louis XIV et aussi Napoléon ont souvent délaissé leurs maîtresses, même si on leur en a beaucoup attribué, ce qui était la rumeur en coulisse. » En l'écoutant, ma mère le regardait ironiquement. Il ajouta : « Il faut avoir beaucoup de loisirs pour vouer le plus clair de ses activités aux femmes, comme les jeunes premiers dans les films ou les politiciens de la IVe République qui n'avaient d'ailleurs pas d'autres occupations professionnelles ! » Ces réflexions sur Louis XIV ou Napoléon auraient pu le concerner lui-même. Il ne lui a certainement jamais été possible de « courir la pretentaine », comme on disait à l'époque. Je n'ai jamais eu vent qu'il ait un jour trompé ma mère. Un fils ou un parent peut percevoir la rumeur en coulisse, même si c'est faux. Or, je n'ai jamais entendu qu'on lui ait attribué une quelconque liaison, même si certains journalistes auraient aimé lui en voir. Je n'ai jamais eu moi-même le sentiment qu'il aurait pu en avoir une. Veillant à ce point sur lui, ma mère l'aurait perçu sans délai !

— Elle y faisait attention ?

— Peut-être un peu comme toutes les femmes, mais sans le montrer. En tout cas, je le répète, elle était certainement très amoureuse de lui et lui d'elle. Je sais qu'il est difficile de se faire à l'idée que le général de Gaulle ait pu être amoureux d'une autre personne que de « notre dame la France », mais c'est un fait. Leur couple a été exemplaire. Nombreuses sont sans doute les femmes qui auraient bien voulu avoir un tel personnage à leur bras. Mais auraient-elles déployé le même mérite que ma mère a montré à ses côtés pendant toute leur vie, à travers toutes les tempêtes ? Croyez-moi, il fallait avoir l'âme forte et le cœur bien accroché pour être l'épouse de Charles de Gaulle. D'ailleurs, il le reconnaissait lui-même.

20

LES PREMIERS PAS SUR LE SOL DE FRANCE

« Comme elle est courte, l'épée de la France au moment où les Alliés se lancent à l'assaut de l'Europe ! »

Mémoires de guerre.

5 juin 1944, le grand jour tant espéré est pour demain. Le débarquement en Normandie. Votre père est dans le secret. Il a tenu à ce que son fils le soit aussi. Pourquoi ? Racontez-moi la scène.

— Au début de juin, je suis convoqué à notre état-major à Londres où l'on me prescrit un stage à Ribbesford, dans le Worcestershire, à l'école des officiers de l'armée de terre pour y mettre à jour mes connaissances du combat à terre et me familiariser avec les nouvelles armes, cela avant de rejoindre le régiment de fusiliers marins de la 2e DB auquel on vient de m'affecter. Nous sentons tous que le jour J approche car depuis quelque temps toutes les troupes alliées rassemblées pour le débarquement sont consignées et chacun ronge son frein. C'est alors que l'on m'informe confidentiellement que, grâce à une autorisation exceptionnelle, je vais pouvoir me rendre à l'invitation à dîner que mon père me fixe le 5 juin à Seymour Place, dans le petit appartement qu'il a conservé depuis 1940.

— Vous a-t-il laissé entendre pourquoi il voulait vous rencontrer ?

— Non. Et je ne suis nullement surpris de cette invitation car, vous le savez, pendant la guerre, il m'est quelquefois arrivé de me retrouver en tête-à-tête avec lui. Dans la petite salle à manger, le couvert est mis. Nous sommes tous les deux seuls. C'est la première fois que nous nous revoyons après dix-huit mois puisqu'il demeure maintenant à Alger en tant que chef du Gouvernement provisoire de la République. Un valet de chambre fait le service. Il est à la disposition de tous les locataires de l'immeuble. « Sans doute un agent de l'Intelligence Service », m'a-t-il glissé pour m'aviser qu'il vaut mieux retenir sa langue à chacune de ses apparitions. La conversation roule d'abord sur le sort de notre famille. Il m'apprend que ma mère et mes sœurs, qui l'ont, rappelons-le, rejoint à Alger, vont bien. Tous mes cousins germains en âge de porter l'uniforme ont rallié nos armées en Angleterre, en Algérie, en Italie, par la Suisse ou l'Espagne, en attendant de combattre en France. Mes oncles Xavier et Jacques de Gaulle, ce dernier paralysé, ont réussi à passer en Suisse avec leur femme et leurs plus jeunes enfants. Plus inquiétant est le sort de ceux qui vivent cachés, c'est le cas de certains Vendroux, ou pire qui ont été arrêtés et déportés comme Marie-Agnès et Alfred Cailliau, Pierre de Gaulle ou Geneviève de Gaulle. Contrairement à certaines légendes, la Gestapo, qui les a pris en otages, n'a jamais proposé et ne s'est jamais vu proposer de tractations à leur sujet. Nous l'avons déjà dit, le Général s'est contenté de faire savoir à Himmler qu'il le tenait personnellement pour responsable de leur sort, comme de celui des autres Français. Au cours de ce dîner, mon père me parle également de la situation du gouvernement d'Alger qui s'est imposé malgré toutes sortes de manœuvres, d'interférences, de vives pressions de la part des Alliés et même de menaces. Il constate que « la légitimité du Comité français de la libération nationale, devenu Gouvernement provisoire de la République française, ne peut plus être contestée par personne. La France Libre, avec ses combattants de l'extérieur et ses résistants de l'intérieur, démontre qu'elle est incontournable ». Le dîner à l'anglaise – une soupe, une tranche de viande bouillie et du chou arrosé de bière – traîne en longueur. Il est déjà 11 heures du soir. De plus, après le dessert – une crème comme les Anglais les aiment –, il se fait apporter une tisane qu'il boit à petites gorgées. Je suis assez étonné. Il est déjà 23 heures. Ce n'est pas dans ses habitudes de s'attarder pareillement à table.

— Il attendait minuit pour arriver au sujet principal ?

— C’est cela. Nous venons d’évoquer la Résistance, puis la bataille d’Italie où, m’apprend-il, les Français commandés par le général Juin viennent, la veille, 4 juin, d’entrer dans Rome aux côtés des Américains dont ils ont dû attendre l’arrivée pour défiler côte à côte. (Sur les cent trente mille hommes de notre corps expéditionnaire, vingt mille seront tués ou blessés.) Après cette évocation, un moment de silence suit qui ne nous gêne ni l’un ni l’autre car nous savons être ensemble sans nous adresser la parole. Je m’apprête à me retirer quand, après un coup d’œil à la pendule, le visage devenu grave, il m’arrête et articule d’une voix sourde : « Ça y est ! » Alors, je l’interroge : « Comment, ça y est ? » Et il me répond : « Le débarquement ! En ce moment, notre 2e régiment de parachutistes de l’air est en train de larguer ses premiers contingents sur les landes de Saint-Marcel dans le Morbihan, près de Vannes. En plus de nos centaines de milliers d’hommes du maquis qui sont déjà sur place, ce sont des Français qui débarquent les premiers en France. L’échelon de tête des armées américaines et britannique est sur le point d’aborder en Normandie avec nos commandos marine. » Alors, là, il y a eu un moment d’émotion qui l’a pris à la gorge, aussi fortement que je l’ai éprouvé moi-même.

— Comment avez-vous senti cela ?

— C’était presque imperceptible. Il s’est tu pendant une bonne minute. Rien ne bougeait sur son visage. Seuls ses doigts trahissaient son émotion : il les étreignait fortement. On se regardait, c'est tout. Puis il s'exclame : « Voilà, c'est notre raison d'être depuis quatre ans qui est arrivée. » Et après un instant, il ajoute : « Depuis 1940, enfin, après tout ce qui s'est passé, cher vieux garçon ! » Il était minuit. Il m'a prévenu : « Maintenant, tu as toute liberté de t'en aller. Sache seulement que personne ne doit rien dire avant 6 heures. » La précaution était de toute façon inutile. Fidèle à la tradition familiale, je serai d'une totale discrétion. Avant de quitter mon père que je ne reverrai qu'à la libération de Paris, je lui demande s'il croit au succès du débarquement. « Bien sûr que j'ai confiance en sa réussite, répond-il. Les Alliés disposent de forces considérables et l'armée allemande qu'ils vont rencontrer est beaucoup moins forte que celle qui a enfoncé les Français en juin 1940. D'ailleurs, si une première opération ne réussissait pas, il y en aura une seconde, puis une troisième, etc., jusqu'à la chute du Reich. En ce cas, les souffrances de notre pays s'en trouveront évidemment prolongées d'autant. Mais comme nous le pensons dès le début, les Allemands perdront la guerre quoi qu'il en soit. » Nous nous séparons simplement. Je crois me souvenir qu'il m'a embrassé.

— Quelle était la raison essentielle de ce tête-à-tête ? Vous en a-t-il reparlé après la guerre ?

— Il voulait simplement partager cet événement avec quelqu'un. Il se refusait à être tout seul à ce moment-là, car il se sentait très isolé à Londres avec ma mère et mes sœurs à Alger. Aussi se disait-il : « Qui d'autre que mon fils pourrait vivre cet instant crucial avec moi ? » Et puis, une inquiétude le travaillait : celle de ne pas savoir quand il me reverrait. Car je devais débarquer avec la 2e DB, et lui comme moi ne savions pas quand. De toute façon, il n'aurait pas pu me revoir avant ce débarquement, et il envisageait que son fils puisse disparaître. Cela aurait pu se produire déjà auparavant. Je ne veux pas me vanter, mais je suis encore étonné d'être vivant à l'heure actuelle. Je me demande comment depuis 1940 j'ai pu passer au travers. Donc, il a fait le même raisonnement. Il a pensé : « Mon fils peut parfaitement y passer. » Voilà pourquoi il a tenu à m'inviter à dîner ce soir-là. C'est un des grands souvenirs de ma vie.

— Lui-même, je crois, n'a été informé officiellement de la date du débarquement qu'au dernier moment. Se doutait-il qu'il allait avoir lieu ?

— Il venait de l'apprendre. Il s'est contenté de m'expliquer en souriant : « L'abondance subite des messages codés adressés par Londres à la Résistance était déjà assez explicite. » De toute façon, la France n'est certainement pas le principal intérêt de Roosevelt non plus que de son allié anglais. On sait que c'est lui qui tenait à ce que le Général soit jusqu'au bout tenu dans l'ignorance du secret. A la veille du débarquement, il ne veut toujours pas reconnaître le Comité français de la libération nationale (transformé en Gouvernement provisoire de la République française le 3 juin). Pis, vous le savez, il entend gérer la France libérée comme un pays ennemi conquis par les armées. Et

Churchill lui emboîte le pas. C'est ce jour-là, on s'en souvient, que ce dernier prononcera devant mon père cette phrase fameuse qui n'a jamais cessé d'être d'actualité : « Chaque fois qu'il nous faudra choisir entre l'Europe et le grand large, nous serons toujours pour le grand large. » Mais pressé par une partie de la Chambre des communes et par la presse qui ne comprennent pas son attitude à l'égard de la France Combattante, il a invité le Général à le voir en Grande-Bretagne pour lui annoncer dans le creux de l'oreille que le jour J est imminent. Revenu d'Alger l'avant-veille de notre dîner en tête-à-tête, mon père a donc, le 4 juin, déjeuné avec lui dans son train arrêté non loin de Portsmouth, avant d'aller rencontrer Eisenhower à son quartier général.

— Qui avait suscité ces rencontres ? Lui-même ?

— Non. C'est Churchill. Il lui a demandé de quitter Alger pour rallier Londres d'urgence et lui a envoyé pour ce faire son avion personnel. Le Général ne cache pas que son entrevue avec ces deux hommes s'est très mal passée. Il perd son calme : « Ils en sont encore aux accords entre Clark [adjoint d'Eisenhower] et Darlan en novembre 1942. Ils ont pour projet de faire administrer la France libérée par les armées. Ils ont fait imprimer une véritable monnaie d'occupation. Une monnaie sans couverture. Elle a été distribuée à leurs officiers. Tout cela en ignorant superbement l'existence de l'autorité qui depuis quatre ans dirige l'effort de guerre de la France sur son sol et outre-mer ! » Et après avoir laissé passer un peu de son irritation : « Il faudra que les Français n'oublient pas cela : dans l'immédiat, Roosevelt ne se soucie que d'occuper la France comme il occupera l'Allemagne nazie. Il veut transformer notre pays en condominium et Churchill n'est pas loin de préconiser la même chose. » D'où la hâte de mon père, dès qu'il a posé le pied sur le premier morceau de sol libéré, de mettre en place une administration française avec nomination du premier commissaire de la République, son aide de camp François Coulet, puis Raymond Triboulet à Bayeux.

— Alors, ses premiers pas sur la plage de Courseulles, le 14 juin, son émotion...

— Oui, on le voit sur les photos : il ressent une émotion poignante, il est saisi. Il est même, m'a-t-il avoué, presque frappé de stupeur. Comme je le comprends ! Nous étions tous comme cela quand nous avons débarqué à notre tour avec Leclerc dans la poche alliée avant la rupture du front allemand. On a plongé nos mains dans le sable. On l'a fait glisser entre nos doigts. C'est la terre que l'on avait quittée quatre ans auparavant. A-t-il lui aussi ramassé du sable ? Je ne l'imagine pas en train de faire ce geste. Il ne manifestait pas. Il est toujours resté *Cesar imperator*. Mais tout de même, avoir été chassé de son propre pays, et dans quelles conditions, et revenir ainsi après tant de batailles ! Plus tard, il me dira combien sa dernière nuit avant ces premiers pas a été longue à bord du contre-torpilleur *La Combattante*. Il a embarqué la veille sur ce navire qui revenait des opérations du débarquement. « Mon ami Patou [le commandant] avait préparé une petite réception pour mes compagnons et moi [ils sont une dizaine à l'accompagner dont d'Argenlieu, Billotte et le fidèle Geoffroy de Courcel qui se trouvait dans son petit avion, le 17 juin 1940, en route pour Londres]... Mais le cœur n'y était pas. J'avais beaucoup de problèmes en tête. Notamment cette histoire de fausse monnaie américaine. Après un dîner sommaire, je suis allé me coucher. Je n'ai pas très bien dormi. La mer était pourtant assez calme. Au petit matin, en vue de Courseulles et de Sainte-Mère-Eglise, j'ai bu un café à la va-vite et je suis monté sur la passerelle et là, j'ai respiré à pleins poumons le bon air de France. » Un canot amphibie l'a conduit jusqu'à la plage. Aussitôt débarqué, il s'est mis à fumer cigarette sur cigarette, le regard perdu vers le paysage à terre comme s'il le découvrait sans trop y croire, au-dessus de la tête des quelques Anglais venus le saluer. Coulet et d'autres aussi m'ont décrit cette lueur qu'il avait dans les yeux et qui exprimait son étonnement de se trouver là, car évidemment tous les regards étaient fixés sur lui.

— Sans prononcer une seule parole ?

— Il est resté silencieux pendant quelques minutes. Jusqu'au moment où, à quelqu'un de sa suite qui lui faisait remarquer que ce même jour, quatre ans auparavant, les Allemands entraient dans Paris, il a fait, après s'être immédiatement ressaisi, cette réponse qui restera dans les annales : « Eh bien ! ils ont eu tort. » Mais son irritation contre les Anglais le poursuit. D'abord, parce que Churchill a attendu d'être contraint par certains membres des Communes et par la presse britannique avant d'autoriser son voyage dans les premiers kilomètres carrés libérés de sa patrie. Ensuite parce que s'étant lui-même rendu en France le 12 juin, soit deux jours avant, il ne lui a pas proposé de l'accompagner. Enfin, parce que, d'après le BCRA, le service secret de la France Libre, il a donné des consignes aux autorités du secteur anglais où le Général doit débarquer afin qu'il rencontre le moins de population possible et ne fasse pas de discours en public. « C'est un comble, s'écriera-t-il devant moi plus tard en se souvenant de cet épisode, voilà qu'après m'avoir empêché d'aller en France comme je le souhaitais, Churchill voulait m'interdire de prendre contact avec les Français ! Cela aussi il faudra que l'on s'en souvienne quand on écrira l'histoire de cette période. » Puis, éclatant soudain de rire : « L'enthousiasme des foules de Courseulles, de Bayeux et d'Isigny a dû le faire s'étrangler avec sa rasade de whisky. »

— Comment le Général expliquait-il cette volonté de Churchill et de Roosevelt de substituer – cela jusqu'en 1944, à la veille même de la libération de Paris – leur autorité à celle d'un homme qui est parvenu à s'imposer contre vents et marées à la tête de la France combattante et à finalement aligner quelque trois cent soixante mille hommes à leurs côtés pour la victoire finale ?

— Chez Roosevelt, pensait mon père, l'inlassable malveillance qu'il manifeste à son égard dès le premier jour domine toute autre raison. Il s'indignait : « Il me méprise et méprise la France. » Et, citant le cardinal de Retz qu'il aimait beaucoup : « Le mépris est la maladie la plus dangereuse pour un Etat et son chef. » J'ai déjà rapporté combien il fustigeait le petit groupe de Français antigaullistes réfugiés aux Etats-Unis, dont Alexis Léger, qui avaient réussi à intoxiquer littéralement le chef de la Maison Blanche. Il disait d'eux : « Ils sont d'autant plus néfastes que Roosevelt a le raisonnement manichéen du puritain. Pour lui, de Gaulle est un nationaliste antiaméricain et un apprenti dictateur. Ne représentant que lui-même, personne ne lui obéira, la libération venue. Les communistes profiteront alors du désordre. » D'où la nécessité d'imposer en France une administration militaire alliée comme en Italie, et en même temps, de trouver un substitut à de Gaulle et à son gouvernement provisoire, jusqu'à considérer d'un œil indulgent le projet de Laval – oui, de Laval ! – de ressusciter, avec l'accord des Allemands, le Parlement de la IIIe République avec la complicité d'Edouard Herriot ! « Sache, insista-t-il après la guerre, comme s'il comptait sur moi pour le lui rappeler au moment où il se déciderait à écrire ses Mémoires, que Roosevelt a cru pouvoir tirer quelque chose de Pétain jusqu'au 20 août 1944, jour de son départ pour Sigmaringen. » Mon père jugeait l'attitude hostile de Churchill plus sévèrement encore. Il expliquait qu'il n'avait, lui, aucune excuse parce qu'il connaissait la France et n'ignorait donc pas la conviction de démocrate de de Gaulle. Il savait également par ses agents l'importance de la Résistance française et il avait pu juger de l'efficacité des combattants de la France Libre en Afrique et en Italie. S'il suivait Roosevelt comme son ombre dans son opposition au Général, c'est parce que, selon lui, « il préférait avoir affaire à une chiffe molle à Paris plutôt qu'à un homme incommode comme moi. Après Darlan, après Giraud, lui et son ami du "grand large" cherchaient un autre "expédient provisoire" ». Alors, on va voir par la suite combien mon père devra se battre pour que la France Combattante ne demeure pas à l'écart de la « bataille suprême », se battre pour être autorisé à s'adresser aux Français au moment du débarquement au lieu de laisser uniquement le micro à Churchill et à Eisenhower, se battre pour réinstaller la France légale en territoire libéré devant le danger d'une nouvelle occupation militaire.

— On a raconté que le Général s'était vu obligé d'imposer aux Alliés la participation de la 2e DB au débarquement et qu'elle n'a pu intervenir que deux mois après le jour J parce qu'elle n'était pas prête...

— Non-sens. Eisenhower l'avait promis au Général dès 1943 : « Comme vous le souhaitez, les Forces françaises libres seront avec nous le jour où nous irons en France. » Certes, Roosevelt ne voulait pas s'engager vis-à-vis d'un général de Gaulle qu'il avait tant essayé d'éliminer. Mais comme Eisenhower, les chefs militaires américains n'avaient pas l'intention de se passer de troupes aguerries et Roosevelt a fléchi. La promesse d'Ike a été tenue. Pour ce faire, la 2e DB a été renforcée d'éléments nouveaux en Afrique du Nord et même en Grande-Bretagne. Ils ont été amalgamés aux Français Libres que nous sommes, en guerre depuis quatre ans. Ce qui provoque quelques frictions. Je suis par exemple le seul Français Libre de mon régiment de fusiliers marins et, au début, ma vie n'est pas facile. Mais les combats vont vite nous souder. En juillet 1944, la 2e division blindée est fin prête. Mon propre régiment gagne, par exemple, un concours de tir de chars devant tous les Alliés. La plupart de nos pointeurs atteignent du premier coup à mille deux cents mètres une cible d'un mètre sur un mètre qui se déplace à dix kilomètres à l'heure au-dessus d'une tranchée en zigzag. Très fier, mon père nous félicite. Si notre unité débarque en France le 1er août et non le 6 juin, c'est simplement parce qu'il s'agit d'une division blindée. Par conséquent, elle ne fait partie que du deuxième échelon, l'infanterie constituant le premier. C'est toujours elle qui prend pied avant le matériel lourd. Mon père a trouvé cette décision tout à fait normale. Ce n'est donc pas, comme on l'a également raconté, parce que les Américains ne souhaitaient pas voir les Français aborder leur pays avec eux que nous n'avons pas été mis dans la première vague du débarquement.

— Votre père doit quand même se fâcher à plusieurs reprises contre les Alliés à cause de leur mauvaise volonté à notre égard. Vous confirmez ?

— Je confirme. Plusieurs lettres et télégrammes en font foi. En mai 1944, dans une lettre à mon père à Alger, le général anglais Henry Maitland Wilson, avec qui les Français Libres ont déjà eu maille à partir en Syrie, tente de le persuader de ne pas mobiliser les Français d'Afrique du Nord qui, selon lui, seraient plus utiles « aux champs que sur les théâtres d'opérations militaires » ! Il le prie également, dans l'intérêt général, de ne pas priver les ports d'Afrique de leur personnel en le faisant incorporer dans l'armée. La réponse est sèche. C'est une fin de non-recevoir : « Le gouvernement français qui, évidemment, dirige seul l'effort de guerre de la France, est également seul à même de juger des voies et moyens de cet effort. » Sans doute les chefs américains qui ne connaissaient pas la qualité de nos combattants – ce qui n'était pas le cas d'Eisenhower, par exemple, qui avait connu la Première Guerre mondiale – ont-ils pensé au début pouvoir se passer de nous en Normandie. Ils se sont vite aperçus de leur méprise en mesurant en Italie, puis en France combien l'Allemand était coriace au combat. Mon père ne manquera pas de rappeler à ceux qui parmi ces gens-là se moquaient de notre débâcle en 1940 l'apport important que nous leur avons fourni à ce moment-là par la qualité combative de nos troupes. Je le dis en toute impartialité : j'ai débarqué en Normandie avec eux. Les combats n'ont pas été faciles. Mais songez que nous avions affaire à des Allemands diminués et qu'en plus nous bénéficiions de la maîtrise de l'air. En 1940, ce n'était pas le cas. Nous étions seuls, les Anglais n'alignant jamais plus de deux cents avions au total et, on le sait, moins de douze divisions au lieu des soixante prévues par nos accords militaires huit mois après le début de la guerre. Et nous avions été enfoncés par une armée allemande intacte et mieux préparée. Quant à ce qui s'était passé en 1917, mon père rétorquait aux Américains qui prétendaient que nous ne nous en serions pas sortis sans eux, qu'ils nous avaient certainement beaucoup encouragés en arrivant, mais qu'ils nous avaient aidés beaucoup moins militairement que moralement.

— Il minimisait l'impact de leur participation ?

— Absolument. D'après lui, en 1918, ils n'étaient pas indispensables. Ils avaient débarqué huit cent mille volontaires munis seulement de leurs arme et équipement individuels, mais ils n'avaient pas engagé plus de six divisions. D'autre part, ils n'avaient pas volé sur un seul avion, utilisé un seul char de combat ou un seul canon qui n'eût été français, à l'exception signalée de quatre canons de côte de quatorze pouces, dont on multipliera les photos de propagande. Il estimait en outre qu'ils n'étaient pas encore prêts à participer à la grande offensive française (deux cent quatre-vingts divisions) et britannique qui aurait sans aucun doute enfoncé les Allemands en novembre 1918 si ceux-ci n'avaient pas demandé l'armistice. « Les Américains, affirmait-il encore, n'étaient pas pressés d'avoir des pertes et comptaient surtout sur l'effet psychologique de leur entrée en guerre. Quant aux Allemands, ils étaient en train de basculer pour des raisons de manque de matières premières et d'effectifs. »

— D'où venait principalement cette obstruction des Alliés en 1944 ?

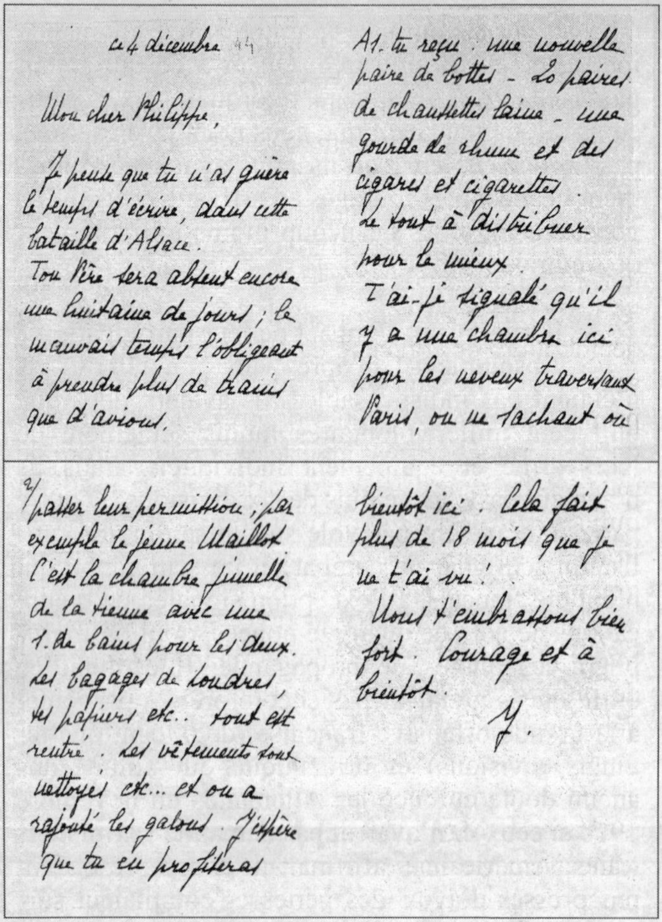

ce 4 décembre 44

Mon cher Philippe,

Je pense que tu n'as guère le temps d'écrire, dans cette bataille d'Alsace.
Ton Père sera absent encore une huitaine de jours ; le mauvais temps l'obligeant à prendre plus de trains que d'avions.

As-tu reçu : une nouvelle paire de bottes – 2 paires de chaussettes laine – une gourde de rhum et des cigares et cigarettes.
Le tout à distribuer pour le mieux.
T'ai-je signalé qu'il y a une chambre ici pour les neveux traversant Paris, ou ne sachant où

2/ passer leur permission ; par exemple le jeune Maillot.
C'est la chambre jumelle de la tienne avec une s. de bains pour les deux.
Les bagages de Londres, tes papiers etc.. tout est rentré. Les vêtements sont nettoyés etc... et on a rajouté les galons. J'espère que tu en profiteras

bientôt ici. Cela fait plus de 18 mois que je ne t'ai vu !
Nous t'embrassons bien fort. Courage et à bientôt.

Y.

La lettre d'une mère

En décembre 1944, enseigne de vaisseau dans les fusiliers marins de la 2e DB, Philippe de Gaulle se bat en Alsace avec Leclerc pour la défense de Strasbourg. De retour à Paris après son séjour en Algérie avec ses deux filles, Yvonne pense à lui. Pendant la guerre, des lettres à son fils seront rares. Nombreuses par contre celles qu'il recevra de son père.

— Uniquement de la politique. De Churchill et de Roosevelt. Je l'ai déjà dit, le Général s'entendait fort bien avec Eisenhower et la plupart des chefs militaires alliés, mais nous ne répéterons jamais assez combien la Maison Blanche a lutté jusqu'au bout contre lui. Le 18 août, une semaine avant la libération de Paris, les Américains inventent n'importe quoi pour l'empêcher de rejoindre le front normand alors qu'il est en Algérie. Il décide alors de forcer le destin et finit par arriver sain et sauf à Saint-Lô en pleine bataille par ses propres moyens. Le mois d'après, il est informé que le commandement américain a reçu l'ordre de retarder le départ de certains personnels civils et militaires d'Algérie dont on a un urgent besoin en France. « Sabotage ! » s'écrie-t-il dans un télégramme secret à Catroux à qui il demande de faire connaître aux membres de l'Assemblée consultative d'Alger que « l'origine du retard est, une fois de plus, à Washington et à Londres ». Enfin, du débarquement à la capitulation allemande, toujours inquiet du rôle que pourrait jouer la France en fin de compte le jour de la victoire, Roosevelt fait arrêter toute livraison de matériel aux forces françaises. Mon père est en rage. Dans une conférence de presse, le 25 octobre 1944, il s'écrie : « Je puis vous dire que depuis le début de la campagne de France, nous n'avons pas reçu de nos alliés de quoi armer une seule unité française. » Chez nous, à la 2e DB, dès notre entrée dans Paris, les Américains nous suppriment toute relève de matériel. Mais, heureusement, nous avons de la réserve pour remplacer les pertes au combat. Dans certaines unités de la Ire armée, pour renouveler les armes et les camions manquants, on vole dans les stocks des Américains et parfois même dans leurs propres unités. D'autre part, depuis les tout premiers jours en Normandie, et sauf de façon massive à Dompaire, au passage de la Moselle en Lorraine, notre division n'a bénéficié d'aucun appui aérien ni à Paris, ni en Alsace, ni ailleurs. En fait d'avions, nous n'avons vu que des appareils allemands, notamment leurs tout premiers chasseurs à réaction après la prise de Strasbourg. Quand j'ai rapporté ces détails à mon père, plus tard, il a secoué tristement la tête et a laissé tomber : « Jusqu'au dernier jour de la guerre, nous aurons dû nous battre aussi sur ce front-là. Mais il faut bien dire que dans une guerre d'alliance, chaque allié fait en réalité sa guerre à lui et non celle des autres. »

— De quelle manière le Général pouvait-il suivre la guerre et parfois la conduire alors qu'il était à Paris ?

— Mon père avait un « central opération » rue Saint-Dominique, et il suivait parfaitement tous les mouvements et cela à tout moment. Les biographes qui se sont penchés sur sa vie ont oublié ou n'ont pas voulu dépeindre le chef de guerre qu'il a été du premier au dernier jour de ce second conflit mondial. Ils se sont arrêtés aux batailles de Montcornet et d'Abbeville en mai-juin 1940. Il faut savoir, je le répète, que toutes les fois que les Français ont été engagés aux côtés des Alliés, que ce soit au Proche-Orient, en Afrique, en Italie, en

France ou en Allemagne, ses généraux recevaient ses ordres qui étaient parfois contraires à ceux que leur donnait leur commandement anglais ou américain. On l'a vu en Normandie où Leclerc fonce vers Paris sans tenir compte des plans alliés. On le voit en Alsace en janvier 1945 où Leclerc et de Lattre vont, sur ses directives, contrecarrer les projets du commandement américain qui veut évacuer l'Alsace indéfendable à ses yeux à cause de la contre-offensive allemande dans les Ardennes. Grâce à la clairvoyance de mon père, rappelons-le, Strasbourg sera sauvé.

— Une polémique est née à ce sujet. Des historiens avancent que contrairement à ce qu'il affirme dans ses *Mémoires*, le Général a bien failli se retrouver devant le fait accompli...

— Vous remarquerez que tous ceux qui prétendent qu'il a pris des « libertés avec la vérité » dans ses *Mémoires* – c'est le terme qu'ils emploient – se sont bien gardés d'affirmer une telle chose de son vivant. Il se trouve qu'ayant participé moi-même à la bataille d'Alsace, j'ai été particulièrement intéressé par ses commentaires sur cet épisode. L'occasion m'en est donnée quand je suis rappelé à Paris en avril 1945 par l'état-major de la marine qui a prévu de m'envoyer effectuer un stage de pilotage d'aéronavale outre-Atlantique. Je rejoins donc mon père route du Champ-d'Entraînement, en bordure du bois de Boulogne, la résidence qu'il occupe depuis le retour d'Algérie, en septembre 1944, avec ma mère et mes deux sœurs. Dans le vaste salon dénué d'ornements et de tableaux – où l'on peut imaginer tour à tour le duc de Windsor qui logea là jusqu'à sa mort et le maréchal Goering qui y passa pendant l'Occupation –, j'ai le droit, un soir, à toutes les précisions que je souhaitais obtenir sur cette affaire. Ce qui me permet, je précise, d'en parler mieux que tous les ratiocineurs qui, mon père disparu, bien entendu, se sont complu à mettre en doute ses écrits. Non, il n'a pas été dupe un seul instant des intentions réelles du généralissime Eisenhower qui voulait ordonner la retraite de toutes les forces vers les Vosges. Il savait parfaitement à quoi s'en tenir dès Noël 1944 car il avait été informé en conséquence par ses propres sources de renseignements. La veille même de Noël, il est parmi nous, ses soldats, à Stotzheim au sud de Strasbourg. Par un froid de chien, il passe en revue les unités de la 2e DB et, me reconnaissant au premier rang de mon peloton, me lance un regard appuyé. Il me le confiera plus tard, il est inquiet de la situation à la suite du déclenchement, le 16 décembre, de la contre-offensive allemande sur Bastogne, en Belgique, avec vingt-huit divisions, au point qu'il a fait placer nos trois divisions de réserve entre la Somme et la Marne pour bloquer une éventuelle percée ennemie sur Paris. Il est aussi inquiet parce qu'un vent de désarroi souffle sur nos alliés, et il craint fort, au vu des informations recueillies par lui dès le 19 décembre, qu'ils ne se décident à abandonner l'Alsace à son sort. C'est au cours de ce bref passage chez les Alsaciens, m'assura-t-il, qu'il affermit sa résolution de défendre Strasbourg coûte que coûte. Il le notifie à Leclerc le 25 décembre à Erstein : « Nous en avons les moyens.

Préparez-vous à agir seul. » Le 28 décembre, le général Juin, son chef d'état-major général, lui confirme la nouvelle au retour d'une visite à l'état-major d'Eisenhower : ce dernier est prêt à sacrifier Strasbourg.

— On a contesté l'existence de documents qui font foi de sa détermination...

— A tort. On trouvera dans les documents annexes des *Mémoires de guerre*, page 475 – documents que certains chroniqueurs devraient consulter avant de prétendre que le Général a dissimulé les archives qui ne l'arrangeaient pas –, les lettres qu'il a adressées à Eisenhower, au président Roosevelt et à Winston Churchill, les 1er et 2 janvier, pour les conjurer de défendre la ville, en leur affirmant que « quoi qu'il advienne » les Français se chargeraient de le faire. Le 1er janvier également, mon père écrivait à de Lattre, le commandant des forces françaises, pour lui ordonner de prendre cette défense « à votre compte », précisait-il.

— On a dit le Général en rage devant cette décision des Alliés. Il aurait même invectivé Eisenhower à la conférence militaire interalliée de Versailles, le 3 janvier. Vous en a-t-il parlé ?

— Il était assez furieux. Le fait d'y repenser, quand je l'ai revu trois mois plus tard, entame son calme olympien. « Comment oser projeter pareille vilenie ! Rendre les Alsaciens à leurs bourreaux. Six semaines seulement après la Libération ! » Il en veut à Roosevelt qui a fait répondre à sa lettre que cette affaire ne le concernait pas puisqu'elle était du ressort du généralissime. « Voilà bien son mépris foncier pour la France et son ignorance coupable de tout ce qui est en dehors de son continent ! » Heureusement, Churchill a compris la gravité de la situation. Lui aussi redoute les représailles que les Nazis vont exercer sur les Alsaciens. A Versailles, à l'hôtel Trianon Palace où le Général arrive blindé à l'avance contre ce projet, le Premier Ministre britannique n'appuiera pas le généralissime américain, lequel finira par se laisser convaincre par la double argumentation stratégique qu'il y avait suffisamment de moyens militaires pour défendre la ville et que l'abandonner serait une tache sur l'histoire de l'armée américaine. « Oui, m'avouera mon père, notre discussion avec Eisenhower tourna parfois à l'orage. » Mais il faut le croire encore quand il écrit dans ses *Mémoires* qu'ils se quittèrent bons amis. Il ne lui en voulut même pas lorsque, longtemps après, il put lire avec étonnement, sous la plume d'un Ike retiré des affaires, à propos de cet homme « très dur, très difficile » qu'était selon lui de Gaulle : « Nous avons eu toutes les peines du monde à lui faire évacuer Strasbourg. » (On sait bien sûr que la ville a été sauvée grâce à la défense héroïque des Français qui dura trois semaines et à l'appui au nord, sur la Moder, de trois divisions américaines détachées par le général Patton.) Plusieurs fois j'entendrai mon père m'assurer à son sujet : « Nous avons eu bien souvent l'occasion de ne pas être d'accord, mais jamais nous ne nous sommes quittés en ayant l'un pour l'autre quelque ressentiment. » Le 9 mai 1945, il lui attribuait la croix de la Libération « avec respect et affection ».

— Et quand, plus tard, il ordonne au général de Lattre de lui désobéir à nouveau en traversant le Rhin et en s'enfonçant en Allemagne ?

— Sur le moment, me rapporta-t-il, « ça chauffa ». Mais il m'expliqua que ce n'était pas tant Eisenhower que ses subordonnés qui le vitupéraient. Son attitude, Eisenhower l'avait mise à profits et pertes. « Je pense même, avançait mon père, qu'il s'en amusait un peu. Ou, plutôt, il calmait le jeu de ses propres subordonnés qui s'en irritaient. » Ce fut le cas du général Leonard Gerow en Normandie et du général John Devers en Alsace qui ne cessaient de lui répéter : « Ces Français sont odieux. » Et puis, Eisenhower faisait tampon entre Roosevelt et de Gaulle. Il avait compris les Français, il avait compris leur intraitable chef. Il avait aussi compris l'Anglais Montgomery avec qui, avoua-t-il à mon père, il eut également du fil à retordre à plusieurs reprises. Bref, sur les ordres du Général, enfreignant les plans de la stratégie américaine, de Lattre franchit le Rhin le 30 mars, « dussiez-vous le passer sur des barques », lui a-t-il enjoint, avec cent trente mille hommes et vingt mille véhicules sur des ponts mobiles de fabrication française car les Américains ont refusé tout concours. « Allez le plus loin possible, lui commande-t-il, implantez-vous en Allemagne de gré ou de force, sans avis des Américains, et même en vous mêlant à eux, là où ils auront établi leurs garnisons. » Alors, en avril, il me disait, heureux et ironique : « Pour ça, de Lattre est excellent. Il faut lui faire confiance. Il va s'installer à Munich, à Baden, à Stuttgart, et les Américains n'auront plus qu'à évacuer les lieux. C'est tout juste si l'on ne va pas le voir parader avec des peaux de panthère pour ses tirailleurs et un éléphant pour lui. » Et, vous le savez, nous sommes allés jusqu'à Stuttgart et à Berchtesgaden le 4 mai. Ce qui nous a ensuite permis de marchander malgré Yalta, le 4 février 1945, une zone d'occupation en Allemagne de taille respectable et d'imposer la présence de la France à la ratification de la capitulation allemande, le 8 mai à Berlin. Toutes ces incartades françaises voulues par mon père – cela aussi est connu – ne se passaient évidemment pas sans frictions avec Roosevelt, puis plus tard avec Truman. Elles dégénèrent même en crise grave au moment où il donne l'ordre au général Doyen, qui a conquis le val d'Aoste à la frontière italienne et qui a poussé son offensive jusqu'à l'approche de Turin, d'annexer Tende et La Brigue. Mon père jubile : « Ils n'avaient qu'à m'inviter à Yalta et à Téhéran [28 novembre 1943] ! » Sous la forme d'un véritable ultimatum, Harry Truman menace de couper les distributions d'équipement et de munitions à l'armée française si nous ne revenons pas à la frontière de 1939. Ce dont le Général fait fi.

— Peut-on penser que c'est pour cette raison que Truman ne l'invite pas un peu plus tard à la conférence de Potsdam avec Clement Attlee, le remplaçant de Churchill battu aux élections, et Staline ?

— C'est très possible. De toute façon, tout a déjà été conclu à Yalta et la France a obtenu sa zone d'occupation et un secteur à Berlin-Ouest. La question allemande ne peut donc plus être tranchée sans la participation française. Les Alliés fulminent. On s'en souvient, ils ont déjà eu affaire au Général en 1944 pendant la campagne d'Italie. Par deux fois, il est intervenu en opposition totale avec eux. En exigeant que Juin change de secteur pour passer par les montagnes à Cassino, ce qui permettra de tourner la ligne de défense allemande. Puis en faisant retirer le corps expéditionnaire français d'Italie après la prise de Rome au profit du débarquement en Provence, contre l'avis de Juin qui, d'accord avec les Anglais, pense pouvoir atteindre l'Allemagne par les Alpes et le col du Brenner. « Utopie ! s'est écrié mon père. Aucune armée au monde n'a réussi à franchir les Alpes dans ce sens. » D'autre part, comment imaginer que la France ne soit pas libérée par les Français ? Le général américain Mark Clark, qui commandait en Italie, a déclaré un jour à la presse : « Ce de Gaulle est insupportable. Non seulement il veut faire la guerre aux Allemands, mais encore aux Anglais et aux Américains. » Il ne connaissait pas encore alors son coup d'éclat avec la prise de Paris par la 2e DB !

— Cette participation française au débarquement en Normandie a quand même été mineure. Votre père ne le regrettait pas ?

— Comment pouvait-il le regretter ? Elle a été au contraire importante. Outre son aspect symbolique, elle a permis la libération de Paris et de Strasbourg. A ce sujet, je garde encore en mémoire ce qu'il m'a confié un soir d'avril 1945, route du Champ-d'Entraînement. Le général Juin et André Diethelm, ministre de la Guerre, viennent de le quitter. Ma mère nous a laissés seuls pour s'occuper de ma sœur infirme avec la gouvernante. Sur la grande table, à côté de cartes étalées où l'on distingue la partie ouest de l'Allemagne, un journal du soir largement ouvert fait état du discours radiodiffusé la veille où il proclame les succès des armées françaises en Allemagne, en Italie et dans l'embouchure de la Gironde. Il prend le journal, me le montre, et, après avoir lâché une bouffée de son cigare avec un air de grande satisfaction, il me lance : « Te rends-tu compte du chemin parcouru ? » Il me parle de toutes nos batailles, de l'Afrique à Berchtesgaden, puis revient sur la course de Leclerc sus aux occupants de la capitale : « Comment aurait-on pu imaginer Paris libéré autrement que par les Français ? J'avais pris cet engagement avec moi-même dès juin 1940 à Londres et cela m'a poursuivi pendant quatre ans : être en mesure de lancer à l'heure dite nos armées vers Notre-Dame. » Et après un silence, à voix basse, comme s'il me parlait à l'oreille : « Si tu savais combien de fois pendant ces quatre années difficiles j'ai entendu résonner le *Magnificat* victorieux d'août 1944 au milieu de mes soldats ! »

21

LA LIBÉRATION DE PARIS

« Paris depuis quatre ans était le remords du monde libre. Soudain il en est devenu l'aimant. »

Mémoires de guerre.

Le 20 août 1944, apprenant à son arrivée en Normandie que les plans américains prévoient de contourner la capitale, il ordonne au général Leclerc de foncer vers elle sans se soucier du reste. Pourquoi cette décision ? Craignait-il vraiment, comme on l'a si souvent écrit, que les communistes s'attribuent le pouvoir à la faveur de l'insurrection qui y avait été déclenchée ?

— J'ai souvent évoqué avec lui la libération de Paris à laquelle j'ai participé moi-même dans les rangs des fusiliers marins de la 2e DB et je puis vous certifier que l'explication est tout autre. Cette menace, il l'a en effet lui-même évoquée dans ses *Mémoires de guerre.* Profitant de l'« exaltation, peut-être de l'état d'anarchie », les communistes pouvaient « saisir les leviers de commande avant que je ne les prenne ». Mais je me souviens que, revenant sur ses propos après la publication de son ouvrage, il tint à les modérer quelque peu. D'après lui, on avait beaucoup exagéré la Résistance à Paris pour des raisons politiques – ce que l'on continue encore à faire aujourd'hui plus que jamais – et cette résistance n'était pas, loin s'en faut, uniquement composée de communistes, puisque ces derniers n'étaient que quelques centaines sur environ mille deux cents hommes plus ou moins bien armés. Aussi, même s'il peut craindre que certains éléments politiques de la Résistance ne mettent la situation à profit pour prendre les leviers de commande – il pense naturellement aux communistes –, la raison primordiale pour laquelle il tient à rentrer au plus vite dans la capitale n'est pas celle-là. Il veut avant tout rétablir la souveraineté française et imposer son autorité face aux Américains qui favorisent encore le projet politique poursuivi par Laval-Herriot et refusent toujours de reconnaître le Gouvernement Provisoire de la République Française (GPRF) dont il est le chef tout en se préparant à administrer eux-mêmes la France libérée. (Rappelons que ce n'est que le 23 octobre 1944, soit deux mois après la libération de Paris, que Washington et Londres admettront enfin la légitimité du général de Gaulle !) « Pourquoi crois-tu, me fit-il remarquer encore une fois, que j'ai tellement lutté à Londres et à Alger en 1943 pour que ton unité participe au débarquement si ce n'était pour être sûr de voir Paris libéré par nous quelle que soit la volonté des Alliés ? C'est ainsi que j'ai nommé, dès Alger, Leclerc gouverneur de Paris par intérim en attendant de désigner Kœnig. »

— Quand a-t-il compris que Roosevelt s'opposait formellement à ce que Paris fût libéré par les Français Libres ?

— Plusieurs faits lui avaient mis la puce à l'oreille. D'abord la 2e DB venait d'être soudainement mutée sans raison valable de la IIIe armée de Patton en pleine offensive à la VIIe qui était en réserve. Ensuite l'accord concernant les relations entre les forces alliées et l'administration française conclu entre Alger, Londres et Washington n'était toujours pas signé par Kœnig et Eisenhower parce que ce dernier attendait toujours d'en avoir reçu le pouvoir. Aussi n'est-il pas vraiment étonné quand, visitant Eisenhower dans son PC normand, il découvre, en entendant ses explications, que Paris ne sera pas pris mais contourné. L'Américain savait que cette tactique allait le contrarier et il lui parut fort embarrassé. Il lui donna pour raison qu'il voulait éviter d'avoir à mener des combats de rue. Il lui précisa que toutes les grandes villes françaises connaîtraient le même sort. Il lui exprima enfin son regret devant le déclenchement prématuré, selon lui, de l'insurrection dans Paris. Une insurrection dont le Général se servira au contraire pour démontrer l'urgence de la libération de la capitale, faute de quoi on assisterait à un massacre. Les arguments d'Eisenhower ne tenaient pas et son air le trahissait. « Manifestement, il semblait ne pas croire un mot de son argumentation », se rappelait mon père qui était d'autant plus scandalisé par cette stratégie qu'à Alger, on s'en souvient, Eisenhower lui avait promis, devant son insistance, de ne pas débarquer en Normandie, en Bretagne ou dans le Nord, et marcher sur Paris, sans qu'une unité française libre soit engagée à ses côtés. Ce n'était pas uniquement pour satisfaire la fierté gaullienne. Il avait besoin de troupes expérimentées. Parce qu'il ne faut pas oublier que tout débarquement est une opération aléatoire. A tel point, on le sait, que les Américains en avaient prévu deux autres en cas d'échec en Normandie : dans la région de Quimper et de Nantes, et du côté de Bordeaux. Cette promesse, Eisenhower l'avait réitérée en Grande-Bretagne. Quelque temps avant le débarquement, il avait affirmé de nouveau à mon père : « Il est prévu que la 2e DB du général Leclerc traverse la Normandie et se dirige sur Paris en premier lieu. » Alors, après l'avoir quitté, le Général est allé trouver Leclerc près d'Argentan et lui a ordonné : « Dès que vous en avez l'occasion, vous bondissez sur Paris. Que ça plaise ou non aux Américains, même s'ils doivent vous retirer votre carburant et tout le reste. » C'est donc sur son ordre, et non à sa propre initiative comme on l'a parfois raconté, que Leclerc file alors droit sur Notre-Dame à l'insu du général Gerow, son commandant de corps d'armée qui, fou furieux, parle de le faire traduire en cour martiale et lui coupe tout ravitaillement. Il s'en plaint à Eisenhower qui finalement fait la sourde oreille.

— Faut-il donc croire que le Général s'inquiétait davantage des machinations américaines que des menaces subversives des communistes ?

— Il les plaçait au premier rang de ses inquiétudes. D'ailleurs, les Américains eux-mêmes ne craignaient pas plus de voir l'insurrection parisienne tourner à l'avantage des communistes, sinon ils n'auraient pas décidé de remettre la libération de la ville à plus tard. « Pour les Américains, m'a assuré mon père, il s'agissait de retarder le plus possible mon arrivée à Paris. C'est pour cette raison, tu le sais, qu'ils ne m'ont pas donné le moyen de rejoindre la Normandie au plus vite. » Le 20 août, la forteresse volante de l'US Air Force qui devait l'y emmener tomba mystérieusement en panne à deux reprises dès le départ d'Alger, et il fut obligé de prendre son bimoteur personnel Lokheed Harpoon non armé, acquis en 1942 aux Etats-Unis afin de moins dépendre de la logistique alliée. Il put ainsi aborder le front normand sans escorte, cela en pleine bataille ! Un voyage dont il se souvenait avec une émotion bien compréhensible... « Pas un instant, nous rapportera plus tard son pilote, Lionel de Marmier, il n'eut l'air de se soucier du danger que l'on courait. Il ne se tourna vers le hublot que lorsque la terre de France fut sous nos roues, à Maupertuis, près de Cherbourg, réservoir presque à sec. » Ces atermoiements et tergiversations n'avaient, on le sait, qu'un but pour Roosevelt : permettre à Paris le montage d'un exécutif composé d'éléments de l'ancienne Assemblée de 1940 sollicités par Laval avec la complicité de l'occupant ! Arrivé dans la capitale libérée, de Gaulle aurait alors été mis devant le fait accompli. « A ce moment-là, remarqua encore mon père, les communistes auraient eu beau jeu de s'opposer par la force à une telle combinaison. C'est très solennellement que je le déclare : par naïveté, Roosevelt aurait ainsi favorisé l'institution en France d'un pouvoir dominé par la IIIe Internationale. » La seconde menace américaine était, nous l'avons dit, l'AMGOT. Le remplacement de l'occupation allemande par une administration gouvernée par des occupants américains et anglais. La France considérée comme un territoire colonisé incapable de s'administrer. Je me souviens à ce sujet qu'en Grande-Bretagne, au moment d'embarquer pour la Normandie, un brave colonel américain dont l'uniforme et l'attitude m'indiquaient qu'il n'était militaire que de fraîche date, m'a abordé, cigare entre les dents, pour m'annoncer gentiment, à moi qui ne lui demandais rien : « Vous allez en France, moi aussi. Je suis nommé chef de la gare de l'Est. » Je n'avais pas encore entendu parler de l'AMGOT. Je lui ai répondu : « Je ne doute pas que vous puissiez aider beaucoup les chefs de gare français qui sont déjà sur place. » Il était un peu interloqué. Sans doute pensait-il que nous n'avions formé en France que des chauffeurs de locomotive.

— Plusieurs faits développés notamment dans le film *Paris brûle-t-il ?* demeurent encore litigieux dans l'histoire de la libération de Paris. Par exemple, ce projet allemand de faire sauter tous les ponts et tous les monuments parisiens. Votre père y a-t-il cru ?

— Bien sûr, car c'était tout à fait vrai. Les Allemands avaient préparé des charges partout.

Des résistants ont indiqué aux hommes de la 2e DB où elles se trouvaient. Deux officiers supérieurs allemands capturés à Rambouillet, où mon père avait couché, ont été envoyés auprès du général von Choltitz à Paris avec ce message de Leclerc : « Si vous touchez à un seul de nos monuments publics, pas un Allemand ne survivra. Ils seront tous liquidés. » En revanche, il est faux d'affirmer comme dans ce film que c'est Raoul Nordling, le consul de Suède, qui, la main sur le cœur, a sauvé Paris. Il a seulement servi d'intermédiaire. De même les auteurs de ce film se trompent-ils quand ils soutiennent que c'est un adjoint du colonel communiste Rol-Tanguy, chef des FFI, le commandant Cocteau, dit Gallois, qui a emporté la décision d'Eisenhower de permettre à Leclerc de foncer sur Paris. Selon mon père, cet officier est allé effectivement rencontrer le général Patton à Courville-sur-Eure où il avait établi son quartier général, mais l'Américain l'a renvoyé sans l'écouter chez Leclerc qui, le matin même, avait reçu l'ordre du Général de mettre sa division en marche vers la capitale. Cette insistance des communistes à vouloir faire croire que c'est grâce à eux si Eisenhower a laissé Leclerc se lancer dans son héroïque chevauchée – on connaît la vérité – ruine, remarquons-le au passage, toute intention de leur part de profiter de l'insurrection pour y instaurer un pouvoir révolutionnaire. On raconte aussi que, s'inquiétant des désordres qu'auraient pu fomenter les communistes une fois Paris libéré, le Général aurait sollicité l'envoi de renforts américains dans la capitale. Allons donc ! Le voit-on demander à Leclerc d'enfreindre les ordres de ses supérieurs américains pour ensuite aller mendier auprès d'eux leur appui militaire ? Les fabulateurs n'ont pas beaucoup de jugeote ! Les troupes américaines ont contourné Paris par le nord et le sud. Trois jours après la libération de la capitale, un de leurs régiments, qui l'a bien mérité, a défilé à l'Arc de Triomphe devant le général Eisenhower au côté du général de Gaulle. Mais lors de la célèbre descente des Champs-Elysées, le 26 août, il n'y avait pas d'éléments alliés sinon des reporters et un véhicule américain de liaison auprès de Leclerc.

— Pourquoi le Général a-t-il absolument voulu déclarer que Paris a été libéré par lui-même alors que ce n'est manifestement pas ce qui s'est passé ? Il a d'ailleurs écrit : « Je ne serais pas rentré à Paris sans les Américains. »

— C'est vrai. La 2e DB n'aurait pas conquis la capitale si les Américains n'étaient pas arrivés en masse au nord par Saint-Cloud et au sud par Vincennes vers Troyes, Meaux et Fontainebleau. Ils encerclaient Paris sauf à l'est. La 2e DB toute seule n'aurait pas suffi. Mais pour mon père, cette autolibération était une question de dignité. La France était humiliée. Il eût été inadmissible que la capitale ne fût pas l'élément moteur de sa libération. Il se rendait compte que 1940 avait été un choc terrible et il redoutait que les Français perdent confiance en eux-mêmes, qu'ils ne s'en relèvent pas ou très longtemps après et trop tard. Le ressort de la nation était cassé. Il fallait donc lui redonner le moral. J'entends encore mon père à la suite du grand défilé du 18 juin 1945 qui sera par excellence celui de la victoire des Français Libres. Dans la tribune, tout à l'heure, place de la Concorde, je l'ai vu regarder fièrement cette armée française issue des champs de bataille ou en cours de reconstitution passer en rangs serrés devant lui. Il remarque : « Il y a ceux qui se sont battus – ils n'étaient pas, hélas, en majorité – et il y a les autres. Je veux que tous sans distinction soient associés à la victoire, car c'est celle de la France. » A la dislocation des troupes, j'ai retrouvé mon commandant des fusiliers marins. Il a perdu un œil au cours des combats de la libération de Paris. Il me dit : « En libérant Paris, nous avons racheté le sabordage de la flotte de Toulon. » Mon père regrettait que les Français, et plus particulièrement les Parisiens, ignorent le coût humain de cette bataille. « Ils n'ont gardé que l'image d'un jour de liesse et d'acclamations », constatait-il. Ils ne savent pas en effet qu'à Paris et dans la région parisienne, la 2e DB a perdu proportionnellement plus de monde que pendant toute la campagne de France. Nous avons eu effectivement quatre-vingt-dix-sept tués et deux cent quatre-vingt-trois blessés sur douze mille hommes dans Paris intra-muros et près de deux fois autant dans les environs de Paris, soit un peu moins de 14 % hors de combat en une huitaine de jours.

— Alors, l'histoire de la signature de Rol-Tanguy sur l'acte de reddition de von Choltitz, à la gare Montparnasse, à côté de celle de Leclerc, l'algarade du Général qui découvre cette double signature... La vérité dans tout cela ?

— Vous savez que c'est ce jour-là, 25 août, dans l'après-midi, et à cet endroit où Leclerc a fixé son poste de commandement que je retrouve mon père. Mais cette histoire se déroulera après notre rencontre dans le grand hall où l'état-major de la division s'est installé et où l'on a disposé des tables de fortune. Je m'éclipse, appelé par ma mission, alors que Leclerc vient d'apporter au Général la reddition de von Choltitz capturé par la 2e DB à l'hôtel Meurice. Ce qui s'est passé après coup, mon père ne m'en dira guère plus que ce qu'il écrira dans ses *Mémoires de guerre*. Très étonné de découvrir, à côté de la signature de Leclerc, celle du colonel Rol-Tanguy, chef des FFI de l'Ile-de-France et membre du parti communiste, il fait remarquer à son fidèle compagnon qu'elle n'avait pas lieu d'être. C'est à lui et non à Rol-Tanguy que s'était rendu le commandant allemand. D'autre part, il était l'officier le plus élevé en grade. A mes questions, beaucoup plus tard, alors qu'il me lisait ce passage de ses Mémoires avant leur parution, il laissera tomber : « Contente-toi de cette version. Je n'avais rien contre ce résistant. Le fait qu'il fût communiste ne m'intéressait pas. C'était un simple problème de hiérarchie. » Quant à l'admonestation qu'il aurait adressée à Leclerc, je n'ai eu droit qu'à un haussement d'épaules. J'ajouterai pour la petite histoire qu'il n'a jamais eu de relations avec Rol-Tanguy après coup, comme on l'a prétendu, et bien sûr, qu'il ne l'a jamais tutoyé. Mais ce dernier s'est engagé dans la Ire armée et mon père l'a fait compagnon de la Libération.

— Cette manifestation grandiose, cette descente des Champs-Elysées, le lendemain, 26 août, de l'Etoile à Notre-Dame, c'était quand même très risqué. L'armée allemande était encore là. Il n'a manifesté aucune inquiétude ?

— L'avez-vous vu une seule fois l'air inquiet sur les photos à l'Etoile, à Notre-Dame ? En revanche, quelle peur rétrospective de ma mère à son retour d'Alger, le mois d'après ! Comment avait-il pu oser s'exposer pareillement ? C'est vrai, les Allemands n'étaient pas loin quand il est arrivé à l'Arc de Triomphe. Il y avait encore des contingents de *feldgrau* dans des trous, au bois de Boulogne. Il aurait pu y avoir également des bombardements : des avions allemands étaient toujours basés au Bourget et deux fusées V1 nous ont bombardés dans la banlieue Nord. D'autre part, la capitale n'était pas encore nettoyée de tous ses « tireurs de toit », miliciens débandés et autres « gestapistes » d'arrière-garde. En dépit des ordres du commandement américain qui avait interdit à la 2e DB de participer à cette « parade » – c'est le mot qui était utilisé par les Américains –, des éléments de cette unité avaient été prévus pour assurer la sécurité et le service d'ordre. Mais ils ont été vite débordés par la population qui s'amassait sans discontinuer le long des Champs-Elysées et autour de l'Arc de Triomphe. Le 30 août, invité par mon père à dîner au ministère de la Guerre, rue Saint-Dominique, où l'on sait qu'il s'est installé dès son arrivée à Paris, il me fait part de sa réaction après cette journée fabuleuse. « Sur le moment, je me suis senti assommé. J'étais comme un homme qui avait l'esprit vide. Après tant et tant d'épreuves, cette apothéose, cette unanimité ! Mais cette sensation n'a pas duré. » S'est-il alarmé une seule fois dans cette « mer » – son expression – qui l'emportait vers la Concorde ? Jamais. En revanche, c'est à présent qu'il me semble inquiet. Il répète : « Qu'est-ce qui m'attend ? » Et à propos des Français : « Comment sont-ils ? » Puis évoquant à nouveau ce triomphe : « Je suis le seul vainqueur des Français. Il n'y en a pas d'autre. J'ai eu raison contre tout le monde. Je rentre dans la capitale avec mes fidèles compagnons et les voilà tous qui, après m'avoir vilipendé, pas cru, pas suivi et peut-être même combattu, m'acclament, nous acclament. Et je ne suis pas allé les chercher. Il a suffi que je me présente, et la rumeur publique les a rassemblés de proche en proche jusqu'à une foule immense. Et après ? Comment vont-ils se comporter avec moi ? »

— Et cette idée d'aller à Notre-Dame ?

— Il m'a expliqué : « C'est dans la tradition historique. Si l'on rentre dans Paris victorieux, il y a un *Magnificat* à Notre-Dame. Après chaque victoire, c'était la coutume au temps de la monarchie. Quand le roi gagnait la guerre, il allait rendre grâce à Dieu. On va à Notre-Dame parce qu'Il est le maître de tout. Et c'est à nous aujourd'hui qu'Il a donné raison. » Cette idée était dans son esprit depuis longtemps. Je dirais : depuis le 18 juin 1940. Quand il a manifesté le désir de se rendre à Notre-Dame, le père Raymond Bruckberger, aumônier de la Résistance, et quelques autres se sont aussitôt exclamés : « Ce n'est pas possible que Mgr Suhard officie aujourd'hui. » Il y a un mois, ce cardinal-archevêque présidait les obsèques du propagandiste Philippe Henriot assassiné par la Résistance pour avoir incité à s'engager sous l'uniforme allemand. La majorité des chanoines ont emboîté le pas au père Bruckberger et sont tous allés dissuader Mgr Suhard d'imposer sa présence.

— Ce n'est donc pas le Général qui a refusé que le cardinal Suhard célèbre la cérémonie ? Ce cardinal l'a pourtant assuré...

— Je viens de l'expliquer : ce n'est pas lui qui a récusé ce prélat, comme on l'a si souvent affirmé. Mon père m'a précisé : « J'ai pris le clergé tel qu'il était quand je suis arrivé à Paris. Ce différend entre ses membres, ce n'était pas mon affaire. J'ai toujours été respectueux des attributions de chacun. » Mais c'est bien lui qui a entonné le *Magnificat*, impassible comme d'habitude au milieu des coups de feu que l'on tirait dans la cathédrale et des gens affolés qui renversaient les chaises pour se pelotonner par terre.

— Le drame de l'épuration a divisé la France. Le Général a reconnu lui-même dans ses *Mémoires* que ces temps-là n'étaient pas propices à l'équité. S'est-il reproché plus tard de ne pas avoir voulu toucher à la balance ?

— Les Français qui ont vécu ces moments se souviennent dans quel état d'exaltation le pays était plongé. « Trop de haine et de rancœur remplissait les cœurs », déplorait ma mère qui eut vent de nombreux cas de jugements expéditifs et de vengeances meurtrières dans le Nord et dans la région de Colombey. Mon père estimait à dix mille environ les personnes abattues ou exécutées, dont moins d'un millier fusillées après arrêt de justice. On est loin des trente mille ou même cent mille cas cités par les avocats vichyssois. Très respectueux du droit de la défense, contrairement à ce que les tenants du vichysme et de la collaboration ont crié sur tous les toits, mon père est souvent intervenu pour que la justice fasse son travail en toute impartialité. Mais, tout aussi respectueux de l'indépendance de la magistrature, il lui était difficile d'aller plus loin. Ceux qui l'accusent d'avoir laissé s'accomplir tous les dénis de la terre auraient dû vivre cette époque à ses côtés. Ils auraient vu comment il réagissait chaque fois qu'il entendait qu'un tribunal avait manqué d'équité ou qu'une erreur d'enquête avait été commise. Ma mère aurait pu en témoigner, elle qui le voyait quelquefois rentrer, le soir, furieux ou attristé, réprouvant tel jugement ou plaignant tel condamné. Nombreuses aussi étaient les lettres que lui adressaient des parents de gens arrêtés pour solliciter son recours. Ma mère en recevait souvent et certaines la bouleversaient. Mais les moments les plus pénibles survenaient quand mon père devait exercer son droit de grâce. Ma mère se souvenait de certaines fois où elle le voyait marcher et marcher après le dîner dans le grand salon de leur résidence, 4, route du Champ-d'Entraînement, à la porte de Madrid, où ils venaient d'emménager, tourmenté par la décision qu'il allait devoir prendre, incapable d'aller rejoindre leur chambre. Il a toujours été très indulgent avec les femmes. Il les a toutes graciées systématiquement. Il expliquait : « La femme s'adapte à un monde. Ce n'est pas elle qui choisit les événements. Elle en est la victime. » Adolescent, je me souviens à ce propos l'avoir entendu affirmer qu'on n'aurait jamais dû fusiller Mata-Hari, que l'on a voulu lui faire payer les pertes et les mutineries de 1917 pour des besoins de propagande. De plus, n'étant pas française mais hollandaise, on ne pouvait pas soutenir qu'elle avait trahi son pays. Ma mère était plus sévère avec les femmes. Elle décrétait : « Elles ont une conscience comme les hommes. Elles sont donc tout aussi responsables de leurs actes. » Par exemple, elle n'excusait pas celles dont on rasait la tête pour avoir couché avec l'occupant tout en blâmant la punition.

— Vous a-t-il expliqué pourquoi il avait refusé par trois fois sa grâce à des écrivains ?

— C'est à mon retour chez mes parents, après la fin de la campagne d'Alsace en avril 1945, que j'ai appris que Pierre Drieu la Rochelle s'était suicidé, et que ni Georges Suarez, ni Robert Brasillach, ni Paul Chack n'avaient été graciés. Je l'ai alors interrogé. Voici, mot à mot, sa réponse : « Je n'ai pas pu les gracier, car ils étaient des écrivains reconnus et ils ont commis le crime contre l'esprit, le pire. Ils se sont montrés avec les Allemands et on les a vus en leur compagnie, sur des tribunes, au cours de manifestations publiques où, au premier rang, ils exhortaient de pauvres jeunes Français à revêtir l'uniforme de l'occupant. Tacite aurait dit d'eux : "Et ils se sont rués à la servitude." » Ce qu'il fallait reprocher aux Allemands, expliquait-il, ce n'était pas d'avoir momentanément battu la France, mais de l'avoir occupée, c'est-à-dire de l'avoir pliée à sa doctrine et à ses manières d'agir. Autrement dit de lui avoir fait perdre son âme, elle qui a eu dans le monde une si grande influence politique, spirituelle, philosophique, scientifique, littéraire, artistique et militaire. Et il ajoutait : « Ces malheureux écrivains ont été coupables d'avoir collaboré à cette destruction. » Selon lui, si Mauriac avait adhéré à Pétain en 1940, comme la plupart des Français, il avait aussi progressivement compris la machine infernale que les Allemands avaient établie pour annihiler la France en instaurant ce régime. Sa demande de recours auprès de lui pour essayer de sauver la tête de ceux de ses confrères condamnés était en elle-même une reconnaissance de la légitimité et de la légalité du Gouvernement provisoire de la République dont il était le chef, le président. D'autre part, s'il sollicitait la grâce de ces écrivains qui avaient trahi, c'était, il est vrai, avec l'espoir qu'ils auraient désavoué leurs erreurs si on les avait graciés, ce que Paul Chack, qui n'a pas obtenu cette faveur, a d'ailleurs proposé à son procès.

— Le Général n'eut pas à gracier Charles Maurras qui mourut de sa belle mort en 1952. Mais l'aurait-il fait ?

— Oui, il l'aurait gracié. Il me l'a dit. Ah ! avec quelle curiosité on eût attendu sa décision. Car jusqu'au bout on a voulu le faire passer pour un maurrassien. Jusqu'au bout, on a soutenu qu'il avait subi l'influence du fondateur de l'Action française, notamment dans sa politique étrangère. Si l'on avait entendu mon père juger l'auteur de *La Musique intérieure*, ces poèmes qu'il connaissait par cœur ! Il pensait qu'il était un vieux fou et que son attitude pendant l'Occupation ne méritait que la commisération que l'on destine aux gens intelligents qui perdent subitement la tête. Quand il a appris qu'il allait être jugé à Lyon, il a demandé sans succès qu'on le transférât à Paris où la Haute Cour, pensait-il, aurait pu être plus clémente. Il fut condamné à la réclusion perpétuelle. « Moindre mal », conclut-il.

— On a raconté qu'il avait refusé sa grâce à Brasillach après l'avoir vu en photo revêtu de l'uniforme allemand ? Vrai ?

— Faux. Brasillach était représenté sur des photos avec des Allemands en uniforme mais lui-même portait un costume civil. Alors, on est allé raconter n'importe quoi. Par exemple, que mon père s'était vu dicter son intransigeance par le Conseil national de la Résistance ou par les communistes. Qui pouvait lui imposer quoi que ce fût, surtout lorsqu'il s'agissait d'un problème de conscience ? Il avait simplement étudié le dossier

« jusque tard dans la nuit », assurait ma mère. Quant à Paul Chack, il savait qu'avant guerre je le lisais passionnément. Tous les garçons de mon âge qui voulaient préparer la marine se plongeaient dans *La Bataille des Dardanelles* ou dans *Au large d'Ouessant*. Tous connaissaient ses œuvres. Alors, j'ai osé lui demander : « Pourquoi n'avez-vous pas gracié Paul Chack ? » Il m'a répondu : « Je n'ai pas pu. Qu'est-ce que tu veux, ça m'était impossible. Certains de ses écrits incitaient les jeunes Français à combattre pour les Allemands. Je n'ai pas pu l'admettre. » Il considérait que le cas de Drieu la Rochelle était identique. Il s'est suicidé alors qu'il allait être arrêté. Mon père l'aurait probablement laissé exécuter. « Tous ces écrivains ont joué contre la nation française. Comment voulez-vous demander aux jeunes garçons de se battre pour leur pays si derrière vous d'autres leur indiquent le chemin de la trahison ? » Je l'ai aussi entendu parler de Laval. On ne lui a pas reproché sa condamnation, car il avait joué et perdu et méritait le sort des traîtres, de tous ceux qui avaient œuvré pour la victoire des Allemands. Mais on l'a accusé d'avoir laissé bâcler son procès. Revenu de captivité, Léon Blum lui-même lui a demandé d'ordonner que justice fût de nouveau rendue. Alors, il a répondu : « Le procès de Laval, il y a longtemps qu'il était fait. Le peuple français avait déjà jugé cet homme depuis plusieurs années. Le procès n'y aurait rien ajouté ni retranché. Il n'a été qu'une mise à jour des registres. » Cela étant, il n'a pas apprécié la fin de Laval. On sait qu'il a essayé de s'empoisonner avec une capsule de cyanure périmé, ce qui l'a amené à agoniser longuement au point qu'il était à moitié dans le coma quand on l'a fusillé. Alors, après avoir demandé des comptes, mon père a dit : « Vous n'aviez qu'à le laisser mourir, c'est tout. » On lui a rétorqué : « Médicalement, de la manière dont il s'est empoisonné, il aurait agonisé plusieurs jours. » Il a conclu : « Peut-être, mais c'est lui qui a choisi. »

— Quand le Général revenait sur la libération de Paris dans ses conversations, quel était, en dehors de sa descente des Champs-Elysées et de son *Magnificat* à Notre-Dame, son souvenir le plus marquant ?

— Je vais vous étonner. Ce souvenir, c'est celui des moments qu'il a vécus seul le 26 août au matin, le lendemain de son arrivée à Paris, rue Saint-Dominique. Vous savez que le quartier des Invalides était celui de son enfance. On imagine son émotion de le revoir après toutes ces années d'exil. Voici le récit qu'il m'a fait lors d'un de nos repas à cet endroit, le 1er ou le 2 septembre : « Le lendemain matin, de bonne heure, je suis allé faire un tour à pied jusqu'à Saint-François-Xavier, l'église de notre famille. "Rien n'a changé, j'ai tout revu", a chanté le poète. Ici, j'ai l'impression d'avoir quitté cette pièce hier seulement. Sur mon bureau, il ne manque que mes piles de dossiers. » Les deux téléphones avec leurs boutons d'appel sont toujours là. Une grande cantine en fer est posée dans un coin. Parti le 10 juin 1940 vers minuit dans la voiture de Paul Reynaud, sans pouvoir l'emmener, il n'avait eu que le temps de la faire descendre dans le débarras de l'hôtel Lutétia. D'autres objets avaient été empilés dessus par la suite. Après l'un de nos déjeuners, il l'ouvre devant moi et en retire un objet long de dessous un amas de papiers et de vieux vêtements : son sabre de Saint-Cyr. Je suis frappé de l'immense satisfaction qu'il ne peut dissimuler, comme quelqu'un qui aurait retrouvé un trésor qu'il avait cru perdu. Et l'on prétend que mon père n'était pas sentimental ! Ce sabre est aujourd'hui exposé à Lille dans sa maison natale restaurée.

22

LES ÉCRIVAINS, INTELLIGENCE DU PEUPLE

« Un livre, c'est un homme. »

Lettres, Notes et Carnets. 16 janvier 1928.

Si l'on voulait savoir, a-t-on dit, quelle importance le Général donnait à la culture, il suffirait de se rappeler que le 1er septembre 1944, soit cinq jours après sa descente triomphale des Champs-Elysées dans un Paris à peine libéré, il a tenu, toutes affaires cessantes, à recevoir François Mauriac à déjeuner, puis d'autres académiciens, les jours suivants. N'est-ce pas étonnant ?

— J'étais de ce déjeuner. C'était l'un des rares repas que j'ai partagés alors avec mon père, soit à midi, soit à dîner, au ministère de la Guerre, rue Saint-Dominique où, je l'ai dit, il avait pris résidence. Depuis notre départ d'Angleterre, je ne l'avais revu, vous le savez, que très brièvement à la gare Montparnasse, le 25 août précédent, lors de la reddition de von Choltitz. L'unité de fusiliers marins de la 2e DB, dont je faisais partie, était cantonnée dans les environs du Bourget après avoir refoulé les contre-attaques allemandes revenues sur Paris jusqu'à la porte de la Chapelle avec une partie de la IIe Panzer SS reconstituée après la Normandie et la Xe division d'infanterie venue de Hollande. Je retrouve donc mon père à l'endroit même où j'étais allé le rejoindre en juin 1940 alors qu'il était sous-secrétaire d'Etat. (On dirait aujourd'hui secrétaire d'Etat.) D'emblée, il me lance : « Comme tu le vois, le cadre n'a pas changé depuis cette époque, sauf le contenant et, hélas, le contexte ! » Je constate en effet que les armures d'acier gardent toujours l'entrée au pied de l'escalier, et que le mobilier Empire plutôt sommaire, les tableaux d'officiers généraux royaux ou impériaux, les lourds rideaux à franges des fenêtres, les grands lustres enveloppés de tulle ou d'étoffes défraîchies n'ont pas bougé non plus, bien que ternes et poussiéreux. Il me fait remarquer que les Allemands ont utilisé ces palais pour y loger à la demande leurs grands personnages ou leurs états-majors et que c'est sans doute pour cette raison qu'ils ont tenu à respecter ces vestiges d'un passé militaire prestigieux. Pour tout repas, nous nous contentons de menus spartiates à base de rations militaires américaines curieusement complétées de bœuf en gelée que le troupier appelle « singe » depuis 1914 et de sardines à l'huile, boîtes sans doute récupérées dans quelque approvisionnement de l'armée allemande. Certaines portent la date de 1942 ! Mais cela ne le gêne pas. Il mange toujours de bon appétit. Un vin convenable et un peu de pain fraîchement cuit sont tout le luxe de ces repas qui se déroulent en petit comité. Une demi-douzaine de convives, à peine plus : un aide de camp, généralement le lieutenant Guy, un membre du cabinet du chef du gouvernement provisoire, le colonel Pierre de Chevigné ou Gaston Palewski par exemple, ou de l'état-major du général Leclerc, le colonel Jacques de Guillebon souvent, un résistant parfois et une personnalité extérieure.

— Alors, ce déjeuner avec Mauriac ?

— Quand je me rends à ce déjeuner du 1er septembre, c'est avec surprise que j'apprends qu'il a également invité cet académicien à sa table, sur la demande de ce dernier. Il a envoyé une voiture le chercher. Je ne peux m'empêcher alors de lui faire remarquer : « Vous êtes aux prises avec une situation terrible. D'abord les opérations de guerre que vous avez la charge de conduire jusqu'à la libération complète de tout le territoire afin qu'elles ne prennent pas des orientations desservant la sauvegarde et les intérêts du peuple français, ensuite les ruines des bombardements et des combats. On dit qu'il ne reste plus un seul pont intact en France, sauf à Paris, et la pénurie de la population est extrême. Et voilà que vous vous souciez de rencontrer un académicien, si prestigieux soit-il ! »

— Il a dû mal prendre cette réflexion...

— Pas du tout. Il ne faut pas croire qu'il n'aimait pas expliquer son point de vue, surtout avec un proche. Il m'expose donc qu'il est très important pour le gouvernement de la France de reprendre contact dès que possible avec les écrivains. « Ils sont, me fait-il observer, l'intelligence de notre peuple et doivent conserver le prestige intellectuel, culturel et philosophique de Paris dans le monde, ce qui ne veut pas dire qu'il faille sous-estimer les scientifiques, lesquels sont souvent eux-mêmes des écrivains et des philosophes. » Et il ajoute que si la France est devenue faible, elle doit au moins conserver son rayonnement culturel. Ces écrivains, qu'ils soient au-dessus des contingences matérielles ou qu'ils en tirent les leçons, contribuent aux orientations supérieures et constituent l'âme d'une nation. Il me parle ensuite de ceux qui les ont précédés avant la Première Guerre mondiale et qu'il ne peut oublier, pour ne mentionner que quelques-uns : « Les Barrès, Péguy, Déroulède, Psichari, Maurras, lequel, souligne-t-il, avait de l'influence même si je ne l'ai pas approuvé, Blum, Jaurès (encore que ce dernier ait surtout été un tribun), Proust que je n'ai jamais apprécié à cause de sa préciosité, de son style alambiqué insupportable et de son milieu artificiel dont le but dans l'existence n'était que de dîner en ville, et j'en passe. » Il termine en précisant qu'après Mauriac, il invitera plus tard d'autres académiciens et écrivains célèbres. Quelques jours après, en effet, défileront à leur tour à sa table : Georges Duhamel, secrétaire perpétuel de l'Académie, Paul Valéry, Georges Bernanos, André Malraux...

— Alors, Mauriac arrive. C'est la première fois qu'il rencontre le Général. Comment se passe leur premier contact ?

— Le mieux possible. François Mauriac est un homme frêle, de petite taille. Il parle d'une voix curieusement sans timbre. Il est accompagné de son fils aîné, Claude, âgé d'une trentaine d'années, qui lui sert de chevalier servant, alors qu'on s'attendait à le voir arriver avec sa femme. Dès que la conversation s'engage, je comprends que l'écrivain a le projet d'obtenir la grâce de Robert Brasillach et de plaider la cause d'autres écrivains comme Georges Suarez, Pierre Drieu la Rochelle, Paul Chack, Henri Béraud, accusés, eux aussi, de collaboration avec l'ennemi, ce qui ne signifie pas qu'il ait jamais partagé leur point de vue. Mais il voudrait conserver, quelles que soient leurs erreurs, leur talent aux lettres. Pendant le déjeuner, il est assis face à mon père et à la droite de son fils, jeune homme effacé, timide. Je sens Mauriac patelin, d'une prudence rusée et cherchant à plaire. Un courtisan enveloppé de velours. Mon père enregistre son plaidoyer avec patience. Je l'entends ensuite lui répondre : « Sauf le respect que je vous dois, comprenez que je ne pourrai pas en juger comme si j'avais été, comme vous, marqué par Vichy à un moment ou à un autre. » Puis il lui lance alors cette remarque – qu'il répétera plus tard à d'autres – avec une certaine vivacité : « Sachez-le : malgré ce qui a été souvent dit et écrit, je ne suis pas le fils naturel ou spirituel de Pétain ! Vichy, Dieu merci, c'est fini. Vous avez devant vous un autre régime. »

— Comment Mauriac a-t-il accusé le coup ?

— Sans broncher. Il a seulement un peu baissé les yeux. Mon père reprend alors plus calmement : « Pour le reste, je vous écoute, je pose les questions nécessaires, j'interroge les enquêtes mais je ne puis rien en conclure car je n'ai pas encore connaissance de la totalité des faits. J'ai bien dit : des faits. » Le déjeuner terminé, l'académicien ne partira cependant pas les mains vides. Ayant su que mon père cherchait un secrétaire particulier et venu lui présenter son fils dans l'espoir de le caser, il obtiendra satisfaction grâce à l'amitié qui commence à s'établir entre le jeune homme et le lieutenant, bientôt capitaine, Claude Guy, aide de camp du Général. Claude Mauriac deviendra l'excellent secrétaire particulier de mon père durant près de cinq ans, sans pour autant avoir été en aucune façon le confident de son patron contrairement à ce qu'il a prétendu plus tard pour en faire des chroniques. Je le verrai parfois venir à Colombey apporter le courrier à signer, très discret, peu communicatif même avec les aides de camp. Cela ne l'empêchera pas d'être de ceux qui, plus tard, reprendront avec talent les notes, même fortement extrapolées en ce qui le concernait, laissées par le capitaine Claude Guy après la longue maladie de ce dernier et sa mort. Pour des raisons totalement opposées, ces deux hommes se séparèrent de mon père. Le secrétaire parce qu'il trouvera le général de Gaulle trop engagé en politique en 1947, dans le Rassemblement du peuple français nouvellement créé contre le régime de la IVe République et que désapprouvaient publiquement les Mauriac, et le capitaine parce qu'il avait craint au contraire de devoir s'enterrer à Colombey-les-Deux-Eglises avec le Général retiré des affaires. Mais aussi parce qu'ils ne se supportaient plus. Par la suite, Mauriac lui tint rigueur de l'impassibilité qu'il avait montrée durant le déjeuner du 1er septembre. Ce qui provoqua ce commentaire de mon père : « Comment comprendre le général de Gaulle quand on en est encore à respecter la légitimité de Pétain ? »

— Il admirait l'écrivain Mauriac, mais de l'homme, que disait-il ?

— Que du bien. Du moins, si j'en juge par ce que j'ai entendu de sa bouche. Souvenez-vous de la mort de l'académicien, le 1er septembre 1970. Je puis vous assurer qu'il en a été très attristé. D'ailleurs, il suffit de se remémorer les paroles qu'il a adressées à Mme François Mauriac. Rappelez-vous : « Son souffle s'est arrêté. C'est un grand froid qui nous saisit. Qu'il s'agisse de Dieu, ou de l'homme, ou de la France, ou de leur œuvre commune que sont la pensée, l'action et l'art, son magnifique talent savait, grâce à l'écrit, atteindre et remuer le fond des âmes, et cela d'une telle manière que nul ne reviendra jamais sur l'admiration ressentie. » Et il conclut qu'il lui voue une reconnaissance extrême pour l'avoir si souvent enchanté avec ses œuvres (il avait tout lu de lui), pour l'avoir aidé dans son effort de restauration de la France et pour lui avoir témoigné une immuable fidélité.

— Une immuable fidélité... Pendant un moment, seulement. Lui en a-t-il voulu quand il a pris ses distances ?

— Non. C'était en 1947. Mon père venait de fonder le Rassemblement du peuple français pour combattre le régime exclusif des partis qui se reconstituait avec la IVe République, dont on a dit qu'elle était « la IIIe en pire ». C'est alors qu'il s'est écarté de lui et que son fils Claude a fait de même. C'est pourtant ce RPF qui a constitué l'armature de la Ve République, une armature qui lui a complètement fait défaut en 1946 et l'a obligé à abandonner le pouvoir faute de courroie de transmission avec la nation. Il m'a expliqué par la suite : « Mauriac n'a pas compris. Il a cru que je devenais fascisant, que je m'engageais dans une voie dangereuse, ou tout au moins dans une voie sans issue. J'ai dû dissoudre le RPF à la suite des élections truquées par les apparentements dont les Français se sont accommodés sans réagir. Mais il a compris la désagrégation de cette IVe République et m'a constamment soutenu dès avant mon retour en fin mai 1958 et devant le drame de l'Algérie. » Le nom de Mauriac revenait parfois dans ses propos. Un jour de Pâques 1970, alors qu'il abordait à nouveau leurs désaccords, il a eu ces mots : « Nous n'avons pas toujours eu la même vision des hommes et des événements, mais il m'a généralement soutenu avec courage et sans hypocrisie, ce qui n'a pas été le cas de tous ceux qui écrivaient. Il m'aurait soutenu en tout s'il ne lui avait pas manqué d'avoir dû faire face physiquement à la force brutale de la guerre et à l'affrontement matériel qui ramènent à “l’heure de vérité”. » Il le considérait comme le plus grand écrivain de ce siècle. « A moins, suggérait-il, qu’un autre ne surgisse et le supplante dans les trente prochaines années, mais c’est peu probable dans le contexte culturel de la France qui, après les marécages de mai 1968, n’augure pas de grandes inspirations... »

— On s’est quand même beaucoup étonné de leur amitié. Quelle explication en donnait-il ?

— Je me rappelle à ce sujet qu’il a répondu devant moi à Léon Noël, ancien président du Conseil constitutionnel qui était devenu gaulliste fidèle par écœurement d’avoir été envoyé par Pétain signer les conditions de l’abominable armistice de 1940 dans le wagon de Rethondes et qui lui avait posé la même question. Il l’avait reçu à La Boisserie au tout début de septembre 1970, dans les jours qui ont suivi la mort de l’écrivain. Voilà comment il lui expliqua les raisons pour lesquelles Mauriac s’était trouvé poussé vers lui qui, malgré une culture semblable, celle de Barrès et de Péguy et celle d’une famille catholique, était si différent de sa propre personnalité tant physiquement qu’intellectuellement : « Un patriotisme ardent qui peut surprendre chez un homme plein de divergences, de finesse, de subtilité, d’une sensibilité aiguë, que la vie sous toutes ses formes sollicitait, qui frémissait au moindre appel, qui percevait tous les drames de l’homme. Dès le début, il a compris ce que j’apportais à la France et son soutien ne me manqua jamais. » Il estimait que Mauriac avait le sens de la grandeur et que dans le choix qu'il avait fait de le rejoindre, il avait saisi toute la beauté qui se dégageait de l'entreprise. Il ajouta : « Dans la politique, comme dans l'art, la qualité se perçoit au premier coup d'œil. » Et il conclut : « L'artiste qu'il était retrouvait, pour la sûreté de son jugement, le même chemin que lui indiquait son patriotisme. »

— S'il y avait un écrivain encore plus différent du Général que François Mauriac, c'était bien André Malraux. Pourtant, il lui était infiniment plus proche. Qu'a-t-il donc bien pu faire pour le devenir ?

— Mon père a décrit cela lui-même : « Il m'est aussi dissemblable que possible : agnostique, c'est-à-dire qui déclare l'absolu et par conséquent Dieu inconnaissable, aventurier dans sa vie personnelle et matérielle, exalté en politique, passionné par l'art, grand romancier... Mais c'est sans doute cette grande dissemblance qui a permis que je m'entende bien avec lui parce que les gens différents peuvent être complémentaires. » Critique, je lui ai fait remarquer un jour que l'adhésion de Malraux ne lui avait pas été acquise « sur un coup de foudre » pour parler vulgairement, que cet écrivain s'était d'abord tenu à l'écart de la France Libre et de la Résistance avant de rejoindre tardivement les maquis de Dordogne en 1944. Je m'entends encore ajouter que sa qualité de général et de militaire de carrière n'avait pas dû lui en paraître une. Il m'a répondu un peu rudement : « Tu as tort d'être aussi sévère. Malraux s'est vite pris dans son grand dessein de délivrer la patrie et de rétablir une vraie République. » Et il m'a fait valoir qu'à partir des maquis de Dordogne, il avait constitué autour de ce noyau la brigade Alsace-Lorraine formée en partie avec des Alsaciens-Lorrains déserteurs de la Wehrmacht, brigade qu'il avait commandée dans Strasbourg assiégé, ce qui n'était pas évident. Et me prenant à témoin : « Tu t'en souviens bien, toi qui étais dans les environs à ce moment-là, et pendant la campagne de libération de l'Alsace. » Depuis, la fidélité de cet « ami génial » a été sans faille. Il faut se souvenir qu'il a été l'un des très rares ministres à démissionner dès que mon père a quitté le pouvoir le 20 janvier 1946 et de même en 1969.

— Ce qui est étonnant, et ce que nombre de critiques n'ont évidemment pas manqué de relever, c'est que Malraux participait à des réunions du Front populaire en 1936-1937 et qu'il a rejoint l'armée républicaine espagnole contre Franco. Votre père n'a-t-il pas cherché en lui une caution de gauche comme on l'a souvent insinué ?

— Mon père n'était pas plus favorable à Franco qu'aux Républicains. Il pensait qu'allié des Allemands et des Italiens, le dictateur espagnol était un ennemi potentiel, et c'est la seule chose qui lui importait. Et sans être vraiment contre les Républicains, il ne les appuyait pas, car il avait horreur du désordre. Cela étant, les Espagnols pouvaient bien choisir le régime qu'ils voulaient, c'était leur affaire, pas la nôtre. D'autre part, il reprochait au gouvernement du Front populaire de Léon Blum sa coupable faiblesse face à la politique d'armement intensif de Hitler et à cette espèce d'encerclement que l'Allemagne formait contre nous avec l'Italie et l'Espagne. Quant à la caution de gauche qu'il aurait cherchée en engageant Malraux à ses côtés, je ne sais plus qui avait osé un jour aborder ce sujet avec lui devant moi à La Boisserie. Mais je me souviens du ton peu aimable qu'il a eu pour lui répondre. « Quelle caution ? Ai-je jamais eu besoin d'une caution ? A la France Libre, à la Résistance française, à l'Union pour la défense de la République, au Rassemblement du peuple français que j'ai dirigé, j'ai toujours fait observer : "La France, ce n'est ni la droite, ni la gauche. C'est tous les Français." » Pour revenir aux idées politiques de Malraux jeune, il m'a assuré, une autre fois : « Il n'est pas marxiste, il est antifasciste, sinon il n'aurait pu être le grand orateur qui a constamment et formellement combattu le communisme dans toutes mes réunions durant tant d'années. »

— Quelle était la nature du rôle politique que Malraux jouait auprès du Général ? On a dit qu'il avait une grande influence sur sa politique étrangère...

— Mon père n'avait besoin de personne pour mener sa politique, qu'elle fût étrangère ou intérieure. Il est vrai qu'il lui est arrivé de confier à Malraux, exceptionnellement, à deux ou trois reprises, une mission très précise auprès d'un chef d'Etat, notamment auprès de Nehru et de Mao Zedong, mais rien de plus. Il ne faut pas croire, par exemple, ce que j'ai entendu dire souvent, que les convictions anticolonialistes que l'écrivain avait manifestées au cours de sa jeunesse en Indochine ont inspiré mon père dans sa politique d'hostilité à l'égard de la guerre du Viêt-nam menée par les Etats-Unis. De même que Malraux n'est pas l'inspirateur du Général dans sa volonté de décolonisation ni plus tard dans sa politique algérienne qui a abouti à l'indépendance.

— Malraux est quand même allé rendre visite par deux fois à Kennedy...

— C'est vrai, mais chaque fois, dans un but culturel. Pour rencontrer les artistes américains sur l'invitation même du président des Etats-Unis et de son épouse, Jackie, et dans un deuxième temps pour accompagner la visite de *La Joconde* au cours de sa tournée américaine. Mon père délimitait les tâches de chacun de ses ministres avec précision. Celle de Malraux était bien définie : faire de la culture ce que la IIIe République avait fait de l'éducation. Il savait qu'il y parviendrait sans qu'il eût besoin de s'en occuper lui-même, grâce, estimait-il, à sa « pensée éminente », à son « style magnifique » et à son « action fulgurante ». A ce propos, il eut un jour, devant moi, cette formule : « Chaque régime politique a besoin d'un Victor Hugo pour réveiller l'enthousiasme des citoyens qui autrement s'endormiraient dans leurs préoccupations quotidiennes sans horizon. Malraux a la flamme. » Plutôt avare de compliments, il n'avait pas de mots plus élogieux pour ses fonctions de ministre de la Culture qui ont duré autant qu'il a été au pouvoir. « Il m'a apporté, m'a-t-il exposé, un complément culturel que je n'avais pas le temps de développer et qu'il a parfaitement mené. Et cependant, cet esprit libre n'a rien produit d'excentrique. Tout ce qu'il a dirigé pour la République ne l'a été que de la manière la plus classique et comme je le souhaitais, et avec un sens de l'organisation exceptionnel. » Et il m'a dressé, avec une satisfaction évidente, la liste de ses réalisations : restauration du Louvre, des Invalides, du Grand Trianon de Versailles, développement des Académies, de l'Opéra, de l'Opéra-Comique, sauvetage du tissage français et de la décoration architecturale de la Comédie-Française, Maisons de la culture dans les villes pour rapprocher le populaire des splendeurs du patrimoine national. Sans oublier, surtout, son œuvre majeure : la Commission de l'équipement culturel et du patrimoine artistique, créée en 1961. « Alors, a-t-il souligné, que l'on a voulu seulement se souvenir de son idée de faire ravaler les immeubles de Paris, idée qui m'était d'ailleurs personnelle. » Comme il insistait sur le fait que Malraux avait beaucoup de réceptivité pour l'art moderne, mais qu'il n'avait pas, heureusement, cherché à promouvoir de monuments farfelus qui auraient défiguré la capitale, ni à subventionner des associations anarchisantes sous couvert de recherche progressiste de l'art et de la culture, je n'ai pu me retenir de lui poser cette question : « Et le fait qu'il ait donné l'idée à Chagall de repeindre le plafond de l'Opéra de Paris, ce qui a fait hurler au sacrilège la bonne société et proclamer la révolution à d'autres ? » Il n'a pas protesté. Il m'a simplement fait remarquer que, finalement, le plafond de Chagall, pour ne pas être classique, s'avérait être une décoration lumineuse. Il a ajouté : « J'avoue avoir hésité, et je ne l'ai autorisé qu'à condition que l'ancien plafond soit seulement recouvert par le nouveau, de sorte qu'on puisse le rétablir à volonté. » Et pour finir, il a eu aussi cette réflexion : « On en serait toujours au mobilier et aux peintures Louis XV si l'Empire n'avait pas créé un autre style. »

— Je suppose qu'un personnage aussi hors du commun à tous points de vue que Malraux ne pouvait manquer de susciter des réserves parmi les proches du Général. Qu'en disait votre mère, par exemple ?

— Ma mère s'en méfiait. Elle trouvait que son existence personnelle était parfois compliquée, bien que dénuée de scandale, par plusieurs compagnes légitimes ou non, et depuis ses aventures au Cambodge ou en Espagne pendant la guerre civile. Elle désapprouvait sa « vie de bâton de chaise » et ses besoins d'argent d'homme qui n'en a jamais parce qu'il ne s'en préoccupe pas. Elle craignait que sa passion politique, son exaltation lyrique et son attachement pour mon père n'entraînent ce dernier loin de La Boisserie où elle aurait souhaité le garder en famille, hors des tumultes et des ingratitudes de la vie publique. Ce qu'elle avait entendu du premier aide de camp à Colombey, le capitaine Guy, ne contredisait pas ces réserves. Ce dernier, qui avait tendance à émettre des jugements péremptoires qu'on ne lui demandait pas, disait de Malraux qu'il avait un tempérament trop enflammé, qu'il manquait de mesure et qu'on devait lui interdire de se mêler d'autre chose que de culture, à plus forte raison de politique. Mon oncle Jacques Vendroux manifestait en privé une indulgence parfois un peu ironique pour ce génie dont il appréciait l'attachement à son beau-frère. De son côté, Jacques Foccart, qui n'avait jamais réussi à saisir un homme qui lui échappait mais dont il n'était d'ailleurs pas chargé, le trouvait lui aussi d'une sensibilité par trop exacerbée et un tantinet mythomane. Malraux sentait les préventions de ma mère. Aussi s'en tenait-il plutôt à distance. Il aurait déclaré, un jour, qu'elle l'avait pris « pour le diable » pendant un certain temps. Propos excessifs. Elle s'inquiétait seulement, je le répète, de la trop grande influence qu'il pouvait avoir sur son mari. Elle répétait : « Il est toujours à le relancer avec ses idées. Qu'il le laisse donc tranquille. » Mais il lui est arrivé quand même de s'amuser des mots d'esprit de l'écrivain, car il ne manquait pas de séduction.

— Peut-on avancer qu'il était un intime de votre père comme on l'a souvent soutenu ?

— Sûrement pas. Mon père n'était intime avec personne. Il ne faut jamais oublier cela. Malraux était son « ami génial », tout simplement, et le plus fidèle de ses ministres. Tout le monde sait que, lors des Conseils des ministres, il lui réservait toujours l'honneur d'être assis à sa droite. Dans le gouvernement, le premier rang protocolaire lui était attribué parce que mon père voulait que l'Histoire et la Culture eussent le premier rang, n'en déplaise aux intellectuels trotskistes, maoïstes ou soixante-huitards. Il affirmait que Malraux marquait la prédominance de l'âme et de l'esprit, même si dans la vie courante elle se manifestait par des gestes qui n'étaient pas que de courtoisie, tels que recevoir à déjeuner chaque nouvel élu des Académies ou visiter les grandes écoles. Bien que le plus ancien et le plus fidèle des ministres du Général, malgré, je le répète, sa différence considérable de personnalité et son indépendance d'esprit plus marquée que chez quiconque avec lui, il était peut-être celui qui a été, d'après lui, « le plus classique » dans ses fonctions. Jamais on n'a relevé de désaccord avec lui, pas plus de « petites phrases » glissées aux journalistes. Dans le privé, le Général le rencontrait, certes, mais sans plus. La porte de La Boisserie ne s'est certainement pas ouverte pour lui plus d'une dizaine de fois. La dernière fois, c'était le 10 décembre 1969. De cette rencontre, un an avant la mort de mon père, est né *Les chênes qu'on abat*.

— Lorsque Malraux publie ce livre, en avril 1971, les critiques ironisent sur le fait qu'il ait pu transposer un entretien de trois heures en un ouvrage de deux cents pages. Qu'en pensez-vous vous-même ?

— Ils ont ironisé à tort. Car, en réalité, c'est d'une fréquentation commune de vingt-cinq ans, depuis 1944, que Malraux a tiré la matière de son livre. On lui reproche d'avoir restitué un de Gaulle à sa manière. S'il lui prête, en effet, des réflexions et des intentions plus proches des siennes que de celles du Général, il n'en a pas moins remarquablement compris sa personnalité profonde et sa philosophie intime. Comme mon père pensait avoir bien percé la nature de l'écrivain. Je me souviens, par exemple, qu'il était persuadé que Malraux, l'agnostique, cherchait Dieu et qu'il était en train de le trouver. Son agnosticisme ne le choquait pas parce que, pensait-il, il respectait la foi de ses semblables. Il en eût été autrement s'il avait attaqué la doctrine chrétienne ou l'Eglise et ses desservants. Les critiques ont fait leurs choux gras avec le passage où l'auteur affirme que le Général se comparait à Tintin, ce personnage sympathique qui fait face à toutes sortes d'ennemis ou même d'alliés maladroits mais croyant bien faire, et qui se tire de tous les embarras rencontrés sur sa route. Le seul commentaire fait par des proches à ce sujet fut : « C'est du Malraux. Il en rajoute ! » Le même ouvrage et les bonnes feuilles à sa suite racontent que mon père se serait exclamé une fois à Colombey : « Voyez cette colline au-dessus du village. Peut-être un jour après moi y mettra-t-on une croix de Lorraine que tout le monde pourra voir. Mais comme il n'y aura plus personne pour y aller, elle incitera peut-être les lapins à la résistance ! » Mon père, vous le savez, aimait cultiver la provocation et l'ironie. Je peux certifier que je l'ai entendu moi-même railler pareillement alors que quelqu'un évoquait devant lui la possibilité d'un projet de construction de quelque monument commémoratif qui aurait pu dominer plus tard son village. Il lança alors, pince-sans-rire : « Pourquoi pas ? Il y aura au moins des lapins pour venir le regarder ! » Je doute fort cependant qu'il ait soupiré un jour, comme Malraux le prétend : « Je suis le personnage du *Vieil Homme et la mer* de Ernest Hemingway. Je n'ai rapporté qu'un squelette. » Là, le romancier a laissé sa plume courir un peu trop. Car mon père détestait la stérilité, n'aimait que ce qui était fécond et ne pouvait donc juger aussi négativement son apport personnel à son pays. Souvenez-vous de ses *Mémoires* : « Puisque tout recommence toujours, tout ce que j'ai fait sera, tôt ou tard, une source d'ardeurs nouvelles après que j'aurai disparu. »

— Au début de l'été 1975, Malraux vous a invité à venir le voir à Verrières-le-Buisson où il habitait. Avez-vous deviné qu'il voulait savoir ce que vous pensiez de son ouvrage ?

— Oui, bien sûr. Car il avait peur d'avoir choqué ma famille. Peut-être lui avait-on rapporté à tort des reproches que nous n'avons jamais faits. Il souhaitait donc se justifier. Il m'impressionne d'abord beaucoup malgré son comportement rendu déroutant par sa maladie nerveuse caractérisée par des problèmes d'équilibre et d'élocution. Nous sommes seuls. J'aperçois la silhouette de sa dernière compagne, Sophie de Vilmorin, dans le jardin, parmi les magnolias et les rhododendrons. Après m'avoir signifié qu'il s'en serait voulu de n'avoir pas rencontré le fils de « l'homme le plus remarquable de France », il entre dans le sujet : « J'estime devoir m'expliquer auprès du plus proche de ce si grand homme de l'Histoire sur l'interprétation très personnelle que j'en ai faite même quand je le fais parler. Mais, croyez-moi, je crois avoir bien saisi en lui l'homme fondamental, même si quelques détails sont de mon invention. » Il ajoute curieusement de sa voix hachée en regardant le chat qui déambulait sur le tapis de haute laine : « Ainsi, contrairement à moi, le Général ne s'occupait-il pas du tout de chat. Madame de Gaulle, un peu plus, qui avait à La Boisserie un chartreux certainement gaulliste. J'ai compris qu'une personne de service de sa maison y portait au contraire le plus grand intérêt. » Et plus sérieusement : « J'ai travaillé avec le Général plus longtemps que personne, et quoique bien différent de lui, je l'ai compris mieux que personne. » Bien qu'il ne me laisse guère la parole, je m'efforce de le tranquilliser sur l'opinion que ma famille et moi-même avons de son ouvrage. Y ai-je réussi ? Il est difficile de sonder ce visage sans couleur, traversé de tics. Après une bonne heure d'un entretien qui sera plutôt un monologue de sa part sur de nombreux sujets, des propos qui devenaient parfois incompréhensibles, ponctués de gestes et de mimiques, le temps est venu pour moi de prendre congé. Je ne retournerai à Verrières-le-Buisson que dix-huit mois après, pour ses obsèques, le 23 novembre 1976. En moi résonnera encore, ce jour-là, les paroles de mon père en forêt des Dhuits, dans l'allée pentue de la Malochère bordée curieusement de quelques chênes : « J'ai toujours tenu à avoir Malraux à ma droite parce qu'il représentait le rayonnement culturel de la France. »

23

LE MARÉCHAL

« La vieillesse du maréchal Pétain allait s'identifier avec le naufrage de la France. »

Mémoires de guerre.

Pour beaucoup d'auteurs, vous le savez, le Général n'aurait rien été s'il n'avait été chaperonné dès le début de sa carrière par le maréchal Pétain qui a été son parrain et son mentor. Au fond de lui-même, n'admettait-il pas cette thèse ?

— Sûrement pas. Je suis toujours indigné d'entendre une telle chose. Cette thèse a été inventée de toutes pièces par Vichy en 1940. Auparavant, elle n'existait pas. Je pense que sans Pétain, mon père aurait fait de toute façon une grande carrière militaire. Si l'effondrement de la France n'était pas survenu, il aurait probablement été chef d'un état-major ou, mieux encore, il aurait commandé une armée à l'exemple de Foch ou de Pétain lui-même. C'était d'ailleurs sa conviction. Il est le seul auteur de sa propre élévation et il a toujours nié avoir jamais été le protégé de Pétain. L'histoire a d'ailleurs montré que Pétain n'a jamais protégé personne de ceux qui l'ont servi. De lire ici ou là que tel ou tel ancien officier parmi les proches du Maréchal avant guerre et ensuite, pendant l'Occupation, l'affirmait péremptoirement lui faisait hausser les épaules : « Les bons apôtres ! s'exclamait-il, ils savent bien qu'en fait de parrainage Pétain m'avait tout simplement repéré uniquement pour se servir de moi au mieux de ses intérêts. » Et de comparer l'attitude du Maréchal à son égard avec celle du brave colonel Boud'hors qui, nous le savons, commandait son régiment, le 33e d'infanterie, pendant la guerre de 14-18. Ayant repéré ce grand diable longiligne à la tête de la 10e compagnie, lui qui était plutôt petit et boulot, il en avait aussitôt fait son officier adjoint, lui collant sur le dos, en plus de ses responsabilités de capitaine de compagnie, toutes les tâches d'état-major opérationnel. Ce colonel avait vite identifié l'officier le plus brillant de son régiment qui pouvait lui servir. Avant la guerre, en 1912, patron de ce même régiment, il avait agi de même avec ce jeune officier dont la valeur était considérée comme exceptionnelle. Nanti de ce commandement, ce dernier terminait sa carrière, car il arrivait en limite d'âge qui était à l'époque de cinquante-huit ans pour un colonel. Par conséquent, si la Grande Guerre ne l'avait pas fait automatiquement promouvoir général, Pétain aurait été mis en retraite. Mon père avait choisi le 33e d'infanterie, à Arras, parce que cette ville est proche de la Belgique où habitait sa sœur Marie-Agnès qui avait épousé un ingénieur des mines de Charleroi, et de Lille où résidaient les Corbie, ses cousins, ses oncles, face à sa propre maison natale. Et puis Paris n'était pas non plus très loin, même si l'on mettait deux ou trois heures pour y parvenir. Et enfin, surtout, frisant les frontières du Nord-Est qu'on devait défendre en priorité, la garnison avait une grande importance militaire. C'était là que l'on plaçait les meilleures troupes. D'où l'intérêt que représentait ce secteur pour un jeune officier plein d'avenir et impatient d'en découdre.

— Sa toute première rencontre avec Pétain avait-elle marqué votre père ? Comment s'est-elle passée ?

— Il n'était pas dans les habitudes de mon père de s'appesantir sur ses « souvenirs de régiment ». Il laissait cela aux civils au retour de leur service militaire. Cependant, il me relata un jour son arrivée au 33e d'infanterie, à sa sortie de Saint-Cyr en 1912, et l'impression que lui causa Pétain lorsqu'il lui apparut pour la première fois en tant que « père » de son régiment. C'était un homme de bel aspect, se rappelait-il, la taille un peu au-dessus de la moyenne pour l'époque, la moustache gauloise et le regard clair. Il avait bonne réputation, parlait bref et écrivait aussi brièvement. Mais mon père avait remarqué également assez vite qu'il avait une certaine sécheresse de cœur. Disant de lui à ce propos : « Il était issu d'une de ces vieilles familles de cultivateurs aisés de Picardie pour lesquelles les bêtes comptent souvent plus que les individus et qui font venir à la ferme le vétérinaire plutôt que le médecin. » De plus, timide de nature, il gardait toujours ses distances vis-à-vis de la société. Ce qui ne l'empêchait pas d'avoir beaucoup de succès auprès des femmes (il en aura encore au seuil de ses quatre-vingts ans). « Il ne savait pas bien leur parler mais il les impressionnait », avait-il également noté. On sait qu'il enlèvera d'ailleurs la femme d'un peintre, Eugénie de Hérain, dite Nini, avec laquelle il vivra longtemps d'abord en concubinage. Mon père se refusait d'entrer dans ces considérations, mais il constatera plus tard que cette situation, assez choquante pour l'époque dans le milieu des officiers, l'avait isolé socialement et n'avait sans doute pas facilité son avancement.

— Cela ne l'empêchait pas, a-t-on raconté, de discuter des mêmes femmes avec lui...

— On l'a en effet souvent écrit. Comment a-t-on pu inventer cette fiction ? C'est aberrant. Il faut savoir ce que représentait le patron d'un régiment en ce temps-là. Dans l'infanterie, cette unité était composée d'au moins deux mille hommes en temps de paix. La discipline et la hiérarchie y était telles qu'il suffisait des seuls sous-officiers pour rassembler en quelques minutes les trois bataillons en tenue de campagne dans la cour du quartier. Les officiers arrivaient après. Quant au chef de corps, le colonel, on ne l'approchait généralement qu'à dix mètres et on ne l'abordait pas facilement. Jamais il n'aurait admis que ses subordonnés fréquentent les mêmes femmes que lui et à plus forte raison se permettent seulement de lui en parler.

Mais cela n'a pas empêché Pétain de remarquer et d'apprécier les qualités de ses officiers et en particulier celles de mon père qui se détachait du lot : « Très intelligent... donne les plus belles espérances pour l'avenir... digne de tous les éloges. » Il va le retrouver après la guerre, en 1923, à l'Ecole de guerre d'où mon père sortira breveté d'état-major.

— C'est là qu'il donnera le coup de pouce que votre père réclamait, courroucé de ne pas avoir obtenu une place honorable dans le classement final de sa promotion ?

— Quelle autre légende ! Il faut reconnaître que si l'on a beaucoup ratiociné sur cette affaire, mon père en est sans doute un peu responsable. Ne voulant jamais publier de démenti ou attaquer qui que ce fût pour ses écrits, il a peut-être malheureusement encouragé les professionnels de la baliverne et de la détraction et aggravé l'esprit de vengeance de ses anciens adversaires de Vichy et de leurs héritiers nostalgiques. Je suis heureux d'avoir ici la possibilité de rétablir la vérité. Le maréchal Pétain n'a accordé aucune protection de quelque nature que ce soit à mon père, comme mon père ne lui a jamais rien demandé et donc jamais suggéré d'intervenir pour son brevet d'état-major. Voici, telle qu'il me l'a rapportée en détail, sa propre version des faits. Inspecteur général des Armées, Pétain, qui habite à proximité des Invalides avec son état-major particulier de maréchal de France, va de temps en temps faire un tour à l'Ecole supérieure de guerre où il rentre à l'improviste dans le grand amphithéâtre pour y promener ses feuilles de chêne et son prestige. Un jour, s'enquérant des résultats de l'ensemble des futurs nouveaux brevetés de la 44e promotion et s'arrêtant sur le cas de de Gaulle, son ancien subordonné, il remarque avec étonnement qu'il n'a pas été noté à la hauteur de l'estime qu'il éprouvait pour lui avant la guerre. Il apprend alors que très agacés par la personnalité de mon père, ses professeurs lui reprochent de se prendre pour le Connétable (une expression qui le poursuivra une partie de sa carrière et qui est sans doute née à Saint-Cyr avec « Fil de fer » et « Double mètre »), de se considérer toujours au-dessus de tout le monde, et surtout de développer des idées stratégiques « hérétiques et incorrectes ».

— Je suppose que ses écrits n'ont pas dû non plus l'aider auprès de ses examinateurs...

— Certainement. La publication, sept mois auparavant, de son premier ouvrage, *La Discorde chez l'ennemi*, et de quelques articles dans des revues, fait exceptionnel pour un officier en activité, n'a pu en effet qu'amplifier leur hostilité à son égard. (Le directeur de l'Ecole supérieure de guerre, le général Dufieux, présidera en 1940 le tribunal militaire qui le condamnera pour désertion !) Me racontant la visite de Pétain dans le grand amphithéâtre telle qu'elle lui avait été contée par la suite, mon père prit soudain la voix du Maréchal face aux professeurs : « Alors, et de Gaulle ? » Et celle de ses professeurs : « Ah ! de

Gaulle, on l'a noté : "Assez bien". Il passe donc mais dans le troisième groupe (c'est-à-dire le dernier). Que voulez-vous, Monsieur le Maréchal, avec son caractère, ses réactions et ses idées souvent saugrenues, on ne pouvait pas lui donner mieux. » Et de nouveau, Pétain : « Assez bien, oui, mais il ne vaut quand même pas moins ! » Le Maréchal n'a pas dit autre chose. De toute façon, tout maréchal qu'il était, il ne se serait pas permis d'intervenir pour l'un ou pour l'autre, fût-ce pour un officier plus important que son ancien subordonné. Il avait d'ailleurs la réputation d'un homme impassible et irréductible qui repoussait du haut de ses étoiles et « du bout de son bâton de maréchal », disait mon père, toute faveur sollicitée même par les plus hautes autorités. Comment, de plus, imaginer l'auteur de mes jours en quémandeur ? Si ses notes ont été augmentées, comme on le prétend, avant que ne fussent publiés les résultats officiels du classement, c'est sans doute, pensait-il, « parce que mes professeurs n'ont pas voulu se ridiculiser davantage ». Je précise par ailleurs que le capitaine de Gaulle ne pouvait pas avoir obtenu, comme il a été souvent écrit, une modification de sa mention « assez bien » en « bien » pour la bonne et simple raison qu'il n'était pas donné de mention lors de ce classement.

— Ne pensez-vous pas malgré tout que ce sont les quelques mots, même très laconiques, que Pétain a prononcés ce jour-là qui ont suffi à faire réfléchir les examinateurs ?

— Sans doute alors ont-ils voulu corriger l'impression de partialité et de mesquinerie qu'ils ont montrée à Pétain. En tout cas, mon père est étranger à toute l'affaire. J'ajoute que les mêmes écrivains qui ont inventé cette intervention ont également raconté que, peu après, Pétain l'aurait puni en l'envoyant faire son stage d'état-major à Mayence chez les « riz, pain, sel » du 4e bureau, endroit où, selon eux, on mutait les brevetés les moins bien placés. Mon père n'a pas eu l'impression d'avoir été brimé et n'a donc protesté auprès de personne comme on l'a également rapporté. Notons au passage cette contradiction : comment aurait-on pu avoir l'idée de le nommer là où l'on expédiait les plus mal notés alors qu'il aurait bénéficié d'un prétendu coup de pouce le plaçant parmi les meilleurs ? S'il faut en croire les mêmes « feuilletonistes », le très interventionniste maréchal ne devait pas s'arrêter en si bon chemin puisqu'il aurait par la suite, en 1927, sommé le général Hering (alors commandant de l'Ecole de guerre), qui deviendra un proche du Maréchal à Vichy, de prendre le capitaine de Gaulle comme conférencier. Il aurait aussi tenu à assister à sa première prestation. « Faux, m'affirma encore mon père. Hering n'a reçu aucun ordre de Pétain. D'autre part, sa présence dans l'amphithéâtre à l'occasion d'une conférence n'était pas exceptionnelle. Et s'il a prononcé quelques mots aimables à mon intention, il n'a rien fait de plus que ce qu'il faisait habituellement pour encourager d'autres conférenciers. » Toutes ces fables n'ont qu'un but : rendre le Général débiteur de celui qui ira serrer la main de Hitler à Montoire après avoir accepté de mettre bas les armes.

— Ce capitaine était si peu indifférent à Pétain que deux ans auparavant, en 1925, il l'a fait quitter son stage à Mayence pour l'intégrer à son état-major particulier alors qu'il est devenu lui-même vice-président du Conseil supérieur de la guerre ! Voilà encore une belle contradiction !

— C'est exact. Malgré toutes ses préventions à son égard, car son esprit d'indépendance et sa trop grande assurance l'agaçaient plutôt. Mais il l'a repéré comme un élément hors de pair qui peut lui être d'une grande utilité. N'est-il pas l'un des rares écrivains de l'armée française ? Quelques mois avant de lui demander de le rejoindre, il lui a confié la rédaction d'un texte intitulé *Le Soldat à travers les âges*. Briguant l'Académie française à la suite de Foch et n'ayant jamais écrit (ses officiers d'état-major lui rédigeaient tous ses discours), il lui fallait présenter un ouvrage de base. Ce texte devait remplir cet office. « Il avait lu mon ouvrage (*La Discorde chez l'ennemi*), me conta mon père, et avait apprécié non toutes mes idées, loin s'en fallait, mais la façon que j'avais eue de les exposer. C'est d'ailleurs ce qu'il me signifia d'entrée de jeu. Il me sembla d'autre part assez insatisfait de l'équipe d'"écrivains" dont il s'était entouré, boulevard des Invalides, sous la direction de son chef de cabinet. Bref, ma plume l'intéressait. Je compris alors que je n'aurais pas d'autre mission auprès de lui que celle de lui tenir la main. » Arrivé à Paris, il lui sert d'abord d'aide de camp en de rares occasions, au cours d'inspections en province (je revois en effet une photo qui le montre, sabre au côté, à quelque distance de lui), mais il lui écrit aussi quelques discours pour des inaugurations de monuments et de cérémonies. Fin 1927, en dehors d'articles dans *La Revue militaire* et de conférences à l'Ecole de guerre ou à la Sorbonne, il a presque terminé la rédaction du *Soldat*. Pétain lui exprime sa satisfaction : « L'ensemble de votre travail me plaît beaucoup et constitue une base excellente pour l'œuvre définitive. » Ici, il s'est contenté de modifier un mot et là, un terme, mais rarement. A noter que mon père demandait parfois l'avis de mon grand-père Henri dont il révérait les qualités d'historien. Ainsi, lorsqu'il écrit « la France fut faite à coups d'épée », mon grand-père a inscrit en marge : « Pas seulement. Aussi par héritages ou par mariages. » Mais, promu au grade de chef de bataillon en septembre 1927, mon père quitte l'état-major particulier du Maréchal pour aller commander le 19e bataillon de chasseurs à Trèves, en Allemagne. Sur ces entrefaites, il reçoit en décembre une lettre de Pétain s'inquiétant de l'avancée de son travail alors qu'il vient d'écrire à son camarade Nachin : « Le Maréchal n'est toujours aucunement pressé de faire sortir *Le Soldat*, et je le déplore par vanité et par curiosité. A force de goûter le silence, l'Imperator finit par y être asservi. » Asservi par son état-major, à dire vrai, car ce dernier entend reprendre l'affaire à son compte. Un mois après, mon père reçoit une autre lettre, assez surprenante, celle-là. Elle émane du lieutenant-colonel Audet, l'un des

« porte-plume » de Pétain à son état-major. Ce dernier lui annonce que le Maréchal lui a demandé de retoucher certains passages du texte dont la philosophie lui déplaît. Mon père refuse aussitôt d'y procéder.

— C'est donc à partir de ce refus que ses rapports se sont envenimés avec Pétain ?

— Mais pas du tout ! Pétain ne s'en formalise pas outre mesure et cela d'autant moins qu'il n'a plus besoin de ce document pour apparaître comme un écrivain à part entière aux yeux des académiciens. Car son ambition d'entrer à l'Académie française va être satisfaite. En 1929, la succession de Foch arrivant plus vite que prévu, les portes du Quai Conti s'ouvrent grandes devant lui. Il sera élu sans coup férir en 1931. Il omettra alors de se servir du discours de réception qu'il avait demandé à mon père de rédiger, ce qui d'ailleurs n'étonna pas ce dernier qui donna cette explication à ma mère devant moi : « L'éloge que je faisais de Foch était excessif à son goût. Il était de notoriété publique que l'ancien généralissime lui faisait de l'ombre. Il suffisait de l'entendre critiquer souvent injustement son commandement au cours de la guerre. » Une fois revêtu de l'habit vert, Pétain ne se souciera plus du *Soldat*. Il l'a enfoui dans son placard et l'a oublié. Après deux années à Trèves, le commandant de Gaulle quitte son commandement. Plus tard, c'est le colonel Laure, chef de cabinet de Pétain (mon père l'appelait « le petit père Laure » en raison de sa taille et aussi parce qu'il l'aimait bien jusqu'à ce qu'il devienne le secrétaire général du gouvernement de Vichy en 1940), qui prend le relais du colonel Audet pour réclamer le travail du *Soldat* à son compte. Le maréchal Pétain sera alors traîné dans une querelle mineure. Un échange de lettres avec mon père, qui ne veut pas que l'on reprenne un travail qu'il considère comme le sien puisque Pétain n'en a rien fait, montre des missives conciliantes et amicales de ce dernier lorsqu'elles sont manuscrites, ou comminatoires et sèches lorsqu'elles sont dactylographiées et seulement signées de lui. Dans l'une d'elles, on retrouvera même mot pour mot le passage d'un mémorandum que le colonel Laure avait rédigé à Alger. Quant à faire revenir le colonel de Gaulle à l'état-major particulier de Pétain comme je ne sais qui l'aurait, paraît-il, suggéré, il n'est pas question à Paris de revoir cet encombrant personnage au caractère impossible et aux thèses subversives. Il faut bien l'avouer : mon père casse les pieds de tous les états-majors de l'armée. Consulté, l'entourage direct de Pétain s'oppose donc à son retour.

— Et Pétain lui-même, quelle a été son attitude d'après votre père ?

— Pétain ne bouge pas. Mon père n'a jamais su ce qu'il en pensait. Le général Maurin, ministre de la Guerre de l'époque, lui cherche l'affectation qui puisse convenir à tout le monde : la plus lointaine. Un soir, mon père nous annonce d'une voix grave en rentrant à la maison : « On veut m'envoyer en Corse. On tient à m'éloigner, à m'écarter. On m'a assez vu, on veut se débarrasser de ma personne. » Mais la Corse s'efface et voilà que l'on parle maintenant d'une affectation africaine : Alger, Casablanca, Dakar... L'exil pour un officier d'infanterie métropolitaine dont la colonie n'est pas la spécialité. Quand soudain l'ordre arrive : ce sera le Liban. Voilà. C'est définitif. Ma mère baisse la tête, silencieuse et assez décomposée. Elle s'inquiète pour Anne : comment va-t-on pouvoir aller si loin avec elle ? Avec une fille lourdement infirme dans un pays à la sécurité précaire. La guerre avec les Druzes avait tout juste pris fin et le mandat sur la Syrie et le Liban venait à peine d'être confié à la France par la Société des Nations. On l'a donc expédié à Beyrouth et Pétain n'a pas levé le petit doigt. On a pu apprendre longtemps après qu'il n'avait pas trouvé mauvaise l'idée de cet éloignement. Cela n'a pas troublé pour autant tous ceux qui ont prétendu par la suite qu'il considérait mon père comme son fils spirituel ! Ma mère se taisait mais, je le voyais, souffrait pour lui et s'inquiétait pour l'avenir de la famille. Je me revois avec mes parents sur le quai de la gare de Lyon à l'heure de notre départ. Si mon grand-père maternel paraît stoïque, ma grand-mère a les larmes aux yeux. Le bateau que nous devons prendre est un rafiot assez vétuste. La traversée doit durer près d'un mois. Mon père, lui, est impassible. Il n'est pas découragé. Il tranche : « Bon, on m'envoie au Levant, eh bien ! ils verront ce qu'ils verront. » Ce qui signifiait qu'il démontrerait à ses détracteurs que même « exilé » il serait le meilleur de tous. Cette conduite a toujours différé de celle de ses adversaires qui avec leur mentalité égalitaire voulaient immanquablement tirer le haut vers le bas. Après deux années au Proche-Orient, deux années fructueuses où il remplit la mission de pacification avec enthousiasme, il est nommé à Paris, au secrétariat général de la Défense nationale.

— On verra là, encore une fois, le parrainage de Pétain...

— Parlons-en ! Contre toute vraisemblance. Si ce poste lui revient, c'est effectivement grâce à la demande qu'il a faite auprès de lui depuis le Liban, mais ce n'est pas, loin sans faut, ce qu'il désirait obtenir. Sollicité, le vieux maréchal (il a soixante-seize ans) lui a répondu qu'il ne pourrait acquérir la chaire d'enseignement à l'Ecole de guerre qu'il ambitionnait, mais seulement une affectation à la 3e section de ce secrétariat où, précisait-il, « vous serez employé à des travaux qui pourront certainement vous aider à faire mûrir vos idées ». Cette dernière phrase, mon père ne pourra jamais l'oublier.

— Un placard de bureaucrate en quelque sorte ?

— C'était presque ça. Je me souviens de l'amertume qu'il montrait devant nous. Il avait le visage fermé, celui des jours néfastes. Gare à celui qui se serait mis « dans ses jambes » ! Mais il fallait compter sur son esprit d'entreprise pour transformer ce service, dont il deviendra vite le chef avec le grade de lieutenant-colonel, en un organisme irremplaçable destiné, ni plus ni moins, à préparer la Défense nationale à une nouvelle guerre. Là, il va pouvoir mieux faire « mûrir » ses idées que ne l'espérait Pétain qui ne souhaitait surtout pas l'aider à les répandre. Des idées qu'il expose, d'autre part, avec brio dans *Le Fil de l'épée*, son deuxième ouvrage qui vient juste de paraître. En 1937, promu colonel, il souhaite, devant la menace d'une nouvelle guerre, obtenir rapidement le commandement d'une unité de chars en accord avec sa thèse sur la création d'une arme blindée qu'il défend contre l'état-major. Il sera donc affecté à Metz, en 1938, au 507e régiment de chars. A sa grande joie. Sa bonne humeur est revenue à la maison. J'en suis heureux car je n'aimais pas le voir soucieux et silencieux. Entre-temps, séduit par l'écrivain qu'il est devenu, Daniel-Rops, éditeur chez Plon, lui propose d'écrire un livre sur le métier des armes intitulé quelque chose comme *L'Homme sous les armes* et qui deviendra *La France et son armée*. Mon père accepte. C'est alors qu'il décide de demander à Pétain de lui rendre le manuscrit du *Soldat* qu'il conserve maintenant depuis quelque dix ans et dont il veut se servir pour rédiger l'ouvrage commandé. Il avait terminé depuis la fin de 1927 sa rédaction jusqu'au chapitre inclus de la Révolution française et Pétain s'en était satisfait, modifiant d'un mot de sa main ici un terme, là une expression. A cette époque, il lui restait notamment à écrire le passage sur la guerre de 14-18. Mais, promu chef de bataillon, on l'avait envoyé prendre son commandement à Trèves, ce qui ne lui avait plus laissé le temps de se consacrer à sa plume.

— Donc, pendant dix ans, jamais Pétain ne lui a reparlé de son manuscrit ?

— Jamais. Jusqu'au jour où il consent à répondre à sa sollicitation en acceptant de le lui restituer. Nous sommes le dimanche 28 août. Le Maréchal a décidé de lui donner rendez-vous « à la sauvette », me relatera-t-il après coup, c'est-à-dire en cachette de son état-major et aussi de sa compagne Eugénie qui pense qu'il se laisse trop faire par ce commandant par trop ambitieux. Il se trouve que par exception je suis à Paris à cette date, de passage place Saint-François-Xavier où mon oncle Pierre a bien voulu m'héberger au retour d'une réunion de cousins chez ma tante Madeleine à Megève. Mon père, qui loge à l'hôtel Lutétia, venant de Metz où il commande son régiment de chars, et qui porte un élégant costume trois pièces, m'invite à l'accompagner pour voir celui que l'on surnomme dans l'armée l'Imperator. Nous nous rendons à pied, non pas au 4 bis, square de La Tour-Maubourg, où je sais que se trouve l'état-major de Pétain pour en avoir entendu souvent parler, mais au 6 ou au 8 du même square. Au deuxième étage, deux appartements se font face. L'un abrite Mme Pétain et l'autre le Maréchal qui y reçoit éventuellement ses amis. L'émotion m'étreint : j'ai seize ans et je vais me retrouver face au vainqueur de Verdun. Grande va être ma déception. C'est lui-même qui nous ouvre. Lui aussi est en civil. Il nous reçoit sur le pas de la porte. Il a un air fort bourru. La poignée de main qu'il donne à mon père est sans chaleur et son regard sur moi indifférent. (Il ignorait généralement les enfants, ne leur adressait pas la parole. Aussi ai-je été très étonné quand j'ai appris plus tard que sous Vichy, il s'est mis à leur tapoter les joues, et qu'entouré de petits louveteaux, un général de l'armée d'armistice, déguisé en Baden-Powell avec des knickerbockers, lui remettait des bâtons d'honneur.) Il ne souhaite manifestement pas nous accueillir chez lui.

— Vous restez sur le palier ?

— Oui. Nous attendons debout dans l'entrée. Il nous explique d'ailleurs d'une manière plutôt ironique : « Je vous reçois à mon appartement privé car mon état-major et Eugénie n'ont rien à en connaître. » (Mon père m'apprit ensuite qu'il ne souhaitait surtout pas qu'un membre de son état-major le vît en train de lui rendre son manuscrit, d'où le choix du dimanche pour ce rendez-vous.) Il s'agit d'un dossier assez mince contenu dans une grande enveloppe de papier kraft. L'affaire conclue, ils se serrent de nouveau la main sans amabilité et la porte se referme sur nous. Cela n'a pas duré deux minutes. Le temps de dire bonjour, au revoir et trois autres mots dont je ne me souviens plus, qui devaient certainement avoir un rapport avec la restitution du texte. Une fois dans la rue, j'imagine aussitôt que mon père est furieux d'avoir été reçu aussi froidement. Je suis loin du compte. Il est au contraire très satisfait. Il a récupéré son manuscrit et le reste l'indiffère. Il marche à mes côtés du pas d'un homme que l'enthousiasme pousse en avant, et j'ai du mal à le suivre. Il pensait sans doute au livre dans lequel il allait insérer le texte en question et qui allait paraître l'année suivante. Il ne savait pas que l'affaire n'en était pas terminée pour autant. Au moment de la publication, Pétain allait lui demander de modifier la dédicace imprimée qu'il lui avait décernée en tête de son ouvrage. Comme on le saura, ce souhait n'ayant pas pu être exaucé, une polémique devait s'ensuivre qui fit le bonheur de maints biographes. Mon père ne reverra plus le Maréchal avant juin 1940, au moment où il sera nommé lui-même sous-secrétaire d'Etat à la Guerre.

— On continue à soutenir aujourd'hui que Pétain était votre parrain. Une fois pour toutes, quelle est la vérité ?

— Si vous saviez comme cette histoire a agacé mes parents ! Qu'il soit bien dit définitivement que je ne suis pas le filleul de Pétain. Dans ma famille, les parrains et les marraines sont quasi obligatoirement choisis parmi ses membres. Ma marraine était ma grand-mère maternelle et mon parrain, Xavier, le frère aîné de mon père.

— Mais votre prénom ? Il n'a pas été choisi en pensant à lui ?

— Non et non ! On m'a appelé Philippe en souvenir de Jean-Baptiste Philippe de Gaulle, l'un de nos ancêtres. Comme mon père avait été baptisé sous le nom de Charles à cause de son grand-oncle qui était son parrain et portait le même prénom. Les chroniqueurs qui ont repris cette histoire de parrainage de Pétain n'ont évidemment pas pris soin d'aller consulter les registres paroissiaux de l'église Saint-François-Xavier. Ils y auraient vu mon acte de baptême et le nom de mon parrain Xavier de Gaulle. Cette légende est née à Vichy à partir de la défaite comme tous les bobards du même genre. Encore une fois, elle avait pour objectif de démontrer combien le Général était ingrat et coupable à l'égard du Maréchal qui, ne l'oublions pas, l'a fait condamner à mort. Mme Pétain a même raconté dans un livre, je crois, qu'elle avait sucé les dragées de mon baptême ! Divorcée après avoir vécu en concubinage avec Pétain, je ne vois pas mes parents l'inviter à cette cérémonie religieuse, ni après, chez eux. De toute façon, ils ne la fréquentaient pas. C'était d'ailleurs une réception intime réunissant seulement les témoins de la cérémonie et les proches parents.

— Et cette photo de Pétain que l'on aurait accrochée dans votre chambre d'enfant ?

— Lorsqu'un officier ayant appartenu à son état-major particulier le quittait, Pétain offrait sans qu'on le lui demandât sa photo dédicacée au fils de son ancien collaborateur. Mon père a donc reçu cette photo pour moi. Elle avait à peu près la taille d'un livre. Pétain avait inscrit au bas : « Au jeune Philippe qui marchera, je l'espère, sur les traces de son père. » Signé Pétain 1924. Je l'avais gardée dans un tiroir de ma chambre, à La Boisserie, avec d'autres souvenirs de jeunesse. Elle a disparu pendant la guerre avec tous nos objets personnels. Il n'y avait, vous le savez, que très peu de photos apparentes à la maison.

— On a parfois avancé que si Pétain avait décidé de partir pour Alger en 1942, au moment du débarquement allié en Afrique du Nord et de l'invasion de la zone libre par les Allemands, tout aurait été facilité. Votre père a-t-il cru, un moment, qu'il allait s'y décider ?

— A ce moment-là, mon père a pensé que Pétain aurait pu encore beaucoup changer la conjoncture. Mais il savait que ce n'était absolument pas sa mentalité, qu'il n'en était plus capable, qu'il n'en avait plus la force. Il ne s'est fait aucune illusion : Pétain ne bougerait pas de Vichy. De toute façon, comment aurait-il pu en partir ? Les Allemands le surveillaient de près. Il faut savoir d'autre part qu'il n'avait jamais fait beaucoup de voyages aériens parce qu'il avait souvent refusé de monter à bord d'un avion. Pour mon père, c'est sa vanité bien connue aggravée par la sénilité qui l'empêchait de quitter son fauteuil de l'hôtel du Parc. Comme c'est le même « entêtement de vieillard vaniteux » qui l'a entraîné à Montoire.

— Laval ne l'y a-t-il pas poussé un peu ? Qu'en pensait le Général ?

— Des historiens continuent de le prétendre, mais ce n'est pas vrai. Laval avait vu Hitler l'avant-veille au même endroit. Qu'est-ce qui obligeait Pétain à en faire autant le surlendemain ? Personne ne l'y a poussé. Il est allé à Montoire de lui-même. C'était la conviction de mon père qui avait reçu à Londres des renseignements très précis à ce sujet. Il ajoutait d'ailleurs : « Qui aurait pu contraindre Pétain à faire ce qu'il ne voulait pas ? L'a-t-on jamais vu faire autrement qu'à sa tête ? » Le Maréchal a demandé à rencontrer Hitler alors qu'il allait traverser la France en train à son retour de la frontière espagnole où il avait rencontré Franco. Le 24 octobre 1940 – une date que mon père a toujours considérée comme l'une des plus noires de notre histoire –, on a alors fait venir Pétain par des voies détournées jusqu'à Montoire. Six jours plus tard, sans avoir rien obtenu de cette entrevue, le Maréchal prêche sur les ondes, pour la première fois, la collaboration avec l'Allemagne nazie. Mon père était indigné. A l'hôtel Connaught, à Londres, je l'entends encore : « Je n'imaginais pas qu'il irait jusque-là aussi vite. Il a sans doute cru que ses lauriers de vainqueur de Verdun impressionneraient l'ancien combattant allemand de 14-18 qu'était Hitler. Le malheureux ! » Il avait vu les photos de l'entrevue que les Allemands s'étaient empressés de largement diffuser, et ce qui l'avait scandalisé en plus de la poignée de main entre les deux hommes, c'est de voir Pétain couronné de toutes ses feuilles de chêne passer fièrement en revue la garde des soldats allemands casqués qui lui rendaient les honneurs. « Sa vanité était telle, observait-il, qu'il ne prêtait même plus attention à l'uniforme de la garde, celui de l'occupant, pourvu qu'on lui rendît les honneurs, et cela le satisfaisait. » Hitler, faisait-il encore remarquer, n'a jamais demandé à rencontrer aucun Français. Il a toujours laissé venir les Français à lui. Ainsi en a-t-il été de l'amiral Darlan qui, je le rappelle, a osé proposer au

Führer en 1941 un incroyable projet : la fusion de la flotte française avec la flotte allemande sous son propre commandement. Il serait devenu de la sorte le grand amiral des flottes de l'Europe occidentale ! « Toujours la vanité, répétait mon père. Infatués de leur personne, Pétain et Darlan en ont perdu la tête. Ils s'étaient persuadés qu'il leur était possible de parler d'égal à égal avec ceux qui les tenaient sous leurs bottes. Goering a rappelé justement à Darlan qu'il était vaincu et qu'il n'avait rien à proposer aux Allemands, lesquels prendraient aux Français ce qu'ils voudraient et quand ils le voudraient. »

— Est-il vrai que le Général ne souhaitait pas que Pétain fût jugé en France ?

— C'est vrai. Il se refusait à le voir tomber dans l'atmosphère empoisonnée de la Libération où il aurait été difficile de le juger en toute sérénité. Il souhaitait donc le voir demeurer en Suisse où il s'était réfugié. « Bien sûr, pensait-il, il aurait été jugé par contumace et cela n'aurait pas changé grand-chose à une condamnation inévitable devant l'Histoire. On aurait d'autre part évité d'exacerber davantage les passions des Français. » Il faut se souvenir de la situation à cette époque. Mon père craignait aussi pour la sécurité du vieil homme. D'ailleurs, dès qu'il a franchi la frontière française, des groupes ont cherché à l'agresser. On a jeté des pierres sur son train spécial. Chargé de son transfert, le général Kœnig a dû monter une opération de gendarmerie pour lui permettre de traverser la France sans heurt. Mon père a regretté que Pétain exprimât un souhait contraire en demandant son rapatriement. « Mais, a-t-il souligné, il était assez inconscient. Il ne se rendait pas compte de l'atmosphère dans laquelle la France de la Libération était plongée. Il ne pouvait croire que tant de haines aient pu resurgir. Il croyait presque qu'on allait l'accueillir à bras ouverts à Paris ! N'avait-il pas été acclamé à l'Hôtel de Ville quatre mois avant la Libération ? »

— Votre père a-t-il jamais pensé que Pétain pourrait échapper à la condamnation à mort ?

— Bien avant l'ouverture du procès, il savait qu'il n'y échapperait pas. Il m'a confié à ce moment-là : « Il sera condamné à la peine capitale et je le gracierai sans hésiter en raison de son âge. » Je lui ai alors demandé : « Et si l'on insiste pour qu'il soit fusillé ? La pression risque d'être forte dans l'opinion. » Il m'a répondu : « Personne ne pourra jamais me convaincre de le faire exécuter. » Il est faux de prétendre qu'il ait dit à deux de ses ministres avant le procès : « Il faut qu'il soit condamné à mort et que sa condamnation soit accompagnée d'une demande de grâce. » Il m'a assuré : « Jamais je ne suis intervenu auprès du procureur général, ni avant, ni pendant le procès. » Il ne regrettait pas que le Maréchal ait été jugé. Au contraire. « Ce procès devait obligatoirement se dérouler car c'était celui du peuple français tout entier. Ainsi, le peuple français a pu se justifier devant lui-même. » Ce qu'il a par contre regretté, c'est de ne pouvoir intervenir pour lui par la suite à l'île d'Yeu où il était incarcéré, étant donné qu'il avait quitté le pouvoir dès 1946. Il m'a confié après coup : « Tant pis pour lui. Si j'étais resté au gouvernement, après deux ans d'incarcération, je l'aurais envoyé finir ses quatre-vingt-dix ans quelque part à Villeneuve-Loubet où il avait un pied-à-terre, et l'on serait sorti définitivement de cette histoire. » Il pensait que Pétain n'aurait certainement pas été aussi clément avec lui-même s'il était tombé entre les mains de Vichy. « Il m'aurait fait fusiller dans les vingt-quatre heures, sinon les Allemands l'auraient exigé. » N'oublions pas que le conseil de guerre qui s'est tenu à Clermont-Ferrand le 2 août 1940 sous la présidence du général Aubert Frère l'avait condamné à la peine de mort à l'unanimité moins une voix, celle de Frère, en plus de la confiscation de ses biens et de la radiation de la nationalité. Mon père était persuadé que Pétain n'aurait pas hésité à faire exécuter la sentence. « Crime de lèse-majesté : j'avais refusé de lui obéir. »

24

UN FÉRU D'HISTOIRE

> « Pourrait-on comprendre la Grèce sans Salamine, Rome sans les légions, la Chrétienté sans l'épée, l'Islam sans le cimeterre, la Révolution sans Valmy, le Pacte des Nations sans la victoire de France ? »
>
> *Le Fil de l'épée.*

Notre histoire, ses grands hommes, ses différents régimes, ses heurs et malheurs... Il y forgeait son expérience, y puisait son inspiration. Il y faisait constamment référence. Le faisait-il aussi en famille, dans l'intimité ?

— Bien sûr. Je peux même dire qu'il fut mon meilleur professeur d'histoire. Si je suis devenu assez calé dans cette matière, je le dois aux conversations qu'il aimait constamment entretenir en famille sur telle ou telle période historique de notre pays, que ce soit à table ou lors de promenades en forêt. Je l'écoutais avec passion. Pour lui, l'histoire de France était une continuité durant laquelle s'étaient formés la patrie et son peuple. Chaque siècle découlant du précédent, c'était évidemment la Révolution et l'Empire dont il parlait le plus souvent. Mais il admirait la constance de la monarchie française à former un royaume cohérent sans lequel les Français auraient été dispersés et absorbés par leurs voisins. Je me souviens notamment de sa grande admiration pour Saint Louis comme homme et comme saint. Il était pour lui le principal initiateur de la justice et d'une morale politique, inspirée à l'origine, dès Clovis, « ce barbare que le clergé avait su mettre dans les jambes de Clotilde, son épouse chrétienne », proférait-il d'une manière assez brutale quand les dames n'écoutaient pas. Il avait des idées très personnelles sur l'Histoire. Par exemple, s'il appréciait Saint Louis comme souverain juste par excellence, il ne le trouvait pas assez clairvoyant. L'écrasement du sire de Coucy, son féal, et les croisades jusqu'à Tunis où il est mort de la peste ne lui paraissaient pas des plus sensés. Louis XI, il le méprisait parce que trop empreint de ruse et de mauvaise foi d'Etat, mais il le jugeait comme l'un des souverains les plus efficaces dont nous avons hérité. De François Ier, il estimait qu'il n'avait pas toujours utilisé la richesse de la France avec assez de bon sens.

— Ces jugements sévères devaient contraster avec ce que vous pouviez lire dans votre manuel scolaire. Vous en ouvriez-vous à votre professeur ?

— Surtout pas. Il m'aurait demandé qui avait bien pu m'apprendre de telles choses. Mon père célébrait surtout chez François Ier le vainqueur de Marignan, l'introducteur de la Renaissance italienne et le constructeur des célèbres châteaux de la Loire. De Henri II et Henri III, il pensait qu'on les avait insuffisamment reconnus dans une période très confuse de guerres de religion, de début de l'éclatement de l'empire de Charles Quint avec ses influences, sinon ses interférences, italiennes, espagnoles et du nord de l'Europe. Son opinion sur Henri IV aurait pu aussi fort étonner mes camarades de classe, amusés par la légende de la poule au pot et du cheval blanc. Il considérait ce roi, peut-être le plus populaire de tous pour les Français, comme un personnage élémentaire, fruste, rusé à la manière campagnarde, mais, ajoutait-il toutefois, courageux et héritier d'une période de guerres civiles auxquelles il avait réussi à mettre fin. De Catherine de Médicis et de Marie de Médicis, Florentines riches, cultivées et politiques, il admirait les qualités d'adaptation qu'elles avaient su mettre au service de la monarchie française qu'elles avaient épousée. Mais la préférence de mon père allait évidemment à la grande monarchie des Louis XIII et Louis XIV, sous lequel la France était devenue magnifique dans la civilisation mondiale et aussi puissante en Europe qu'aujourd'hui les Etats-Unis dans le monde, et même celle de Louis XV, sceptique et sans illusion sur la fin d'une société. Pourquoi appréciait-il le plus ces monarques ? « Parce que, m'expliquait-il, ils ont construit l'Etat. »

— On a souvent dit, en mettant parfois en doute ses sentiments républicains, qu'il lui arrivait de fustiger la Révolution et les révolutionnaires...

— Il n'aimait effectivement ni la Révolution ni les révolutionnaires, pas plus que les émigrés, et tenait la monarchie théoriquement préférable. Mais il ajoutait que si la révolution est par définition une évolution ratée, il fallait prendre en compte que cette évolution, même mal conduite, avait tout de même été faite. Dès lors, on devait bien la prendre comme un nouveau départ. C'est pourquoi, constatait-il, les contre-révolutionnaires et les émigrés n'avaient pas réussi à écraser la Révolution. Ils étaient arrivés trop tard, à l'heure où l'on ne pouvait plus revenir en arrière. Il me fit remarquer qu'à la veille de la Révolution, la France était à l'apogée de ses moyens, plus en avance en philosophie et en sciences que n'importe quel autre pays, plus peuplée que tous ses voisins réunis. Mais elle éclatait dans ses structures sociales devenues périmées par carence du premier de ses trois pouvoirs et d'une partie du deuxième : la noblesse devenue inadaptée au temps parce que interdite de banque, d'industrie et de commerce, la justice qui, se prétendant indépendante, ne jugeait plus qu'à son gré. Que pouvait donc faire Louis XVI ? Le jugeant « d'une intelligence éclairée, mais trop bon et trop faible », mon père pensait qu'isolé à Versailles, il n'était plus le chef de ses armées que le souverain doit être et qu'il n'était pas plus capable de parler au peuple. Il disait que la reine Marie-Antoinette et lui avaient péri « par meurtre symbolique » et que le Temple où le dauphin avait été enfermé et était mort à l'âge de dix ans n'avait rien à envier aux camps d'extermination modernes. « L'ennui avec les révolutions, ajoutait-il, c'est que la pègre surgit de l'ombre dont elle ne devrait jamais sortir pour devenir maîtresse de la rue et que les honnêtes gens ne contrôlent plus rien. » Je l'entends encore m'enseigner dans le silence de la forêt que nous parcourons : « La fonction de l'Etat consiste à la fois à assurer le succès de l'ordre sur l'anarchie et à réformer ce qui n'est plus conforme aux exigences de l'époque. » C'est exactement ce qu'il écrira, le 31 décembre 1968, au comte de Paris.

— Quel rôle exact aurait-il voulu donner à ce dernier ? Pouvez-vous vraiment assurer que l'idée d'une restauration éventuelle de la monarchie qu'on lui a prêtée est une interprétation abusive ?

— Mon père avait le respect de la monarchie. Il estimait qu'elle avait fait, petit à petit, la France et les Français. C'est sur le ton d'une respectueuse déférence qu'il répondait au comte de Paris, selon la coutume de ne jamais contredire le Prince, même si d'une manière indirecte et nuancée, on lui faisait connaître un avis différent du sien. Dans l'époque moderne, notamment parce que le comte de Paris n'avait pas pu ou su s'intégrer à la Résistance française, c'est-à-dire à la France Libre, mon père trouvait la monarchie totalement inadaptée à la mentalité des Français et par conséquent à leur gouvernement. C'est pourquoi, chaque fois que le Prince lui avait posé la question, il répondait en évoquant la possibilité d'un référendum dont la probabilité de réussite n'existait guère dans la conjoncture d'alors. Aussi, avant une élection présidentielle, il lui avait notifié en substance : « Si vous voulez courir votre chance, vous avez trois ans pour vous préparer. » Quant à prêter à mon père je ne sais quel mot d'esprit au sujet d'une éventuelle succession du comte de Paris, du style : « Pourquoi pas la reine des Gitans pendant que vous y êtes ? », c'est bien mal le connaître. Il accordait trop de respect à la monarchie et à ses représentants pour persifler de la sorte.

— Combien de fois pourtant a-t-on affirmé qu'il était monarchiste, que son régime était monarchique ! Comment se jugeait-il lui-même ?

— Mon père monarchiste ? « Les choses étant ce qu'elles sont », comme il le répétait souvent avec son esprit pragmatique, c'eût été de sa part de vains regrets qu'il aurait jugé inutile d'avouer. Ses parents, eux, se prononçaient carrément pour le roi, mais avec certaines nuances. Ma grand-mère Jeanne, plus intransigeante que son mari dans sa piété religieuse, n'y allait pas par quatre chemins. Elle déplorait, avant 1914, que ses fils, dont mon père, fussent devenus républicains. Selon elle, on trouvait chez eux trop d'athées, de mécréants et de cosmopolites auxquels on ne pouvait pas se fier car ils manquaient de racines françaises. Mon grand-père Henri, dont le propre grand-père, Jean-Baptiste, avait été emprisonné à la Conciergerie en 1794 et relâché à la chute de Robespierre, et dont le père, Julien-Philippe, avait connu les révolutions de 1830 et de 1848, qui lui-même était contemporain de la Commune de Paris en 1871 et conservait un sentiment d'horreur des excès révolutionnaires, se déclarait « monarchiste de cœur et républicain de raison ». Pour lui, l'Empire procédait directement de la Révolution et n'était qu'une forme autoritaire de la République.

— Votre père croyait-il possible que les Français acceptent un jour de revenir à la monarchie ?

— Il y croyait d'autant moins qu'ils avaient toujours compris cette dernière comme un régime non pas absolu, mais autoritaire et certainement pas constitutionnel. « Aussi, m'expliquait-il, le refus en 1873 du comte de Chambord d'abandonner le drapeau blanc pour les trois couleurs n'a été, d'après ton grand-père Henri, que le prétexte d'un homme qui savait qu'en France, depuis l'expérience de Louis-Philippe, la monarchie constitutionnelle n'était guère concevable. En réalité, il ne croyait plus à la monarchie. » Est-ce à dire que le principe monarchique soit inutile ? Non, répondait-il, car il constitue une constance et une stabilité nécessaires dans les fluctuations démocratiques, voire démagogiques du moment, en particulier en cas de crise. Il reste que l'ancienne monarchie de droit divin ne peut plus être admise. Comme pour le roi des Francs qui était avant tout un chef de guerre hissé sur le pavois, il faut que la nation puisse l'élire. « Il faut aussi, remarquait-il, que le peuple puisse faire connaître comment en général il veut être gouverné, parce que lorsqu'il ne veut pas être gouverné il ne veut rien. Seulement jouir, bêtifier sur les droits de l'homme, bambocher, dormir. Je parle de gouvernement dans le sens général du terme, pas en détail, pas de ce qui ne ressortit qu'à des accords locaux et spécifiques à l'échelle de la ville ou du village, de l'entreprise ou du commerce. » Et il me faisait constater que l'on retrouvait cette stabilité gouvernementale dans le septennat présidentiel de la Ve République. « C'est en quelque sorte une monarchie élue à temps, le contraire des IIIe et IVe Républiques où le président bien qu'élu, mais seulement par les notables, n'était qu'une monarchie représentative et sans pouvoir réel. »

— Une légende a longtemps couru selon laquelle vos grands-parents étaient abonnés à *L'Action française*. Des journalistes et des politiques ont avancé que votre père lisait ce journal et qu'il en était resté influencé...

— Légende en effet et rien que cela. Elle plaisait fort à certains proches politiquement du Général, par exemple à Pierre Guillain de Bénouville qui a fait partie de la Résistance, ou à Olivier Guichard qui était au Rassemblement du peuple français, est devenu son chef de cabinet et a compté après coup parmi ses ministres. Ces deux hommes avaient été marqués, avant guerre, par les idées de ce journal et auraient bien voulu qu'il en eût été de même pour mon père. Or, malheureusement pour eux, les faits montrent qu'il n'en a rien été. Le mouvement de Charles Maurras n'a jamais été dans ses fréquentations ni dans ses préoccupations. Pour bien comprendre ses idées sur les monarchistes de tous bords, il faut savoir dans quelle atmosphère a baigné sa jeunesse. Mon grand-père Henri, comme professeur, et par force, directeur de l'enseignement libre au moment de la séparation de l'Eglise et de l'Etat, aurait pu être séduit par l'opposition de Maurras à l'anticléricalisme du « petit père » Combes. Mais, dreyfusard, pour employer un terme vulgaire, il réprouvait le bellicisme et les manifestations violentes des catholiques maurrassiens, les diatribes de Léon Daudet qui avait la réputation de boire et les insultes d'Edouard Drumont pour tout le monde. Là-dessus, lassé de l'intransigeance et des invectives incontrôlables de *L'Action française*, le comte de Paris décide de prendre ses distances et crée un organe de presse concurrent : *Le Courrier royal*. Un organe que l'on ne lisait que très occasionnellement à titre documentaire dans ma famille, tant du côté des de Gaulle que de celui des Vendroux, les beaux-parents de mon père, encore moins intéressés par cette querelle. Maurras en était arrivé à se poser littéralement en propriétaire de la monarchie contre son légitime prétendant. Pour mon grand-père, sa prétention était parfaitement outrecuidante. De plus, le mouvement de l'Action française prônait un christianisme sans le catholicisme romain qu'il accusait de déformer l'Eglise. Mon grand-père était un peu gallican comme on l'était historiquement en France. Il critiquait parfois la camarilla des cardinaux italiens, mais pas au point de se séparer de l'Eglise catholique, apostolique et romaine dont il était un fidèle. Il trouvait que Maurras n'était pas non plus chrétien et qu'il ne croyait en réalité qu'à son idée.

L'Action française ayant été mise à l'index par le pape en janvier 1928, il ne pouvait plus être question pour lui, comme pour ma grand-mère Jeanne qui ne transigeait pas en matière de religion, de voir ce journal chez eux.

— Et votre père ?

— Il ne le lisait pas davantage. Elevé dans ces principes familiaux, il y a souscrit lui-même dans son libre arbitre qui était, comme on le sait, considérable. Il a regretté toutefois l'excommunication de l'académicien Jacques Bainville qu'il considérait comme un excellent historien de la monarchie et un chroniqueur plus avisé en politique étrangère que le régime de la IIIe République finissante. Il avait lu tous ses ouvrages et ses articles et les avait appréciés sans être pour autant de son avis en tout. Il le considérait comme plus mesuré que l'équipe de *L'Action française* dont il faisait partie. J'étais au collège Stanislas, à Paris, avec son fils, lorsqu'on y a annoncé sa mort le 10 février 1936 ainsi que l'interdiction des obsèques religieuses en sa paroisse. Mon père a également appris cela avec beaucoup de tristesse.

— N'aurait-il pas eu quand même, à un moment donné, des relations avec Charles Maurras ?

— Jamais ! Ni avant guerre ni pendant. Il fallait entendre son ton quand il m'a parlé de lui : « Dès juin 40, il n'a pas cessé de me condamner et de m'invectiver. » Selon lui, d'après les commentaires qu'il m'en a faits brièvement plus tard et au hasard des circonstances, c'était un vieillard très isolé par sa surdité et son mode de vie très modeste, mais aussi par son intransigeance. Enfermé sur lui-même physiquement et moralement, il était irascible, hargneux, et n'écoutait personne. Il a successivement vitupéré de Gaulle, d'abord, puis les Anglais et les Russes avant de s'en prendre à la République, à la franc-maçonnerie et aux politiciens au profit de Pétain. Ensuite aux juifs, non pas pour des raisons ethniques, mais pour leur rôle, selon lui, exagéré dans la politique, la finance et les arts. « Certes, m'a-t-il encore rapporté, il a peut-être adressé beaucoup de reproches à Pétain et fait comprendre qu'il n'était pas pour les Allemands, mais pas au point de leur donner tort contre les Français tombés dans la décadence. » Enfin, toujours d'après mon père, en voulant constamment donner mauvaise conscience à la France, Maurras procurait concrètement, dans la conjoncture de l'Occupation, un avantage certain aux Allemands qu'il ne qualifiait plus d'ailleurs de « barbares », comme il le faisait en 14-18.

— Il n'empêche que, malgré les faits, le bruit a couru périodiquement que le Général avait été influencé par l'esprit de l'Action française...

— A droite, j'ai déjà expliqué pour quelles raisons personnelles certains, qui furent le plus souvent les adversaires de mon père et parfois ses collaborateurs, aimaient répandre cette rumeur. A gauche, c'était le fait, avec beaucoup plus d'amplification, observait-il, des « caboches marxistes imprégnées de la lutte des classes » qui ne comprenaient pas, ou ne voulaient pas comprendre, qu'un officier de carrière au nom aristocratique pût être autre chose que monarchiste. Il remarquait en haussant les épaules : « Il leur faut bien, à défaut de raisons valables, y trouver le prétexte de me caricaturer et de m'attaquer. »

— Revenons à l'Histoire. On a souvent affirmé qu'il se reconnaissait en Napoléon. Le pensait-il lui-même ?

— Bonaparte, et par conséquent Napoléon, est le personnage historique qui a certainement le plus attiré son attention. Ce qui ne signifie pas, pour fermer le clapet de ceux qui l'ont prétendu, qu'il l'ait jamais pris pour exemple. « Je n'ai pas de prédécesseur et n'aurai pas de successeur, avait-il coutume de déclarer, quand ce ne serait que parce que mon contexte à moi est très différent. » Soutenir qu'il se serait reconnu dans la figure de Napoléon comme dans celles de Jeanne d'Arc, de Saint Louis, de Henri IV ou d'autres, est extrapoler de façon abusive. Sans doute était-il très sensible au jugement de l'Histoire mais, pour bien marquer la différence ou la comparaison impossible avec ces illustres Français, comptait-il, dans le dernier chapitre qu'il n'a pas eu le temps d'écrire mais dont il a parlé à ses proches, faire avec eux une comparaison qui n'aurait pas toujours été à son détriment. Ainsi aurait-il démontré que, parti de rien depuis un pays effondré, il avait réussi à en refaire une puissance victorieuse et nucléaire, alors qu'eux tous avaient bénéficié d'une France puissante et débordant de vitalité.

— Quelle opinion avait-il de Napoléon ?

— Il avait pour lui une admiration mitigée. Il lui reprochait « avec sa fougue méridionale » de n'avoir pas su s'arrêter. « Ce qu'il aurait dû faire au plus tard en 1814 à sa première abdication. A ce moment-là, il aurait laissé la France sur le Rhin. » Il me faisait également remarquer qu'il avait véritablement « ramassé la Révolution à la petite cuillère ». Sans lui, il n'en serait resté que désordres, massacres, génocides même, tel celui de Vendée, ruines et mythes. De l'éclatement d'un peuple à l'apogée de sa vitalité, de sa passion du changement en expansion pour tous et de l'élan national, il a su, soulignait-il avec un certain émerveillement, canaliser et faire naître le patriotisme, le dynamisme et l'Etat, impérial d'abord, puis républicain. Car mon père jugeait que les régimes qui ont suivi, tous basés sur le consentement national, étaient fondamentalement républicains, Second Empire inclus. « Souviens-toi bien de cela, tient-il à m'inculquer un jour : Napoléon a été le père de l'Etat français moderne. » Il me faisait constater que la formation historique et morale des jeunes officiers d'avant la Première Guerre mondiale s'inspirait essentiellement des campagnes napoléoniennes qui sont des modèles du genre. Ainsi avait-il écarté de sa bibliothèque un bel ouvrage intitulé *Les Grandes batailles terrestres*. Son auteur avait osé passer sous silence la bataille d'Austerlitz, « exemple type où les Français, se battant à front renversé, le dos à Vienne, après des marches forcées épuisantes, à mille kilomètres de chez eux en pays ennemi, ont écrasé leurs adversaires pourtant plus nombreux et proches de leurs bases d'approvisionnement ». Au lieu d'Austerlitz, ce malheureux historien, un général d'armée de la IVe République qui ne lui avait jamais été proche, avait casé la fameuse « Charge de la brigade légère » à Sébastopol, en 1855, sans doute pour plaire aux Anglais qui venaient de tourner un film sur cette péripétie peut-être glorieuse mais sûrement mineure. Sur la Révolution et l'Empire, mon père était incollable. Professeur d'histoire à Saint-Cyr en 1923 en même temps qu'il était stagiaire à l'Ecole de guerre, comme capitaine, il exposait brillamment toutes les batailles des révolutionnaires et de l'Empereur devant des assistances captivées. Bien plus tard, en 1943, il assena cette réplique à un général américain (était-ce Clark en Italie ?) qui se montrait condescendant envers l'armée française écrasée en 1940 : « N'oubliez pas que les Français – au temps de mon grand-père, ce qui n'est pas si ancien – sont allés à Moscou à pied et en trois mois. Personne d'autre n'en a fait autant à ma connaissance. »

— Que disait-il des célèbres maréchaux d'Empire ?

— Il les plaignait beaucoup. Lorsque j'étais enfant, il me les dépeignait un à un en détail, avec engouement, comme s'il les voyait défiler devant lui, dans leur bel uniforme souillé par la poussière et la boue des batailles. Il soulignait qu'ils étaient pratiquement tous issus de l'ancienne armée de la monarchie, comme Napoléon lui-même, à des degrés divers, le plus souvent modestes plus à cause de leur jeune âge que de leurs origines, et qu'ils étaient montés en grade au fur et à mesure des victoires obtenues par leur courage et leur exemple. « Beaucoup, remarquait-il, ont été tués, mais plus encore leurs subordonnés. Et dans une France dont les élites ont d'abord été décimées par la Révolution et ensuite par trop de combats, ils n'ont pu être assez renouvelés. » Il ajoutait que, dans les dernières années de l'Empire, ils étaient devenus à quarante-cinq ans des barbons avant l'âge, souffrant tous de quelques maux à force d'avoir passé leur vie à cheval. Ils n'aspiraient plus alors qu'au repos dans leur propriété récemment acquise, en profitant des rentes et des honneurs justement accumulés. Certains même, secrètement minés par des maladies inavouables, n'avaient plus tout leur bon sens. Quand il en arriva au maréchal Ney, je l'entendis prononcer cette sentence avec regret, car j'avais de l'admiration pour ce héros : « Il s'est bravement mais bêtement conduit à la bataille de Waterloo. Elle a été en grande partie perdue à cause de ses fausses manœuvres. Sa conduite inconsidérée au retour de Louis XVIII l'a fait fusiller. » Il portait une grande estime à Carnot, officier bien formé à l'origine, c'est-à-dire sous l'Ancien Régime. Il le cite souvent dans ses œuvres, en particulier dans *La France et son armée*. Il voyait en lui « un esprit méthodique et clairvoyant, méprisant les utopies et les vains honneurs ». Mais ce qu'il admirait le plus, c'est qu'il avait été, assurait-il, le grand ordonnateur des armées de la Révolution et de l'Empire, c'est-à-dire le bâtisseur de l'instrument militaire moderne de la France. Quant aux émigrés, il les comprenait dans la mesure où ils avaient été obligés de fuir la tourmente révolutionnaire pour sauver leur tête, ce qu'avait dû malheureusement faire Dumouriez, vainqueur de Valmy et de Jemmapes en 1792. Battu à Neerwinden, aux Pays-Bas, l'année suivante, il était passé à l'ennemi devant les menaces d'arrestation d'un des frères Saint-Just, orateurs politiques de talent mais « ministres aussi sanglants que sectaires et en tout cas catastrophiques au point de vue militaire ». Cependant, il estimait : « Les émigrés auraient tous dû rentrer au plus tard en 1802, comme Napoléon le leur offrait, au lieu de porter les armes contre la France même dévoyée par les convulsions révolutionnaires. »

— Que pensait-il des révolutions de 1830 et de 1848 ?

— A cette même question, il me répondit un jour : « Pas grand-chose. » Puis il ajouta après réflexion que, sans méconnaître leurs causes économiques que fut l'entrée de la France dans le monde industriel, ces révolutions avaient été les ratés politiques d'un peuple qui n'avait pas encore trouvé son équilibre démocratique. Il me fit encore remarquer : « D'abord, à part quelques courtes périodes comme la décennie de de Gaulle, l'a-t-il encore vraiment trouvé depuis la fin de la monarchie ? » De Napoléon III, dont il considérait le régime comme plus républicain que monarchiste en dépit des apparences, il admirait les réussites culturelles, économiques et sociales. Les mutations avaient mieux été conduites en France que chez ses voisins européens en dépit de polémiques aussi injustes que virulentes et déjà d'inspiration marxiste. Mais il estimait que Napoléon III avait eu le tort de suivre le peuple de Paris qui lui criait : « A Berlin ! » « Le même, observa-t-il, ironique, qui le vilipendera à la défaite militaire ! » Il jugeait cette défaite inexcusable pour un « Napoléonide » et lamentable sur le champ de bataille. Enfin, il trouvait que la politique étrangère de Napoléon III n'avait pas toujours été la meilleure, en particulier vis-à-vis de l'Empire austro-hongrois qu'il avait, à juste titre, chassé d'Italie, mais laissé écraser ensuite par la Prusse à Sadowa.

— Les Gaulois semblent avoir eu une certaine importance dans sa culture. Comment pouvait-il y faire référence alors qu'ils ont été vaincus et colonisés ?

— Cette question, je la lui ai également posée un jour. Souvenez-vous d'abord de ce qu'il a écrit dans l'été 1969, en commençant ses *Mémoires d'espoir*, et qu'il tint à me lire sous sa lampe torchère, confortablement installé dans son fauteuil club, ma mère tricotant derrière nous, tout ouïe et certainement admirative : « La France vient du fond des âges. Elle vit. Les siècles l'appellent. Mais elle demeure elle-même au long du temps. [...] Mais de par la géographie du pays qui est le sien, de par le génie des races qui la composent, de par les voisinages qui l'entourent, elle [la nation] revêt un caractère constant qui fait dépendre de leurs pères les Français de chaque époque et les engage pour leurs descendants. » Après cette lecture, il ajouta : « Aussi suis-je attaché à mes origines, les Gaulois, et en particulier aux miennes, les Celtes, ceux du Pays de Galles d'où notre famille est issue, ceux d'Irlande dont j'ai du sang du côté maternel. Ces Gaulois ont eu quelque importance dans ma culture historique parce qu'ils sont avec leurs qualités et leurs défauts à l'origine de la nation française. » Et après avoir répété « avec leurs qualités et leurs défauts », il me cita ce qu'écrivait Hannibal, deux siècles avant Jésus-Christ, à son frère Hasdrubal chargé de recruter des soldats pour lutter contre Rome : « Ne prends pas trop de Gaulois, ils sont courageux au combat mais versatiles dans l'adversité et jamais contents. » Vaincus et colonisés par les Romains ? « Il ne faut pas le regretter, car ces derniers leur ont appris l'Etat, l'administration, l'architecture, les routes, la monnaie, le droit écrit et le code civil, la discipline militaire, les arts, l'agriculture organisée, la métallurgie, le négoce maritime et j'en passe. Seuls les peuples imbéciles ne reconnaissent pas la colonisation, même si elle n'a pas toujours été tendre à cause de leur propre barbarie. Ils oublient qu'ils ont été colonisés parce qu'eux-mêmes étaient incapables. » Et il s'écria : « Vive les Romains ! » Je lui ai alors demandé pourquoi il avait un jour évoqué le mythe d'Astérix le Gaulois. Il m'a répondu : « Ce personnage de bande dessinée m'a amusé parce que c'est le petit qui ne veut pas se faire avoir par les grands, c'est-à-dire le Français vis-à-vis du maître du Kremlin et du locataire de la Maison Blanche. »

25

LES OCCUPANTS DE LA MAISON BLANCHE

« La logique et le sentiment ne pèsent pas lourd en comparaison des réalités de la puissance. »

Mémoires de guerre.

Les rapports du Général avec les différents présidents américains qui se sont succédé après la guerre ont varié selon leur personnalité. Parmi ceux qu'il a fréquentés, quel est celui qu'il a préféré ?

— Le général Eisenhower. Il m'a fait savoir un jour : « Nous avons toujours été sur la même longueur d'onde. » Il faut dire qu'il avait eu la même formation, celle des armes. Et puis, il le considérait comme l'honnête homme personnifié. « Il n'était pas corrompu par la politique. » Il a été très heureux de le voir devenir président des Etats-Unis. Il m'a dit lui avoir déclaré à ce moment-là : « Vous avez un avantage sur tous les autres, car vous connaissez la France. Vous y êtes allé en 1917, vous y êtes retourné quand nous y avons combattu ensemble. Vous savez qui sont les Européens, et même, à la limite, vous savez ce que sont les Russes et l'Europe centrale. Vous voyez dans quelles conditions vivent tous les Européens après ce terrible conflit. Vous êtes le premier président américain à bien connaître les Français après Benjamin Franklin [auteur de la Constitution fédérale] qui, lui aussi, est venu dans notre pays. Vous ne nous confondez avec personne. » Eisenhower n'a pas été surpris de l'entendre lui parler avec cette franchise. « Il savait bien à qui il avait affaire. » Mon père a fait encore savoir à celui qu'il appelait son « cher camarade de guerre » : « Je vous ai jaugé. Je suis sûr que je vais m'entendre avec vous malgré les énormes différences qui séparent nos deux pays. »

— C'est ce qui s'est finalement passé ?

— C'est ce qui s'est réellement passé. Il regrettait seulement que le mandat d'Eisenhower n'ait pas duré plus longtemps. « Il aurait pu se représenter une troisième fois. Il était encore vert. » En plus, il avait pour lui un autre avantage : il était républicain. Car mon père reprochait aux démocrates de passer leur temps à flatter les masses. « Ils essaient d'attirer le peuple, non par la sensibilité, mais par la sensiblerie, leur reprochait-il, ce qui n'est pas la même chose. » Il considérait qu'Eisenhower n'avait pas été élu de façon démagogique, comme ses prédécesseurs, et que la franchise était sa plus grande qualité. Il m'a assuré : « Je crois qu'elle a présidé à toutes nos rencontres. »

— On avait pourtant prévenu Eisenhower contre lui quand il a accédé à la Maison Blanche. Le savait-il ?

— Bien sûr qu'il ne l'ignorait pas. Il n'eût pas été renseigné qu'il s'en serait douté facilement. A part quelques exceptions, nous le savons, le State Department n'a jamais été favorable à mon père. Dwight Eisenhower lui-même s'en est ouvert à lui assez rapidement. Il est vrai qu'il avait quelque raison de s'attendre à rencontrer des difficultés, car il savait, ô combien ! l'homme incommode. Il avait dû, on s'en souvient, l'affronter pendant la guerre à plusieurs reprises en tant que stratège. Mais il se rappelait, et il le lui a remémoré, que tous leurs différends s'étaient réglés à l'amiable. Eisenhower refusait d'écouter tous ceux qui, à la Maison Blanche et au State Department, accusaient le général de Gaulle de despotisme. Lors de sa dernière visite à Paris avant de laisser sa place à Kennedy en 1961, il lui fit cette confidence qu'il nous rapporta : « Dictateur, dictateur ! On n'avait que ce mot à la bouche à Washington quand on parlait de vous à mon arrivée. Comment pouvait-on vous juger ainsi ? N'avait-on pas vu le processus démocratique que vous aviez engagé dès Alger ? » Et il lui signifia qu'il portait à sa personne « un respect et une admiration que je n'éprouve que pour peu d'hommes ».

— Peut-on aller jusqu'à penser qu'ils ont eu des rapports vraiment amicaux ?

— Certainement. Mon père aimait particulièrement se rappeler deux souvenirs avec son « cher camarade de guerre ». Le premier, c'était quand il le retrouva à Paris, en visite officielle en septembre 1959. Leur conversation au coin du feu, au château de Rambouillet (non pas en robe de chambre comme on l'a raconté, car, répétons-le, mon père ne quittait jamais sa chambre que cravaté), où après avoir débattu des grands sujets politiques qui les préoccupaient, ils en arrivèrent à évoquer des choses plus personnelles, notamment leur participation à la Première Guerre mondiale. Le second souvenir se situait dans la ferme de Ike, à Gettysburg, en Pennsylvanie, en avril 1960. Au milieu d'une chaude ambiance familiale, son hôte lui raconta en détail la bataille qui s'est déroulée non loin de là, en 1863, pendant la guerre de Sécession. Celle où les Fédéraux ont remporté une victoire décisive sur les Sudistes du général Lee. A un moment donné, le prenant à part, Eisenhower lui redit en quelques mots très brefs que mon père comprit sans avoir besoin d'interprète l'affliction qu'il avait ressentie pendant la Seconde Guerre mondiale devant la permanente *unwillingness to understand* (incompréhension) de Roosevelt à son égard. « En me confiant cela, se rappelait mon père, il m'étreignit l'avant-bras en signe d'amitié. »

— Roosevelt disparu, Harry Truman arrive. Comment votre père le jugeait-il ?

— Au début, mon père était assez surpris par son ouverture d'esprit et son pragmatisme. Peut-être notre ambassade à Washington et le Quai d'Orsay lui avaient-ils fait un portrait un peu trop étroit du personnage. Son ancien métier de marchand de cravates ne servait pas son image. Encore que mon père ne fût pas du genre à juger quelqu'un par un tel détail. Quittant mon stage d'aéronavale à Memphis, je suis à ses côtés, le 22 août 1945, quand il le rencontre pour la première fois. Le 6 août, la première bombe atomique a explosé sur Hiroshima, et dans moins d'un mois, le Japon va capituler. Les Etats-Unis sont au sommet de leur puissance. Quand mon père débarque à Washington, il est sur ses gardes. Pas plus qu'on ne l'a invité à Yalta, il ne l'a été à Potsdam, fin juillet, où son hôte américain a retrouvé Churchill et Staline autour d'une table pour décider encore une fois de l'avenir de l'Europe sans la France, donc. Il y a aussi avec les Américains les litiges concernant l'avancée de nos troupes jusqu'à Stuttgart, l'occupation de la Sarre et des cantons de Tende et de La Brigue à la frontière italienne, sans compter la question de notre retour en Indochine. Autant de contrariétés de la part des Etats-Unis. Quand je retrouve mon père pour le grand dîner officiel, je le sens nerveux. J'ai bien peur que ses premiers entretiens à la Maison Blanche se soient mal passés. Mais j'ai tort. Ses traits tirés n'ont pour cause que la fatigue du voyage. Le petit sourire qu'il m'adresse plus tard, à l'heure du café, me tranquillisera définitivement. En fait, Truman cédera presque sur tous les points. Pendant le repas, la conversation est détendue. Je me trouve en bout de table avec les adjoints du secrétaire d'Etat James Byrnes, un homme assez facétieux qui interpelle joyeusement tout le monde. Devant moi, il lance en riant à l'un de ses voisins : « Vous voyez, cette fois, nous avons dû mettre notre *monkey suit* (queue-de-pie). » Ce qui voulait dire qu'avec Harry Truman les temps avaient changé. Contrairement à ce qui s'était passé avec Roosevelt, l'an passé, le général de Gaulle était reçu en chef d'Etat.

— Quelle impression le Général a-t-il gardée de cette rencontre avec Truman ?

— Malgré les divergences, assez bonne. « C'est un homme pratique, me glissera-t-il plus tard avant de continuer son voyage américain par New York et Chicago. Avec lui, on sait tout de suite qu'un sou est un sou. » Mais il lui reproche d'avoir une vue erronée de l'Europe. Par méconnaissance. Sa mollesse à l'égard de l'Allemagne le laisse pantois. « Pour lui, l'Allemagne est si anéantie qu'elle ne peut plus constituer une menace. Ne sait-il pas ce qui est advenu après 14-18 ? » Et il regrette son vieil adversaire et ami Churchill qui vient de se faire renverser par le travailliste Clement Attlee. « Lui, au moins, avait de la mémoire. » Il ne peut comprendre non plus pourquoi Truman a décidé de conserver auprès de lui, à la Maison Blanche, l'amiral Leahy qui fut, on s'en souvient, le représentant de Roosevelt à Vichy pendant la guerre. « Comment peut-il avoir une idée valable de la France avec une oreille branchée sur sa défaite et son asservissement ? » A propos de ce personnage, il ne m'a pas expliqué pourquoi il avait malgré tout jugé bon de lui remettre la Légion d'honneur à l'occasion de cette visite. Il faut supposer qu'il estimait qu'il avait dû rendre quand même quelques services à la France auprès de Pétain. En tout cas,

Leahy est le premier surpris d'un tel honneur. Au moment où Hervé Alphand, notre ambassadeur, lui apprend que mon père va procéder à cette remise, je l'entends lancer, un doigt planté dans sa poitrine, après un instant de stupeur : « *Me ?* » Mon père est moins ravi que lui quand Truman le décore à son tour devant une meute de photographes arrivés à l'improviste dans son bureau. On l'a pris par surprise, sachant probablement par notre ambassade qu'il refuse systématiquement toute distinction honorifique. Il n'en fera pas un drame mais se le tiendra pour dit. Il demanda par la suite aux diplomates que l'on veillât, lors de chacune de ses visites à l'étranger, à ce que ce « genre d'incident » ne se reproduisît plus. Cela a été respecté.

— Alors, ensuite, c'est son bain de foule à New York. Il n'a jamais connu un tel succès populaire à l'étranger. Quelle signification lui donnait-il ?

— Celle-là : contrairement à Roosevelt et sans doute à Truman, le peuple américain ne s'était pas trompé sur sa personne. Ses *Mémoires* sont assez explicites sur ce qu'il a ressenti. Il parle entre autres de « défilé triomphal » à travers la ville et d'un « indescriptible déferlement ». Nous avons dû attendre leur publication pour connaître en détail le déroulement de cet événement que je n'ai pas vécu moi-même, étant retourné à Memphis dès le lendemain du dîner pour y poursuivre mon stage. Ma mère qui avait suivi son voyage à la radio (elle ne l'accompagnera à l'étranger qu'une fois la paix revenue) n'a pas bénéficié de plus de confidences à son retour. Ce n'est que beaucoup plus tard que j'ai recueilli cette impression, un jour anniversaire du débarquement de Normandie : « Sous les vivats, au milieu de cette foule en délire qui acclamait la France à travers moi, j'ai fermé un instant les yeux et j'ai vu les braves garçons qui débarquaient sur le front en 1917 et ceux qui débarquaient en juin 1944. C'étaient les mêmes qui applaudissaient la France. » Ce soir-là, grande a été son émotion quand la chanteuse Marian Anderson a entonné *La Marseillaise* en son honneur dans un Madison Square Garden bourré à craquer de ses partisans. « J'ai été rarement bouleversé de cette façon », m'avoua-t-il. De Truman, on peut se demander s'il n'en garda pas, malgré son sympathique accueil, un souvenir mitigé. Les rares fois où je l'ai entendu en parler, il avait toujours dans la voix des accents de condescendance et d'interrogation. « Mais, ajoutait-il, il a quand même osé lancer la première bombe atomique ! »

— A Kennedy qui vient d'être élu, s'il faut en croire les archives, la CIA fait du général de Gaulle un portrait insultant qui aurait été inspiré par Pierre Mendès France. Votre père a-t-il été au courant ?

— Mon père ne m'en a jamais rien dit. Sans doute en avait-il eu connaissance et s'en moquait-il. C'était toujours son attitude quand il apprenait quelque critique acerbe contre lui. On ne nous fera pas croire en tout cas que Mendès France aurait confié au conseiller personnel de Kennedy qu'il y avait toujours eu un fond de folie chez les de

Gaulle et que le Général lui aurait avoué lui-même qu'il avait un frère enfermé pour folie ! Aucun des trois frères de mon père n'a jamais été fou. Ils étaient tous sains d'esprit et cela jusqu'à leur mort. Le seul qui ait été atteint de maladie parmi eux, Jacques, on s'en souvient, a contracté la poliomyélite, adulte, en 1926, alors qu'il travaillait aux mines de Saint-Etienne. Comment peut-on croire que Mendès France ait pu aller raconter une chose pareille ? Mon père le jugeait comme un homme de réflexion, même s'il avait parfois l'esprit faux par doctrine. Il ne se serait pas discrédité par une démarche aussi inconsidérée. Il est vrai qu'il s'est opposé en 1947, en 1958 et en 1968 au Général, mais de là à lui prêter de tels propos ! Nous avons toujours pensé dans la famille que tout cela avait été inventé par l'administration américaine. Souvenez-vous de Roosevelt qui se serait « amusé », après sa rencontre avec mon père à Anfa, au Maroc, en 1943, avec Churchill et Giraud, à lui attribuer des déclarations outrancières pour le faire passer pour un fat ou un fou. Mon père estimait Pierre Mendès France. S'il le jugeait « utopiste et prisonnier de son atavisme politique », il pensait aussi qu'il était « intelligent et désintéressé ». Il ne l'aurait jamais accusé de malhonnêteté.

— Que disait le Général de la jeunesse de Kennedy ? La CIA aurait soutenu à la Maison Blanche qu'il la prenait pour une offense personnelle...

— A l'âge qu'avait mon père, c'est effectivement le genre d'attitude auquel on aurait pu s'attendre. Mais ce n'était pas la sienne. Il ne jugeait jamais les hommes par rapport à leur âge. N'oublions pas qu'il a nommé Leclerc commandant d'armée à quarante-deux ans. Il appréciait la jeunesse de Kennedy. Je l'ai entendu commenter à son propos : « Il va prendre en charge une immense puissance, c'est un dynamique. Il ne sera pas encombré de préjugés. » Après quelque temps, il a eu ce jugement plus nuancé : « Bien sûr, c'est un jeune chien. Mais il va se faire. Les années vont le ramener à plus juste mesure, et par conséquent, il est bien parti pour devenir un bon président. Il suffit d'attendre un peu. » D'autant que mon père n'avait pas encore vu la fin des difficultés à l'Est. Elles étaient toujours très menaçantes. Il pouvait redouter que les Soviets, avant de décliner, tentent un dernier coup pour imposer leur régime à l'Europe entière. Kennedy avait donc du pain sur la planche et mon père considérait que sa jeunesse était son principal atout. Ma mère, quant à elle, s'en émerveillait. En plus, elle le trouvait assez joli garçon.

— On a affirmé qu'il avait découvert pour la première fois avec Kennedy un interlocuteur américain qui écoutait ses conseils. Il vous l'a confirmé ?

— Mon père l'a d'abord senti agacé par ce vieux chef d'Etat dont il aurait pu être le fils. Mais, très vite, il l'a vu s'ouvrir à ses conseils. Il m'a avoué un jour : « J'avais en le voyant l'impression que j'ai avec toi : d'être devant un garçon de bonne volonté, prêt à se fier à l'expérience d'un aîné. » Le Général datait l'origine de la confiance qu'il lui témoigna d'octobre 1962, au moment où, menacés par des missiles soviétiques basés à Cuba, les Etats-Unis ont décidé du blocus de l'île. On sait que Kennedy envoya alors à Londres et à Paris l'ancien secrétaire d'Etat de Truman, Dean Acheson, pour convaincre les Alliés du danger que courait l'Amérique et leur faire admettre les mesures exceptionnelles qu'il avait prises. A la différence de l'Anglais MacMillan, mon père refusa d'examiner les photos aériennes qu'il voulait lui montrer, où l'on pouvait voir, comme je les ai vues moi-même – car elles ont circulé ensuite dans les états-majors – les différentes implantations de ces missiles. Il lui fit savoir qu'il lui suffisait de croire son président sur parole et qu'il serait tout de suite à ses côtés en cas de guerre. Il faut ajouter qu'il avait obtenu lui-même (il me l'expliqua plus tard en détail) des renseignements très précis sur ces armes, renseignements qu'il décida d'ailleurs de communiquer en son temps à Washington. Toujours est-il que c'est à partir de cette réaction spontanée – plus spontanée que celle des Britanniques qui passaient pourtant pour de plus fidèles alliés aux yeux des Américains – que mon père sentit se développer chez Kennedy une grande considération pour lui, et même, m'assura-t-il, une certaine amitié en dépit de tous leurs sujets de désaccord.

— On a donné un rôle à Jackie Kennedy dans ces bonnes relations entre les deux hommes. Etait-ce l'avis du Général ?

— Sûrement pas. Mais il nous est permis de supposer qu'il n'était pas mécontent qu'elle fût d'origine française et que, de ce fait, elle pût peut-être répandre autour d'elle une certaine sympathie en sa faveur. Je crois savoir qu'au retour de la visite que Malraux lui fit à Washington, il confirmera cet état de choses à mon père. Ma mère, quant à elle, vit dans le regard de cette dame, à l'Elysée, en mai 1961, « une grande intelligence et beaucoup d'admiration pour son hôte ».

— Vous a-t-il fait part de son émotion lors des obsèques de Kennedy auxquelles il a assisté en 1963 ?

— Non. Mais le souvenir de cet assassinat le bouleversa longtemps. Chaque fois qu'il l'évoquait, c'était toujours pour déplorer le fait que John Kennedy ait été fauché si jeune. Trois autres raisons rendaient son émotion plus profonde. D'abord, il avait appris cet assassinat le 22 novembre, c'est-à-dire le jour même de son propre anniversaire. « Curieuse coïncidence », soupira-t-il une fois. D'autre part, un an et trois mois jour pour jour auparavant, il avait, comme on le sait, échappé lui-même par miracle à un attentat, celui du Petit-Clamart. Enfin, le mois précédant son assassinat, John Kennedy lui avait fait part de son désir de l'inviter à Washington quelque temps plus tard et de la grande joie qu'en concevait Jackie. Mon père aurait voulu donner à cette visite le caractère d'un rendez-vous amical au cours duquel il aurait renouvelé sa solidarité à l'égard de ce grand pays en dépit de leurs différends, notamment sur la question nucléaire. Il regrettait beaucoup la disparition de ce jeune chef d'Etat. Je l'entendis soupirer encore, alors que l'on venait d'annoncer je ne sais quelle réaction américaine concernant l'Europe : « Ah ! si Kennedy était encore là. » Chez ma mère, dont cette visite à Washington eût été la première traversée de l'Atlantique, la disparition de Kennedy fut également ressentie avec peine. Elle nous confia qu'elle pensait principalement à Jackie Kennedy et à ses enfants. Le jour des obsèques du président américain, on la vit aller à l'église à Colombey.

— Alors Lyndon Johnson arrive...

— Le mieux que l'on puisse dire, c'est que le Général n'en a pas été ravi. Pour lui, Lyndon Johnson était le « vieux politicien rompu à toutes les combinaisons et manœuvres de couloir ». Par conséquent, d'emblée, il n'y eut pas de compréhension entre eux deux. C'était le temps où un grand journal américain du parti de Johnson titrait : « Le grand Charles : une grosse tête et peu de bon sens. » Il a tout de suite manifesté la plus grande froideur à l'égard de mon père qui le lui a bien rendu. Ils n'ont jamais eu de vrais rapports. Ce démocrate texan n'avait que faire de l'Europe. Mon père l'a compris immédiatement. « N'allez pas lui demander de nous situer du doigt dans le monde, ironisait-il, son planisphère ne va pas jusque-là. » L'intérêt de Johnson ne se portait que sur l'URSS, la Chine, le Viêt-nam, Cuba et l'Amérique du Sud. La reconnaissance de Pékin par Paris, la prise de position de mon père prônant la neutralisation de l'Indochine et son voyage triomphal en Amérique latine considérée comme une chasse gardée des Etats-Unis ne pouvaient que le faire sortir de ses gonds. « Qui parle de chasse gardée ? nous lança mon père à son retour de Rio de Janeiro en septembre 1964 ; ai-je l'air d'un braconnier ? » Deux ans plus tard, sa décision de sortir de l'OTAN et, un mois auparavant, sa visite amicale en URSS allaient suffire à Johnson pour lui attribuer l'intention scélérate de vouloir renverser les alliances. J'entends mon père à ce sujet, au retour de Moscou, en juin 1966, où je l'ai accompagné : « Ridicule ! Me voir m'associer à ces oligarques qui se succèdent de révolution en révolution à coups de pistolet ! »

— Le 6 juin 1964, il s'abstient de s'associer à la célébration du vingtième anniversaire du débarquement allié en Normandie et il est taxé d'anti-américanisme. Pourquoi cette abstention que l'on a jugée regrettable ?

— Parce que cette commémoration a été organisée par les Américains, comme les années précédentes et comme celles qui se produiront plus tard. Le débarquement ayant eu lieu en France, il considérait que c'était aux Français d'en être les maîtres d'œuvre. Il faisait remarquer : « Comment nous jugerait-on en Amérique si nous décidions de célébrer chaque année pour notre compte la victoire de Yorktown en Virginie sous prétexte qu'elle fut remportée grâce à l'appui de Rochambeau et de l'escadre de de Grasse ? » Il trouvait aussi anormal que les Américains organisent d'eux-mêmes annuellement, au mont Valérien, une cérémonie à la mémoire de leurs soldats morts en 1918 dans les hôpitaux français. Tout aussi anormale, la cérémonie américaine au pont de Saint-Cloud, à Paris, à partir de 1946, en souvenir d'un sergent nommé Kelly qui avait été tué à cet endroit alors qu'il était d'ailleurs en rupture de ban de son unité puisque, on le sait, aucune troupe américaine n'a combattu dans la capitale même. « Si cérémonies il doit y avoir, décrétait-il, elles ne peuvent avoir lieu que sous nos auspices. »

— Savait-il quelle était la « taupe » qui, au Quai d'Orsay, aurait à plusieurs reprises renseigné Lyndon Johnson sur ses intentions les plus secrètes ?

— Mon père a toujours déploré la manie de nos diplomates de parler trop. « La discrétion, avait-il l'habitude de me répéter, adolescent, est le premier fondement de la cohésion. Un mot de trop peut disloquer une famille. » Jamais il n'aurait soupçonné Couve de Murville, le ministre des Affaires étrangères de l'époque, de rompre le secret. Il ne tenait que les propos nécessaires. Il savait en revanche que le traditionnel « lobby » américain et britannique du Quai d'Orsay était très travaillé par les diplomates du State Department et du Foreign Office. Peut-être qu'Hervé Alphand, notre ambassadeur à Washington, essayait de débrider un peu les rapports entre nos deux pays par quelques commentaires ici ou là. Mais n'était-ce pas son devoir ? De là à supposer qu'il ait prévenu la Maison Blanche que nous allions quitter l'OTAN était pour mon père une accusation inadmissible. D'autant plus qu'il s'était ouvert lui-même de ces intentions depuis longtemps à Charles Bohlen, l'ambassadeur américain à Paris. Il pensait que si fuites il y avait, elles ne touchaient à rien de capital. Et pour preuve, il remarquait que lorsque notre première bombe atomique avait explosé, les Américains avaient été très surpris en la découvrant par leurs écoutes et leurs autres moyens de détection. Ils savaient très bien que nous étions en train de la préparer, mais ils ignoraient à quel stade nous en étions. Il n'a jamais été dupe des manœuvres d'espionnage tant de la part des Soviétiques que de celle des Américains. Voici par exemple la lettre qu'il adressera le 27 janvier 1969 à Couve de Murville, Premier ministre, à Michel Debré, ministre de la Défense, et à Raymond Marcellin, ministre de l'Intérieur : « Nous ne devons pas laisser l'ambassade soviétique organiser son espionnage chez nous (395 membres couverts par l'immunité !). *Idem* pour l'ambassade américaine (1 200 personnes couvertes par l'immunité !). C'est vraiment... se ficher du monde. »

— Et cette autre « taupe » qui, toujours d'après la CIA, aurait au Quai d'Orsay renseigné les Soviétiques ?

— Mon père savait que deux de ses anciens compagnons des premiers jours s'étaient laissé circonvenir par les Soviétiques. D'abord, le général Emile Petit, qu'il avait connu à Saint-Cyr et qui l'avait rallié dans les premiers en 1940. Il l'avait chargé de représenter la France Libre auprès de Staline à Moscou avant de le nommer chef des affaires militaires auprès de l'Armée rouge. Mais mon père ne l'a jamais considéré comme dangereux. Il estimait qu'il était plutôt un sentimental. Après la guerre, devenu sénateur, il s'apparentera au groupe communiste. Autrement plus inquiétant était, selon lui, Maurice Dejean. Ancien adjoint du chef de cabinet de Paul Reynaud en 1940, il avait, lui aussi, rejoint sans hésiter le Général à Londres. Devenu directeur général du Quai d'Orsay, très ami avec l'ambassadeur soviétique en France, le rusé Sergueï Vinogradov, il accompagnait mon père en URSS lors de sa visite à Staline en 1944. Ambassadeur de France à Moscou par la suite, il a été peu à peu embobiné par les Soviétiques. Assez vite repéré par nos services de contre-espionnage, il a été rapidement mis de côté.

— Pourquoi votre père s'est-il entendu tout de suite avec Richard Nixon alors qu'il s'était si opposé à son prédécesseur ?

— On aurait pu effectivement s'attendre au contraire, car si les hommes avaient changé, les divergences demeuraient. Mais Nixon n'avait rien à voir avec Johnson. Quand mon père a appris son accession à la Maison Blanche, il a eu ces mots : « Cet homme, je le sens. » D'abord, il est républicain. Un bon point selon lui. Et puis, il a été aux côtés de Dwight Eisenhower à la Maison Blanche en tant que vice-président, et l'on connaît l'estime que témoignait au général de Gaulle l'ancien commandant en chef des troupes alliées en 1944. Leur première rencontre a eu lieu, je crois, à Washington, lors de la visite que fit mon père à

Eisenhower en avril 1960. Il se souvenait avec plaisir de leur conversation au cours du grand dîner que Nixon donna en son honneur après sa conférence de presse. Ce soir-là, le Général piqua une petite colère rentrée, invisible comme à peu près toutes les autres, à cause de son interprète, un Français qui ne faisait que bafouiller en traduisant son bref discours. Bien incapable de se porter à son secours, il se sentait assez confus. Nixon fit preuve alors de beaucoup de délicatesse à son égard en reprenant gentiment la parole pour couper court à l'embarras. Il mit ensuite tous les rieurs de leur côté en lançant une plaisanterie comme le font souvent les Américains en société. Ils échangèrent ensuite, après le dîner, quelques propos en aparté qui confirmèrent à mon père qu'il éprouvait pour lui la même opinion favorable que celle qu'Eisenhower lui avait manifestée dès leur première rencontre.

— Elu, Nixon a pourtant bien des raisons d'en vouloir à de Gaulle : l'OTAN, le Viêt-nam, le Québec, Israël...

— C'est vrai. Mais la compréhension était telle entre les deux hommes qu'aucun différend ne créa de tension entre eux. « Nous avons toujours eu ensemble, se rappelait-il, une fois retiré des affaires, une manière bien à nous de nous expliquer et d'aplanir les aspérités. » Leur entente était exemplaire. Et puis, Nixon avait pour lui une certaine reconnaissance. Car, après le départ d'Eisenhower, alors que tout le monde aux Etats-Unis l'abandonnait en pensant qu'il n'avait plus d'avenir politique, il lui montra sa solidarité et le reçut à Paris. Et il lui assura : « Vous, vous avez l'envergure d'un président des Etats-Unis et vous le serez. » Personne ne lui déclarait cela à l'époque et lui-même n'y croyait pas. Nixon répondit à mon père : « Vous avez prédit la même chose un jour à Ike et vous lui avez porté chance. » Le retrouvant à Paris, une fois élu, en février 1969, il le félicita pour sa prescience. Leur dernière rencontre eut lieu en mars 1969, lors des obsèques d'Eisenhower auxquelles mon père avait tenu à assister. Tous les deux étaient très émus. Mon père se souvenait lui avoir soufflé à un moment : « J'ai perdu un grand ami. » Ce à quoi Nixon lui répondit en se désignant lui-même : « Vous en avez un autre. » Puis, il lui manifesta le désir de l'inviter à Washington. Ma mère, dont c'eût été, je le répète, le premier voyage aux Etats-Unis, s'en réjouissait particulièrement. Je remarquai qu'elle essayait de parfaire sa connaissance de ce pays par ses lectures. Mais, un mois plus tard, le Général se retirait du pouvoir après le référendum perdu. Très amicalement, Nixon renouvela son invitation. Cependant, mon père n'y donna pas suite. Il nous expliqua : « Je suis particulièrement honoré et touché d'une invitation de sa part qui ne peut plus être que personnelle. Mais le président des Etats-Unis a en ce moment bien autre chose à faire que de me recevoir. Et moi, sans rien oublier, je me tiens dorénavant rigoureusement hors de tout et loin de tous. Et cela d'autant plus que pour finir de rédiger mes Mémoires, j'en ai encore pour plusieurs années. » En novembre 1970, Richard

Nixon eut un dernier geste à son égard. Il invita mon fils Charles, qui était en stage aux Etats-Unis, à monter dans son avion personnel pour se rendre aux obsèques de son grand-père.

26

UN HOMME PARMI LES HOMMES

« C'est l'homme qui est au fond de tout. C'est lui qu'il s'agit de sauver. »

Discours et Messages. 22 janvier 1959.

On ne peut pas aborder l'œuvre du Général dans le domaine social sans se poser cette question : comment lui, issu d'un milieu bourgeois et naviguant ensuite dans les hautes sphères de l'armée, a-t-il pu autant s'acharner à transformer les structures sociales du pays dès son arrivée au pouvoir ?

— S'acharner est bien le mot. Il a voulu transformer les structures sociales, mais par l'évolution et non par la révolution qui n'était selon lui, vous le savez, qu'une évolution manquée. Cette question maintes fois posée provoquait chaque fois son irritation. Pour lui, elle démontrait à quel point on se trompait sur sa personne et ses parents. Irritation mais pas étonnement, car il appartenait à un milieu éduqué et cultivé que les marxistes et les agitateurs présentaient toujours comme ignorant du peuple, de sa vie et de ses misères. Ni lui, ni ses parents, ni plus tard sa femme et sa belle-fille n'appartenaient à la société caricaturée par Proust ou vilipendée par Zola. Mes grands-parents paternels, dont les moyens d'existence étaient très moyens, lui avaient inculqué la compassion chrétienne. Mes grands-parents maternels, sensiblement plus fortunés avant la Première Guerre mondiale, avaient la même façon de penser et ne concevaient pas de vivre dans le luxe et l'oisiveté. Les uns comme les autres, par leur mentalité et par la nature de leurs activités, n'ignoraient pas comment le peuple vivait. Mon père a appris à lire à l'école primaire des Frères des écoles chrétiennes de son quartier de Paris. Tous les milieux sociaux et surtout les plus modestes s'y côtoyaient. Ma grand-mère lui doublait sa ration de pain et de chocolat dont il n'avait jamais assez pour le goûter, sachant qu'il la partageait avec d'autres plus démunis. Elle connaissait bien les familles dont les petits personnels de maison étaient issus et qu'elle prenait soin d'éduquer mieux que chez eux où ils vivaient encore « en économie de subsistance ». De même connaissait-on chez mes grands-parents tant paternels que maternels les gens de la campagne proche. J'ai moi-même joué quotidiennement avec leurs enfants durant les vacances et je me souviens par exemple avoir accompagné une de mes grand-mères chez un brave homme, charretier de son métier, pour lui poser des ventouses.

— Son service militaire dans le Nord, chez les mineurs, n'a-t-il pas été pour votre père un creuset de communion humaine ?

— Certainement. Il le disait d'ailleurs lui-même. A Arras, à ce moment-là, il a côtoyé et vécu avec les fils des mineurs, des ouvriers agricoles, des ouvrières du textile ou des manœuvres qui, payés à la journée et vivant par conséquent au jour le jour, se trouvaient dans la détresse en cas de maladie, de chômage ou même de leur propre imprévoyance. Les mouvements sociaux avaient des répercussions directes sur la vie des garnisons et, plus tard, l'existence quotidienne ne laissait pas grand-chose à ignorer de ceux qui sont dans la promiscuité des combats d'une petite unité. « Il n'y a pas que moi qui aie eu à en connaître, rappelait-il. Mon père Henri et son frère Jules ont été respectivement officier subalterne et simple soldat au siège de Paris en 1870, au 13e mobile, recruté dans le très populaire quartier de l'abattoir à chevaux de Vaugirard, quartier où ils habitaient non loin de là. »

— Votre mère a vécu dans un milieu plus aisé. Cela ne lui a-t-il pas inculqué un état d'esprit différent ?

— Détrompez-vous. Chez les Vendroux, dans le vieux Calais, on n'ignorait pas non plus les conditions de vie populaires. Mon grand-père maternel était armateur de petits cargos charbonniers, petit industriel de la biscuiterie et de surcroît consul bénévole d'une demi-douzaine de pays maritimes dont les bateaux en escale laissaient souvent à la traîne quelques hommes d'équipage sans ressources dont il assumait le logement et la charge sur les siennes. De plus, il a été, pendant toute sa vie active, président du « Conseil de fabrique » de la paroisse principale de Calais, ce qui lui valait de consacrer la moitié de ses ressources au bénéfice de diverses œuvres sociales. C'est à peine croyable pour des gens de notre époque, mais c'était ainsi au temps où il n'y avait pas d'impôts sur les revenus. On connaissait si bien les marins chez lui que ma mère avait eu comme nourrice, quinze jours après sa naissance, la femme d'un quartier-maître de la malle, ce petit paquebot qui faisait la traversée Calais-Douvres. Cette brave femme était venue la nourrir à demeure en même temps que son propre fils. Quant à ma grand-mère, elle était toujours occupée à aider les nouvelles accouchées et leur nouveau-né, à fournir des layettes, à soigner les indigents. Durant la Première Guerre mondiale, elle fut infirmière-major des hôpitaux militaires de Calais, soignant les troupiers français ou africains et contractant dans ces tâches typhoïde, scarlatine et diphtérie en plus d'une blessure dans un bloc opératoire bombardé. Voilà comment mes parents, et mon père en particulier, ont pris conscience très jeunes de la condition sociale des plus modestes des Français.

— Je suppose que son éducation religieuse a eu aussi son incidence ?

— J'allais y venir. La profondeur de sa foi a certainement développé chez lui ce besoin de solidarité et d'assistance, sa tendance instinctive à aller vers les autres. Brancardier à Lourdes à dix-sept ans, on pourrait dire qu'il n'a jamais cessé de l'être toute sa vie. C'était l'opinion de ma mère qui, toute généreuse qu'elle fût elle-même, lui reprochait de l'être trop. A la Libération, quand il a tenu tout de suite à aller visiter les Français et qu'il a vu toutes ces populations amaigries, pâles, il s'est dit que la première chose à faire était de vaincre la misère afin de rétablir la cohésion sociale. Ma mère me rapportait qu'il rentrait bouleversé de ces rencontres avec les Français. Parfois, elles engendraient une décision de sa part. C'est ainsi qu'il a fait supprimer les bagnes d'enfants après être tombé sur l'un d'eux dans la région de Valogne, en Normandie, et avoir appris que des pensionnaires y étaient probablement morts d'insuffisance de soins et de malnutrition. De même a-t-il créé à ce moment-là le droit de préemption du fermier à la suite d'une autre visite en province. Il a toujours conservé ce côté altruiste, et cela en dépit de sa grande pudeur qui le faisait passer pour un cœur froid, sans affectivité et dont les ténors des partis politiques se serviront plus tard pour faire croire à son insensibilité devant « l'intendance », à son indifférence aux problèmes sociaux.

— Ce n'était pourtant pas l'opinion des gens de la rue. On a rarement vu un chef de l'Etat aussi adulé par les foules. Comment expliquait-il cette contradiction ?

— Par la « trahison des élites ». Souvenez-vous de ce qu'il déclarait le 18 juin 1942 devant ses compagnons de la France Libre à Londres : « Le désastre, la trahison, l'attentisme ont disqualifié beaucoup de dirigeants et de privilégiés [...] les masses profondes du peuple sont, au contraire, restées les plus vaillantes et les plus fidèles. Il ne serait pas acceptable que la terrible épreuve laissât debout un régime social et moral qui a joué contre la nation. » Qui l'avait rejoint alors pour continuer le combat ? Les gens simples, les sans-grade. Et après la guerre, de quoi étaient composés les gros bataillons du Rassemblement du peuple français ? De la même pâte populaire. Il fallait voir, au cours de ses déplacements en province, comment l'accueillaient tous ces Français et Françaises anonymes qui se pressaient sur son passage, main tendue et regard étincelant d'attachement. René Brouillet, qui fut son directeur de cabinet et qui l'accompagnait en 1959 au cours de ses innombrables rencontres avec la population, gardait notamment le souvenir de la visite qu'il fit dans une mine du Nord. Avec quelle sollicitude et quelle délicatesse les mineurs veillent alors à ce que le « Grand Charles » ne donne pas de la tête dans la paroi des galeries trop basses pour sa taille. « Il n'est pas un dignitaire en visite officielle, le président de la République, le chef de l'Etat. C'est un homme comme eux, avec eux, au fond de la mine. »

— A son époque, dans l'armée, les officiers sont loin des hommes. Alors, comment a-t-il pu devenir humaniste dans ses rangs ?

— Détrompez-vous. L'armée a aussi développé son sens humaniste. Au contraire d'officiers « qui ne descendaient jamais de cheval », disait-il, il s'efforçait d'être à la portée de tous, galonnés ou pas. Car l'officier a un rôle social que l'on ne soupçonne pas quand on n'a pas fait ce métier. Et mon père, fidèle aux leçons de Lyautey, qui l'avait analysé dans un livre fameux, a peut-être tenu ce rôle plus que les autres. Avant la Première Guerre mondiale, l'armée avait une grande place dans la société. Cependant, il ne pensait pas que la mission de l'officier fût d'agir sur cette société mais seulement sur la condition militaire. A son avis, le « sans-grade » était avant tout un homme sous son bourgeron ou sa capote. Ainsi, vous le savez, lui est-il souvent arrivé de prendre le deuil d'un de ses hommes mort de maladie. Finis pour lui les numéros matricules par lesquels on désignait les soldats. Il a toujours été outré de voir, spécialement dans la cavalerie, des officiers qui connaissaient le nom de leurs chevaux mais ignoraient trop souvent ceux des cavaliers et se limitaient à ceux des sous-officiers. Mon père exigeait donc des capitaines qu'ils appellent par leur nom tous leurs officiers, sous-officiers et hommes de troupe de leur compagnie, et des lieutenants qu'ils agissent de même avec les hommes de leur section. Ce n'était pas toujours facile quand on sait que parfois ces malheureux arrivaient le soir dans leur unité pour une attaque le lendemain au cours de laquelle un certain nombre d'entre eux ne se relevaient pas. Et mon père était scandalisé quand il apprenait que l'on ne savait même pas le nom des pauvres types qui, arrivés la veille, venaient d'être tués. Il trouvait cela abominable.

— Après la guerre, pourtant, certains se sont élevés contre le mépris qu'il aurait manifesté devant les pertes en hommes pendant les combats, en 14 comme en 40. Pétain, lui, a-t-on fait remarquer, évitait avant tout la casse...

— Quand on veut noyer son chien... Je connais cette scie née, comme toutes les autres du même genre, sur les bords de l'Allier : mon père était un boucher et Pétain un philanthrope. Relisez *La France et son armée* et vous verrez quel hommage il rend à ces hommes du rang auxquels il n'a jamais cessé de penser pendant toutes les batailles de sa vie. Cette « troupe vaillante qui tâche, à force de courage, de vaincre le mauvais destin... Troupe solide dont aucun revers n'entame la bonne volonté... Troupe fidèle qui paye de son humiliation et de sa misère des fautes qui ne sont pas les siennes... Pauvre troupe dont les malheurs injustes demeurent comme une ineffable leçon dédiée à ceux qui gouvernent et à ceux qui commandent ». Quel chef de guerre a-t-il jamais parlé de ses hommes de cette façon ? Pour les jeunes générations qui n'ont pas connu mon père et qui, influencées par ces écrits malveillants, peuvent le prendre pour un monstre froid, je voudrais également rappeler le véritable poème qu'il a composé en hommage à ceux qui se sont sacrifiés après avoir répondu à son appel en 1940. Il n'est pas très connu malgré sa publication dans *Le Mémorial des Compagnons de la Libération* et dans les *Lettres, Notes et Carnets*, et vaut, vous allez voir, d'être cité intégralement :

Soldats couchés dans les déserts, les montagnes et les plaines,
Marins noyés que bercent pour toujours les vagues de l'Océan,
Aviateurs précipités du ciel pour être brisés sur la terre,
Combattants de la Résistance, tués au maquis ou aux poteaux d'exécution,
Vous tous qui à votre dernier souffle avez mêlé le nom de la France,
C'est vous qui avez exalté les courages, sanctifié l'effort, cimenté les résolutions,
Vous avez pris la tête de l'immense et magnifique cohorte
Des fils et des filles de la France qui ont dans les épreuves attesté sa grandeur,
Votre pensée fut, naguère, la douceur de nos deuils,
Votre exemple est aujourd'hui la raison de notre fierté,
Votre gloire sera pour jamais la compagne de notre espérance.

— Il n'empêche que le Général passait pour être dur avec ses hommes, exigeant, intransigeant même...

— Exigeant, oui, c'est vrai, car la guerre exige beaucoup ainsi que sa préparation. Mais il demandait autant à lui-même qu'à eux. Et surtout, il évitait l'injustice. Il avait un sens très développé de l'équité et sans doute cela aussi peut-il expliquer sa volonté constante d'améliorer la condition humaine. Car il n'admettait pas de voir des gens souffrir du sort quand ils mettaient toute leur énergie à le rendre meilleur. Les fainéants n'avaient que ce qu'ils méritaient. Ceux qui au contraire avaient l'effort – mot clé de la langue gaullienne – pour devise devaient en être récompensés, ou alors, disait-il, c'était injuste. C'est à ce moment-là qu'une société bien organisée par un Etat digne de ce nom avait à jouer son rôle de tuteur. L'injustice, il l'a connue au lendemain de la guerre de 14 quand il a vu autour de lui, parfois dans sa propre famille, tant de gens courageux, des bourgeois pour la plupart, complètement ruinés car, m'expliquait-il, « la guerre se fait avec l'argent de qui ? Avec l'argent des bourgeois et non avec celui des ouvriers, contrairement à ce qu'ils prétendent. Et quand la guerre est finie, eh bien ! les bourgeois n'en ont plus. Et à cette époque quel secours attendre ? ». Dans leur milieu, ma mère et mon père voyaient donc une foule de gens à la rue dont personne ne s'occupait, qui mouraient de faim dans une soupente alors qu'ils avaient été très à leur aise avant la guerre. J'ai souvenir dans mon enfance de jeunes filles de familles ruinées qui se trouvaient absolument sans toit, sans ressources, et que ma famille hébergeait à Septfontaines, dans les Ardennes. On les nourrissait, on leur donnait un peu d'argent et cela à longueur d'année, et on essayait de leur procurer un emploi. Adolescent, j'ai souvent entendu mon père exposer en se désolant : « Celui-là est dégringolé dans la cloche. Il n'a pas fait beaucoup d'efforts pour s'en sortir et il a fini dans l'alcoolisme. » Alors, il refusait de le plaindre. Mais il tendait la main aux autres, à ceux qui tentaient de sortir eux-mêmes de leur mauvaise passe. « Tout le monde peut se retrouver un jour clochard, m'expliquait-il, les bourgeois comme les ouvriers. Les malheurs qui s'accumulent arrivent parfois à faire chuter les plus courageux. Il ne faut pas croire que ceux-là sont épargnés. Alors, aller à leur aide n'est pas uniquement une idée de charité. C'est une idée d'équilibre social. Il faut qu'il n'y ait pas trop de disparités entre les gens. » Et c'est ainsi qu'est née dans son esprit la Sécurité sociale qu'il a instituée, comme on le sait, en 1945.

— Depuis quand y pensait-il ?

— Cela a germé, comme toutes ses réformes sociales, entre les deux guerres, puis pendant la guerre. L'idée a pris forme ensuite à Alger au temps du Comité français de la libération nationale. Comment trouver un équilibre humain face à la société mécanique moderne ? Comment sauvegarder l'individu noyé dans la masse et attelé aux machines ? C'est le problème humain qu'il posait lors de sa conférence à l'université d'Oxford en 1941. En pleine bataille contre l'Allemand, ne sachant pas encore quand la France retrouverait sa liberté, il pensait déjà réformer la condition de vie des Français ! (On ne dira jamais assez combien, pendant la guerre, à Londres puis à Alger, il a travaillé à la restauration de la France en même temps qu'à sa libération.) Il expliquait : « Les révolutions sociales se produisent fatalement avec les guerres, puisque toute guerre est une révolution en soi. » Il savait que le partage social de notre pays devait obligatoirement changer dès le dernier coup de canon tiré. Et d'abord, lutter contre le déséquilibre social engendré par la misère. Il fallait corriger ce déséquilibre sous peine de voir se détériorer toute la société qui est un équilibre par définition. « Tout le monde ne peut pas avoir ce qu'a tout le monde même en revendiquant, car chacun a ses chances qui ne sont pas celles du voisin, mais, estimait-il, on se doit aussi d'alourdir la balance au profit du plus faible. » Cela dit, il était toujours un peu irrité par cette obsession de l'égalité chez les Français. Je retiens ce qu'il m'a fait observer un jour à ce sujet quand, adolescent, de retour du collège Stanislas, je lui avais rapporté une sombre histoire de notes à un examen : « La vie travaille pour l'inégalité. L'homme essaie de la réduire, mais c'est tout ce qu'il est capable de faire. Il n'a pas la possibilité de l'annuler. Et d'ailleurs, il est bon qu'elle ne puisse pas disparaître, sinon plus personne ne ferait d'effort pour être mieux que les autres. Il n'y aurait pas de progrès. » Je me souviens de cette réflexion qui nous avait fait rire, ma mère et moi : « Mais enfin, on est quand même un pays curieux. Nous faisons des courses de chevaux en appliquant des handicaps aux meilleurs ! Sous prétexte que les tocards ne courent pas assez vite, il faut punir les cracks ! » Bref, proposée par mon père, l'institution des prestations sociales passe sans coup férir en 1945 devant les partenaires sociaux et l'Assemblée, reprenant d'ailleurs en les complétant quelques mesures d'urgence prises à la mobilisation de 1939. Mais la Sécurité sociale accroche avec d'interminables discussions. Furieux, mon père l'instaure par ordonnances. « Autrement on y serait encore », ronchonnait-il dans les années 1960.

— Certains lui ont dénié la paternité de la Sécurité sociale. Ils l'ont attribuée au Comité national de la Résistance...

— Mon père expliquait en guise de réponse à des critiques de ce genre : « On ne vole que les riches. » Il voulait parler bien sûr des riches en idées. En fait, c'est lui qui a été le moteur de toutes les réformes sociales lancées à la Libération, et non le CNR qui, je le rappelle, a été dissous par définition au retour du gouvernement d'Alger à Paris. Le nier est dérisoire. S'il a fait étudier l'organisation et le fonctionnement de la Sécurité sociale par d'autres, c'est lui qui en a donné l'impulsion, et il est le vrai signataire des deux décrets qui ont décidé de son exécution. A ce sujet, je suis indigné par l'ignorance qu'ont les Français de son œuvre sociale. Une ignorance savamment entretenue par des historiens acquis aux idées de gauche. Car, c'est bien connu, on ne peut se préoccuper de la condition sociale des Français que lorsqu'on est de gauche. Les autres n'ont pas le droit d'y toucher. Mon père le premier. Nous avons eu une discussion à ce propos. C'était à la fin de juin 1963, après la naissance de son quatrième et dernier petit-fils, Pierre. Il commençait à préparer à cette époque la conférence de presse qu'il devait donner à l'Elysée un mois plus tard sur l'Europe, l'Alliance atlantique et la situation économique et sociale. C'est ce dernier sujet qui l'a amené à la Sécurité sociale : « Quand je l'ai créée, s'est-il souvenu, j'avais les syndicats contre moi. Fidèles à leur tactique de lutte des classes, ils refusaient ce qui était octroyé et non pas arraché. Ils craignaient en outre de perdre le monopole des assurances sociales et des mutuelles catégorielles. Le système ne devait être qu'un premier pas en faveur d'une population trop fruste économiquement pour comprendre que chacun doit cotiser contre la maladie et le chômage et pour sa retraite. Aussi ai-je d'abord obligé les patrons à assurer les inscriptions et la plus grande partie des cotisations. Puis les modalités auraient dû basculer progressivement au cours des décennies jusqu'à ce que chacun assume en totalité ses responsabilités. L'employeur couvrant de toute façon ce qui est de la sienne c'est-à-dire les assurances contre les accidents professionnels. Pour les retraites, c'est à chacun touchant la totalité de ses gains ou salaires de cotiser ce qu'il peut quand il veut à une caisse centrale d'Etat par exemple. » Ainsi, pensait mon père, n'aurait-on plus à discuter indéfiniment de la nature des activités de chacun ni de l'inclusion des primes ou indemnités dans la retraite. Naturellement, les chômeurs devraient être toujours secourus par l'Etat et les sommes versées par chacun pour sa sécurité seraient intégralement défiscalisées puisqu'elles ne sont pas des revenus disponibles. Je lui ai alors fait remarquer qu'avec ce système de responsabilité personnelle du citoyen il aurait eu un million de pauvres types qui n'auraient pas voulu, pas su ou pas pu cotiser par eux-mêmes. Il m'a répondu en laissant tomber ses grandes mains sur ses genoux d'un air las : « De toute façon, quel que soit le système, nous aurons toujours un million de pauvres types sur les bras mais on ne peut quand même pas ramener tout le monde à la minorité à la traîne. Pour celle-là, il faut, bien entendu, prendre des mesures de solidarité par répartition. » Quand il est parti, les syndicats se sont approprié la Sécurité sociale et l'ont noyautée. Il n'était plus là pour rappeler aux Français qu'ils la lui devaient.

— Les syndicats n'ont pas été les seuls à lui être hostiles. Le patronat a lutté contre certaines de ses réformes sociales. Comment jugeait-il cette unanimité contre lui ?

— Vous savez, chaque bataille le fortifiait. On aurait même pu dire qu'il avait besoin de se battre pour être au meilleur de sa forme. Quand ma mère le voyait dans son coin, tranquille et pensif, elle me soufflait avec un sourire discret où se lisait le reproche : « Ton père pense à sa prochaine bagarre. » C'est vrai qu'il a été très mal vu du patronat quand il a créé, en 1945 également, les comités d'entreprise. Des membres du personnel pouvaient assister au conseil d'administration des entreprises avec possibilité de se faire entendre ! On n'avait jamais connu cela. C'était une véritable révolution. Les patrons ont immédiatement crié : « Dès que nous allons amener les ouvriers en conseil d'administration, ça va être la lutte des classes. On ne pourra plus rien faire. On ne pourra plus diriger l'entreprise. On est bon pour l'anarchie. »

Et ils ont pensé que mon père s'était laissé inspirer par les communistes. Ces derniers avaient des ministres dans le gouvernement de la République dont il était alors, souvenons-nous, président du Conseil. Le patronat a donc freiné des quatre fers. Mais mon père a tenu bon. Aujourd'hui, encore une fois, qui se souvient qu'il a été à l'origine du comité d'entreprise ? Cette dernière réforme est née, plus encore que les autres, peut-être, à la suite de ce qu'il avait vu de ses propres yeux et de ce qu'il avait entendu dans le monde ouvrier des « ch'timis », avant et après la guerre de 14. On pouvait le comprendre quand on entendait, en vacances à Septfontaines, ses réflexions couper les souvenirs d'enfance dans le Nord de Marie-Agnès, femme d'ingénieur des mines, et de son beau-frère Jacques Vendroux, ou encore celle de ses deux frères Jacques et Xavier, eux aussi ingénieurs des mines. Quand on l'entendait clamer par exemple : « La mine ou l'usine a toujours été le champ clos de l'affrontement des intérêts. » Ou bien : « Dans l'entreprise, il faudrait que l'homme cesse de n'être qu'une machine de plus au service d'une élite accrochée à ses privilèges. Celui qui fabrique, qui participe à la production devrait pouvoir comprendre, à l'exemple de ceux qui le dirigent, à quoi sert son travail et étudier éventuellement avec eux les moyens d'améliorer les conditions de ce travail dans l'intérêt de tout le monde. » Mes oncles, je me souviens, opinaient du bonnet. « C'est vrai, convenaient-ils, il faudrait changer tout cela. » Et dubitatifs : « Mais est-ce possible ? » Ils ne se doutaient pas que sept ou huit ans plus tard leur frère allait s'en charger.

— Il a eu moins de chance avec l'association capital-travail, puis avec la participation...

— Peut-être a-t-il voulu aller trop loin, trop tôt. Mais il y pensait depuis si longtemps ! Depuis 1942, à Londres. Il parle alors des nouveaux rapports que l'on va devoir établir dès la Libération entre les classes sociales et d'une meilleure répartition des ressources. Le 20 avril 1943, dans un discours à la BBC, il brosse un tableau de la future société française « où les libres groupements de travailleurs et de techniciens soient associés organiquement à la marche des entreprises ». En janvier 1948, à l'époque du RPF, quand il lève le lièvre pour la première fois, c'est l'alerte rouge non seulement chez les patrons mais aussi dans les syndicats. Quel tollé après son discours de Saint-Etienne, place des Ursules ! Qu'a-t-il dit ? « La classe ouvrière voit s'offrir à elle le moyen de jouer le grand rôle qui lui revient, et que la dictature du parti que vous savez [le PC] lui refuserait, tout comme le lui refusait le capitalisme d'antan, comme le lui refuse la confusion d'aujourd'hui... » Et il annonce l'association capital-travail. Je le revois à Colombey, un mois plus tard, au lendemain des obsèques de ma pauvre petite sœur Anne. Il veut oublier un peu ces moments douloureux et revient sur son discours de Saint-Etienne. Comme il semble satisfait d'avoir jeté son pavé dans la mare ! Il exulte : « Pour les journaux, c'était la nuit du 4 Août ! » Il a pour une fois délaissé sa sacro-sainte « réussite » sur sa table à bridge pour aller s'asseoir dans son fauteuil habituel près de la cheminée après en avoir chassé le chat qui y avait pris place. Il tient à s'expliquer : « Les comités d'entreprise créés en 1945, c'est bien, mais ce n'est pas suffisant. Ils touchent peu l'ensemble du monde du travail. Ils n'ont pas fait tache d'huile. L'association, voilà l'avenir. » Je lui rétorque alors que l'initiative est peut-être un peu trop audacieuse. Comment un patron pourra-t-il admettre que son employé ait son mot à dire sur la direction de son travail et que sa rémunération soit proportionnelle au rendement global de l'entreprise ? Il balaie mon objection d'un revers de main, jette son cigare éteint dans le feu et me répond dans un dernier nuage de fumée : « Le salarié a le droit aujourd'hui à son indépendance, comme tous les états professionnels. Il doit pouvoir intervenir dans ses propres affaires. C'est ça, la liberté. »

— Que dit-on alors de ces idées dans la famille ?

— Elles sont assez bien comprises par ses frères ou son beau-frère Jacques Vendroux, mais assez peu, on s'en doute, par les milieux des industries, des banques ou des affaires qui les entourent. Qu'à cela ne tienne ! A son retour au pouvoir, les ordonnances de janvier 1959, puis celle d'août 1967 sur l'intéressement dans l'entreprise sont lancées. Sans toutefois provoquer de raz de marée. Mais ce sont les premières pierres du gué. Mon père est optimiste. Il s'écrie : « La participation est en chemin. Elle couronnera mon œuvre sociale. » On sait que, criant aux Soviets dans l'entreprise, le patronat lui déclarera alors la guerre et que les syndicats acharnés à défendre leur exclusive ajouteront leurs banderilles.

— Pourquoi a-t-il abandonné l'idée de proposer la participation au cours du référendum d'avril 1969 avec la réforme du Sénat et la régionalisation, trois thèmes qui semblaient liés et dont il avait pourtant parlé dans sa conférence de presse quatre mois auparavant ?

— Parce qu'il a senti que les Français s'en désintéressaient. Qu'ils n'étaient pas prêts à comprendre où il voulait en venir. Depuis septembre 1968, j'ai intégré le Centre des hautes études militaires, parfois surnommé « l'école des maréchaux », et ma présence à Paris me permet de le voir plus souvent. Le soir de Noël, à Colombey, il m'expose les raisons pour lesquelles il présentera la réforme de la régionalisation au référendum. Les événements de mai 1968 ont montré le blocage de notre société à cause de la centralisation excessive de la France. « Nous sommes, m'explique-t-il, dans un pays où le château d'eau, l'éclairage ou l'organisation scolaire d'une petite ville doivent remonter au sommet pour trouver leur solution. Cette pratique ne laisse ni assez de liberté ni assez de responsabilités aux locaux et charge exagérément l'Etat. Ma réforme permettra aux régions de concourir aux décisions qui les concernent dans les domaines économiques, sociaux et culturels. » D'autre part, il est bien conscient que le temps lui est, sinon politiquement, du moins humainement compté puisqu'il sera octogénaire dans les deux ans à venir. Expérience faite de la Ve République qu'il a fondée, il lui paraît donc nécessaire d'effectuer un rajustement constitutionnel avant son départ. Il s'agit de la suppression du Conseil économique et social hérité tel quel de la IVe République – pour lui, c'est tout dire ! – et de la modification du Sénat qui découle de l'instauration des régions et de la suppression dudit Conseil. Le Sénat, sauf à être inutile, ne peut être que très différent de l'Assemblée nationale, et dans un premier temps, il recueillerait une partie des représentations économiques et sociales. Je m'étonne. Et la participation à laquelle il tient tant ? Pourquoi n'en parle-t-il plus ? Je me souviendrai toujours de son geste. Il lève les bras et les laisse retomber avec lassitude sur les accoudoirs de son fauteuil : « Que veux-tu ! Nous en sommes encore à 1935. J'explique aux vieux généraux et aux bidasses de 1914 ce que doit être une armée blindée. Tu connais le résultat ! Les syndicats trimbalent toujours leur lutte des classes ; Pompidou, ses banquiers et le CNPF en sont encore aux chevaux et à la ligne Maginot. Je ne veux pas me séparer de Pompidou. Mais, patience. J'ai déjà commencé en instaurant les préfets de Région et les CODER [Conseils de Développement Economique des Régions]. Quand nous aurons fait la régionalisation, nous reparlerons de la participation. » On sait ce qu'il advint.

— C'est votre père qui a fait venir les premiers travailleurs immigrés. Ne le regrettait-il pas ?

— Sans parler des immigrés européens qui

s'intégraient normalement, ni des nomades limités à moins de trente mille et presque tous français, et sans parler non plus du cas particulier des cent trente-huit mille harkis venus en France avec leur famille, entre 1962 et 1966, il y avait à son époque six cent mille travailleurs immigrés en France, mais ils étaient célibataires. Leurs allocations familiales, ils les touchaient en Algérie ou ailleurs, pas chez nous. Autrement dit, il n'était pas question de regroupement familial. Cet afflux d'ouvriers étrangers était nécessaire parce qu'il y avait beaucoup de travaux et que l'on a manqué de main-d'œuvre jusqu'au début des années 1970. C'est à partir de ce moment-là, c'est-à-dire après son départ, qu'on a laissé entrer une immigration abusive et inutile. S'il n'avait pas fixé de plafond pour limiter cet apport de l'extérieur, il avait prévu des filtres, notamment un contrat de travail précisant à l'avance les congés et le retour au pays d'origine, ce qui l'empêchait de devenir une collectivité différente de celle de la nation, dictant sa propre loi dans notre pays. Il respectait les Tziganes en tant que tels ou les Nord-Africains, ou n'importe quelle autre communauté, mais il ne les appréciait pas en tant que collectivité. Il ne voulait pas les voir en France sous cette forme. Il décrétait : « S'ils veulent rester chez nous, ils doivent s'assimiler aux Français. »

— Ou partir ?

— Pourquoi pas ? Pour lui, le refus de l'assimilation n'avait pas de sens, quelles que fussent l'origine de l'individu et sa couleur. Souvenez-vous de ce qui s'est passé au moment de l'affaire algérienne, lorsque les Français d'Algérie criaient « intégration, intégration ! ». Il leur a rétorqué : « Vous voulez l'intégration ? D'accord. Mais, à partir de maintenant, il y a une seule sorte de citoyen, et vous verrez bientôt trente, soixante, quatre-vingts députés algériens à l'Assemblée nationale. Vous me criez toujours "intégration, intégration" ? – Ah ! non, lui a-t-on répondu, on n'en veut pas ! – Alors, a-t-il conclu, l'Algérie française, on n'y arrivera jamais ! » Encore une fois, il pensait que tous les apports humains au pays étaient une bonne chose, mais qu'ils devaient être assimilés. « Non pas intégrés, insistait-il, mais fondus avec les autres. » Et leur nombre devait être limité à un pourcentage raisonnable, c'est-à-dire acceptable pour tous les Français de souche. Il ironisait : « On aime bien les Allemands, ils apportent Goethe et Mozart, mais on n'aime pas les Allemands quand ils arrivent à un million ! » Deux ans après l'indépendance de l'Algérie, il a décidé que nul ne pourrait se prévaloir d'être français s'il ne l'avait pas déclaré. Le regroupement familial serait seulement possible aux nouveaux citoyens français, c'est-à-dire aux naturalisés et aux étudiants de l'enseignement supérieur parce que, en médecine ou dans les hautes études, les gens sont plus âgés. Il considérait donc comme normal qu'ils puissent venir avec leur famille. Il était attaché à la nation française, quelles que fussent ses composantes. Il aurait été à juste titre indigné contre ceux qui aujourd'hui ne donnent pas la préférence aux Français. « C'est dans le préambule de la Constitution de 1958, rappelait-il : "Le peuple français proclame solennellement son attachement aux droits de l'homme et aux principes de la souveraineté nationale." Article 1 : "L'égalité devant la loi est garantie à tous les citoyens." Aux citoyens. On ne parle pas des autres. Donc il y a primauté du citoyen quelle que soit la provenance. »

— C'est la théorie de l'extrême droite en France. Etait-ce vraiment la sienne ?

— C'était bien la sienne, à cette différence près que la droite ou la gauche n'étaient que des références politiciennes qui, durant toute sa vie, lui ont été parfaitement étrangères. Pourquoi a-t-il fait la décolonisation ? Parce qu'il pensait que chaque peuple avait le droit de décider de son propre avenir. C'est la raison pour laquelle il a parfaitement compris que l'Algérie se révolte même s'il n'a pas admis la façon dont elle a procédé pour se séparer de nous. Il n'a pas essayé de retenir tous les pays qui demandaient leur indépendance parce qu'il trouvait qu'il était normal qu'ils veuillent gérer leurs affaires eux-mêmes et – j'arrive à votre question – qu'ils veuillent pouvoir donner la préférence à leurs propres citoyens. Et il faut bien avouer qu'au temps des colonies, les coloniaux ne donnaient pas toujours la préférence aux colonisés. « Alors, raisonnait-il, n'est-ce pas à nous, anciens colons, qui avons permis aux anciens colonisés de donner la préférence à leur population d'exiger aujourd'hui que la préférence soit donnée aux Français dans leur propre pays ? Refuser provoque le racisme. » Le racisme qui, pour lui, n'existait pas individuellement mais collectivement. Il estimait : « Si une communauté n'est pas acceptée, c'est qu'elle ne donne pas de bons produits, sinon elle est admise sans problème. Si elle se plaint de racisme à son égard, c'est parce qu'elle est porteuse de désordre. Quand elle ne fournit que du bien, tout le monde lui ouvre les bras. Mais il ne faut pas qu'elle vienne chez nous imposer ses mœurs. » Je le vois encore rentrer de l'hôpital Claude-Bernard en 1966, alors qu'il a rendu visite à Léon M'ba, le président du Gabon, qui n'a plus que quelques jours à vivre. Il aimait cet homme et je crois que c'était réciproque. Il m'a alors confié, affligé : « Je le regretterai toujours. A la différence de beaucoup, lui avait compris ce qu'est une immigration raisonnée. Jamais d'ailleurs nous n'avons eu de problèmes avec ses ressortissants tout au long de sa présidence. D'autres chefs d'Etat devraient bien en prendre de la graine. »

27

UNE PRÉSENCE IMPRESSIONNANTE

« Pour être fidèle à mon personnage, il me faut m'adresser à eux comme si c'était les yeux dans les yeux, sans papier et sans lunettes. »

Mémoires d'espoir.

Hors du commun, sa taille et sa corpulence ont fait couler beaucoup d'encre aussi bien en France qu'à l'étranger. Il a été le seul géant de l'histoire de France. Que pensait-il de son physique ? Il le servait ou le desservait ?

— S'il pensait qu'il le gênait un peu en tant qu'homme, il ne le desservait pas en tant que chef d'une nation, bien au contraire. Il disait : « Le président ou le chef ne peut pas être un beau gosse. Que ce soit Hamilcar, Bonaparte ou de Gaulle, c'est toujours un personnage insolite. Sinon il ne peut pas être le chef car il est comme tout le monde. » Ses caractéristiques physiques faisaient qu'il occupait toujours le centre de gravité de l'endroit où il se trouvait. C'est toujours lui qui était au milieu de la pièce, et tout le monde en avait conscience. Même mort, quand je l'ai vu allongé dans son cercueil, il avait conservé cette présence. A côté des chefs d'Etat étrangers, seul il comptait au regard, imposant, gigantesque, éléphantesque. Que son corps ait un aspect de pachyderme, il l'admettait volontiers et ne le regrettait pas. Il avouait simplement : « Nous autres, les grands, les géants, nous ne sommes pas toujours très à notre aise. Nous sommes par trop encombrés de nous-mêmes. » Mais il disait surtout cela à la fin de sa vie. Parce qu'il ne faut pas oublier que sa corpulence a sensiblement varié au cours des années. On se souvient qu'il était plutôt filiforme au temps de Saint-Cyr. Son livret militaire lui donnait, à son entrée à cette école, une taille de 1,86 m, et de 1,88 m à sa sortie. (Je le sais d'autant mieux que j'avais, au centimètre près, la même taille que la sienne aux mêmes âges, sans avoir les mêmes volumes et le même maintien dominateur de ceux qui portaient le képi.) Dix ans après, il avait atteint le gabarit d'un homme de quatre-vingt-cinq ou quatre-vingt-dix kilos, poids qu'il a conservé à quelques variantes près durant la Seconde Guerre mondiale, à la Libération, puis pendant la « traversée du désert » et le début de son premier septennat de la présidence de la République. Vers les années 1960 et jusqu'à sa mort en 1970, il s'est ensuite épaissi jusqu'à atteindre cent ou cent dix kilos.

— Et sa taille ? S'est-elle modifiée avec l'âge ?

— A la fin de sa vie, comparant la sienne à la

mienne, il a observé un jour : « J'ai l'impression que je me tasse. » Il ne mesurait plus en effet que 1,86 m. Cette même taille a été relevée par le menuisier au moment de sa mort. Il avait une bonne carrure, des os épais, lourds et de grandes mains (et non menues comme je l'ai lu. Pas plus qu'il ne portait l'alliance à la main droite, comme on l'a raconté, parce que sa gauche avait été déformée par une balle en 1915). Durant mon enfance, alors que je parcourais un grand livre de sa bibliothèque qu'il m'avait prêté, *Vie militaire et religieuse au Moyen Âge*, je l'imaginais très bien en chevalier cuirassé maniant la grande épée. Il en avait la stature. Ailleurs, il était question des armoiries sur les enseignes et les boucliers. Il me commentait ainsi les animaux symboliques qui y figuraient : « Le lion : réminiscence trop commune des croisades ou des seigneurs bibliques ou carthaginois en Orient ou en Afrique : cet animal n'existe pas en Europe. Le léopard ou l'éléphant de même. L'alouette et le coq des Gaulois : trop légers, voire ridicules. Le sanglier des Ardennes : c'est mieux ! L'aigle de beaucoup de pays : pas mal ! Le roi de France a choisi pour lui le lys : en réalité représentation artistique de l'angon, l'arme de jet à trois lames des Francs. » Moi, j'aurais préféré le mammouth, mais il avait disparu à l'apparition de l'homme sur terre. Alors, je trouvais que l'aurochs, dont les gens du canton suisse d'Uri portent le symbole, aurait finalement bien convenu à mon père. Je n'osais pas le lui avouer par peur de le froisser ou de provoquer ses quolibets par un choix inapproprié. Mais c'est ma curiosité pour l'intérêt de la symbolique qu'il voulait susciter. Ma conclusion lui était indifférente.

— On a rapporté que chaque fois qu'il se déplaçait en province ou à l'étranger, votre mère veillait à ce que l'on rallonge son lit. Est-ce arrivé souvent ?

— Cette légende est aussi fausse que les autres. Il est vrai que comme il n'était ni petit ni léger et qu'il a été, de loin, celui des chefs d'Etat qui a le plus visité de pays et de départements français (parfois une soixantaine de ces derniers en une seule année), les responsables sur place s'inquiétaient naturellement que leur ville ou leur préfecture disposât d'un grand divan double dans la chambre d'apparat à la place du lit ancien où personne n'était venu dormir depuis l'Empire. Mais cela se faisait sans aucune démarche de mes parents. La SNCF a prétendu que l'on avait dû faire fabriquer spécialement pour lui un lit-couchette dans la voiture réservée au président de la République, celui utilisé précédemment par le président Coty étant trop court. De toute façon, mon père n'a couché qu'une ou deux fois dans un train. On est allé également raconter un jour qu'il transportait nombre de chaussures au cours de ses déplacements. Quelle stupidité ! Mon père ne s'encombrait jamais de bagages et un seul rechange de chaussures lui suffisait. Comme on s'en doute, il avait de grands pieds. Il avait toujours chaussé du 46. Il avait en plus le talon assez mince. Aussi devait-il faire fabriquer ses chaussures sur mesure, sans pour autant les choisir de luxe. C'est toujours lui qui les cirait.

Dans l'armée, l'ordonnance faisait souvent ses bottes, mais sous son toit, il n'aurait jamais demandé à quelqu'un d'autre de s'occuper de ses chaussures, et surtout à une femme. Même quand il descendait à l'hôtel, il ne les laissait jamais devant sa porte. Dans la famille de ma mère, c'était la même coutume : les femmes n'étaient pas faites pour ce genre de service. Nous avions un sens de leur dignité supérieur à celui de tous ceux qui se déclarent féministes aujourd'hui. Dans la salle de bains de La Boisserie, il disposait donc de ses brosses et de son cirage. Sur la fin de sa vie, il est arrivé que Charlotte, la servante, subtilisât une paire ou deux de ses beaux souliers noirs pour y ajouter un peu de cirage et les faire mieux reluire. Mais toujours en catimini, car il aurait été fort mécontent s'il s'en était aperçu.

— Il a fait la joie des caricaturistes. Ils se sont particulièrement moqués de la dimension de son nez. S'en formalisait-il ?

— Il s'y attendait tellement qu'il n'y attachait aucune importance. Et puis, il pensait que les caricaturistes avaient raison. Même s'ils forçaient le trait, ils le dépeignaient tel qu'il était. Il avouait lui-même être doté d'un appendice « cyranoesque ». Un jour, je l'ai entendu faire cette réflexion à ce propos : « Vous m'imaginez avec un petit nez ? Il ne manquerait plus que ça ! Voyons, ça ne ferait pas sérieux. » Sa bouche petite et agile, ses paupières lourdes tombant sur les yeux faisaient penser, selon lui, à un « animal sauvage lourd ». Il se rendait bien compte que ses traits n'étaient pas avenants. Encore que nous ayons entendu des gens déclarer qu'il avait quand même une certaine séduction. Il disait de son visage assez marqué qu'il montrait un « aspect gothique ». Une fois, me regardant, il eut ces mots teintés d'ironie : « Nous ne sommes pas particulièrement beaux à voir, mais nous avons sur le visage ce que beaucoup n'ont pas : la particularité qui différencie une personne de toutes les autres. » D'une façon générale, il n'aimait pas tomber, en ouvrant son journal, sur une de ses caricatures, surtout, évidemment, sur celles qui le dénigraient, voire le diffamaient. Encore que la législation, au temps de sa présidence, était mieux appliquée qu'elle ne l'est maintenant. A l'époque, il était interdit d'insulter le chef de l'Etat sous peine de poursuites et personne ne s'y risquait sans dommage. Deux caricatures avaient eu sa préférence. D'abord celle de Effel, où l'on voyait la tour Eiffel tendre les bras vers lui, au moment de la Libération, et s'exclamer : « Mon grand ! » Et celle de Jacques Faizant qui le faisait partir aux jeux Olympiques, déguisé en sportif et lançant : « Dans ce pays, il faut tout faire soi-même. » Je me souviens qu'il avait beaucoup ri en découvrant ce dessin dans *Le Figaro*, un matin. Il appréciait aussi chez Faizant ses dessins de vieilles dames et de vieux messieurs, notamment le petit vieux avec son bouquet de fleurs et sa barbe en papier qui courtisait la vieille dame avec ses hauts talons et ses remarques acides. Ma mère s'en régalait tout autant. Elle ne faisait aucune collection des caricatures les plus bienveillantes bien que parfois le dessinateur envoyât en hommage, à Colombey, une copie de son œuvre ou son original, mais elle s'amusait fort de voir son mari dans certaines situations cocasses. Elle repoussait par contre avec humeur les dessins où l'auteur exagérait outrageusement les traits de mon père, et redoutait de le voir découvrir, en faisant sa revue de presse matinale, une légende désobligeante qui l'aurait peut-être contrarié pour un moment.

— Elle les lui cachait ?

— Elle n'aurait évidemment jamais voulu exercer quelque décantation des journaux qu'il faisait venir. Mon père, on se le rappelle, détestait être photographié. Il a fallu insister beaucoup pour qu'il consentît à se prêter à la séance de photos qui devait le représenter officiellement en président de la République. Et puis, le temps de pose l'agaçait. Avant de finir par se laisser faire, nous l'entendîmes ronchonner : « Ils me prennent pour Charles Boyer ! » Tout cela n'était pour lui que du temps perdu. Lorsqu'on lui demanda également de poser pour le graveur de la médaille officielle, il refusa carrément. Pour lui, ce n'était que vanité. Il suffisait que l'on s'inspire de photos ou de dessins. A Colombey, il grinçait : « Pourquoi toutes ces simagrées ? Mes traits ne valent pas d'être reproduits. Ils ne sont quand même pas d'une telle beauté ! » Ce n'était pas l'avis de ma mère. Elle disait : « Le visage d'un homme n'est beau que lorsqu'il a du caractère. »

— A qui ressemblait-il le plus physiquement parmi ses aïeux ?

— En stature, il tenait beaucoup de son père, mais ses traits étaient plutôt ceux de sa mère qui avait le nez assez grand et sa forme de visage. Chez ses aïeules et aïeux, tout le monde avait ses traits marqués et la taille au-dessus de la moyenne. Si sa mère était petite, son père Henri n'avait que deux ou trois centimètres de moins que lui. La couleur des yeux de mon père était la mienne : brun noisette. Mais après son opération de la cataracte, ils étaient devenus gris clair. Cette intervention les avait également un peu voilés, ce qui donnait parfois à son regard un air absent ou désabusé avec quand même, de temps en temps, une lueur d'humour. Il ne s'est jamais teint les cheveux comme on a voulu le faire croire au moment de la Libération. Pendant la guerre et après, il les portait plaqués avec de l'eau mais non gominés, contrairement à ce que l'on a aussi imaginé. Passer entre les mains d'un coiffeur l'excédait. Au bout de dix minutes, impatient, il voulait en finir. Ce qui n'empêchait pas son coiffeur habituel d'être très imbu de son importance parce qu'il lui posait des questions sur la vie courante des gens. De son côté, il estimait que cette profession lui permettait de garder un lien avec le peuple, de connaître son opinion. Il avait un tour de tête de cinquante-six centimètres. Je dois dire que j'aurais pu mettre le képi qu'il portait à la fin de sa vie. A cette époque, sa tête avait peut-être pris un peu plus de volume car sa coiffure la serrait davantage. Il s'est toujours rasé lui-même, et jamais avec autre chose qu'un rasoir mécanique. Il avait rejeté l'électrique dont on lui avait fait cadeau, considérant qu'il ne le rasait pas d'assez près.

— Le Général était, paraît-il, très pudique. Vous avez dit ne jamais l'avoir surpris en maillot de bain. Ne le voyait-on pas quand même parfois en négligé, en bras de chemise, par exemple ?

— A Colombey, dans le jardin, nous ne l'avons jamais aperçu en pull-over et sans cravate. Même lorsqu'il se promenait en forêt, il était toujours en costume et cravaté. Quant à le surprendre en négligé, je ne pense pas que quelqu'un, à part ma mère, ait pu se vanter d'y avoir réussi. Il était en effet d'une pudeur extrême. Ses camarades de captivité, pendant la guerre de 14, ont raconté qu'il était le seul parmi eux à ne jamais se montrer dénudé lors de la toilette collective. Par la porte entrouverte d'une salle de bains, j'ai pu l'entrevoir très rarement de dos, torse nu, en train de se raser, les cheveux non peignés. Alors, tout de suite, j'ai refermé cette porte, parce qu'il n'aurait pas apprécié qu'on le voie ainsi. Il ne sortait de sa chambre, je le répète, que complètement habillé, cravate mise. Peut-être lui est-il arrivé avant guerre d'avoir un peu les cheveux ébouriffés et d'apparaître en veste d'intérieur au moment du petit déjeuner avant de se raser, mais c'était un fait rarissime. Sans cela, il apparaissait toujours rasé de frais et apprêté comme s'il partait pour Paris. La seule fois où je l'ai surpris en pyjama et en robe de chambre, c'est à l'hôpital Cochin après son opération de la prostate. Il venait de se réveiller. Il était content de me voir et, sans doute, de constater qu'il était encore vivant. Sa tenue ne l'importunait donc pas. Mais quand je l'ai retrouvé, le lendemain, il m'a fait comprendre qu'il ne tenait pas à ce que je revienne, parce qu'il n'avait pas l'aspect convenable pour recevoir quelqu'un, même son fils, et puisqu'il n'était pas mort. Que l'on se fût inquiété de lui, et en particulier son fils, c'était bien, mais ce n'était pas la peine d'insister. C'est en complet trois pièces qu'il est sorti de l'hôpital. En fait, on ne le voyait jamais qu'habillé de pied en cap. Quand il allait à la chasse en famille, tout de suite après la Seconde Guerre mondiale, au château de Septfontaines, il portait une veste trois quarts en toile par-dessus la première et aussi, bien sûr, la cravate. Avant la guerre, il choisissait lui-même ses cravates, mais dès la Grande-Bretagne, il ne s'en est plus occupé. C'était l'affaire de ma mère ou d'un aide de camp. Chacun savait qu'il ne les aimait que foncées. On ne lui en offrait jamais aucune parce que l'on craignait de ne pas rencontrer ses goûts. « Pour moi, expliquait-il, la cravate d'un monsieur bien élevé est celle dont on ne s'aperçoit pas qu'il en porte une mais dont on s'apercevrait qu'elle lui manque s'il n'en avait pas. » Son col était séparé de la chemise pas forcément empesée mais toujours repassée. Il est faux de prétendre qu'il n'utilisait jamais de manteau. L'hiver, s'il faisait très froid, il en portait un en plus de sa coiffure et d'une paire de gants. S'il lui est arrivé d'en être dépourvu en uniforme et parfois en civil, c'est parce qu'il voyait que la garde d'honneur qui l'attendait sous la pluie ou dans le froid en était privée elle-même.

— Parfois, dans certaines circonstances, pour apparaître à la télévision, on l'a vu abandonner son costume civil au profit de l'uniforme. Quelle signification donnait-il à ce geste insolite ?

— Quand on l'a aperçu ainsi à la télévision, au moment du putsch des généraux, il m'a expliqué : « Revêtir l'uniforme, c'est déclarer : je suis l'exécutif et la force doit rester à la loi. Mon personnage n'a pas à être discuté. Là, je représente la majesté du peuple français, l'Etat. » Quand il pouvait être discuté, il se mettait en civil. C'était le cas lorsqu'il se rendait dans des assemblées parlementaires. L'uniforme est tellement symbolique du pouvoir et de l'autorité suprême, me faisait-il remarquer, que même Staline et Churchill le revêtaient quand ils allaient rencontrer leurs armées. Seul « le pauvre Roosevelt », qui était infirme, ne pouvait pas le faire. Je me souviens qu'à l'époque de Mao Zedong, recevant l'ambassadeur de Chine populaire qui était en tenue grise, sans insigne distinctif et avec un « col Mao », il lui a demandé : « A quoi reconnaît-on, dans une de vos provinces, un commandant en chef ou un gouverneur qui débarque de Pékin avec sa délégation alors que tout le monde porte la tenue qui est la vôtre aujourd'hui ? » L'ambassadeur lui a répondu que c'était effectivement un inconvénient depuis que les insignes de grade avaient été supprimés en Chine. Alors, il a poursuivi : « Cela explique bien que l'uniforme est la marque d'une hiérarchie. Je ne dis pas du grade [mon père se moquait du grade], je dis simplement de la hiérarchie. » Voici de quoi était composée sa garde-robe : trois ou quatre uniformes en serge kaki correspondant à toutes les situations et le même nombre en toile de même couleur pour l'outre-mer. Chemises blanches. Cravates noires. Trois ou quatre képis en serge kaki portant seulement deux étoiles de grade. Deux manteaux kaki. Deux habits de soirée bleu marine à gilet gris lignés sur les côtés d'un discret passepoil doré. Cette dernière tenue, c'était celle des chars de combat devenue celle du président de la République en tenue d'apparat avec la grand-croix de la Légion d'honneur. Ses costumes civils, trois ou quatre aussi, tous foncés, n'encombraient pas davantage les grands placards à multiples portes occupant tout un mur de sa chambre à coucher. Seule ma mère avait accès à sa garde-robe. Elle s'en inquiétait avec un soin jaloux.

— Quelle a été son impression quand il s'est vu pour la première fois habillé en civil, au lendemain de la Libération, après être devenu président du Conseil ?

— Il ne s'est pas particulièrement plu. Il n'a pas non plus marqué ce jour-là d'une croix. Son apparence extérieure n'avait d'importance pour lui que dans la mesure où elle devait représenter sa fonction le mieux possible. Le jour où on le vit apparaître pour la première fois avec un chapeau mou bordé, un pardessus foncé et un complet bleu marine, nous fûmes évidemment très impressionnés en famille et en même temps ravis car nous ne l'avions jamais vu qu'en uniforme depuis la guerre. Ma mère le trouva très élégant mais je ne suis pas sûr qu'elle ne regrettait pas un peu sa tenue militaire. Peut-être avait elle l'impression dc ne pas le retrouver tout à fait comme elle l'avait toujours connu. Lui, pourvu que ce fût correct, la manière dont il était habillé l'indifférait. Il dut se faire confectionner une garde-robe sur mesure à cause de sa taille. On lui déconseilla alors de s'adresser à son tailleur militaire habituel pour lui indiquer la maison Paul Vauclair, rue Royale, qui habillait les personnages importants de la République. Il se souciait beaucoup de la dimension de ses poches. Il les voulait grandes, que ce soit dans ses uniformes ou ses complets-veston. « Les gens, expliquait-il, ont tendance à les avoir trop petites, or elles sont faites pour y mettre des portefeuilles, des agendas, des stylos, un peigne et des papiers. » Ma mère veillait à la propreté de ses tenues et de ses cravates. Je n'imagine pas mon père examinant sa garde-robe avec ce même souci. Parfois, c'était un aide de camp qui lui faisait respectueusement remarquer que quelque chose clochait sur sa personne. Par exemple : « Le képi est un peu de travers », ou bien : « Votre col, là, derrière, est relevé. » Il acceptait volontiers ce genre d'observation, rectifiant immédiatement sa tenue. A Londres, en 1940, étant le seul général français, il avait conservé le képi à feuilles de chêne dorées pour se désigner comme tel aux Français qui s'y trouvaient comme aux Anglais. Mais en 1943, à Alger, il l'abandonna pour le simple képi kaki, sans aucune décoration ni signe distinctif sur sa veste d'uniforme que les deux étoiles sur les manches et les insignes de la France Libre : ceux des forces terrestres, des forces aériennes et des forces navales. Trois petits insignes miniatures et surtout jamais une seule décoration. « La sobriété de leur uniforme est caractéristique des grands dirigeants, observait-il. Elle montre que leur rang et leur prestige sont reconnus de tous sans avoir besoin d'aucune marque. Le premier avant eux, Napoléon, dans sa sobre tenue de campagne verte et grise de colonel d'infanterie au milieu de ses maréchaux et aides de camp chamarrés, s'était montré comme le chef qui n'a besoin que du prestige de sa personne pour indiquer son rang suprême à tous. Il lui fallait du génie pour se sortir des dorures, panaches, médailles et écharpes tricolores de son temps sans perdre la force. »

— Jamais de décorations... Pourquoi ? N'attachait-il pas d'importance à leur valeur symbolique ?

— Si, bien sûr. Je ne dis pas non plus qu'il était indifférent au fait d'avoir été décoré. La croix de guerre en 1915, la Légion d'honneur en 1919 après Verdun, la *Polonia restituta*, la *Virtuti militari* et la croix de guerre des TOE, après la Pologne, et en 1927, la médaille des évadés avaient paré sa jeunesse de fierté bien qu'il n'en ai jamais fait l'essentiel de ses propos familiaux. Quand je suis devenu commandeur de la Légion d'honneur en 1967, il m'a dit pour me faire plaisir : « Ah ! c'est bien, parce que moi je n'ai jamais dépassé le grade d'officier, ton grand-père paternel non plus. » Je lui ai fait remarquer qu'il était lui-même le grand maître de l'ordre. Alors il a répliqué en souriant : « Seulement parce que c'est constitutionnel. » Entre les deux guerres, quand il devait revêtir l'uniforme, c'était ma mère qui était chargée de placer ses décorations sur les barrettes ou « pendantes », les unes à côté des autres. Il lui conseillait alors : « Attention, dans l'ordre, s'il vous plaît, et le moins possible. »

— Elle ne se trompait jamais ?

— Jamais. Elle savait comment les disposer et connaissait son choix restrictif. Il ne voulait pas de « tapis persan », comme on dit dans la marine, c'est-à-dire avoir la poitrine couverte de rubans et de médailles. Il se moquait des officiers qui se présentaient un pied en avant et la poitrine gonflée, montrant leurs décorations avec l'air avantageux à la façon du cavalier de *Cyrano de Bergerac*. Il trouvait que l'apparat militaire devait être sobre, solennel et même triste, parce que, précisait-il, « c'est le symbole de la servitude, de la discipline, de beaucoup de renonciations ou de souffrances et de l'horreur des batailles ». Il détestait la manière dont la troupe présente les armes, comme c'est le règlement, en levant le coude. « Vichy aimait beaucoup cela, se rappelait-il. On affublait aussi les hommes de gants blancs à crispin. Je regrette le temps où l'on présentait les armes en tenant le fusil devant soi, comme on l'a toujours fait en France jusqu'avant la guerre de 14, sous Napoléon et sous Louis XV. » Il aurait bien voulu que l'armée retrouvât cette tradition, mais il soupira un jour devant moi : « S'il faut encore que je m'occupe de cela ! » Il a quand même beaucoup secoué l'apparat militaire. Car, pendant la guerre, il avait été impressionné par la tenue des troupes qui lui rendaient les honneurs en

Grande-Bretagne, aux Etats-Unis et ailleurs. Et il m'avait confié en 1945 : « Lorsque je vois nos braves petits conscrits vêtus comme l'as de pique dans leur uniforme bon marché et manœuvrant leur grand fusil, je me sens littéralement humilié. » Dès qu'il est redevenu chef du gouvernement, fin 1958, il a piqué une colère lors de sa première remise de gerbe à l'Arc de Triomphe en voyant les gardes républicains présenter les armes « en cascade », mal fagotés et ventripotents. Sa colère redoubla quand il apprit que leurs musiciens ne portaient plus que le bicorne parce qu'ils trouvaient le shako trop lourd. « Bientôt, nous n'aurons plus que des plantons de ministère ! » Alors, ça n'a pas traîné. Les mois suivants, les bataillons n'étaient plus composés que d'hommes de taille respectable formés en carré manœuvrant impeccablement en observant l'alignement et n'ayant rien à concéder aux gardes d'honneur étrangères.

— Des esprits chagrins lui ont reproché d'avoir créé plusieurs nouvelles décorations alors qu'il en existait déjà tellement. N'était-ce pas en contradiction avec la sobriété qu'il prescrivait dans ce domaine ?

— Les décorations qu'il a inventées pendant et après la guerre s'imposaient. D'abord l'ordre de la Libération réservé à ses compagnons, les Français Libres (ce terme de compagnon, je le précise, c'est lui qui l'a trouvé et non je ne sais qui d'autre comme on l'a prétendu). Il considérait ses compagnons comme une espèce de chevalerie supérieure ou de garde rapprochée. Il a voulu limiter l'attribution de cette décoration – pour laquelle il a pris la *Victoria cross* anglaise pour exemple – à ceux qui se seraient le mieux conduits de tous au cours de la continuation de la lutte. Il a d'autant plus souhaité créer cet ordre qu'il ne s'estimait pas en droit de décerner la Légion d'honneur. La chancellerie n'étant pas entre ses mains puisqu'elle était restée en France, il n'en possédait pas le sceau et il était respectueux des formes. Par contre, en tant que général, il pouvait attribuer des croix de guerre et des médailles militaires. Je précise aussi qu'il n'en a jamais remis pour les luttes fratricides que Vichy a livrées contre lui, en Syrie et devant Dakar. En revanche, remarquait-il en élevant fortement la voix pour exprimer son écœurement, « les pétainistes ne se sont pas privés de le faire abondamment ». Il a aussi créé la médaille de la Résistance. Je crois qu'on en a attribué quarante-six mille. Enfin, une fois élu président de la Ve République, il a fondé l'ordre national du Mérite. Au contraire des autres, cet ordre visait à récompenser non des faits exceptionnels mais de grands mérites. Il voulait le substituer à la multitude d'ordres attribués, je dirais, corporativement aux uns et aux autres. Il aurait souhaité ne conserver que celui-là. Cependant, se rangeant à notre avis, il en a gardé quelques-uns, notamment les Palmes académiques, le Mérite agricole, la médaille des Sapeurs-Pompiers, les Arts et Lettres et quelques autres. Car certains lui ont fait remarquer, et j'étais de ceux-là, que le peuple risquait d'avoir moins accès au Mérite parce que les administrations et les personnalités accaparaient les grands ordres nationaux à leur profit. Il l'a créé en pensant au Mérite de la monarchie dont le ruban était également de couleur bleue, alors que l'ordre du Saint-Esprit, de couleur rouge (ancêtre de la Légion d'honneur), ne pouvait être remis qu'aux chefs militaires catholiques. C'est lui qui a insisté pour le bleu parce que c'était la couleur de la monarchie française.

— Il refusait toute décoration que l'on voulait lui attribuer et tout titre. Mépris ou vanité ?

— C'était de l'orgueil. Un jour, je l'ai entendu maugréer à ce propos : « Ils veulent me décorer ! Mais il n'y a que moi qui puisse me décorer. Qui des Français peut le faire ici ? Personne. Et croit-on que je vais me décorer moi-même ? » C'est ça, l'orgueil. Pas la vanité. Il fallait l'entendre quand il a envoyé promener ce brave Edmond Michelet qui voulait le faire nommer maréchal. « Moi, maréchal ? Mais pour qui me prend-on ? Cela ne correspond pas aux temps, ce n'est plus du siècle, c'est ridicule. Vous imaginez les enfants défilant devant ma porte en chantant "Maréchal, nous voilà" ! » De la même façon, rappelons-le, il a refusé d'entrer à l'Académie française. Georges Duhamel est venu le prier d'accepter. Il insistait : « Mais, tout de même, il est incontestable que vous êtes un écrivain. Vous serez élu haut la main. » Il nous a alors confié : « Non, je n'ai pas ma place à l'Académie française. Il y a beaucoup d'écrivains dont c'est la raison d'être. Moi, je n'ai pas que celle-là. Et puis, c'est oublier qu'en tant que chef de l'Etat je suis le protecteur de cette institution. Vous me voyez alors m'autoproclamer académicien ? » C'était cela, son orgueil. A moi, il disait : « L'Histoire sera bien assez grande pour retenir ce qu'elle voudra de moi et de mes actions. Ce n'est pas la peine d'essayer de les reconnaître aujourd'hui avec des titres ou des décorations. » Il refusait de décorer ses parents. Michel Cailliau, son neveu, fils de sa sœur, par exemple, avait fait une belle résistance. Il s'était chargé des prisonniers de guerre évadés pendant l'Occupation et avait confectionné beaucoup de faux papiers, y compris ceux de Mitterrand et les siens propres. Il est devenu chef de réseau et a été plusieurs fois parachuté. Eh bien ! il n'a pas voulu lui remettre de décoration. Mon beau-frère Alain de Boissieu est le seul d'entre nous qui ait été promu compagnon de la Libération, mais cela s'est produit avant qu'il n'entre dans notre famille. Il n'a donné la croix de la Libération ni à Geneviève Anthonioz, sa nièce, qui était, elle aussi, une résistante déportée, ni à plus forte raison à moi, son fils, dont il avait pourtant dit : « Tout le monde sait qu'il est mon premier compagnon. »

— Quelle explication vous a-t-il donnée ?

— En 1946, retiré des affaires, il m'a demandé un jour à brûle-pourpoint, alors que je rentrais des Etats-Unis après un stage de pilote : « De quoi es-tu décoré ? » J'étais surpris car jamais nous n'avions abordé ensemble ce genre de question. Je lui raconte alors que le général Leclerc m'avait interrogé de la même façon après la campagne d'Alsace avant de me remettre la croix de guerre et qu'il avait été interloqué en apprenant que je n'avais reçu aucune citation depuis 1940 malgré mes états de service dans la marine, particulièrement pendant la bataille d'Angleterre et de l'Atlantique. Personne sans doute ne voulait me faire de fleur de peur d'être accusé de favoritisme, à commencer par les Anglais qui ne se sont pas privés de décorer mes camarades et qui n'avaient sûrement pas envie de faire de bonnes manières au fils d'un homme si peu conciliant. Alors, mon père m'a dit : « Quelqu'un s'est étonné devant moi que tu ne sois pas compagnon de la Libération. C'est vrai que tu le méritais peut-être, mais j'ai créé le conseil de cet ordre et personne ne t'a proposé. Ce ne pouvait pas être moi. » Je le sentais gêné. J'ai voulu l'aider : « Il est vrai que si vous m'aviez fait compagnon, on aurait pu crier au népotisme. » Opinant, il a conclu : « Maintenant auras-tu sans doute la médaille de la Résistance. » Cela n'a pas été le cas non plus. Je n'en ai pas été choqué. Dans notre famille, on savait trop qu'il ne fallait rien attendre de mon père dans ce domaine : ni faveur, ni intervention, car son refus était automatique.

— A-t-il fait des exceptions ?

— Une seule fois à ma connaissance. Pour un cousin éloigné de ma mère, Morel Deville, en mars 1945. Il était brigadier à la 2e division blindée et avait à régler des problèmes de famille difficiles. Il lui a fait obtenir une permission exceptionnelle.

— N'est-il jamais intervenu pour que vous passiez au grade supérieur ? Beaucoup pensent que vous êtes devenu amiral grâce à lui, que sans lui vous seriez demeuré à jamais capitaine de frégate...

— Jamais ! Combien de fois ai-je entendu dire que des esprits malveillants répandaient le bruit que je n'avais pu avancer dans ma carrière que grâce à ses coups de pouce répétés ! Ces assertions étaient une autre façon d'atteindre le Général dans sa probité. Ce n'est qu'après son départ du pouvoir qu'il s'est montré préoccupé par l'avancement militaire des siens, sans être pour autant, j'insiste, intervenu jusque-là en quoi que ce soit. Me comparant avec mon beau-frère, Alain de Boissieu, il fit en septembre 1969, à La Boisserie, cette constatation sur un ton de regret : « Finalement, lui va avoir sa cinquième étoile en tant que chef d'état-major des armées, et toi, tu ne vas être que capitaine de vaisseau. » Je lui ai alors fait remarquer qu'Alain était plus âgé que moi et qu'il ne portait pas le même nom. Son avancement ne risquait donc pas de faire jaser, tandis que le mien... Cela dit, nous en sommes restés là. Je connaissais trop bien sa ligne de conduite. Il avait toujours voulu éviter d'ouvrir des brèches qui auraient tourné très vite aux privilèges et aux coteries. Et ce n'est pas six mois après son départ définitif des affaires qu'il aurait commencé par un proche, à plus forte raison par son fils.

— Il n'est donc pas intervenu une seule fois en votre faveur ?

— Je le répète solennellement : il n'est intervenu en ma faveur à aucun moment pendant la guerre ou après, que ce fût dans le choix des unités, des commandements ou des campagnes. Quant aux promotions dont j'ai bénéficié au cours des années, il s'apercevait souvent six mois après seulement que j'avais changé de grade ! Il ne s'est penché sur mon sort qu'à deux reprises. D'abord, en fin avril 1961, au moment du putsch des généraux en Algérie. Je me trouvais à l'époque commandant de l'escorteur rapide *Le Picard*, dans la base de Mers el-Kébir. Il a fait savoir au ministre de la Défense, Pierre Messmer : « Je ne veux pas que mon fils reste là, parce que s'il est enlevé par un commando putschiste, je serai dans une situation ridicule. » Quand j'ai reçu l'ordre de l'amiral Cabanier d'appareiller, j'ai fait en sorte de mettre bas les feux et de commencer la visite périodique de mes machines afin d'être obligé de rester à Mers el-Kébir. Je ne voulais pas passer pour un type qui se débine en abandonnant le vice-amiral d'escadre Querville, le préfet maritime. J'ai donc désobéi pour la première fois de ma vie à mon père. Par la suite, il m'a envoyé une lettre gênée dans laquelle il m'expliquait les raisons qu'il avait eues de décider de cette intervention exceptionnelle. La seconde fois, apprenant par l'amiral Lahaye, inspecteur général de la marine, que j'étais sur la liste d'aptitude des officiers généraux pour la fin de l'année 1970, il m'a adressé ce petit mot : « J'apprends, et c'est tout à fait secret, que tu es sur la liste d'aptitude de 1970. » Il n'y était pour rien, mais voulait me signifier à quel point il était heureux de la nouvelle. Là-dessus, il meurt. Je me suis trouvé promu en septembre 1971, soit neuf ou dix mois plus tard, ce qui ne lui a pas permis de me féliciter. Pour la première et seule fois de son vivant, il avait voulu montrer à l'un de ses proches tout l'intérêt qu'il pouvait porter à son avenir professionnel. Sans pour autant, je le répète, lui prêter son bras.

— On devait quand même parfois essayer de le circonvenir. Personne n'y a jamais réussi ?

— Personne à ma connaissance. Quelquefois, certains de ses collaborateurs lui présentaient le dossier de quelque relation ou de parents, la plupart du temps des exemples méritants étayés par des faits. Mais il a toujours refusé d'entrer dans ce système. Il a fait évidemment beaucoup de mécontents. Cependant, aucun ne s'est fâché avec lui. Cela n'aurait d'ailleurs servi de rien. Ils y auraient perdu eux-mêmes leur réputation. Ceux qui attendaient une dérogation de ce principe en ont été pour leurs frais. Ce fut le cas de Gaston de Bonneval qui est resté à ses côtés le plus longtemps de tous les aides de camp : vingt-trois ans. Il avait beaucoup de mérite. Il s'était bien battu en 1940 comme légionnaire, puis il avait été déporté. Quand il est arrivé au grade de colonel, mon père l'a prévenu : « Je vous remercie de votre aide comme aide de camp, elle m'est précieuse, mais d'après l'armée, vous ne pouvez pas passer au grade de général si vous n'avez pas exercé un commandement dans une unité. » Il l'a averti à plusieurs reprises dans ce sens, mais Bonneval ne voulait pas quitter mon père, il lui était trop attaché. En réponse, il lui a expliqué : « Mon général, j'ai quitté les unités depuis trop longtemps et je ne me vois plus à la tête d'un régiment. Je souhaite rester avec vous. » Mon père a vainement essayé de le convaincre. Et un jour, l'âge de la retraite a sonné pour le fidèle aide de camp. Le Général était très ennuyé. Alors, j'ai osé faire ce que je n'avais jamais fait pour un autre : je lui ai demandé de le faire nommer général. Mon beau-frère et d'autres personnes ont prudemment entrepris la même démarche. C'était un geste inhabituel, mais le devoir nous y poussait. Mon père nous a répondu : « C'est vrai, il le mérite, mais il faudrait pour cela changer la loi et le ministre de la Défense aura raison de remarquer : “Alors, vous m'avez refusé ceci et cela, et voilà maintenant que vous voulez déroger à la loi pour un de vos amis personnels !” » Et Bonneval, qui espérait bien sûr cette promotion mais n'avait rien sollicité, est resté avec ses cinq galons. Un jour, sans le vouloir, il avait rendu le Général furieux. Il avait usé de son influence à l'Elysée pour remplacer un huissier partant à la retraite par un ancien FFL qui cherchait du travail. Le pauvre Gaston, comme on le nommait affectueusement, ne savait plus où se mettre. Mon père grondait : « Comment, Bonneval ! Vous avez osé vous servir de votre position à mes côtés pour placer quelqu'un de votre choix ? » Et l'ancien compagnon a dû quitter l'Elysée sans attendre d'y être prié. Il est vrai qu'on a pu le recaser ailleurs par la suite et tout à fait convenablement.

28

UNE RETRAITE TEMPORAIRE

« A la France et aux Français, je dois encore quelque chose : partir en homme moralement intact. »

Mémoires de guerre.

Le 20 janvier 1946, il annonce devant ses ministres atterrés qu'il a décidé de démissionner et de rentrer chez lui. Est-il vrai qu'il croyait qu'on allait le rappeler très vite au pouvoir ?

— Combien de fois a-t-on entendu cette sornette ! Les raisons de son retrait étaient très claires dans son esprit. Maintenant que les partis pensaient que la machine avait redémarré grâce à lui, ils voulaient le neutraliser. Pieds et mains liés, il n'aurait pu gouverner. Faute d'une nouvelle Constitution conçue comme il le souhaitait, le bateau allait continuer à « navigoter » sans gouvernail en se heurtant à tous les récifs. Il valait mieux mettre sac à terre. Quant à l'espoir qu'on le rappellerait aux « affaires », c'est inexact. En octobre 1946, il m'a confié : « Cet espoir, c'est peut-être celui de nombre de nos amis, mais ce n'est pas le mien. Me voit-on retourner devant l'Assemblée un bâillon sur la bouche et des menottes aux poignets ? »

— Plusieurs ministres comme Edmond Michelet, Francisque Gay ou Pierre-Henri Teitgen ont affirmé pourtant l'avoir entendu dire qu'il reviendrait au pouvoir à brève ou longue échéance...

— Ce n'est pas en tout cas ce dont il m'a fait part en octobre. Ma mère aurait pu, elle aussi, en témoigner. Elle m'a raconté qu'en arrivant à Colombey, dans une Boisserie où les peintres étaient encore à l'ouvrage, il a eu ces mots qui l'ont réjouie : « Vous pouvez être heureuse. Je suis ici pour longtemps. » Et il a ajouté avec un petit rire : « Quoi qu'on puisse en penser dans le Landerneau. »

— Vous ne pensez pas que ces propos étaient uniquement réservés à votre mère ?

— Il n'avait pas l'habitude de lui jouer la comédie. Malgré ce qu'ont pu en raconter les uns et les autres, cette retraite n'avait rien de tactique. Mais revenons au 4 janvier. Ce jour-là, on le sait, après le mariage de ma sœur Elisabeth avec le commandant Alain de Boissieu et leur départ en voyage de noces au Maroc, il décide de prendre une semaine de vacances au soleil avec ma mère. Revenu des Etats-Unis à l'occasion de ce mariage, je retrouve mon père assez démonté. Il me glisse à un moment : « Passé la tourmente, ce malheureux peuple est en train de retourner à la vachardise et à la veulerie qui l'ont fait s'enfoncer en 1940, et il se pourrait bien que je finisse par prendre ma retraite. » J'attribue ces propos pessimistes à la lassitude ou au découragement sans me rendre compte à quel point il songe vraiment à se retirer. Le propriétaire de l'hôtel Négresco, à Nice, lui a prêté une villa à Eden Roc, au cap d'Antibes. C'est là qu'une photo volée le montre regardant la mer du haut d'un rocher comme Chateaubriand. Il en profite pour réfléchir, entre la lecture de deux livres du cardinal de Retz et de Saint-Simon qu'il a emmenés avec lui et une excursion à Tende et à La Brigue, deux des nouvelles acquisitions faites par la France, grâce à lui, en 1945. Le rejoignent sur la côte son frère Pierre et son beau-frère Jacques Vendroux. Pourquoi cette réunion de famille ? Tout simplement parce que mes parents avaient trouvé sympathique d'inviter leurs frères respectifs, présents au mariage d'Elisabeth, à partager ces instants de repos. Ils n'étaient donc pas venus là en conclave, comme on l'a écrit, afin d'aider mon père dans sa réflexion.

— C'est quand même Jacques Vendroux qui a réussi à le convaincre de déposer le harnais...

— Je le répète : personne n'a jamais amené mon père à prendre une décision à lui tout seul. Quand je le revois neuf mois après toute cette affaire, en octobre donc, à mon retour définitif des Etats-Unis, il s'en est beaucoup expliqué. « Dès le 1er janvier, m'a-t-il confié, j'ai pensé : je vais me retirer quelque temps, d'abord parce que j'ai besoin de repos. Depuis sept ans, je suis sur la brèche. Et puis, en prenant un peu de distance, je vais montrer aux Français que mon départ n'est pas un coup de tête, que je ne suis pas, comme ils l'imaginent, un magicien qui, chaque matin, en se levant du pied gauche, annonce un nouvel oracle. Je vais leur faire comprendre que j'ai bien réfléchi. » Car au fond de lui-même, sa décision était déjà prise même s'il ne l'avouait pas. « J'avais fait mon analyse. Elle ne m'était pas favorable. Les Français ne me jugent bon que pour faire la guerre. C'est normal, je suis général. La politique, les problèmes constitutionnels, c'est l'affaire des politiciens, pas des militaires. » Alors, a-t-on raconté, il a demandé leur avis à Jacques Vendroux, son beau-frère, et à son frère Pierre. Pas vraiment. Bien sûr, ils ont débattu de la situation politique avec lui, ce qui était bien normal, et ils ont émis chacun leur opinion. Si Pierre regrettait son intention de tirer sa révérence, Jacques, au contraire, comprenait fort bien les raisons qui l'y poussaient. Mon père les a écoutés et c'est tout. D'autre part, on a laissé entendre à ce propos d'une façon plutôt désagréable que ni l'un ni l'autre n'avaient l'envergure pour discuter avec lui d'un sujet aussi crucial. Il ne faut quand même pas les prendre pour plus bas qu'ils ne l'étaient. Vendroux était le maire de Calais dans les conditions difficiles d'une ville en grande partie détruite et, croyez-moi, il avait l'esprit subtil. Quant à Pierre, il avait été l'un des directeurs de la Banque de l'Union Parisienne, aujourd'hui BNP, qui était avant guerre, souvenons-nous, la plus grande banque d'affaires. On se rappelle qu'il deviendra, dès 1947, président du Conseil municipal de Paris. Il sera réélu quatre fois de suite en un temps où le général de Gaulle n'était plus au pouvoir.

— Votre mère n'était pas un peu pour quelque chose dans cette décision de retraite ?

— A l'entendre, on aurait pu en effet le penser. Plusieurs fois, elle lui a lancé devant moi : « Allez, Charles, vous en avez fait assez. A d'autres de prendre la relève. » C'est ce qu'elle lui répétait à ce moment-là. Mais n'imaginez pas que sa petite voix y a été pour quelque chose, même si elle l'a peut-être cru elle-même. Vous savez, on peut affirmer que, toute sa vie, elle n'a cessé d'essayer de l'encourager à décrocher et elle n'y a jamais réussi. Chaque fois, elle se faisait rabrouer. Je l'entends encore lui rétorquer : « Yvonne, voyons, vous n'êtes pas au courant de tout ce qui se passe ! » Et de la renvoyer à son rôle de maîtresse de maison. A la Libération déjà – elle me l'a avoué –, elle aurait voulu qu'il range son uniforme dans l'armoire et qu'il ne le reprenne plus jamais. Seule avec moi, elle me faisait remarquer : « Regarde comme il est fatigué. Tu ne le vois pas ? Il faut l'inciter à arrêter. Ces années de guerre l'ont usé. La France est libérée, maintenant ses responsabilités ont pris fin. » Et je suis sûr qu'elle m'en voulait de me réjouir de sa présence, rue Saint-Dominique. Aussi, quelle joie fut la sienne, en janvier 1946, quand elle comprit qu'il était enfin décidé à brûler la politesse à la politique. Elle le cachait bien, mais à la maison son air ne trompait personne. Enfin, pensait-elle, elle allait pouvoir le garder sous sa tendre vigilance.

— Jules Moch, le ministre des Transports de l'époque, a raconté dans un livre écrit après la mort de votre père qu'à son retour du cap d'Antibes, le Général lui a révélé avant tout le monde sa décision de quitter le pouvoir. Que faut-il croire ?

— Il n'a jamais été dans les habitudes de mon père de s'entretenir avec une personnalité politique ou militaire à l'occasion d'un voyage en voiture. C'est dans un bureau ou un salon qu'il réservait ce genre d'entretiens politiques. En revanche, il lui arrivait souvent d'échanger quelques réflexions anodines avec un aide de camp. Je dirais donc que Jules Moch a un beau talent de romancier. Peut-on imaginer mon père en train de glisser ses intentions dans l'oreille d'un politicien en lui faisant promettre, comme le raconte Jules Moch, ministre de l'Intérieur, de garder le secret d'une décision qu'il communiquera quelques heures après très officiellement à plusieurs de ses ministres et aux commissaires de la République convoqués à cet effet, et en lui permettant seulement de le partager avec son ami Léon Blum ? Peut-on l'imaginer dans cette voiture, comme on s'est plu à le raconter, mettant sa main sur celle de son interlocuteur – geste ô combien exceptionnel ! – et répondant ainsi à ses sollicitations de rester au pouvoir : « Peut-être avez-vous raison. On ne voit pas en effet Jeanne d'Arc mariée, mère de famille, et qui sait, trompée par son mari ! » Le revoilà réincarné dans la Pucelle ! Tout ce qu'il a bien voulu nous livrer, c'est la surprise qu'il a éprouvée d'apercevoir Jules Moch sur le quai de Maisons-Alfort où il avait demandé que le train s'arrêtât exceptionnellement au retour d'Antibes afin de ne pas tomber sur la presse qui le guettait à la gare de Lyon. Mais il s'est contenté de remercier très brièvement son ministre d'être venu l'accueillir sans être attendu et il a aussitôt continué sa route sans lui. Il est vrai aussi qu'il a prévenu le jour même, 14 janvier, trois de ses ministres, dont celui-là, de son retrait imminent. De là à prétendre que chacun était dans la confidence !

— « A moins d'établir par la force une dictature dont je ne veux pas... », déclare-t-il à ses ministres rassemblés pour leur annoncer son départ. On l'a aussitôt soupçonné de césarisme. Ce système ne l'a-t-il jamais effleuré ?

— Voilà un soupçon qui l'a poursuivi toute sa vie. « Evidemment, ricanait-il, un général ne peut avoir que cette idée derrière la tête ! » C'était déjà pendant la guerre, vous vous en souvenez, la conviction d'un certain nombre de ses opposants français bien à l'abri, à l'ombre des gratte-ciel américains, et c'était celle de Roosevelt qu'ils avaient inspiré en conséquence. Il était donc normal que cette assertion demeurât la rengaine des socialistes et des communistes dès la Libération. Mon père a toujours été très catégorique à ce sujet. Il m'a confié en 1946 qu'il avait « engueulé » Malraux de belle manière après avoir appris qu'il racontait partout, au lendemain même de sa démission, qu'un régime autoritaire était la seule solution et que de Gaulle aurait toute raison de l'imposer. « Quelle inconséquence de sa part ! déplorait-il. C'est bien digne d'un littérateur romantique. » Je me suis toujours demandé s'il n'avait pas regretté d'avoir prononcé cette fameuse phrase qui a fait tant jaser, alors qu'il pensait qu'au contraire elle ferait litière de toutes les idées sournoises qu'on lui prêtait. Je me souviens qu'à la fin de 1968, quand Salazar a quitté ses fonctions au Portugal à la suite d'une hémorragie cérébrale, il a eu cette réflexion : « Une dictature, ça commence toujours bien. Il y a une dynamique qui s'établit et qui écarte le désordre initial. Alors, les gens adhèrent avec enthousiasme. Mais, petit à petit, cela devient irréversible, l'adaptation ne se fait plus et l'on finit par accumuler des antagonismes et des haines. Vient ensuite l'heure où les choses tournent mal. »

— Le Général a démenti dans ses *Mémoires* avoir voulu parler à la radio après sa démission « pour soulever la colère populaire » comme le craignait Vincent Auriol. Mais n'avait-il pas quand même préparé un texte, comme on a cru le deviner ?

— Jamais. Je l'entends en octobre 1946 : « Le silence, voilà tout ce qu'ils méritaient. » Il pensait que ce projet d'allocution radiophonique avait encore pour origine les « ratiocinations » de quelqu'un comme Malraux qui fréquentait tous les salons parisiens. Je suppose qu'il fut aussi l'une des raisons de sa réprimande. Alors, Jacques Fauvet a publié dans *Le Monde* un texte en prétendant que mon père en était l'auteur et qu'il s'agissait du projet en question. Et quel texte ! Une parodie des appels du 18 et du 22 juin 1940 avec parfois les mêmes expressions, comme par exemple, « l'honneur, le bon sens, l'intérêt de la patrie ». Un véritable appel aux armes à destination, était-il écrit, des « mille forces immenses qui se lèvent pour écraser les ennemis de la liberté ». Mon père et son entourage direct n'ont jamais pu attribuer ce texte à qui que ce fût. Etait-il sorti de la tête échauffée d'un militant gaulliste ou au contraire de la plume mystifiante d'un séide socialiste ou communiste ? Toujours est-il qu'il fut répandu sous la forme d'un tract et qu'il donna consistance aux bruits selon lesquels le Général préparait son 18 Brumaire. Je dois ici saluer le souci de la vérité manifesté par le journaliste Jean Lacouture dans son livre sur mon père. Il n'a pas peur de donner tort à son confrère du *Monde*, journal auquel il a très souvent collaboré lui-même, en remarquant combien par son outrance ce pastiche tendait à accréditer un démenti du Général. Il ne le voyait pas en effet osant comparer la situation de 1946 avec celle de juin 1940 et mettant en parallèle les traîtres de la guerre avec les leaders socialistes.

— Votre père révèle dans ses *Mémoires de guerre* avoir songé un moment à gagner « quelque contrée lointaine ». Savez-vous laquelle ?

— Ma mère m'a en effet assuré qu'il a effectivement pensé à s'éloigner un peu de Paris, et cela avant de quitter l'appartement de la porte de Madrid pour Marly-le-Roi où il a loué à l'Etat un pavillon de chasse. Mais elle ne se souvenait pas l'avoir entendu projeter quelque voyage à l'étranger. Il avait surtout besoin de repos, et pour ce faire, un déplacement lointain n'aurait pas été la meilleure formule. Ce qui l'ennuyait, c'était, faute de pouvoir rejoindre Colombey inhabitable car en pleins travaux, d'être forcé de demeurer près du microcosme politico-médiatique au moment même où il subissait, comme il l'a écrit, « un déferlement d'invectives et d'outrages ». Et d'un autre côté, il estimait qu'une absence de la France, même momentanée, aurait pu signifier une fuite devant les attaques et une échappatoire devant les demandes d'explication. Alors, on a parlé de son intention de s'établir au Canada. Ni plus ni moins de s'exiler ! Cela aurait bien arrangé « tout ce qui grouille, grenouille, scribouille ». La vérité, c'est que très amicalement, le général Georges Vanier, ambassadeur du Canada à Paris et ancien de la guerre de 14, l'avait invité à venir se reposer dans son pays en attendant des jours meilleurs. Mon père l'a remercié chaleureusement en déclinant son offre. Il m'a demandé de porter moi-même sa lettre à l'ambassade canadienne car il tenait à ce qu'elle arrivât au destinataire en mains propres. Toujours est-il que Louis Vallon, qui aimait la plaisanterie, a prêté à ce sujet à mon père un couplet de son invention où il dit à ma mère : « Nous vivrions dans une cabane de rondins, au bord d'un lac. Je chasserais le caribou et j'apprivoiserais des rennes. Je pêcherais des poissons, et vous,

Yvonne, vous les feriez cuire. Et puis, un jour où j'aurais bu trop d'eau de feu, je me ficherais dans le lac. » Lorsque cette calembredaine est tombée sous les yeux de mes parents, un petit sourire a fleuri sur les lèvres de mon père et un hochement indulgent a fait bouger les épaules de ma mère.

— L'aide de camp Claude Guy fait état d'une longue conversation que vous auriez eue en sa présence avec votre père après sa démission au sujet de son avenir. Comment voyait-il cet avenir ?

— Comme je vous l'ai dit, lorsque j'ai retrouvé La Boisserie à l'automne 1946, il est revenu plusieurs fois avec moi sur le sujet de sa démission. La conversation dont fait état Claude Guy est encore très claire dans ma mémoire. Le matin même, ma mère s'était occupée de cueillir des fleurs dans le jardin afin d'aller fleurir l'église avec Augustine. La Toussaint approchait. C'était ce qu'elle faisait chaque année. Elle avait de la correspondance en retard. C'est pour cette raison qu'elle était présente après le déjeuner dans la bibliothèque. Délaissant son stylo un instant, elle s'est jointe à notre conversation. En général, je le répète, elle s'abstenait d'ajouter son mot quand on parlait politique. Cette fois, elle a osé le faire, et très vite elle a agacé mon père, mais pas autant que le raconte Claude Guy. Comme je lui suggérais de fonder un parti, seule solution pour venir à bout des autres partis et surtout des communistes, elle qui souhaitait tellement qu'il ne revienne jamais au pouvoir a aussitôt essayé de démontrer combien cette initiative serait vouée à l'échec. Il l'a alors rabrouée et elle n'a pas insisté. Jusque-là, je ne l'avais jamais entendu parler de son avenir politique depuis mon retour des Etats-Unis. D'ailleurs, en avait-il un ? Chaque fois que nous abordions la situation politique, il faisait comme si tout cela n'était plus son affaire. Il lâcha même un jour : « Je n'ai plus que mes Mémoires pour ambition, et crois-moi, ils m'occupent ! » Cette fois, par la réponse qu'il fit à ma suggestion, je compris que son ambition ne se bornait pas à sa plume. Non qu'il attendît avec impatience, comme il a été écrit bien souvent, le moment de répondre à l'appel au secours d'un régime aux abois, mais parce qu'il savait que les événements finiraient un jour par l'arracher contre son gré à la solitude comme la tempête emporte un bateau amarré à un corps mort. « A ce moment-là, me confia-t-il, ce ne pourrait être qu'à mes conditions. On devra accepter ma Constitution (il frappa sur le “ma” comme avec un marteau). Les partis n'auront plus qu'à bien se tenir. J'aurai mes hommes. » Je compris alors qu'il ne rejetait pas forcément la suggestion que je lui avais faite de fonder un parti. Ma mère, qui s'était remise à écrire sur son secrétaire, secouait la tête d'un air désapprobateur entre deux lignes tracées à grands traits d'une main nerveuse.

— En avril 1947, c'est la fondation du Rassemblement du Peuple Français (RPF), en quelque sorte la réalisation de vos propres souhaits. Comment expliquait-il cette décision, lui qui se refusait à entrer dans la « combinaison des partis » ?

— Laissez-moi d'abord vous raconter comment je le retrouve à Colombey en cet été ensoleillé de 1947. Il est partagé entre une sorte d'euphorie fébrile et une profonde inquiétude. Il m'entraîne aussitôt dans un tour de jardin à grandes enjambées. La nature est partout florissante. Quel contraste avec ce pauvre jardin en friche que nous avons connu il y a un an ! Mais seules l'intéressent la croissance rapide du RPF et les menaces qui s'accumulent à l'horizon : la guerre froide, les intentions guerrières de l'URSS et les grèves insurrectionnelles fomentées par la CGT. Il lâche : « Tu fais bien de te marier vite [mes fiançailles auront lieu prochainement] car nous sommes bons pour la guerre. Guerre mondiale. Guerre civile. Le RPF devient une véritable force politique. Il est grand temps. » J'ose lui faire remarquer qu'il est arrivé à retenir mes suggestions. Il coupe : « Le RPF n'est pas un parti. S'il en était un, nous lutterions contre les autres partis politiques et nous serions exclusifs. Nous ne rassemblerions pas les Français mais uniquement des militants. » Il m'explique alors pourquoi il n'a pu rester inactif. « Regarde les sacs de lettres qui s'accumulent ici. Il y en a plus encore à notre nouveau siège, rue Taitbout. Toutes me supplient : "Il faut que vous sauviez la France une nouvelle fois." Même les communistes m'écrivent de cette façon. Et tu as vu les grèves et la situation internationale ? (Il me montre le jardin et la maison que la vigne vierge commence maintenant à habiller.) Non, je ne pouvais pas rester ici dans mon fauteuil. Nous devons repartir de zéro. » Il me parle ensuite de ses discours de Bayeux, de Bruneval et de Strasbourg, puis de la cérémonie du 18 juin au mont Valérien, de toutes ces foules qui crient « Vive de Gaulle ! ». Je lui demande : « Et Maman, qu'en pense-t-elle ? » Il fait une moue flegmatique qui se transforme par un sourire : « Tu le sais bien, elle m'a toujours suivi partout. »

— Comment se passe cette « traversée du désert » ? Et d'abord, d'où vient cette expression ?

— Des médias. Mais il n'y a pas image plus fausse. Je le revois en décembre de cette même année alors qu'il fait un froid de loup. C'est un défilé permanent à La Boisserie et à l'hôtel La Pérouse, son point de chute parisien. Je m'entretiens surtout avec ma mère. Lui n'a qu'une préoccupation : la politique. Il monte vite passer un petit moment avec Anne dans sa chambre, puis redescend rapidement pour écouter le dernier bulletin d'information à la radio ou lire les journaux. Caressant Poussy, son chat angora, ma mère soupire : « Il n'a plus une minute à lui. Ce soir, Malraux débarque. Il va l'entraîner encore jusqu'à quelle heure de la nuit ! Tu devrais lui dire de se ménager. Moi, j'ai tiré l'échelle. » Mais comment faire ? Adieu ses Mémoires. Déclarations et discours mobilisent sa plume. Interdit d'antenne par le pouvoir (il le sera jusqu'en 1958 !), c'est sa seule façon d'exister. S'il a été absent à la tête de l'Etat de 1946 à 1958, il n'a jamais cessé, pendant cette période, d'être au cœur de l'actualité, surtout entre avril 1947, début du RPF, et fin juin 1955, sa dissolution. Après cette date, l'image du « désert » est plus vraie, bien qu'il ait continué à compter dans la politique française. Au temps du RPF, il fallait voir avec quel enthousiasme il va, avec ses compagnons d'alors, Jacques Baumel, André Malraux, Rémy, Pierre de Bénouville, Christian Fouchet, Jacques Soustelle (qui le quittera au moment de l'affaire algérienne), littéralement « labourer » la France du nord au sud. Il ricane : « Ils m'ont retiré mes bons d'essence en imaginant qu'ils vont m'empêcher d'aller à la rencontre des Français, mais à Paris et en France, tout le monde veut remplir notre réservoir ! »

— Votre mère le suivait encore ?

— Et comment ! Pas un endroit où elle a voulu le laisser seul. Elle tenait tellement à veiller sur lui ! A la fin, elle y a même pris goût. Ils descendaient toujours chez l'habitant, un sympathisant possédant une maison bourgeoise. Car pour des raisons de sécurité ou de discrétion, mon père fuyait l'hôtel. Il faut savoir que les autorités le privent de toute protection officielle. Alors, rompant avec les propos politiques du Général, mais sans pour autant le perdre d'un œil, elle s'intéresse aux problèmes de leur hôtesse, parle avec elle de ses enfants et de ses soucis quotidiens, ou du dernier tricot auquel elle s'adonne. Entre deux étapes, on déjeune parfois sur l'herbe quand le temps le permet, toujours à l'abri des regards, et mon père croque les sandwiches de ma mère avec un bel entrain tout en évoquant l'histoire personnelle qui le rattache à la région traversée. Jacques Baumel, qui est de quelques randonnées, se souvient avec émotion de ces scènes bucoliques où mon père lui demandait, par exemple, assis sur un pliant, une serviette à carreaux sur les genoux : « Vous reprendrez bien un œuf dur, Baumel ? » Et lui : « Certainement, mon général. » Quand mon père monte sur les estrades pour haranguer le bon peuple, ma mère va visiter l'asile de vieillards le plus proche, la maternité ou les bonnes sœurs. Sans s'en rendre compte, elle apprend déjà son rôle de première dame de France... Elle m'avoua plus tard que ces balades en France profonde avaient fait beaucoup de bien à mon père. « Elles l'aidaient à mieux comprendre les gens, car jusqu'à présent, quel contact avait-il avec les Français mis à part nos voisins à Colombey ? Cela le changeait de ses conversations avec Churchill et Roosevelt ! » Je le retrouve en septembre 1948 au monument aux morts du débarquement à Toulon. Je suis venu en civil car les militaires n'ont pas le droit d'assister à une réunion politique. Il veut savoir comment se comportent les gens, ce qu'ils disent, et comment porte sa voix d'où je me trouve. Il est au mieux de sa forme. Je suis heureux pour lui. Je l'avais senti si atteint, sept mois auparavant, malgré son impassibilité, devant la tombe du cimetière du village où l'on avait enterré ma pauvre petite sœur infirme. Là, au milieu des Français, il revit. Il consacre également beaucoup plus de temps à sa famille. A l'automne 1949, par exemple, il vient nous surprendre dans la presqu'île de Crozon, aux confins du Finistère, où je suis l'officier en second de l'escadrille de l'Ecole navale. Nous habitons une petite villa sur la colline de Morgat. Quelle joie nous donne l'apparition de mes parents dans cet endroit où la vie est particulièrement austère pour les familles de marins ! La bonne humeur de mon père fait plaisir à voir. Il consent même – chose rare ! – à se laisser prendre en photo[1] sur le balcon avec ma mère, Henriette tenant le petit Charles dans ses bras, et moi.

— Mais le 13 septembre 1955, rien ne va plus. C'est la dissolution officielle du RPF. Quand avez-vous compris que tout cela ne l'amusait plus ?

— A partir de son opération de la cataracte en décembre 1952. Ma mère m'a fait cette confidence : « Curieusement, à sa sortie de clinique, on a l'impression que quelque chose a cassé en lui. » Le mois suivant, Jacques Soustelle, chef du groupe RPF à l'Assemblée, accepte d'aller voir à l'Elysée le président Vincent Auriol qui veut lui proposer de former un gouvernement. La fureur de mon père est à son comble. « Le RPF à la soupe ! Il ne manquait plus que ça ! » Ma mère me contera plus tard : « Ce soir-là, il ne faisait pas bon se mettre dans ses jambes. Rase-mottes s'en souviendra. » (Il s'agit du corgi qui a remplacé Vincam ["Je vaincrai"], le rejeton du chien-loup de Hitler donné à l'amiral Paul Ortoli qui en a fait un chien de garde, parce qu'il devenait agressif.) Défaites électorales, zizanies et dissidences qui se

1. Cette photo figure sur la couverture de ce livre.

succèdent au sein du Rassemblement vont maintenant achever de le décourager. En septembre 1953, en permission à Colombey, je sens venir l'enterrement du mouvement. Lors d'une promenade dans le jardin, il me confie d'ailleurs : « Je vais annoncer bientôt la fin de toute participation électorale du RPF. Nous ne participerons plus aux activités de l'Assemblée nationale. Les apparentements et autres magouillages nous ont fait perdre les élections et ont mis fin à toute activité politique honnête. » Je risque cette question : « Vous mettez la clef sous la porte ? » Il répond : « Non, la clef reste dans la serrure. » Il n'a pas voulu s'expliquer davantage. Mais il est plus prolixe quand je le retrouve quelques mois plus tard, en mai 1954, alors qu'il vient de recevoir en ma présence le général Catroux qui est venu lui rendre compte à titre privé et confidentiel des résultats de l'enquête que le gouvernement de Pierre Mendès France lui a demandé de conduire sur le désastre de Diên Biên Phu. Un désastre qui l'a rendu sombre et irritable. « Lamentable ! » répète-t-il un peu plaintivement comme s'il souffrait de quelque douleur physique. Peu après, changeant de sujet, il enchaîne : « Le RPF, pour moi, c'est fini. Il faut attendre encore avant de l'annoncer officiellement car il y a le problème financier. Il nous faut apurer notre compte et cela demande du temps. (Il a son rire de gorge.) Que veux-tu ! Les Français n'ont plus la trouille. Le "grand soir" ne hante plus les esprits. (Un sourire l'illumine.) Voici maintenant une nouvelle plus encourageante : mes *Mémoires de guerre* sortent en octobre. Mais il ne faut pas le dire pour le moment. » Ma mère ne le montre pas, mais, je le sais, elle est tout en joie.

— A-t-elle applaudi à l'apparition du « désert » ?

— Un désert bien peuplé ! Il faut qu'elle fasse le barrage et elle n'y parvient guère. Tout le monde veut venir le voir : Malraux, Vallon, Debré, Palewski, des universitaires, des industriels, des généraux, des éditorialistes français ou étrangers, des politiques, des militants... Il est embarrassé : « Je ne peux quand même pas mettre à la porte tous ces gens qui m'ont suivi ! » La famille aussi veut rappliquer. C'est logique : on le dit amer, déprimé. Il faut venir le consoler ! Ma mère doit se gendarmer notamment contre ma tante Marie-Agnès qui veut forcer la porte. Déprimé, mon père ? Allons donc ! Il se partage entre La Boisserie, l'hôtel La Pérouse et la rue de Solferino. « Ça continue ! » soupire ma mère de temps en temps en rongeant son frein. On sent son énervement au rythme accéléré que prennent ses aiguilles à tricoter. Mais il l'entraîne dans une série de voyages au soleil : Polynésie, Nouvelle-Calédonie, Martinique, Guadeloupe. Elle adore l'avion, la découverte de pays lointains. Elle vit d'heureux moments. « Peut-être parmi les plus heureux », m'avouera-t-elle beaucoup plus tard quand il ne sera plus à ses côtés. Un soir, mon père nous propose : « Si nous allions au cinéma ? » Il voudrait voir les *Dix Commandements* de Cecil B. de Mille dont on parle tant. Il n'a plus mis les pieds dans une salle de cinéma depuis l'avant-guerre. Après le dîner, les hommes – car ma mère et ma sœur préfèrent rester chez elles –, mon père, mon beau-frère Alain de Boissieu, le commandant de Bonneval, aide de camp, et moi-même, nous partons donc à pied en direction des Champs-Elysées par la rue de Presbourg où il ne passe pas grand-monde. Arrivés au cinéma Normandie, nous entrons par la porte arrière. Nous y sommes accueillis par le directeur que nous avions prévenu et qui nous conduit furtivement aux derniers rangs des fauteuils après extinction des lumières. Nous nous esquivons deux minutes avant la fin du film et regagnons l'hôtel La Pérouse à pied comme à l'aller. Personne n'a reconnu mon père. Il est ravi. Il aime tellement le cinéma ! Et il a pu enfin en profiter comme Monsieur Tout-le-Monde. A La Boisserie, il s'est attelé au deuxième tome de ses Mémoires tout en continuant à suivre l'actualité, mais c'est sans regret qu'il a fait son deuil de la politique : « Tout cela n'est plus mon affaire, proclame-t-il, à moins qu'un jour le sursaut ne vienne de l'inquiétude... mais ce sera trop tard ! Je ne serai plus dans le coup et ce sera tant mieux ! » Dans son dos, en regardant les nuages, ma mère a soupiré quelque chose comme : « Que le Ciel l'entende ! »

29

UN HOBEREAU SUR SES TERRES

« Cette partie de la Champagne est tout imprégnée de calme ; vastes, frustes et tristes horizons ; bois, prés, cultures et friches mélancoliques... »

Mémoires de guerre.

Rares sont les visiteurs de La Boisserie qui ne sont pas étonnés par la modestie de la maison et l'austérité de l'endroit. Le caractère ingrat de la région et la rigueur de son climat sont des aspects plutôt rebutants. Pourquoi le Général a-t-il choisi de s'installer là ?

— D'abord, cette gentilhommière correspondait à ses moyens et il avait donc la possibilité de l'acheter en viager. En plus, Colombey-les-Deux-Eglises était au lieu géométrique de toutes les garnisons possibles, et il n'envisageait pas de s'enfermer dans une ville militaire telle que Metz ou Nancy, où il aurait été constamment dérangé, où il n'aurait pu vivre calmement et travailler. Il aurait seulement souhaité que ce fût un peu plus loin vers le Sud-Ouest. Un peu plus loin des possibles champs de bataille. Mais bon, c'était celle-là. Et puis, en 1918, les Allemands n'étaient pas allés jusqu'en Haute-Marne. Il avait l'espoir d'être tranquille, même pendant la guerre, au moins dans un premier temps. Et puis, mes parents devaient penser à ma petite sœur infirme, Anne, qui, ne pouvant guère sortir dans une ville, y vivait difficilement. Ils envisageaient de l'installer à la campagne. L'endroit lui a plu tout de suite parce qu'il aimait les grands espaces et la forêt. Les officiers de l'armée de terre aiment ce genre de paysage. Et quoi qu'on dise, la région a son charme. Et puis, il recherchait la sérénité de la France profonde, loin de Paris, de leur petit appartement du boulevard Raspail. Quant au climat, il le trouvait peut-être un peu rude au départ, mais il a fini par s'en accommoder. N'oublions pas qu'il n'était pas un homme du soleil. La brume, le crachin ne lui faisaient pas peur. Il était né dedans à Lille.

— Comment ont-ils trouvé cette maison ? Ont-ils dû chercher longtemps ?

— Ils ont tourné et retourné dans la région. Leurs recherches ont duré deux ans. Ils ont visité quantité d'autres propriétés. Jusqu'au jour où ils tombent sur une petite annonce – d'aucuns disent dans *L'Echo de Paris*, c'est possible, mais ce n'est pas sûr, car ils consultaient tous les journaux qu'ils pouvaient – dont le libellé les séduit sur-le-champ. Elle décrit une propriété qui s'étend sur deux hectares et demi de prés et de bois touffus, d'où le nom de Boisserie, avec un corps de bâtiment comprenant douze pièces dont trois au rez-de-chaussée pour la salle à manger, le salon et la bibliothèque, et six chambres au premier étage. Une tour viendra s'ajouter plus tard sur le côté est. C'est là que mon père installera son bureau. Ce qui a plu tout de suite à mes parents, c'est qu'il n'y avait pas d'étendue d'eau ni de rivière aux abords de la maison. Seulement une mare entre deux vieux peupliers qu'ils firent aussitôt combler car ils craignaient toujours pour la sécurité d'Anne qui était totalement inconsciente du danger. Quand mon père a vu La Boisserie pour la première fois, ce qu'il a d'abord apprécié, c'est l'isolement dans lequel elle se trouvait et la forêt que l'on pouvait apercevoir dans le lointain. « Là, a-t-il fait savoir à ma mère qui se souvenait de son grand sourire, personne ne viendra nous chercher. » Et à moi : « Nous sommes dans la France rugueuse des Langons qui ont repoussé César, où Napoléon a mené sa dernière campagne de France en 1814, où les gens ne font pas de discours, sont brefs. » Le seul petit problème, c'était quand même la liaison difficile avec Paris.

— Combien de temps vos parents mettaient-ils pour se rendre à Colombey ?

— A l'époque, cinq ou six heures en chemin de fer. Car ils n'avaient pas de voiture. On faisait Paris-Troyes-Chaumont si l'on prenait la ligne de Belfort. Mais si l'on voulait arriver plus près de Colombey, on devait changer à Troyes ou à Culmont-Chalindrey, descendre à Bar-sur-Aube, puis faire les onze kilomètres restants dans un des rares taxis existants. Il y avait bien un bus à Chaumont-en-Bassigny et à Bar-sur-Aube, mais avec Anne, ce n'était pas possible. On aurait dérangé tout le monde. Il est arrivé à mes parents de louer les services du « père » Gadot, le garagiste et mécanicien agricole de Colombey. Il était le seul, vous le savez, à posséder une voiture, à l'époque une B 14, avec le médecin du village.

— Alors, le jour où ils sont arrivés pour la première fois à Colombey ? Racontez-moi...

— J'étais avec eux. C'était le 14 juillet 1934. Deux mois auparavant, mon père venait de publier *Vers l'armée de métier*, son troisième ouvrage, et je suppose que c'est cela qui lui a permis de se décider à se lancer dans cette acquisition. On a débarqué du véhicule avec les bagages les plus indispensables et une malle remplie de draps. C'est le « père » Louis Poulnot qui nous a accueillis. Ce brave homme tenait l'auberge du Cheval-Blanc dans le village et la précédente propriétaire de La Boisserie lui avait laissé les clefs depuis qu'elle avait conclu la vente. La maison était sommairement meublée. Elle n'avait rien d'amène. Colombey non plus. « Sur cette vieille terre rongée par les ans, rabotée de pluie et de tempête », on pouvait même dire qu'il ne payait pas de mine. C'était l'époque où personne en France ne se souciait de l'esthétique à la campagne. Fumier devant les portes, murs bancals, volets fatigués donnaient un air plutôt pauvret à cette commune pourtant non dépourvue de charme avec sa vieille église et ses arbres séculaires. Si les visiteurs d'aujourd'hui ne voient plus rien de tout cela mais au contraire un village propret et même coquet, c'est grâce à un admirateur passionné de mon père, Jean-Claude Decaux, le roi mondial du mobilier urbain. En 1971, il a refusé une maison du XVIIIe siècle qu'on lui proposait à dix kilomètres de là pour installer sa résidence secondaire à Colombey-les-Deux-Eglises. Et consciencieusement, il a contribué à restaurer et à embellir ce bourg, souvent avec ses propres deniers, afin, proclamait-il, « qu'il soit digne du grand Français qui l'a habité et aimé ». En 1934, rien donc ne pouvait séduire les nouveaux arrivants que nous étions malgré le grand soleil de ce mois de juillet. Ma mère ne soufflait mot. Ma sœur et moi gardions le même silence. Nous n'avions pas à donner notre avis. Il est évident que si mon père avait disposé de plus de moyens, il aurait choisi une propriété plus confortable. Nous devions nous en contenter. L'électricité était en cours d'installation. Nous avons bénéficié de la lumière électrique dès les premiers jours, mais pas de l'eau courante. Le château d'eau n'était pas encore construit sur la colline. Pendant deux ans, il fallait pomper l'eau d'une citerne dans le jardin. L'été suivant notre installation, on a connu une telle sécheresse que ma sœur et moi devions aller chercher l'eau à un abreuvoir municipal situé à cinq cents mètres de là en poussant une vieille voiture d'enfant sur laquelle nous avions posé une lessiveuse.

— Que pensait votre mère de cet inconfort ?

— Tout cela évidemment ne l'enchantait guère, mais elle s'en accommodait. Vous le savez, elle s'est toujours adaptée à toutes les situations. Quand on épouse un officier, on y est bien obligé. Mon père ne passait pas beaucoup de temps à Colombey. Il ne disposait que de quinze jours de permission par an. Il y est venu plus souvent quand il s'est trouvé affecté du côté de Sarrebourg dans l'armée d'Alsace-Nord. J'allais le chercher en voiture avec le garagiste à l'arrêt de Jonchery, avant Chaumont. C'était une grande joie de le voir débarquer du train en uniforme. A la maison, ma mère préparait son retour comme il se devait. Quand on rentrait, ça sentait bon. Des fleurs égayaient le salon. Et au moindre retour des frimas, le feu crépitait dans la belle cheminée lorraine décorée de carreaux de faïence. Mais après un jour ou deux, mon père repartait vite vers son unité et la vie perdait un peu de son sel. Au début de l'été, dès la deuxième année, nous allions passer un mois au bord de la mer, soit à Bénodet, près de Pont-l'Abbé, et, la dernière année avant la guerre, à Carantec, dans le Finistère. On retrouvait là les membres de nos familles qui venaient de leur ville ou de leur campagne. Mais l'air marin n'était pas très bon pour ma sœur Anne. Ça l'énervait. Par contre, le climat de Colombey lui convenait parfaitement. Cet aspect des choses a certainement pesé beaucoup dans la décision de mon père de se fixer à cet endroit, en plus de la tranquillité qu'il recherchait. Malheureusement, août 1939 arrive...

— Et les premiers bruits de bottes...

— Quel été ! Nous sommes à Colombey en vacances. En fait, depuis l'affectation de mon père dans l'Est, nous n'avons plus d'autre domicile. Nos meubles parisiens sont au garde-meuble. Il vient nous voir rapidement le 25 août. Il est à ce moment-là à l'état-major de l'armée d'Alsace devant la Sarre, à Wangenbourg, dans les Vosges. Il a le visage des mauvais jours. Il nous informe de la signature du pacte d'assistance germano-soviétique et nous déclare, très soucieux : « Maintenant, nous sommes sûrs d'avoir la guerre. » Ma mère fait face, mais je sais à quoi elle pense : au bombardement de Calais en 1914, à son repli en Angleterre devant l'invasion allemande. Nous voyons repartir mon père avec anxiété. Pour ma part, j'ai en plus une certaine gêne, car je viens de m'opposer à lui pour la première fois de ma vie. Parce que, en passant par Paris, il m'a inscrit à mon insu à la faculté de droit et à l'Ecole des sciences politiques en pensant que je devrais m'orienter vers une carrière plutôt diplomatique au regard des résultats encore indécis de mes examens et de mon défaut de résistance physique. Le professeur de médecine Dujarric de la Rivière, vieil ami de la famille, a décrété, sans même m'examiner, que je n'avais pas « le physique de l'emploi » (*sic*) pour faire une carrière militaire. Je suis frappé de stupeur, puis de colère. Mon père sait que j'ai toujours voulu entrer à l'Ecole navale. Dans ce but, j'avais choisi, au collège Stanislas, de faire à la fois mathématiques et philosophie. Alors, retrouvant mon calme, je lui ai signifié le plus poliment possible que je ne souhaitais pas devenir diplomate, que je voulais faire carrière dans la marine comme je l'avais toujours prévu.

— Il a dû être furieux ?

— Je m'apprêtais à subir sa mauvaise humeur, mais il a gardé son impassibilité et il n'a pas fait d'objection. Il a laissé simplement tomber d'une voix égale : « Bon, tu verras à la rentrée ce que tu peux faire. » En réalité, il avait une arrière-pensée : celle que la guerre bouleverserait de toute façon mes études parce que ma classe allait être mobilisée. Et ensuite, eh bien ! on pourrait en reparler... Dès la rentrée, après être allé repasser à Dijon, l'université la plus proche de Colombey, les épreuves de philosophie qui complétaient celles de mathématiques déjà acquises en juillet à Paris, je suis rentré à Stanislas et ma sœur à Notre-Dame-de-Sion, évacuée aux environs de Paris, et me suis inscrit à la préparation militaire supérieure au fort de Vincennes. Ma mère et ma sœur Anne sont restées à La Boisserie avec la gouvernante, Marguerite Potel, jusqu'au moment où, l'invasion de mai 1940 arrivant, mon père lui a fait savoir qu'il valait mieux quitter la région et se réfugier chez ma tante Suzanne à Rebréchien dans le Loiret. Ma mère a donc fermé la maison et remis les clefs au père Poulnot, l'aubergiste. Elle n'a pris que les affaires nécessaires pour passer des vacances ou un séjour. Elle n'imaginait pas qu'elle pourrait ne pas y revenir. Le village n'était pas évacué. Il ne l'a d'ailleurs jamais été. Nous avons assisté à la réquisition des chevaux et à la mobilisation des gens, mais personne ne pensait que les Allemands arriveraient jusque-là, car ils n'y étaient pas parvenus en 1914.

— Mais, cette fois-ci, ils ont réussi... Que devient alors La Boisserie ?

— Dès que mon père est condamné à mort et à la confiscation de ses biens par un tribunal militaire siégeant le 3 août 1940 sur ordre du gouvernement de Vichy à Clermont-Ferrand, elle a été mise en vente publique. Mais personne ne s'est présenté pour l'acheter. Le désordre était tel, avec des millions de gens sur la route, que l'on n'avait pas l'idée d'acquérir quoi que ce fût à ce moment-là. Ouverte d'office, la maison a d'abord recueilli des réfugiés qui venaient d'on ne sait où, peut-être de Belgique. Puis, rapidement, les Allemands l'ont transformée en relais d'étape pour les troupes de passage. Tout le mobilier a disparu. Elle a ainsi servi de casernement jusqu'en septembre 1944. En partant, les occupants y ont carrément mis le feu après avoir brûlé pour se chauffer une partie de l'escalier, les portes, les fenêtres et les volets. Quand mon père est revenu en France en 1944, une lettre recommandée de la compagnie d'assurances La Confiance (« assurances contre l'incendie et les explosions ») lui est parvenue à Paris on ne sait comment. Elle avait été adressée à « M. de Gaulle » à Colombey-les-Deux-Eglises, le 8 avril 1941. Elle était ainsi libellée : « Nous avons l'honneur de vous rappeler que la prime de votre police n° 47 258, échue le 5 décembre 1940, n'a pas été acquittée. En conséquence, nous vous invitons à en effectuer le paiement, en y ajoutant le coût de la présente, dans le délai de vingt jours, faute de quoi, l'effet de l'assurance sera suspendu à l'expiration de ce délai, et vous n'aurez droit, en cas de sinistre, *à aucune indemnité.* (...) » En *nota bene*, cette délicieuse mention était ajoutée : « Rapporter cette lettre en venant à la caisse » !

— Votre père a-t-il eu des nouvelles de sa propriété pendant qu'il était à Londres ?

— On ne voit pas comment il aurait pu en avoir. Il n'avait même pas de nouvelles des membres de sa famille restés en France sauf, miraculeusement, une ou deux fois, avec beaucoup de retard. Lui comme ma mère imaginaient bien dans quel état ils allaient retrouver leur maison. Ils avaient l'expérience de la dernière guerre. Mais ils refusaient d'en parler. Un jour, seulement, à Londres, au début, j'ai entendu ma mère évoquer avec nostalgie ses roses de Colombey avec une voisine anglaise. Ils n'ont pas su ce qu'était devenue La Boisserie avant que je n'y remette moi-même les pieds en septembre 1944. Car le hasard des opérations a fait que la colonne de la division Leclerc engagée à la poursuite des Allemands vers les Vosges, à laquelle mon unité de fusiliers marins était intégrée, devait passer justement par cette région. Le 9 septembre, quittant mon groupement de reconnaissance avec deux jeeps armées chacune d'une mitrailleuse légère et d'un poste radio, j'arrive à Colombey par la petite route qui contourne la « montagne » (trois cent soixante mètres !) vers la place de l'Eglise. Frappé de stupeur en me voyant devant lui, le père Poulnot m'accompagne jusqu'à La Boisserie. Le spectacle est désolant. Plus un meuble, plus un objet, rien. Des ruines, des gravats, des ordures. Le feu a ravagé tout ce qui était en bois sauf une partie du toit, et deux murs d'angle à l'ouest ont été ce qu'on appelle « flambés » et sont donc à reconstruire. Malheureusement, le balcon de poutres massives sur la façade de ce côté-là, que nous trouvions affreux, est demeuré presque intact. Le parc est en friche et labouré d'ornières dues à de multiples passages de voitures. Je pense à mon père qui avait mis là toutes ses économies, et à ma mère, à ses napperons sous les lampes, à son linge brodé, à ses rideaux épais... La première mesure à prendre est évidemment de mettre la maison hors d'eau, c'est-à-dire de réparer le toit et de reposer des fermetures et des croisées. Pour ce faire, je rédige un billet à des entrepreneurs de la région qui se sont jadis occupés de la maison et je demande au père Poulnot de suivre l'exécution de la commande pour le compte du général de Gaulle, au ministère de la Guerre, 14, rue Saint-Dominique à Paris. Tout cela s'est déroulé en une demi-heure, parce que la guerre n'attend pas. Plus tard, aussitôt que possible, j'envoie un petit mot à mon père pour l'avertir que je suis passé par La Boisserie et que, vu son état, j'ai demandé de la mettre hors d'eau.

— Quand il a su dans quel état elle était, il n'a pas eu envie de l'abandonner carrément ?

— Il n'aurait plus manqué que ça ! Cette idée n'a jamais effleuré ni mon père ni ma mère. Je me souviens qu'il m'a confié à Paris, au lendemain de la Libération, avant que je ne parte en stage aux Etats-Unis : « Colombey me manque. Je ne me vois pas vivre ailleurs. J'espère que les travaux sont bien engagés. » La Boisserie était sa seule racine en France, le seul pied-à-terre fixe qu'il ait jamais eu, le seul vrai domicile qu'il ait jamais possédé depuis qu'il avait quitté ses parents. Et puis, ne serait-ce que pour le principe, il devait récupérer son bien, comme tous les Français, après cette dépossession par l'ennemi du patrimoine national. Mais il lui a fallu attendre deux ans avant que cela soit possible. Dès qu'il a pu, il a envoyé l'officier qui était chargé de son intendance à son état-major, rue Saint-Dominique, à son tour sur place pour constater les dégâts et lui fournir des renseignements précis sur les travaux de restauration à accomplir et faire des photos. Je vis d'ailleurs ces photos entre les mains de mon père lors d'un saut que je fis à Paris en janvier 1945, alors qu'on était encore en opération en Alsace, pour prendre un renfort de fusiliers marins et compléter notre matériel. Mes parents habitaient près de la porte de Madrid. Mon père m'a demandé mon avis sur les plans qu'il avait fait établir.

— Il s'est donc occupé lui-même de la reconstruction ?

— Il n'avait guère le temps de s'y attarder. Il faisait confiance à l'intendant militaire Peraldi, ancien FFL, qu'il avait chargé des travaux, mais c'est lui-même qui a pris le rôle de l'architecte. Des différents plans, il ressortait qu'il fallait carrément reconstruire une partie de la maison. Alors, il m'a annoncé : « Puisque nous sommes obligés de modifier autant de choses, nous allons enlever cette espèce de double balcon en bois qui est de ce côté-là – il l'avait rayé d'un coup de crayon – et je vais me faire ajouter une tourelle dans l'angle, en moellons, pas en pierre de taille, c'est trop cher, et j'y installerai mon bureau. » Il a envisagé aussi de rehausser l'aile opposée qui s'avance vers le sud, mais les fondations ont été jugées trop faibles et le prix beaucoup trop élevé. Et il a fait cette observation : « La France est en pleine reconstruction. Je ne veux pas me livrer à des travaux indécents alors qu'il y a des millions de maisons détruites en France. » On a restauré La Boisserie en prenant une cote moyenne et c'est tout. Mais les travaux traînaient en longueur. Le 20 janvier 1946, quand mon père annonce à ses ministres qu'il se retire du gouvernement devant la réapparition du « régime exclusif des partis », il apprend que La Boisserie ne sera pas habitable avant la fin mai. Il est donc obligé, en attendant, de louer à l'Etat ce pavillon de chasse situé dans la forêt de Marly-le-Roi.

— Il devait griller d'impatience !

— C'est le mot. Il s'irritait contre ce retard, m'a rapporté ma mère. « C'est toujours la même chose en France, bougonnait-il, rien n'est jamais terminé à l'heure prévue. » En plus, ce pavillon est exigu, humide et mal chauffé. Ni lui ni elle ne s'y plaisent. Le 7 avril, ils auraient bien voulu célébrer leurs noces d'argent dans leurs meubles plutôt que dans cette « bâtisse aux courants d'air ». Le 30 mai, enfin, le grand jour survient : mes parents poussent la porte de leur chère maison. Je ne suis pas avec eux ce jour-là. Je ne les rejoins que cinq mois après, en permission. Sans s'étendre, mon père m'a écrit auparavant pour me prévenir de leur retour prochain en me disant qu'il pense retrouver une maison « confortable et convenable ». Ma mère est plus prolixe quand j'arrive à mon tour à La Boisserie. Elle me raconte que la veille, ils assistaient à Genève au mariage de ma cousine germaine Geneviève avec Bernard Anthonioz, et m'avoue que tout de suite après, ils n'avaient qu'une hâte : prendre la route de Colombey. Elle si discrète, si secrète, ne me cache pas son émotion : « Les peintres étaient encore au travail au rez-de-chaussée. Seule la salle à manger était complètement terminée avec la table, l'armoire en chêne, notre beau vaisselier et la tapisserie de la “Dame à la licorne” que tu connais. Quel chantier ! Louise et Philomène (la femme de chambre et la cuisinière) nous attendaient. Nous étions enfin chez nous ! Après six ans ! » La plus grande partie des meubles déjà en place provenaient du garde-meuble parisien qui les avait soigneusement conservés sous un faux nom pendant l'Occupation. Quelques-uns avaient été sauvés du vol ou de la destruction par de gentils voisins. J'ai plaisir à redécouvrir notamment le bureau en faux Directoire auquel mon père tient tant malgré sa laideur et son cuir maculé de taches d'encre (il sera remplacé en 1948 par un bureau de style offert par les artisans du faubourg Saint-Antoine avec l'ensemble de la bibliothèque) et la méridienne des grands-parents qu'ils disaient avoir appartenu à Calais au Beau Brummel, le célèbre dandy anglais. Ma mère a ajouté à ces meubles quelques lits-divans et chaises achetés dans des grands magasins. Bref, La Boisserie est redevenue comme avant malgré les travaux de finition avec leur odeur tenace de peinture et de papier peint fraîchement collé, une odeur qui mettra bien longtemps, trop longtemps, à s'évanouir, se plaindra ma mère. Seul le jardin demeure encore dans un état que mon père juge « sauvage », ce qu'il regrette, à cause de ses promenades quotidiennes. La vigne vierge et le lierre ne recouvrent toujours pas les murs mais sous le maigre soleil la maison a quand même un petit air assez pimpant.

— Comment peut-on expliquer la relative austérité de La Boisserie ?

— Il est certain que pour les gens qui venaient visiter mes parents pour la première fois, c'était toujours l'impression qu'ils en rapportaient. J'ai souvent entendu des chefs d'Etat africains me souffler : « Il y a beaucoup de châteaux autour de Paris. Pourquoi le Général ne s'y installe-t-il pas ? Ils ne sont pas très chers. Ce cadre est triste et trop étriqué pour lui. C'est tout juste décent pour un homme pareil. » Me prenant par le bras pour aller au cimetière, après la mort de mon père, le Nigérien Hamani Diori me montre l'allée gravillonnée que nous descendions depuis la grille de la propriété et me conseille amicalement : « Vous savez, vous devriez la faire goudronner, en particulier devant la maison. Cela serait quand même mieux. » Je me souviens aussi de la réflexion de ma femme, Henriette, quand après nos fiançailles, en 1947, elle est revenue de La Boisserie par un été bien humide : « Ah ! quand je suis arrivée dans la vieille Delahaye de ton père, cette allée qui descend sous la voûte sombre des grands arbres et, au bout, cette maison sous la pluie. Que c'était lugubre ! » Encore n'avait-elle pas vu de Colombey son froid à pierre fendre et ses ciels bouchés ! Mon père était d'ailleurs le premier à admettre que cet endroit n'avait « rien de rigolo ». Mais il faut se mettre à sa place. Il avait toujours vécu auparavant entre deux départs. Il n'avait jamais connu que des toits de garnison ou d'exil. Que des malles et des cantines toujours prêtes à reprendre le chemin de la gare. Il s'est habitué à la simplicité des décors. Simplicité que cultivaient pareillement ses propres parents, Henri et Jeanne, à Sainte-Adresse, près du Havre. Bourgeoise, leur maison n'avait rien de luxueux. Le contraste était évident avec les Vendroux, ses beaux-parents, qui possédaient, notamment, vous le savez, le château historique de Septfontaines, dans les Ardennes, avec ses quatre-vingts mètres de long, toutefois pas toujours très confortable, il est vrai, et ses quatre cents hectares de terrain. Ce que recherchait mon père, je le répète, c'était avant tout la tranquillité et le silence. Et à Colombey, il était servi ! Nulle part ailleurs il n'aurait été mieux protégé des visiteurs et des touristes toujours curieux. Quant à son intérieur, je l'ai souvent entendu ironiser ainsi : « Oh !

vous savez, moi, du moment que j'ai une chaise pour m'asseoir, une table pour manger, un bureau pour travailler et un lit pour me coucher, le reste n'est qu'accessoire ! » Il ne fallait donc pas lui demander de s'occuper de « l'accessoire ».

— Mais votre mère qui avait vécu dans un château ?

— Toute sa vie, elle a démontré partout que seule la présence de mon père lui importait vraiment et qu'elle se contentait de n'importe quel cadre dès l'instant où il en faisait partie. Je suis sûr qu'elle aurait accepté de dormir sur un simple lit de camp, à côté de lui, bien sûr, si elle y avait été obligée. Cela ne l'empêchait pas de veiller sur son confort. Et elle s'en souciait d'autant plus que lui-même s'en moquait. C'était à peine s'il aurait pu dire quelle était la couleur du papier du salon. Mais il avait tenu à faire recouvrir le sol de toutes les pièces du rez-de-chaussée d'un carrelage de mosaïque noir et blanc crème, « plus facile à entretenir qu'un parquet ». Ce n'était donc peut-être pas une maison très chaleureuse, mais tout dans son agencement concourait au bien-être et à la commodité de ses occupants.

— La chambre à coucher était pourtant d'une grande sobriété...

— Je suis sûr qu'ils ne la jugeaient pas ainsi. Certes, elle était de dimension modeste, plus petite, par exemple, que celle de ma sœur Elisabeth, au même étage, mais elle possédait l'essentiel : un grand lit double en cuivre sans style recouvert d'une couverture en rat d'Amérique (jusqu'au dernier jour, mes parents n'ont jamais fait chambre à part), deux fauteuils, une table pour prendre le petit déjeuner devant la fenêtre donnant sur la prairie du sud-ouest, une commode en bois fruitier et un grand placard-penderie. Aux murs, quelques portraits de famille, un crucifix et, tendu sur un cadre, un petit tapis persan en soie offert par le chah d'Iran reproduisant le portrait officiel du Général à l'Elysée. C'est ma mère qui a eu l'idée de le placer là. Sur la cheminée de marbre gris, jamais allumée (fixé à demeure, un poêle à bois la remplace quand le radiateur du chauffage central ne suffit pas), les statues en ivoire de la Vierge et de sainte Anne, patronne des marins, particulièrement vénérée par ma mère. A côté de la cheminée, une étroite glace non encadrée de plus de deux mètres de haut, de quoi se voir des pieds à la tête... Plus tard, le lit s'est trouvé composé de deux divans accolés. Celui que mon père utilisait, du côté mur, elle l'a enlevé et fait brûler après sa mort. Elle n'a gardé que son propre divan avec le même couvre-pied et les rideaux, tout cela bleu clair, comme la moquette. Cette couleur, il faut l'avouer, n'avait rien pour réchauffer l'atmosphère, mais elle l'aimait bien et mon père s'en moquait. Il aurait par contre détesté des couleurs criardes. A part eux, personne n'entrait dans leur chambre, sauf parfois la servante pour passer l'aspirateur. C'est ma mère qui faisait toujours leur lit.

— Il ne s'est jamais préoccupé de l'emplacement d'un meuble, d'un tableau, d'un objet ?

— Il n'allait pas se mêler de donner l'idée de leur emplacement. C'était à ma mère de prendre soin de ces « contingences ». Toutefois, il faut savoir que malgré son désintérêt pour ces considérations, il ne commettait pas de faute de goût, ni ma mère d'ailleurs. Si quelque chose n'était pas à sa place, il le repérait immédiatement. Une table mal mise ou un tableau de travers le chiffonnait. Et son horreur du désordre l'aurait fait réagir contre le dérangement d'une chaise ou d'un fauteuil. Quand il était à l'Elysée, il observa un jour devant moi : « Il y a une chose que j'admire dans les palais nationaux, c'est qu'on peut traverser toute une pièce sans se heurter à aucun meuble. » Quant aux objets, il n'en était pas esclave. S'il s'attachait à quelques-uns comme un coupe-papier ou un bronze, c'est qu'ils avaient pour lui une valeur symbolique ou sentimentale. Il restait assez indifférent à leur esthétique comme à leur valeur marchande ou à la notoriété de leur créateur.

— Mais pourquoi ce tableau de *La Panique* qu'il avait fait accrocher dans votre chambre d'adolescent ?

— Il devait constituer pour moi une leçon permanente. Il décrit, un peu à la manière du dessinateur Dubout, une foule de fantassins affolés, visage déformé par la peur, dévalant une pente à toute allure tout en se bousculant, poursuivis par des chevaliers, lance baissée. « Ainsi, m'avait-il dit, tu te souviendras que lorsqu'on panique, tout est perdu. Il faut tenir le coup dans toutes les circonstances. » Accroché dans un coin du salon, un autre tableau est très symbolique. Il représente les soldats de l'An II, en haillons, blessés, traversant vaille que vaille un marécage. Il remarquait : « Ce sont les Français Libres : ils sont démunis, blessés, mais ils tiennent toujours leurs armes, et ils vont de l'avant coûte que coûte. » Ce tableau lui rappelait en outre son donateur, Gaston Palewski, son directeur de cabinet à la France Libre, à Alger, puis, au début du gouvernement provisoire de la République, à Paris. Il était aussi attaché à quelques autres tableaux. D'abord, également dans le salon, la grande toile de trois mètres sur deux, assez sombre et très ancienne, figurant la ville d'Anvers, parce qu'elle lui avait été offerte par le prince régent de Belgique qu'il aimait bien, et deux tableautins d'Albert Marquet reproduisant l'un un bouquet de fleurs, l'autre le port d'Alger, parce qu'il les avait achetés au peintre pour l'aider. Une toile dépeignant la carcasse d'un avion abattu dans le désert du Sahara près de Koufra était au-dessus de la cheminée de la bibliothèque. Sachant les pertes de l'aéronautique navale dans laquelle je servais, mon père me demanda de l'enlever pour « éviter d'impressionner les dames », notamment ma jeune femme et ma mère. Je l'ai ensuite remis à l'ordre de la Libération. Il aimait également plusieurs bronzes très représentatifs de la France Libre comme, par exemple, cet homme qui, sur la cheminée, tire sa barque ensablée hors des eaux et, dans son bureau, une sculpture de Bourdelle représentant Athéna tenant une lance. C'est l'original du monument de la France Libre au musée d'Art moderne à Paris. Un autre Bourdelle d'un mètre de haut représentant la Victoire sous la forme d'une femme levant au-dessus de sa tête le bouclier de la Gorgone se dresse dans le jardin.

— Quand on lui parlait de son parc, il rectifiait : « Ce n'est qu'un jardin. » Pourquoi ? Il n'était pas assez étendu à son goût ?

— Non, c'est parce que, selon lui, un parc évoquait les perspectives des jardins à la française ou les fioritures à l'italienne, et il considérait en plus que son jardin n'avait pas la superficie ni l'architecture voulues pour porter ce nom. (Il s'étend seulement sur trois hectares un quart.) Il reprenait les gens qui employaient ce terme en leur expliquant ce que je viens moi-même d'indiquer. C'est lui qui en a établi le plan. Je l'ai vu le faire avec un jardinier. « Je veux, ordonnait-il, une allée là, un parterre de fleurs ici. » A son retour à Colombey, en 1946, il a d'ailleurs repris à peu près le plan qu'il avait conçu avant guerre. Ce qu'il souhaitait en premier lieu, c'est de ne pas avoir de voisins et que la vue fût complètement dégagée devant lui. Aussi, dans les regroupements de terrains qui ont eu lieu après la guerre, il acquérait toutes les terres disponibles, de petits bouts à droite, à gauche, ce qui lui a permis, au moment du remembrement, de les échanger pour arrondir son propre pré carré. Quand il est revenu définitivement à La Boisserie, fin avril 1969, après le référendum perdu, il eut le projet de couper la haie du nord-ouest et de la reporter au-delà de la « crête militaire », c'est-à-dire sur le changement de pente de cette prairie. Mais il n'eut pas le temps de le réaliser. Son jardin se serait alors étendu sur sept hectares environ. Peut-être aurait-il admis enfin le terme de parc ! Son idée était d'avoir plus de vue encore alors qu'elle portait déjà sur trente kilomètres, au-dessus de quatre ou cinq successions de collines. De son bureau, son regard pouvait se porter jusqu'aux confins de l'Ile-de-France, de la Champagne et des Vosges.

— A entendre votre mère, il ne savait même pas ce qu'était un glaïeul. Il ne s'occupait jamais des fleurs de son jardin ?

— C'est une exagération féminine. Elle prétendait cela peut-être parce qu'il ne voulait en voir ni sur son bureau ni en garniture sur les tables. « C'est encombrant », se plaignait-il. En fait, il connaissait bien les fleurs et les aimait peut-être plus que ma mère elle-même. C'est ce que remarquait ma femme qui se désolait de constater avec quelle désinvolture, par exemple, elle les agençait dans les vases. La préférence de mon père allait plutôt vers celles qui poussent sur les arbres et dans les buissons. Quant à leur choix, il en laissait la mission à ma mère. Il trouvait que c'était l'affaire des dames. D'ailleurs, remarquait-il, « les fleurs leur ressemblent à tout point de vue, et par conséquent, elles sont plus à même de s'en occuper ». Il faisait toujours une comparaison entre le monde qui aurait existé s'il n'y avait eu que des hommes ou s'il n'y avait eu que des femmes. Pour la table, par exemple, s'il n'y avait eu que des hommes, il y aurait eu essentiellement de la charcuterie et de la viande ou du poisson. Tandis que s'il n'y avait eu que des femmes, il y aurait surtout eu des desserts, des gâteaux. Et pour le jardin la même chose. S'il n'y avait eu que des hommes, il y aurait eu des allées pour marcher (« les femmes, affirmait-il, détestent la marche »), des arbres, des buissons et des vergers, et pas de fleurs. Mais cela ne l'empêchait pas de commander lui-même les graines florales et potagères chez Truffaut, quai de la Mégisserie, pour les plantations saisonnières. Il lui arrivait également de cueillir des fleurs passagères telles que les violettes ou les jonquilles et d'en faire un bouquet qu'il rapportait à La Boisserie. Chaque printemps, il attendait leur éclosion dans la prairie et était heureux quand elles réapparaissaient. De même aimait-il les iris. Il trouvait que cette fleur semblable à l'arme à trois lames que portaient les Francs représentait plus le roi de France que le lys. Un matin, à la fin de sa vie, me montrant un iris, il s'exclama, rêveur, avec une tendresse surprenante : « Regarde, c'est la nature qui revient, la vie qui renaît partout et qui mourra en automne. C'est l'homme qui apparaît, qui disparaît et qui est prolongé par d'autres et ainsi de suite. C'est le temps qui passe. » Il était frappé par cette renaissance cyclique des arbres, des plantes, des fleurs qui symbolise l'espoir. C'est pour cette raison aussi qu'il était si attaché à La Boisserie.

— Pourquoi avez-vous hésité longtemps avant de l'ouvrir au public ?

— Par pudeur familiale et parce que mon père avait horreur de toute déification. J'ai mis du temps avant de me résoudre à la laisser visiter. Je m'y suis trouvé contraint. Sinon, c'était la vente ou l'aliénation. Car comment aurais-je pu en assumer les charges ? La solitude dont mon père disait qu'elle était son amie l'a donc quittée. Chaque année, dans un silence quasi religieux que ne troublent que des bruits de pas, près de quarante mille pèlerins venant de toute la France et de l'étranger foulent le couloir exigu qui donne sur les seules pièces visibles : la salle à manger, le salon, la bibliothèque et le bureau du Général. Quatre petites pièces et c'est tout. Et pas question de franchir le cordon qui interdit l'accès à l'étage. Jamais personne n'a eu le droit de gravir l'escalier qui mène aux chambres. Mon père mort, rien n'y a bougé. On dirait que toute chose a gardé son usage. Meubles, tableaux, bibelots ont beau n'avoir que peu de valeur, ils n'en sont que plus précieux. Car on voit encore la main qui les a posés là, le regard qui les a caressés. Le fauteuil vide attend que l'auteur des *Mémoires* reprenne son stylo. Le poste de télévision, qu'il regardait quand l'arrêt du destin a frappé, semble s'éterniser dans un interlude. Lorsqu'il m'arrive de pousser la porte à nouveau, j'ai l'impression que soudain tout va revivre, que je vais entendre mon père siffloter en se rasant l'une des *Rhapsodies hongroises* de Liszt, la 5, sa préférée, comme il en avait l'habitude. Hélas !

30

UNE CULTURE ÉCLECTIQUE

« La véritable école de commandement est la culture générale. Par elle la pensée est mise à même de s'exercer avec ordre. »

Vers l'armée de métier.

Lorsque le premier tome des *Mémoires* a paru, le carré des nostalgiques de Vichy a osé prétendre, en tête de leur éreintement, que la culture du Général était « nulle », tandis qu'un auteur de gauche, qui n'était pourtant pas de ses amis, saluait « l'un des grands écrivains latins de langue française ». Il faut en effet avoir une certaine dose de mauvaise foi pour ne pas reconnaître à quel point sa culture était immense. Empreinte de famille ?

— Bien sûr. Mais laissez-moi d'abord vous conter cette histoire. Quand mon père s'est retrouvé devant Staline en décembre 1944, à Moscou, il lui a annoncé tout de go : « Hitler ne peut que perdre la guerre. » Le Russe lui a alors demandé pourquoi il en était si convaincu. Il a répondu : « Parce qu'il n'a pas de culture générale et qu'il n'est jamais sorti d'Allemagne sauf pour s'enterrer dans les tranchées du nord-est de la France en 14-18. » Staline en était d'accord, lui qui avait appris le grec classique chez les popes, bien que se disant fils d'un simple cordonnier plutôt que bottier de luxe pour faire plus prolétarien, et qui avait séjourné assez longuement dans de nombreux pays européens et asiatiques. Comme mon grand-père Henri, et comme moi-même après eux, mon père a fait partie des générations formées par la culture d'origine du monde occidental : le grec et le latin. Et, par conséquent, nous en avons appris la versification : les dactyles (une syllabe longue et deux brèves) et les spondées (deux longues). Mon grand-père, qui avait une mémoire remarquable jusqu'à sa mort en 1932, à l'âge de quatre-vingt-quatre ans, récitait beaucoup de vers grecs, et savait en latin une grande partie de l'*Enéide* par cœur. A l'un de mes cousins qui apprenait cette épopée latine, il faisait dire le premier vers de sa version et récitait la suite en traduisant au fur et à mesure. Mon père a bénéficié de la même formation, toutefois plus atténuée dans ces langues fondamentales, mais dont la base était les poètes et tragédiens français. Sa mémoire tout aussi exceptionnelle soutenait admirablement sa culture littéraire : Ronsard qu'il trouvait mièvre, Corneille qu'il estimait trop héroïque, préférant de beaucoup Racine, comme mon grand-père Henri. A l'exemple de ce dernier et de moi-même, il avait même eu à traduire *Antigone* de Sophocle dans le texte grec. Son goût de l'épique antique lui avait fait inscrire sur son carnet, en 1967, les noms que la tradition chevaleresque attribuait aux figures du jeu de cartes qu'il disposait pour ses réussites. Cœur : Charles, Judith, Ogier ; Carreau : César, Rachel, Hector ; Pique : David, Pallas, Lahire ; Trèfle : Alexandre, Argine, Lancelot... Mais bien que sa formation de base eût été classique, comme on le disait à l'époque, mon père se classait dans la génération des romantiques. De Victor Hugo, il reconnaissait la grande capacité à donner de l'élan aux sentiments populaires et admirait l'extraordinaire puissance d'écriture, l'imagination lyrique et la facilité de versification.

— Il détestait pourtant l'homme.

— C'est vrai. Il le qualifiait de calamiteux en politique à cause de son exagération démagogique. Il regrettait : « Dommage que dans sa vie privée comme dans sa vie publique, il ait été trop fou pour fournir une référence ! » Il réprouvait qu'il ait été depuis Bruxelles jusqu'à lancer une proclamation aux Mexicains les engageant à tuer des soldats français. Il n'aimait pas son misérabilisme qui était le réalisme de l'époque, allant jusqu'à décrire les détails d'une agonie ou les horreurs d'un crime. Cela ne l'empêchait pas de savoir par cœur des passages entiers des *Orientales*, des *Châtiments* et de *La Légende des siècles*. Combien de fois tombaient de ses lèvres quelques stances des *Djinns* qu'il aimait particulièrement ! Rythmant chaque vers de sa main, je l'entends encore scander avec un réel contentement :

On doute
La nuit.
J'écoute :
Tout fuit,
Tout passe.
L'espace
Efface
Le bruit.

Le gentil Musset a également tenu une bonne place dans sa mémoire. Il appréciait sa virtuosité métrique et son esprit épris de liberté. Il savourait tout autant la sensibilité mélancolique d'Albert Samain parce que justement très romantique et caractéristique d'une certaine nostalgie de la grandeur passée de la France. Il lui est souvent arrivé de citer devant moi, dans les dernières années de sa vie, *Au jardin de l'infante.* J'ai heureusement pu en conserver le petit livre relié tel qu'il me l'a laissé. J'ai vu chez moi quantité de recueils de poésies lus et relus par lui. Malheureusement, presque tous ont disparu dans les aléas d'une existence nomade d'officier ou pendant la guerre : Stéphane Mallarmé, José Maria de Heredia, Verlaine, Lamartine... Il trouvait ce dernier l'un des meilleurs tant dans la forme que dans le fond car romantique. De La Fontaine, très classique, je me souviens qu'il estimait que ses fables avaient été écrites pour faire la morale aux enfants des grands, ce qui était tout à fait vrai dans leurs dédicaces mêmes, et non pas pour ceux du peuple, selon l'erreur répandue par les avocats : « Selon que vous serez puissants ou misérables, les jugements de cour vous rendront blancs ou noirs... » Il me faisait remarquer, enfant : « C'est l'inverse de ce qui se passe réellement. » Il aimait aussi beaucoup Edmond Rostand. Il fallait l'entendre déclamer certains passages célèbres sur un ton ironique, comme s'il était sur scène, parce que le panache et l'emphase, qu'on retrouvait chez Sarah Bernhardt, étaient à la mode avant la Première Guerre mondiale.

— Il lui arrivait souvent de déclamer de cette façon ?

— Assez souvent. Pendant la guerre, par exemple, il lui prenait soudain l'envie de scander dans les brumes de Londres quelque quatrain que lui inspirait son humeur, ce qui paraissait pour le moins étonnant à celui ou à ceux qui partageaient ce moment avec lui, surtout quand la situation était inquiétante voire dramatique. Ou bien il fredonnait (je dis « fredonnait » parce qu'il chantait faux et ne voulait pas s'y essayer) un couplet extrait de quelque opéra ou opérette, car n'étant pas musicien, il appréciait d'autant plus les pièces musicales dont le livret était suffisamment poétique en soi pour n'avoir pas besoin de musique pour l'étayer, comme dans *Lakmé* ou dans *Mignon*. Je crois l'entendre encore en me rappelant ce passage charmant, que j'ai fini par apprendre moi-même grâce à lui, qu'il fredonnait avec délectation de sa voix aux tons approximatifs :

Connais-tu le pays où fleurit l'oranger,

Le pays des fruits d'or et des roses vermeilles
Où l'air est si doux et l'oiseau si léger
Qu'en toutes saisons butinent les abeilles ?

Je conçois qu'il doit être difficile d'imaginer aujourd'hui le général de Gaulle, avec son immense culture, encombrant sa mémoire de ce genre de ritournelles. Mais c'est un fait qu'il ne dédaignait pas la poésie populaire. Et puis, on le sait, il n'était pas bégueule. Ainsi, un peu insolite dans la bibliothèque de La Boisserie se trouve un recueil de chansons de Pierre Jean de Béranger, l'auteur du célèbre *Roi d'Yvetot*. Il voisine avec Jean-Baptiste Clément, ce poète révolutionnaire et anarchiste qui composa *Le Temps des cerises* si délicatement poétique. Les paroles de cette dernière chanson fleurissaient souvent dans la bouche de mon père. Parmi les poètes contemporains qu'il ne me faut pas oublier est le préfet Louis Amade qui fut le parolier du gaulliste Gilbert Bécaud. Il avait envoyé à mon père plusieurs ouvrages que je n'ai pas retrouvés. Ils ont dû rester derrière lui à l'Elysée en avril 1969. Par fidélité à sa mémoire, Amade tint ensuite à m'envoyer ses livres dédicacés jusqu'au moment de son propre décès. Je m'en voudrais de ne pas citer, dans un tout autre genre, la très lyrique Anna de Noailles et ses poèmes sur l'amour et la mort. Se sentant très bien elle-même au Femina, elle ne voulait pas voir de femmes à l'Académie française et disait que la femme était à la remorque de l'homme, qu'elle lui était greffée. Ce qui heurtait un peu mon père qui, sans être féministe, a toujours voulu que la femme joue son rôle dans la société. Il regrettait que les femmes n'aient pas donné beaucoup de poétesses à la France. « Elles sentent, mais elles n'expriment pas, commentait-il. Décidément, il y a une différence notoire entre les sexes. » Il appréciait les vers d'Anna de Noailles, mais elle l'agaçait tout autant, la jugeant trop artificielle et dans ses poèmes et dans son milieu. Avec Marie Rouget, dite Noël, il a correspondu brièvement mais chaleureusement jusqu'à la mort de celle-ci en 1967. Son envie de se rappeler les vers de cette poétesse ou d'un autre auteur pouvait naître subitement d'un regard aperçu ou d'une personne rencontrée, à la vue d'un paysage, d'un monument ou encore dans un discours, comme celui du 30 octobre 1943, à Alger, au cours duquel il rendit hommage aux intellectuels qui se battaient pour la France. Il cite alors Aragon :

Qu'importe que je meure avant que se [dessine
le visage sacré, s'il doit naître un jour ? [...]
Ma patrie est la faim, la misère et l'amour...

Cette envie de poésie pouvait survenir partout, en voiture, en promenade, chez lui, à un moment inattendu, même grave. Exemple, en 1968, où, avant de se poser en hélicoptère à Baden-Baden, lui revint un poème qu'il avait composé dans sa jeunesse et qui chantait le Rhin, ce « triste témoin d'éternelles alarmes ».

— Il se souvenait souvent des poèmes de son cru ?

— Il en récitait de temps en temps. Mais plus par amusement que par nostalgie de ses jeunes années, et certainement pas pour se faire valoir. De la même façon, il a piégé plusieurs fois des pédants qui, répondant à sa question, croyaient pouvoir attribuer à Loti, Rostand ou Hugo les pastiches qu'il avait faits de ces écrivains à seize ou dix-sept ans. Il avait arrêté la poésie à cet âge-là. Il n'était pas le seul dans la famille à cultiver cet art. Quelques-uns de ses cousins s'amusaient à se mesurer à lui, chacun envoyant à l'autre sa dernière production. Bien sûr – puis-je le dire ? – le talent de mon père dépassait le leur. « Versifier, m'a-t-il expliqué à ce propos, était la mode au temps de Rostand et surtout de Charles Péguy. Heureux temps ! C'était avant de connaître l'horreur des batailles encore pire qu'on ne peut l'imaginer. » Je me suis toujours demandé pour quelle raison, lui qui ne détestait pas déclamer parfois quelques vers de son inspiration, négligeait de mentionner la pièce en vers qu'il avait écrite à quinze ans, intitulée *Une mauvaise rencontre*. Fut-elle jouée à cette époque dans le cadre de quelque jeu scénique scolaire ? Je ne pourrais l'affirmer. Adolescent, aimant beaucoup le théâtre, il monta pourtant plusieurs fois sur les planches aux côtés de ses camarades lors de fêtes de fin d'année.

— Il tenait évidemment le rôle principal ?

— Bien sûr ! Toujours le duc ou le roi. *Une mauvaise rencontre* raconte l'histoire d'un voyageur prétendument obligé d'être « compréhensif » à la pauvreté de son voleur qui lui déclare néanmoins sous la menace de pistolets : « Vous avez devant vous, monsieur, un indigent, sans souliers, c'est vrai : sans pourpoint, sans argent. Mais surtout sans chapeau. Prenez pitié d'un frère !... » Le texte pourrait s'appliquer tout à fait à la délinquance de notre temps. Envoyée à une revue qui avait lancé un concours, cette pièce avait été couronnée par le jury. Le lauréat qui était mon père eut le choix entre un prix en espèces : vingt-cinq francs-or, et la publication. Charles de Gaulle choisit d'être édité à une centaine d'exemplaires qui sont presque tous restés dans son tiroir. Mais dans les années 1980, cette comédie ne fut pas jugée indigne d'être jouée à la Comédie-Française et à la télévision par Jean Piat. Quelques théâtres de province l'accueillirent également. Quoi qu'il en soit, il fallait prendre des précautions pour aborder avec mon père l'évocation de ses poèmes de jeunesse car s'il avait du sentiment, vous le savez, il détestait la sensiblerie. Je lui ai demandé un jour s'il croyait qu'un chef d'Etat ou un chef militaire pouvait se permettre d'être sensible. « S'il ne l'est pas, fut sa réponse instantanée, il serait inapte à diriger ou à commander, car il serait dépourvu d'antennes et incapable de saisir la conjoncture. Mais cela ne veut pas dire qu'il lui faille tomber dans la veulerie et les pleurnicheries ! C'est ce qui fait, par exemple, la différence entre le politique et le "politichien". »

— Quels auteurs avaient sa préférence ?

— Il est difficile d'en faire l'inventaire puisque, comme je l'ai déjà rapporté, il connaissait tous ses classiques et suivait de près tous les écrivains contemporains d'avant et d'après la Première Guerre mondiale et ceux d'après la Seconde. S'il avait toujours lui-même la plume à la main, il se reportait souvent aux ouvrages essentiels de la culture française en particulier et à ceux de nos historiens. Il lisait environ trois livres par semaine, même en pleine activité, dès qu'il en avait le temps, c'est-à-dire après le dîner, dans la bibliothèque, comme je l'ai déjà dit, parfois jusqu'à une heure du matin. C'était sa principale distraction et également son moyen de se décontracter. On l'a parfois surpris penché sur un livre en des circonstances où d'autres n'auraient jamais pu avoir l'esprit à le faire. On l'a vu par exemple plongé dans l'*Histoire de la Révolution française* de Thiers, le soir même de son arrivée à Paris, le 25 août 1944, alors que les Allemands étaient encore engagés dans des combats d'arrière-garde. Quels livres avaient sa préférence ? Je ne saurais les nommer de façon exhaustive. Parmi les modernes, je lui ai vu entre les mains : Henry Bordeaux, Georges Bernanos, André Maurois, André Gide, Henri Bergson dont il partageait la définition du génie : l'intuition humainement inexplicable, superposée à la raison. Paul Valéry qui avait été assez lié avec Pétain, ce que, n'étant pas sectaire, il voulait oublier pour ne tenir compte que de son talent. Georges Duhamel, Maurice Barrès, Ernest Psichari, Charles Péguy, Henri de Montherlant qu'il tenait à distance à cause de son mode de vie particulier. De Jean-Paul Sartre, il appréciait les pièces de théâtre mais pas la prétendue philosophie, « ce dont il ne reste rien, jugeait-il, parce qu'il n'y a rien ». Paul Morand dont il estimait les grands reportages mais qu'il méprisait, nous le savons, parce qu'il s'était « scandaleusement soustrait aux combats des deux guerres mondiales ». Il fallait l'entendre parler de l'auteur des *Nouvelles d'une vie* ! La liste de ses griefs était longue. « En 14-18, m'exposa-t-il entre autres, attaché militaire à l'ambassade de France à Londres, il s'est fait exempter de service pour raison de santé alors qu'il était costaud, qu'on le voyait souvent à cheval. En 1940, à Londres, refusant de me rejoindre, il est rentré en France occupée pour, encore une fois, ne pas avoir à porter l'uniforme. Ensuite, il s'en est tenu à profiter de la fortune de sa femme, qui était princesse roumaine et proallemande. Il s'est fait nommer ambassadeur de Vichy à Bucarest en 1942... » Ajoutons au sujet de Morand qu'il est faux de soutenir qu'il a mis son veto à son entrée à l'Académie française. Il a seulement fait savoir qu'il n'apprécierait pas qu'on l'y élise. L'ancien diplomate ne s'est donc pas présenté. Il a attendu dix ans, jusqu'en 1969, pour le faire, lorsque mon père a déclaré qu'il ne faisait d'objection à personne. Et il a été élu. Je me souviens encore de certains autres livres posés sur les guéridons de La Boisserie : ceux de Jacques Maritain avec qui il a correspondu pendant la guerre, ceux de contemporains comme Maurice Druon, Michel Droit, Romain Gary, Pierre Jean Jouve, Joseph Kessel dont il aima particulièrement *La Fontaine Médicis*, ai-je remarqué un jour, ouvrage que ma mère a prisé tout autant en lui reprochant toutefois, a-t-elle avoué, certains passages trop osés à son goût.

— Il passait aussi pour aimer les romans de Françoise Sagan. Invention ?

— Je ne saurais affirmer qu'il les aimait vraiment. Tout ce que je puis assurer c'est qu'il a qualifié une fois son auteur devant moi de « curiosité »... Naturellement, il ajoutait à ces lectures des Mémoires de chefs d'Etat et de généraux étrangers, le plus ancien entr'aperçu dans son bureau étant un gros volume en gothique : un Ludendorff acheté en 1926 à l'armée du Rhin et resté par miracle en sa possession. Parmi les romanciers étrangers, Hemingway et Faulkner avaient eu sa préférence après la guerre. Mais il n'avait pas souhaité pour autant permettre à Faulkner, en 1942, d'écrire sur commande d'un producteur le scénario d'un film sur la France Libre et son chef. Après l'avoir récusé, il a lâché : « Je me méfie de l'histoire revue par Hollywood ! » Les romans de Simenon, « ce Belge habitant la Suisse », faisaient aussi partie de sa bibliothèque. Car il ne détestait pas non plus se délasser parfois avec un bon roman policier. Fallait-il encore qu'il soit écrit avec talent. Ma mère prenait le même plaisir à lire des « polars » bien écrits et exempts de vulgarité. Grande consommatrice de romans, elle reprenait souvent ceux que mon père venait de lire et qu'il n'avait pas écartés.

— Parmi les auteurs français et étrangers, quels étaient ceux dont les ouvrages pouvaient être considérés comme ses livres de chevet ?

— Si l'on prend ce terme à la lettre, on ne peut pas dire qu'il avait des livres de chevet, car jamais aucun livre n'était posé sur sa table de nuit. Seule ma mère, qui montait se coucher avant lui, vers 11 heures, lisait au lit avant d'éteindre la lumière. Lui s'endormait d'un trait et n'avait besoin de rien d'autre pour le faire. Quant à savoir quels étaient ses auteurs de prédilection, il faut citer, bien sûr, Mauriac et Malraux, sans oublier Chateaubriand qu'il ne cessait de relire de temps à autre, toujours avec le même plaisir, comme s'il le découvrait pour la première fois. Il saluait en lui non seulement le rénovateur de l'harmonie de la langue française mais aussi le chrétien. Peut-être se reconnaissait-il également dans son romantisme profond, son orgueil teinté d'ironie, ses boutades et ses moments de désespérance. Il pouvait réciter des passages entiers des *Mémoires d'outre-tombe*, ces mêmes passages que j'ai dû apprendre moi-même pendant ma scolarité. Je ne pourrais dire combien il recevait de livres par jour. Peut-être des dizaines. Ils étaient presque tous en français ou traduits d'une langue étrangère, rarement en anglais, langue qu'il lisait assez couramment dans le sens général, plus rarement encore en allemand qu'il comprenait pourtant bien, presque jamais dans d'autres langues. Ces ouvrages, il ne les acceptait qu'en fonction de leur dédicace notoire. Il disait à leur sujet : « Ils sont souvent intéressants parce que toujours d'un avis différent du mien, mais généralement pas applicables à la France. De même sont leurs journaux et leurs revues que je parcours fréquemment. » Il ne prenait connaissance de tous ces livres que dans ses appartements privés car je n'en ai jamais vu un seul sur son bureau régalien, sauf ceux contenant des chiffres et des statistiques. Il n'aurait jamais mélangé ses fonctions d'Etat avec le plaisir de la lecture. Durant ses déplacements, qui étaient parfois longs et toujours marathoniens, il ne consultait que des documents relatifs à la visite qu'il allait faire. En voiture, en hélicoptère, il n'avait d'yeux que pour les paysages, les monuments ou les rassemblements de gens, et consultait souvent la carte routière. Au cours des haltes, il ne lisait rien sauf pour préparer l'étape suivante. A La Boisserie, lorsqu'on avait traversé le salon et qu'on rentrait dans la bibliothèque (dont on devait toujours soigneusement refermer la porte), on le trouvait, l'après-midi, immuablement assis près de la cheminée, à sa droite, dans son fauteuil club en cuir, le dos à la fenêtre. Il était éclairé par un lampadaire, le même qui répandait sa lumière pour ma mère installée derrière lui, devant son secrétaire Empire en merisier – en fait, le mien que je lui avais laissé – surmonté d'une vitrine contenant des verres de Bohême. Sur la cloison opposée à la cheminée, un panneau de laque représente un décor indochinois, don d'une délégation sud-vietnamienne venue frapper un jour à la porte de La Boisserie. Un guéridon à double étagère supportait, à gauche de mon père, une pile de huit à dix ouvrages qu'il était en train de lire. Un bon livre peignait toujours son visage d'une douce sérénité. M'approchant en silence, j'aimais regarder cette tranquille scène familiale.

— Quelle était son attitude à l'égard des livres, son comportement de lecteur ?

— D'abord, il parcourait rapidement l'œuvre choisie en commençant par la dédicace s'il y en avait une, l'avant-propos ou la préface, et le dernier chapitre ou la conclusion, pour voir si sa lecture en valait la peine. Si la plupart des ouvrages n'étaient que consultés, l'un d'eux pouvait être lu dans la journée. Deux gestes familiers indiquaient souvent qu'il en avait fini avec sa lecture. Il ôtait ses lunettes, puis passait la main sur son visage en allant du front vers le menton, puis à l'inverse, comme s'il voulait soudain en effacer une certaine tension. Après quoi il se levait et allait s'asseoir dans son bureau, à côté, soit pour répondre à l'auteur du livre en question, ce qu'il recommençait parfois si la première mouture ne lui plaisait pas, soit pour inscrire sur un billet inclus dans la couverture : « Me faire répondre merci. » C'est alors son très discret et très efficace chef de secrétariat particulier depuis 1947, Xavier de Beaulaincourt, qui y pourvoyait. Mais il en revoyait toujours le texte personnellement avant de le signer. Cependant, certains ouvrages n'appelaient aucun accusé de réception. « Pour savoir si un livre vaut d'être lu, me conseillait-il, regarde d'abord dans la table des matières un ou deux sujets ou quelques noms que tu connais bien toi-même. Si ce qui est écrit ne correspond pas à la réalité, ne perds pas ton temps. Si c'est un roman, son style et sa clarté sont évidemment des critères de choix. » Ainsi, en décembre 1963, il répondait à un jeune auteur inconnu de vingt-trois ans qui lui avait dédicacé son roman : « Vous avez bien du talent. » Ce qui fut confirmé par un prix Renaudot. Il s'agissait du *Procès-Verbal* de Le Clézio.

— Je suppose qu'il devait ouvrir immédiatement tout livre qui se rapportait à sa personnalité ?

— Ne le croyez pas. Il n'appréciait pas du tout les écrivains ou journalistes qui prétendaient dévoiler des confidences ou livrer au public des informations plus ou moins exactes sur la vie privée des gens, à plus forte raison ceux dont l'ouvrage le prenait pour cible. Je connais de nombreux titres de ce genre, souvent assez diffamatoires, dont il n'a même pas voulu soulever la couverture. Leurs auteurs seraient certainement étonnés d'apprendre pareille chose et marris plus sûrement encore ! Je connais certains Mémoires d'anciens dirigeants civils ou militaires où il était en cause, dont il a abandonné la lecture au bout de quelques pages avec un soupir de lassitude ou un mouvement des lèvres signifiant le mépris. Ce fut le cas notamment pour les *Mémoires* de Weygand qui, entre autres, y comparait sa situation en Afrique du Nord vis-à-vis du Général en Afrique française libre à celle de Turenne et de Condé... Parlant de ce général, il ironisait : « Je n'ai jamais pu poursuivre jusqu'au bout la lecture d'un de ses livres. Je ne me suis donc jamais retrouvé avec lui à la conclusion. » Du chroniqueur à la mode qu'était Jean-Raymond Tournoux à une époque, qui rapportait bien des choses sur lui, il assenait ce jugement : « C'est un homme qui écoute aux portes et qui n'entend pas toujours bien. » Dans le même registre, s'il appréciait Saint-Simon pour sa maîtrise des descriptions des gens et des choses de son milieu, du souverain, dc la Cour et de son temps, il méprisait l'homme pour son manque d'élévation. « C'était un mesquin. Il crachait dans la soupe. » Naturellement, qu'un de ses parents ou proches collaborateurs se permette de livrer ses propos en famille ou sa vie au quotidien l'aurait instantanément exclu de son cercle. Ma mère partageait tout à fait ce comportement. A ce sujet, on a pu lire dans l'introduction du journal de la fin des années 1940 de l'aide de camp Claude Guy que ma famille, et notamment ma mère, lui aurait interdit sa publication. A la vérité, connaissant les problème personnels qu'il traversait, on lui a seulement demandé de s'abstenir du vivant de mes parents. Après la mort de mon père, presque tous ses anciens aides de camp ont produit leur journal et nous les avons approuvés pour la contribution qu'ils apportaient à l'Histoire. Les délais de publication de celui de Claude Guy, paru en octobre 1996, tiennent en réalité aux empêchements que la maladie lui a occasionnés jusqu'à en faire une œuvre posthume avec l'aide de sa femme et de quelques écrivains amis.

— Que sont devenus tous les livres que votre père recevait en abondance, la plupart dédicacés ?

— De ces milliers de volumes qu'il a eus entre les mains, il n'en est resté que quelques centaines. Beaucoup ont disparu pendant la guerre et au cours de déménagements. Un grand nombre ont été donnés à des proches ou à des amis. Certains ont été prélevés pour les lire, ou bien subtilisés au passage comme « souvenirs » à cause de leur dédicace, par des personnes appartenant à la suite d'éminents visiteurs de La Boisserie que je ne nommerai évidemment pas. Ce ne sont d'ailleurs pas, vous le savez, les seules choses qui ont disparu de cette manière. Ont pris le même chemin des objets même volumineux, tels que deux lampes de mineur parmi celles que mon père s'est vu offrir au cours d'un déplacement dans le Nord, et d'anciens cadeaux de chefs d'Etat étrangers. Mon père était très négligent en ce qui concernait les papiers ou les livres qu'il n'utilisait plus. Il ne se préoccupait que de la vie des Français et ne voulait pas le faire de la sienne propre. Ayant toujours très peu de monde autour de lui, personne ne se chargeait d'un classement quelconque. Les aides de camp étaient accaparés par leurs tâches, tandis que loin de La Boisserie, les secrétariats étaient saturés de correspondance. Quand j'arrivais de ma province maritime, et pour peu de temps, mon père me désignait d'un geste large des monceaux de papiers manuscrits entassés dans le bas de ses armoires de bureau ou des livres en pile et me suggérait : « Tiens, tu devrais éventuellement t'occuper de cela. » Je mettais alors les manuscrits de côté et montais les ouvrages au grenier dont ils ont bientôt menacé par leur poids de défoncer le plancher ! Mon père se donnait parfois indirectement et ironiquement tort de son manque d'enthousiasme pour ce travail nécessaire et fastidieux de classement. Ainsi cette histoire qu'il m'a racontée, un jour qu'il avait beaucoup de soucis, et dont les chroniqueurs se sont par la suite régalés : « Ah ! être bibliothécaire à Pontivy, quelle chance ! Pas d'ennuis. On y mène une petite vie tranquille entre la famille, la lecture et les registres. Mais tout à coup, le notaire s'avise de poser une grande question : "Madame de Sévigné est-elle passée par Pontivy ?" Le pharmacien l'affirme mais le chanoine dit que non. La controverse est lancée et les thèses s'affrontent. Ah ! être bibliothécaire à Pontivy, quel bonheur ! »

31

LE FÉAL ET L'INDOCHINE

« Ce qu'a su réaliser un Philippe Leclerc de Hauteclocque, que nous prîmes capitaine pour en faire un général d'armée, est de l'ordre du merveilleux. »

Discours et Messages. 22 mai 1949.

Mort le 28 novembre 1947, le général Leclerc, ou plus exactement Philippe de Hauteclocque, fut l'un des plus fidèles compagnons du Général. On sait qu'il le servit tout au long de sa brève existence. En 1946, votre père lui écrit que la France aura besoin de lui un jour. Plus tard, il dira à Alain Peyrefitte : « J'ai pensé qu'il deviendrait le recours. » Cela vous a-t-il étonné ?

— Je l'ai lu en effet sous la plume de Peyrefitte. Je pense qu'il a dû interpréter ses paroles après les avoir mal captées, car non seulement je n'ai rien entendu de pareil dans la bouche de mon père, mais c'est même le contraire qu'il m'a répondu quand je l'ai justement questionné à ce propos. C'était après les obsèques de Leclerc auxquelles je m'étais rendu avec une cinquantaine d'anciens de la 2e DB en autocar et en camion depuis Toulon, où j'étais en service, en forçant les barrages de grévistes qui bloquaient les routes. Contrairement à ce que l'on a souvent écrit, bien que triste, le Général n'était pas « écroulé sous le chagrin ». Faut-il encore répéter qu'il savait garder ses sentiments pour lui ? Comme on racontait à Paris qu'il avait décidé de s'arrêter de fumer pour « sauvegarder une santé que la mort de Leclerc rendait plus nécessaire au salut national », je lui ai demandé si cette rumeur avait quelque fondement. Il a haussé les épaules. Un peu plus tard, revenant lui-même sur ce bruit, il m'a fait ce commentaire après une exhalation qui ressemblait à un rire de doute : « Un destin national ? Comment le savoir ? Leclerc n'avait que quarante-cinq ans quand il est mort. Mais à vrai dire, je n'ai jamais imaginé qu'il aurait pu avoir un avenir d'homme d'Etat. Il avait toutes les qualités d'un grand soldat, mais il n'avait pas la tête politique. C'était Du Guesclin, Leclerc, c'était Bayard. Ce n'était pas Bonaparte. Il était intelligent mais il avait une formation trop centrée sur le militaire pour avoir assez d'ouverture politique. Il faut comprendre le côté retors des politiciens et leur grenouillage pour pouvoir se frotter à eux, et il avait une certaine naïveté qui l'aurait rendu vulnérable dans un hémicycle. »

— Mais cette lettre dans laquelle il lui déclare : « D'un homme comme vous on aura quelque jour besoin », cette lettre qu'il lui demande de brûler après coup ?

— Bien sûr qu'on aurait toujours eu besoin d'un homme comme Leclerc dans les moments difficiles. Car mon père connaissait sa valeur mieux que quiconque, et il savait qu'il pourrait compter sur lui plus que sur personne d'autre. Plus que sur Massu, par exemple. Car qui était plus proche de lui que Leclerc ? Et n'oublions pas qu'au moment où il lui a adressé cette lettre, des grèves insurrectionnelles commençaient un peu partout. Aidés par Moscou, les communistes dont Ramadier vient de se débarrasser menacent directement le pouvoir. Mon père prévient Leclerc de se tenir prêt comme il l'avait été en 1940 à ses côtés.

— Quel portrait peignait-il de lui ?

— Quand il en parlait, il faisait d'abord remarquer son courage physique et moral et son patriotisme infrangible. Ensuite, la pureté de ses sentiments. « Rien n'était jamais chez lui vulgaire ou médiocre. » Et puis, comme il l'a écrit à sa veuve : sa fidélité à sa personne et son refus du compromis. « Sous l'écorce, lui a-t-il dit encore, nous n'avons jamais cessé d'être profondément liés l'un à l'autre. » Sous l'écorce... Car Leclerc avait la tête dure. « C'est un cabochard », aimait-il observer à la Libération. Il faisait partie des gens – j'en ai connu d'autres à la France Libre – qui n'acceptaient d'obéir qu'au général de Gaulle. En 1945, il me confia une fois en me parlant de lui et tout en cognant son front d'un doigt : « Tu ne peux pas savoir à quel point ton commandant de division est entêté. » Et il me raconta leur dernier accrochage. Car Leclerc s'opposait souvent à lui, mais sans que la rancune s'en mêlât. Cela a commencé en juin 1940 quand il a voulu rester aux côtés du Général, à Londres, alors qu'il voulait l'envoyer en Afrique équatoriale. Il fallait élever la voix pour le faire obéir. Mais il n'était pas indiscipliné. Mon père se souvenait : « Après s'être cabré, le cheval chargeait. Il fonçait avec une mentalité de vainqueur et un dynamisme de commando. Alors, gare ! On devait ensuite veiller à ce que son audace ne l'entraîne pas trop loin. » Cet état d'esprit, j'en ai été le témoin à la 2e DB, il l'avait communiqué à ses hommes. C'étaient en majorité des Français Libres de la première heure, et rien ne les arrêtait. Beaucoup étaient aussi cabochards !

— Il y a quand même eu des désaccords sérieux entre le Général et lui. A la libération de Paris, par exemple, quand il lui reprochait d'avoir laissé le communiste Rol-Tanguy signer l'acte de capitulation des Allemands...

— Allons ! Quel désaccord ? Une simple observation de mon père sur le ton de l'officier à son subordonné. Et après, oublié ! Je vous garantis qu'il n'y a pas eu de froid entre eux à ce sujet. J'étais là. Je sais très bien ce qui s'est passé. Vous les avez vus tous les deux, côte à côte, après coup, le 25 août à la gare Montparnasse, et le lendemain à l'Arc de Triomphe, et à Notre-Dame ? Toujours l'un près de l'autre comme deux frères. C'était un jour de triomphe et mon père a tenu à le partager avec celui qui l'avait aidé, l'un des premiers à le rejoindre à Londres et des plus fidèles. Il m'a d'ailleurs confié : « Qui d'autre aurait pu être à mes côtés, ce jour-là, sinon celui qui m'a ouvert les portes de Paris ? » Je sais que l'on a prétendu que pour le punir de ne pas s'être très bien entendu avec de Lattre au moment de la bataille d'Alsace – c'est vrai que les deux hommes avaient leur caractère et qu'ils ont eu entre eux des différends d'ordre tactique –, mon père aurait envoyé sa division au rancart à Châteauroux. Je n'ai jamais entendu pareille ineptie dans mon régiment. Nous étions en ligne depuis le début de la bataille de France sans relève possible. Notre repos était légitime. D'autre part, la présence de la 2e DB à cet endroit avait un autre but : stabiliser la région où, après le départ des Allemands, proliféraient des bandes de soi-disant résistants.

— Le Général n'a-t-il pas regretté d'avoir envoyé Leclerc en Indochine en 1945 en même temps que l'amiral Thierry d'Argenlieu qu'il avait nommé haut-commissaire, alors que ces deux hommes ne s'entendaient pas ?

— Si l'on pouvait tordre une bonne fois pour toutes le cou de cet éternel serpent de mer ! Mon père secoua la tête avec mépris quand il lut cela plus tard alors qu'il avait quitté le pouvoir. Et il maugréa : « Evidemment, dans l'esprit de ces "journaleux", un militaire et un curé [d'Argenlieu était supérieur des Carmes en 1939], ça doit se tirer dans les pattes ! » Il faut d'abord savoir que c'est l'amiral lui-même qui avait demandé à avoir un adjoint militaire en mesurant la lourdeur de la charge. Pourquoi a-t-on toujours voulu opposer ces deux hommes ? Qu'ils n'aient pas eu le même caractère, c'est certain, mais ils étaient des amis de longue date. Ils s'étaient connus dès les premiers temps de la France Libre, en Afrique. Leur rôle en Indochine était très différent. Haut-commissaire, l'amiral avait la charge de gérer l'ensemble du problème au point de vue politique. Ses qualités en faisaient un négociateur de premier ordre. Il l'avait prouvé pendant la guerre pour mener à bien les affaires du Gabon, aux côtés de Leclerc d'ailleurs, et en tant que haut-commissaire de la France Libre pour les possessions françaises du Pacifique. Je l'ai plusieurs fois rencontré avant son départ pour Hanoi. Nous avons eu de longues conversations au cours de nos déjeuners. C'était quelqu'un de très modéré. Commandant des forces et beaucoup plus jeune que lui, moins mûr, Leclerc avait la responsabilité de rétablir l'ordre. La priorité que s'était assignée mon père était de rétablir l'ordre, la sécurité et la paix afin de pouvoir procéder lentement et sûrement, par la suite, à la décolonisation telle qu'il l'avait envisagée dans son discours de Brazzaville en janvier 1944. Ce n'était donc pas une reconquête militaire, comme les communistes tentaient de le faire croire.

— Leclerc voulait la négociation et d'Argenlieu ne la voulait pas. C'est ainsi que l'on opposait les deux hommes. Le Général ne jugeait-il pas la situation de cette façon ?

— Les deux hommes avaient une conscience parfaite de leur mission et leur entente était sans faille même si chacun avait son caractère. L'un comme l'autre travaillaient dans le même sens : amener le pays à l'indépendance progressive dans le cadre d'un « Commonwealth » à la française. Mon père ne pouvait donc qu'être satisfait de leur attitude. Il faut lire ce qu'écrivait, le 8 juin 1946, Leclerc à Maurice Schumann, pour qui il avait une réelle amitié, alors qu'il redoutait que les négociateurs français se laissent berner par Hô Chi Minh lors de la venue prochaine de ce dernier à Paris : « Hô Chi Minh place son dernier espoir dans les négociations à Paris. Qui est-il ? Il importe avant tout de ne pas oublier que c'est un grand ennemi de la France, et que le but poursuivi par lui-même et son parti, il y a six mois, était notre mise à la porte pure et simple. L'échéance est reportée mais l'idée demeure... Il serait très dangereux que nous nous laissions prendre par la sympathie et les artifices de langage : démocratie, résistance, France nouvelle... Le cadre fixé par la France est parfaitement clair : fédération indochinoise dans le cadre de l'Union française. » Cette lettre, Leclerc avait demandé à Schumann de la montrer au nouveau président du Conseil qui allait être Georges Bidault, et bien sûr, mon père en connaissait la teneur. Il est archifaux d'affirmer que d'Argenlieu est arrivé en Indochine comme un croisé, épée et croix à la main, pour y chasser l'obscurantisme et fermer toute porte à l'indépendance. Il employa d'ailleurs ce terme d'indépendance dès la fin de 1945. Mon père m'expliquait dans les années 1950 : « On ne sort pas d'une colonisation n'importe comment, sinon c'est l'anarchie. C'est ce qui se passe aujourd'hui en Indochine. La décolonisation, c'était à moi de la faire dès notre retour en 1945 ; faute de quoi, je le savais, elle se ferait contre nous. » Il pensait à Roosevelt qui avait déclaré que nous avions pillé l'Indochine pendant cent ans et voulait la mettre sous tutelle internationale après l'avoir proposée à Tchang Kaï-chek. D'autre part, ses agents négociaient sous le manteau avec Hô Chi Minh et les communistes vietnamiens. Ce qui a fait remarquer à mon père, une autre fois : « Les Américains ont toujours considéré que la colonisation était de l'exploitation. Mais c'est d'abord le développement ! On voit bien qu'ils n'ont pas été colonisés par les Romains. Qu'aurions-nous été sans les administrateurs de César, même s'ils n'ont pas toujours été tendres avec nous ? » Malheureusement, tout se compliqua en Indochine avec le coup de force japonais du 9 mars 1945, l'insurrection souterraine des communistes du Viêt-minh et l'abdication de l'empereur Bao Dai.

— On a dit – combien de fois ! – et la télévision en a fait parole d'Evangile par un film de fiction, que si le Général avait écouté Leclerc plutôt que d'Argenlieu, la guerre d'Indochine aurait pu être évitée. Ne regrettait-il rien à ce sujet ?

— Il n'aurait pas fallu lui poser cette question. On se serait fait rabrouer de belle manière. Je me souviens de l'avoir entendu aborder le sujet, en premier lieu en avril 1951. Je viens d'être affecté à Port-Lyautey, au Maroc, et en attendant ma nouvelle installation, mes parents ont consenti à héberger à Colombey ma femme et le petit Charles. Mon père s'attriste de la situation en Indochine. « De Lattre fait ce qu'il peut, se désole-t-il, mais nous n'aurons jamais assez de moyens pour sortir de ce guêpier, car en annexe de la guerre de Corée, les Chinois sont en train de s'aligner sur mille six cents kilomètres de frontières laotiennes et tonkinoises. Il faut traiter avant qu'il ne soit trop tard. Mais depuis mon départ, le régime en est-il capable ? » Il revient là-dessus en septembre 1954, au moment où je m'apprête à rejoindre le porte-avions *La Fayette* qui doit justement partir pour l'Indochine. Cinq mois auparavant, c'était Diên Biên Phu, puis les accords de Genève qui mettaient fin à notre guerre là-bas. Je vois mon père secouer la tête d'un air dubitatif quand je lui annonce mon départ. Notre mission sera là-bas de couvrir notre retrait du Tonkin, de renforcer le 16e parallèle et d'évacuer le million de catholiques vietnamiens qui fuient la communisation du Nord-Viêt-nam. Après avoir lâché un long soupir, il déplore : « Que tout cela est lamentable ! Nous allons devoir quitter cette région la tête basse. Ah ! si l'on avait laissé faire d'Argenlieu et Leclerc ! » Puis il a ce rire de gorge terminé par un souffle bruyant du nez, ce rire qui traduisait dédain et colère : « Et dire que l'on veut me mettre cette guerre sur le dos alors que je ne me mêle plus de tout cela depuis janvier 1946 ! » Il s'insurge ensuite contre le régime des partis responsable de ce fiasco : « Ces socialistes ! [Il parle de Blum et de Guy Mollet en 1946.] Ils n'ont jamais eu de politique définie en Indochine. Ils ont toujours tergiversé entre la souveraineté française et les risettes aux communistes. Ce qui a permis à nos adversaires de prendre très vite le dessus. C'est toujours la même chanson avec eux. Souviens-toi de 1940 ! »

— Pourquoi, d'après lui, la guerre d'Indochine a-t-elle eu lieu ?

— Pour lui, l'épreuve de force avait pour origine la faiblesse de notre politique et la volonté de Hô Chi Minh de nous acculer à négocier le dos au mur. Grâce à Leclerc, le Général avait à l'époque une idée très précise de la situation politique et militaire malgré son retrait des « affaires ». A l'époque, il était, comme on le sait, retourné dans son village. Il m'a confié dans le secret que l'ancien chef de la 2e DB lui avait remis une copie du rapport qu'il avait rédigé pour Léon Blum, le président du Conseil, lequel l'avait renvoyé en Indochine en mission d'inspection fin décembre 1946. Il ne m'en a pas révélé la teneur. Tout ce qu'il m'en a dit, c'est que Leclerc, qui avait avant tout analysé la situation militaire sous tous ses aspects, considérait que la politique atermoyante du gouvernement risquait de nous entraîner dans une guerre sans fin et que, d'autre part, ce rapport avait été fait avec l'accord complet de l'amiral d'Argenlieu qui était, on s'en souvient, encore en place à Hanoi.

— Il n'empêche qu'en juillet 1946, Leclerc a demandé à être relevé de son commandement à Hanoi dès que, selon ses mots, il a senti que la confiance entre eux deux n'était pas entière...

— C'est vrai. Mais ce que l'on évite toujours de préciser, c'est que – la lettre qu'il lui a adressée en fait foi – ses divergences de vues avec d'Argenlieu ne concernaient que les méthodes et procédés de commandement et non le domaine politique. « Dans ce domaine, lui a-t-il écrit, l'accord fut toujours complet. » Il ne faut pas oublier que le haut-commissaire était sur le plan militaire le supérieur hiérarchique de Leclerc. Mon père, qui avait eu vent de leur mésentente, avait prêché la patience à l'ancien chef de la 2e DB. En vain. « C'étaient deux cabochards, grincha-t-il devant moi quelques années après. Un chien et un chat dans le même sac. C'est dommage. Leur tandem aurait pu mieux réussir... à la condition toutefois qu'il y eût encore un Etat ! »

— Pour quelle raison le Général s'opposa-t-il alors au retour de Leclerc à Hanoi quand il lui fut proposé par Ramadier en janvier 1947 ?

— Il faut savoir où en est la situation en Indochine à ce moment-là. Elle ne peut pas être plus compliquée. Hô Chi Minh a pris le dessus au Nord en liquidant les uns après les autres tous les nationalistes non communistes tandis qu'au Sud, une république de Cochinchine s'est constituée sans que d'Argenlieu y soit pour quelque chose – mon père insistait bien là-dessus – contrairement à ce que l'on a soutenu par la suite. Enfin, le 20 novembre 1946, en l'absence de l'amiral qui est à Paris, le général Valluy, haut-commissaire par intérim qui a succédé à Leclerc, ordonne à l'armée de rétablir l'ordre à Haiphong après l'attaque par le Viêt-minh d'une unité de la marine qui arraisonnait une jonque bourrée d'armes. Le 19 décembre, on le sait, c'est le coup de force des Viêt-minh dont le gouvernement doit prendre la fuite. On a alors accusé l'amiral d'Argenlieu d'avoir en quelque sorte mis le feu aux poudres, ce qui scandalisait le Général : « Comment peut-on soutenir cette thèse communiste ? s'écriait-il. Il n'y est pour rien. Il voulait au contraire continuer à négocier avec les nationalistes et l'ex-empereur Bao Dai. » Mon père a quitté le pouvoir un an auparavant et n'est donc pas plus responsable. Il a regretté profondément la mort accidentelle du prince Vinh San qu'il était allé faire chercher à la Réunion où il était en exil pour remplacer Bao Dai qui se dérobait. Il se désole : « Avec ce jeune prince, tout aurait été possible. Maintenant, c'est la bouteille à l'encre ! » Traiter avec Hô Chi Minh est à présent, selon lui, la dernière des choses à faire. « Notre régime est trop faible pour pouvoir manger avec le diable. On nous fait la guerre, faisons-la. » C'est alors que Leclerc vient le voir à Colombey. Le gouvernement Ramadier veut le renvoyer à Hanoi et il est désireux d'accepter. Mon père le lui déconseille. Soupe au lait, le « féal » se rebiffe. Servant d'aide de camp de remplacement en l'absence de Claude Guy, je me tiens à distance dans le parc où ils se promènent ensemble afin de ne pas gêner leur discussion. Toutefois, je perçois des éclats de voix. Leur débat dure assez longtemps malgré une petite bise glacée qui vous traverse le corps. Mais les deux hommes se quittent en bonne intelligence.

— Sans que vous ayez eu vent de leurs propos ?

— Mon père me rapporta par la suite l'essentiel des arguments qu'il avait opposés à Leclerc. En fait, lui avait-il expliqué, « on vous rappelle là-bas pour vous faire remplacer d'Argenlieu. Et rappeler l'amiral en ce moment serait une nouvelle bourde et une nouvelle lâcheté. Et si vous le remplacez, on dira que nous nous désavouons nous-mêmes. Je vous en prie, ne vous laissez pas embarquer là-dedans. On tient à vous éloigner de la Métropole en tant que Français Libre. Vous gênez les politiciens et les communistes. Pour eux, vous êtes un prétorien, un homme dangereux prêt à prendre le pouvoir de force comme de Gaulle. Là-bas, on va vous obliger à jouer le mauvais rôle de Pétain contre Lyautey au moment de la guerre du Rif au Maroc. Il faut que d'Argenlieu reste le plus longtemps possible en place afin que les politiciens ne laissent pas tout “filocher” – son expression coutumière –, comme c'est leur vocation ». Avant de le raccompagner à la porte, il lui a encore conseillé : « Ne vous compromettez pas avec le régime. Restez ce que vous êtes. La situation est dangereuse en Europe. Il y a des grèves insurrectionnelles. Vous êtes jeune, un jour peut-être la France aura encore besoin de vous. » C'est à ce moment-là que l'on a commencé à opposer Leclerc à d'Argenlieu dans la presse de gauche. L'amiral a été dégommé de son poste deux mois plus tard. Il est donc aberrant de prétendre que si mon père était demeuré au pouvoir, il aurait « rectifié son erreur » en le remplaçant par l'ancien chef de la 2e DB. Comme il est tout aussi aberrant d'affirmer que cette affaire indochinoise a pesé dans la décision de mon père de retourner dans son village.

— Leclerc regrettait beaucoup ce retrait. Votre père lui a-t-il dit ce qu'il en pensait ?

— Il le lui a dit assez vivement ce même jour. Ils avaient tous les deux, depuis la France Libre, un langage très direct, peut-être encore plus direct qu'avec Massu. Les Français Libres étaient ainsi. On se parlait sans ambages. Leclerc veut conseiller à mon père de se présenter aux prochaines élections présidentielles malgré la mauvaise Constitution de la IVe République. C'est à cause de cela surtout que le ton a monté. Parmi les éclats de voix, j'ai perçu le terme « impossible » suivi d'un assez long développement de mon père qui a conclu d'une voix forte à l'adresse de l'ancien subordonné : « Ou alors démontrez-moi que j'ai tort ! » Après son départ, le Général reparle de la prochaine élection présidentielle d'où Vincent Auriol sortira vainqueur : « Bien sûr, la quasi-totalité des Français jugent surprenant que le général de Gaulle, restaurateur de la République, n'en soit pas après tout le premier président. Mais comment pourrais-je m'identifier à la présidence d'un régime que je désapprouve formellement parce qu'il ne peut pas fonctionner ? » En novembre 1947, Leclerc est revenu le voir pour lui annoncer qu'on voulait l'envoyer en Afrique du Nord où, lui a-t-il annoncé, il sera « proconsul en tant qu'inspecteur des forces ». Et là encore, j'ai entendu des mots voler. J'ai su plus tard que mon père lui avait répliqué : « Vous ne voyez donc pas que l'on veut une nouvelle fois vous écarter de la Métropole parce qu'on a peur de vous ? Je vous conseille de ne pas y aller. » Mais, cette fois, Leclerc ne l'a pas écouté, et il est mort quelques semaines après, carbonisé dans son avion. Mon père s'en est beaucoup voulu de ne pas avoir été assez convaincant avec son cher « cabochard ». Une fois, après un recueillement assez morose, il a murmuré, comme s'il avait trouvé une consolation : « Il allait vers son destin. Qui pouvait l'en empêcher ? »

— On l'a informé que l'accident d'avion au cours duquel Leclerc est mort au Sahara, près de Colomb-Béchar, en Algérie, avait peut-être été provoqué. Vous l'a-t-il dit lui-même ?

— Il n'a pas exclu cette hypothèse quand il a appris la nouvelle. Lorsque nous en avons parlé ensemble, carte déployée sur le bureau, devant nous, il ne connaissait pas encore les détails précis de l'accident. Qui aurait eu intérêt à faire disparaître Leclerc ? Le KGB pour priver de Gaulle de son plus fidèle général en cas de guerre civile provoquée par les communistes ? Mon père se posait la question sans pouvoir répondre. Autre mystère,

Mme Leclerc lui a fait remarquer – à moi également à plusieurs reprises – que l'on avait trouvé un treizième corps dans l'avion qui s'était écrasé alors que douze personnes avaient officiellement embarqué. Ce treizième passager était-il un saboteur abouché avec les Soviétiques ? Le bruit en a couru. Mais quel bruit ne court-il pas chaque fois qu'une personne connue meurt spectaculairement ? On a même été jusqu'à raconter que c'était mon père lui-même qui avait manigancé cette mort afin de ne plus avoir de concurrent ! Finalement, il a eu assez vite tous les renseignements nécessaires pour conclure au simple accident. Ce jour-là, il y avait une tempête de sable, ce qui obstrue tous les radiateurs d'huile. De plus, le pilote ne voyait rien. Et puis, on en était encore à l'époque où le chef de bord n'osait pas intimer à un général qu'il ne fallait pas décoller, qu'il était le seul maître à bord quel que fût le désir ou l'ordre de l'autorité transportée. Et, m'a dit mon père : « Leclerc, avec son caractère, a exigé le départ parce qu'il n'avait pas le temps d'attendre. C'était bien de lui : toujours en avant, coûte que coûte ! » Dans la réglementation qui a été établie après cet accident, le rôle du pilote a été redéfini à l'exemple de celui du commandant de bateau : « seul maître à bord »... après Dieu !

— Son aide de camp aurait vu pleurer votre père quand on lui a annoncé cette nouvelle...

— Encore ! Je n'y crois pas. Je ne cesserai de répéter que jamais mon père n'a pleuré au moment de la mort de ses êtres les plus chers. Jamais je n'ai vu une larme couler sur ses joues. Alors, pourquoi veut-on qu'il ait pleuré ce jour-là ? Je veux bien admettre qu'il avait les yeux humides. Il les avait quand Anne, ma petite sœur infirme, nous a quittés. Cela n'empêche pas évidemment qu'il était attristé par la disparition de son compagnon. Ma mère me l'a rapporté quand je suis passé à Colombey juste après les funérailles de ce dernier auxquelles il n'assistera pas, étant résolu à ne plus apparaître en public depuis son départ du pouvoir en janvier 1946. Il était enfermé dans son bureau avec son visage des mauvais jours, les traits tirés et les paupières plus lourdes que jamais. Elle a murmuré : « Quel drame ! Cette pauvre Mme Leclerc. » J'ai donné un coup de menton vers le bureau où mon père, plongé dans les écritures, ne m'avait pas aperçu. Elle a soupiré en secouant la tête, yeux baissés, comme quelqu'un qui s'incline devant l'irrémédiable : « Que veux-tu ! Il a accusé le coup. Comme d'habitude. » Il savait toujours prendre sur lui-même. Quelques instants après, il s'est levé pour m'accueillir avec plus de gravité qu'à l'accoutumée, et en écartant ses grands bras dans un geste de tristesse : « Voilà ! Encore un des nôtres disparu ! Un des meilleurs. »

32

UNE ENFANT PAS COMME LES AUTRES

« Son âme était dans un corps qui n'était pas fait pour elle. »

Lettre à Marie-Agnès Cailliau, 1948.

Anne, votre jeune sœur handicapée morte à vingt ans en 1948, a été le plus grand drame de la vie de vos parents. Quand s'est-on aperçu qu'elle n'était pas comme les autres ? Dès sa naissance ?

— Non, on ne s'en est pas aperçu tout de suite. Tant qu'un enfant est au biberon, on ne voit pas ces choses-là. Certes, elle avait des réflexes plus lents que la normale mais physiquement, rien, au départ, ne semblait vraiment différent. Et les médecins français et allemands (à cette époque, mon père était en garnison à Trèves où il commandait son bataillon de chasseurs) ne pouvaient rien nous dire de valable. Ce n'est qu'à partir de cinq ou six mois que l'on a commencé à se rendre compte qu'elle avait un handicap sérieux. Elle était trisomique. A trois ans, elle ne marchait pas, ne mangeait pas seule. On s'inquiétait. Devait-on lui faire des rayons ? La mettre au régime ? Et puis, elle était devenue très nerveuse. Il fallait lui donner des calmants. A l'époque où elle est née – en 1928 –, il y avait très peu de choses pour soigner les gens. Devant le mongolisme, comme devant les principaux handicaps, la médecine était désarmée. Quant à mes parents, ils ne comprenaient évidemment pas davantage. De les voir nous brisait le cœur. Combien de fois, ma sœur et moi, nous les entendions s'interroger devant nous : « On ne voit pas pourquoi elle est née comme ça. Qu'est-ce que nous avons bien pu faire ? Sommes-nous responsables ? Est-ce que cela vient de nous ? Il n'y a jamais eu aucun antécédent dans la famille. Alors ? » Quelqu'un a avancé un jour, je crois, que les causes du handicap d'Anne étaient probablement dues au fait que ma mère avait été traumatisée par une bagarre dont elle aurait été le témoin à Trèves. Je n'ai jamais eu connaissance d'une histoire pareille dans ma famille. La seule bagarre dont je suis certain et que j'ai vue, c'est celle à laquelle mon père a dû se mêler au Liban pour séparer les protagonistes entre gens du pays. Si ma mère avait été choquée de cette manière, son enfant ne serait peut-être pas arrivée à terme et il n'aurait pas été question de trisomie. Mes parents avaient tant voulu ce troisième enfant ! Avant même qu'elle ne naisse, ils parlaient d'Anne comme si elle était déjà là.

— D'où venait son prénom ?

— D'une tante du côté de ma mère, tandis que son parrain était mon oncle Pierre. Mon père trouvait que mon prénom et celui de ma sœur Elisabeth étaient trop longs. C'est pour cette raison qu'il avait choisi celui-là. C'était plus facile à prononcer. Et puis, quand un prénom est long, on a tendance à utiliser un diminutif, et il proscrivait cela. Dans la famille, on trouvait que c'était inutilement infantile, que ce n'était bon que pour les opérettes du genre de celles qui avaient eu beaucoup de succès avant et après la guerre de 14-18, comme *Phi-Phi* ou *Dédé*. Jamais un diminutif n'a eu cours dans la famille de ma mère ni dans celle de mon père. Et ma sœur et moi avons observé la même consigne quand nous avons eu des enfants. La fille d'Elisabeth s'appelle Anne, et ma femme et moi, nous avons donné à nos fils des prénoms se prononçant d'une seule syllabe : Charles, Yves, Jean, Pierre. Le prénom de ma petite sœur handicapée avait donc été choisi depuis longtemps, bien avant que ma mère ne commençât à l'attendre. L'approche de sa naissance remplissait mes parents d'une grande joie. Mon père souhaitait peut-être un second garçon, mais une fille lui convenait finalement tout autant. Hélas ! Ils ont compris très vite que la santé de notre petite sœur ne s'améliorerait jamais, qu'elle resterait toute sa vie dans cet état.

— Ce drame, a-t-on affirmé, aurait modifié le caractère de votre père. Est-ce vrai ?

— Je ne le pense pas. Son caractère était trempé comme l'acier d'une épée. Cela dit, autant que j'ai pu m'en rendre compte à mon âge

– j'avais sept ans lorsque Anne est née et l'impassibilité paternelle cachait bien des choses –, ses sentiments à cet égard parvenaient parfois à percer son masque. Souvenez-vous du témoignage du père Lenoir, l'aumônier de sa division de chars pendant la bataille de 1940. Un jour, au début de la bataille, mon père avait sollicité auprès de lui une messe pour lui-même et pour Anne. Après cette messe, il lui a parlé d'Anne en ces termes : « Pour un père, croyez-moi, monsieur l'aumônier, c'est une bien grande épreuve. Mais pour moi, cette enfant est aussi une grâce, elle est ma joie, elle m'aide à dépasser tous les échecs et tous les honneurs, et à voir toujours plus haut. » C'était pour mes parents une préoccupation de tous les instants et un crève-cœur. Comment combattre cette infirmité malgré tout ? Comment donner à cette pauvre petite un peu de bonheur ? Certains soirs, quand il rentrait de son unité, à Trèves, avant la guerre, il allait embrasser ma sœur, alors que, vous le savez, il embrassait peu, ma mère encore moins, sauf quand l'un et l'autre nous retrouvaient après une séparation. Dans la famille, personne ne papouillait les enfants, ne les « mignardisait », selon son expression familière, alors qu'il n'y avait, de la part de mon père, que des marques d'affection pour Anne. Il la cajolait, lui racontait des histoires, essayait de lui mettre des choses entre les doigts, des objets, des mouchoirs, de lui faire battre les mains, de lui chanter des comptines malgré sa voix peu assurée. Comme elle semblait avoir l'oreille musicienne, il lui faisait parfois écouter des disques pour enfants sur un petit phonographe. Plus grande, elle n'a jamais pu lire, ni jouer à aucun jeu, ni regarder les dessins qu'on lui montrait. Elle ne savait que ranger des étoffes ou des mouchoirs dans des boîtes. Etant donné qu'elle était restée très infantile, on ne pouvait se manifester à elle que de la même manière. Attentive, elle avait bien conscience qu'on s'occupait d'elle. Elle a toujours eu le comportement d'un enfant de deux ans. Ses repas, elle les prenait à part. Jusqu'au dernier jour on a dû la nourrir à la cuillère comme un bébé. Elle ne pleurait presque jamais. Elle protestait seulement ou elle grognait.

— Elle ne parlait pas du tout ?

— Quelquefois, sans que l'on comprenne toujours pourquoi, elle poussait des exclamations. On a prétendu qu'elle ne disait que papa, mais c'est une légende. Elle pouvait dire maman comme elle disait papa en mâchouillant. Sa prononciation était difficilement compréhensible par ceux qui n'avaient pas l'habitude de l'entendre. Parfois, elle bredouillait trois ou quatre mots de suite ou le début d'une comptine ou d'une chanson, mais pas plus. Mais cela suffisait pour atténuer un peu le tourment de mes parents, leur rendre le sourire pour un moment. Mon père pensait qu'elle devait plus ou moins confusément se rendre compte qu'elle n'était pas comme les autres. Avec constance, il voulait lui montrer qu'on ne la rejetait pas, qu'elle ressemblait à son frère et à sa grande sœur. Pour cette raison, il faisait tout pour compenser son handicap. Certaines fois, on aurait pu imaginer qu'il s'obstinait à nier la réalité du drame qui le taraudait.

— Dans quelle circonstance ont été prises ces photos où on le voit avec Anne sur ses genoux ?

— C'était au bois de Boulogne, à Paris, et sur la plage de Bénodet, non loin de Quimper. A cette époque, pendant les vacances d'été, seules les femmes et les enfants allaient à la plage. Les pères de famille ne les rejoignaient qu'en fin de journée, en complet trois pièces et le chapeau sur la tête à cause du soleil. Ils venaient saluer les dames et câliner un peu les enfants. Mon père prenait alors Anne sur ses genoux. Lorsque nous avions, ma sœur et moi, l'âge de notre petite sœur, il faisait de même avec nous. Il ne l'a pas prise longtemps de cette façon, peut-être jusqu'à cinq ou six ans. Tant qu'elle était balbutiante, il lui réservait les mots les plus tendres. Par exemple, il lui faisait des compliments sur sa belle robe ou sur le bouquet de fleurs qu'elle tenait au retour d'une promenade. « Oh ! quelle belle robe vous avez », lui disait-il comme s'il s'adressait à une élégante dans un salon. Ou alors, il la plaignait exagérément, avec force afféterie, pour le bobo qu'elle s'était fait au visage en se frottant ou en se heurtant, car il lui arrivait souvent de se blesser à cause de ses gestes désordonnés. Sans grâce, son visage était même parfois un peu grimaçant, mais il ne paraissait pas s'en apercevoir. Il a toujours été plus doux avec les filles. Cependant, l'affection qu'il avait pour notre pauvre sœur n'était évidemment pas celle qu'il nous témoignait. En souffrions-nous un peu ? Je ne me suis vraiment jamais posé cette question. Il est possible qu'Elisabeth ait ressenti un peu de frustration. Petite, on ne s'était pas occupé d'elle de la même façon. Moi, je me sentais d'une autre espèce, j'étais un garçon... Je ne voyais pour ma part que peu de différence entre nous trois. Mais quelle que fût notre attitude à cet égard, nous partagions pleinement les tourments de nos parents.

— Votre père, a-t-on raconté, était plus affectueux pour elle que votre mère. Etait-ce la réalité ?
— C'est vrai. Ma mère était même assez froide avec elle. Elle s'en occupait mais sans plus. Le devoir était là, mais l'affection s'extériorisait peu. Elisabeth ne savait trop que faire pour sa sœur. C'était surtout mon père et moi qui nous penchions sur elle. Dès qu'elle avait un pépin de santé, cela devenait tout de suite dramatique. A l'âge de dix ans, par exemple, alors que mon père était en garnison à Metz, elle a dû subir une petite opération au pied à cause d'un ongle incarné. On ne l'a pas endormie parce qu'elle n'aurait pu supporter l'anesthésie. La pauvre a crié, crié. A la moindre alerte, mon père accourait auprès d'elle dès qu'il en avait la possibilité, ou il s'enquérait de son état au téléphone. Les questions s'enchaînaient : « Va-t-elle mieux ? Le médecin est-il arrivé ? A-t-elle fini par s'endormir ? » Fragile comme elle était, il fallait la préserver de toutes les maladies d'enfant, de la rougeole comme du moindre refroidissement. (Elle est d'ailleurs morte d'une congestion pulmonaire.) Or, devenue

grande, elle était incapable de se couvrir d'elle-même. Adulte, elle avait physiquement le corps d'une jeune fille mais elle marchait d'une manière très difficile et ses mouvements étaient fort maladroits. Elle n'a pu se déplacer seule avant dix ans. Jusqu'à cet âge, on devait la transporter dans une voiture d'enfant. Avant guerre, je me souviens, alors que nous habitions boulevard Raspail, pas très loin du jardin du Luxembourg, c'était tout un problème de l'emmener ainsi dans sa poussette jusque-là. Ma mère s'en chargeait parfois. Ou alors, c'était l'affaire de la personne d'accompagnement souvent renforcée par ma sœur ou par moi, à titre d'incitation à sortir. Nous considérions cela comme une véritable corvée qui nous horripilait. Nous n'aimions pas devoir pousser devant tout le monde dans une voiturette, à travers un jardin public, une petite fille qui n'était plus un bébé. Mais c'était la seule façon pour qu'elle sorte un peu et qu'elle respire.

— Vous souvenez-vous de ses premiers pas ? Le Général était là ?

— Oui, et ce fut un moment très émouvant. Il lui tenait la main. J'ai pris une photo de cette scène. Il lui serrait fermement la main pour marcher dans l'allée de La Boisserie, car elle avait aussi un problème d'équilibre. Et, par conséquent, elle avait peur de tomber, ce qui ne l'encourageait pas à mettre un pied devant l'autre. Elle n'est jamais sortie de la maison ou du jardin. A plus forte raison dans les rues de Colombey.

— Ces difficultés ont dû sérieusement compliquer la vie itinérante de vos parents. Comment se sont-ils organisés pour y faire face ?

— Ils ont été obligés d'avoir en permanence quelqu'un auprès d'Anne jusqu'à la fin, jusqu'au moment où elle nous a quittés à l'âge de vingt ans. Ce fut une lourde charge financière pour un jeune officier de trente-huit ans. Rappelons qu'à l'époque, les allocations familiales n'existaient que dans de grandes industries paternalistes et privilégiées, comme les mines. Cette charge pesa encore davantage quand mon père se retrouva en garnison loin de la France et ensuite en exil, pendant la guerre. Mes parents consentirent beaucoup de sacrifices pour pouvoir toujours la garder auprès d'eux, car jamais mon père n'aurait voulu se séparer d'elle. Quand on a décidé de le nommer au Liban, par exemple, il a aussitôt décrété : « Je ne vais pas emmener cette enfant dans un pays où il n'y a pas d'hôpitaux, où l'hygiène n'existe pas et où il nous faudra peut-être camper. » Alors, avec beaucoup de difficulté, il a trouvé une gouvernante qui était disposée à quitter la France. Elle était également infirmière, ce qui était providentiel dans le cas où il aurait fallu faire des piqûres ou appliquer un traitement quelconque. Le transport en bateau du couple au Liban ainsi que celui de leurs enfants était remboursé par l'armée, mais celui de la gouvernante et son séjour outre-mer étaient aux frais de mes parents. C'était la ruine. Fallait-il que ma mère restât en France avec ma petite sœur ? Elle s'y est tout de suite opposée : « Non, a-t-elle signifié à mon père, je ne vous quitte pas et j'emmène Anne. »

Alors, il a répondu : « C'est entendu. » Si ma mère n'avait pas voulu le suivre avec nous, nous ne l'aurions plus vu pendant deux ans et demi. Car, à cette époque, il n'y avait ni congé de vingt-quatre heures, ni vacances prolongées, ni avion. Lorsqu'on était affecté outre-mer, on revenait une fois son séjour terminé. Quant à confier Anne à une nourrice ou à quelqu'un d'autre en France, cela ne serait jamais venu à l'esprit de mon père et de ma mère. D'ailleurs, aucune institution spécialisée n'existait en ce temps-là. La seule solution était l'hôpital et dans quelles conditions ! De toute façon, Anne devait rester chez les de Gaulle. Ils ont décidé une fois pour toutes : « Dieu nous l'a donnée, nous la gardons. Nous devons la prendre en charge telle qu'elle est et où qu'elle soit. » C'était un casse-tête permanent que de trimbaler un enfant lourdement infirme partout où mon père devait aller, au Liban d'abord, ensuite, pendant la guerre, de Grande-Bretagne à Alger, où, comme on le sait, il s'installa à partir de 1943 avec ma mère et mes deux sœurs. Car, vous le savez, il était hors de question de rester chez les Britanniques dès l'instant où un territoire français était libéré. Nous n'avons jamais eu la mentalité de l'immigré. Et, vous le savez aussi, c'était un problème que d'aller de Londres à Alger sur un quadrimoteur, la nuit, au-dessus du golfe de Gascogne, sans oxygène parce que, comme je l'ai déjà relaté, ma sœur ne pouvait absolument pas supporter le port d'un masque. Cet appareil volait donc à la limite de l'altitude permise dans ces conditions, c'est-à-dire à trois mille ou trois mille cinq cents mètres malgré les chasseurs de nuit allemands qui rôdaient dans le golfe de Gascogne. Mais tant pis pour le danger, il fallait emmener Anne, ne jamais l'abandonner.

— Même en 1940, quand votre père a rejoint Londres...

— Jamais. Cela a certainement pesé sur la décision de ma mère de partir pour la Grande-Bretagne à ce moment-là alors que, vous vous en souvenez, elle se trouvait à Carantec, aux environs de Brest, avec nous trois. Pourquoi, se dit-elle, ne pas prendre un bateau pour l'Angleterre plutôt que de descendre vers Nantes ou Bordeaux comme la plupart des réfugiés ? Cette idée, je le répète, ne lui est pas venue parce qu'elle pensait retrouver mon père à Londres, puisqu'elle ignorait où il était, mais tout simplement parce qu'elle a jugé qu'il serait plus facile de transporter par bateau outre-Manche une petite fille qui ne pouvait pas marcher cent mètres sans aide. Marguerite Potel, la demoiselle que mes parents avaient engagée à Paris pour veiller particulièrement sur Anne, fut d'accord pour être du voyage. C'était une chance. Pendant toute la durée du séjour en Angleterre, aussitôt que le temps le permettait, elle faisait faire un tour de jardin à ma petite sœur. D'un dévouement exemplaire, elle aida beaucoup mes parents en exil. Très reconnaissante, ma mère n'aurait pas laissé passer un mois sans lui écrire lorsqu'elle prit sa retraite après la guerre. Mon père lui adressait aussi des messages amicaux. Il lui offrit même un de ses képis kaki qui fut rendu à sa mort. En Angleterre, Anne ne quittait jamais le domicile familial. Jamais elle n'a pu se promener en ville comme on l'a raconté à tort, et à plus forte raison accompagner mes parents dans quelque sortie ou obligation mondaine, chez la reine ou chez des dirigeants politiques britanniques. Mes parents et ma sœur Elisabeth ont, par exemple, été invités à plusieurs reprises à passer un week-end aux Chequers, dans le Buckinghamshire, chez les Churchill. Une fois, ils y ont rencontré Mary, sa plus jeune fille, future Lady Soames, qui avait dix-huit ans à l'époque et aurait aimé faire la connaissance de toute la famille. Mais Anne est restée à la maison. A part nous, elle ne voyait jamais personne. Au début, quand nous habitions Pettswood, dans la grande banlieue de Londres, non loin des aéroports de Croydon et de Biggin Hill, les avions nous survolaient avec fracas. Des combats aériens y étaient fréquents, les tirs d'artillerie antiaériens quotidiens et les Allemands lançaient bombes sur bombes dans les environs. Parfois, le sol trépidait et les vitres vibraient comme si elles allaient exploser. Tout ce bruit effrayant terrorisait ma petite sœur. Alors, elle poussait des cris affolés. Il fallait la rassurer, la consoler. Certaines nuits, quand les bombardements avaient lieu très près de Croydon, on devait se relayer à son chevet. Je me suis toujours demandé après coup comment mon père pouvait apparaître si digne et si impassible, le lendemain matin, après des nuits pareilles, face aux responsabilités qu'il devait assumer et aux difficultés qui l'assaillaient à tout instant. Aussi, je ne redirai jamais assez combien ma mère a compté pour lui tout au long de ces moments difficiles, alors qu'il se sentait si seul et si démuni.

— A ce propos, que penser de cette phrase de Claude Guy, son aide de camp, selon laquelle vos parents se seraient peut-être séparés si cette enfant handicapée ne leur avait servi de trait d'union ?

— Je pense que c'est sorti de son imagination. Bien sûr qu'un enfant est un trait d'union pour un couple. A plus forte raison si c'est un infirme que l'on peut moins laisser à lui-même qu'un autre. Mais oser avancer que mes parents aient pu, un jour, envisager de se quitter est une assertion scandaleuse. Mon père a dû simplement faire cette réflexion devant lui un jour : « Anne est une raison supplémentaire pour que ma femme et moi ne puissions jamais nous séparer. » Et cet aide de camp a transposé. A l'époque où il a écrit pareille chose, il songeait lui-même à divorcer et à se remarier. Cette conjoncture lui était propre et n'était pas transposable à mes parents. Je me porte donc en faux contre cette interprétation. Comment imaginer une telle intention chez eux ? Ils étaient extrêmement solidaires et ma mère prête à mourir comme mon père à ses côtés, ou l'inverse, si cela avait mal tourné. Même lorsqu'elle ne l'approuvait pas, une fois que le train était parti, elle était dedans. Ils tiraient toujours la voiture ensemble, même si les chevaux n'étaient pas toujours d'accord avant le départ. Du moment qu'on était parti, on la tirait courageusement jusqu'à sa destination finale.

— Dans quelles circonstances Anne est-elle morte ?

— Je n'étais pas présent ce jour-là. C'était en

février 1948. Je me trouvais à Hyères, à l'« aviation embarquée ». J'ai pris le premier train que j'ai pu, l'avant-veille des obsèques. Mes parents m'ont appris qu'on avait d'abord cru à une simple angine due à un refroidissement, mais qu'elle avait en réalité été frappée par une broncho-pneumonie. J'ai senti qu'ils se reprochaient de ne pas l'avoir remarqué à temps. Peut-être la maison n'avait-elle pas été assez chauffée ? On a d'abord fait venir le médecin du village, le docteur Colomb, puis un spécialiste de Troyes, le docteur Hurez, qui lui a administré de la pénicilline, traitement encore rare à l'époque, et qui lui a donné un peu d'oxygène pour l'aider à respirer. Mais c'était trop tard. Elle est morte quelques heures après dans les bras de mon père qui l'avait serrée contre lui comme pour l'arracher à son sort. Une dernière piqûre d'huile camphrée n'a pu faire repartir son cœur. Je me souviens que des plaques de neige fondue recouvraient le jardin sous une pluie fine et glacée. Tout semblait si triste à La Boisserie. Mes parents étaient silencieux. Mon père surtout. Personne n'osait lui adresser la parole. Ma mère avait fait fermer tous les rideaux et les volets de la maison. On n'entendait que des chuchotements et le bruit des pas. Je suis arrivé à temps pour aider à la mise en bière de ma petite sœur. On a ensuite descendu le cercueil dans le salon où on l'a posé sur deux tabourets, au milieu du grand tapis décoré de roses. A côté, sur un petit guéridon, brûlaient des bougies près d'une assiette remplie d'eau bénite et d'un rameau de buis. Le curé est venu avec deux enfants de chœur. Tous récitaient des prières en compagnie des aides de camp, Claude Guy et Gaston de Bonneval, et de Mme Michignau, la gouvernante qui avait succédé à Marguerite Potel partie en retraite au début de 1947 dans son village natal de Thorigny-sur-Vire, et qui, jusqu'au bout, s'était occupée d'Anne. Pour respecter la tradition, mon père avait consenti à ce que les habitants du village viennent défiler devant le cercueil auprès duquel il était assis à côté de ma mère qui, les mains jointes, était plongée dans sa méditation. Lui regardait le cercueil. Une certaine sérénité baignait ses traits. Bonneval me rapporta que, la veille, il lui avait confié : « Evidemment, il y en a beaucoup qui ont été plus utiles et qui sont morts. Mais, s'il y a un Dieu, c'est une âme libérée qu'Il vient de rappeler à Lui. » Le lendemain, les obsèques avaient lieu. Mon père m'a soufflé : « Puisse-t-elle nous protéger du haut du Ciel ! »

— Pendant ces obsèques, on a remarqué qu'il ne montrait aucune émotion. Comment expliquez-vous cela ?

— C'était la coutume familiale. Quand on avait du chagrin, je l'ai déjà dit, on ne devait pas le sortir du cœur devant tout le monde. Leur génération était dressée ainsi. Pas de manifestation intempestive en cas de deuil. Surtout chez les hommes. Je le répète : jamais on n'a vu mon père plongé dans l'affliction dans ces moments. Ma mère non plus. Elle ne pleurait jamais en public. Que leur tristesse ait été profonde, comment en douter ? Mais ils la gardaient pour eux. Ma mère ne pleurait pas, mais ses yeux brillaient à l'extrême. Tous deux sont donc demeurés impassibles jusqu'au moment où la tombe s'est refermée. Ils ont suivi en cela la tradition ancestrale. Chez mes grands-parents maternels et paternels, seuls les hommes assistaient aux obsèques, même si c'était pour une femme ou pour un enfant. Les femmes restaient chez elles. Parfois, elles allaient à l'inhumation, mais elles n'apparaissaient pas à l'église. Les cortèges funéraires n'étaient suivis que par des hommes dans la même attitude que celle que montraient mes parents ce jour-là. Nous étions peu nombreux devant la tombe, sous la pluie : la famille, quelques proches ou anciens de la France Libre et une poignée de villageois. Mes parents ne souhaitaient pas autre chose. Au retour à La Boisserie, mon père s'est contenté de me dire : « Les malheureux enfants handicapés comme l'était ta pauvre petite sœur ne survivent pas au-delà d'une vingtaine d'années. Par conséquent, je considère que sa mort est une issue logique. Nous ne l'attendions pas, elle nous fait beaucoup de peine, mais elle est dans l'ordre des choses. Le sort en a décidé ainsi. Et dans le fond, en mourant elle est redevenue comme les autres. C'est tant mieux pour elle. » C'est ce qu'il a répété à ma mère pour la consoler. « Ainsi, notre chère petite fille est redevenue normale, comme elle aurait dû l'être en naissant. » Voilà. Leur calvaire avait pris fin. Après vingt ans ! Mais le souvenir d'Anne est toujours resté très vivace en eux. Le jour anniversaire de sa mort, ils retournaient toujours à Colombey pour se recueillir sur sa tombe. Le dimanche, à la sortie de la messe, ils repassaient parfois par le cimetière s'il n'y avait pas trop de monde. Ma mère veillait à ce que la tombe fût fleurie en toutes saisons. On l'a souvent vue au cimetière en train de s'en occuper avec l'une des deux aides ménagères, Charlotte ou Honorine, le matin, de très bonne heure, ou le soir venu, après le départ des derniers pèlerins. Et puis Anne continuait, puis-je dire, à vivre un peu avec eux dans cette institution qu'ils ont voulu fonder pour recueillir les pauvres enfants qui lui ressemblent.

— Qui a eu l'idée de la Fondation Anne-de-Gaulle ?

— A la fois l'un et l'autre. Mais c'est surtout ma mère qui a pris l'affaire en main par la suite. Ils avaient pu mesurer à quel point les parents d'enfants trisomiques sont désemparés devant le manque de structures d'accueil susceptibles de recevoir leur pauvre progéniture. L'idée a surgi de ce constat à la suite des contacts qu'elle a pu avoir avec des femmes dans son cas et avec les médecins qui s'occupaient de ma petite sœur. Tout de suite après la guerre, mes parents sont donc partis à la recherche d'un château qu'ils auraient pu acheter à bon marché. Après maintes explorations en voiture, ils ont fini par trouver celui de Vert-Cœur, à Milon-la-Chapelle, près de Saint-Rémy-lès-Chevreuse, dans les Yvelines. Cette maison a été ouverte très vite, dès 1948. Ils n'ont pas pensé une seconde y placer Anne, mais ma mère nous a laissé entendre un jour : « Si nous disparaissons avant elle, il y a Vert-Cœur, vous pourrez éventuellement l'y mettre si vous n'arrivez pas à en supporter la charge. » Pour l'achat de ce domaine, mes parents n'avaient pas d'argent. Il leur a fallu emprunter. Heureusement, des dons sont arrivés. Certains provenaient de gens aisés qui avaient eu eux-mêmes des enfants trisomiques dans leur famille. Et puis, mon père a publié le premier tome des *Mémoires de guerre*, ce qui lui a permis de rembourser des dettes considérables. Il est possible aussi que, pour acquérir Vert-Cœur, mes parents aient réalisé des biens après la guerre ou renoncé à d'autres. Le problème suivant a été de trouver un personnel adéquat. Ma mère s'est alors adressée aux sœurs franciscaines de l'ordre de Notre-Dame-de-la-Compassion. Ces religieuses étaient en même temps infirmières. Mon père est allé visiter ce château deux ou trois fois pour surveiller les travaux de remise en état qui étaient nombreux. Ensuite, il s'y est rendu pour saluer les religieuses et rencontrer les premiers enfants accueillis. Je ne pense pas qu'il y soit jamais retourné. Comme moi, par la suite, il avait quasiment interdiction d'y mettre les pieds ! Car ma mère avait décrété : « C'est l'affaire des femmes et non des hommes. Je m'en charge. » Après elle, c'est ma sœur Elisabeth qui a pris sa succession. Maintenant, c'est une de mes belles-filles, le docteur Annick de Gaulle, femme d'Yves, mon deuxième fils, qui en assume la lourde charge en plus de ses activités professionnelles. Tenu par des laïques et suivi religieusement par les sœurs apostoliques de Saint-Jean, de Versailles, Vert-Cœur accueille aujourd'hui une soixantaine d'enfants handicapées. Uniquement des filles. C'était le vœu de ma mère et de mon père. Ainsi Anne ne meurt-elle jamais.

33

UNE PLUME FERTILE

« Je tâche de remplir cette phase – la dernière – de ma vie, en écrivant pour l'avenir. »

Lettres, Notes et Carnets. 2 janvier 1970.

Homme d'action, chef de guerre, chef d'Etat, le général de Gaulle se voulait aussi homme de lettres et pédagogue. Il l'a démontré avec brio. Quand a-t-il décidé d'écrire ses Mémoires ?

— Je pense que cela a toujours été dans ses arrière-pensées. Il ne croyait pas que les choses se termineraient avec lui. « Historiquement, m'a-t-il signifié un jour, je vais être obligé de me justifier auprès du peuple français, parce que ce que j'ai fait n'est apparemment pas compréhensible par tous. Ils ont été écrasés par la propagande allemande et vichyssoise avant de l'être par l'anglo-saxonne. Que savent-ils finalement ? Il faut donc que je leur explique ce qui s'est en réalité passé. » Une autre fois, il a eu cette réflexion qui démontre mieux encore sa volonté de se mettre à écrire : « Dans l'au-delà, j'aurai aussi des comptes à rendre. » Je me souviens que le soir du 22 juin 1940, à Londres, quand nous sommes sortis avec Geoffroy de Courcel de la BBC où il venait de prononcer son troisième appel aux Français, ces mots sibyllins sont tombés de ses lèvres : « Là-dessus également j'aurai à m'expliquer plus tard. » Dès cette époque, c'était donc dans son esprit et il y repensait quand il pouvait bénéficier d'un petit moment de calme, ce qui était malheureusement rare, parce que, on s'en doute, sa vie, depuis la campagne de France, était trépidante. Pensant à l'avenir et se méfiant de sa mémoire, il n'oubliait jamais, pendant la guerre, de dicter à son secrétaire l'essentiel de la conversation qu'il venait d'avoir avec Churchill ou avec un autre, ou d'en emporter le procès-verbal. Cela également montre bien à quel point il avait l'intention de se mettre un jour à écrire.

— Quand a-t-il pris son stylo pour la première fois avec cette intention ?

— Il devra attendre jusqu'en 1946 avant d'envisager sérieusement d'entreprendre son travail. Le 21 janvier de cette année-là, ce qui lui manquait le plus, le temps, vient de lui être octroyé. La veille, il a rendu son tablier de président du Conseil de la IVe République. Il va habiter, comme on le sait, à Marly-le-Roi. C'est là qu'il esquissera un premier plan de ses Mémoires. Je l'avais retrouvé, trois semaines auparavant, au début de janvier, pour le mariage de ma sœur

Elisabeth, mais, retourné aux Etats-Unis afin d'y poursuivre mon stage de pilote d'aéronautique navale, c'est ma mère et d'autres proches témoins qui m'ont décrit en détail cette nouvelle installation. Dans ce bien modeste pavillon au milieu d'un parc dénudé, il est tout en joie malgré le triste cadre qui l'entoure. Il n'y a vraiment rien là pour inciter quelqu'un à écrire : ni bureau confortable, ni bibliothèque, ni feu de bois. Une mauvaise chaudière à charbon essaie de lutter contre l'humidité qui décolle le papier des murs. Le vent souffle et les fenêtres sont loin d'être hermétiques. Mais son humeur est au beau fixe. « Pensez, disait-il à ses interlocuteurs, que j'ai enfin devant moi, chaque matin à mon réveil, la journée que je désire, sans contrainte, sans visiteur importun et sans complaintes d'un ministre ou d'un autre. » Et de proclamer : « Je vais enfin pouvoir écrire en paix ! » Après mon retour en France, fin septembre 1946, je l'ai écouté me développer comment il voyait la construction de ses Mémoires qui étaient alors sa seule préoccupation. Enveloppé du nuage de son cigare, il m'explique : « J'ai d'abord pensé à suivre l'ordre chronologique à l'exemple des historiens. C'est la façon didactique d'exposer les événements successifs aux gens qui ne sont pas versés dans l'histoire et qui n'ont pas l'intelligence complexe, en essayant, d'une manière marginale et annexe, par des colonnes parallèles, de leur faire comprendre quels sont les liens entre eux. Mais je me suis dit que ma démarche n'apparaîtrait pas assez clairement. Alors, j'ai décidé de retracer les événements, sujet après sujet, tels que je les ai vécus moi-même et comme je les ai traités, en tenant compte bien sûr de la chronologie, encore qu'il m'exaspère au plus haut point de devoir aller à la pêche des dates. »

— Il aurait pu adopter la formule du carnet de marche. Y a-t-il pensé ?

— C'est la première formule qui lui est venue à l'esprit. Mais il l'a rejetée assez vite. D'abord, elle ne convenait pas à son travail. Car c'est une véritable œuvre littéraire à laquelle il voulait se livrer. De cela, il était bien convaincu. Il m'a expliqué : « Le carnet de marche, c'est bon pour les colonels en retraite. On traite l'action au jour le jour, sans commentaire ni analyse. Et puis, je vais tomber dans l'exaspération parce que je serai obligé de chercher trop de références, et ça m'embête. En plus, c'est la solution de facilité qui tend à montrer les détails et pas à voir l'ensemble des questions. Il faut quelque chose de bon, non seulement pour l'histoire de France, mais pour ma propre histoire. Il faut aussi que ce soit bien écrit, très bien écrit. » Je pense qu'il a dû discuter de cette question de forme avec François Mauriac qu'il a revu assez longuement le 16 février à Marly-le-Roi. A cette époque, il allait engager beaucoup de dépenses avec la restauration de La Boisserie et il vivait à crédit. Il fallait donc que les *Mémoires de guerre* fussent tout de suite un succès, sinon il se serait trouvé dans une situation très difficile. Je ne sais pas comment il s'en serait tiré. Il ne touchait un sou de rien puisqu'il avait refusé toute retraite. « Ainsi, concluait-il, je ne devrai rien à personne. Ce sera l'inverse. Les Français resteront en dette à mon égard. »

— Vous n'allez quand même pas me dire qu'il s'est mis à écrire pour essayer d'éponger ses dettes ?

— Non, mais dans sa volonté de se mettre à rédiger ses Mémoires, cette idée est intervenue même si elle n'était pas décisive. Il lui fallait se refaire financièrement. A la différence de quelques-uns de nos compatriotes, vous le savez, il n'a pas passé la guerre à gagner de l'argent !

— Quand a-t-il vraiment commencé à se mettre au travail ?

— Ses ébauches ont certainement commencé dès Marly, mais la rédaction elle-même, qui demanda toute la concentration sur l'œuvre, n'a fondamentalement démarré sans s'arrêter que le lendemain même du jour où il s'est installé dans ses meubles à Colombey, le 1er juin 1946. J'étais loin, à l'époque, aux Etats-Unis. Comme je viens de le dire, ce n'est qu'à la fin de cette année-là que j'ai pu revoir mes parents. Ma mère m'a raconté qu'il n'a pas voulu attendre un jour de plus. C'était un vendredi. En mai, on avait repoussé par référendum, comme il le souhaitait, le projet de Constitution de Félix Gouin, et le lendemain, 2 juin, élu la deuxième Assemblée constituante. « La radio marchait souvent, se souvenait-elle. Toute cette politique le rendait soucieux, mais pas au point de l'empêcher d'écrire. Il fallait voir avec quelle frénésie ! Il n'était même pas gêné par l'odeur de peinture qui envahissait la maison. Ça sentait pourtant beaucoup. » A cause des peintres qui occupaient encore le rez-de-chaussée, il est obligé de s'installer dans sa chambre, au premier étage. Sa bibliothèque n'est pas encore en place. Il n'a que quelques livres sous la main. Plus tard, le collaborateur qui viendra l'aider devra se débrouiller pour trier ses archives en vrac dans le bas de ses armoires et dans les cantines qu'il a fait transporter à Colombey avant même de retourner y habiter, et que l'on a rangées au grenier en attendant que le rez-de-chaussée soit habitable. Ces cantines lui ont donné quelque tracas. Il ne voulait rien laisser derrière lui pendant la guerre. C'était une question de souveraineté. Aussi se soucia-t-il de se faire suivre de toutes ses archives personnelles quand il quitta Londres pour Alger, fin 1943. On imagine le travail de ceux qui ont été chargés de cette mission. Trois ans de documents à rassembler ! Et l'amertume de mon père le jour où il apprit qu'un cargo torpillé par les Allemands en Méditerranée avait coulé avec certains de ses précieux documents. Il fallut ensuite veiller à ce qu'une partie de ces mêmes bagages rallient Londres au moment où il y est retourné en 1944 et que l'ensemble le rejoigne à Paris au moment de la Libération.

— Comment pouvait-il trier autant de documents pour la rédaction de ses Mémoires ?

— Jamais il n'aurait voulu mettre la main dans ses cantines. S'agenouiller devant pour y brasser des papiers plus ou moins poussiéreux n'était pas son genre. D'autres étaient là pour cela. Toute sa vie, il a eu, vous le savez, ce mépris pour les choses matérielles. Et puis, cet exercice aurait risqué de lui déclencher une série d'éternucments, car déjà avant la guerre, il était sujet à ces crises qui duraient parfois dix minutes et qui n'avaient rien à voir avec un rhume. Curieusement, cela ne le prenait qu'en privé. On ne l'a heureusement jamais entendu éternuer au micro ou au Conseil des ministres ! Dès le début de la rédaction de ses Mémoires, un auxiliaire fut chargé de ce travail : René Trotabas qui avait changé de nom pendant la guerre à cause de ses origines israélites pour s'appeler René Thibault. Mais pour tout le monde, il était resté Trotabas parce qu'on l'avait connu à la France Libre. Pied-noir, il avait été un éminent professeur d'université à Alger avant de rallier le général de Gaulle à Londres. Il possédait une intelligence vaste et ouverte, et une grande habitude de manier les dossiers. A partir de l'automne 1947, il a commencé à faire la navette entre Colombey et le 5 de la rue de Solferino, à Paris, dans le 7e arrondissement, l'hôtel particulier acheté par le Rassemblement du peuple français. Aidé d'une secrétaire, Mlle Garrigoux, il apportait à La Boisserie les archives dont mon père avait besoin sur le moment et les rapportait avec les références qu'il avait retrouvées. Elles étaient transportées par la traction Citroën du Général, ce dernier ayant pris, dès cette époque, l'habitude de réserver deux jours de la semaine, le mardi et le mercredi, à ses rendez-vous à cet endroit et à l'hôtel La Pérouse, non loin de l'Arc de Triomphe.

Il disposait là de quatre pièces et pensait y être tranquille, à l'abri des indiscrétions, lorsqu'un soir, voulant allumer une flambée dans la cheminée, il découvre en levant le tablier de fer les micros qu'ont fait poser les Renseignements généraux sur ordre du gouvernement à présidence socialiste... René Thibault était un homme infatigable. D'après mon père, cet archiviste zélé dut sélectionner au total pas moins de trois mille documents utiles à son récit parmi plus de cent mille ! Travail de Romain.

— On a raconté que votre mère, effrayée par le manque de soin que le Général avait pour les manuscrits, s'occupait de les mettre elle-même à l'abri. L'acceptait-il ?

— Voilà encore une belle invention ! Mon père ne voulait surtout pas qu'elle se mêlât de ses papiers. Et croyez-moi, elle n'aurait jamais osé aller contre sa volonté. De temps en temps, il lui demandait de lui laisser la table de la salle à manger afin de pouvoir les étaler, car il aimait parfois avoir toutes ses archives sous les yeux sans devoir aller les chercher dans différents dossiers. Personne n'aurait pu toucher à une seule d'entre elles jusqu'au moment où il les enlevait lui-même pour les fourrer dans son placard. Ma mère ne conservait dans ses affaires personnelles, vous le savez, que le texte du fameux appel du 18 juin qu'elle gardait en souvenir des temps héroïques. Pendant la rédaction de ses Mémoires, mon père dut se battre littéralement avec des monceaux de manuscrits et de papiers de toutes provenances. Il dira en 1954 à l'écrivain Georges Duhamel qui l'interrogeait à ce sujet : « Le travail de reconstitution fut considérable. Il fallut rechercher, vérifier des dates, retrouver des témoins. Mais mon souci majeur, tout au long de mon travail, fut de m'appuyer sur cette masse de pièces justificatives. Je m'y suis positivement accroché. » Le pauvre Thibault croulait sous ses demandes. J'ai, par exemple, découvert une lettre de mon père datée de juillet 1946 où il lui demandait de retrouver pas moins de huit lettres, télégrammes et messages qu'il avait adressés ou reçus en 1940 et 1941 de personnalités telles que Churchill, Anthony Eden ou Weygand. Et il ne fallait pas que ça traîne ! Cet archiviste n'avait qu'un défaut : celui de remettre tous ces papiers en vrac dans les cantines après les avoir utilisés. Si bien qu'il m'a fallu les trier de nouveau quand j'ai dû les rassembler pour la publication des *Lettres, Notes et Carnets* et pour leur remise aux Archives de France.

— Y a-t-il des documents dont vous connaissiez l'existence et que vous n'avez pas retrouvés après la mort de votre père ?

— Il y en a au moins un : un message de la main de Léon Blum adressé au Général pendant la guerre et remis à mon père par Christian Pineau. Comme vous le savez, le 16 janvier 1947, c'est Vincent Auriol, seul candidat déclaré, qui est élu président de la République. Léon Blum vient de démissionner du gouvernement. Il est remplacé par le socialiste Paul Ramadier. Ce dernier fait la joie des caricaturistes avec sa barbichette, ses tenues négligées et ses pantoufles charentaises. Il me faut ouvrir cette parenthèse à son propos. Le 31 mars suivant cette élection présidentielle, vers 10 heures du soir, on sonne à La Boisserie alors que ma mère vient juste de monter se coucher. La brave Louise accourt : « C'est un monsieur fort, avec une petite barbe, qui se dit président du Conseil. Il demande à voir le Général. » On lui répond : « Qu'il vienne s'annoncer lui-même. » De l'entrée jusqu'au salon, Ramadier s'est déjà introduit dans la maison. Il a fait tout le trajet jusqu'à Colombey en pleine nuit afin de ne pas être remarqué. Il veut signifier au Général la décision du Conseil des ministres : son exclusion de la vie politique et des médias. Une exclusion sans précédent dans les annales de la République. De plus, les autorités de l'Etat seront tenues de ne plus rencontrer l'ancien chef de la France Libre, les honneurs militaires ne lui seront plus rendus et les bons d'essence lui seront supprimés ! Le général de Gaulle cesse d'être le libérateur de la France. Futur président du RPF, il est dorénavant l'adversaire du régime et, sous-entendu, celui de la République. Mon père lisait dans la bibliothèque. Retrouvant le visiteur dans le salon, il marque son étonnement : « Qu'avez-vous donc de si important à me dire à cette heure ? » Avant de lui annoncer les mesures prises à son encontre, Ramadier lui demande d'adhérer au fonctionnement de la IVe République. « Comment adhérer à un système qui ne peut fonctionner ? » lui demande ironiquement le Général. « A ce moment-là, rétorque Ramadier, la IVe République vous considère comme son adversaire et doit agir à votre égard en conséquence. » Alors, mon père tranche sèchement : « Après tout, faites ce que vous voulez. » Et il met fin à l'entretien. « Il ne m'a même pas proposé une tasse de café », se plaindra Ramadier à l'issue de la conférence de presse qu'il donnera le lendemain pour expliquer sa vadrouille au clair de lune. Il est rentré à Paris vers 2 h 30 du matin, sans doute à juste titre honteux de sa démarche. Plus tard, me reparlant un jour de l'élection de Vincent Auriol, mon père lève les yeux au ciel. « Avec une Constitution aussi bancale, commente-t-il, que va-t-il pouvoir faire ? Seulement combiner, comme il l'a toujours fait ! Il est en réalité le prête-nom de Léon Blum. C'est si vrai qu'il l'a emmené dans sa voiture pour entrer à l'Elysée. Blum ne s'est pas présenté à la Présidence parce qu'il avait bien conscience de ne pouvoir le faire : sa personnalité est trop fragile et son personnage n'est pas reconnu par les profondeurs de la nation. » Cela dit, il ouvre le tiroir droit de son bureau et en sort un papier qu'il me tend : « Lis ça, glisse-t-il avec un petit sourire. C'est le message que Léon Blum m'a fait passer par l'un de ses visiteurs au fort du Pourtalet où Vichy l'avait emprisonné en 1941. » On dirait une feuille de papier quadrillé arrachée à quelque cahier d'écolier de mauvaise qualité. D'une écriture griffonnée, Blum lui exprime en quelques mots son adhésion totale et l'évidente nécessité qu'il prenne la direction d'une nouvelle République à la Libération. Par la suite, cette pièce aurait pu – et comment ! – mettre en cause la sincérité de son auteur. Conservée dans une chemise en plastique, elle avait été déposée par mon père dans ce tiroir fermé par une simple clef où il rangeait ses papiers les plus confidentiels. Je ne l'ai pas retrouvée après sa mort. J'ai pourtant fouillé partout. Elle a donc été subtilisée ou détruite. Qui est l'auteur de cet acte ? Je me pose toujours la question.

— Comment imaginer que quelqu'un ait pu s'introduire dans le bureau de votre père à l'insu de votre famille et commettre ce larcin ?

— Quand il est mort, un certain nombre de personnes sont entrées dans La Boisserie et l'attention de ma famille était, comme on s'en doute, concentrée sur le salon où se trouvait le cercueil. Le tiroir du bureau était fermé, comme je l'ai précisé, par une simple clef, et donc facile à ouvrir. Et le document facile à trouver, car mon père avait glissé un billet dans la chemise avec ces mots : « Lettre de Léon Blum au fort du Pourtalet. »

— Mais revenons aux Mémoires. Pourquoi le Général a-t-il refusé de se composer une équipe afin de l'aider à les écrire ?

— Cette formule n'aurait sûrement pas plu à ma mère qui n'aimait pas voir trop de gens autour de lui à La Boisserie. Mais d'abord, il voulait faire un travail strictement personnel. Il remarquait : « Un historien peut avoir des “nègres”. Il reconstitue l'Histoire qu'il n'a pas vécue. Moi, j'écris l'Histoire dont j'ai été un acteur, je ne fais pas de compilation. Je me souviens. » Il expliquait aussi qu'il ne voyait pas comment entreprendre à plusieurs une œuvre qui se voulait littéraire. « Un écrivain digne de ce nom peut-il écrire à plusieurs mains ? » Pourtant, il lui aurait été facile de réunir des collaborateurs autour de lui. Mais il objectait : « Ces gens-là vont penser qu'ils ont quelque chose à dire eux-mêmes alors qu'il n'y a que moi qui peux parler de ce que j'ai fait. Eux n'y ont pas participé. » Et quand on lui faisait observer qu'il n'aurait pas été le premier mémorialiste à s'entourer de ce qu'il appelait une « bande », en lui citant, par exemple, Winston Churchill, il s'écriait en tapant du poing sur sa table à bridge : « Churchill fait ce qu'il veut. Il a écrit des volumes et des volumes dans lesquels il y a des passages entiers écrits par Edward Spears [son ami intime] et par Alexander Cadogan [son collaborateur], d'autres encore par son fils Randolph, dont d'ailleurs il ne dit pas un mot, et puis par vingt autres personnes. Ce n'est pas une œuvre, c'est un volumineux assemblage de tout ! » Une autre fois, je l'ai entendu se moquer du « bric-à-brac » que contenaient ces *Mémoires*-là : « Il faut savoir que Churchill indique même à un moment comment on fabrique les ports artificiels avec des caissons de béton. Onze volumes. Pas un de moins ! Comment peut-on écrire cela tout seul ? » Pas un mot des *Mémoires* de mon père n'est donc écrit par une autre plume que la sienne. Il n'a sollicité la collaboration de quelqu'un que deux fois pour des œuvres antérieures. Pour l'*Histoire des troupes du Levant* avec le chef de bataillon Yvon en 1931 et le passage sur l'aviation dans *Vers l'armée de métier* avec un officier aviateur du nom de Christian Jayle qui s'était engagé à l'aider davantage mais qui n'a finalement pu le faire.

— Personne ne l'a aidé non plus pour les sept cents pages des pièces annexes ?

— Elles ont été rassemblées par les soins de René Trotabas, mais il s'est efforcé de les relire et de les classer lui-même, l'une après l'autre. Et quand on sait qu'elles couvrent effectivement autant de pages que son propre texte ! Il y tenait beaucoup. Il expliquait : « Quand il m'arrive de lire des Mémoires, je ne manque jamais de consulter toutes les pièces annexes. Elles sont là non seulement en complément, mais en soutien de l'œuvre. » Aujourd'hui, les éditeurs ne les reproduisent plus, parce qu'ils estiment que les lecteurs s'en lasseraient. Mais les historiens ou ceux qui prétendent l'être ne devraient rien écrire sur les *Mémoires de guerre* sans renvoyer le lecteur à ces pièces qui sont des archives irréfutables. Si nombre d'auteurs s'étaient donné la peine de les lire, ils n'auraient pas écrit les contrevérités ou supputations qu'on découvre aujourd'hui. Complétées par les *Discours et Messages* et les *Lettres, Notes et Carnets*, elles font litière de toutes les légendes. Car mon père se souciait de vérifier chaque détail, chaque date, et ces archives sont en quelque sorte, sur beaucoup de points, une confirmation. Je crois que ce qu'il aurait déploré le plus, c'est d'avoir commis une erreur historique ou d'avoir déclenché une polémique qui ne lui aurait pas donné entièrement raison.

— Que disait-il de son style ?

— Que c'était celui de Cicéron. Un style qui respecte la construction latine, « élaboré, jugeait-il, comme un vers de douze pieds ». Autrement dit, ce style aurait pu être assez lourd, mais sous sa plume, il ne l'était pas. Cependant, il estimait qu'il n'était pas parfait. Il travaillait beaucoup l'équilibre de la phrase et ce qu'il appelait son « harmonie ». Il expliquait : « Je m'y oblige comme si je composais des vers. » C'est pourquoi il lisait souvent à haute voix la phrase qu'il venait de rédiger. « Je veux l'avoir dans l'oreille avant de l'admettre définitivement. » Quand on s'approchait de son bureau, on l'entendait essayer de contrôler ainsi l'harmonie de son écriture. Pour lui, la ponctuation n'était pas moins importante. Il s'est beaucoup battu avec les agrégés de grammaire qui corrigent parfois les épreuves chez les éditeurs. Il replaçait souvent les virgules là où ils les avaient enlevées, considérant qu'elles étaient indispensables pour la respiration de la phrase. Le style qu'il trouvait parfait était celui d'Anatole France et il déplorait de ne pouvoir l'égaler : « Peut-être que ce que j'ai eu à dire est trop complexe pour pouvoir écrire comme lui. » Une fois, il s'exclama devant moi : « Ah ! le style Anatole France, *Le Lys rouge*, *Thaïs*, *L'Île aux pingouins*... Le sujet, le verbe, le complément. Point. Le sujet, le verbe, le complément. Point. Pas d'adverbes ! » Dans son dernier carnet de notes, on relève cette pensée : « D'un écrivain, rien à attendre, sauf le talent. » D'autre part, il s'inquiétait de ne savoir « écrire pour tous les Français », craignant de voir une partie des lecteurs rejeter son livre, découragés par un style trop compliqué, et par conséquent, de ne s'exprimer que pour une élite intellectuelle. « Très souvent, constatait-il, les gens qui sont mêlés à des affaires pensent que cela coule de source et que tout le monde les comprend. Mais ce n'est pas toujours évident pour le profane. Les livres achetés et non lus remplissent des bibliothèques. » C'est une des raisons pour lesquelles il lui arrivait d'« essayer » – c'était son expression – ses textes sur un cobaye, qui pouvait être Elisabeth, ma sœur, qui se chargeait de leur dactylographie sur sa petite machine portative (elle avait le mérite de pouvoir déchiffrer son écriture), mon beau-frère Alain de Boissieu, son beau-frère Jacques Vendroux ou encore moi-même.

— Acceptait-il facilement les observations qu'on pouvait lui faire ?

— C'était souvent le cas. Parfois, par exemple, ma sœur ou moi nous lui faisions remarquer : « Ecoutez, papa, on ne saisit pas très bien le sens de cette phrase. Qu'est-ce que vous avez voulu dire ? » Alors, voyant qu'il n'était pas compréhensible pour le *vulgum pecus* que nous étions, il modifiait la phrase incriminée. Une autre fois, après le café dans la bibliothèque, il demandait à son beau-frère : « Tenez, Jacques, il me serait agréable d'avoir votre avis sur ce que je viens d'écrire. » Son beau-frère s'installait dans un fauteuil à côté de lui, et mon père commençait sa lecture à haute voix, sur un ton « tour à tour gouailleur, ironique, sévère, grave et éloquent », se souvenait mon oncle. De temps en temps, il jetait un œil par-dessus son texte pour se rendre compte de l'effet produit. Pour ma part, je l'ai entendu me lire plusieurs chapitres des *Mémoires de guerre*, en général le premier de chacun des trois volumes et les passages relatifs aux opérations militaires. Il lisait à mi-voix comme auraient pu déclamer les tragédiens de sa génération en marquant toutes les intonations qu'exigeait le sens de son texte. Depuis lors, chaque fois que j'en relis un passage, c'est comme si je l'entendais encore dans son bureau, assis près de lui dans un des fauteuils tendus de velours vert pâle, une teinte si justement assortie au vert Empire des rideaux qui habillent les trois hautes fenêtres. Comme j'aurais voulu pouvoir l'enregistrer ! Quand je sentais qu'il était sur le point d'en terminer avec sa lecture, je me demandais ce que j'allais bien pouvoir lui répondre dès que, quittant ses lunettes, il me poserait la question habituelle : « Alors, qu'en dis-tu ? » Que faudrait-il trouver pour ne pas me contenter de lui faire part de mon admiration ? Car ce qu'il attendait, c'étaient des remarques constructives et surtout pas des compliments. Une fois, j'attaque donc ainsi : « Vous avez détaillé votre dernier entretien en juin 40 avec le général Weygand qui ne cherchait depuis le début qu'à mettre bas les armes avec l'espoir que l'ennemi lui laisserait tout de même "les effectifs nécessaires pour le maintien de l'ordre". Sur cette dernière réflexion, quelque colonel de son nombreux état-major pourrait se porter en faux contre votre version de cet entretien. Vous ne trouvez pas ? » Il me répond : « Tu as raison, il ne faut pas que je laisse la possibilité à quelque faux témoin d'opposer sa parole à la mienne et permettre aux mauvais chroniqueurs de ratiociner par un détail sur cette évidence historique. » Au cours de notre dialogue, il prenait des notes au stylomine en écrivant deux ou trois mots en marge de son texte afin d'effectuer la correction qui s'imposait. J'ai pu voir, après publication, que ce que je connaissais des critiques qu'on lui avait adressées avait été assez souvent pris en compte.

— Quelle a été sa réaction devant les critiques que la publication des *Mémoires de guerre* a suscitées ?

— Il faut se souvenir que celles qui ont été virulentes ne l'ont été seulement qu'après sa mort. Des gens – pour la plupart d'anciens adversaires vichystes – qui ont ergoté sur certains détails sans pouvoir prouver quoi que ce soit de leur côté ou qui ont profité de l'occasion pour répandre leur vieille haine. Toutefois, certains de ses partisans ont regretté quelques omissions volontaires, notamment en ce qui concerne ses démêlés avec Winston Churchill et avec l'amiral Muselier. Ils lui ont reproché sa trop grande indulgence à l'égard de Roosevelt qui, on le sait, n'a fait que le contrer jusqu'au débarquement de juin 1944. D'anciens résistants auraient souhaité, quant à eux, qu'il s'étendît davantage sur leur action. Ce genre de critiques était prévisible. Mon père s'attendait à ces « chinoiseries ». Il me l'avait dit à plusieurs reprises. L'essentiel, pour lui, c'est que pratiquement personne n'ait réussi à mettre en doute la véracité des faits qu'il a relatés. De son vivant, quelques-uns ont exprimé leur mécontentement, mais seules deux personnes ont demandé qu'une rectification soit effectuée. Le premier cas concerne un agent de l'Intelligence Service qui était dans la région de Bordeaux pendant l'Occupation et qu'on appelait Hilaire. Cet homme naviguait entre les mouvements de résistance du Sud-Ouest jusqu'au moment où, en 1944, Paris et Bordeaux étant libérés, mon père lui a fait savoir qu'il n'avait plus rien à faire en France et qu'il devait retourner en Grande-Bretagne. Dans ses *Mémoires*, sur la foi de renseignements erronés, il avait attribué au dénommé Hilaire, qui était lieutenant-colonel, une action qui ne le concernait pas. Une transaction lui a été proposée et mon père lui a fait donner une compensation pécuniaire en guise de dommages et intérêts. D'autre part, à la première réimpression, il a fait retirer la ligne où il était mentionné. Le deuxième cas se rapporte au *Canard enchaîné* que mon père avait placé dans sa première édition « sous la coupe des communistes ». Personne n'aurait pu soutenir le contraire mais comme le journal satirique avait contesté cette présentation, il convint de la modifier en précisant que les communistes avaient « leur large part » dans sa rédaction.

— Y avait-il un passage de ses *Mémoires* qu'il préférait à tous ou qu'il considérait comme le mieux réussi ?

— On imagine facilement que cette question

m'est venue un jour à l'esprit. C'était en février 1962. Nous étions à l'heure du thé. Il était assis à sa place habituelle dans la bibliothèque, à droite du feu de bois qui ronronnait gentiment. Il venait d'y ajouter une bûche. Assise tout près derrière lui, ma mère était occupée à son éternel ouvrage. Le lampadaire les enveloppait d'une douce lumière. Il a enlevé ses lunettes et a jeté vers moi un regard affectueux. Un regard qui s'est ensuite dilué dans le vague. Puis, après un silence, il s'est mis à réciter de mémoire, en guise de réponse, un passage des *Mémoires de guerre*. Il s'agissait du premier chapitre de *la Pente* que beaucoup de Français connaissent : « Toute ma vie, je me suis fait une certaine idée de la France. Le sentiment me l'inspire aussi bien que la raison... » Il a récité ainsi les deux premières pages. J'étais subjugué. Sa voix n'était pas celle que l'on entendait lorsqu'il vous lisait un passage en cours de rédaction, pour connaître votre avis. Elle n'avait pas non plus l'accent déclamatoire. C'était une voix intérieure profonde et douce à la fois, la voix d'un poète récitant pour lui seul les vers qu'il vient de composer et qui émanent directement de son âme. Je regardai ma mère. Elle avait abandonné son tricot et l'écoutait, le visage figé dans un discret sourire. Nous étions sous le charme. Il nous récita ensuite le dernier paragraphe du *Départ* : « A mesure que l'âge m'envahit, la nature me devient plus proche... » Tout comme lui, je n'apprécie pas la sensiblerie, mais je me suis senti rempli d'émotion quand il prononça les dernières lignes : « Vieil homme, recru d'épreuves, détaché des entreprises, sentant venir le froid éternel, mais jamais las de guetter dans l'ombre la lueur de l'espérance. » Ma mère avait repris son ouvrage. Ses aiguilles à tricoter servaient de dérivatif à sa sensibilité, mais les brefs coups d'œil qu'elle me jetait parfois m'exprimaient à quel point elle était comme moi saisie par l'émotion. Tête légèrement inclinée vers la droite, on eût dit qu'elle savourait encore la voix familière. Il connaissait par cœur d'autres passages des *Mémoires de guerre* ainsi que l'un des morceaux de bravoure des *Mémoires d'espoir*. Je peux moi-même en réciter plusieurs. Celui, par exemple, qui commence ainsi : « La France vient du fond des âges. Elle vit. Les siècles l'appellent. Mais elle demeure elle-même au long du temps. Ses limites peuvent se modifier sans que changent le relief, le climat, les fleuves, les mers... »

— Qu'a-t-il pensé de l'accueil que les étrangers ont réservé à ses *Mémoires* ?

— Il a été étonné qu'ils ne se soient pas tellement rués sur les *Mémoires de guerre* parus en octobre 1954. Les traductions sont arrivées progressivement mais sans précipitation. En revanche, ils se sont jetés, seize ans plus tard, sur les *Mémoires d'espoir*. Au total, toutes éditions confondues, ses *Mémoires* ont été traduits en vingt-cinq langues et ont atteint quelque deux millions d'exemplaires. Il s'émerveillait de toutes les demandes étrangères, bien qu'il n'en eût pas connu la totalité. Après la publication du second volume des *Mémoires de guerre*, il se félicitait que personne en Grande-Bretagne ou aux Etats-Unis n'eût repris l'auteur sur aucun point d'histoire malgré les divergences d'opinion bien compréhensibles. Il a jugé modérées et convenables les critiques des Anglais. Churchill avec qui, je viens de le souligner, il n'a vraiment pas été sévère, essaya de justifier son attitude à son égard et notamment le fait d'avoir voulu l'écarter à un moment donné sous la pression de Roosevelt. Ce qui fit dire à mon père avec un rire sardonique : « Ce pauvre Winston se sent gêné. J'ai pourtant été bien indulgent quand on sait le nombre de fois où il a voulu m'envoyer à Sainte-Hélène ! » Il trouva les réactions américaines favorables à l'exception de certains éditorialistes qui, sur un ton venimeux, lui reprochèrent son attitude à l'égard des Etats-Unis pendant la guerre. Il fit alors remarquer : « Ces gens sont trop respectueux de la mémoire de Roosevelt pour admettre que j'ai eu raison de lui tenir tête. Il est vrai qu'ils ne l'ont pas connu ! » Il a été très déçu par l'ensemble de la presse allemande. « Les Allemands, a-t-il commenté, n'admettront jamais que vaincus comme ils l'étaient en 1940, écrasés, humiliés, les Français aient pu figurer grâce à moi aux côtés des vainqueurs en 1945. » Il a été peiné du peu d'intérêt que les Italiens ont porté à ses *Mémoires* et je sais qu'il a cherché à en connaître la raison. Sans doute étaient-ils gênés de nous avoir attaqués à revers peu glorieusement en juin 1940. Il s'attendait à une réaction très favorable des Belges et des Luxembourgeois, et, dans une certaine mesure, des Hollandais. « Ils ont été réduits et exilés comme nous. Notre histoire ne peut que les faire vibrer », pensait-il. Il n'a pas été trompé dans ses espérances.

— Et les réactions des pays communistes ?

— Il n'a pas été étonné d'apprendre que les Soviétiques s'étaient permis de supprimer les lignes qui les gênaient concernant le Comité de Lublin, ce gouvernement polonais fantoche à la création duquel il s'était opposé, et le ravitaillement massif que l'URSS avait reçu des Alliés pendant la guerre, ce qui, à leur sens, risquait de diminuer leur victoire. Aucun éditeur d'Europe de l'Est n'a versé un seul kopeck de droits d'auteur.

— Vous n'avez pas engagé d'action contre eux ?

— D'abord, mon père ne se préoccupait pas de tout ce qui concernait l'aspect financier de son œuvre. Quand j'ai pris la succession, j'ai naturellement dû remettre les choses à jour, mais avec quelle difficulté ! Des démocraties populaires, je recevais parfois une réponse à mes lettres qui disait à peu près ceci : « Ah ! quel dommage que vous ne soyez pas venu les percevoir sur place en son temps. Maintenant, c'est trop tard, votre compte est forclos. » Cela a été, par exemple, le cas de la Pologne sous régime communiste. Avant de m'envoyer cette réponse, les Polonais ont commencé par me demander ce qu'ils devaient faire des droits d'auteur du général de Gaulle. Je leur ai répondu : « Versez-les à telle œuvre catholique sur place. » Alors, ils ont rétorqué : « Ce n'est pas possible. » J'ai donc donné l'adresse d'une œuvre laïque pour les orphelins à Varsovie. « C'est également impossible, m'ont-ils répondu. Il faudrait que vous veniez nous voir. » Mais je savais par expérience avec d'autres pays que je ne pourrais pas percevoir la moindre somme.

— Y a-t-il eu des éditions pirates des *Mémoires* ?

— Il y en a eu de multiples après la mort de mon père. Des gens qui, sans vergogne – je ne veux pas citer de nom, mais ils se reconnaîtront –, et sous prétexte de documenter le peuple français de la même manière, prétendaient-ils, que *le Journal officiel*, ont publié tous les *Mémoires* ou des morceaux entiers sans en acheter les droits. D'autres, sous couvert de doctrine politique, en ont pris de la même façon des extraits ou des chapitres entiers. En province, des éditeurs ont dû faire leur *mea culpa* devant les menaces de l'éditeur principal. L'un d'eux a reproduit, de bonne foi, sur ses deniers, dans sa petite imprimerie, les *Mémoires de guerre* pour les diffuser, en pensant qu'après tout il faisait œuvre patriotique puisqu'il propageait la pensée du général de Gaulle. Pour lui comme pour beaucoup de gens, le Général appartenait à tous les Français comme Clemenceau ou Napoléon. L'ennui, c'est qu'en matière d'édition, il y a, comme on le sait, des règles qu'il faut respecter. En particulier, l'éditeur est le garant de l'authenticité des textes.

— A t on jamais rcproduit des passages en les tronquant ou en les falsifiant ?

— C'est souvent arrivé. Après la mort de mon père, j'ai passé beaucoup d'années de mon existence à lancer continuellement des mises en garde, à faire des procès contre des éditeurs français qui se permettaient de modifier le texte des *Mémoires*. Par exemple, on a vu des personnalités politiques changer le sens d'une déclaration de mon père en remplaçant le conditionnel par le présent, ce qui faisait le général de Gaulle s'engager faussement. Ou bien, trouvant tels termes de son texte désobligeants à leur égard, ils supprimaient une partie de la phrase, ou encore ajoutaient des guillemets à leur écrit pour le transformer en déclaration. Mais comment vérifier tout ce que mon père inspire aux auteurs du monde entier ? Le nombre d'ouvrages qui l'ont pour sujet est extraordinaire. A l'heure actuelle, je connais un sénateur qui en a rassemblé plus de deux mille. Et il n'est probablement pas le seul. Certains reproduisent une telle quantité de textes de mon père – en les assaisonnant de notes de bas de page et de commentaires pour donner l'impression d'une œuvre originale – qu'à la fin du compte, vous vous apercevez que c'est le général de Gaulle qui en a écrit le tiers ou même les trois quarts !

— Le dernier tome des *Mémoires d'espoir* dont il n'a pu écrire que les deux premiers chapitres semble avoir été rédigé avec hâte, comme si le temps allait lui manquer. C'est votre impression ?

— Il ne faut pas oublier que mon père a soixante-dix-huit ans quand il commence à écrire sa dernière œuvre. Et son obsession est permanente : « Arriverai-je à dire tout ce que j'ai à dire ? » Cette question, on la lui a souvent entendue. Il n'avait pas encore atteint la soixantaine quand il l'a prononcée pour la première fois devant moi ! Les deux derniers chapitres sont bien écrits, n'en déplaise à ce critique qui, opposé à lui politiquement, les a jugés bâclés. Ils ont une particularité assez curieuse : ils sont beaucoup plus généraux que le premier tome des *Mémoires d'espoir* et que ceux des *Mémoires de guerre*. On a l'impression que, sentant qu'il n'avait plus beaucoup de temps, il a fait dans ces deux chapitres le résumé de ce qu'il aurait voulu développer dans le troisième tome qu'il aurait intitulé *Le Terme*. Je me souviens du ton parfois haletant qu'il avait quand il me lut, en septembre 1970, quelques pages du second chapitre des *Mémoires d'espoir*. Nous venions de faire une assez longue promenade en forêt. Je trouvais ce texte admirable et je le lui ai dit. Sous ses paupières lourdes, son regard était tendu, paternel et reconnaissant. Il lança ensuite ces mots terminés par un petit rire nerveux : « Si Dieu pouvait encore me donner quelques années ! »

— Que sait-on de ce qu'il avait l'intention de dire pour finir ?

— Du troisième tome, il ne nous a rien révélé, si ce n'est, on le sait, son intention de conclure sur le jugement de l'Histoire où il aurait interpellé Clovis, Charlemagne, Philippe Auguste, Colbert, Napoléon et Clemenceau en leur demandant ce qu'ils auraient fait à sa place. Dans une France décimée et ruinée moralement et matériellement par deux guerres mondiales et des conflits coloniaux, Louis XIV, Napoléon ou Clemenceau auraient-ils fait mieux que lui, eux qui disposaient d'une puissance de premier rang dans l'ordre militaire, démographique, économique, industriel, financier et culturel, avec des Français faisant preuve en toute chose de qualités incomparables ? On ne peut manquer de regretter qu'il n'ait pas vécu assez longtemps pour venir à bout de son récit. Je pense en particulier au chapitre relatif à l'œuvre sociale parmi ceux – ils sont sept – qu'il projetait de développer comme il l'écrit, le 30 mai 1970, à Pierre-Louis Blanc, un diplomate intègre, dévoué et discret qui lui servit d'archiviste pour ses *Mémoires d'espoir*. Cette œuvre est immense. Immense aussi est notre regret qu'il n'ait pu l'exposer complètement aux générations futures. En me rappelant sa flamme quand il nous parlait, je suis sûr que c'est ce chapitre sur le social qui lui tenait le plus au cœur. Il avait près de quatre-vingts ans quand il m'a avoué : « Qu'est-ce qu'on est à quatre-vingt-cinq ans ? Est-ce que je vais pouvoir arriver au bout ? » Car il pensait en avoir encore pour cinq ans à travailler. Il s'irritait. Je l'entends : « Si je n'explique pas aux Français ce qu'ils n'ont pas toujours saisi depuis 1958, et même 1945, ce ne sont pas les faux frères ou les faux jetons ou les bons apôtres qui vont le leur expliquer à ma place. » Il avait peut-être un pressentiment : il voyait qu'il commençait à écrire plus lentement et il perdait plus de temps à recopier ses manuscrits avant de les donner à dactylographier, car ils étaient « plus complexes qu'auparavant ». Mais l'esprit était clair, la mémoire bonne, la santé apparemment pas mauvaise, sauf peut-être cette cheville enflée par moments qui indiquait quelques problèmes cardiaques et circulatoires...

— On a dit que votre mère s'inquiétait parce qu'il était trop sollicité, qu'il ne consacrait pas assez de temps à son écriture, qu'il avait lui-même la hantise du temps perdu, qu'il prenait ses repas sur le pouce, à la va-vite... Qu'y a-t-il de vrai dans tout cela ?

— Ce n'est pas entièrement vrai. Deux mois avant sa mort, même s'il était anxieux pour l'avenir, il continuait de prendre tout son temps pour déjeuner et dîner. Il ne se privait pas non plus de ses stations dans son fauteuil à droite de la cheminée pour lire la presse et il entretenait toujours des conversations avec les siens et des visiteurs. Bref, il n'était pas l'homme pressé que l'on a souvent décrit. Car, avant de mettre ses pensées sur le papier, il avait besoin de répit pour réfléchir. C'est ce qu'il répétait : « Il me faut rêvasser. Sinon, je suis sec. » Alors, il faisait un grand tour de jardin avant de reprendre sa plume. Rien n'aurait pu contrarier le programme qu'il s'était fixé. Chaque jour, il s'imposait cinq ou six heures d'écriture. Maintenant, il est vrai que ma mère s'inquiétait de le voir trop sollicité et elle faisait plus que jamais le barrage. Elle se gendarmait, par exemple, contre ma tante Marie-Agnès. « Elle lui dévore son temps », se plaignait-elle. Elle en avait aussi contre Malraux qui voulait venir à toute force parce qu'il avait toujours quelque chose à dire d'extrêmement important et urgent. Si bien qu'elle a failli se brouiller avec des membres de la famille qui ne comprenaient pas cette volonté de faire le vide autour de lui. C'est sans doute pour cette raison que le bruit a couru qu'il ne prenait même plus le temps de manger ! Mais il est évident que s'il avait pu se consacrer davantage à ses Mémoires pendant dix ans, dès 1959, date à laquelle il a achevé ses *Mémoires de guerre*, plutôt que de rédiger quantité de textes destinés ou non aux public et conférences de presse, il aurait certainement eu le temps d'aller jusqu'au bout de son œuvre malgré ses responsabilités gouvernementales. J'ai souvent entendu ma mère le déplorer. Mais, faisait-il remarquer de son côté, « être aux affaires publiques ne laisse guère le temps de faire autre chose ».

— Elle n'apparaît pas dans ses *Mémoires*. Elle comptait pourtant plus que tout pour lui. Comment expliquer cela ?

— Il s'agit de la France. Il ne va pas raconter l'histoire des siens. Il n'était donc pas question de caser son épouse. Il ne l'oubliait pas pour autant. Mais qui tirait la locomotive ? (C'était le mot, vous le savez, que ma mère employait en plaisantant pour le désigner.) Qui était la locomotive ? Lui. Elle et nous faisions partie des wagons. Elle aurait d'ailleurs refusé d'être citée. Elle n'eût certainement pas aimé se retrouver sous les projecteurs. Dans la génération de mes parents, et particulièrement dans ma famille, on s'est toujours méfié des femmes qui se mettent trop en avant. Comme mon père, ma mère pensait qu'elles devaient demeurer à leur place sans empiéter sur les prérogatives de leur mari. L'un comme l'autre estimaient inconvenant qu'une femme se serve de la notoriété de son compagnon pour essayer de se hisser au premier rang. Churchill aborde à peine l'existence de son épouse Clementine dans ses *Mémoires*. Elle l'a pourtant parfois aidé dans sa tâche. Tout primordial qu'il était, le rôle de ma mère devait rester effacé aux yeux d'autrui. En revanche, elle eût souhaité que le Général fût moins bref à propos des hommes de la famille qui, pendant la guerre, ont été des combattants signalés. « Les de Gaulle et les Vendroux ont donné beaucoup à la France, remarquait-elle, et il est dommage qu'on soit si peu à le savoir. » Mais, je l'ai déjà dit, mon père répugnait à parler de sa famille dans ses écrits. « Ce sont nos affaires, répétait-il, pas celles de la France. » Avant de publier les *Mémoires de guerre*, un jour où il me lisait des passages sur la libération de Paris et de l'Alsace, je lui ai fait remarquer : « Votre fils se battait là et vous n'en dites pas un mot alors que vous nommez le monde entier. Peut-être serait-il intéressant de faire savoir que la famille du général de Gaulle a participé elle aussi à la guerre et à la victoire. » Il a répondu : « Ah ! oui, c'est vrai. » Alors, il a ajouté à son texte : « Mon fils continue à se battre. » Je suis sûr que si j'avais été tué, il n'aurait pas épilogué sur ce deuil. Il aurait simplement écrit : « Mon fils a été tué. Il n'a pas été le seul. » Point final.

— Au moment de la parution des *Mémoires* dans la collection de la Pléiade, certains critiques ont soutenu qu'il ne méritait pas de figurer parmi les géants de la littérature, ses textes n'ayant rien à voir avec la littérature...

— Mon père se voulait écrivain avec son style bien à lui, et il l'était. Maints professeurs de littérature et littérateurs l'ont reconnu. Mais ce qui le différencie de beaucoup d'autres grands écrivains, c'est qu'il n'écrivait pas, pourrait-on dire, pour écrire, mais pour mettre sa plume au service de son œuvre de soldat et d'homme politique. Reprenant le mot de Chateaubriand sur Napoléon, il s'est décrit lui-même comme le « poète de l'action ». De la littérature, il disait : « Elle est la lumière de l'esprit et de l'art, celle qui continue à luire au-delà de la propre vie de l'auteur et de ses propres œuvres, même quand la plupart en ont oublié l'origine. » Qui se souvient en effet aujourd'hui qu'il est à l'origine de la France moderne politique, sociale et technique ? Cette part de l'esprit par rapport aux réalisations humaines, il en a toujours recherché l'équilibre en mettant par exemple ce vers de Goethe en exergue dans son livre *Le Fil de l'épée* : « Au commencement était le verbe ? Non, au commencement était l'action ! » Mais c'est une provocation de Méphistophélès au docteur Faust qu'il utilise pour rappeler que le verbe sans l'action n'est que jeu de l'esprit, spéculation pour lui. Rappelons-nous ce qu'il fait quelques jours après la libération de Paris, en août 1944, alors qu'il est écrasé de charges et de soucis dans un pays et un Etat encore ravagés par les combats et à reconstituer en totalité : il tient à ce que l'Académie française y retrouve sa place en recevant sans délai François Mauriac qui lui a demandé audience. Il n'existe guère dans l'histoire du monde – et on cherche en vain dans l'histoire de France – un homme d'Etat de cette dimension qui ait été un chef militaire et un chef de gouvernement autant qu'un écrivain. Et quel écrivain !

— Pensez-vous qu'il aurait pu se contenter d'être écrivain ?

— Un jour – j'avais seize ou dix-sept ans –, je lui ai demandé ce qu'il aurait voulu être s'il n'avait pas choisi le métier des armes. Il m'a répondu : « Le métier d'écrire m'aurait certainement plu. Je me serais volontiers vu éditorialiste dans un grand organe de presse ou historien, comme Augustin Thierry, pour ne citer que lui. » Et alors que je m'étonnais de ces propos en regardant ses galons barrer ses manches (il était colonel), il a ajouté : « Mais je n'aurais pas aimé devoir rester assis devant mon papier pendant des mois sans autre activité que celle d'écrire. Tôt ou tard, à l'âge que j'avais, il m'aurait fallu participer aux événements. » En 1968, tandis que l'on parlait beaucoup de l'Education et des professeurs, il en est venu lui-même à se poser cette question devant moi : « Aurais-je pu faire une carrière d'enseignant ? » Et après cette réflexion : « Pourquoi pas ? Ton grand-père a été professeur d'histoire. J'aurais pu suivre ses pas et enseigner l'histoire. » J'ai enchaîné : « L'enseigner sans la faire ? » Pas de réponse. En tout cas, il n'aurait pu choisir une carrière juridique. Il avait horreur du juridisme. « J'agis d'abord, et quand la décision est prise, je fais venir les juristes. » Avocat ? « Surtout pas. Parce que, soutenait-il, un avocat défend des causes auxquelles il ne croit pas. Ton grand-père a été inscrit au barreau de Paris. Il a renoncé à sa robe pour cette raison. Il disait : "C'est la seule profession où l'on a le droit de mentir légalement." » Juge ? « Pas davantage. Le juge ne rend pas la justice. Il applique la loi. Il punit et dédommage. C'est le Parlement qui a le pouvoir de faire régner le droit au nom du souverain, c'est-à-dire le peuple français. » En fait, il a toujours eu la tentation de l'écriture sans pour autant être capable de se passer de l'action et du commandement. Je me souviens d'une autre conversation à ce sujet. C'était pendant l'été de 1969. Ce jour-là, après le déjeuner, il déserte la maison car l'on y étouffe. A Colombey, lorsque le soleil le veut, il frappe comme un forcené. Assis dans une chaise longue, sous un parasol, à côté de ma mère occupée à lire, il revient avec moi sur la marche lunaire des astronautes américains que nous avons tous suivie à la télévision, puis aborde la publication prochaine des cinq tomes de ses *Discours et Messages*, publication sur laquelle il est d'ailleurs sceptique. « Qui va désormais s'intéresser à ce j'ai pu dire maintenant que je ne suis plus aux affaires ? » s'interroge-t-il. (L'édition sera un succès : soixante mille exemplaires pour chaque volume.) Il me confie ensuite assez longuement combien il est heureux d'avoir pu se remettre à la rédaction de ses *Mémoires d'espoir*. Puis, après le passage d'un ange, je l'entends glisser en regardant ma mère du coin de l'œil avec un sourire malicieux : « Dans le fond, j'aurais dû accepter la proposition pressante de Georges Duhamel de me présenter à l'Académie française. J'aurais eu un bel habit vert, un bicorne, la considération de tout le monde et la paix assurée pour le restant de mes jours. » Je vois alors ma mère hocher la tête mi-amusée, mi-désabusée. Avant de laisser tomber : « Franchement, Charles, je ne vous vois pas en bicorne et en habit vert. Vous auriez eu l'air de quoi ? »

34

LE POUVOIR RETROUVÉ

« De Gaulle, notoire à présent, mais n'ayant pour moyen que sa dignité, va prendre en charge le destin. »

Mémoires de guerre.

Le 1er juin 1958, devant l'Assemblée nationale, le Général lit sa déclaration d'investiture. Le voici donc à Matignon avant que la porte de l'Elysée ne s'ouvre devant lui. Il y a douze ans, il quittait le pouvoir. Georges Pompidou a dit qu'il n'attendait que le moment d'y revenir. C'était la vérité ?

— C'était le contraire. Dès la mi-avril 1958, j'ai vécu tous ces moments cruciaux auprès de lui du fait de ma présence à Paris. Car depuis peu, je suis affecté au 3e bureau de la marine. Je ne le vois pas souvent à l'hôtel La Pérouse ou à son bureau, rue de Solferino, mais le retrouve à Colombey avec ma petite famille. Ma mère est inquiète. « Ils ne cessent de venir le tirer par la manche, se plaint-elle, il ne peut pas avoir un moment tranquille. » « Ils », ce sont les politiques, ses amis et les autres. Tous lui demandent de revenir. Qui pourrait sauver la situation sinon lui ? Qui pourrait refaire démarrer les institutions, redonner à la France sa place parmi les grandes puissances et la sortir du guêpier algérien ? Impatient de revenir aux affaires, mon père ? Allons donc ! Il faut l'entendre. Il fait chorus avec ma mère : « Qu'est-ce que je pourrais faire là-dedans ? C'est une situation inextricable, un imbroglio dont je ne suis pas responsable. Ils s'y sont mis, qu'ils s'en débrouillent. Si je reprends du service, je n'aurai que des “avatars”. Versatile et ingrat, le peuple français me laissera tomber tôt ou tard. » Ma mère s'enhardit. Elle prêche la résistance. A table, dans la bibliothèque, devant son secrétaire, plume à la main, ou dans son fauteuil avec son tricot ou sa couture, dès qu'elle le sent préoccupé par sa dernière visite ou par quelque événement rapporté par la télévision, elle ajoute ce couplet : « Après tout, ce sont eux qui ont créé ces problèmes. Ce n'est pas vous. Ils vous ont laissé tomber en 1946, vous ne leur devez rien ! Alors, maintenant, ils viennent vous chercher ! Trop tard ! » Son âge aussi entre en ligne de compte. Il lance un jour ce rire qui finit par un reniflement : « Soixante-sept ans ! A cet âge-là, les généraux ne vont plus à la bataille. Ils ne sont plus capables de rien. »

— Bernard de Gaulle, son neveu, raconte qu'il le trouve alors vieilli, se levant avec peine de son fauteuil et marchant difficilcment. C'était votre impression ?

— Mon cousin Bernard aurait dû essayer de le suivre dans ses promenades en forêt, comme je l'ai fait moi-même si souvent, et il aurait vu qui des deux aurait été le premier fatigué au bout de plusieurs kilomètres. A soixante-sept ans, on n'a certes plus vingt ans. Il avait pris de l'embonpoint et perdu de sa souplesse, mais de là à s'apitoyer sur son vieillissement, c'est invraisemblable. Quand on l'a vu revenir au pouvoir devant l'Assemblée, puis prendre la Présidence, tout le monde a pu se rendre compte de son énergie. Il avait encore beaucoup d'allant. Oh ! évidemment, si l'on avait écouté ma mère, on aurait pu douter de son état, car elle craignait tellement de le voir une fois de plus se fatiguer qu'elle l'imaginait toujours moins résistant qu'il ne l'était. Il fallait assister aux moments qu'il réservait à ses petits-enfants, Charles, dix ans à l'époque, Yves, sept ans, et Jean, cinq ans. C'était un grand-père allègre et plein d'entrain. Je le vois encore renvoyant d'un parfait shoot du droit le ballon qu'ils lui envoient. Quant à ceux qui prétendaient que son éloignement du pouvoir et sa retraite provinciale avaient changé son caractère en le rendant plus facile, ils faisaient la même erreur que mon cher cousin. Je n'ai jamais vu son caractère se modifier depuis mon enfance. Trempé comme il l'était, il n'y avait pas de danger !

— Dans quelle mesure avez-vous été pour quelque chose dans son changement d'attitude, avec votre oncle Jacques Vendroux et votre beau-frère Alain de Boissieu ?

— Je l'ai assez dit : personne ne peut se vanter d'avoir enlevé une décision pour le général de Gaulle. Au début, mon oncle, mon beau-frère et moi-même sommes de son avis. Il ne voit pas très bien ce qu'il pourrait faire avec les institutions de la IVe République dans une situation aussi complexe. On l'appuie quand il répond à toutes les instances qui veulent le rencontrer, jusqu'à ses plus féroces adversaires, devant la révolte de l'armée en Algérie : « Ne venez pas me raconter tout cela. C'est inutile. Je suis un général retraité sans troupe ni moyens de communication. » Rappelons que Ramadier l'avait interdit de radio depuis 1947. C'est l'époque où le général Massu prend la tête à Alger des « Comités de salut public » afin de tenter de les contrôler. Où, sous les huées et les sifflets d'une foule venue lui reprocher son attentisme jusque dans son bureau, le général Salan est poussé au balcon du Gouvernement général et ne réussit à calmer les manifestants qu'en criant : « Vive de Gaulle ! » Nous redoutons de le voir se jeter dans une mêlée sans moyens, sans alliés, sans pouvoir réel. Et puis, il y a ses Mémoires. Deux tomes sur trois lui restent à finir. N'est-ce pas plus important que toute autre chose ? Peut-il disparaître un jour sans avoir relaté aux Français tout ce qu'il a fait pour eux et leur pays ? C'est son obsession : « Si je pouvais rallonger les jours pour pouvoir écrire davantage ! » Notre premier réflexe est donc de l'encourager dans son refus. Et ma mère est heureuse que nous soyons en bonne intelligence avec elle. Jusqu'au jour où nous comprenons que les événements sont tels qu'ils ont rattrapé mon père. Alors, un soir, après concertation entre nous, Jacques Vendroux et moi, nous lui lâchons : « Vous avez peut-être raison, mais vous ne pouvez plus demeurer sans rien faire, parce que vous apparaissez comme le recours et le seul. Si vous ne répondez pas à leur attente, les Français ne vous le pardonneront pas. Historiquement, vous ne pouvez pas refuser. » Nous n'intervenons pas de gaieté de cœur. Nous sentons que le devoir nous y force. Nous sommes assis dans la bibliothèque, face à lui, pensif. Un chien aboie au loin. Des bruits de verres entrechoqués nous parviennent de la pièce à côté : Charlotte est en train de mettre le couvert. Nous attendons que mon père reprenne la parole. Mais il ne s'y décide pas.

— Votre mère est présente ?

— Elle est là, bien sûr. Elle nous considère, tristement surprise par notre changement d'attitude. Et puis, après avoir regardé fixement la statuette de sainte Anne posée au-dessus de sa tête, sur le marbre du secrétaire, je la vois abandonner brusquement sa broderie comme si c'était pour toujours. Elle fronce les sourcils, crispe les lèvres, puis se décide à s'adresser à mon père : « Mais, Charles, vous ne trouvez pas que ça suffit comme ça ? Vous allez recommencer ? On n'aura que des embarras. » Elle a une voix sèche et presque plaintive. Il ne répond pas. De toute façon, c'est l'heure du journal télévisé. Il s'installe maintenant devant sa table à bridge, commence à étaler ses cartes à jouer. Plus un mot. Il va rester ainsi pendant deux ou trois jours assez silencieux, tourmenté.

— Alors, qu'est-ce qui l'a vraiment décidé ?

— Les conclusions de ses réflexions, nourries également par les nombreux rapports qu'il recevait de ses partisans, de tous ceux qui, sans mission de sa part, il faut le préciser, le renseignaient sur l'affaire algérienne et la dislocation de l'Etat. Dans son esprit, tout devint clair. Il m'avouera plus tard : « Le régime était à l'agonie et la France à la merci d'aventures incontrôlables. Intervenir ? Le devoir m'y obligeait contre mon gré. Mais comment n'être l'otage de personne ? » Et puis, il y a l'aspect affectif. Le 10 mai 1958, trois soldats français capturés par les rebelles algériens sont massacrés par eux. Un drame qui vient s'ajouter à celui de Sakhiet, en janvier, où une patrouille a perdu quarante hommes tués ou prisonniers massacrés. Ce jour-là, mon père est scandalisé. Il vient d'apprendre la nouvelle par le journal télévisé. Il se lève brusquement de son fauteuil et, bousculant la table sur laquelle il faisait sa réussite quotidienne, s'écrie : « Alors, comme ça, on zigouille impunément nos soldats ? » Le 13 mai, c'est le soulèvement à Alger. Du matin au soir à la maison, la radio prend le relais de la télévision. Il suit le déroulement des événements avec une anxiété qu'il cache bien mais que tout le monde devine à la maison. Le 15 mai, on le sait, il fait une déclaration dans laquelle il se dit « prêt à assumer les pouvoirs de la République ». Contrairement à ce que l'on a pu affirmer par la suite, il n'est pas très enthousiaste. Il n'a jamais cherché à avoir le pouvoir. En 1940, en 1958, c'est la nécessité qui le lui a donné. Il n'appartient plus à personne. Certes, il avait le goût du commandement, mais comme il me l'a fait remarquer justement à ce moment-là, « on n'est pas au pouvoir pour en avoir la place et le plaisir d'y être, mais pour agir ». Et il savait que la bataille serait très pénible. Si nous nous félicitons, mon oncle, mon beau-frère et moi-même de sa décision d'intervenir, nous avons conscience avec un certain trouble des obstacles et des périls qui vont se dresser sur son chemin. Alors, avons-nous vraiment eu raison de défendre cette position ?

— On a raconté que votre mère s'était opposée jusqu'au bout à son retour dans la mêlée...

— Ma pauvre mère ! Ce ne sont pas ses réflexions glissées avec prudence qui vont retarder l'entrée en scène de mon père. Je l'entends encore maugréer à son adresse tout en tricotant un pull-over blanc pour son dernier petit-fils : « Dans quoi allez-vous vous fourrer une nouvelle fois ? » Mais, vous savez, elle n'a jamais réussi à le faire changer d'avis. Pas plus d'ailleurs que quiconque. Ensuite, au lieu de protester, de se plaindre ou de rechigner, elle marchait toujours avec lui sans réserve et avec détermination. De toute façon, elle a bel et bien fini par se résigner. Elle sait depuis le 19 mai 1958 que les dés sont jetés. Ce jour-là, rappelons-le, mon père a tenu une conférence de presse au palais d'Orsay. Par ordre du pouvoir, elle n'a pas été diffusée à la télévision et Jules Moch a fait entourer les lieux de trois compagnies de CRS. De Gaulle est si dangereux ! Répondant aux questions des journalistes qui se pressaient très nombreux à cet endroit, mon père a indiqué qu'il est seul, qu'il n'appartient à aucun parti et qu'il ne pourrait assurer de pouvoirs que ceux que la République lui aurait elle-même délégués. Cette mise au point est destinée aux opposants qui le soupçonnent ou feignent de le soupçonner, pour leur propagande démagogique, de vouloir établir une dictature. C'est le cas de Mendès France.

— Il lui en voulait beaucoup ?

— Voilà ce que je lui ai entendu déclarer à son sujet à cette époque : « Après la Libération, il n'a cessé de me décevoir. Bien qu'issu du cabinet de Léon Blum avant la guerre, il aurait dû devenir gaulliste. Mais malgré tout ce qui s'est passé et qu'il a pu constater, il est resté socialiste, c'est-à-dire contraint à la démagogie. Guy Mollet a fait plus de progrès que lui. » Quatre jours après cette conférence de presse, le 22 mai, Antoine Pinay vient sonner à la porte de La Boisserie. Je me souviens bien de cette date parce que c'était l'anniversaire de ma mère et mon père m'avait fait acheter pour elle un sac à main chez Hermès. Ce cadeau ne voulait surtout pas célébrer cette date précise. C'était plutôt l'attention qu'il souhaitait manifester à son épouse en ces temps désagréables de tensions et de dérangement de la vie familiale. Et voilà donc que ce jour-là « ce bon Monsieur Pinay », comme il l'appelait avec une pointe d'ironie, vient le voir à l'heure du thé pour lui demander de calmer les généraux d'Alger. Il s'est un peu attardé et ma mère regarde discrètement sa montre. A un moment, elle me souffle, yeux au ciel : « Ils vont encore l'embringuer ! » Pinay a peur des parachutistes et la gauche fait semblant de croire que mon père prépare un coup d'Etat. Quand il voit se succéder tous ces socialistes et tous ces Servan-Schreiber et Françoise Giroud sur le petit écran pour affirmer, des trémolos dans la voix, que la République est en danger et qu'il faut la défendre, il s'exclame, sarcastique : « La République ? Laquelle ? Elle est morte et ils ne le savent pas. » Ma mère se reproche discrètement de ne pas avoir réussi à le dissuader de s'engager dans cette nouvelle bataille. « Mais comment arrêter une locomotive ? » soupire-t-elle. Et voilà qu'on apprend que le gouvernement l'a mis en garde à vue à La Boisserie ! Deux escadrons de gendarmerie mobile encerclent maintenant la propriété. Ils ont pour mission, non de protéger sa personne, mais de contrôler les visiteurs et d'empêcher qu'il ne rejoigne les mutins à Alger. La réaction ne s'est pas fait attendre : un deuxième cercle formé de partisans gaullistes armés de carabines ou de fusils de chasse assiège à présent les forces de l'ordre !

— Ils auraient tiré sur les gendarmes ?

— Le Général ne leur avait rien demandé, mais si l'on avait voulu l'arrêter, ils auraient probablement fait usage de leurs armes. Ils étaient venus pour empêcher qu'on ne touche à lui. Ils se répandaient dans la campagne et en forêt, et s'aggloméraient même d'heure en heure à pied et en voiture tout autour de la propriété. J'en connaissais quelques-uns. Je les ai rencontrés dans le village. Leur dévouement était difficile à tempérer. Mais heureusement tout cela s'est terminé d'une façon comique. Quand nous sortions ou rentrions à La Boisserie, il fallait montrer ses papiers d'identité et notre nom était inscrit sur un cahier. Et chaque fois, les gens de Colombey et les partisans du Général ridiculisaient ces pauvres gendarmes obligés d'exécuter pareille manœuvre. A la fin, lassés d'être eux-mêmes assiégés, ils ont levé le siège.

— Le Général n'a-t-il pas employé un mot de trop dans sa conférence de presse : « résurrection » ? C'est le titre, on s'en souvient, de l'opération militaire sur Paris conçue par Massu pour faire selon ce dernier « transpirer les politiques » et les amener à abandonner le pouvoir à de Gaulle. Dans quelle mesure votre père a-t-il cautionné ce projet ?

— Lorsqu'il a déclaré dans sa conférence de presse que cette crise extrêmement grave pouvait être aussi « une sorte de résurrection », il ne sait pas encore ce que concocte Massu. Après l'avoir entendu, les militaires ont repris le terme à leur compte, par provocation. S'il avait été au courant, je l'aurais appris de sa bouche puisque, en renfort des aides de camp pendant cette période, j'étais au fait de ce qui se passait et se racontait. Cela dit, jamais il n'a cautionné cette affaire qui ressemblait ni plus ni moins à un coup de force, même si, d'après ce que l'on a su plus tard, son impréparation l'assimilait plutôt à du bricolage ou à un canular. Parlant dc cc projet, Massu a d'ailleurs assuré lui-même dans ses *Mémoires*, je le cite :

« En vérité, je pensais bien qu'on n'aurait pas à la mettre en pratique. Je me disais que le général de Gaulle était suffisamment fort pour s'en tirer sans nous. Et surtout, je ne le voyais pas revenir au pouvoir à la faveur d'une action militaire. Il était profondément démocrate et républicain, il l'avait toujours prouvé. »

— Il n'empêche qu'il aurait donné le feu vert de l'opération au téléphone...

— Parlons-en ! C'est ce que soutient, on le sait, le général Nicod de l'état-major de l'armée de l'air dépêché par les chefs militaires d'Alger auprès du secrétariat de mon père, rue de Solferino, afin de « vérifier » si le Général consentait à donner son feu vert à l'opération « Résurrection ». Ayant demandé à Pierre Lefranc d'appeler La Boisserie, il a affirmé que ce dernier aurait répondu après avoir raccroché : « Le Général donne son accord complet pour que l'opération soit déclenchée sans plus attendre. » Pierre Lefranc a démenti de la façon la plus formelle. J'ajoute ici mon propre démenti. Je peux d'autant mieux le faire que j'étais au bout de la ligne à Colombey avec le commandant de Bonneval. Mon père, je le rappelle, n'allait presque jamais au téléphone. A La Boisserie, on le sait, l'appareil était situé sous l'escalier avec le coffre à bois. C'est dire à quel point on s'en servait ! Et pendant cette période, il nous avait demandé, pour des raisons de discrétion, de veiller à ce que rien ne soit traité au bout du fil. Chaque fois que le téléphone sonnait, c'était donc nous qui allions répondre. Nous ne dormions pas beaucoup. Le préfet de Haute-Marne, Marcel Diebolt, est en butte à toutes sortes de communications qu'on le somme de nous transmettre, bien qu'il soit censé n'avoir officiellement rien à dire à La Boisserie. Avons-nous passé une fois l'appareil à mon père ? Je ne le pense pas.

— Pourtant, le 28 mai, un autre envoyé d'Alger, le général Dulac, aurait reçu lui aussi l'accord de votre père pour déclencher l'opération...

— Je m'étonne du récit qu'a fait le général Dulac, dans un livre publié une dizaine d'années plus tard, de l'entrevue qu'il a eue avec mon père à La Boisserie. Venu également d'Alger pour connaître les intentions du général de Gaulle, il aurait compris en quittant Colombey que le général Salan avait toute latitude pour déclencher l'opération. Ce que m'en a confié mon père, après coup, c'est qu'il s'était renseigné auprès de Dulac sur la situation à Alger et sur l'état d'esprit du général Salan et des autres chefs de l'armée, et qu'il avait eu grâce à lui des informations très précises sur cette fameuse opération qui se préparait et dont il ignorait jusqu'alors les détails. « J'ai su ainsi, a-t-il ajouté, que Salan n'était pas chaud. Qui pouvait l'être ? Je me méfiais de Salan. Il s'est toujours opposé à nous. Quant à Dulac, tu le sais, il s'est battu contre nous en 1941, en Syrie. » Peu de temps après le départ de son visiteur, mon père m'écrit le 29 mai à Paris où je suis retourné quelques jours auparavant : « D'après mes informations, l'action serait imminente du Sud vers le Nord. J'ai reçu hier Le Troquer et Monnerville [présidents des deux Assemblées] que m'envoyait le président Coty pour voir avec moi à quelles conditions je pourrais former le gouvernement dans l'actuel régime. J'ai précisé mes conditions (délégation de pleins pouvoirs pour un an, recours au référendum pour modifier la Constitution). Mais il est infiniment probable que rien ne se fera plus dans le régime qui ne peut même plus vouloir quoi que ce soit. Au revoir, mon cher vieux garçon. Je t'embrasse de tout mon cœur. Ton papa. » (Encore une fois, il est remarquable qu'il n'oublie jamais sa famille dans des moments aussi accaparants et qu'il prenne même le temps d'adresser un mot à l'un ou à l'autre.) Le soir même, reçu par le président René Coty, il arrive à l'Elysée à 19 h 30. Peu après, vous le savez, on annonce que « le plus illustre des Français » est pressenti pour former le gouvernement. Il reviendra à La Boisserie aux premières heures du jour en déclenchant un grand concours d'aboiements de chiens du voisinage bousculés dans leur sommeil. Vous imaginez l'état d'inquiétude et de fébrilité contenues dans lequel tout cela plongeait ma pauvre mère...

— Alors, la grande question : l'opération « Résurrection » a-t-elle « joué dans l'histoire », comme l'affirme Massu ? Qu'en pensait sincèrement votre père ?

— Il pensait que la rébellion des gens d'Alger avait été un catalyseur. C'est ce qu'il a répondu à ma propre question. « En provoquant la peur, m'a-t-il expliqué, la réaction de l'armée a contraint les politiciens à comprendre que la IVe République était vraiment morte et que rien ne la réveillerait plus. Que rien ne renaît jamais d'un cadavre. » Il admettait donc bien sûr que cette réaction avait joué dans l'histoire, comme l'a écrit Massu. Mais il ajoutait que c'était à la suite d'une longue réflexion, comme je l'ai rapporté, qu'il avait décidé de lui-même de sortir de sa retraite et non pas poussé dans le dos par des militaires en mal de pronunciamiento. Il savait en outre qu'il était déjà assuré de la réussite du processus politique en cours quand il a appris l'imminence de l'exécution du plan « Résurrection ». C'est je crois ce qu'il répondra au général Massu plus tard quand ce dernier lui fera amèrement remarquer, au cours d'une visite orageuse à l'Elysée, qu'il attendait toujours d'être remercié pour lui avoir permis de retourner au pouvoir en 1958 !

— Jean-Raymond Tournoux raconte que, rencontrant, la veille, André Le Troquer, président de l'Assemblée nationale, et Gaston Monnerville, président du Conseil de la République, dans un pavillon privé du parc de Saint-Cloud, il aurait avoué, « des larmes perlant aux yeux » (*sic*) : « Si mon retour n'est pas possible, je rentrerai dans mon village avec mon chagrin. » Vous a-t-il parlé de cette scène ?

— Non. Mais connaissant l'impassibilité de l'auteur de mes jours, je trouve que M. Tournoux a fait preuve de beaucoup de naïveté en portant foi à ce que lui a rapporté André Le Troquer sur les « larmes » de mon père. Je ne sais pas qui a inventé ce mélo, car l'imagination de l'un et de l'autre n'avait pas d'égale. Cependant, il est vrai que cette entrevue a eu lieu, et cela vers minuit. Comme il est également vrai que mon père a fait cette réflexion en parlant de son chagrin. Il l'a d'ailleurs écrite dans les *Mémoires d'espoir* et il nous a dit un jour à peu près la même chose. Mais une fois de plus, je me dois de le répéter, je n'ai jamais vu mon père verser une seule larme même dans des moments de douleur poignante. Je ne peux donc l'imaginer en train de se donner en spectacle dans des circonstances qui ne lui déchiraient pas l'âme à ce point. Certes, il était fatigué. Il faut imaginer la vie qu'il a menée pendant cette période, la tension nerveuse qu'il a dû supporter. Ma mère a vu défiler quelque vingt personnalités à La Boisserie en quinze jours et l'a vu partir pour Paris une dizaine de fois de suite pour revenir souvent, comme je l'ai dit, à des heures très tardives. Moi, je trouvais qu'à son âge, sa résistance était étonnante. Ce n'était évidemment pas l'avis de ma mère qui se désolait en silence devant ses paupières alourdies de sommeil volé. Cela dit, Henriette, ma femme, qui était présente avec nos enfants, se souvient très bien qu'elle éprouvait moins d'inquiétude pour lui que pour sa belle-mère. Il montrait même par instants une sorte de fureur, comme s'il...

— ... comme s'il voyait approcher l'heure de la revanche ?

— De la revanche ? Pour la France, oui. L'heure pour la France de reprendre le dessus ou de sombrer définitivement dans la pagaille et la guerre civile. Car n'allez pas croire qu'il est impatient de reprendre le flambeau après douze années de retraite. Il sait ce qui l'attend. Je l'entends encore dans son bureau, sous la lampe bouillotte à trois branches, jouant avec sa grosse loupe ou avec le capuchon de son stylo, ou au cours d'une de ses dernières promenades dans le jardin, à grandes enjambées, alors qu'il est toujours dans ses tractations inextricables avec les gens en place : « Bon, j'ai soixante-sept ans. J'ai donc dix ans de trop et il va me falloir dénouer une crise sans précédent. Si je reviens, je veux leur investiture, parce que je les connais, ces bons apôtres – c'était un terme qu'il employait souvent –, ils vont me rappeler pour que je mette l'armée au pas, pour que je rétablisse l'ordre, et puis, une fois que je l'aurai fait, ils me ficheront à la porte en disant : "Mais après tout, on ne lui a donné aucun pouvoir. Il veut imposer son pouvoir personnel ou la dictature. Allez, dehors !" » Il s'insurge contre tous ces socialistes qui laissent entendre qu'il voudrait être le Franco d'un pronunciamiento militaire et font chorus avec ceux qui ont « bouffé au râtelier de Vichy » et qui sont viscéralement contre lui. Tous ces Emmanuel Berl, ces Cecil Saint-Laurent, ces Marguerite Duras, laquelle, avant la Libération, il faut le rappeler, était chargée d'attribuer les autorisations d'imprimer des livres, autrement dit, faisait partie de la censure. Et il se moque de tous ces Gazier, Mitterrand, Daladier et (hélas !) Mendès France qui, à la tête de cent cinquante mille processionnaires, crient, de la Bastille à la Nation : « De Gaulle au musée ! » Tous ces gens qui, aujourd'hui, ne peuvent plus s'en sortir sans lui. « Ce qu'ils veulent, ces bons apôtres, c'est me refiler toute leur mélasse. » Il va donc les forcer à lui accorder l'investiture de l'Assemblée nationale, et pas seulement pour lui, mais pour le gouvernement. « C'est dire, martèle-t-il, qu'ils accepteront aussi mes ministres ! » Deuxièmement, ils lui donneront des pouvoirs pour modifier la Constitution, parce que la preuve est faite que celle de la IVe ne permet pas de gouverner et qu'il ne veut pas être paralysé. Alors, ils ne pourront plus le mettre dehors. « En attendant, ajoute-t-il, c'est la trouille qui les domine, une trouille épouvantable qui les fait pleurer dans mon giron. Mais une fois cette trouille passée, je le sais, ils retourneront à leurs jeux politiciens d'antan, à leur vachardise, comme en 1946. » Finie et bien finie, la tranquille vie familiale ! Condamnés à passer une partie de la nuit à côté du téléphone qui sonne sans arrêt, nous avons pour consigne, mon beau-frère et moi, de répondre : « Il n'y a rien de fait. Nous n'en sommes qu'aux propositions. »

— Comment dans votre famille a-t-on pris sa décision de revenir au pouvoir ?

— Vous savez, plus les parents sont éloignés, plus ils regrettent que vous ne soyez pas au pouvoir. Ils ont donc applaudi à la nouvelle. Mais quand ils sont proches, ça les gêne, ça leur pèse, car ils évaluent ce que représente une telle responsabilité pour un homme. Je vous ai raconté comment nous avons changé d'idée, mon beau-frère et moi, comment nous en sommes arrivés à vouloir qu'il revienne sur son refus. A présent, avec le recul, je me demande, moi, si j'ai eu raison de le pousser dans ce sens. N'aurait-il pas mieux valu qu'il finisse calmement sa vie entouré de l'affection des siens et adonné à sa passion d'écrire ? Il aurait certainement vécu plus longtemps et sa place dans l'Histoire n'en aurait pas été diminuée.

— Et votre mère, qu'en a-t-elle pensé ?

— On le devine facilement : elle a accepté sa décision comme le reste. Avec la résignation des femmes de devoir qui, comme le remarquait mon père, « n'est d'ailleurs pas différente de celle des hommes de devoir », soit dit en passant ! Rappelez-vous son attitude pendant la guerre, au cours des heures les plus sombres. Rappelez-vous son départ de Bretagne vers l'inconnu avec ses trois enfants, le 18 juin 1940. L'a-t-on jamais entendue se plaindre, ne serait-ce qu'une seule fois ? L'ai-je surprise une seule fois découragée dans cette villa de banlieue londonienne des premiers temps, lorsque mon père était seul et que tout leur tombait sur la tête, à commencer par le ciel lui-même pendant la bataille d'Angleterre ? Qu'il était grand alors, le silence de ma mère ! Quand je la revois penchée sur le poste de radio, guettant le moment où la voix familière va émerger entre deux alertes aériennes. Quand je revois son attente anxieuse après chaque départ en avion de mon père dans ce ciel de guerre où la mort était tapie, son tourment à la nouvelle d'un revers politique ou d'un accident de santé de l'homme qui était tout, vraiment tout pour elle. Quelle épreuve n'a-t-elle pas acceptée avec le même imperturbable détachement depuis ses premières années au bras de Charles de Gaulle ?

— Mais quand le Général a été élu président de la République, le 21 décembre 1958, elle n'a pas manifesté sa joie ?

— Bien sûr qu'elle a été heureuse qu'il soit redevenu chef de l'Etat. Heureuse pour lui et pour la France, car elle était tout aussi patriote que lui et que nous tous. Mais n'imaginez pas de sa part une joie débordante. Se donner pareillement en spectacle, vous le savez, ce n'était pas son genre. D'autant que cette nouvelle n'était ni pour elle ni pour nous une surprise. Personne n'a bronché quand la télévision l'a annoncée. Je dirais même que l'information est presque passée inaperçue à La Boisserie. Croyez-moi, on n'a pas débouché le champagne ! Et puis, elle n'était pas enthousiaste à la perspective d'être obligée de transporter leurs pénates à l'Elysée. Elle voyait déjà toutes les complications matérielles et les contraintes morales que la vie officielle leur imposerait, et évidemment toutes les difficultés qui ne manqueraient pas de nouveau de s'abattre sur mon père. Et elle voyait sombrer définitivement la paix qu'elle avait espéré installée pour toujours autour de lui. Où allait-il maintenant prendre le temps de vivre ? Pourrait-on encore le surprendre en train d'expliquer patiemment à l'un de ses petits-enfants, comme un jour avec notre petit Jean, l'histoire de ces masques en bois exotique de Nouvelle-Calédonie qui décorent l'entrée de la maison ? Le verrait-on encore surveiller derrière lui la fermeture de cette barrière en bois qu'il avait fait poser en haut de l'escalier afin d'éviter un accident d'enfant ? « La France l'a repris, soupirait ma mère. C'était inéluctable. » Le soir de Noël, quatre jours après son élection à la présidence de la République, je l'ai encore entendue murmurer, près du sapin décoré qui trônait devant la cheminée du salon alors que mon père s'émerveillait devant le dessin que lui avait offert l'un de mes fils : « Maintenant, il va me falloir veiller deux fois plus sur lui. » Elle ne savait pas à quel point cette sollicitude quasi maternelle serait plus que nécessaire tout au long des douze années truffées d'obstacles qui allaient suivre : bataille sans nom pour restaurer la France de fond en comble et lui redonner sa puissance, drame algérien, révolte des généraux, attentats qui vont mettre à plusieurs reprises sa vie et celle des siens en péril, chienlit de mai 68, Baden-Baden, référendum perdu... Quant à lui, immuable dans sa sérénité et sa confiance en son destin, il nous apparaissait égal à lui-même. « Les choses n'ont que l'importance qu'on leur donne », écrivait-il dans son carnet de notes en 1916. Il avait alors vingt-six ans. Rien ne le fera jamais changer d'avis jusqu'à ce soir pluvieux de novembre 1970 où il a quitté ce monde. Jusqu'à ces douloureux moments qu'il va bien falloir que je raconte également dans mon prochain ouvrage.

CHRONOLOGIE DE LA VIE DU GÉNÉRAL DE GAULLE

1890, 22 novembre. Naissance à Lille de Charles, André, Joseph-Marie de Gaulle, troisième enfant de Henri, Charles, Alexandre de Gaulle, professeur de lettres, et de Jeanne, Caroline, Marie Maillot. Ils auront cinq enfants.

Octobre 1900 à juin 1909. Etudes secondaires à l'Immaculée-Conception de Paris-Vaugirard en section latin-grec et au collège d'Anthoing (Belgique). Préparation au concours de l'Ecole spéciale militaire de Saint-Cyr au collège Stanislas à Paris.

Octobre 1909 à octobre 1910. Reçu à l'Ecole spéciale militaire de Saint-Cyr, il effectue l'année préalable de service obligatoire au 33e régiment d'infanterie à Arras.

Octobre 1910 à septembre 1912. Ecole spéciale militaire de Saint-Cyr. Octobre 1912, promu sous-lieutenant, il est affecté de nouveau au 33e régiment d'infanterie.

Août 1914-novembre 1918. Blessé à trois reprises, la dernière fois devant le village de Douaumont, et fait prisonnier, le capitaine de Gaulle tente plusieurs évasions. Il est envoyé en représailles au fort IX d'Ingolstadt, sur le Danube.

Avril 1919 à janvier 1921. Détaché comme chef de bataillon par intérim à l'armée polonaise, il fait campagne contre l'Armée rouge, principalement sur la Vistule.

1921, 6 avril. Mariage avec Mlle Yvonne Vendroux à Calais.
28 décembre. Naissance à Paris de son fils aîné Philippe.

Mai 1922 à octobre 1923. Ecole supérieure de guerre.

1924, 1er mars. Publication de son premier livre, *La Discorde chez l'ennemi* (éditions Berger-Levrault).
15 mai. Naissance à Paris de sa fille Elisabeth.

1925, 1er juillet. Détaché à l'état-major du maréchal Pétain, alors vice-président du Conseil supérieur de la guerre.

1926, 5 octobre. Affectation à l'état-major de l'armée française du Rhin, à Mayence.

1927. Il prend le commandement du 19e bataillon de chasseurs de l'armée française du Rhin, à Trèves.

1928, 1er janvier. Naissance de son troisième enfant, Anne, qui sera infirme.

1929, octobre. Mis à la disposition du général commandant les troupes du Levant à Beyrouth (Liban) comme chef du 2e bureau (Renseignement) et du 3e bureau (Opérations).

1931, novembre. Nomination à la 3e section du secrétariat général de la Défense nationale à Paris.

1932, 22 juillet. Publication aux éditions Berger-Levrault du *Fil de l'épée* qui reprend quatre de ses conférences prononcées précédemment à l'Ecole supérieure de guerre en 1927.

1933, 25 décembre. Promu au grade de lieutenant-colonel.

1934, 5 mai. Publication de *Vers l'armée de métier* (éditions Berger-Levrault) qui préconise la constitution d'un « corps de manœuvre cuirassé » et qui reprend son article du même titre, paru dans la *Revue politique et parlementaire* un an auparavant.
9 juin. Acquisition de La Boisserie, propriété située à Colombey-les-Deux-Eglises (Haute-Marne).
19 décembre. Promu officier de la Légion d'honneur.

1936, 7 mars. Réoccupation par les troupes de Hitler de la zone démilitarisée de la Rhénanie.
16 avril. Fonctions au secrétariat général de la Défense nationale et chargé de cours au Centre des hautes études militaires pour la période 1936-1937.

1937, 13 juillet. Affectation au 507e régiment de chars dont il prend le commandement. Promu au grade de colonel le 25 décembre.

1938, 11 mars. Entrée des troupes allemandes en Autriche.
27 septembre. Publication de *La France et son armée* (éditions Berger-Levrault).

1939, 2 septembre. Nommé commandant des chars de la Ve armée dans la région Lorraine-Alsace.
3 septembre. La Grande-Bretagne et la France déclarent la guerre à l'Allemagne qui vient d'envahir la Pologne.

1940, 10 mai. Offensive générale des armées allemandes contre la Hollande, la Belgique et la France.
17 mai au 30 mai. Il prend le commandement de la 4e division cuirassée en formation depuis le 26 avril,

puis contre-attaque l'ennemi avec succès à Montcornet près de Laon et le refoule à Abbeville.
1er juin. Promotion au grade de général.
5 juin. Nommé sous-secrétaire d'Etat à la Défense nationale et à la Guerre, à Paris.
16 juin. Formation à Bordeaux du gouvernement du maréchal Pétain.
17 juin. Il gagne l'Angleterre.
18 juin. Premier appel radiodiffusé du général de Gaulle sur les ondes de la BBC.
28 juin. Le gouvernement britannique le reconnaît comme « chef des Français Libres ».
3 août. Condamnation à mort par un tribunal militaire relevant de Vichy pour atteinte à la sûreté de l'Etat et désertion.
Août-septembre. Ralliement à la France Libre des Nouvelles-Hébrides, de la Polynésie, des Etablissements français de l'Inde, de la Nouvelle-Calédonie, du Tchad, du Cameroun, du Moyen-Congo et du Gabon. Du 23 au 25 septembre, il participe à l'opération franco-britannique pour tenter de rallier Dakar à la France Libre.
27 octobre. Il crée, à Brazzaville, le Conseil de défense de l'Empire, reconnu par les Britanniques le 24 décembre.

1941, 14 mars. Il quitte Londres pour l'Afrique.
7 juin. Déclenchement de l'opération franco-britannique en Syrie.
7 juillet. Damas est occupé par les troupes de la France Libre et Beyrouth par les forces britanniques.
24 septembre. Il constitue le Comité national français et réorganise le Conseil de défense de l'Empire.
21-22 octobre. En représailles à des attentats, exécution par les Allemands de 16 otages à Nantes, 27 à Châteaubriant et 5 à Paris.

1942, 1er janvier. Jean Moulin est parachuté en France comme délégué du Général avec mission de réorganiser les mouvements de résistance de la zone sud.

26 mai. Déclenchement d'une offensive de Rommel en direction de l'Egypte. Retranchée à Bir Hakeim, la 1re division légère de la France Libre repousse les assauts allemands du 27 mai au 10 juin.

14 juillet. La France Libre prend le nom de France Combattante. La Résistance intérieure reconnaît l'autorité du général de Gaulle et du Comité national.

Août-septembre. Voyage du général de Gaulle au Proche-Orient et en Afrique noire.

26 septembre. Suivant la Grande-Bretagne et les Etats-Unis, l'URSS reconnaît le Comité national français.

8 novembre. Débarquement allié au Maroc et en Algérie.

1943, 15 mai. Constitué à Paris, sous la présidence de Jean Moulin, le Conseil national de la Résistance demande la formation d'un gouvernement provisoire à Alger.

3 juin. Constitution à Alger du Comité Français de la Libération Nationale (CFLN) sous la double présidence du général de Gaulle et du général Giraud.

21 juin. Arrestation de Jean Moulin par les Allemands.

3 octobre. Le CFLN décide que le général de Gaulle sera désormais son seul président.

1944, 30 janvier. Conférence de Brazzaville. Le Général déclare que le devoir national consiste à aider les peuples de l'Empire « à s'élever peu à peu jusqu'au niveau où ils seront capables de participer chez eux à la gestion de leurs propres affaires ».

3 juin. Le CFLN prend le titre de Gouvernement

provisoire de la République française. Le général de Gaulle en est le président.
4 juin. Les troupes américaines, britanniques et françaises entrent à Rome.
6 juin. Débarquement allié en Normandie. Dans un discours radiodiffusé, le Général annonce que la « bataille de France » est engagée et exhorte le peuple français à aider à la progression des troupes alliées.
14 juin. Le général de Gaulle revient en France et prononce à Bayeux son premier discours en terre française.
25 août. Libération de Paris. Le général de Gaulle entre dans Paris à 16 heures et s'installe au ministère de la Guerre, rue Saint-Dominique. Le Conseil national de la Résistance est dissous.
31 août. Transfert du siège du Gouvernement provisoire d'Alger à Paris.
9 septembre. Des représentants des mouvements de la Résistance entrent au Gouvernement provisoire.
25 novembre. Les troupes françaises reprennent Strasbourg.

1945, 4 février. Ouverture de la conférence de Yalta entre Staline, Churchill et Roosevelt. La France n'a pas été invitée.
2 avril. Le droit de vote et d'éligibilité est accordé aux femmes.
7 mai. Les Allemands signent leur capitulation à Reims.
2 septembre. Capitulation du Japon.
19 octobre. Le général de Gaulle institue la Sécurité sociale par ordonnance.
13 novembre. A l'unanimité, l'Assemblée nationale constituante élit Charles de Gaulle président du gouvernement de la République.

1946, 20 janvier. Dans l'impossibilité d'agir face aux querelles et au « régime exclusif des partis », le général de Gaulle renonce à ses fonctions de président du Gouvernement provisoire.
5 mai. Comme il l'avait souhaité, le projet de Constitution voté par l'Assemblée est rejeté par le peuple français par voie de référendum.
16 juin. A Bayeux, le général de Gaulle prononce un important discours où il définit les institutions qui lui semblent indispensables à la France.
13 octobre. Adoption par référendum de la Constitution de la IVe République malgré l'opposition du Général et l'abstention d'un tiers des électeurs.

1947, 16 janvier. Vincent Auriol est élu président de la République par les deux Assemblées.
14 avril. Dans une déclaration à la presse, le général de Gaulle annonce la création du Rassemblement du Peuple Français (RPF) et il invite « toutes les Françaises et tous les Français qui veulent s'unir pour le salut commun » à se joindre à lui.

1948-1953. Le Général continue à combattre le « régime des partis » et la politique d'effacement de la France. Il effectue de nombreux voyages en province où il lance des appels au redressement du pays.

1954, 16 janvier. Vincent Auriol transmet ses pouvoirs à René Coty, nouveau président de la République élu par les deux Assemblées : Assemblée nationale et Conseil de la République.
26 août. Déclaration dans laquelle le général de Gaulle critique le traité instituant une Communauté européenne de défense.
22 octobre. Publication de *L'Appel (1940-1942)*, premier tome des *Mémoires de guerre* (éditions Plon).

1955. Retiré à Colombey, le Général ne prend plus part à la vie publique.

1956, 8 juin. Publication de *L'Unité (1942-1944)*, deuxième tome des *Mémoires de guerre* (éditions Plon).
8 août-18 septembre. Voyage privé aux Antilles françaises et dans les territoires français du Pacifique.

1957, 10 au 14 mars. Voyage privé au Sahara.

1958, 12 mai. Formation du gouvernement de Pierre Pflimlin.
13 mai. Soulèvement à Alger, occupation du Gouvernement général et création d'un Comité de salut public local.
28 mai. Les présidents des Assemblées et les chefs des partis, sauf les communistes, demandent un entretien au général de Gaulle. Pierre Pflimlin donne sa démission.
1er juin. Appelé par René Coty, président de la République, et par l'opinion dans sa quasi-totalité, Charles de Gaulle est investi président du Conseil par 329 voix sur 553 votants à l'Assemblée nationale qui le charge d'une réforme constitutionnelle soumise à référendum avant la fin de l'année.
Du 3 au 7 juin et du 1er au 3 juillet. Voyages en Algérie.
Du 20 au 29 août. Voyages en Algérie, en Afrique noire et à Madagascar.
3 septembre. Il fait approuver par son gouvernement le projet de Constitution qui sera soumis à référendum.
14 septembre. Il reçoit chez lui, à Colombey-les-Deux-Eglises, Konrad Adenauer, chancelier de la République fédérale d'Allemagne.

28 septembre. Le projet de Constitution est approuvé par 79,2 % des suffrage exprimés en Métropole, plus de 96 % en Algérie, 93 % dans les départements et territoires d'outre-mcr, sauf en Guinée qui a voté « non ».
2 et 3 octobre. Voyage en Algérie.
5 octobre. Promulgation de la Constitution de la Ve République.
3 au 7 décembre. Voyage en Algérie.
21 décembre. Il est élu président de la République et de la Communauté.

1959, 1er janvier. Entrée en vigueur du Marché commun dont l'application avait été suspendue depuis le 25 mars 1957.
7 janvier. Il instaure par ordonnance les assurances chômage (Assedic).
8 janvier. Il prend ses fonctions de président de la République et nomme Michel Debré Premier ministre. La démission de Guy Mollet, ministre d'Etat du gouvernement, est acceptée.
Juin-juillet. Voyages en Italie, en Côte française des Somalis, à Madagascar, aux Comores et à la Réunion.
Du 27 au 30 août. Voyage en Algérie.
28 octobre. Message à l'armée d'Algérie dans lequel il explique la nécessité de l'autodétermination.
Publication du troisième tome des *Mémoires de guerre*, *Le Salut (1944-1946)*, aux éditions Plon.
Du 9 au 14 décembre. Voyage en Mauritanie et au Sénégal.

1960, 22 janvier. Le général Massu est relevé de ses fonctions de commandant du corps d'armée d'Alger.
24 janvier-2 février. Semaine des barricades à Alger en faveur de l'« Algérie française ».

29 janvier. Dans un discours télévisé, le général de Gaulle condamne le « mauvais coup » porté à la France par les insurgés d'Alger et s'engage à rétablir l'ordre public à Alger.
13 février. Première explosion atomique française à Reggane (Sahara).
Du 3 au 7 mars. Voyage en Algérie.
Du 5 au 8 avril. Voyage en Grande-Bretagne.
Du 18 avril au 4 mai. Voyage au Canada, aux Etats-Unis, en Guyane et aux Antilles françaises.
Du 9 au 12 décembre. Voyage en Algérie.

1961, 8 janvier. Référendum sur l'autodétermination de l'Algérie : 75,26 % de votes favorables.
16 janvier. Le Front de Libération Nationale Algérien (FLNA) se déclare prêt à ouvrir des négociations avec le gouvernement français.
22 avril. Refusant le référendum du 8 janvier, les généraux Challe, Salan, Jouhaud et Zeller prennent le pouvoir à Alger. Ils doivent y renoncer au bout de quatre jours.
Naissance de l'Organisation Armée Secrète (OAS), regroupant les partisans d'une action violente contre l'indépendance de l'Algérie.
Attentats quotidiens en Métropole et en Algérie qui seront particulièrement nombreux en avril et en août.
19 juillet. L'armée tunisienne tente sans succès de s'emparer de Bizerte, importante base de transit des Français.
8 septembre. Le général de Gaulle échappe, à Pont-sur-Seine, à un des nombreux attentats montés contre lui par l'OAS.
Du 24 au 26 novembre. Voyage en Grande-Bretagne.
8 décembre. Généralisation des régimes de retraites complémentaires.

1962, 18 mars. Accords d'Evian et cessez-le-feu en Algérie entre les représentants du gouvernement français et le GPRA (Gouvernement Provisoire de la République Algérienne)
27 mars. Constitution à Alger d'un exécutif provisoire algérien.
8 avril. Le peuple français approuve par référendum les accords d'Evian, par une majorité de plus de 90 % des suffrages exprimés.
Du 17 au 26 juin. Accords d'Alger pour un cessez-le-feu entre l'OAS et le GPRA.
3 juillet. Le général de Gaulle préside à l'Elysée le Conseil supérieur de la magistrature. La France reconnaît l'indépendance de l'Algérie et le GPRA.
Du 4 au 9 septembre. Voyage officiel en Allemagne fédérale.
22 août. Le général et Mme de Gaulle échappent de justesse à un attentat sur la route du Petit-Clamart.
22 octobre. Crise de Cuba.
28 octobre. Adoption par 62 % des suffrages exprimés du projet de loi constitutionnelle sur l'élection du président de la République au suffrage universel proposé par le général de Gaulle.

1963, 22 janvier. Signature à Paris d'un traité de coopération entre la France et la République fédérale d'Allemagne.
16-19 mai. Voyage en Grèce.
21 juin. La France retire sa flotte de l'OTAN.
16-20 octobre. Voyage en Iran.

1964, 27 janvier. Reconnaissance de la République populaire de Chine et établissement des relations diplomatiques avec ce pays.
15-24 mai. Voyage aux Antilles françaises, en Guyane et au Mexique.

25-26 mai. Inauguration du canal de la Moselle d'Apach à Trèves par le général de Gaulle, la grande-duchesse du Luxembourg et le président de la République fédérale d'Allemagne.
15 juin. L'armée française achève l'évacuation de l'Algérie. Seuls dix mille hommes resteront à Mers el-Kébir, grand port militaire près d'Oran, et au Sahara jusqu'en 1967.
15 août. Le Général et sa famille échappent à un dernier attentat au mont Faron, près de Toulon.
20 septembre-16 octobre. Voyage en Amérique du Sud.
30 octobre. Conclusion d'un traité commercial franco-soviétique.

1965, 7 janvier. La France convertit 150 millions de dollars en or. Le chômage est nul, sauf un minimum technique incompressible.
29-30 janvier. Le général de Gaulle se rend à Londres pour les obsèques de Sir Winston Churchill, ainsi que pour des entretiens avec le Premier Ministre britannique, Harold Wilson.
27 avril. Entretiens à l'Elysée avec Andreï Gromyko, ministre soviétique des Affaires étrangères. Le général de Gaulle exprime sa réprobation devant la guerre menée au Viêt-nam par les Etats-Unis.
25 novembre. La fusée française Diamant met sur orbite le premier satellite français, Astérix.
19 décembre. Première élection du président de la République au suffrage universel en France. Le général de Gaulle est réélu président.

1966, 7 mars. Le général de Gaulle fait connaître au président des Etats-Unis que la France retire ses forces du commandement intégré de l'OTAN, tout en demeurant dans le Pacte atlantique.

20 juin-1er juillet. Voyage officiel en URSS.
25 août-12 septembre. Voyage en Côte française des Somalis, Ethiopie, Cambodge, Nouvelle-Calédonie, Nouvelles-Hébrides, Polynésie française et Guadeloupe.
1er septembre. Important discours à Phnom-Penh où il demande le retrait des troupes américaines et la neutralisation de la péninsule.

1967, 5 et 12 mars. Les élections législatives ne donnent qu'une voix de majorité au gouvernement du général de Gaulle.
19 mars. En Côte française des Somalis, référendum favorable au maintien du territoire dans la République française, avec un statut rénové.
29 mars. Il préside à Cherbourg au lancement du premier sous-marin atomique français, *Le Redoutable*.
6 avril. Il nomme à nouveau Georges Pompidou Premier ministre à la suite des élections législatives.
24 mai. Entretien avec M. Aba Ebban, ministre des Affaires étrangères d'Israël. La France condamnera Israël si ce pays déclenche la guerre.
29 mai. Voyage officiel en Italie et au Vatican.
2 juin. Il condamne en Conseil des ministres tout pays coupable d'agression au Proche-Orient. La France suspend les livraisons d'armes à sept pays arabes et à Israël.
5-10 juin. Guerre des Six Jours entre les forces armées israéliennes et les pays arabes voisins.
21-27 juillet. Voyage à Saint-Pierre-et-Miquelon et au Québec où il prononce un discours retentissant : « Vive le Québec libre ! »
18 août. Il rend obligatoire la participation des salariés aux bénéfices de l'entreprise.
6-12 septembre. Voyage officiel en Pologne.

1968, 23 avril. Sanglantes bagarres entre étudiants à la faculté de Nanterre.

Du 2 au 30 mai. Troubles universitaires, émeutes étudiantes à Nanterre ainsi qu'à Paris.

Du 13 au 20 mai. Grève générale en France avec occupation des locaux dans les entreprises et les services publics. Voyage officiel en Roumanie.

24 mai. Le général de Gaulle annonce un référendum sur la participation. De nouvelles émeutes ont lieu à Paris.

25-27 mai. Négociations entre les syndicats, le gouvernement et le CNPF, et signature d'un protocole d'accord, au ministère des Affaires sociales, rue de Grenelle à Paris.

29 mai. Il rencontre le général Massu au quartier général de l'armée française en Allemagne, à Baden-Baden.

30 mai. A Paris, il annonce l'ajournement du référendum, la dissolution de l'Assemblée nationale et le remaniement du gouvernement. Il appelle les citoyens à l'action civique. Manifestation en faveur du Général sur les Champs-Elysées.

11 juin. Dernière émeute des étudiants. Fin de la grève générale.

23-30 juin. Premier et second tours des élections législatives, défaite complète des partis d'opposition.

10 juillet. La démission du gouvernement de Georges Pompidou est acceptée. Le général de Gaulle nomme Maurice Couve de Murville Premier ministre.

17 juillet. Maurice Couve de Murville annonce un projet de réforme des régions et du Sénat.

25 au 30 octobre. Voyage officiel en Turquie.

1969, 3 janvier. A la suite d'un raid israélien qui détruit des avions civils français sur l'aéroport de

Beyrouth, le général de Gaulle décide l'embargo général sur les livraisons de matériel militaire français à Israël.
25 avril. Allocution radiodiffusée et télévisée où il expose la nécessité des réformes du Sénat et des régions qui seront soumises au vote des Français.
27 avril. Le projet de loi sur la réforme du Sénat et des régions soumis à référendum est repoussé par 52,41 % des votes.
28 avril. Le général de Gaulle annonce qu'il cesse d'exercer ses fonctions de président de la République à partir de midi. Alain Poher, président du Sénat, prend l'intérim de la République.

1970, 21 avril. Publication du premier tome, *Pendant la guerre*, des *Discours et Messages* qui rassemble les principaux discours prononcés du 18 juin 1940 au 20 janvier 1946 (éditions Plon).
21 mai. Publication du deuxième tome, *Dans l'attente*, des *Discours et Messages* de janvier 1946 à mai 1958 (éditions Plon).
3-27 juin. Voyage privé en Espagne.
18 juin. Publication du troisième tome, *Avec le renouveau*, des *Discours et Messages* de mai 1958 à juillet 1962 (éditions Plon).
3 juillet. Publication du quatrième tome, *Vers l'effort*, des *Discours et Messages* d'août 1962 à décembre 1965 (éditions Plon).
18 septembre. Publication du cinquième tome, *Vers le terme*, des *Discours et Messages* de janvier 1966 à avril 1969 aux éditions Plon.
23 octobre. Publication du premier tome des *Mémoires d'espoir*, *Vers le renouveau (1958-1962)*, (éditions Plon).
9 novembre. A 19 h 30, mort du général de Gaulle dans sa propriété de La Boisserie à Colombey-les-Deux-Eglises.

1971, 19 mars. Publication posthume des deux chapitres déjà rédigés du tome II des *Mémoires d'espoir*, *L'Effort (1962-...)*, aux éditions Plon.

1972, 18 juin. Inauguration à Colombey du Mémorial de Gaulle par le président de la République, Georges Pompidou.

1980, 9 septembre. Publication de douze volumes des *Lettres, Notes et Carnets* (éditions Plon).

1997, octobre. Parution du treizième et dernier volume des *Lettres, Notes et Carnets* (éditions Plon).

2000, 9 novembre. Inauguration sur les Champs-Elysées de la statue du général de Gaulle, œuvre de Jean Cardot, membre de l'Institut, par Jacques Chirac, président de la République, le général d'armée Jean Simon, chancelier de l'ordre de la Libération, président de la Fondation de la France Libre, et Jean Tibéri, maire de Paris.

INDEX
DES PERSONNAGES CONTEMPORAINS

Abetz Otto, 391, 444
Acheson Dean, 589
Adenauer Konrad, 314, 333
Ader Clément, 30
Albrecht, 90
Alexander Harold, 224
Alphand Hervé, 585, 593
Altmeyer Robert, général, 158
Amade Louis, 696
Amouroux Henri, 189
Anderson Marian, 586
Angot, lieutenant, 98
Anthonioz Bernard, 680
Anthonioz Geneviève, 136, 281, 467, 473, 641, 680
Aragon Louis, 697
Ardant du Picq, colonel, 325
Argenlieu Thierry d', 209, 479, 715, 716, 717, 718, 719, 720, 721, 722, 723
Aron Raymond, 211
Asher Serge, dit « colonel Ravanel », 322
Attlee Clement, 494, 584
Audet, lieutenant-colonel, 546, 548
Auriol Vincent, 654, 663, 723, 753, 755

Bainville Jacques, 570
Balzac Honoré de, 31
Bao Dai, 717, 721
Baden-Powell Robert, 553
Barbie Klaus, 440
Barbusse Henri, 75
Barrès Maurice, 520, 700
Bastide Augustine, 273, 275
Baudouin Paul, 161
Baumel Jacques, 661, 662
Bazaine, maréchal, 28
Beaulaincourt Xavier de, 705

Bécaud Gilbert, 696
Bellenger Alfred Etienne, 271, 283
Ben Barka Mehdi, 304
Bénouville Pierre Guillain de, général, 438, 568, 661
Béraud Henri, 521
Bergeret, capitaine de corvette, 344
Bergeret, général, 403
Bergson Henri, 319, 700
Berl Emmanuel, 794
Bernanos Georges, 520, 700
Bernheim André, 183
Bernstein Henry, 371
Béthouart Emile, général, 59, 199, 200, 202, 317
Bidault Georges, 716
Billotte Pierre, colonel, 396, 412, 479
Blanc Pierre-Louis, 771
Blum Léon, 277, 325, 514, 520, 527, 652, 719, 753, 755, 756, 786
Bogomolov Alexandre, 355
Bohlen Charles, 594
Boisdeffre de, général, 54
Boissieu Alain de, 134, 135, 641, 643, 648, 666, 760, 781, 782
Boissieu Anne de, 729
Boisson Pierre, gouverneur, 188, 289, 296, 297
Bokassa, général, 308, 310, 311
Bongo Omar, 309
Bonneval Gaston de, 323, 336, 645, 646, 741, 789
Bonnier de la Chapelle Fernand, 392, 396, 401, 402, 404, 414
Bordeaux Henry, 700
Borden Mary, 168
Boris Georges, 277
Boud'hors Franz, général, 77, 78, 80, 82 à 84, 538
Boudienny, maréchal, 446
Bourdelle Antoine, 686
Boyer Charles, 629
Brasillach Robert, 513
Brejnev Leonid, 216
Bridoux Eugène, chef d'état-major, 146
Brossolette Pierre, 440
Brouillet René, 604
Bruckberger Raymond, père, 509
Bullitt William, 406
Byrnes James, 583

Cabanier Georges, amiral, 644
Cabanier, Mme, 240
Cadogan Alexander, Sir, 201, 236, 238, 342, 757
Cailliau Alfred, 473
Cailliau Michel, 641
Campbell Ronald, 162, 163
Castelnau Edouard de, général, 79
Catelas, 424
Catroux Georges, général, 102, 108, 244, 248, 347, 350, 356, 487, 664
Césaire Aimé, 309
Chack Paul, 511, 512, 514, 521
Chagall Marc, 530, 531
Chambrun René de, 369
Chauvineau Narcisse, général, 116
Chevigné Pierre de, colonel, 519
Choltitz von, général, 503, 505, 506, 518
Chomel, commandant, 163
Churchill Clementine, 254, 774
Churchill Mary (Lady Soames), 738
Churchill Randolph, 757
Churchill Winston, 11, 17, 153, 154, 160 à 163, 165, 166, 168, 171 à 173, 184 à 189, 198, 207, 226, 228, 232, 234 à 239, 242 à 254, 267, 275, 276, 285 à 288, 290 à 292, 298, 338, 341, 343 à 347, 350 à 352, 354 à 359, 369, 370, 371, 373, 383 à 385, 390, 397, 401, 406, 407, 409, 410, 416, 477, 478, 480 à 482, 487, 491, 492, 495, 583, 584, 587, 633, 662, 738, 746, 753, 757, 762, 766, 774
Clark Mark, général, 224, 356, 477, 495, 574
Clauzel, général, 195
Clemenceau Georges, 60, 116 à 120
Clemenceau Michel, 119
Closon Francis-Louis, 434
Cocteau, commandant, dit Gallois, 503
Colomb, docteur, 740
Comert Pierre, 211
Comte Henri, docteur, 371

Consigny, 329
Cooper Duff, 174, 184, 235
Corbie de, famille, 43, 539
Corbin Charles, 160, 199
Cordier Daniel, 434
Cot Pierre, 199
Coty René, 626, 791
Coulet François, 345, 478, 479
Courcel Geoffroy Chodron de, 157, 164 à 167, 174, 175, 184 à 186, 197, 206, 217, 423, 479, 746
Couve de Murville Maurice, 593, 594
Cunningham Andrew, amiral, 287, 294

Daladier Edouard, 794
Daniel-Rops, 551
Danquin-Ferrand, Mme, 447, 448
Darlan François, amiral, 241, 242, 246, 297, 298, 339, 341, 347, 348, 373, 388, 391 à 398, 400 à 402, 404 à 406, 411, 477, 482, 557, 558
Daudet Léon, 569
Debré Michel, 594, 665
Decaux Jean-Claude, 671
Decoux Jean, amiral, 244
Dejean Maurice, 595
Delestraint Charles, général, 435
Delon Alain, 183
Delpech, agriculteur, 87, 88
De Mille Cecil B., réalisateur, 665
Dentz Fernand, général, 241, 347, 349
Detrahem Gaston, médecin, 85
Devers John, général, 493
Dewavrin André, commandant, 431
Dewey John, 380
Diebolt Marcel, 790
Diethelm André, 345, 496
Digier René, lieutenant, 107
Diori Hamani, 310, 681
Ditte Gustave, 318
Dorgelès Roland, 75
Doumer Paul, 129
Doyen Paul, général, 494
Dreyfus Alfred, 55
Drieu la Rochelle Pierre, 511, 514, 521

Droit Michel, 701
Drumont Edouard, 569
Druon Maurice, 701
Dubout, 685
Dufieux Julien, général, 542
Dugoujon, docteur, 439
Duhamel Georges, 520, 640, 700, 753
Dujarric de la Rivière, professeur de médecine, 673
Dulac, général, 790
Dupret, capitaine, 97
Dupuy Pierre, 242
Duras Marguerite, 794

Eden Anthony, 235, 266, 344, 753
Effel Jean, 628
Eisenhower Dwight, 224, 356, 426, 477, 482, 484, 490, 491, 499, 500, 503, 504, 580 à 582, 595, 596, 597
Elizabeth, reine d'Angleterre, 232
Escrienne Jean d', 323
Estienne d'Orves Honoré d', lieutenant de vaisseau, 431

Fabre-Luce, 398
Faizant Jacques, 628
Faulkner William, 702
Fauvet Jacques, 655
Fielden Edward, 171, 172
Foccart Jacques, 303 à 308, 310, 312, 315, 461, 532
Foch Ferdinand, maréchal, 537, 545, 547
Fortune, général, 228
Fouchet Christian, 661
Fourquet Michel, 202
Foyer Jean, 305
France Anatole, 759
Franco, 445, 527, 557
François-Joseph Ier, empereur d'Autriche, 117
Franklin Benjamin, 580
Fratellini, les frères, 28
Freeman Matthews, 405
Frenay Henri, 109, 110, 434, 435
Frère Aubert, général, 560
Fresnay Pierre, 55

Gadot, mécanicien, 156, 670
Gallieni Joseph, maréchal, 148
Gamelin Maurice, général, 145, 222
Garrigoux, Mlle, 751
Gary Romain, 701
Gaulle Anne de, 155,

156, 204, 255, 256, 260, 262, 264, 265, 268, 270, 271, 273, 274, 312, 335, 349, 396, 417, 419, 437, 472, 549, 615, 660, 668 à 670, 672, 674, 728 à 730, 732 à 744
Gaulle Annick de, 744
Gaulle Bernard de, 780, 781
Gaulle Charles de (fils de Philippe de Gaulle), 442, 598, 663, 718, 729, 781
Gaulle Elisabeth de, 15, 16, 21, 24 à 26, 31, 32, 134, 135, 155, 156, 204, 256, 262, 270, 273, 275, 340, 341, 396, 418, 462, 472, 648, 649, 683, 728, 729, 733, 738, 744, 747, 760
Gaulle Geneviève de (voir Anthonioz Geneviève)
Gaulle Henri de, 43, 44, 54 à 57, 70, 84, 121, 332, 459, 546, 566, 567, 569, 601, 630, 682, 692
Gaulle Henriette de, 19, 334, 442, 466, 663, 682, 718, 793
Gaulle Jacques de, 46, 53, 57, 71, 131, 472, 587, 614
Gaulle Jean de (fils de Philippe de Gaulle), 729, 781, 797
Gaulle Jean-Baptiste Philippe de, 124 à 126, 554, 566
Gaulle Jeanne de, 43, 44, 70, 129, 281, 447, 459, 566, 570, 682
Gaulle Jehan de, 122, 123
Gaulle Jules de, 601
Gaulle Julien Philippe de, 121, 123, 125, 566
Gaulle Marie-Agnès de, 49, 57, 73, 127, 128, 459, 473, 614, 665, 772
Gaulle Pierre de, 46, 53, 57, 71, 130 à 132, 332, 453, 473, 552, 649, 650
Gaulle Pierre de (fils de Philippe de Gaulle), 611, 729
Gaulle Xavier de, 46, 53, 57, 71, 131, 136, 282, 332, 472, 555, 614
Gaulle Yves de (fils de Philippe de Gaulle), 729, 744, 781

Gaulle Yvonne de, née Vendroux, 21, 23 à 26, 30, 31, 63, 72, 129, 155, 175, 183, 204, 205, 230, 234, 254 à 257, 259 à 262, 264, 265, 268 à 280, 283, 302, 312, 315, 323, 328, 331, 334, 345, 354, 356, 359, 395, 399, 416 à 420, 437, 442, 443, 447 à 451, 453 à 464, 466 à 470, 472, 496, 510, 511, 531, 532, 549, 585, 590, 591, 602, 603, 634 à 636, 648, 651, 656 à 658, 660, 661, 663, 665, 666, 669, 671 à 674, 676 à 681, 683 à 686, 688, 701 à 704, 726, 728 à 731, 733 à 744, 747, 749, 752, 754, 756, 764, 765, 773, 774, 777 à 783, 785 à 787, 791, 793, 796, 798
Gay Francisque, 648
Gazier Albert, 794
Georges Joseph, général, 413
Géraud André, dit Pertinax, 370
Gernez, Mlles, 21
Gerow Leonard, général, 493, 500
Gide André, 700
Ginollin, 424
Giraud Henri, général, 108, 109, 241, 341, 346, 373, 388, 403 à 416, 482
Giroud Françoise, 787
Goering Hermann, 490, 558
Gouin Félix, 749
Goys de Mezeyrac, capitaine, 102
Guderian Heinz, général, 139
Guichard Olivier, 568
Guillebon Jacques de, colonel, 519
Guy Claude, lieutenant, 519, 522, 523, 531, 657, 707, 721, 741

Halifax Edouard Wood, Lord, 236
Haller Józef, général, 111
Hardy René, 439, 444
Hartmann, 86, 90
Heim Jacques, 465
Hemingway Ernest, 535, 702
Henriot Philippe, 509
Hérain Eugénie de, dite Nini, 540
Herbert Jack H., 170
Hering, général, 148, 544

Herriot Edouard, 170, 391, 481, 498
Hettier de Boislambert Claude, 174, 411
Hilaire, lieutenant-colonel, 763
Himmler Heinrich, 136, 473
Hitler Adolf, 74, 141, 238, 241, 336, 347, 348, 351, 353, 385, 397, 426, 528, 545, 556 à 558, 663, 691
Hô Chi Minh, 716, 717, 719 à 721
Hopkins Harry, 373
Houphouët-Boigny Félix, 306, 308, 309, 312
Hourcade, 392
Howard Leslie, 417
Huntziger Charles, général, 146, 152
Hurez, docteur, 740
Husson Edmond, général, 188
Hutin Marcel, 163

Irwin David, général, 287, 295

Jaurès Jean, 59, 520
Jayle Christian, 758
Joffre Joseph, maréchal, 63, 79, 222, 319
Johnson Lyndon, 591, 592, 593, 595
Jouve Pierre Jean, 701
Juin Alphonse, maréchal, 59, 223, 317, 420, 474, 491, 495, 496
Jullian Marcel, 443
Jünger Ernst, 214

Kaltenbrunner, 440
Kelly, sergent, 593
Kennedy Jackie, 529, 589, 590, 591
Kennedy John Fitzgerald, 374, 529, 581, 586 à 591
Kennedy Joseph Patrick, 374
Kérillis Henri de, 199, 370
Kessel Joseph, 701
Kirschauer, 60
Kitchener, Lord, 228
Koch Lutz, 353
Kœnig Pierre, général, 353 à 355, 499, 558
Küntz Charly, 450

La Guardia Fiorello, 378, 380
Labarthe André, 211, 342, 343
Lacoin, Père, 295
Lacouture Jean, 655
Lafont, général, 200

Lahaye, amiral, 644
Larminat Edgar de, général, 413
Lattre de Tassigny Jean de, maréchal, 59, 84, 148, 222, 491, 493, 494, 714, 718
Laure Emile, colonel, 547, 548
Laurent Jean, 164, 171, 173
Laval Pierre, 241, 350, 391, 405, 406, 481, 514, 556
Le Clézio Jean-Marie Gustave, 705
Le Troquer André, 790, 792
Leahy William, amiral, 376, 381, 405, 584, 585
Leclerc, Mme, 725, 726
Leclerc (Philippe Marie de Hauteclocque) général, 11, 35, 135, 215, 223, 321, 346, 356, 391, 441, 468, 478, 489, 490, 497, 499, 500, 503 à 506, 588, 641, 710 à 725
Lefranc Pierre, 789
Lelong, général, 236
Lemaigre-Dubreuil Jacques, 404
Lenoir, aumônier, 730
Lepennetier François, médecin, 85
Leveux, 448
Lichtwitz André, 320
Lucotte, 47
Ludendorff Erich, général, 702
Luizet Charles, capitaine, 292
Lyautey Hubert, général, 195, 605, 722
Lyttelton Oliver, 350

MacMillan Harold, 235, 266, 589
Mader Arthur, 292
Maga, 308
Maillot, famille, 43, 459
Maillot-Delannoy, Mme, 43, 44
Malraux André, 169, 337, 520, 526 à 536, 590, 654, 660, 661, 665, 703, 773
Mandel Georges, 162, 170, 207
Mansion Jacques, 431
Mao Zedong, 528, 633
Marcellin Raymond, 594
Margerie Roland de, 171, 257
Maritain Jacques, 701
Marlow James, 277
Marmier Lionel de, 501
Marquet Albert, 686

Marshall George, général, 223, 356, 389
Martin du Gard Maurice, 295
Massenet, général, 111
Massu, général, 321, 323, 712, 723, 782, 788, 791, 792
Mata-Hari, 511
Mauriac Claude, 521, 524
Mauriac François, 512, 517, 519 à 526, 703, 748, 776
Mauriac Mme, François, 523
Maurin, général, 548
Maurois André, 199, 370, 700
Maurras Charles, 513, 520, 568, 569, 570
Mayer Emile, lieutenant-colonel, 318, 319
Mayer, Mme, 319
Mayer René, 199
M'ba Léon, 309, 310, 622
Medwecki, lieutenant, 114
Melville Jean-Pierre, 55
Mendès France Pierre, 586, 587, 664, 786, 794
Mcssmer Pierre, 352, 644
Meyer, lieutenant, 104
Michel, abbé, 102, 104
Michelet Edmond, 423, 432, 640, 648
Michignau, Mme, 741
Michon, professeur, 74
Miribel Elisabeth de, 174, 184, 185, 210, 370
Mitterrand François, 110, 641, 794
Moch Jules, 652, 653, 785
Mollet Guy, 719, 786
Molotov, 383
Monnerville Gaston, 790, 792
Monnet Jean, 153, 160, 196, 199, 372, 373, 413
Montéty Georges de, capitaine, 98, 99
Montgomery, maréchal, 493
Montherlant Henri de, 700
Morand Paul, 174, 199, 370, 701
Moreau Hubert, 431
Morel Deville, 642
Moulin de Labarthète Henry du, 131
Moulin Jean, 11, 373, 410, 434 à 440, 444, 445

Moulin Laure, 435
Moullec, 339, 342
Murphy Robert, 382, 404, 406, 408
Muselier Emile, amiral, 210, 291, 338 à 344, 346, 762

Nachin Lucien, 318, 546
Nehru, pandit, 528
Nicod, général, 789
Nimal Maxime de, 145
Nixon Richard, 595 à 598
Noailles Anna de, 696, 697
Noël Léon, 525
Noël (Marie Rouget, dite), 697
Noguès Charles, général, 188, 194, 195, 197, 201, 297, 391
Nordling Raoul, 503
North Dudley, amiral, 292

Odend'hal Jean, amiral, 199
Odic, général, 239, 240
Ortoli Paul, amiral, 663

Paillole Paul, colonel, 402
Palewski Gaston, 412, 519, 665, 686
Paris, comte de, 401, 402, 565, 566, 569
Passy, colonel (André Dewavrin, dit), 218, 400, 431, 438, 440
Patou, commandant, 479
Patton George, général, 492, 499, 503
Pauw Charlie de, 184
Peraldi, 678
Perré, colonel, 86, 87
Pershing, général, 363
Pétain, Mme, 552, 553, 555
Pétain Philippe, 11, 34, 59, 67, 78, 79, 82, 108, 109, 118, 119, 130, 131, 138 à 140, 145, 152, 157, 160 à 162, 166, 173, 184, 186, 188, 195, 196, 201, 236 à 240, 242, 245, 246, 282, 289, 290, 297, 319, 369, 371, 375, 381, 392, 393, 405, 406, 423, 441 à 444, 454, 523, 537 à 539, 541 à 552, 554 à 560, 571, 584, 606, 722
Petit Emile, général, 594
Peuchot, lieutenant, 89
Peyrefitte Alain, 285, 710

Peyrouton Marcel, 413
Piat Jean, 699
Pilsudski, maréchal, 113
Pinay Antoine, 786
Pineau Christian, 753
Plantey Alain, 305
Pleven René, 266, 296, 345, 357, 358
Poirier Lucien, 75
Pompidou Georges, 322, 618, 779
Potel Marguerite, 157, 273, 349, 437, 674, 737, 741
Poulnot Louis, 670, 674, 677
Prévot, lieutenant, 98
Psichari Ernest, 520, 700

Querville, vice-amiral, 644

Rabier Benjamin, 30
Ragueneau Philippe, 400, 403
Ramadier Paul, 416, 712, 720, 721, 753 à 755, 782
Rémy, colonel (Gilbert Renault, dit), 431, 440 à 443, 445, 661
Répessé Etienne, éditeur, 102
Reynaud Paul, 149, 159, 160 à 165, 169, 171, 257, 320, 364, 369, 429, 430, 515, 595
Richard (tante), 257
Richebé Gaston, 88
Rigault Jean, 404
Robert, amiral, 350
Roederer, 102
Rol-Tanguy, colonel, 503, 505, 506, 713
Romains Jules, 370
Rommel Erwin, maréchal, 351, 352, 427
Roosevelt Franklin, 11, 242, 243, 245, 251, 313, 343, 356, 357, 360 à 362, 364, 365, 367 à 369, 372 à 381, 383 à 388, 390, 397, 398, 401, 404 à 407, 409, 410, 414, 415, 476, 478, 480 à 482, 487, 491, 493, 494, 499, 501, 502, 582, 584, 585, 587, 662, 717, 762, 766
Rougier Louis, 236, 237, 238, 239
Roure Rémy, 102
Roux Charles, 396

Sagan Françoise, 702
Saint-Exupéry Antoine de, 371
Saint-Laurent Cecil, 794
Saint-Léger Léger Alexis,

dit Saint-John Perse, 369, 481
Salan Raoul, général, 782, 790
Salazar Antonio de Oliveira, président du Conseil, 654
Samain Albert, 694
Sartre Jean-Paul, 700
Schumann Maurice, 211, 355, 716
Schwartz, colonel, 59
Senghor Léopold Sedar, 309
Serrigny Bernard de, 79
Servan-Schreiber Jean-Jacques, 787
Simenon Georges, 702
Smith-Hall, général, 287
Soustelle Jacques, 316, 431, 661, 663
Spears Edward, général, 162 à 166, 168, 170, 171, 188, 196, 198, 201, 244, 246, 287, 288, 295, 350, 757
Staline, 11, 365, 375, 383 à 386, 424, 495, 583, 594, 595, 633, 691, 692
Suarez Georges, 511, 521
Suhard, Mgr, 509

Tabouis Geneviève, 371
Talarmin, 395
Tardieu, colonel, 102
Tchang Kaï-chek, 717
Teitgen Pierre-Henri, 648
Temple Richard, 276
Teyssot Léo, 396
Thibault René (Trotabas René), 751 à 753, 758
Thorez Maurice, 433
Thouail, abbé, 281
Tillon Charles, 430
Tochon Loys, commandant, 411
Touchon Robert, général, 140
Toukhatchevski, lieutenant, 102
Tournoux Jean-Raymond, 253, 296, 706, 792
Transeat, capitaine, 431
Tréand, 424
Triboulet Raymond, 305, 478
Tricot Bernard, 217
Tristani, lieutenant, 98
Truman Harry, 494, 582, 583, 584, 585, 586, 589

Valéry Paul, 700
Vallon Louis, 656, 665
Valluy Jean, général, 721

Vanier Georges, 656
Vansittart Robert, Sir, 154
Vauclair Paul, 635
Vendroux, famille, 569, 601, 682
Vendroux Jacques, 71, 128, 132 à 134, 255, 448 à 452, 455, 458, 532, 614, 616, 649, 650, 760, 761, 781 à 783
Vendroux Marie, dite Cada, 127, 132, 134
Vendroux Suzanne, 155 à 157, 256, 257, 259, 260
Vendroux Yvonne (voir Gaulle Yvonne de)
Viard, colonel, 143
Vilmorin Sophie de, 535
Vinh San, prince, 721
Vinogradov Sergueï, 595
Weygand Maxime, général, 138, 144 à 147, 151, 152, 160 à 162, 169, 201, 221, 222, 238, 240, 241, 284, 323, 382, 393, 405, 406, 413, 415, 444, 706, 753, 761
Wieniewski Ignace, lieutenant, 114
Wilbur, général, 407
Wilson Henry Maitland, général, 483
Windsor, duc de, 490
Wright, les frères, 30
Wright Orville, 30

Yvon, 757

Zdrojewski Daniel, général, 114

TABLE

Avant-propos à l'édition Pocket 9
Avant-propos 13

1. Un père insolite 15
2. De jeunes années 42
3. Un soldat en 14 66
4. Un prisonnier récalcitrant 92
5. Lui et les siens 121
6. La bataille de 40 138
7. L'envol pour Londres 159
8. L'appel 173
9. Un supposé visionnaire 213
10. Les Anglais sont les Anglais 226
11. Une famille en exil 255
12. L'échec de Dakar 285
13. La magie de l'Afrique 300
14. Des sentiments complexes 316
15. Le bras de fer avec Churchill 338
16. La hargne de Roosevelt 360
17. Les « expédients provisoires » 388
18. Les hommes de l'ombre 422
19. Un mari particulier 446
20. Les premiers pas sur le sol de France 471
21. La libération de Paris 497
22. Les écrivains, intelligence du peuple 517
23. Le Maréchal 537
24. Un féru d'histoire 561
25. Les occupants de la Maison Blanche 579
26. Un homme parmi les hommes 599
27. Une présence impressionnante 623
28. Une retraite temporaire 647
29. Un hobereau sur ses terres 667
30. Une culture éclectique 691
31. Le féal et l'Indochine 710
32. Une enfant pas comme les autres 727
33. Une plume fertile 745
34. Le pouvoir retrouvé 779

Chronologie de la vie du général de Gaulle 799
Index des personnages contemporains 815

La construction d'un mythe

(Pocket n° 12241)

Dans le portrait que nous en livre son fils, le général de Gaulle redevient un être de chair. L'homme Charles de Gaulle semble soudain proche. L'amiral lève le voile sur le parcours de jeunesse du futur chef de la France libre, de l'adolescent au jeune officier puis au chef de famille. Un destin inexorablement lié à celui de la France : on redécouvre la guerre et la Libération, on croise au fil des pages Churchill, Staline, Roosevelt, jusqu'au retour du Général au pouvoir en 1958. Plus qu'un récit fourmillant d'anecdotes, un témoignage irremplaçable.

Il y a toujours un Pocket à découvrir

Impression réalisée sur Presse Offset par

BRODARD & TAUPIN

GROUPE CPI

27442 – La Flèche (Sarthe), le 05-01-2005
Dépôt légal : janvier 2005

POCKET – 12, avenue d'Italie - 75627 Paris cedex 13
Tél. : 01.44.16.05.00

Imprimé en France